Duden

SMS Schnell-Merk-System

Biologie

5. bis 10. Klasse

Dudenverlag
Mannheim · Leipzig · Wien · Zürich

DUDEN PAETEC Schulbuchverlag
Berlin · Frankfurt a. M.

Inhaltsverzeichnis

1 Lebewesen

Merkmale von Lebewesen

Alle Lebewesen zeigen bestimmte Merkmale, z. B.:

- Bewegung,
- Wachstum, Entwicklung, Tod,
- Fortpflanzung,
- Reizbarkeit und
- Stoffwechsel.

Diese Merkmale sind nicht immer alle gleichzeitig zu beobachten.

Delfin · Mimose
Welpe → Hund · Keimling → Pflanze (↑ S. 15)
Blüte → Frucht (↑ S. 14 f.)
Wachstum zum Licht (↑ S.13)
Fotosynthese (↑ S. 60 f.)

Nach ihrem Aufbau und ihrer Entwicklungshöhe werden **Lebewesen** in fünf Reiche eingeteilt. Alle Lebewesen bestehen aus **Zellen** (↑ S. 50 f.). Nur die Zellen niederer Einzeller sind kernlos.

- **Kernlose Einzeller** sind primitive Zellen ohne echten Zellkern.
- **Kernhaltige Einzeller** bestehen aus einer Zelle mit echtem Zellkern.

Lebewesen
- kernlose Einzeller
- kernhaltige Einzeller
- Pilze
- Pflanzen
- Tiere, Mensch

auch: Prokaryoten
echte Bakterien · Cyanobakterien (↑ S. 6) · Urbakterien

auch: Eukaryoten
Wurzelfüßer (↑ S. 7) · Euglenen (↑ S. 7) · Sporentierchen

■ Bei **Pilzen** bilden die Zellen meist ein Fadengeflecht, die Zellwände enthalten Chitin.
■ Bei **Pflanzen** besitzen alle Zellen eine Zellwand, die Cellulose enthält.
■ Bei **Tieren** besitzen die Zellen keine Zellwand und keine Chloroplasten (kein Chlorophyll).

Hefen · Schimmelpilze · Hutpilze (↑ S. 8)

Algen · Moose · Farne (↑ S. 10) · Nacktsamer (↑ S. 11) · Bedecktsamer (↑ S. 12)

Wirbellose: Schwämme, Hohltiere, Weichtiere, Ringelwürmer, Gliederfüßer
Wirbeltiere: Fische, Lurche, Kriechtiere, Vögel, Säuger

Viren

Viren sind keine echten Lebewesen. Sie bestehen nicht aus Zellen. Ein Virus besitzt außen nur eine Hülle und im Innern die Erbsubstanz, DNA oder RNA (↑ S. 64 f.). Viren haben keinen Stoffwechsel.

HI-Virus:

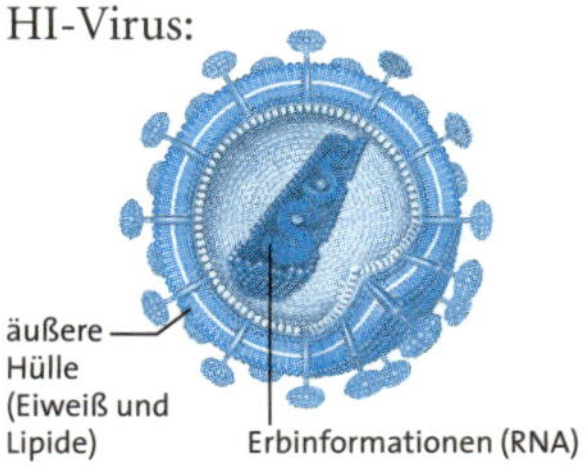

Viren können Krankheiten hervorrufen:
■ **Bakteriophagen** befallen Bakterienzellen (1).
■ Durch Viren erkranken Nutzpflanzen (2).
■ Viren rufen **Erkrankungen** bei Mensch (↑ S. 28 f.) und Tier hervor (3).

(1) T-Phagen heften sich mit Fasern ihrer Schwanzplatte am Bakterium an.

(2) Tabakmosaik-Virus · Blattroll-Virus

(3) Grippe (Influenza-Viren) · AIDS (HI-Virus) · Röteln (Röteln-Virus) · Tollwut (Tollwut-Virus)

Bakterien und andere Einzeller

Bakterien

Bakterien sind einzellige Organismen mit Kernäquivalent, d. h. ohne echten Zellkern. Sie sind im Mittel 0,5 bis 10 µm groß, können **Kolonien** bilden und vermehren sich durch Spaltung. Bakterien sind Krankheitserreger (↑ S. 28), Zersetzer (↑ S. 90), Symbionten (↑ S. 88) und Gärungserreger (↑ S. 63).

Bakterienzelle:

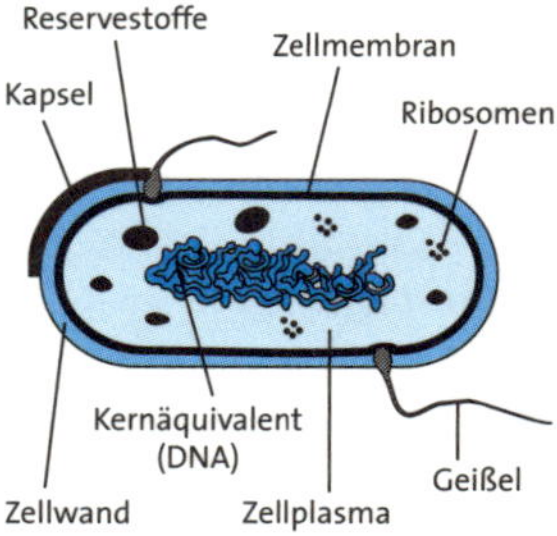

Formen der Bakterien:

- kugelförmig (Kokken)
- stäbchenförmig (Bazillen)
- kommaförmig (Vibrionen)
- schraubenförmig (Spirillen)

Krankheiten:
Scharlach (Streptokokken)
Milzbrand (Anthrax-Bazillus)

Cholera (Cholerabakterien)

Syphilis (Spirillen und Spirochäten)

Cyanobakterien (Blaualgen) sind einzellige Organismen, die wie Bakterienzellen aufgebaut sind. Sie besitzen Farbstoffe zur Fotosynthese (↑ S. 60).

Nostoc, Schwingalge (Oscillatoria)

Enthaltene Farbstoffe:
Blattgrün (Chlorophyll), blaues Phycocyanin, rotes Phycoerythrin

Einzeller

Kernhaltige Einzeller besitzen einen echten Zellkern (↑ S. 50 f.). Sie ernähren sich autotroph (↑ S. 90) oder hetereotroph (↑ S. 90).

Sie gehören zu den Eukaryoten (↑ S. 4). Einzeller können Erkrankungen (z. B. Malaria) hervorrufen (↑ S. 28).
autotroph: Chlorella
heterotroph: Amöbe; Sporentierchen (**parasitisch,** ↑ S. 89)

Das **Pantoffeltierchen** als tierischer Einzeller lebt im Süßwasser. Es pflanzt sich ungeschlechtlich (Teilung) und geschlechtlich fort, ernährt sich von organischen Stoffen im Wasser und bewegt sich mit den Wimpern fort.

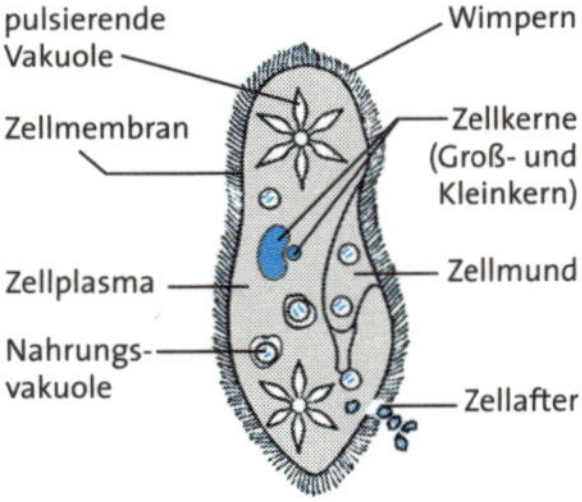

Die **Kugelalge** Chlorella ist ein pflanzlicher Einzeller, der im Süßwasser lebt. Sie pflanzt sich ungeschlechtlich (Teilung) fort und ist zur Fotosynthese (↑ S. 60) fähig.

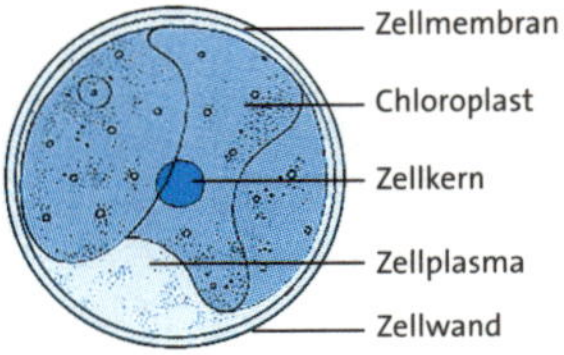

Das Augentierchen, **Euglena,** ist ein Geißelträger (Flagellat). Das Wechseltierchen, **Amöbe,** ist ein Wurzelfüßer.

Euglena ist sowohl zur organischen Ernährung (im Dunkeln), als auch zur Fotosynthese (unter Lichteinfluss) fähig.

Pilze

Pilze enthalten kein Chlorophyll. Die Zellwand ihrer Zellen enthält Chitin. Zellen höherer Pilze bilden Zellfäden **(Hyphen),** die ein Fadengeflecht bilden.

Hefen sind einzellige Pilze.

Verwendung von Wein- und Bierhefe zur alkoholischen Gärung (↑ S. 63)

Als **Schimmelpilze** werden alle Zersetzer oder Fäulnisbewohner zusammengefasst. Sie bestehen aus Zellfäden mit Sporenträgern.

Der **Pinselschimmel,** Penicillium, wird zur Herstellung von Antibiotika (Penicillin, ↑ S. 29) oder für Camembert und Roquefort-Käse verwendet.

Hutpilze

Hutpilze bestehen aus einem unterirdischen Pilzgeflecht, dem **Mycel.** Zur Fortpflanzung bilden sie einen Fruchtkörper mit Hut und Stiel aus. Nach dem Aufbau der Hutunterseite unterscheidet man **Röhrenpilze** und Blätter- oder **Lamellenpilze.** Zur Fortpflanzung werden **Sporen** gebildet.

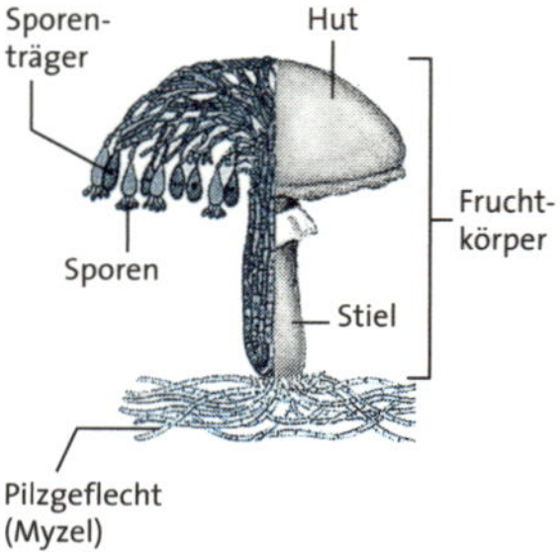

Ernährung der Pilze

Pilze ernähren sich heterotroph (↑ S. 90), da die Zellen kein Chlorophyll besitzen. Sie können Parasiten (↑ S. 89), Saprophyten (Fäulnisbewohner, ↑ S. 90) oder Symbionten (↑ S. 88) sein, je nachdem, woher die organischen Nährstoffe stammen.

Als **Mykorrhiza** wird eine Symbiose zwischen Pilz und Wurzel einer Samenpflanze bezeichnet, z. B. Birkenpilz und Birke. Die Pilzfäden sind mit den Leitungsbahnen der Wurzel verbunden. Der Pilz liefert Wasser und gelöste Salze, die Samenpflanze liefert die organischen Nährstoffe für den Pilz.

Bedeutung der Pilze

Pilze sind bedeutsam als

■ Zersetzer (Destruenten) im Kreislauf der Natur,	Humusbildung
■ Fäulniserreger (Zersetzung von Lebensmitteln),	Schimmelpilze (↑ S. 8)
■ Gärungserreger (↑ S. 63),	Backhefe · Weinhefe · Bierhefe
■ Krankheitserreger (↑ S. 28),	Fußpilz · Mutterkorn (Getreide)
■ Nahrungsmittel (Speisepilze),	Champignon · Steinpilz
■ Giftpilze,	Satanspilz · Knollenblätterpilz
■ Symbionten,	Flechte: Pilz und Alge
■ Grundlage zur Herstellung von Arzneimitteln.	Pinselschimmel (Penicillium): **Penicillin** (↑ S. 29)

Pflanzen

Algen

Algen sind primitive Pflanzen (↑ S. 5), die nicht in Wurzel und Spross gegliedert sind. Sie kommen als Einzeller, in Kolonien (↑ S. 52) oder mehrzellig vor. Sie leben vorwiegend in Gewässern und sind zur Fotosynthese fähig.

Einzeller:	Chlorella (↑ S. 7)
Kolonie:	Zackenrädchen
Mehrzeller:	Meersalat

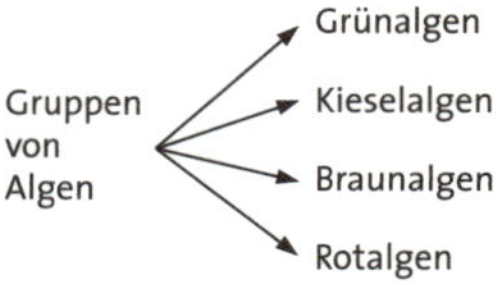

Moose

Moose sind blütenlose Pflanzen ohne echte Wurzel, die sich mittels Sporen fortpflanzen. **Laubmoose** sind in Stämmchen, Blättchen und Rhizoide gegliedert. **Lebermoose** sind flächig aufgebaut.

Laubmoos:

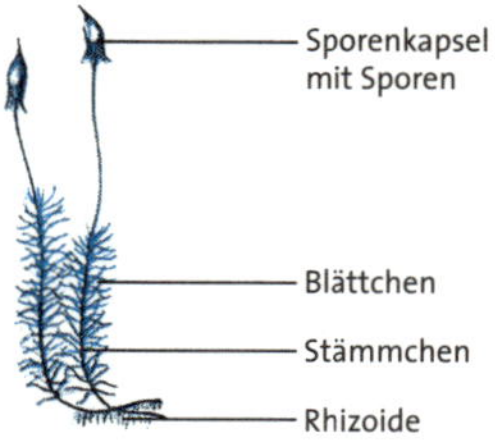

Farne

Farne sind blütenlose Pflanzen. Sie sind in Wurzel und Spross gegliedert und pflanzen sich mit Sporen fort. Es findet ein **Generationswechsel** statt.

Adlerfarn:

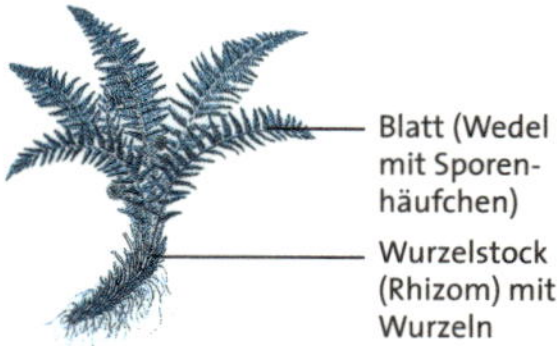

Samenpflanzen

Samenpflanzen sind die am höchsten entwickelten Pflanzen. Sie sind in Wurzel und Spross gegliedert. Der **Spross** besteht aus Sprossachse, Laubblättern und Blüten. Sie pflanzen sich geschlechtlich durch Samen fort (↑ S. 14 f.).

Samenpflanzen
- Nacktsamer
- Bedecktsamer (↑ S. 12)
  - Zweikeimblättrige
  - Einkeimblättrige

Nacktsamer

Nacktsamer sind Samenpflanzen. Als **Holzgewächse** haben sie oft nadelförmige Laubblätter und **zapfenförmige Blütenstände.** Die Samenanlage ist nicht in einen Fruchtknoten (↑ S. 14) eingeschlossen. Sie liegt frei („nackt") auf der **Samenschuppe.** Windbestäubung findet statt. Es entstehen Samen, aber keine Früchte.

Kieferngewächse sind forstwirtschaftlich bedeutsam.

Ginkgogewächse · Nadelhölzer

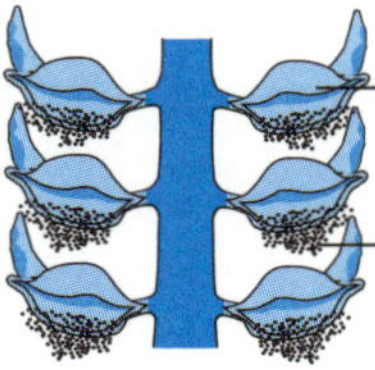

männlicher Blütenstand (längs)

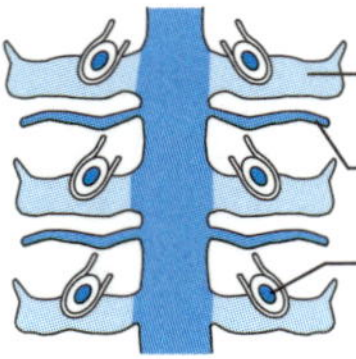

weiblicher Blütenstand (längs)

Bedecktsamer

Bedecktsamer sind Samenpflanzen. Die Samenanlage ist von einem Fruchtknoten umschlossen („bedeckt"). Es entstehen Früchte und Samen (↑ S. 14 f.).

Zweikeimblättrige:
Hahnenfuß-, Kreuzblüten-, Rosen-, Schmetterlingsblüten-, Lippenblüten-, Korbblütengewächse

Einkeimblättrige:
Orchideen-, Lilien-, Binsengewächse, Süßgräser

Vergleich von ein- und zweikeimblättrigen Pflanzen

	Einkeimblättrige	Zweikeimblättrige
Keimblätter	Samen mit einem Keimblatt	Samen mit zwei Keimblättern
Blattadern	Laubblätter parallelnervig	Laubblätter netznervig
Wurzeln	**sprossbürtiges Wurzelsystem:** viele gleichwertige Wurzeln (Büschel)	**Hauptwurzelsystem:** eine Hauptwurzel mit Seitenwurzeln
Sprossachse	Leitbündel verstreut angeordnet	Leitbündel meist kreisförmig angeordnet
Blüte	Kelch oft fehlend, Blütenteile meist dreizählig	Blüte meist in Kelch und Krone gegliedert, Blütenteile oft vier- oder fünfzählig
Bestäubung	oft durch den Wind	oft durch Insekten
Vertreter	Roggen, Weizen, Mais, Quecke	Raps, Erbse, Salbei, Kirsche, Kamille

Pflanzenorgane

Die **Wurzel** verankert die Pflanze im Boden, nimmt Wasser sowie gelöste Stoffe auf, leitet sie und speichert Stoffe.

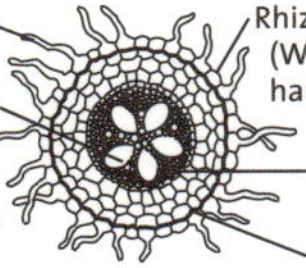

Die **Sprossachse** leitet Stoffe durch die Leitbündel, trägt Blätter und Blüten, kann Fotosynthese durchführen und Stoffe speichern.

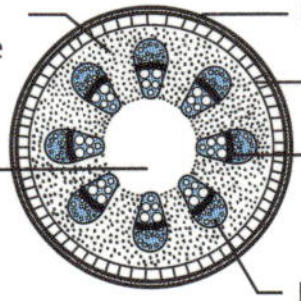

Die **Laubblätter** dienen dem Gasaustausch (Abgabe von O_2 und Wasserdampf und Aufnahme von CO_2). In ihnen findet Fotosynthese (↑ S. 60) statt.

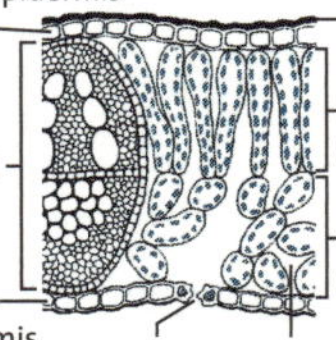

Reizbarkeit

Pflanzen reagieren meist mithilfe von Wuchsstoffen auf Reize (↑ S. 37). Der Spross wächst zum Licht hin. Die Wurzel reagiert auf den Schwerkraftreiz.

Fototropismus heißt die Wachstumsbewegung in Bezug auf den Lichtreiz, **Geotropismus** in Bezug auf den Schwerkraftreiz.

TOPTHEMA Fortpflanzung der Samenpflanzen

Aufbau der Blüte

Die **Blüte** dient der **geschlechtlichen Fortpflanzung.** Sie besitzt weibliche Teile (Fruchtblätter) und männliche Teile (Staubblätter). Kronblätter locken Insekten an, Kelchblätter schützen Knospe und Blüte.

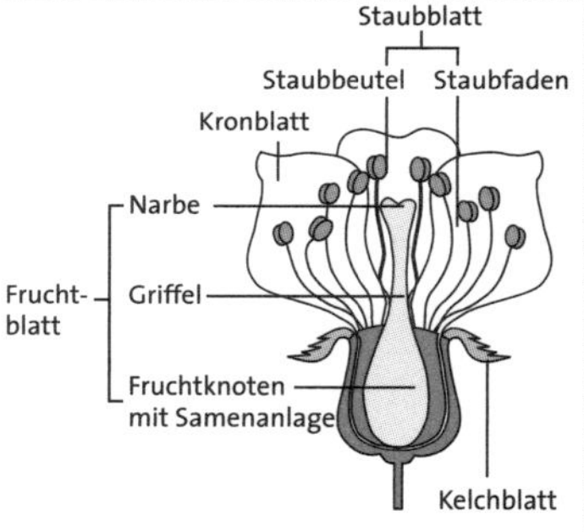

Bestäubung und Befruchtung

Bestäubung ist die Übertragung des Pollens zu den weiblichen Blütenteilen. **Befruchtung** ist die Verschmelzung von Eizelle (in der Samenanlage) mit Samenzelle (aus dem Pollen):

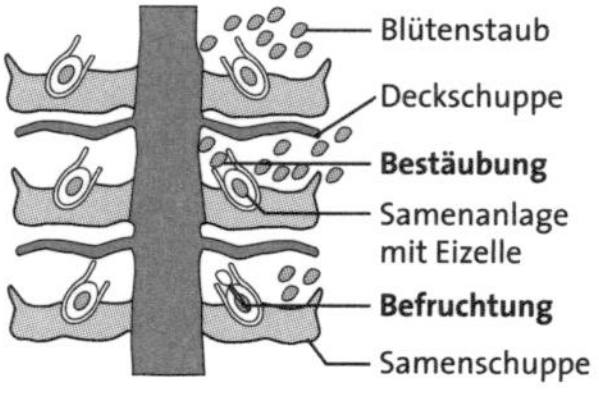

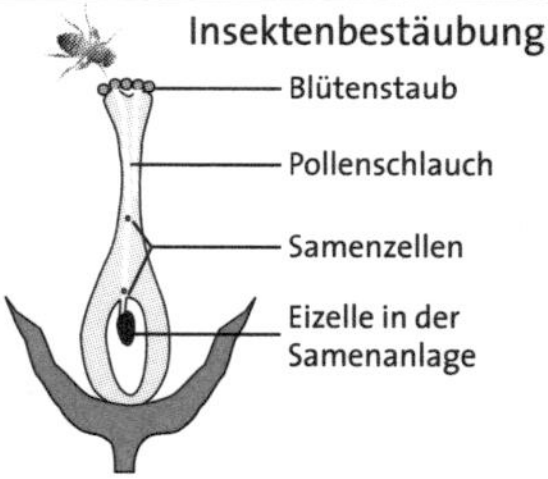

Windbestäubung	Insektenbestäubung
Blüte: oft unscheinbar, selten farbig, keine Nektarbildung, Kronblätter können fehlen	Blüte: oft auffällig, farbige Kronblätter, Nektarbildung
Pollen: klein, leicht	Pollen: klebrig
Kieferngewächse (↑ S. 11)	Kirsche (↑ S. 12)

Früchte und Samen

Früchte können sich nur bei Bedecktsamern (↑ S. 12) bilden. Sie entstehen aus dem Fruchtknoten. Im Innern befindet sich der **Samen** mit dem Keimling. Formen von Früchten sind:

Streufrucht	**Schließfrucht**	**Sammelfrucht**
Schote (Raps)	Nuss (Hasel)	Himbeere
Kapsel (Mohn)	Steinfrucht (Kirsche)	Erdbeere

Samen entstehen aus der Samenanlage. Die befruchtete Eizelle entwickelt sich zum Keimling. Samen enthalten Nährgewebe in den Keimblättern.

Samen einkeimblättriger Pflanzen: Getreidekörner, Maiskorn, Reiskorn

Samen zweikeimblättriger Pflanzen: Erbse, Kümmel, Senf

Ungeschlechtliche Fortpflanzung

Samenpflanzen können sich auch ungeschlechtlich fortpflanzen. Neue Pflanzen entstehen ohne Bestäubung, Befruchtung und Samen aus verschiedenen Teilen der Samenpflanzen. Formen ungeschlechtlicher Vermehrung sind:

Ausläufer	**Senker**	**Ableger**	**Brutzwiebeln**	**Stecklinge**
untere Seitentriebe, die sich bewurzeln	obere Seitentriebe, die sich bewurzeln	Tochterpflanzen an der Mutterpflanze	Tochterzwiebeln an der Mutterzwiebel	abgetrennte Zweige, die sich bewurzeln
Erdbeere Quecke	Brombeere	Agave	Knoblauch	Weide Geranie

Tiere und Mensch

Hohltiere

Hohltiere sind einfache Vielzeller (↑ S. 5, 53), die im Süßwasser oder im Meer leben. Die Körperwand besteht aus zwei Schichten, im Innern ist ein Hohlraum. Sie besitzen Fangarme und oft **Nesselzellen.** Hohltiere pflanzen sich geschlechtlich und ungeschlechtlich fort.

Polypen (Hydra) · Quallen · Blumentiere (Korallen)

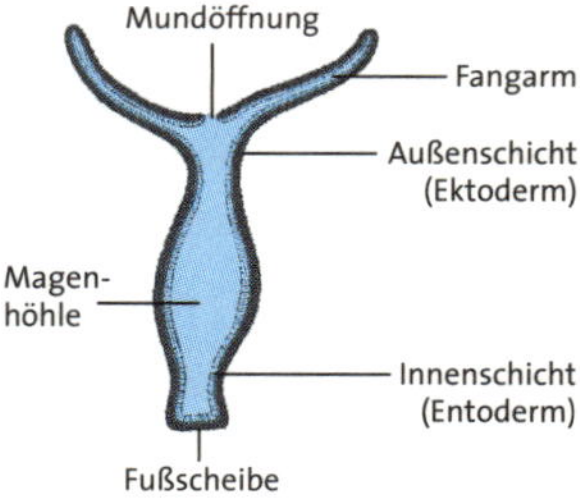

Ringelwürmer

Ringelwürmer sind wirbellose Tiere, die im Boden oder im Wasser leben. Ihr wurmförmiger Körper ist in Segmente (Ringe oder Ringel) gegliedert. Darin wiederholen sich bestimmte Organe paarweise. Ringelwürmer besitzen ein primitives Nervensystem (↑ S. 36), ein Strickleiternervensystem. Es sind oft Zwitter, die sich geschlechtlich fortpflanzen.

Regenwurm · Blutegel · Sandpier (Köderwurm)

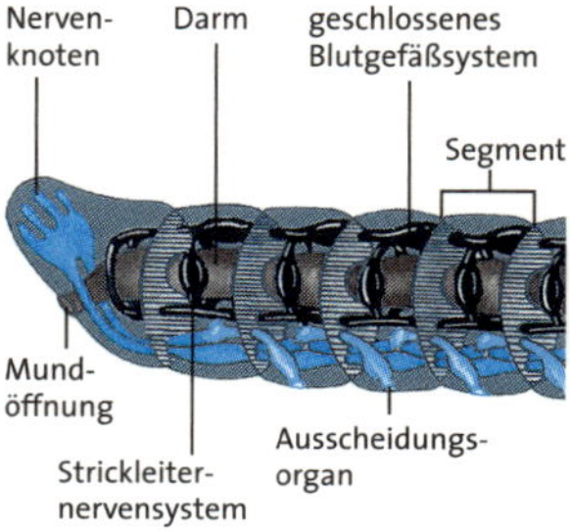

Insekten

Insekten sind wirbellose **Gliedertiere** mit drei Beinpaaren. Der Körper ist in Kopf, Brust und Hinterleib gegliedert. Insekten besitzen ein Strickleiternervensystem und **Facettenaugen** (Komplexaugen). Sie atmen mit **Tracheen** und pflanzen sich geschlechtlich fort. Ein Gestaltwechsel **(Metamorphose)** findet statt.

Es gibt über eine Million Insektenarten.

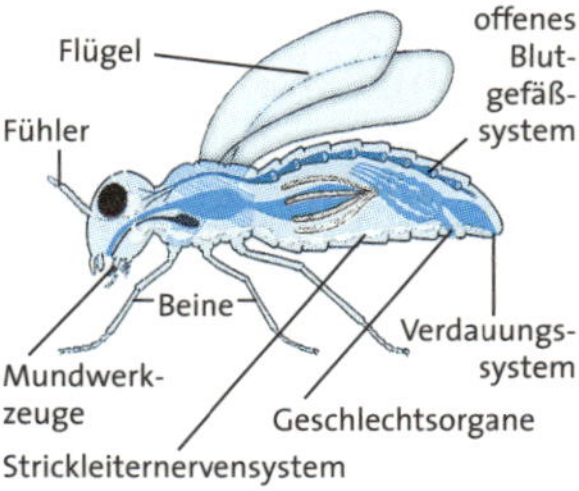

Stubenfliege

Vollständige Metamorphose: Ei → Larve → Puppe → Vollinsekt

Spinnentiere

Spinnentiere sind wirbellose Gliedertiere mit vier Beinpaaren. Der Körper ist in Kopfbrust und Hinterleib gegliedert. Sie besitzen ein Strickleiternervensystem und **Punktaugen.** Sie atmen mit Fächertracheen und pflanzen sich geschlechtlich fort. Webspinnen besitzen **Spinndrüsen,** aus deren Sekret sie Fäden und Netze spinnen.

Milben · **Zecken** · Weberknechte · **Skorpione** · Spinnen

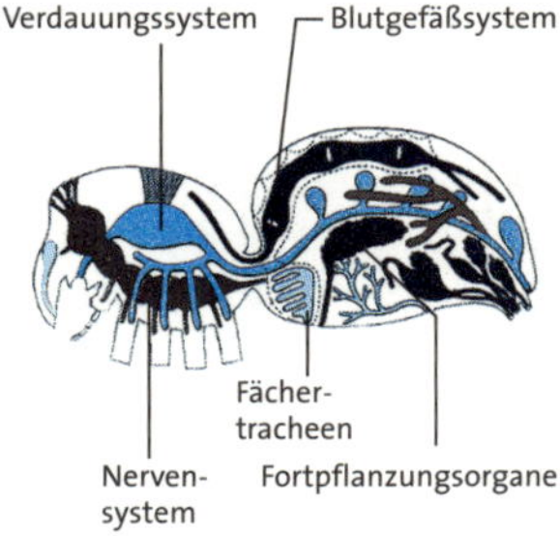

Krebstiere

Krebstiere sind wirbellose Gliedertiere mit fünf Beinpaaren. Der Körper ist in Kopf, Brust (manchmal verwachsen) und Hinterleib gegliedert. Außen befindet sich ein starrer **Chitinpanzer.** Sie besitzen ein Strickleiternervensystem. Krebstiere leben meist im Wasser und atmen dort mit Kiemen.

Krabben · Garnelen · Asseln · Flohkrebse · Flusskrebse

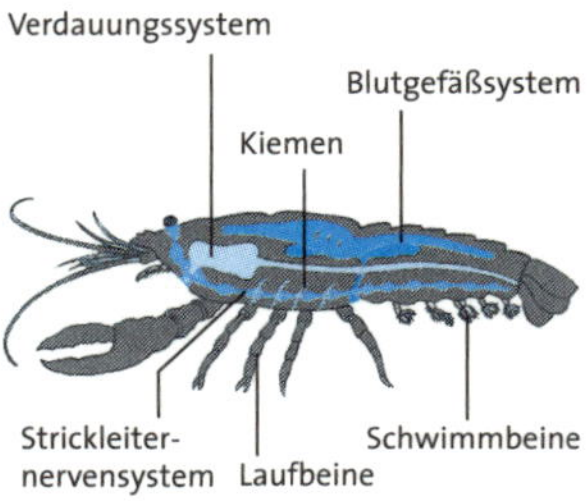

Bau des Flusskrebses

Weichtiere

Weichtiere sind wirbellose Gliedertiere. Der Körper ist meist in Kopf, Fuß, Eingeweidesack und Mantel gegliedert. **Schnecken** und **Muscheln** besitzen ein Kalkgehäuse. **Kopffüßer** haben meist acht oder zehn Fangarme. Wasserlebende Weichtiere atmen mit Kiemen, Landschnecken mit primitiven Lungen. Sie pflanzen sich geschlechtlich fort. Es sind oft Zwitter.

Schnecken · Muscheln · Kopffüßer (**„Tintenfische“, Kraken, Kalmare**)

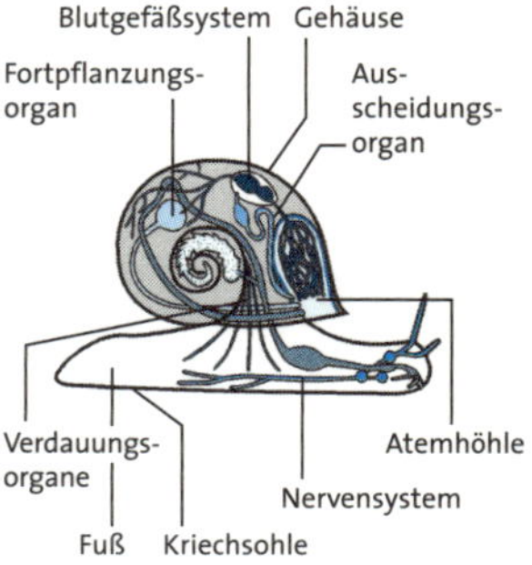

Bau einer Schnecke

Fische

Fische sind wasserlebende **Wirbeltiere** mit einem knöchernen **Innenskelett** mit einer **Wirbelsäule.**

Fische sind **wechselwarm,** d.h. die Körpertemperatur kann nicht konstant gehalten werden.

Äußerer Bau und Skelett: Der stromlinienförmige Körper ist in Kopf, Rumpf, Schwanz gegliedert. Die Oberfläche ist mit **Schuppen** bedeckt. Flossen dienen der Fortbewegung.

Innere Organe und Fortpflanzung: Fische atmen durch **Kiemen.** Sie haben ein Zentralnervensystem (↑ S. 36). Die **Schwimmblase** dient der Druckregulierung. Meist findet eine **äußere Befruchtung** (im Wasser) statt. Aus Eiern schlüpfen Fischlarven.

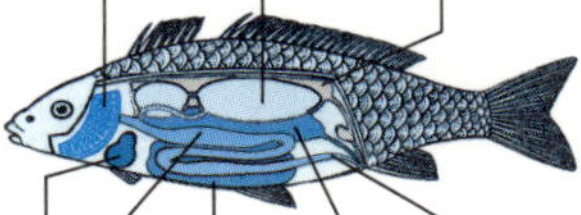

Einige Fische sind Nahrung für den Menschen. **Friedfische** werden von anderen Tieren gefressen, **Raubfische** fressen andere Fische.

Süßwasserfische: Karpfen, Forelle, Hecht
Meeresfische: Thunfisch, Dorsch (Kabeljau), Hering
Friedfische: Karpfen, Hering
Raubfische: Hecht, Hai

Lurche

Lurche sind wechselwarme (↑ S. 19) Wirbeltiere, die im Wasser oder in Feuchtgebieten leben.

Äußerer Bau und Skelett: Der Körper ist in Kopf und Rumpf gegliedert. **Schwanzlurche** besitzen einen Schwanz, Froschlurche nicht.
Die Hautoberfläche ist nackt und drüsenreich. **Froschlurche** haben keine Rippen, sondern nur Querfortsätze und ein lang gestrecktes Becken. Die hinteren Gliedmaßen sind **Sprungbeine.**

Innere Organe und Fortpflanzung: Die Larven der Lurche atmen mit Kiemen, erwachsene Tiere mit einfachen, sackförmigen Lungen. Es findet meist äußere Befruchtung mit anschließender Metamorphose statt, d. h. die Larven machen einen Gestaltwandel durch.

Lurche werden auch als **Amphibien** bezeichnet.
Im Winter fallen sie in eine **Kältestarre,** auch **Winterstarre** genannt.

Froschlurche: Frösche, Kröten, Unken
Schwanzlurche: Molche, Salamander

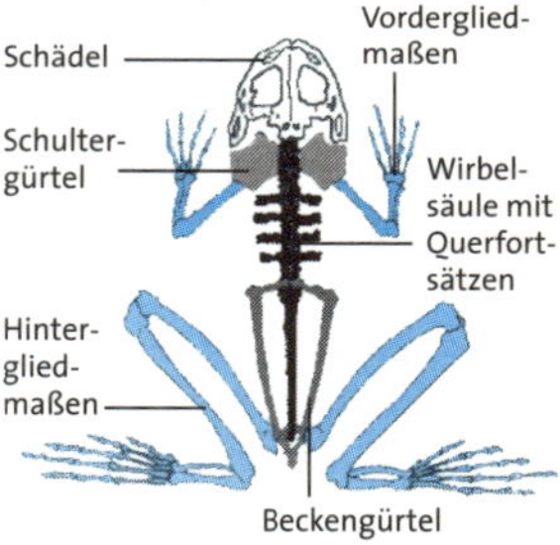

Skelett eines Froschlurches

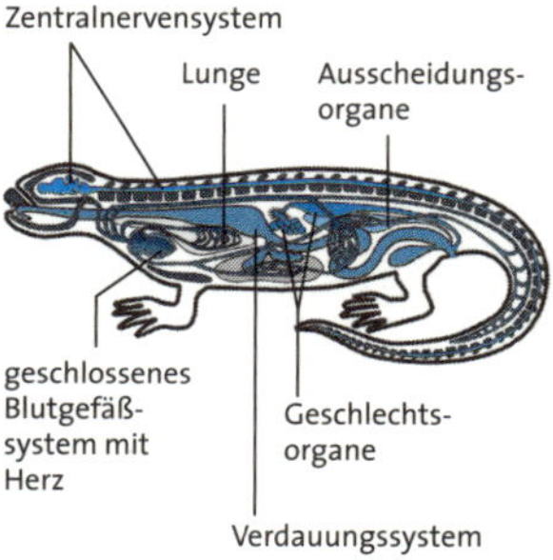

innerer Bau eines Schwanzlurches

Kriechtiere

Kriechtiere sind wechselwarme (↑ S. 19) Wirbeltiere, die in allen Gebieten der Erde leben.

Kriechtiere werden auch als **Reptilien** bezeichnet.
Auch die **Saurier** gehörten zu den Kriechtieren.

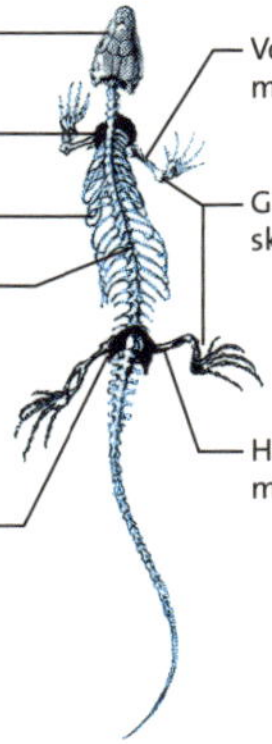

Äußerer Bau und Skelett: Der Körper ist in Kopf, Rumpf und Schwanz gegliedert. Schlangen und Schleichen besitzen keine Gliedmaßen. Die Oberfläche ist mit **Horn** bedeckt. **Schlangen** und **Echsen** haben Hornschuppen, **Krokodile** Hornplatten und **Schildkröten** einen Hornpanzer.

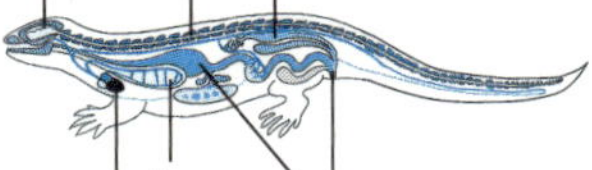

Innere Organe und Fortpflanzung: Kriechtiere atmen mit einfach gekammerten Lungen. Es findet **innere Befruchtung** statt, d. h. die Eier werden im Körper des Weibchens befruchtet, danach erfolgt die Eiablage. Die Nachkommen entwickeln sich ohne Metamorphose. Es gibt meist keine Brutpflege.

Vögel

Vögel sind gleichwarme Wirbeltiere, die ein **Federkleid** besitzen und alle Lebensräume besiedeln.

Gleichwarme Lebewesen haben eine konstante Körpertemperatur.

Äußerer Bau und Skelett: Der Körper ist in Kopf, Rumpf und Schwanz gegliedert. Die Vordergliedmaßen sind **Flügel.** Das Skelett ist an das Fliegen angepasst durch:
- hohle Knochen,
- fehlende Zähne,
- ein großes Brustbein (Ansatz der Flugmuskeln),
- ein starres Rumpfskelett (verwachsene Knochen).

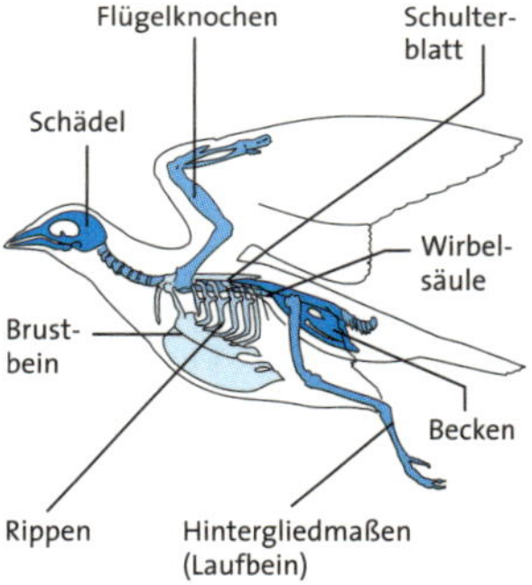

Skelett eines Vogels

Innere Organe und Fortpflanzung: Die Lungen der Vögel haben als Anpassung an das Fliegen **Luftsäcke.** Ein Muskelmagen zerkleinert die Nahrung, da Zähne fehlen. Vögel haben innere Befruchtung, sie legen hartschalige Eier und betreiben **Brutpflege.**

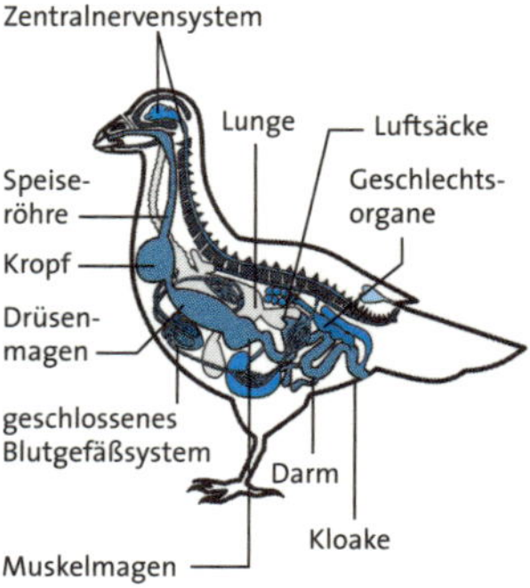

innere Organe eines Vogels

Säugetiere

Säugetiere sind gleichwarme (↑ S. 22) Wirbeltiere, die in allen Gebieten der Erde leben. Auch der Mensch (↑ S. 24 ff.) gehört zu den Säugetieren.

Die Haut der Säugetiere ist fast immer mit Haaren, dem **Fell,** bedeckt.

Äußerer Bau und Skelett: Der Körper ist in Kopf, Rumpf und Schwanz gegliedert. Die Gliedmaßen sind dem Lebensraum angepasst, z. B.

- Flügel: Fledermaus,
- Flossen: Delfin, Wal,
- Sprungbein: Känguru,
- Grabbein: Maulwurf,
- Laufbein: Katze.

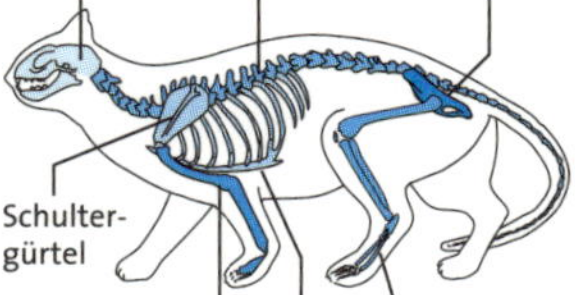

Skelett einer Katze

Innere Organe und Fortpflanzung: Der Blutkreislauf ist geschlossen und die Herzkammern sind vollständig getrennt. Säugetiere haben innere Befruchtung und bringen lebende Junge zur Welt, die gesäugt werden. Es gibt Brutpflege.

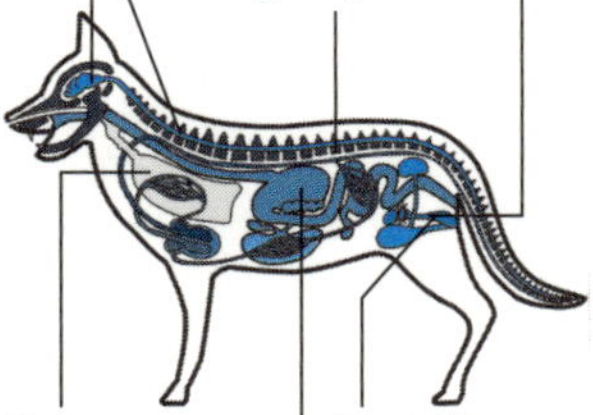

innere Organe eines Hundes

2 Der Mensch

Bewegung

Bewegungen entstehen durch das Zusammenspiel von Stütz- und Bewegungssystem.

Das Stützsystem ist das Skelett, das Bewegungssystem die Muskulatur. Bewegungen werden vom Gehirn (↑ S. 36 f.) gesteuert.

Skelett

Das Skelett ist aus **Schädel**, Rumpf- und Gliedmaßenskelett aufgebaut. Die **Wirbelsäule** besteht aus 32 bis 33 Wirbeln. Das **Handskelett** besteht aus Handwurzel-, Mittelhand- und Fingerknochen, das **Fußskelett** ist analog aufgebaut.

- **Knochen** bestehen aus **Knochensubstanz, Knochenmark** (innen) und Knochenhaut (außen).

Flache Knochen, z. B. Brustbein, enthalten oft rotes Knochenmark. Hier werden Blutkörperchen (↑ S. 27) gebildet.

- **Gelenke** bestehen aus Gelenkkopf und -pfanne. Die Gelenkkapsel umhüllt Knochen und Gelenkhöhle mit Gelenkschmiere.

Kugelgelenk · Sattelgelenk · Scharniergelenk

Die Knochen sind mit Gelenkknorpel überzogen.

Muskulatur

Muskeln bestehen aus Muskelzellen.

- Die **Skelettmuskulatur,** auch **quergestreifte Muskulatur,** ist willentlich beeinflussbar. Sie arbeitet schnell und ermüdet leicht.
- Die **Eingeweidemuskulatur,** auch **glatte Muskulatur,** ist weitgehend unabhängig vom Willen. Sie arbeitet langsam, jedoch ausdauernd.

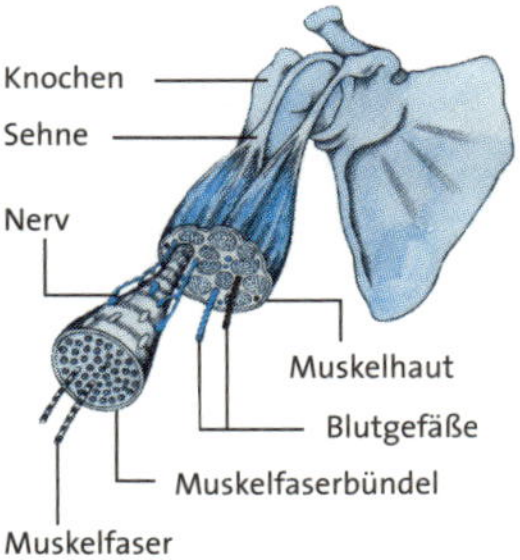

Der Herzmuskel ist eine Sonderform der quergestreiften Muskulatur.

Bewegung erfolgt durch energieaufwändiges Zusammenziehen **(Kontraktion)** und Erschlaffen der Muskeln.

Bei der Bewegung von Skelettteilen arbeiten in der Regel **Beuger** und **Strecker** zusammen. Sie sind Gegenspieler (Antagonisten).

Gesunderhaltung

Knochenbrüche oder **Verstauchungen** und Verrenkungen der Gelenke entstehen durch Überlastung, Stürze oder Gewalteinwirkung, **Muskelfaserrisse** z. B. durch zu starke Beanspruchung.

Bewegung und Sport fördern die Gesunderhaltung. Dabei sollten Stärke und Dauer der Belastung allmählich gesteigert werden. Vor dem Sport muss die Muskulatur erwärmt („Aufwärmen“) werden.

Atmung

Bei der Atmung durch die **Lunge** wird Sauerstoff aufgenommen und Kohlenstoffdioxid abgegeben.

Die Zellatmung (↑ S. 62) ist ein stoffabbauender Prozess, bei dem Energie für die Zelle gewonnen wird.

Atmungsorgane

- **Nasenhöhle** mit Flimmerhaaren – Reinigen, Anfeuchten, Anwärmen, Riechen (↑ S. 40)
- **Rachen** – Weiterleiten
- **Kehlkopf** mit Kehldeckel – Verschließen der Luftröhre beim Schlucken, Stimme
- **Luftröhre** mit Flimmerhaaren – Reinigen, Anfeuchten
- **Bronchien** mit Flimmerhaaren – Reinigen, Anfeuchten, Anwärmen, Weiterleiten
- **Lungenbläschen** – Gasaustausch

Atembewegungen

- **Einatmen:** Heben des Brustkorbes, Senken des Zwerchfells – Vergrößern des Brustraums (Unterdruck), Luft wird aktiv in die Lunge gesogen.
- **Ausatmen:** Senken des Brustkorbes, Heben des Zwerchfells – Verkleinern des Brustraums (Überdruck), Luft strömt passiv aus.

Gasaustausch:
(Diffusion, ↑ S. 58).

- O_2 wandert vom Lungenbläschen ins Blut,
- CO_2 wandert vom Blut ins Lungenbläschen.

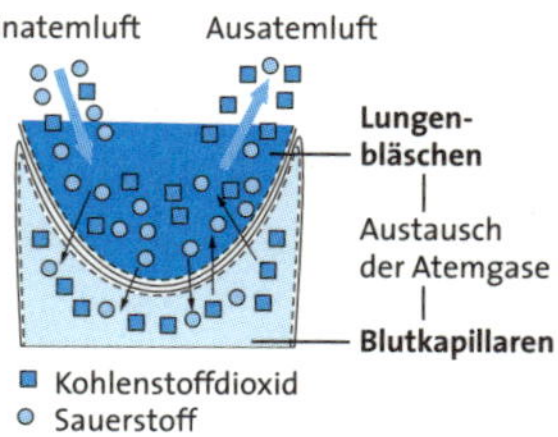

Blutkreislauf

Blut besteht zu 55 % aus Flüssigkeit, dem **Blutplasma**, und zu 45 % aus festen Bestandteilen.

feste Bestandteile → rote Blutkörperchen, weiße Blutkörperchen, Blutplättchen

Funktionen des Blutes:

- Nährstofftransport – Blutplasma
- Wärmeausgleich – Blutplasma
- Blutgerinnung – Blutplättchen
- O_2-Transport – rote Blutkörperchen
- CO_2-Transport – Blutplasma
- Abwehr (Antikörper) – weiße Blutkörperchen

Blutgruppeneigenschaften sind Antigene an roten Blutkörperchen.

AB0-System:
Faktoren A; B; AB; 0
Rhesus-System: Faktor D

Das **Blutgefäßsystem** besteht aus Arterien, Venen und Kapillaren und bildet mit dem Herz einen geschlossenen **Blutkreislauf.**

Arterien: führen vom Herzen weg, Druckwelle (**Puls**)
Venen: führen zum Herzen
Kapillaren: Haargefäße, Stoffaustausch im Gewebe

Das **Herz** ist ein Hohlmuskel. Es besteht aus je zwei durch Klappen getrennten Vorhöfen und Kammern.

Das Herz saugt das Blut aus den Venen in die Vorhöfe und pumpt es von den Kammern in die Arterien.

Das **Lymphsystem** besteht aus Lymphgefäßen und Lymphknoten. Es bildet einen offenen Kreislauf.

Lymphe ist eine Flüssigkeit mit weißen Blutkörperchen. *Aufgaben:* Transport von Bausteinen der Fette (↑ S. 56) und Krankheitsabwehr (↑ S. 28)

TOPTHEMA

Krankheitserreger und Infektionen

Als **Krankheitserreger** werden alle Organismen bezeichnet, die Lebewesen befallen und bei diesen **Erkrankungen** hervorrufen.

Arten von Krankheitserregern

Krankheitserreger

Viren	Bakterien	Einzeller	Pilze	Wirbellose
(↑ S. 5)	(↑ S. 6)	(↑ S. 7)	(↑ S. 8 f.)	(↑ S. 89)
Grippe	Scharlach	Malaria	Fußpilz	Bandwurm

Infektionskrankheiten sind ansteckende Krankheiten. Als **Infektion** bezeichnet man das Eindringen der Erreger in den Körper. Die **Inkubationszeit** ist die Zeit bis zum Auftreten von Krankheitszeichen (Symptomen). Krankheitserreger werden oft mit einer Abwehr- oder Immunreaktion **(Antigen-Antikörper-Reaktion)** bekämpft, **Immunität** entsteht.

Abwehr von Krankheitserregern

Krankheitsabwehr

Immunität		**Immunisierung**	
angeboren	erworben	aktiv	passiv
unspezifisch: weiße Blutkörperchen (Fresszellen) vernichten Krankheitserreger	spezifisch: Bildung bestimmter Abwehrstoffe gegen bestimmte Erreger (durch weiße Blutkörperchen; Antigene und Gedächtniszellen)	**Impfung** mit abgeschwächten Erregern zur Bildung von Abwehrstoffen	Impfung mit fertigen Abwehrstoffen

Krankheiten des Menschen

Erkrankung	Erreger	Übertragung	einige Symptome
AIDS	Viren	Körperflüssigkeiten	Immunschwäche und Folgekrankheiten
Grippe	Viren	Luft, Körperkontakt	Fieber, Schnupfen
Wundstarrkrampf	**Tetanus-**Bakterien	Hautverletzungen	Muskelkrämpfe, Atemlähmung
Tuberkulose	Bakterien	Luft, Nahrung	Lungenschädigung, Husten
Malaria	Einzeller	Anophelesmücke	Fieberschübe mit Folgeschäden
Fußpilz	niederer Pilz	Kontakt	Hautschädigungen an Füßen, Juckreiz
Trichinose	Fadenwurm	Nahrung (Fleisch)	Allergien, Muskelentzündungen
Bandwurmbefall	Bandwürmer	Nahrung mit Bandwurmeiern	Durchfall, Gewichtsverlust, Folgekrankheiten

Schutz vor Krankheitserregern

Vorbeugende Maßnahmen	Maßnahmen bei Erkrankung
gesund leben: Abhärtung, gesunde Ernährung, Sport	Arztbesuch, eventuell passive Immunisierung
Hygiene: saubere Nahrung, Körperhygiene	Behandlung der Symptome durch Arzneimittel
Schutzimpfungen	Ruhe, Schlaf, Vitamin C
Antibiotika sind Wirkstoffe gegen Bakterien und andere Mikroorganismen. Sie werden von Pilzen produziert, z. B. **Penicillin** (↑ S. 8 f.). Gegen Viren helfen sie nicht.	

Ernährung und Verdauung

Bestandteile der Nahrung

Hauptnährstoffe braucht der Mensch in größeren Mengen. Auch **Ergänzungsnährstoffe** sind wichtig, sie genügen aber in geringer Menge (oft wenige mg). Zusätzlich wird Wasser benötigt.

Hauptnährstoffe: Fette, Eiweiße, Kohlenhydrate
Ergänzungsnährstoffe: Vitamine, Mineralstoffe (Spurenelemente), Ballaststoffe

- **Kohlenhydrate** (↑ S. 57) liefern Energie.

  Brot · Nudeln · Süßwaren · Kartoffeln

- **Fette** (↑ S. 56 f.) liefern Energie. Sie sind Zellbestandteil.

  Butter · Speck · Öl · Margarine · fette Wurst · fetter Käse

- **Eiweiße** (↑ S. 56) sind lebensnotwendige Bausteine aller Zellen.

  Fleisch · Fisch · Eier · Milchprodukte (Joghurt, Quark) · Soja

Verdauungssystem

Die Nahrung wird zerkleinert, in ihre Bestandteile zerlegt und ins Blut aufgenommen. Das „Verdauungsrohr" besteht aus Mundhöhle, Speiseröhre, Magen, Dünndarm, Dickdarm. **Verdauungsdrüsen** sind Speicheldrüsen und Leber mit Gallenblase.

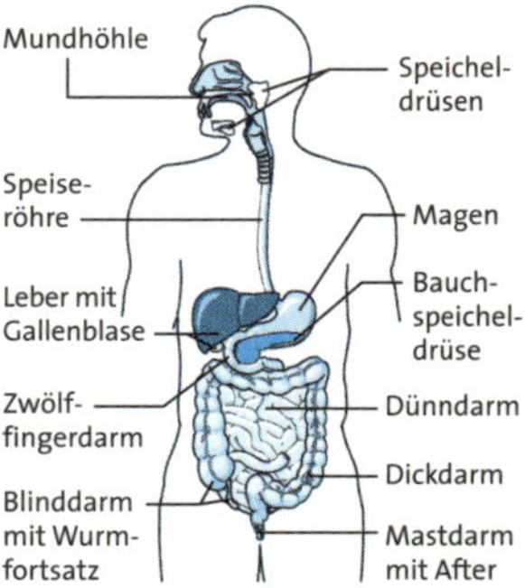

Verdauungsorgane

- **Mundhöhle:** Die **Zähne** zerkleinern die Nahrung. Die **Zunge** nimmt den Geschmack auf. Durch den Mundspeichel beginnt die Verdauung der Kohlenhydrate.
- **Magen:** Mischen, Aufbewahren und Beginn der Eiweißverdauung durch Pepsin.
- **Dünndarm:** Vollständige Zerlegung der Nährstoffe, Aufnahme der Bausteine ins Blut.
- **Dickdarm** mit After: Wasserentzug (Eindicken), Bildung und Ausscheidung von Kot.

Verdauung: Zerlegung körperfremder organischer Stoffe in ihre Bausteine und deren Aufnahme in Blut und Lymphe

Dauergebiss: 32 Zähne
Milchgebiss: 20 Zähne

Die Speiseröhre transportiert die Nahrung durch wellenförmige Bewegungen (Peristaltik) zum Magen.

Enzyme des Bauchspeichels spalten Nährstoffe. Gallensaft macht Fette wasserlöslich, er emulgiert sie.

Bakterien zersetzen einen Teil der Ballaststoffe.

Spaltung der Nährstoffe

Nährstoff	Enzym	Grundbausteine
Fette 	Lipasen	Glycerol (Glycerin) und 3 Fettsäuren
Eiweiße 	Pepsin, Trypsin	Aminosäuren
Kohlenhydrate 	**Amylase,** Maltase	Einfachzucker

Ausscheidung

Harnsystem

Das Harnsystem besteht aus je zwei **Nieren** und Harnleitern, der Harnblase und der Harnröhre.

Funktionen:
Harnleiter: weiterleiten
Harnblase: speichern
Harnröhre: abgeben

Harn wird in der Niere, durch Diffusion (↑ S. 58) und Osmose (↑ S. 58) gebildet:

- Abscheidung von Wasser und gelösten Stoffen im Nierenkörperchen,
- Rückgewinnung von Traubenzucker und Salzen im Nierenkanälchen,
- Abgabe des Harns ins Nierenbecken.

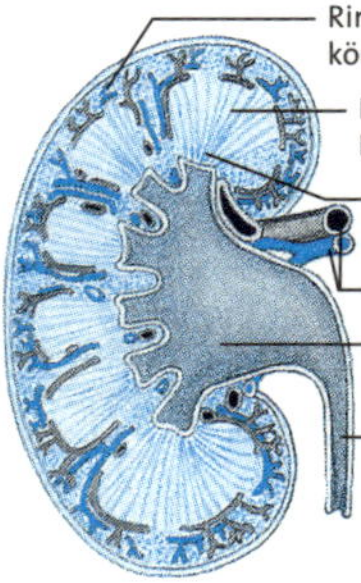

Harn besteht hauptsächlich aus Wasser, Harnstoff und Salzen.

Haut

Haut hat Ausscheidungs- und Sinnesfunktion (↑ S. 56). Ausgeschieden werden **Schweiß** (Schweißdrüsen) und **Talg** (Talgdrüsen). Die Haut schützt z. B. vor Stoß und Druck, Austrocknung, UV-Strahlen, Kälte, Krankheitserregern.

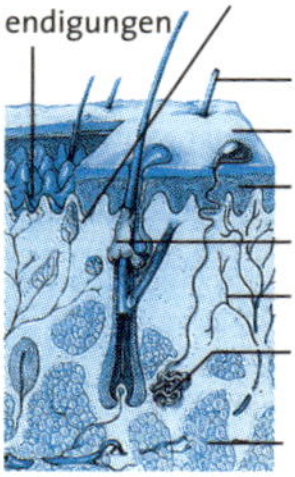

Hormonsystem

Hormone sind chemische Botenstoffe, die in Hormondrüsen gebildet werden. Das sind **endokrine** Drüsen, deren **Sekret** direkt ins Blut oder Gewebe abgegeben wird.

Hormone wirken in kleinsten Mengen. Die Bauchspeicheldrüse ist gleichzeitig Hormon- und Verdauungsdrüse (↑ S. 31). Die **Keimdrüsen** sind beim Mann die Hoden (↑ S. 34) und bei der Frau die Eierstöcke (↑ S. 34).

Hormondrüsen, Hormone und ihre Funktionen

Drüse	wichtige Hormone	Wirkungen
Hirnanhangsdrüse	Freisetzungs-, Wachstumshormone	Beeinflussung anderer Hormondrüsen, Körperwachstum
Schilddrüse	Thyroxin, Calcitonin,	Stoffwechselregulation
Thymusdrüse (Immunorgan)	Peptidhormone	Bildung weißer Blutkörperchen
Bauchspeicheldrüse	Insulin, Glucagon	Regulation des Blutzuckerspiegels
Nebennieren NN-Mark	Adrenalin, Noradrenalin	Blutdruck, Puls, Atmung
NN-Rinde	Rindenhormone, Sexualhormone (Androgene)	Wasser- und Salzhaushalt, Geschlechtsmerkmale
Hoden	Testosteron	Geschlechtsmerkmale, Bildung von Samenzellen
Eierstöcke	Östrogene, Gestagene	Geschlechtsmerkmale, Menstruation, Schwangerschaft

Fortpflanzung

Geschlechtsorgane

Mann

- **Glied:** Abgabe von Harn und Sperma (Samenzellen)
- **Hodensack:** Schutz
- **Hoden:** Bildung von Hormonen (↑ S. 33) und Samenzellen
- **Nebenhoden:** Speichern, Transportieren von Samenzellen
- **Samenleiter:** Transport von Samenzellen
- **Vorsteherdrüse und Bläschendrüse:** Sekretabgabe

Glied und Hodensack sind äußere Geschlechtsorgane.

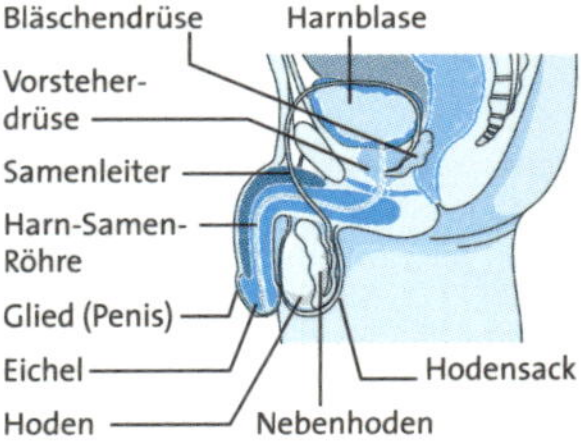

Ernährung und Beweglichkeit der Samenzellen

Frau

- **Eierstöcke:** Bildung von reifen Eizellen, Hormonen
- **Eileiter:** Transportieren von Eizellen
- **Gebärmutter:** Entwicklung des Embryos, Geburt
- **Scheide:** Aufnahme des Glieds, Geburtskanal

Einmal im Monat reift in einem der beiden Eierstöcke eine Eizelle heran.

Schamlippen und Kitzler sind äußere Geschlechtsorgane.

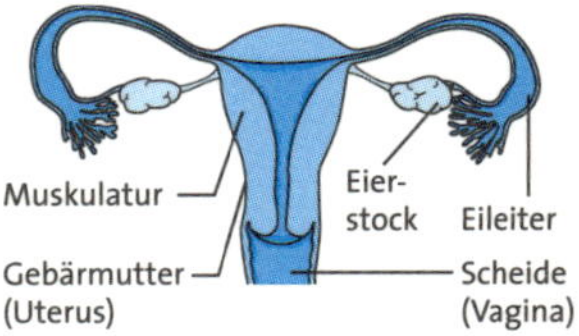

Die Pille als Empfängnisverhütungsmittel unterdrückt den Eisprung hormonell.

Weiblicher Zyklus

■ 1. bis 4. Tag: **Menstruation** (Monatsblutung)	Abstoßen der Gebärmutterschleimhaut
■ etwa 14. Tag: Eisprung, mögliche Befruchtung	reife Eizelle gelangt in den Eileiter
■ 14. bis 26. Tag: Aufbau der Gebärmutterschleimhaut	Vorbereitung auf die Einnistung einer befruchteten Eizelle
■ ab 14. Tag: Bildung von Gelbkörperhormon	Steuerung des Zyklus
■ etwa 16. Tag: Gelbkörperrückbildung	Vorbereitung der nächsten Menstruation

Befruchtung

Sie findet im Eileiter statt. Reife Eizelle und Samenzelle vereinigen sich.	In den Kernen von Ei- und Samenzelle befinden sich mütterliches und väterliches Erbgut.

Entwicklung des Embryos

Zeit	Vorgänge
1. bis 7. Tag	Teilung der befruchteten Eizelle, Transport zur Gebärmutter
1. Monat	Entstehung des Mutterkuchens und der Nabelschnur, Anlage von Herz und Nervensystem
2. Monat	Anlage aller inneren Organe, Herz schlägt
3. Monat	Entwicklung der Organe
4. bis 7. Monat	Wachstumszeit, innere Organe bilden sich vollständig heraus, Fetus bewegt sich
bis 9. Monat	Reifungszeit
Geburt	Beginnt mit Wehen, dann Eröffnungsphase, Austreibungsphase, Nachgeburtsphase

3 Nervensystem und Sinne

Nervensystem

Nervensysteme bestehen aus verknüpften **Nervenzellen.** Diese haben:

- einen Zellkörper,
- zahlreiche **Dendriten,**
- einen **Neurit** (Nervenfaser) mit Markscheide und Schnürringen. An dessen Endverzweigungen befinden sich die **Synapsen.** Es gibt diffuse Nervennetze, Strickleiternervensysteme, Zentralnervensysteme (Gehirn- und Rückenmark).

Pflanzen besitzen keine Nervensysteme.

kernhaltiger Abschnitt

kurze Fortsätze, Aufnahme von Erregungen (Reizen)

langer Fortsatz, Leitung von Strom (**Aktionspotential**)

Synapsen: Verbindung zu anderen Nervenzellen oder Organen

Hohltiere (↑ S. 16)
Spinnentiere (↑ S. 17)
Wirbeltiere (↑ S. 19 ff.)

Rückenmark

Es liegt im Wirbelkanal der Wirbelsäule (↑ S. 24). Der Querschnitt ist schmetterlingsförmig. Nerven verbinden Gehirn und Körper, **Reflexe** (↑ S. 42 f.) werden umgeschaltet.

Rückenmark des Menschen:

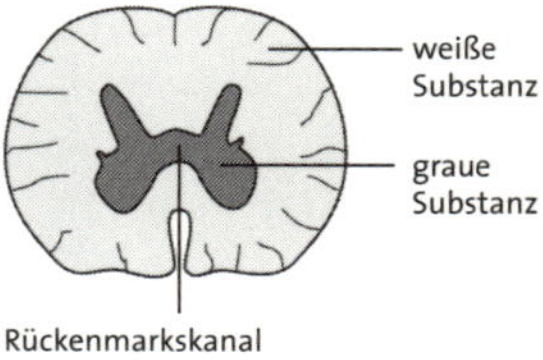

Gehirn des Menschen

Außen ist graue Substanz (Zellkörper von Nervenzellen), innen weiße Substanz (Neuriten).

- **Großhirn** mit Rindenfeldern: Sprache, Gefühle, Bewusstsein, Gedächtnis
- **Zwischenhirn:** regelt den Stoffwechsel
- **Mittelhirn:** Schaltstelle
- **Kleinhirn:** Bewegungen
- **Nachhirn:** Reflexzentren, Schaltstelle

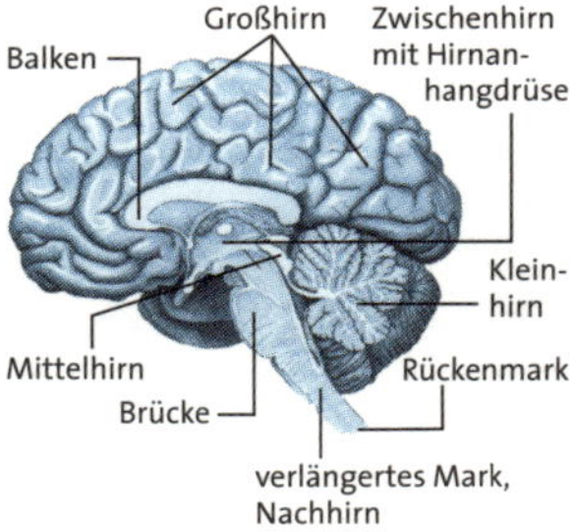

Bei den Gehirnen der Wirbeltiere zeigt sich zunehmende Höherentwicklung (↑ S. 74).

Sinne

Sinneszellen und **Sinnesorgane** nehmen Reize auf

Die Reize werden in Erregungen (elektrische Impulse) umgewandelt, weitergeleitet und beantwortet.

Reizart	Energieform	Sinneswahrnehmung
Licht	Lichtenergie	Sehen
Schall	mechanische Energie	Hören
Gase	chemische Energie	Riechen
gelöste Stoffe	chemische Energie	Schmecken
Schwerkraft	mechanische Energie	Gleichgewicht, Lage
Wärme/Kälte	thermische Energie	Temperaturdifferenz
Berührung	mechanische Energie	Tasten, Druck
innere Reize	mechanisch, chemisch	Eingeweidesinn

Sehen

Sehen ist die Wahrnehmung von Lichtreizen (optischen Reizen, ↑ S. 37). Es werden Form, Farbe oder Bewegung erfasst. Höhere Tiere haben Augen, die **Lichtsinneszellen** enthalten und Licht absorbieren.

menschliches Auge, Teile und Funktion:

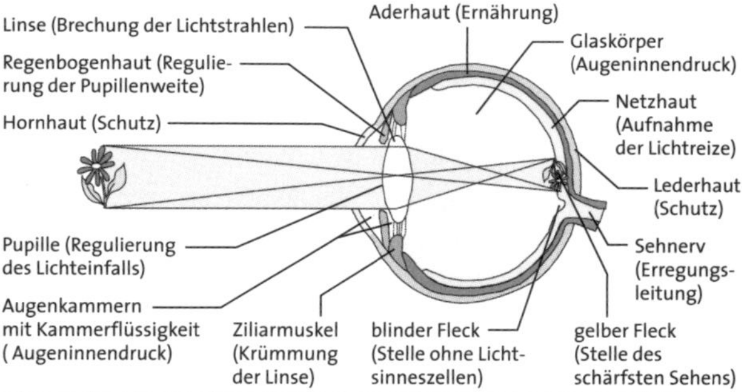

Der Sehvorgang

Netzhaut →	**Lichtsinneszellen** →	**Nervenzellen** →	**Großhirn**
verkleinertes, umgedrehtes, seitenverkehrtes, farbiges, reelles Bild	(Zapfen und Stäbchen) Umwandlung der Lichtenergie in elektrische Impulse	im Sehnerv Weiterleitung der elektrischen Impulse	Sehzentrum Wahrnehmung des Bildes in natürlicher Gestalt

Akkomodation ist die Anpassung an unterschiedliche Entfernungen.	Nähe: Linse stark gekrümmt, angespannt Ferne: Linse flach, entspannt
Adaptation ist die Anpassung an unterschiedliche Lichtintensität.	hell: Pupille verengt dunkel: Pupille erweitert

Hören und Gleichgewicht

Hören ist die Wahrnehmung von Schallwellen (mechanische Reize, Luftbewegung). Es können Lautstärke, Tonhöhe oder Richtung erfasst werden. Höhere Tiere haben Ohren, die **Hörsinneszellen** enthalten.

menschliches Ohr, Teile und Funktion:

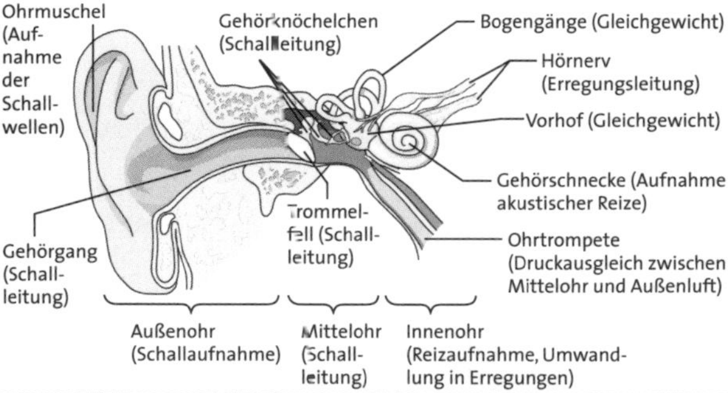

Der Hörvorgang

Außenohr →	**Gehörknöchelchen** →	**Gehörschnecke** →	**Großhirn**
Schallaufnahme, Weiterleitung zum Trommelfell	Hammer → Amboss → Steigbügel: mechanische Bewegung	mit Hörsinneszellen und Hörnerv: Umwandlung in elektrische Impulse und Weiterleitung	Hörzentrum, Wahrnehmung, Hörempfindung

Der **Gleichgewichtssinn** befindet sich im Innenohr. Die drei Bogengänge sind **Drehsinnesorgane.** Die beiden Vorhofsäckchen nehmen die Lage im Raum wahr, es sind **Lagesinnesorgane.**

Sinnesleistungen

Riechen und Schmecken

Geruchssinn und Geschmackssinn nehmen chemische Reize wahr.

Sie lassen sich nicht immer eindeutig voneinander trennen (z. B. Wassertiere).

Der **Geruchssinn** nimmt Gase wahr. Wirbeltiere haben oft Nasenorgane. Die **Nase** besitzt Schleimhaut mit Flimmerhaaren und **Riechschleimhaut.**

auch: Riechsinn

Fische (Riechgruben)
Geruchsqualitäten:
würzig, blumig, fruchtig, harzig, faulig, brenzlig

Der **Geschmackssinn** nimmt gelöste Stoffe wahr. Die **Zunge** besteht aus Muskulatur und Schleimhaut mit Geschmackssinneszellen **(Geschmacksknospen).**

Es ist ein Nahsinn. Fast alle Wirbeltiere schmecken mit der Mundregion, viele mit einer Zunge.

Geschmacksqualitäten:
süß, sauer, bitter, salzig

Tasten und Fühlen

Es werden mechanische und thermische Reize wahrgenommen. Die menschliche Haut (↑ S. 32) besitzt dafür Wärme-, Kälte- und Tastkörperchen, freie Nervenendigungen und Lamellenkörperchen.

Diese Reize werden bei vielen Tieren über die Körperoberfläche oder mit Tasthaaren aufgenommen.

Wahrnehmungen:
Temperaturunterschiede, Schmerz, Schwingungen, Druck, Berührung

Steuerung und Regelung

Biologische Vorgänge und Stoffwechselgrößen werden im Körper geregelt. Bei der **Regelung** liegt ein Kreisprozess mit einer Rückmeldung vor.

Daran sind Sinnesorgane, Hormone und Nervensysteme beteiligt.

Die **Steuerung** erfolgt meist ohne Rückkopplung.

Regelkreis der Körpertemperatur des Menschen

Regelgröße	soll konstant gehalten werden
Messfühler	überträgt Messwert an Regler
Regler	vergleicht Messwert (Istwert) mit gespeichertem Sollwert
Stellglied	verändert Regelgröße
Störgröße	beeinflusst Regelgröße
Negative **Rückkopplung** veranlasst das Gegenteil der Störwirkung.	herabsetzen der Körpertemperatur nach Muskelarbeit (Erwärmung)

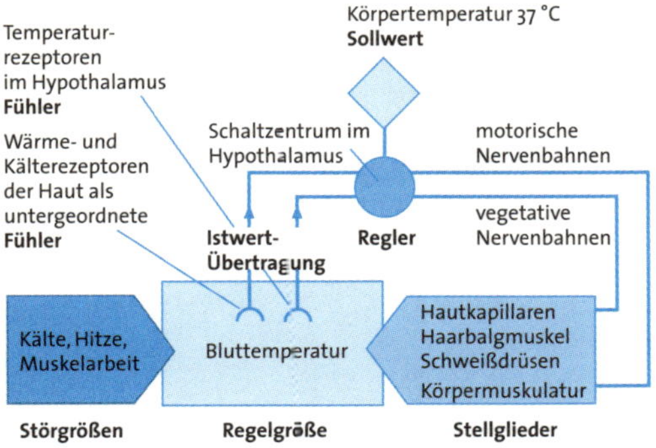

4 Verhalten

Angeborenes Verhalten

Angeborenes Verhalten wird vererbt und sichert notwendige Reaktionen ohne Lernvorgänge.

Als Verhalten bezeichnet man alle wahrnehmbaren oder erschließbaren Veränderungen, z. B. Bewegungen, Laute, Farbänderungen, Motivationen.

Unbedingte Reflexe

Unwillkürliche, schnelle, automatische Reizantworten laufen über einen **Reflexbogen** ab:

- **Rezeptor:** Sinneszelle, -organ; Reizaufnahme
- **Reflexzentrum:** Verarbeitung, Umschaltung
- **Effektor:** Muskel, Drüse; Reizantwort, Reaktion

Reflexzentrum Gehirn/Rückenmark → **Effektor** Atemmuskulatur → **Reaktion** Husten

Reiz Staubteilchen → **Rezeptor** Schleimhaut der Bronchien → **Reflexzentrum**

Schutzreflexe: Kniesehnenreflex, Lidschlussreflex
Ernährungsreflexe: Schluckreflex, Speichelreflex

Instinkthandlungen

Dies ist z. T. angeborenes, Lernprozessen zugängliches Verhalten. Ablauf: Handlungsbereitschaft (1), Suchverhalten (2), Schlüsselreize (3), Handlung (4).

Manchmal wird der Ablauf einer Instinkthandlung als **Reiz-Reaktions-Kette** dargestellt:

(1) hungrige Zecke → (2) klettert auf Gräser → (3) nimmt Körperwärme/Schweiß wahr → (4) lässt sich fallen, sucht haarlose Stelle, saugt Blut

Erworbenes Verhalten

Lernverhalten

Lernen setzt ein Gedächtnis mit Nervenzellen (↑ S. 37) voraus. Erworbene Erfahrungen werden gespeichert, Verhalten verändert sich.

Erworbenes Verhalten wird in der Individualentwicklung erlernt und nicht weitervererbt. Durch **Nachahmungslernen** können Erfahrungen von Tier zu Tier weitergegeben werden.

4

Lernvorgänge

Bedingte Reflexe entstehen durch Verknüpfung neutraler und reflexauslösender Reize (Signalreize).	Verhaltensweise, die selten im natürlichen Umfeld auftritt, z. B. erworbener (antrainierter) Speichelreflex des Hundes beim Aufleuchten einer Lampe
Prägung ist der Erwerb von Kenntnissen über Objekte oder Handlungen.	entsteht nur in sensibler Entwicklungsphase, erfolgt rasch, ist irreversibel, z. B. Nachfolgeprägung bei Nestflüchtern
Bei der **Konditionierung** verstärkt sich positiv erlebtes Verhalten, negatives Verhalten wird gehemmt.	auch Lernen am Erfolg/Misserfolg genannt, z. B. Dressur mit Belohnung
Lernen durch Einsicht ist die Problemlösung durch Überlegen mit Planungs- und Handlungsphase.	auch zielorientiertes Verhalten genannt, Handeln nach Plan, z. B. Werkzeuggebrauch
Zum **averbalen Denken** gehören Abstraktion und Generalisation, averbales Zählen, Selbstkenntnis.	abstraktes Denken ohne Wortsprache, z. B. „Ich-Bewusstsein“ bei Menschenaffen

Sexualverhalten

Es umfasst Verhaltensweisen, die zur Erzeugung von Nachkommen dienen.
Paarfindung: Partnersuche, Kontaktaufnahme, Vorbereitung der Befruchtung (Synchronisation)

auch: Fortpflanzungsverhalten
nur bei Arten mit geschlechtlicher Fortpflanzung

auch: **Balzverhalten**
oft mit ritualisierten Elementen wie Imponieren (↑ S. 46)

Paarungssysteme sind:
- Promiskuität: viele Weibchen, viele Männchen
- Polygamie; Formen: Polyandrie: ein Weibchen, mehrere Männchen; Polygynie: ein Männchen, mehrere Weibchen
- Monogamie: ein Weibchen, ein Männchen

jedes *kann* sich mit jedem paaren
alle Tierstämme

meist längere Paarbindung
selten
Termiten

wenn dauerhaft: **Harem**
Löwen · Antilopen · Paviane

oft dauerhaft: **„Tierehe“**
Gibbons · Dohlen · Gänse

Verhalten zu Nachkommen

- **Brutfürsorge:** Wahl des Ortes, Nahrungsvorräte anlegen, kein Kontakt der Eltern zu Nachkommen
- **Brutpflege:** Schutz und Versorgung der Nachkommen, Lernvorgänge (↑ S. 43) zwischen Eltern und Nachkommen

Sicherstellung des Überlebens der Nachkommen
Mistkäfer · Schlupfwespe · Kuckuck

meist bis zu deren Selbständigkeit
Nestflüchter: Bodenbrüter · Huftiere · Hasen
Nesthocker: Amseln · Kaninchen · Primaten

Soziale Verbände

Tiere, die mit Artgenossen zusammenleben, bilden **soziale Verbände.**

Schutz vor Feinden · Schutz und gemeinsame Aufzucht der Nachkommen

- **anonymer Verband:** Mitglieder erkennen sich nicht an individuellen Merkmalen, sondern an Art-/Gruppenmerkmalen.

offener Verband: Heringsschwarm, Vogelschwarm
geschlossener Verband: Rattensippe, staatenbildende Insekten

- **individualisierter Verband:** Mitglieder erkennen sich an individuellen Merkmalen.

enger Zusammenhalt, Verbandsfremde werden nicht aufgenommen
Löwenrudel · Affenhorde · Hühnerschar

Rangordnungen

Rangordnungen legen die soziale Hierarchie in einem individualisierten Verband fest. Sie werden oft durch Auseinandersetzungen ermittelt.

Stabilisierung der Gruppe · Vermeidung unnötiger Auseinandersetzungen (Aggressionsverhalten ↑ S. 46) · Vermeidung von Risikoverhalten

- ranghöchstes, dominantes Tier: **Alphatier**
- zweitranghöchstes Tier: Betatier
- rangniederstes Tier: Omegatier

In manchen Rangordnungen kann ein Rangwechsel stattfinden.

starre, lineare Rangordnung: Hackordnung bei Hühnern

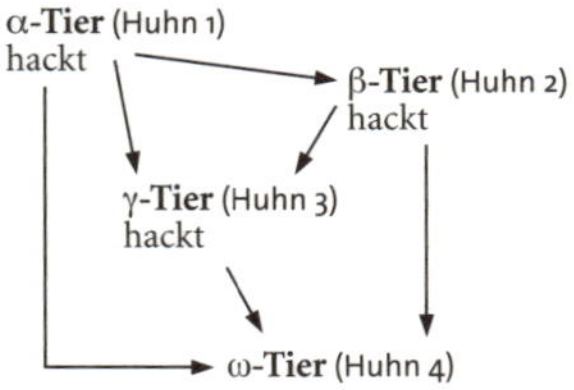

Aggressionsverhalten

Aggressives Verhalten dient zum Drohen, zum Angriff oder zur Verteidigung.

Konkurrenz um: Nahrung · Raum · den Sexualpartner · den Platz in der Rangordnung

- **Drohverhalten:** enthält oft ritualisierte Elemente, dient der Vermeidung von unnötigen Kämpfen

Imponieren (ohne Kampftendenz): Vergrößern · Drohen; (mit Kampftendenz): Drohlaute

- **Turnierkampf:** verläuft meist stark ritualisiert, gefährliche Waffen werden nicht eingesetzt

auch: **Kommentkampf** mit **Tötungshemmung:** Hahnenkampf · Kampffische

- **Beschädigungskampf:** ohne feste Regeln, bis zur endgültigen Entscheidung, oft werden beide Gegner verletzt

ohne Tötungshemmung: Töten von Wespen durch Wächterbienen · Töten rudelfremder Löwen

- **aggressionshemmendes Verhalten:** Unterwerfung, Beschwichtigung

Verkleinern · Abwenden · Demutshaltung

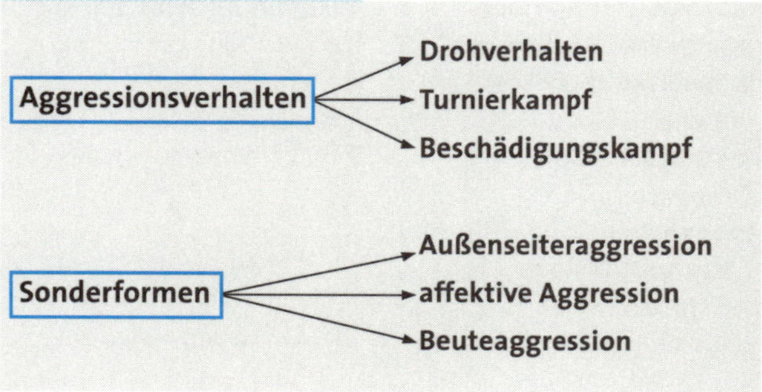

Territorialverhalten

Territorialverhalten beinhaltet das Aufsuchen, die Nutzung und oft auch Verteidigung von Arealen (Revieren).

auch: **Revierverhalten**
abhängig von: Qualität und Verteilung der Ressourcen, Konkurrenz (↑ S. 88), Verfügbarkeit der Ressourcen

Reviere

- **Dauerreviere:** werden ständig und zeitlebens genutzt
- **Nahrungsrevier:** Nahrungserwerb
- **Fortpflanzungsrevier:** zur Fortpflanzung (↑ S. 44)

Nach Revierinhaber werden Einzel- (1), Paar- (2) und Gruppenrevier (3) unterschieden.

auch: Gesamtrevier
für alle Lebensprozesse
Hamster · Dachs

Beuterevier: Marder
Winterrevier: Storch

Balzrevier · Paarungsrevier · Brutrevier

(1) Feldhamster: lebt solitär
(2) Graugänse: Tierehe (↑ S. 44)
(3) Löwen: Rudel (↑ S. 45)

Territoriumsgrenzen
Die **Reviergröße** ist oft nicht starr, sondern variiert. **Reviergrenzen** sind

- markante Punkte des Biotops (↑ S. 90) oder
- aktive **Reviermarken:** akustische Signale (1), chemische Markierungen (2) oder optische Signale (3).

Nahrungsangebot · Reviernachbarn · Jahreszeit · Fortpflanzungssituation
Bäume · Seeufer · Fluss- und Bachläufe · Felsformationen · Wasserpflanzen

(1) Gesang (Singvögel) · Gebrüll (Brüllaffen)
(2) Kot (Nashorn) · Urin (Hundeartige)
(3) Scheuermarken (Braunbären)

5 Zellbiologie

Mikroskopieren

Das Mikroskop

- **Stativ:** Halt, Befestigung
- **Okular:** enthält Linse
- **Tubus:** Röhre
- **Objektive** (am Objektivrevolver): enthalten Linsen mit verschiedenen Vergrößerungen
- **Objekttisch:** Befestigen des Präparats (Klammern)
- **Triebrad:** verändert den Abstand Linse – Objekt
- **Blende:** Verdunkelung
- **Beleuchtung:** durchleuchtet das Objekt

Das **Lichtmikroskop** vergrößert höchstens bis zu 2000-fach, das **Elektronenmikroskop** millionenfach.

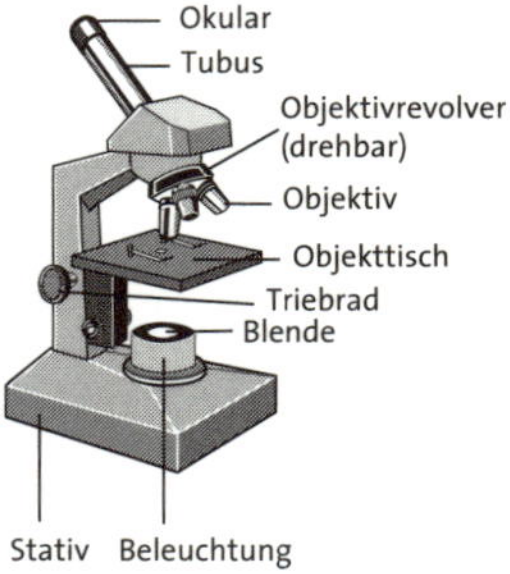

Beim **Mikroskopieren:**
- Tubus ganz hoch fahren, kleinste Vergrößerung einstellen,
- Präparat befestigen,
- Beleuchtung einstellen,
- Objektiv dicht über Präparat senken, Bildausschnitt scharf stellen.

Die Gesamtvergrößerung ergibt sich durch Multiplikation der Vergrößerung von Okular und verwendetem Objektiv. Durch Verschieben des Präparats ändert sich der Bildausschnitt. Beim Durchsehen den Tubus immer nur von unten nach oben bewegen, damit das Präparat nicht zerdrückt wird.

Präparieren

Zum Mikroskopieren können Frisch- und Dauerpräparate verwendet werden. Herstellung eines **Frischpräparates:**

- Reinigen der Glasgeräte
- Auftropfen eines Wassertropfens
- Vorbereiten des Objekts
- Objekt auf Objektträger legen
- Deckgläschen vorsichtig auf das Objekt legen
- überschüssiges Wasser absaugen oder
- Farbstoff durchsaugen

Beim **mikroskopischen Zeichnen** müssen Bildausschnitt und Größenverhältnisse dokumentiert werden.

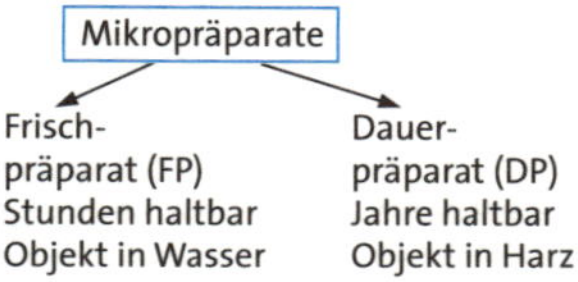

Objektträger, Deckgläschen

in die Mitte des Objektträgers

dünne Schnitte anfertigen

in den Wassertropfen

schräg herabgleiten lassen, Luftblasen vermeiden

mit Filterpapier

Farbstoffe: **Eosin,** Methylenblau

Die Vergrößerung wird so angegeben: 8 x 32

Es können entweder ein Ausschnitt oder das ganze Objekt gezeichnet werden.

Die Lupe

Lupen enthalten eine Linse. Sie vergrößern meist bis zu 15-fach. Die Lupe wird über das Objekt gehalten und langsam hin und her bewegt.

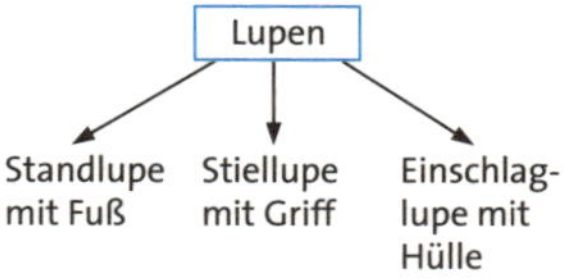

Aufbau der Zelle

Alle Lebewesen bestehen aus einer oder mehreren (vielen) **Zellen.** Die Zellen der Lebewesen mit Zellkern (Eukaryoten, ↑ S. 4) besitzen **Zellorganellen** (Zellbestandteile) mit verschiedenen Funktionen.

Zellbestandteile

Organell	Aufbau	Aufgaben
Zellmembran	Doppelschicht aus Fettbausteinen	Stoffaustausch, Abgrenzung
Zellplasma	wässrige Lösung	Stofftransport
Zellkern	Kernmembran, Kernplasma, Kernkörperchen, Erbgut (↑ S. 65)	Steuerung, Regelung, Mitose, Meiose (↑ S. 68)
Mitochondrien	Doppelmembran mit Einstülpungen (↑ S. 62)	Zellatmung
Ribosomen	RNA (↑ S. 65) und Proteine	Eiweißsynthese (↑ S. 66)
Chloroplasten	Doppelmembran mit Chlorophyll (↑ S. 60)	Fotosynthese
Vakuole	Bläschen mit Zellsaft	Speicherung
Zellwand	Celluloseschichten	Abgrenzung, Festigkeit

Gleichartige Zellen im Verband mit gleicher Funktion bilden ein Gewebe. Durch den Zusammenschluss mehrerer Gewebe zu einer Funktionseinheit entstehen Organe und Organsysteme. Organismen besitzen verschiedene Organsysteme mit unterschiedlichen Funktionen:
Zellen → Gewebe → Organe → Organsysteme → Organismen

Palisadenzellen → Palisadengewebe → Laubblatt → Spross und Wurzel → Samenpflanze

Bau von Pflanzen- und Tierzellen im Vergleich

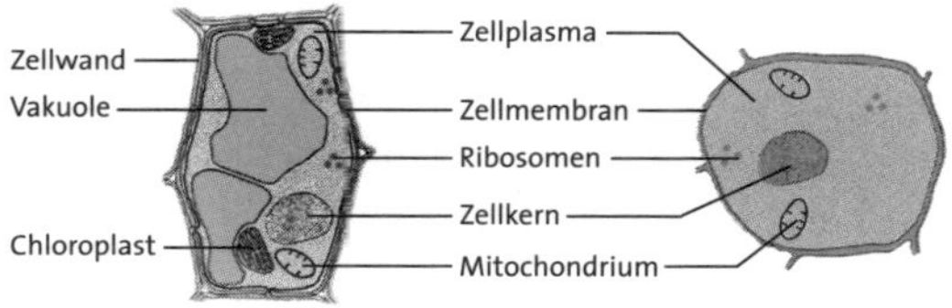

Pflanzenzelle Tierzelle

Tierische Zellen haben nie Chloroplasten und keine Zellwand. Bis auf tierische Fettzellen haben sie auch keine Vakuolen (↑ S. 50). Heterotrophe Pflanzenzellen (↑ S. 90) besitzen ebenfalls keine Chloroplasten.

Zellwachstum und Zellformen

Nach der Zellteilung, (Mitose, ↑ S. 68), wachsen die Zellen und differenzieren sich dabei, sie werden verschieden. Zellstreckungswachstum tritt nur bei Pflanzenzellen auf.

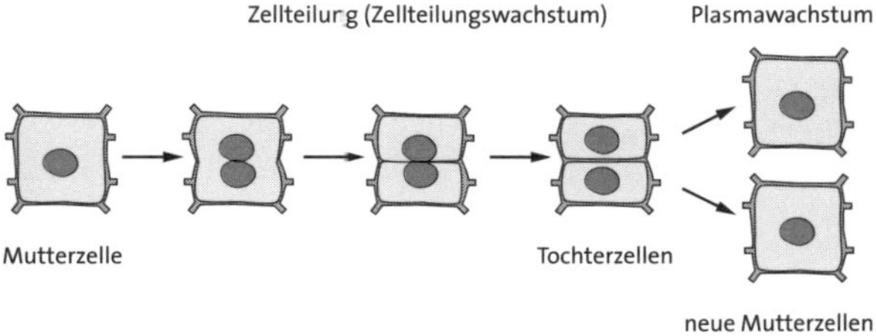

Zellteilungs- und Plasmawachstum einer Pflanzenzelle

Zellen sind unterschiedlich geformt. Tierische Zellen sind oft kugelförmig, sie besitzen keine feste Zellwand. Pflanzenzellen sind oft vieleckig durch feste Zellwände.

Vom Einzeller zum Vielzeller

Im Verlauf der **Evolution** (↑ S. 74) haben sich aus Einzellern differenzierte Vielzeller entwickelt. Am Beispiel der heute lebenden **Grünalgen** lässt sich das nachvollziehen:

Auf der Erde leben heute Einzeller (↑ S. 7) neben Kolonien und einfachen sowie komplizierten Vielzellern.

Grünalgen (↑ S. 10) sind niedere Pflanzen, die im Wasser leben.

- **Einzeller:** Die Hüllengeißelalge ist eine im Wasser lebende Grünalge. Sie hat eine Gallerthülle und bewegt sich mit zwei Geißeln fort.

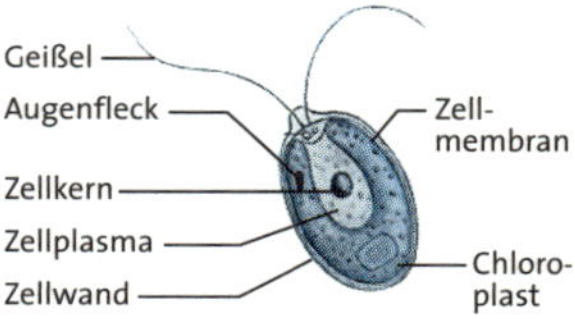

Hüllengeißelalge, **Chlamydomonas**

- **Kolonien** entstehen, wenn mehrere Zellen in einer Gallerthülle zusammenbleiben. Alle Zellen sind gleich aufgebaut und (theoretisch) allein lebensfähig.

Eudorina hat 32 Zellen in einer Gallerthülle.

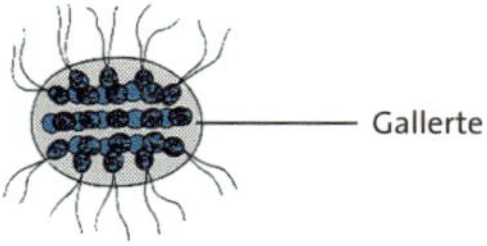

Höherentwicklung

einzellige Grünalgen (Chlamydomonas); →	Kolonien bildende Grünalgen (Eudorina); →	vielzellige Grünalgen (Meersalat);
nur eine Zelle mit den Lebensfunktionen	mehrere Zellen bilden eine Kolonie, die nur dem Schutz der Einzelzelle gilt; keine Funktionsteilung	zunehmende Differenzierung und Funktionsteilung zwischen den Zellen

Einfache Vielzeller

Alle echten Vielzeller besitzen im Gegensatz zu Zellkolonien unterschiedlich aufgebaute Zellen mit verschiedenen Funktionen.

Eine Übergangsform zwischen Kolonie und echtem Vielzeller ist die Kugelalge **Volvox.** Sie lebt im Süßwasser und hat zwei Typen von Zellen:

- Körperzellen mit Geißel für Fotosynthese und Fortbewegung
- Fortpflanzungszellen (Ei- und Spermienzellen)

Bei den Grünalgen wird auch innerhalb der echten Vielzeller eine **Höherentwicklung** sichtbar.

- Schlauchalge
- Schraubenalge
- Kraushaaralge
- Meersalat, Ulva

Höhere Vielzeller besitzen Gewebe (↑ S. 50).

Auch bei Blaualgen treten Zellkolonien auf. Bei Staatsquallen und Korallen (↑ S. 16) dagegen bilden viele mehrzellige Einzellebewesen eine so genannte „Kolonie“ (keine echte Kolonie).

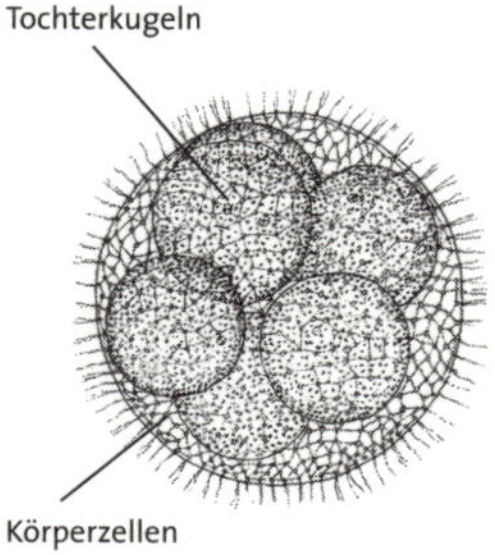

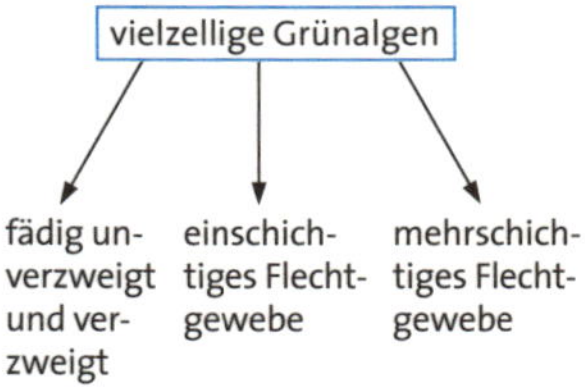

Stoff- und Energiewechsel in Zellen

In den Zellen finden ständig Stoff- und Energieumwandlungen statt. Stoffaufbauende Vorgänge, **Assimilation** (↑ S. 60), laufen nur unter Energiezufuhr ab. Stoffabbauende Vorgänge, **Dissimilation** (↑ S. 60), sind mit Energiegewinn verbunden.

Assimilation: Fotosynthese (↑ S. 60 f.) verbraucht Lichtenergie.
Chemosynthese verbraucht chemische Energie.

Dissimilation: Zellatmung (↑ S. 62), Gärungen (↑ S. 63) setzen chemische Energie (ATP) frei.

Chemische Bestandteile von Zellen

Zellen setzen sich aus verschiedenen chemischen Verbindungen zusammen, die sich in anorganische und organische unterteilen lassen.

Zellbestandteile

anorganische	**organische**
Wasser	Fette
gelöste Moleküle	Eiweiße
Salze	Kohlenhydrate
anorganische Säuren	DNA, RNA

Nachweise

Mithilfe von Nachweisreaktionen kann das Vorhandensein von Stoffen bewiesen werden.

Sicherheitsmaßnahmen und Gefahrstoffverordnung gelten in der Biologie genauso wie in der Chemie.

Anorganische Stoffe

Wasser als ein Hauptbestandteil aller Zellen löst durch seine Polarität viele Ionenverbindungen, z. B. Salze, Säuren oder Basen in freibewegliche **Ionen.**

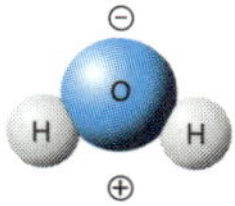

Das Wassermolekül ist ein Dipol.

Gelöste Moleküle sind z. B. **Sauerstoff** oder **Kohlenstoffdioxid,** die im Stoffwechsel entstehen oder verbraucht werden.

■ **Sauerstoff** wird mit der **Spanprobe** nachgewiesen: Holzspan zum Glimmen bringen, in Reagenzglas mit Gas eintauchen, Span flammt auf (ab 30% O_2).

■ **Kohlenstoffdioxid** wird in Calciumhydroxidlösung, $Ca(OH)_2$ oder Bariumhydroxidlösung, $Ba(OH)_2$, eingeleitet. Trübung durch Ausfällung von schwerlöslichem Carbonat.

Sauerstoff Kohlenstoffdioxid

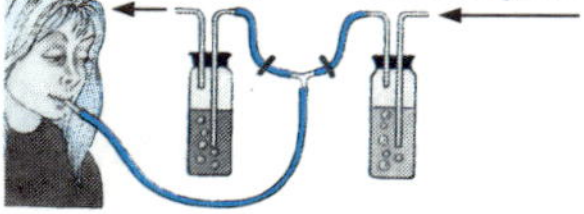

Nachweis von Kohlenstoffdioxid in der Ausatemluft

Salze und **Säuren** liegen fast immer gelöst vor. Sie sind wichtig für Stoffwechsel und Säuregrad der Lösung.

positive Ionen (Kationen):
Ca^{2+}; Na^{+}; H^{+} (H_3O^{+}); NH_4^{+}; Fe^{2+}
negative Ionen (Anionen):
CO_3^{2-}; Cl^{-}; PO_4^{3-}; CH_3–COO^{-} (Acetat-Ion)

Organische Stoffe

Eiweiße (Proteine) sind Grundbausteine der Zellen. Unlösliche Gerüstproteine stabilisieren die Zelle, lösliche Eiweiße sind im Stoffwechsel aktiv. **Enzyme** (↑ S. 59) sind meist Eiweiße. Nachweis von Eiweißen:

- **Biuret-Reaktion:** 3 ml konzentrierte NaOH (Vorsicht!) und einige Tropfen $CuSO_4$- Lösung zugeben. Violettfärbung tritt auf.
- **Xanthoprotein-Reaktion:** 3 ml konzentrierte HNO_3 (Vorsicht!) zugeben, vorsichtig erwärmen. Eine Gelb- bis Orangefärbung tritt auf.

Sie bestehen aus vielen verknüpften Aminosäuren. Die Eiweiße jedes Lebewesens setzen sich aus nur 20 essenziellen Aminosäuren zusammen. Im genetischen Code (↑ S. 65) sind sie verschlüsselt.

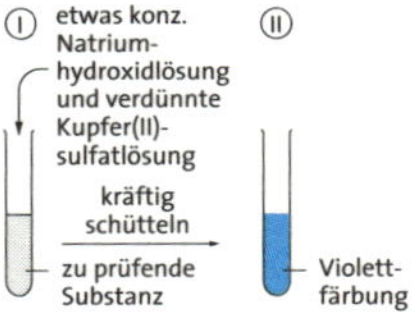

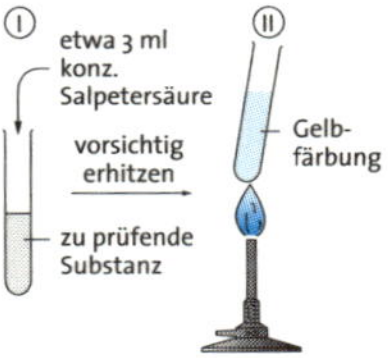

Die Nukleinsäuren DNA und RNA (↑ S. 64 f.) sind u.a. Träger der Erbinformation

Die DNA ist bei Eukaryoten (↑ S. 4) im Zellkern in den Chromosomen und auch in Mitochondrien enthalten.

Fette bestehen aus Glycerol (Glycerin) und drei Fettsäuren. Sie sind Bausteine der Zellmembranen. Fettgewebe enthält Fettvakuolen. Fette sind Energiespeicher der Zelle.

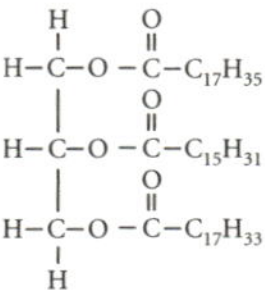

Glycerolester

Fettmolekül

■ Fette werden mit der **Fettfleckprobe** nachgewiesen. Fetthaltiger Stoff hinterlässt nach Trocknung auf Filterpapier einen Fettfleck.

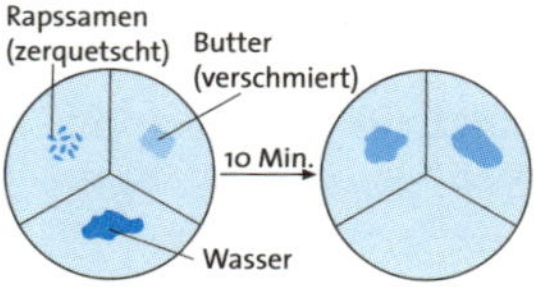

Kohlenhydrate:
Traubenzucker (Glucose) und Fruchtzucker (Fructose) sind Einfachzucker (Monosaccharide).

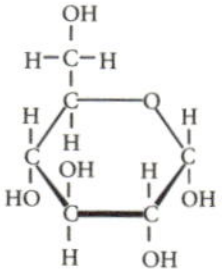

■ Nachweis von Traubenzucker: **fehlingsche Lösung** I und II im Verhältnis 1:1 mischen. Eine dunkelblaue Lösung entsteht. Zusammen mit der Glucose vorsichtig erwärmen. Es bildet sich ein ziegelroter Niederschlag.

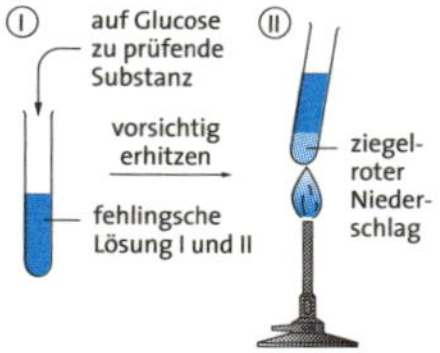

Rohrzucker und Malzzucker sind Zweifachzucker (Disaccharide).

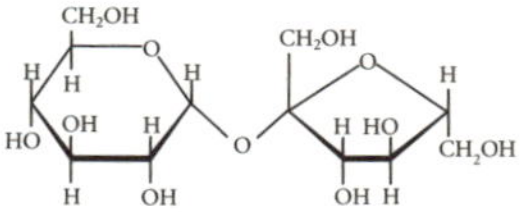

Stärke und **Cellulose** sind Vielfachzucker (Polysaccharide).

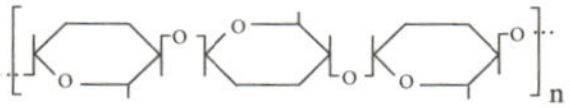

Ausschnitt aus einem Cellulosemolekül

Cellulose weist man mit **Chlorzinkiodlösung** nach. Eine blau-violette Färbung zeigt sich.

■ Stärke wird mit **Iod-Kaliumiodid-Lösung** nachgewiesen. Eine blauschwarze Färbung tritt auf.

Transportvorgänge

Grundlage der Transportvorgänge sind die physikalischen Vorgänge Diffusion und Osmose.

Höhere Lebewesen haben oft komplexe Transportsysteme, z. B. Blutkreisläufe (↑ S. 27). Diffusion und Osmose treten im zellulären Bereich auf.

■ Bei der **Diffusion** durchmischen sich zwei aneinander grenzende Stoffe oder Stoffgemische ungehindert und vollständig. Die Teilchen wandern auf Grund ihrer Eigenbewegung *immer* zum Ort der niedrigeren Konzentration.

Gasaustausch in der Lunge (↑ S. 26)

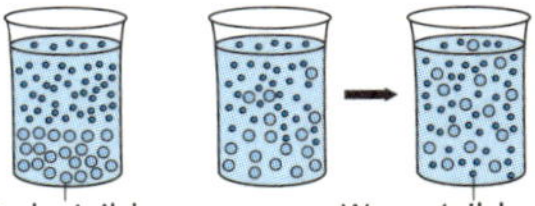

Diffusion

■ Bei der **Osmose** sind die Stoffe durch eine halbdurchlässige **(semipermeable) Membran** getrennt. Kleine Moleküle, z. B. Wasser (↑ S. 55) können hindurchtreten, größere, z. B. Glucose (↑ S. 57) nicht. Es findet kein Konzentrationsausgleich statt.

Wasseraufnahme in die Wurzel

Zellmembranen sind semipermeabel.

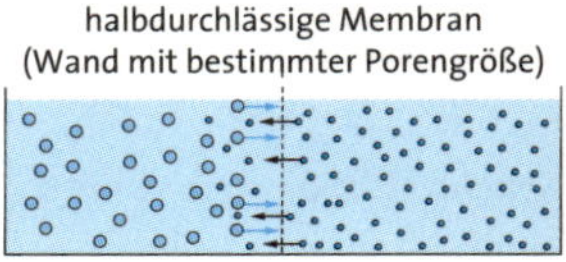

Osmose

Höhere Temperaturen fördern die Eigenbewegung der Teilchen und beschleunigen Diffusion und Osmose.

Enzyme

Enzyme (veraltet Fermente) sind **Biokatalysatoren.** Sie bestehen aus Eiweißen (Eiweißanteilen). Enzyme sind:

- **substratspezifisch,** d. h. jedes reagiert nur mit bestimmten Ausgangsstoffen (Substraten),
- **wirkungsspezifisch,** d. h. jedes kann nur eine bestimmte Reaktion katalysieren.

Enzyme beschleunigen meist chemische Reaktionen in der Zelle, indem sie deren Aktivierungsenergie herabsetzen.

Amylase → Stärke (Amylose) · Maltase → Malzzucker (Maltose)

Hydrolasen bewirken Spaltungen von Substraten unter Wasseranlagerung.

Aufgepasst: Enzyme bilden oft mit dem Substrat einen Enzym-Substrat-Komplex.

Enzymreaktion:

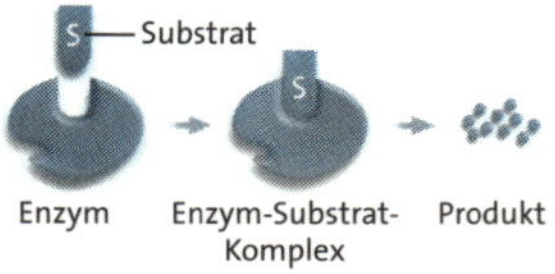

Enzyme (Coenzyme) des Stoffwechsels in Zellen können auch nach Reaktionen eingeteilt werden:

- Wasserstoffüberträger transportieren H_2,
- Energieüberträger binden chemische Energie und geben sie wieder ab.

NADP (Fotosynthese, ↑ S. 60)

ADP+P/ATP (Zellatmung, ↑ S. 62)

In den Zellen aller Lebewesen finden Stoffwechselvorgänge statt. Der Aufbau körpereigener, organischer Stoffe aus körperfremden Stoffen ist die **Assimilation.**
Der Abbau von Stoffen zur Nutzung der enthaltenen chemischen Energie ist die **Dissimilation.**

Stoff- und Energiewechsel

- Assimilation
  - autotroph (↑ S.90)
    - Fotosynthese
    - Chemosynthese
  - heterotroph (↑ S.90)
- Dissimilation
  - (Zell-)Atmung
  - Gärungen

Die Fotosynthese

Die Fotosynthese ist eine Form der **autotrophen Assimilation,** bei der aus Kohlenstoffdioxid und Wasser Traubenzucker (↑ S. 57) aufgebaut wird. Zusätzlich entsteht Sauerstoff. Der Prozess findet mit Hilfe von **Chlorophyll** und Zufuhr von Lichtenergie statt.

Bei fast allen Pflanzenzellen (↑ S. 50 f.) findet Fotosynthese in den **Chloroplasten** statt. Membranstapel enthalten den grünen Farbstoff Chlorophyll, der rotes und blaues Licht absorbiert.

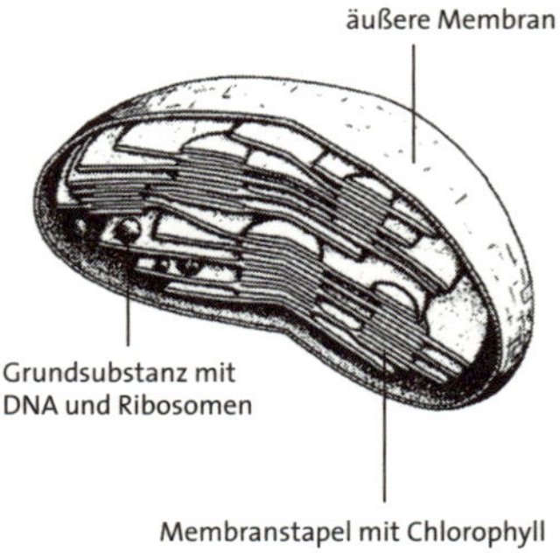

Ablauf der Fotosynthese

■ Ausgangsstoffe: Kohlenstoffdioxid (CO_2) und Wasser (H_2O)	aus der Luft (Landpflanzen) über die Spaltöffnungen aus dem Boden
■ Stoffumwandlung: Die Wassermoleküle werden gespalten. Dabei ist Lichtenergie nötig. Sauerstoff (↑ S. 55) entsteht. Dann wird aus CO_2 Traubenzucker (↑ S. 57) aufgebaut. Lichtenergie wird dabei in chemische Energie umgewandelt.	Sie findet am Chlorophyll statt. Der Wasserstoff der Wassermoleküle wird an einen Überträger (NADP, ↑ S. 59) angelagert und für die Bildung von Traubenzucker benötigt. Die Bildung organischer Stoffe, in denen Energie gespeichert wird, ist die Ernährungsgrundlage aller heterotrophen Lebewesen (↑ S. 90)
■ Reaktionsprodukte: Sauerstoff, O_2 und Glucose, Traubenzucker, $C_6H_{12}O_6$	O_2 wird an die Luft abgegeben oder dient als Ausgangsstoff zur Zellatmung. Umwandlung in Stärke und andere organische Stoffe

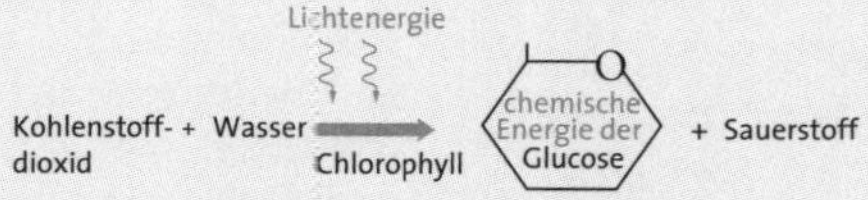

$$6CO_2 + 6H_2O \longrightarrow C_6H_{12}O_6 + 6O_2$$

Bedeutung der Fotosynthese

- ■ organische Stoffe als Nahrung für heterotrophe Lebewesen
- ■ Sauerstoff, O_2, für Atmung
- ■ Verbrauch von Kohlenstoffdioxid, CO_2
- ■ Umwandlung von Lichtenergie in chemische Energie

Zellatmung

Die Zellatmung ist eine Form der Dissimilation (↑ S. 60), die im **Mitochondrium** stattfindet. Traubenzucker wird vollständig abgebaut. Die Zelle gewinnt chemische Energie.

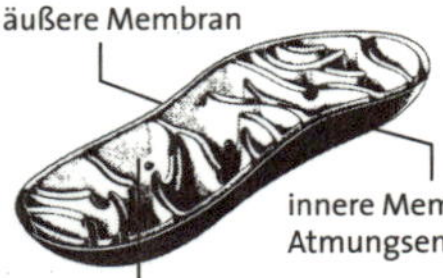

Mitochondrium

chemische Energie der Glucose	+ Sauerstoff	⟶ Atmungsenzyme	Kohlenstoffdioxid	+ Wasser;	**chemische Energie**
$C_6H_{12}O_6$	+ $6\ O_2$	⟶	$6\ CO_2$	+ $6\ H_2O$;	**ATP**

Ablauf der Zellatmung:

- Ausgangsstoffe: Sauerstoff, O_2, und Glucose, Traubenzucker, $C_6H_{12}O_6$

O_2 aus der Luft, Glucose aus der Nahrung (bei Pflanzenzellen durch Fotosynthese)

- Stoffumwandlung: Traubenzucker wird schrittweise zerlegt. Die chemische Energie der Glucose wird an einen Energieüberträger (ATP, ↑ S. 59) gebunden.

ATP ähnelt einem Akkumulator. Es speichert Energie und gibt sie bei Bedarf wieder ab. Energie wird zur Aufrechterhaltung von Lebensprozessen gebraucht: Bewegung, Wachstum, aktive Transportvorgänge, Assimilation, Fortpflanzung

- Reaktionsprodukte: Kohlenstoffdioxid, CO_2, und Wasser, H_2O

Gärungen

Gärungen sind Formen der Dissimilation, bei denen organische Stoffe ohne Sauerstoff (anaerob) meist unvollständig abgebaut werden. Die Zelle gewinnt chemische Energie.

Der chemische Umbau von Ethanol („Alkohol“) zu Ethansäure (Essigsäure) wird fälschlich als Gärung bezeichnet. Essigsäurebakterien oxidieren Ethanol mit Sauerstoff.

Alkoholische Gärung: Kohlenhydrate, z. B. Glucose, werden durch Enzyme der **Hefen** (↑ S. 8) zu Ethanol („Alkohol“) und Kohlenstoffdioxid abgebaut.

$C_6H_{12}O_6 \rightarrow 2\ C_2H_5OH + 2\ CO_2$

energiereiches ATP entsteht

Bäckerhefe: gebildetes CO_2 lockert den Teig auf

Bier-, Weinhefe: Herstellung alkoholischer Getränke

Milchsäuregärung: Kohlenhydrate, z. B. Glucose, werden durch Enzyme der **Milchsäurebakterien** zu Milchsäure abgebaut. Auch in Zellen der Wirbeltiere (Muskeln) gibt es Enzyme zur Milchsäuregärung.

$C_6H_{12}O_6 \rightarrow 2\ C_3H_6O_3$

Glucose → Milchsäure

Sauermilchprodukte: Quark, Käse, Joghurt, Buttermilch

Sauerteig: Roggenbrot, Sauerkraut

Silo-Futter („Silage”)

Säureschutzmantel der Haut (↑ S. 32)

Bei „Eiweißgärungen“, z. B. Fäulnis, zersetzen (↑ S. 90) Bakterien oder Pilze stickstoffhaltige Eiweiße aus toter organischer Substanz.

6 Genetik

Zelluläre und molekulare Grundlagen

Chromosomen

Sie befinden sich im Zellkern (↑ S. 50). Ihre Anzahl ist jeweils artspezifisch. Ein Chromosom hat zwei **Chromatiden** mit je zwei Armen. Das Centromer hält sie zusammen. Chromosomensatz: Gesamtheit aller Chromosomen einer Zelle. **Gen:** Bereich auf dem Chromosom, verschlüsselt ein bestimmtes Merkmal. **Allel:** Variation *eines* Gens auf homologen Chromosomen.

Chromatin: Arbeitsform der DNA; Chromosomen: Transportform der DNA
homolog: Ähnlichkeit in Merkmalen aufgrund gemeinsamer Abstammung

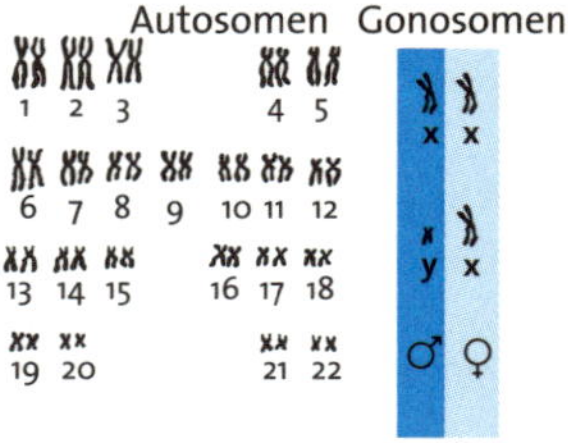

Chromosomen des Menschen (Karyogramm)

DNA (DNS)

Bausteine sind Zucker **(Desoxyribose)** (1), Phosphorsäurerest (2) und vier organische Basen (3): **Thymin** (T), **Adenin** (A), **Guanin** (G), **Cytosin** (C).

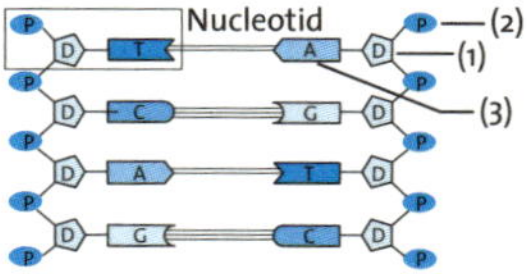

Doppelstrang (Ausschnitt) der Desoxyribonucleinsäure, DNS (engl. Abkürzung: DNA)

Das DNA-Makromolekül bildet einen spiralig gedrehten Doppelstrang, die **Doppelhelix.**

ähnelt einer Wendeltreppe
Rand: Zuckerrest, Phosphorsäurerest
Stufen: A = T
G ≡ C

RNA (RNS)

Bausteine sind Zuckerreste **(Ribose),** Phosphorsäurereste und vier organische Basen: **Uracil** (U), **Adenin** (A), **Guanin** (G), **Cytosin** (C).
- **m-RNA:** Boten-RNA (engl.: messenger = Bote) (1)
- **t-RNA:** Transport-RNA (2)
- **r-RNA:** Ribosomen-RNA (3)

Die **R**ibo**n**uclein**s**äure, RNS (engl. Abkürzung RNA), ist meist einsträngig und kürzer als die DNA. Drei Nucleotide bilden auch hier ein Triplett. Viren (↑ S. 5) können auch RNA als Erbsubstanz haben.
Eiweißsynthese (↑ S. 66):
(1) Kopieren des genetischen Codes; (2) Transport, Anlagerung von Aminosäuren; (3) Baustein der Ribosomen (↑ S. 50)

Ein **Nucleotid** besteht aus einem Zucker-, einem Phosphorsäurerest und einer organische Base.
Im **genetischen Code** ist die Erbinformation für die Eiweißsynthese (↑ S. 66) verschlüsselt. Drei Nucleotide **(Triplett)** codieren eine von 20 Aminosäuren (↑ S. 56). Mit der **„Code-Sonne"** können sie ermittelt werden.

Da Zucker und Phosphorsäurerest immer gleich sind, gibt man für die Nucleotide nur den Buchstaben der Base an.

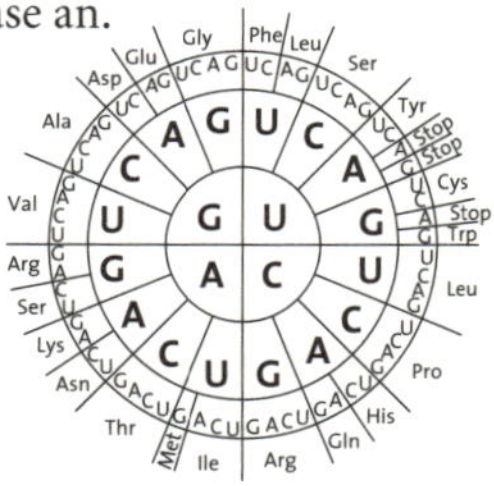

Die Code-Sonne wird von innen nach außen gelesen.

Eiweißsynthese

■ **Transkription:** „Abschreiben“ der Basenreihenfolge (Nucleotidsequenz) von der DNA durch die m-RNA (↑ S. 65) im Kern, Wanderung der m-RNA ins Plasma zum Ribosom

DNA-Triplett: Codogen
m-RNA-Triplett: **Codon**

m-RNA Nucleotide lagern sich komplementär an:
U an A, A an T, C an G,
ein m-RNA-Strang entsteht.

■ **Translation:** Anlagerung von t-RNA-Tripletts mit zugehöriger Aminosäure an die m-RNA, Verknüpfung der Aminosäuren zum Eiweiß. Eiweiße sind Zellbausteine und wirken als Enzyme (↑ S. 59).

t-RNA-Triplett: **Anticodon**
„Übersetzung“ der Basenreihenfolge in Aminosäurekette
vereinfacht: Ein Gen eines Chromosoms (↑ S. 64) verschlüsselt jeweils ein Eiweiß.
Gen → Enzym → Merkmal

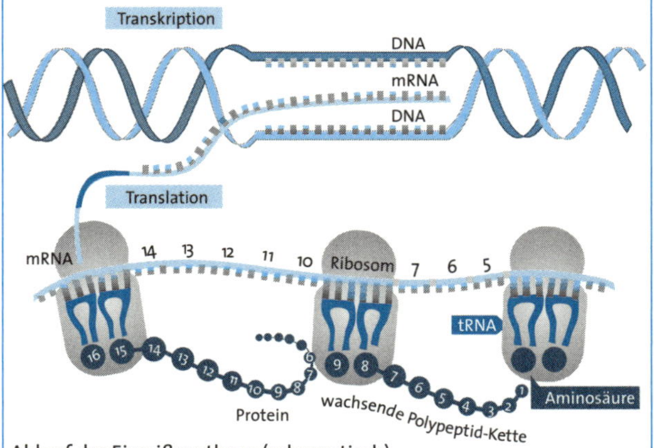

Ablauf der Eiweißsynthese (schematisch)

Mutationen

Mutationen sind Veränderungen des Erbgutes. Mutationen in Geschlechtszellen (Eizelle, Samenzelle) werden an die Nachkommen vererbt. Formen:

Körperzellen geben die mutierte Erbinformation durch Mitose (↑ S. 68) an neue Körperzellen weiter.

- **Genmutation:** Veränderung *eines* Gens/einer organischen Base

auch: Punktmutation
Nucleotidverlust/-verdopplung, Basenaustausch

- **Chromosomenmutation:** Hierbei kommt es zu Veränderungen an *einem* Chromosom.

Stückverlust/-verdopplung, Drehung, Überkreuzung mit Stückaustausch: „crossing over"

- **Chromosomensatz-** oder **Genommutation:** Veränderungen der *Anzahl* der Chromosomen

Verlust/Verdopplung einzelner Chromosomen, Verminderung/Vervielfachung des ganzen Chromosomensatzes

Mutagene sind mutationsauslösende Faktoren, z. B. Chemikalien oder physikalische Einflüsse. Mutationen können für ein Individuum sehr schädlich sein. In der Evolution können sie jedoch zur Höherentwicklung beitragen (↑ S. 74), weil auch neue Eigenschaften mit besserer Anpassung an Lebensräume entstehen können.

spontane Mutation: Mutagen ist nicht ersichtlich (z. B. Formaldehyd, Teerstoffe, UV-, Röntgen-, radioaktive Strahlen)
Erbkrankheiten: Genmutationen (Farbenblindheit, Phenylketonurie, ↑ S. 72, Sichelzellenanämie)
Genommutation: Trisomie 21 („Down-Syndrom", ↑ S. 72)

Mitose

Mitose ist eine Form der **Kernteilung,** bei der aus *einer* Körperzelle *zwei* genetisch identische entstehen. Vor Mitose und Meiose findet eine Selbstverdopplung der DNA (↑ S. 64) statt, die **identische Replikation.**

Bedeutung: Wachstum, Erneuerung von Körperzellen, ungeschlechtliche Fortpflanzung

Verlauf: DNA-Strang teilt sich, neue Nucleotide lagern sich an (komplementäre Basenpaarung), zwei identische DNA-Stränge trennen sich

■ **Prophase:** Kernmembran löst sich auf, Chromosomen (↑ S. 64) bilden sich aus dem Chromatin, Spindelapparat entsteht

■ **Metaphase:** Chromosomen ordnen sich in der Zellmitte an

■ **Anaphase:** Trennung von Chromosomen, diese werden durch Spindelfasern zu den Zellpolen gezogen

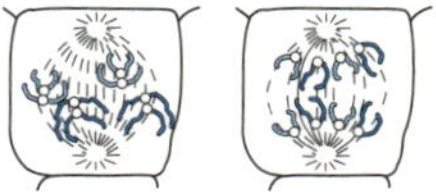

■ **Telophase:** neue Kernmembran entsteht, Chromosomen werden wieder zu Chromatin, neue Zellmembran wird gebildet

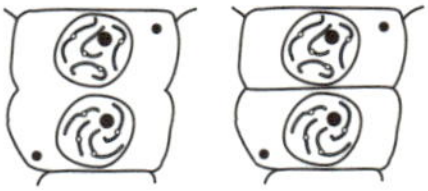

Meiose

Meiose ist die Kernteilung mit anschließender Zellteilung. Aus *einer* Körperzelle werden *vier* genetisch verschiedene Zellen.

Erste Reifeteilung:

- Prophase 1: Paarung homologer (↑ S. 64) Chromosomen, Kernmembran löst sich auf, Spindelapparat entsteht
- Metaphase 1: Anordnung der gepaarten Chromosomen in der Zellmitte
- Anaphase 1: Trennung homologer Chromosomen
- Telophase 1: Bildung von zwei Zellen

Zweite Reifeteilung:

- Prophase 2: Kernmembran löst sich auf, Spindelapparat entsteht
- Metaphase 2: Anordnung der Chromosomen in der Zellmitte
- Anaphase 2: Chromatiden werden getrennt und wandern zu den Polen
- Telophase 2: Bildung neuer Membranen

Da bei der Befruchtung (↑ S. 35) Erbgut der Eltern verschmilzt, muss der Chromosomensatz vorher „halbiert" werden.

Prophase 1

Metaphase 1

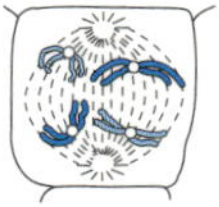

Anaphase 1

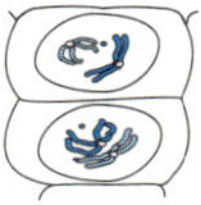

Telophase 1

Prophase 2

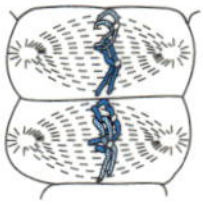

Metaphase 2

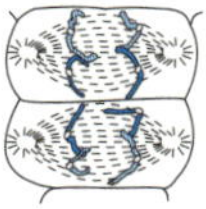

Anaphase 2

Telophase 2

Die mendelschen Regeln wurden 1865 von Gregor Mendel nach Kreuzungsversuchen mit Erbsen formuliert:
In so genannten diploiden Zellen gibt es jedes Gen zweimal, als Allel auf den homologen Chromosomen (↑ S. 64).

- **homozygot** (reinerbig, Allele sind gleich)
- **heterozygot** (mischerbig, Allele sind verschieden)
- **dominantes** Allel (wird ausgebildet)
- **rezessives** Allel (wird unterdrückt)
- **kodominante** Allele (Mischform wird ausgebildet, **intermediärer Erbgang)**

1. mendelsche Regel – Uniformitätsregel

Kreuzt man zwei Individuen einer Art, die sich in einem (reinerbig vorliegenden) Merkmal unterscheiden, so sind die Nachkommen (F_1) in diesem Merkmal alle gleich (uniform) und mischerbig.

Vererbung der Samenform bei Erbsen (dominant-rezessiver Erbgang):

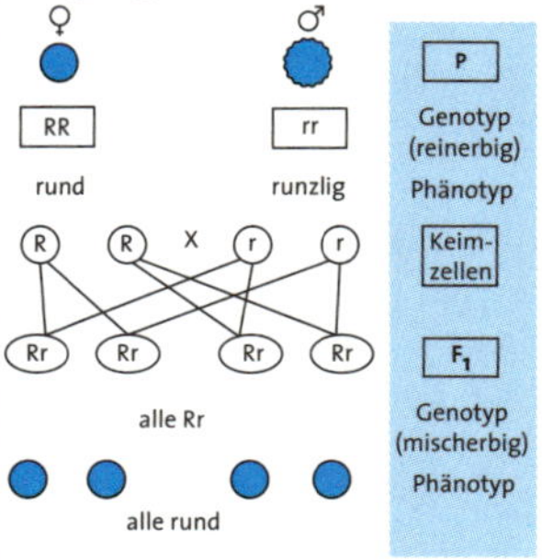

♀ \ ♂	R	R
r	Rr	Rr
r	Rr	Rr

alle Rr mischerbig (heterozygot)
alle Rr rund (dominant-rezessiver Erbgang)

Darstellung des Erbganges als Tabelle

dominantes Allel:	großer Buchstabe
rezessives Allel:	kleiner Buchstabe
Genotyp:	Allelkombination
Phänotyp:	Erscheinungsbild

P: Eltern (Parental-)Generation
F1: erste Nachkommen (Filial-)Generation

2. mendelsche Regel – Spaltungsregel

Kreuzt man zwei in einem Merkmal uniforme, mischerbige F_1-Nachkommen **(F_1-Bastarde)** miteinander, so sind deren Nachkommen (F_2) in diesem Merkmal verschieden, das Merkmal spaltet sich auf:

- dominant-rezessiver Erbgang: 3 : 1 (Phänotyp)
- intermediärer Erbgang: **1 : 2 : 1**

z. B. Samenform

♀ \ ♂	R	r
R	RR	Rr
r	Rr	rr

		Genotyp	Phänotyp
1	x	RR (reinerbig)	rund
2	x	Rr (mischerbig)	rund
1	x	rr (reinerbig)	runzlig
		1:2:1	3:1

z. B. Blütenfarbe

♀ \ ♂	R	W
R	RR	RW
W	RW	WW

		Genotyp	Phänotyp
1	x	RR (reinerbig)	rot
2	x	RW (mischerbig)	rosa
1	x	WW (reinerbig)	weiß
		1:2:1	1:2:1

3. mendelsche Regel – Unabhängigkeitsregel

Kreuzt man zwei Individuen einer Art, die sich in zwei (reinerbig vorliegenden) Merkmalen unterscheiden, so sind die Nachkommen in F_1 in diesen Merkmalen alle gleich (uniform) und mischerbig. In F_2 treten Neukombinationen auf. Die Allele werden unabhängig voneinander vererbt.

P → F_1

♀ \ ♂	GR	GR
gr	GgRr gelb, rund	GgRr gelb, rund
gr	GgRr gelb, rund	GgRr gelb, rund

G Gelb: dominant
R Rund: dominant
g Grün: rezessiv
r Runzlig: rezessiv

F_2-Generation

♀ \ ♂	GR	Gr	gR	gr
GR	GGRR	GGRr	GgRR	GgRr
Gr	GGRr	GGrr	GgRr	Ggrr
gR	GgRR	GgRr	ggRR	ggRr
gr	GgRr	Ggrr	ggRr	ggrr

Genotyp: GGRR, GGrr, ggRR, ggrr reinerbig; GGRr, GgRR, GgRr, Ggrr, ggRr mischerbig

▭ reinerbige Neukombinationen

Phänotyp: 9 gelb/rund, 3 gelb/runzlig, 3 grün/rund, 1 grün/runzlig

Zahlenverhältnis: 9 : 3 : 3 : 1

Angewandte Genetik

Mit Hilfe der Genetik können Erbkrankheiten erforscht, Tiere und Pflanzen gezielt gezüchtet und Erbgut verändert werden.

Heilungsmöglichkeiten für Erbkrankheiten gibt es derzeit noch nicht. Es ist nur eine Behandlung der Krankheitszeichen (symptomatisch) möglich.

Erbkrankheiten

- Die **Bluterkrankheit** basiert auf einem Gendefekt auf dem X-Chromosom (↑ S. 64). Die Blutgerinnung ist stark verzögert.

Frauen: XX; *Männer:* XY
Männer mit fehlerhaftem X sind Bluter. Mischerbige Frauen sind gesund, jedoch Überträgerin.

- Die **Phenylketonurie** (PKU) beruht auf einer Punktmutation (↑ S. 67). Das Enzym Phenylalaninhydroxylase wird nicht hergestellt. Folgen sind schwerste geistige Schäden, Lähmungen, Krämpfe.

Das mutierte Gen ist rezessiv. Die Erkrankung kann durch eine spezielle Diät behandelt werden.
Bei allen Neugeborenen in Deutschland wird deshalb der **Guthrie-Test** auf PKU durchgeführt.

- Die **Trisomie 21** wird auch **Down-Syndrom** genannt. Das Chromosom Nr. 21 ist dreimal statt doppelt vorhanden. Folgen sind geistige Behinderung, Muskelschwäche, gedrungener Wuchs, rundliche Züge, gedrungene Finger.

Durch gestörte Meiose (↑ S. 69) werden die homologen Chromosomen Nr. 21 nicht getrennt. Es gibt einen Zusammenhang zwischen dem Alter der Mutter und Trisomie 21. Je älter die Mutter, desto höher das Risiko.

Züchtung

Mithilfe der mendelschen Regeln (↑ S. 70) können Pflanzen und Tiere gezielt gekreuzt werden. Neue Rassen mit erwünschten Eigenschaften werden gezüchtet.

Pflanzenzüchtung: Krankheitsresistenz, Kältetoleranz, Ertragssteigerung
Tierzüchtung: Krankheitsresistenz, höhere Milch- und Fleischleistung, frühere Geschlechtsreife

Gentechnologie

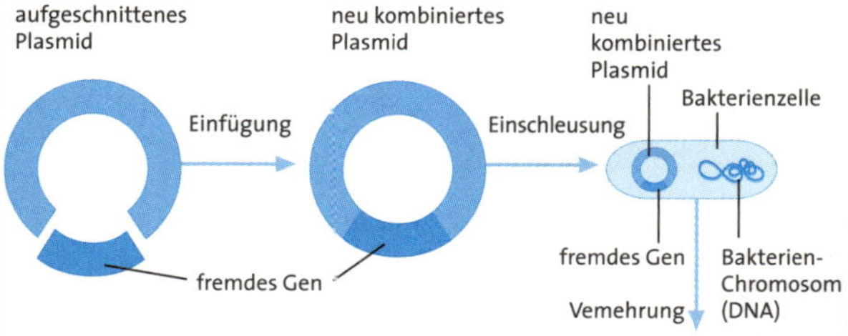

Prinzip der Gentechnologie

Die Gentechnologie befasst sich mit der Analyse, Isolation, Veränderung und dem Einbau von Genen in Lebewesen:

- Isolierung: „Zerschneiden" der DNA mit Enzymen („Restriktionsenzyme"), Trennen der Bruchstücke
- Strukturaufklärung: Analyse der Basenreihenfolge (↑ S. 65) der DNA, Sequenzanalyse
- Einbau des isolierten Gens in ein Transportmittel, ein **Plasmid** (ringförmige DNA von Bakterien/Viren) mit Enzymen (Ligasen)
- Einschleusen des fremden Gens mit dem Plasmid in eine Wirtszelle (Bakterienzelle), Vermehrung

7 Evolution

Historische Entwicklung

Evolution ist die Entwicklung einfacher, primitiver zu komplizierten, hochentwickelten Lebewesen. Im Verlauf der Erdzeitalter fand durch zunehmende Differenzierung und Zentralisierung die zunehmende **Höherentwicklung** statt.

Das heutige System der Lebewesen (↑ S. 4) widerspiegelt diese Entwicklung.

Höherentwicklung beinhaltet generelle Vervollkommnung, zunehmende Kompliziertheit, bessere Umweltanpassung. Die biblische Schöpfungsgeschichte geht von der Konstanz der Arten aus.

Evolutionstheorien

- **Jean Baptiste de Lamarck:** innerer Drang der Lebewesen führt zu deren Vervollkommnung

1744–1829
französischer Botaniker und Zoologe

- **Georges Cuvier:** Katastrophen vernichten Arten, neue werden erschaffen

1769–1832
französischer Zoologe, „Katastrophentheorie"

- **Charles Darwin:** Variabilität der Arten ist Voraussetzung für natürliche Auslese, d. h. Selektion (↑ S. 75)

1809–1882
britischer Naturforscher, Begründer der modernen Evolutionstheorie

Evolutionsfaktoren

Die Ursache der Evolution liegt im Zusammenwirken der Evolutionsfaktoren.

Mutationen · Neukombination · Selektion · Isolation

Variabilität

Variabilität ist das Auftreten erblicher oder nichterblicher Unterschiede bei Artgenossen. Ursachen:
- Umwelteinflüsse
- Mutationen
- Neukombinationen

Variabilität ist die Grundlage der Evolution.

Variationsbreite: Ausmaß der Schwankung

Modifikationen, nicht erblich

erblich (↑ S. 67)

3. mendelsche Regel (↑ S. 71)

Selektion

Selektion ist eine natürliche **Auslese** durch Umweltbedingungen. Lebewesen, die gut angepasst sind, haben einen höheren Fortpflanzungserfolg.

Grundlage der Selektion ist die Variabilität.
stabilisierende Selektion: gleichbleibende Umweltbedingungen → Art bleibt gleich; **transformierende Selektion:** veränderte Bedingungen → Artneubildung

Selektionsfaktoren sind für Lebewesen entweder günstig, dann erhöht sich ihr Fortpflanzungserfolg, oder ungünstig, dann verringert sich die Fortpflanzungschance.

abiotische Umweltfaktoren (↑ S. 84): Wasserangebot in Trockengebieten, Lichtintensität, Jahreszeiten
biotische Umweltfaktoren: *innerartlich:* Konkurrenz um Nahrung, Raum; *zwischenartlich:* Konkurrenz, Feinde

Isolation

Die Paarung von Artgenossen wird verhindert. Dadurch findet eine Unterbrechung des Genflusses statt. Das Erbgut der Artgenossen kann sich nicht mehr vermischen. Die Teilpopulationen entwickeln sich getrennt weiter.

Verhinderung der Paarung: klimatisch · ökologisch · jahreszeitlich · ethologisch

Durch Mutation, Neukombination und Selektion entstehen im Laufe großer Zeiträume zuerst neue Rassen, dann neue Arten.

Klimatische oder **geographische Isolation** findet statt, wenn Populationen (↑ S. 89) durch Barrieren getrennt werden.

auch: allopatrische Artbildung

Grünspecht/Grauspecht

Eisbarriere · Kältesteppe · Gebirgsbildung

Ringeltaube/Hohltaube

Ökologische Isolation ergibt sich aus verschiedenen Standortansprüchen der Artgenossen.

Boden-pH-Wert · Nahrung

Zusammenwirken der Evolutionsfaktoren: Mutation und Neukombination wirken zufällig. Die Selektion wirkt richtend. Nach einer Isolation bewirken genetische Vielfalt und Selektion die Entstehung neuer Arten.

neue Eigenschaften entstehen, Variabilität wird erhöht

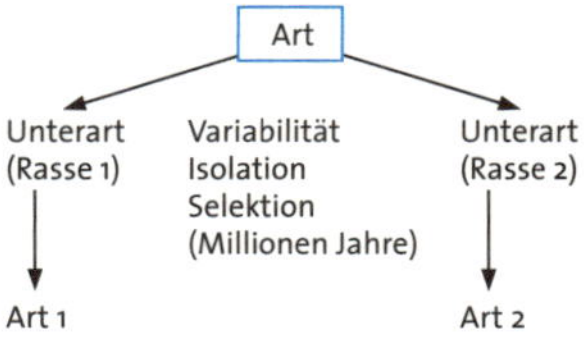

Belege für die Evolution

Für die Entwicklung von Lebewesen gibt es direkte und indirekte Belege.

direkt: experimentelle Genetik, Züchtung
indirekt: Vergleich von Strukturen, Abläufen, Verbreitung

Homologie/Analogie

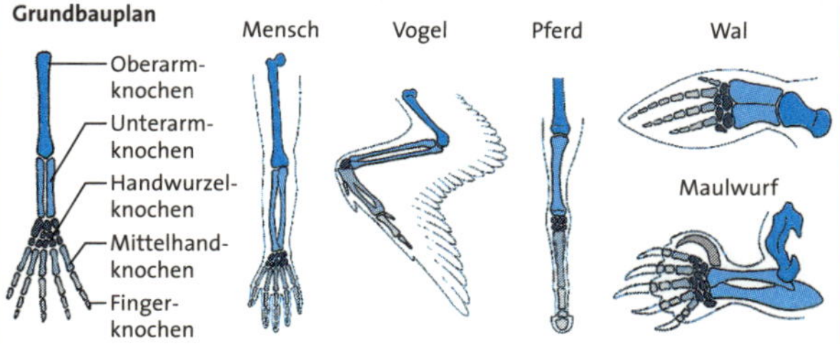

Vordergliedmaßen als homologe Organe bei Wirbeltieren

Homologe Organe finden sich bei verwandten Arten. Sie haben den gleichen Grundbauplan und einen gemeinsamen Ursprung.	**Progressionsreihen** zeigen die Entwicklung vom Einfachen zum Komplizierten, d.h. die Vervollkommnung von Organen.	■ Zentralnervensysteme/Gehirne; ■ Blutkreisläufe/Kammerung des Herzens
Analoge Organe finden sich bei *nicht* verwandten Arten. Aufgrund ähnlicher Funktion ist der äußere Bau ähnlich. Die Grundbaupläne sind verschieden und haben keinen gemeinsamen Ursprung.	**Konvergenz** oder konvergente Entwicklung ist gleichgerichtete Entwicklung. Analoge Organe entstehen durch ähnliche Umweltbedingungen und Selektion.	■ Speicherknollen: Kartoffel/Dahlie; ■ Flügel: Vogel/Insekt

Rudimente

Rudimentäre Organe (Rudimente) sind **Rückbildungen.** Nach Änderung von Umweltbedingungen verkümmern nunmehr unwichtige Organe ohne Minderung der Überlebenschancen. Organreste deuten auf Verwandtschaft oder gemeinsame Abstammung hin.

Regressionsreihen zeigen unterschiedlich weit fortgeschrittene Rückbildungen. Die Arten sind nicht auseinander hervorgegangen, sondern haben gemeinsame Vorfahren.
Flügelskelett der Straußenvögel · Gliedmaßen von Eidechsen · Staubblätter der Rachenblütler

Brückenlebewesen

Brückenlebewesen sind Lebewesen, die gleichzeitig Merkmale einer stammesgeschichtlich jüngeren und älteren Gruppe aufweisen. Sie belegen Verwandtschaftsverhältnisse.

- Der **Quastenflosser,** Latimeria, ist ein rezentes Brückenlebewesen. Er besitzt Merkmale von Knochenfisch und Lurch.
- Der **Urvogel,** Archaeopteryx, ist ein fossiles Brükkenlebewesen. Er besitzt Merkmale von Kriechtier und Vogel.

auch: **Übergangsform**

Brückenlebewesen

↙ ↘

rezent (↑ S.79)	fossil (↑ S.79)
Schnabeltier	Lanzettfischchen
Ginkgobaum	Urfarn (Rhynia)

Fischmerkmale	Lurchmerkmale
Flossen	sackförmige Lunge
Schuppen	Flossen mit innerem Knochenskelett
Fischgestalt	
Kiemen	

Kriechtiermerkmale	Vogelmerkmale
Zähne	Federn
kleines Brustbein	Flügel
Flügel mit Krallen	z.T. hohle Knochen
viele Schwanzwirbel	

Fossilien

Es sind Spuren oder Reste von Lebewesen.
Die ältesten Fossilien sind Moleküle biologischen Ursprungs. Fossilien sind Beweise für die Evolution (↑ S. 74). Verwandtschaftsverhältnisse und Entwicklung der Arten können daraus abgeleitet werden.
Fossilation ist die Entstehung von Fossilien.

rezent: heute lebend
fossil: ausgestorben

biogene Kohlenwasserstoffe: „Fig-Tree-Serie" in Swasiland, ca. 3,1 Mrd. Jahre

Echte Vielzeller finden sich frühestens im Präkambrium.

Nach Art der Fossilation werden die Fossilien eingeteilt.

Fossilien/Fossilation

Bezeichnung	Beschreibung	Beispiel
Hartteile	dauerhafte Teile	Skelettteile
Mumifikation	Konservieren durch Einfrieren, Säure oder Wasserentzug	Mammuts Moorleichen Hitzemumien
Inkohlung	Abbau pflanzlicher Substanz ohne O_2 zu C mit Druck und Hitze	Steinkohle mit Baumfarnen und Schachtelhalmen
Versteinerungen	Füllen von Hohlräumen mit Salzlösung, Verdunsten des Wassers	verkieselte Pflanzen, „versteinertes" Holz
Körperfossilien	ganzer Körper bleibt unversehrt	Insekten in Bernsteinen
Steinkern (Sonderform)	ausgefüllter Hohlraum eines Lebewesens	Ammonit Belemnit
Abdruck (Sonderform)	verfestigtes Abbild von Teilen oder Lebensspuren	Fußspuren

Mensch und Menschenaffen sind eng verwandt und stammen von gemeinsamen Vorfahren ab.

Unterstamm: Wirbeltiere → Klasse: Säugetiere → Ordnung: Primaten → Unterordnung: Affen (Familie Menschenaffen: Schimpansen, Gorillas, Orang Utans; Familie Menschen: Homo sapiens)

Gemeinsamkeiten und Unterschiede

Der Vergleich zeigt viele Gemeinsamkeiten:

Hände/Füße: fünf Fingerstrahlen · Grundaufbau des Gehirns · gleiche Organsysteme · ähnliche Verhaltensweisen · Intelligenz · Selbstkenntnis · genetische Übereinstimmung bis 99 %

Unterschiede:

Menschenaffen

Wirbelsäule einfach gekrümmt · Becken schmal, brettartig gestreckt · hintere Extremität seitlich abgeknickt: „Kletter-Extremität" · Hände hakenartiges Kletterorgan · großer Gesichtsschädel; Hirnvolumen bis 500 cm^3 (Gorilla) · U-förmiger Zahnbogen

Mensch

Wirbelsäule doppelt S-förmig · Becken breit, schaufelartig gekrümmt · Schulterblätter rückwärts verlagert · hintere Extremität gerade: „Stand-Schreit-Extremität" · Greifhand, querstellbarer Daumen · großer Hirnschädel, Hirnvolumen bis etwa 1500 cm^3 · parabolischer Zahnbogen

Evolution des Menschen

Vorfahren

Mensch und Menschenaffen haben gemeinsame Vorfahren:	Diese Vorfahren werden auch **Hominoiden** genannt.
■ **Aegyptopithecus:** fünfhöckrige Zähne	*auch:* Propliopithecus; Fundort: Ägypten; lebte vor ca. 33 Mio. Jahren
■ **Proconsul:** Greifhände und Greiffüße, kein aufrechter Gang	*auch:* Dryopithecus; Fundort: Victoria-See; lebte vor ca. 20 Mio. Jahren
■ **Ramapithecus:** kleine Eckzähne, kein aufrechter Gang	Fundorte: Afrika, Europa, Asien; lebte vor ca. 12 Mio. Jahren
Zwischenglieder in der Entwicklung sind:	Das Tier-Mensch-Übergangsfeld erstreckt sich über 5 Mio. Jahre und ist lückenhaft.
■ **Australopithecus afarensis:** aufrechter Gang, Hirnvolumen ca. 500 cm^3	*auch:* „Südaffe“; Fundorte: Afrika; lebte vor ca. 4 Mio. Jahren; **„Lucy“:** ca. 1 m groß, 27 kg, 30 Jahre
■ **Australopithecus africanus:** zierlich, klein, aufrechter Gang, Hirnvolumen bis 700 cm^3	gleicht A. afarensis; Fundorte: Afrika; lebte vor ca. 2 Mio. Jahren
■ **Australopithecus robustus/A. boisei:** groß, kräftig, starker Knochenbau, Hirnvolumen bis 700 cm^3	Fundorte: Afrika; lebte vor ca. 2 Mio. Jahren; menschenaffenähnlicher; ausgestorben vor ca. 1 Mio. Jahren

Direkte Vorfahren

- **Homo habilis:** („geschickter Mensch“, Affenmensch) vor ca. 1,8 Mio. Jahren in Kenia; Werkzeuggebrauch; Hirnvolumen bis 800 cm^3
- **Homo erectus:** („aufrechter Mensch“, Urmensch) vor ca. 1 Mio. Jahren in Afrika, China, Südostasien; Werkzeugherstellung, Verwendung von Feuer; Hirnvolumen bis 1225 cm^3
- **Homo (sapiens) neanderthalensis: („Neandertaler“,** Altmensch) vor ca. 300 000 Jahren in Europa; Werkzeuge, Feuerstellen, Totenbestattung, Sprache; Hirnvolumen bis 1700 cm^3; vor ca. 30 000 Jahren ausgestorben
- **Homo sapiens sapiens:** fossiler Eiszeitmensch; lebte parallel mit dem Neandertaler; rezenter Jetztmensch; Hirnvolumen bis 1500 cm^3; Körperbau und Eigenschaften wie heutiger Mensch

Stammbaum des Menschen:

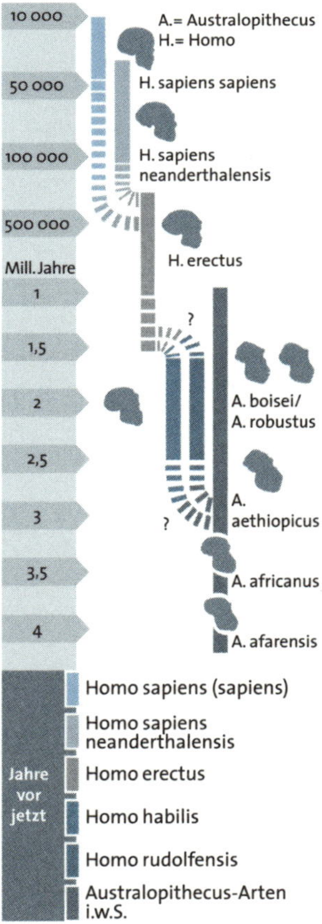

Zeitliches Auftreten der verschiedenen Menschen- und Vormenschenarten

Der Mensch heute

Alle auf der Erde lebenden Menschen gehören zu einer Art: Homo sapiens sapiens. Gemeinsame Merkmale sind Skelett, Organsysteme, Aufbau und Funktion des Gehirns, Stoffwechsel, Chromosomen (↑ S. 64), Verhaltensuniversalien.

Der Begriff „Menschenrassen“ ist veraltet. Genetische Untersuchungen zeigen weitgehende Übereinstimmung der Populationen verschiedener Erdteile. Durch unterschiedliche Umweltbedingungen, Isolation und Migration (Wanderung), entstanden drei geographische Gruppen bzw. typologische Kategorien.

Geographische Gruppen:

- **Europide:** Haut hellrötlich bis hellbraun; Gesicht reliefreich; langer Rumpf, schlanker Wuchs; Haare glatt bis wellig

Europa, Nordafrika, Kleinasien, Südasien vorderer und mittlerer Orient
Körperbehaarung: stark
Gesamtpigmentierung: schwach

- **Negride:** Haut hellbraun bis schwarzbraun; Gesicht wenig reliefreich; kurzer Rumpf; Haare kraus, dicht

Afrika, südlich der Sahara
Körperbehaarung: sehr schwach
Gesamtpigmentierung: stark

- **Mongolide:** Haut hellgelblich bis olivbraun; Gesicht rundlich, flach; langer Rumpf, untersetzt; Haare glatt, straff

Ostasien, Zentralasien, China, Korea und Japan
Körperbehaarung: gering
Gesamtpigmentierung: mittel

Heute vermischen sich die verschiedenen Menschengruppen und ihre Kulturen zusehends.

8 Ökologie

Abiotische Umweltfaktoren

Faktor Licht

Licht wird zur Fotosynthese (↑ S. 60) benötigt.
■ **Lichtblätter:** kleiner, dicker, oft mehrere Schichten Palisadengewebe
■ **Schattenblätter:** größer, dünner, nur eine Schicht Palisadengewebe

Umwelt: alle Faktoren, die auf Lebewesen einwirken
↙ belebt (biotisch) ↘ unbelebt (abiotisch)

Kurztagspflanzen: Blütenbildung bei weniger als 12 Stunden Licht
Langtagspflanzen: Blütenbildung bei mehr als 12 Stunden Licht

Faktor Wasser

■ **Wasserpflanzen:** große, dünne Blätter, kein Festigungs- und Wasserleitungsgewebe

auch: **Hydrophyten;** leben im Wasser; Hornblatt · Wasserlinse · Wasserpest · Seerose

■ **Feuchtpflanzen:** große, dünne Blätter mit vorgewölbten Spaltöffnungen, dünne Kutikula

auch: **Hygrophyten;** Landpflanzen in immerfeuchten Gebieten; Sumpfdotterblume · Begonie · Aronstab

■ **Trockenpflanzen:** kleine, dicke Blätter, eingesenkte Spaltöffnungen, dicke Kutikula

auch: **Xerophyten;** an trockenen Standorten; Heidekraut · Lorbeer · Dickblattgewächse · Myrte

■ **Feuchtlufttiere:** feuchte, drüsenreiche, nackte Haut (Hautatmung)	leben in immerfeuchten Gebieten Lurche (↑ S. 20) · Nacktschnecke · Regenwurm
■ **Trockenlufttiere:** zum Schutz vor Austrocknung bedeckte Haut: Horn, Fell, Federn	können in trockenen und feuchten Gebieten leben Kriechtiere (↑ S. 21) · Vögel (↑ S. 22) · Säuger (↑ S. 23)

Faktor Boden

Bodenstruktur, Wasser und Nährstoffgehalt sind für Lebewesen von Bedeutung.	Der Boden ist ein Lebensraum. Teilchen- und Porengröße sind wichtig für die darin lebenden Tiere und Mikroorganismen.

Zeiger- und Indikatorpflanzen

Umweltfaktor	**Pflanzliche Zeigerarten**	**Beispiele**
Bodenreaktion sauer (pH-Wert 3 bis 6,5)	Säureanzeiger	Heidelbeere, Wald-Kiefer, Schlängelschmiele
Bodenreaktion basisch (pH-Wert 7,5 bis 9)	Kalkanzeiger	Huflattich, Bingelkraut, Leberblümchen
Feuchtigkeit groß (feuchte Standorte)	Feuchtanzeiger	Sumpfdotterblume, Wiesenschaumkraut
Feuchtigkeit gering (trockene Standorte)	Trockenheitsanzeiger	Federgras, Silbergras
Stickstoffgehalt hoch	Stickstoffanzeiger	Große Brennnessel

Faktor Temperatur

Die Temperatur beeinflusst Stoffwechselprozesse bei wechselwarmen Tieren und bei Pflanzen.

RGT-Regel: Erhöhung der Temperatur um 10 °C → Beschleunigung der Reaktion um das 2- bis 3-fache

Wechselwarme Tiere (↑ S. 19) können ihre Körpertemperatur nicht regulieren. Sie sind von den Außentemperaturen abhängig.

alle Wirbellosen · Fische · Lurche · Kriechtiere
Im Winter fallen sie in Winterstarre.

Gleichwarme Tiere (↑ S. 22) haben eine konstante Körpertemperatur und sind unabhängig von Außentemperaturen.

Vögel · Säugetiere
Die Anpassung an die kalte/nahrungsarme Jahreszeit erfolgt z. B. durch Winterruhe oder Winterschlaf.

Klimaregeln

Bergmann-Regel (Größenregel): Verwandte Arten gleichwarmer Tiere sind in kälteren Verbreitungsgebieten größer und schwerer.

geringerer Wärmeverlust durch kleinere Oberfläche (im Verhältnis zur Masse)
Kaiserpinguin (115 cm, 30 kg) – Galapagospinguin (53 cm, 2 kg)

Allen-Regel (Proportionsregel): Die Körperanhänge verwandter Arten von gleichwarmen Tiere sind in kälteren Verbreitungsgebieten kleiner und kürzer.

herausragende Oberflächen kühlen schneller ab → geringerer Wärmeverlust durch kleinere Oberfläche
Polarfuchs (kleine Ohren) → Rotfuchs (mittelgroße Ohren) → Wüstenfuchs (große Ohren)

Toleranzbereich

Zur Beschreibung von Umweltfaktor und Reaktion des Lebewesens dient der Toleranzbereich. Das ist die Spanne eines Faktors, innerhalb der das Lebewesen seine Lebensprozesse aufrechterhalten kann.

- **Maximum:** obere Grenze des Faktors
- **Minimum:** untere Grenze des Faktors
- **Optimum:** Bereich, in dem die von dem Faktor abhängigen Prozesse am besten ablaufen

Wirkung von Umweltfaktoren

richtend	verändernd	begrenzend
Anlocken Abweisen	Modifikationen Adaptation	(limitierend) Verbreitungsgebiet

Frei bewegliche Lebewesen suchen ihren Vorzugsbereich meist gezielt auf.

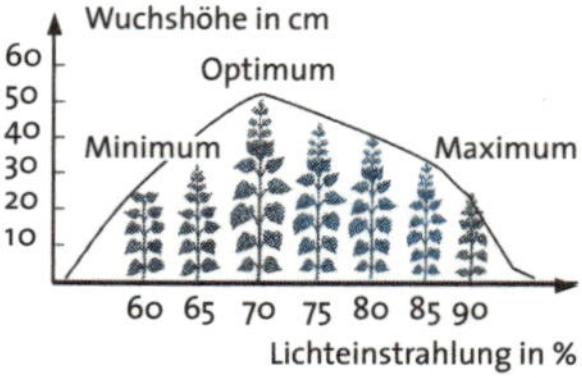

Toleranzbereich des Wald-Ziest gegenüber dem Licht

Ökologische Potenz ist die Fähigkeit einer Art, Schwankungen eines Umweltfaktors in bestimmten Grenzen zu ertragen.

stenök (stenopotent): geringe ökologische Potenz, oft Zeigerarten (↑ S. 85)

euryök (eurypotent): große ökologische Potenz, können fast überall leben, weit verbreitet

Das **Gesetz vom Minimum** besagt, dass die Stoffproduktion von dem Stoff begrenzt wird, von dem am wenigsten vorhanden ist.

Es wurde 1862 von **Justus von Liebig** (1803–1873) formuliert. Es bezog sich ursprünglich auf die Primärproduktion (Fotosynthese, ↑ S. 60) von Nutzpflanzen.

Biotische Umweltfaktoren

Biotische Umweltfaktoren sind Lebewesen der gleichen oder anderer Arten.

innerartlich: Getreidepflanzen eines Feldes
zwischenartlich: „Unkraut" und Getreidepflanze

Konkurrenz

Konkurrenz ist der Wettbewerb von Lebewesen um einen knappen Umweltfaktor:

Lebewesen konkurrieren um Ressourcen.

- Konkurrenz um Licht — Pflanzen im Bestand (Wald)
- Konkurrenz um Raum — Revierkämpfe (↑ S. 47)
- Konkurrenz um Nahrung — Kartoffelkäfer einer Population
- Konkurrenz um Paarungspartner — Turnierkämpfe (↑ S. 46)

Symbiose

Symbiose ist das Zusammenleben zweier verschiedener Arten zum gegenseitigen Nutzen.

Oft leben ein autotrophes und ein heterotrophes Lebewesen zusammen.

- **Knöllchenbakterien** in den Wurzeln der Schmetterlingsblütengewächse — Bakterien liefern stickstoffhaltige Ionen; Pflanze liefert Fotosyntheseprodukte
- Bakterien in Magen/Darm von Tieren — Bakterien bauen Cellulose ab; Nagetiere liefern Nahrung
- **Flechten** sind eigenständige Lebewesen aus Pilz (↑ S. 9) und Alge. — Die **Mykorrhiza** (↑ S. 9) besteht aus Pilz und Wurzel einer Samenpflanze.

Parasitismus

Parasitismus ist das Zusammenleben zweier Arten, wobei der Parasit dem Wirt direkt oder indirekt schadet.

Parasiten

Außenparasiten	Innenparasiten
(Ektoparasiten)	(Endoparasiten)
außen am Wirt	innen im Wirt
z. B. Kopflaus	z. B. Bandwurm

- Bakterien und Einzeller (↑ S. 6) scheiden Giftstoffe (Toxine) aus.

Erreger von Tetanus, Tuberkulose (↑ S. 28), Malaria, Amöbenruhr

- Pilze zerstören Zellen.

Rost-/Brandpilze · Mehltau

- Würmer, Insekten und Spinnentiere entziehen dem Körper Nährstoffe.

Bandwurm · Spulwurm · Flöhe · Läuse · Zecken · Milben

Populationen

Eine Population ist die Gesamtheit aller Artgenossen in einem Lebensraum.

auch: Fortpflanzungsgemeinschaft
Marienkäfer einer Wiese · Buchen eines Mischwaldes

Die **Populationsdynamik** befasst sich mit der Populationsdichte und deren zeitlichen Schwankungen.

Populationsdichte: Anzahl der Individuen
Populationsschwankungen: abhängig von biotischen/abiotischen Faktoren

Die Individuenanzahl einer Population hängt sowohl von:

- dichteunabhängigen Faktoren als auch von

zwischenartliche Konkurrenz · Klimafaktoren

- dichteabhängigen Faktoren ab.

innerartliche Konkurrenz · Stress · Feinde

8

Ökosysteme

Ökosysteme sind eine Einheit aus Lebensräumen **(Biotopen)** und darin befindlichen Lebensgemeinschaften **(Biozönosen).**

Ökosysteme: Wald (↑ S. 92), See (↑ S. 93), Savanne, Meer
Biotope (Standorte): Hecke, Ufer, Wiese
Biozönosen: alle Lebewesen einer Wiese, alle Lebewesen einer Hecke

Merkmale sind z. B.:
- räumliche und zeitliche Gliederung
- Stoffkreislauf und Energiefluss
- Selbstregulation
- Entwicklung

Zonierung im See · zeitliche Aspekte eines Mischwaldes
Produzent · Konsument · Destruent
ökologisches Gleichgewicht
Sukzessionen des Waldes

Nahrungsbeziehungen

Lebewesen eines Ökosystems ernähren sich voneinander.

grüne Pflanzen → Pflanzenfresser → Fleischfresser → Zersetzer

- **Produzenten: autotrophe** Lebewesen, stellen organische Stoffe aus anorganischen her

auch: Erzeuger; führen Fotosynthese (↑ S. 60) durch pflanzliche Einzeller · Algen · Moose · Samenpflanzen

- **Konsumenten: heterotrophe** Lebewesen, nehmen organische Stoffe auf und wandeln diese um

auch: Verbraucher
Primärkonsumenten (Pflanzenfresser), Sekundärkonsumenten, Tertiärkonsumenten (jeweils Fleischfresser)

- **Destruenten:** nehmen tote organische Substanz auf und zersetzen diese

auch: Reduzenten (Zersetzer)
Bakterien · Pilze · Regenwürmer

Nahrungsketten sind lineare Darstellungen der Nahrungsbeziehungen.

Alge → Wasserfloh → Plötze → Hecht → Mensch (↑ S. 93)

Nahrungsnetze sind Systeme miteinander verbundener Nahrungsketten.

Sie stellen Nahrungsbeziehungen realistischer dar. Je enger das Nahrungsgefüge, umso stabiler das System.

Die **Nahrungspyramide** stellt die sich entsprechenden Biomassen der jeweiligen Stufen dar.

Energiefluss

Ökosysteme sind offene Systeme. Ein Teil der chemischen Energie wird von Ernährungsstufe zu Ernährungsstufe weitergegeben.

Jede Ernährungsstufe verbraucht die in der Zellatmung (↑ S. 62) erzeugte chemische Energie für Lebensprozesse, Wärmeenergie wird abgestrahlt.

Die **Energiepyramide** stellt die stetige Abnahme chemisch gebundener Energie der jeweiligen Stufen dar.

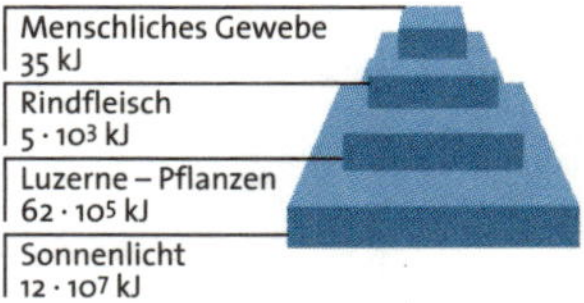

In natürlichen Ökosystemen herrscht ein **biologisches Gleichgewicht.** Es beruht auf **Selbstregulation.** Die Nahrungs- und Energiebeziehungen sind stabil.

auch: ökologisches Gleichgewicht

Je artenreicher das Ökosystem, umso stabiler ist es. Menschlicher Einfluss kann das Gleichgewicht zerstören.

Ökosystem Wald

Kennzeichen des Ökosystems Wald sind dicht stehende Bäume.

Naturwald: Urwald
Wirtschaftswald: vom Menschen angepflanzt

Abiotische Faktoren: Licht und Temperatur sind abhängig von Stockwerk und Jahreszeit.

Kraut- und Moosschicht erhalten im Sommer nur etwa 2 % des Lichtes.

Wasser wird im Wald gespeichert, die Luftfeuchtigkeit ist höher als im Freiland.

Moose (↑ S. 10) sind Wasserspeicher. Verdunstendes Wasser bewirkt Abkühlung.

Biotische Faktoren: Die Pflanzen bilden Stockwerke (Schichten), in denen zahlreiche Tierarten leben.

Baumschicht: Vögel, Insekten
Bodenschicht: Würmer, Insektenlarven, Bakterien

Nahrungskette:

Fichtenzapfen Haselnuss ⟶ Eichhörnchen ⟶ Baummarder ⟶ Uhu

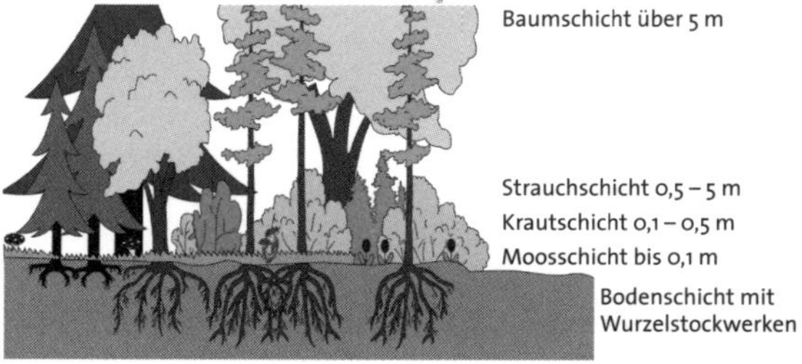

Schichtung in einem Mischwald

Ökosystem See

Kennzeichen des Ökosystems See sind Uferzonen und Tiefenzone.

Abiotische Faktoren: Licht und Temperatur sind abhängig von Zone und Jahreszeit.

Biotische Faktoren: Je nach Feuchtigkeit oder Wasserhöhe gibt es mehrere Zonen in denen typische Artengemeinschaften leben.

Tümpel und Teiche sind flache, kleinere Gewässer. Ein See ist mehrere Meter tief.

Am Grunde des Sees herrschen auch im Winter mindestens 4 °C, da Wasser bei 4 °C die größte Dichte hat.

Röhrichtzone: Schilf, Binsen, Graureiher, Erdkröte
Schwimmblattzone: Seerose, Libelle, Flusskrebs,
Tiefalgenzone: Algen, Fische
Freiwasserzone: Enten, Insekten

Nahrungskette:

Einzellige Algen → Wasserfloh → Plötze (Friedfisch) → Hecht (Raubfisch)

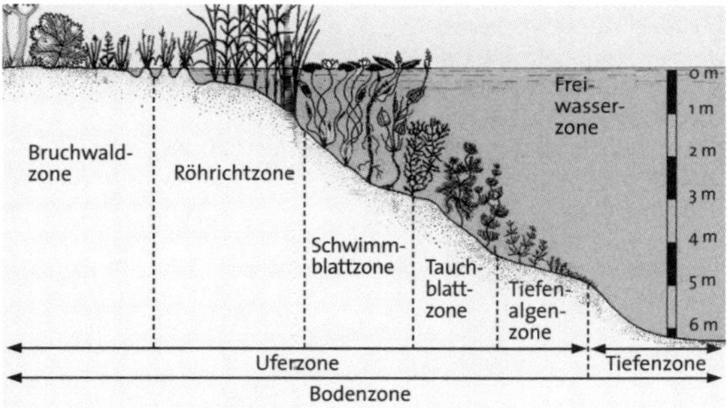

Zonierung eines Gewässers

Bibliographische Information der Deutschen Bibliothek
Die Deutsche Bibliothek verzeichnet diese Publikation in der Deutschen Nationalbibliografie; detaillierte bibliografische Daten sind im Internet über http://dnb.ddb.de abrufbar.

Das Wort **Duden** ist für den Verlag Bibliographisches Institut & F. A. Brockhaus AG als Marke geschützt.

Redaktionelle Leitung Heike Krüger
Redaktion Claudia Fahlbusch und Marion Krause, Hampp Media GmbH, Stuttgart
Autorin Claudia Puhlfürst, Zwickau

Herstellung Annette Scheerer
Produktion HamppMedia GmbH, Stuttgart
Typografisches Konzept Horst Bachmann
Illustrator Peter Lohse, Büttelborn
Grafiken Bibliographisches Institut & F. A. Brockhaus AG und DUDEN PAETEC GmbH
Umschlaggestaltung Michael Acker

Druck und Bindung Kösel, Altusried-Krugzell
Printed in Germany

F

ISBN-13: 978-3-411-02319-6 (Gesamtkassette)
ISBN-10: 3-411-02319-8 (Gesamtkassette)

Duden

SMS

Schnell-Merk-System

Chemie

5. bis 10. Klasse

Dudenverlag
Mannheim · Leipzig · Wien · Zürich

DUDEN PAETEC Schulbuchverlag
Berlin · Frankfurt a. M.

Inhaltsverzeichnis

1 Stoffe – Bau und Eigenschaften

Teilchen

Alle Stoffe bestehen aus **Teilchen.** Das sind Atome, Ionen und Moleküle.

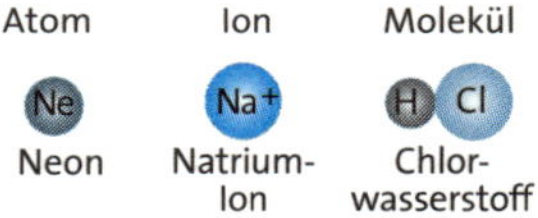

Das **Teilchenmodell** zeigt:

- Alle Stoffe bestehen aus kleinsten Teilchen.
- Die Teilchen sind in ständiger Bewegung.
- Zwischen den Teilchen wirken Kräfte.
- Zwischen den Teilchen ist leerer Raum.

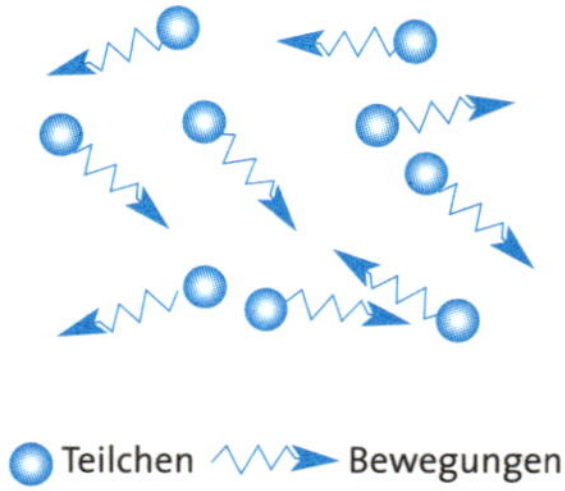

Atome

Atome als kleinste Stoffbausteine bestehen aus:

- **Atomkern** mit einfach positiv geladenen *Protonen* und elektrisch neutralen *Neutronen*
- **Atomhülle** mit einfach negativ geladenen *Elektronen,* die verschiedene Energieniveaus einnehmen.

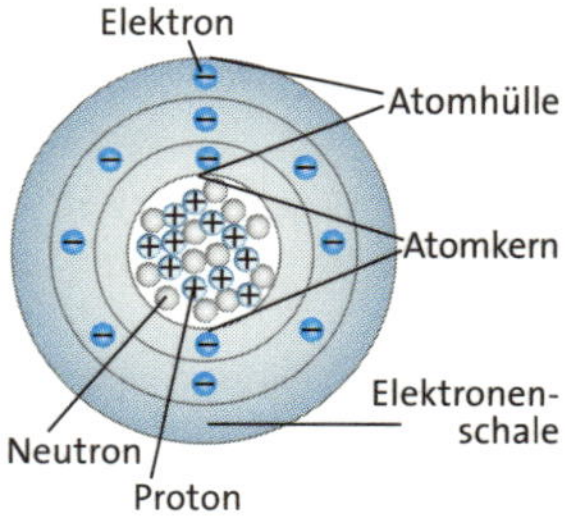

Anzahl der Elektronen = Anzahl der Protonen = Ordnungszahl

Ionen

Ionen sind elektrisch geladene Teilchen. *Positive* Ionen heißen **Kationen,** *negative* heißen **Anionen.**
- Einfache Ionen sind Teilchen *eines* Elements.
- Zusammengesetzte Ionen bestehen aus Teilchen von *mindestens zwei* Elementen.

Aufgepasst: Anionen werden mit einer Endung versehen, um sie von Kationen zu unterscheiden.

Kationen: Anionen:

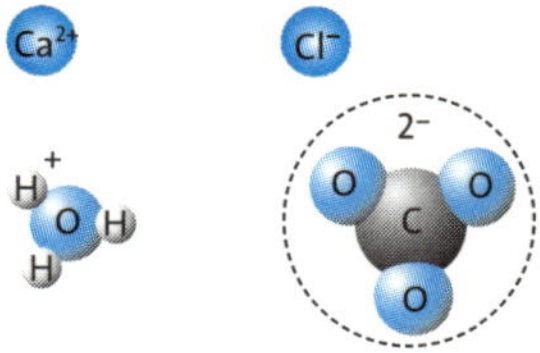

Na^+ Natrium-Ion
Cl^- Chlor*id*-Ion

Moleküle

Moleküle sind Teilchen, die aus mindestens zwei Atomen bestehen, welche durch Atombindungen (↑ S. 11) verbunden sind. Stoffe aus Molekülen heißen **Molekülsubstanzen.** Kleine Moleküle (1) bestehen oft nur aus *zwei* Atomen, mehratomige Moleküle (2) nur aus *wenigen*, Makromoleküle (3) oft aus *Tausenden*.

(1) Sauerstoff Wasser

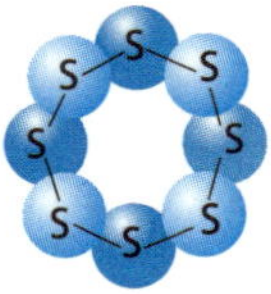

(2) Schwefel

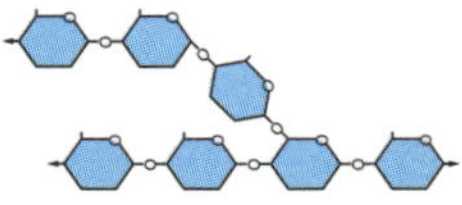

(3) Stärkemolekül (Ausschnitt)

Stoffe

Stoffe sind alle Materialien, aus denen Körper aufgebaut sind. Man unterteilt sie in **Reinstoffe** und **Stoffgemische.**

Reinstoffe
- Elemente
  - Metalle
  - Nichtmetalle
  - Halbmetalle
- chemische Verbindungen
  - Molekülsubstanzen
  - Ionensubstanzen

Reinstoffe

Reinstoffe sind aus Teilchen einer Art aufgebaut:
- Elemente (Elementsubstanzen) bestehen nur aus einer Atomsorte.
- Chemische Verbindungen bestehen aus mindestens zwei verbundenen Teilchen verschiedener Elemente (↑ S. 4).

Sauerstoff (O_2) besteht nur aus Sauerstoffmolekülen, Aluminium (Al) nur aus Aluminiumatomen, Helium (He) nur aus Heliumatomen.
Molekülsubstanzen, z. B. Wasser, sind aus Molekülen, Ionensubstanzen, z. B. Natriumchlorid, sind aus Ionen aufgebaut.

Stoffgemische

Stoffgemische bestehen aus Teilchen unterschiedlicher reiner Stoffe.
Homogene Stoffgemische sind bis in die kleinsten Teilchen vermischt.
Heterogene Stoffgemische sind nicht bis zu den kleinsten Teilchen miteinander vermischt.

Luft besteht u. a. aus den Reinstoffen Stickstoff, Sauerstoff, Kohlenstoffdioxid.

Legierungen · Lösungen · Gasgemische

Gemenge · Suspensionen · Schaumstoffe · Emulsionen · Rauch · Nebel · Schaum

Aggregatzustände

Als Aggregatzustände bezeichnet man die drei Zustandsformen eines Stoffes: fest, flüssig oder gasförmig.

Anordnung der Teilchen	Aggregatzustand	Stoffeigenschaften
	fest	bestimmte Form, bestimmtes Volumen
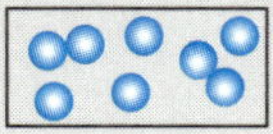	flüssig	keine bestimmte Form, bestimmtes Volumen
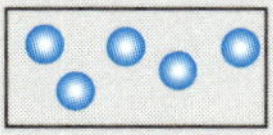	gasförmig	keine bestimmte Form, veränderliches Volumen

Stofftrennung

Zur Trennung von Stoffgemischen werden die unterschiedlichen Eigenschaften der vermischten Reinstoffe ausgenutzt.

zu trennendes Stoffgemisch	unterschiedliche Eigenschaften	Trennverfahren
Lösungen, Suspensionen	Siedetemperatur	Eindampfen, Verdunsten, Destillieren
Gemenge, Suspensionen, Rauch	Teilchengröße	Sieben, Filtrieren
Suspensionen, Emulsionen	Dichte	Zentrifugieren, Dekantieren, Sedimentieren
Gemenge, Lösungen	Löslichkeit	Extrahieren, Chromatografieren

Aufbau des Periodensystems

Im **Periodensystem der Elemente** (PSE) sind die chemischen Elemente nach Atombau und Eigenschaften angeordnet. Bei einem chemischen **Element** haben alle Atome gleich viele Protonen.

Das PSE findest du in den meisten Chemieschulbüchern in der Umschlagklappe.

Element Fluor: 9 Protonen
Element Zink: 30 Protonen

Struktur des PSE

- Die **Ordnungszahl** (↑ S. 4) gibt die Anzahl der Protonen und Elektronen an.
- In den waagerechten Reihen, **Perioden,** stehen die Elemente mit gleicher Anzahl von besetzten Elektronenschalen.
- **Gruppen** sind senkrechte Reihen. Es gibt Haupt- und Nebengruppen.

Fluor: Ordnungszahl 9
Zink: Ordnungszahl 30

Alle Elemente der 3. Periode besitzen drei besetzte Elektronenschalen, z. B. Magnesium, Silicium, Chlor.

Fluor ist ein Hauptgruppenelement, Zink ein Nebengruppenelement.

Jedes Feld enthält die Angaben zum Element. Die gerundete **relative Atommasse** (↑ S. 22) minus Ordnungszahl ergibt die Neutronenanzahl.

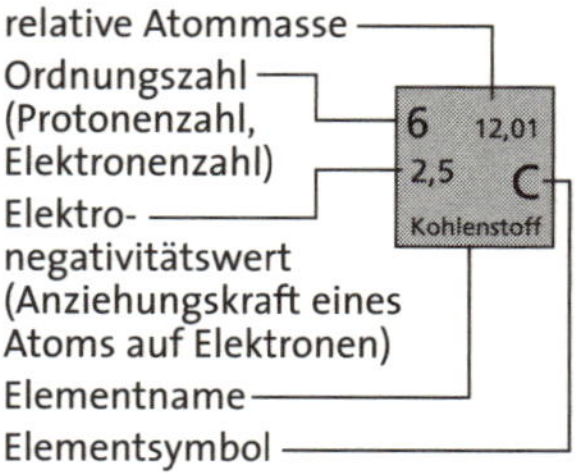

Gruppeneigenschaften

Es gibt acht Haupt- (HG) und acht Nebengruppen (NG) (römische Ziffern).

- Alle **Nebengruppenelemente** sind Metalle.
- **Hauptgruppenelemente** einer Gruppe besitzen die gleiche Anzahl Außenelektronen und ähnliche chemische Eigenschaften.

Zink · Eisen · Gold

Die Elemente der VIII. Hauptgruppe besitzen alle acht Außenelektronen. Es sind reaktionsträge Edelgase.

Periodizität

Die nach ihrer Protonenzahl geordneten Elemente zeigen periodisch wiederkehrende Eigenschaften.

- Der **Metallcharakter** nimmt in den Hauptgruppen von oben nach unten und von rechts nach links stetig zu.
- Die höchste Wertigkeit gegenüber **Sauerstoff** entspricht der HG-Nummer.
- Die höchste Wertigkeit gegenüber **Wasserstoff** entspricht in der I. bis IV. HG der HG-Nummer. Von der V. bis zur VII. HG gilt: acht minus HG-Nummer.

Metalle: Natrium, Barium
Nichtmetalle: Stickstoff, Fluor

Al: III. HG, dreiwertig
Wertigkeiten: Al = 3 O = 2
Formel: Al_2O_3

C: IV. HG, vierwertig
Wertigkeiten: C = 4 H = 1
Formel: CH_4

N: V. HG, dreiwertig (8 – 5 = 3)
Wertigkeiten: N = 3 H = 1
Formel: NH_3

Chemische Bindungen

Als chemische Bindung wird der Zusammenhalt von Teilchen bezeichnet. Dabei wirken Kräfte zwischen den Teilchen.

Arten
- **Ionenbindung**
- **Atombindung**
- **Metallbindung**

Ionenbindung

Bei der Ionenbindung wirken elektrostatische Anziehungskräfte zwischen entgegengesetzt geladenen Ionen.

Natriumchlorid	NaCl
Natriumhydroxid	NaOH
Magnesiumoxid	MgO

Bildung einfacher Ionen
- **Positive Ionen** entstehen durch Abgabe von Außenelektronen.
- **Negative Ionen** entstehen durch Aufnahme von Elektronen anderer Elemente.

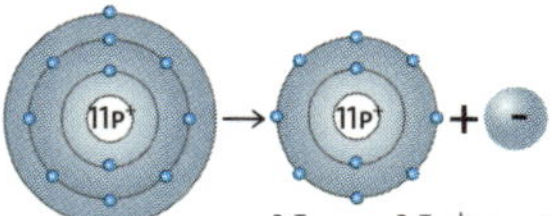

$Na \rightarrow Na^{+} + e^{-}$

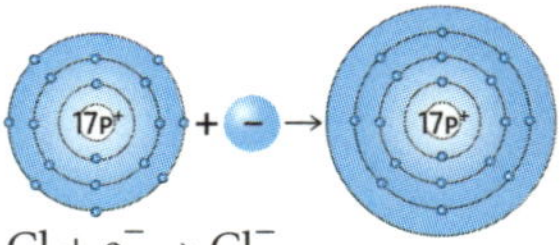

$Cl + e^{-} \rightarrow Cl^{-}$

Anordnung der Ionen
Die Ionen ordnen sich durch die Anziehungskräfte in einem **Ionenkristall** an, der mit einem *Gittermodell* oder mit einem *Packungsmodell* (↑ S. 12) dargestellt werden kann.

Gittermodell des Natriumchlorids:

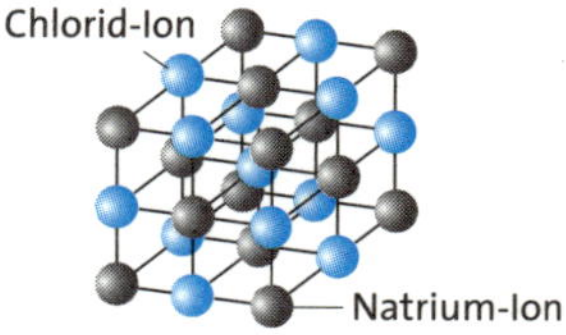

Atombindung

Bei der **Atom-** oder **Elektronenpaarbindung** werden gemeinsame Elektronenpaare zwischen Atomen gebildet. Je nach Elektronegativität der Atome ist die Atombindung polar oder unpolar.

Elektronegativitätswerte von Elementen:

Wasserstoff	2,1
Chlor	3,0
Sauerstoff	3,5
Kohlenstoff	2,5

Unpolare Atombindung
Gemeinsame Elektronenpaare werden *gleichberechtigt* genutzt. Die beteiligten Atome besitzen den gleichen Elektronegativitätswert, die Differenz ist null.

Chlormolekül

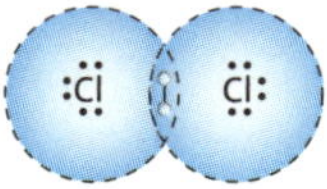

Cl: 3,0; Cl: 3,0
3,0 – 3,0 = 0

Polare Atombindung
Gemeinsame Elektronenpaare werden *nicht gleichberechtigt* genutzt. Es entstehen Ladungsschwerpunkte. Die beteiligten Atome besitzen unterschiedliche Elektronegativitätswerte.
Aufgepasst: Bei einer Differenz von 1,7 und darüber handelt es sich um Ionenbindung.

Chlorwasserstoffmolekül

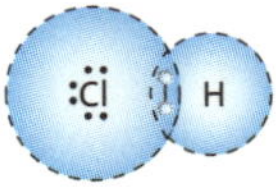

Cl: 3,0; H: 2,1
3,0 – 2,1 = 0,9

Na: 0,9; Cl: 3,0
3,0 – 0,9 = 2,1 > 1,7

Metallbindung

Hier wirken Anziehungskräfte zwischen Metall-Ionen und ihren Außenelektronen, die sich im Gitter frei bewegen.

Bildung von Metall-Ionen
Metalle der Hauptgruppen besitzen meist nur wenige Außenelektronen. Diese können leicht abgegeben werden. Durch die Abgabe von Elektronen entstehen positiv geladene Metall-Ionen.

Natrium hat 1 Außenelektron, Magnesium 2 Außenelektronen und Aluminium 3 Außenelektronen.

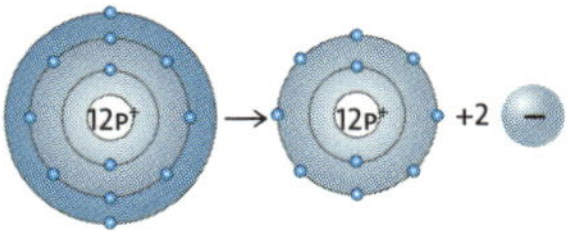

$Mg \rightarrow Mg^{2+} + 2e^-$

Anordnung im Gitter
Die positiv geladenen Metall-Ionen (Atomrümpfe) und Metallatome sind in einem Gitter regelmäßig angeordnet. Dazwischen bewegen sich die abgegebenen Außenelektronen frei. Man nennt sie **Elektronengas** oder **Elektronengaswolke.** Die Teilchenanordnung im **Metallkristall** wird als Gitter- (↑ S. 10) oder Packungsmodell dargestellt.

Flächige Darstellung am Beispiel des Natriums:

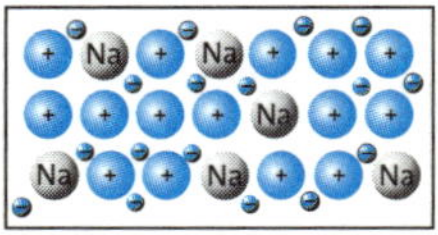

Packungsmodell des Natriums:

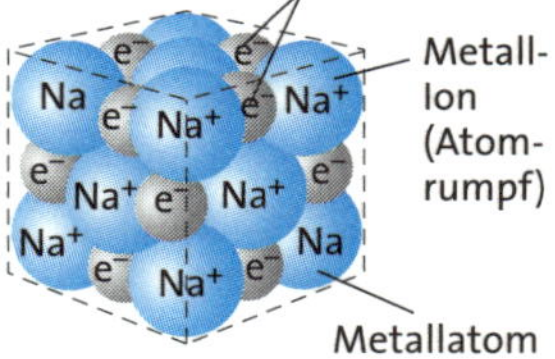

Zwischenmolekulare Kräfte

Diese wirken zwischen gleichen oder verschiedenen Molekülen. Sie sind schwächer als Bindungskräfte und bestimmend für die Stoffeigenschaften. **Van-der-Waals-Kräfte** wirken zwischen flüssigen Kohlenwasserstoffen, **Dipol-Dipol-Kräfte** zwischen permanenten Dipolen und **Ionen-Dipol-Kräfte** bei in Wasser gelösten Ionen.

Beteiligte Teilchen können sein: Ionen und polare Moleküle oder Dipole wie z. B. Wasser.

Hexan

Wassermoleküle

Natriumchloridlösung

Wasserstoffbrückenbindungen

Diese elektrostatischen Wechselwirkungen treten nur zwischen den Ladungsschwerpunkten von kleinen Molekülen mit stark polaren Atombindungen (Dipolen) mit Wasserstoffatomen auf. Bei *Wasser* ziehen sich die Ladungsschwerpunkte der Wassermoleküle (am Sauerstoff negativ, am Wasserstoff positiv) gegenseitig an.

Wasser:

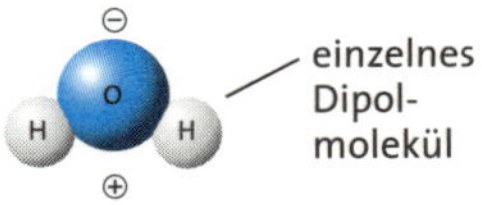

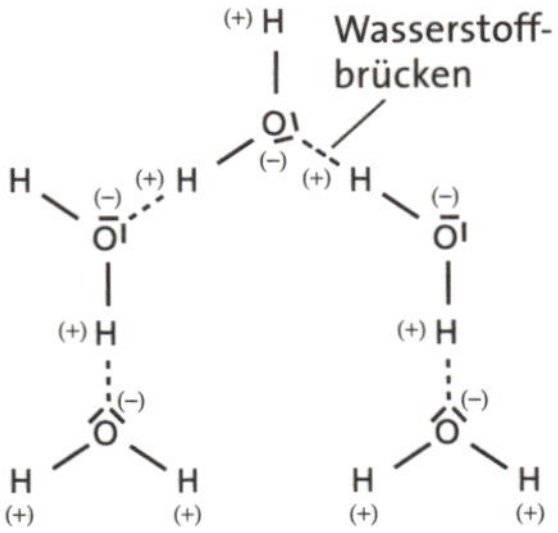

Chemische Symbole

Alle Stoffe bestehen aus chemischen Elementen, denen jeweils ein **Elementsymbol** zugeordnet ist.

Sauerstoff (Oxygenium): O · Silber (Argentum): Ag

Chemische Formeln

Sie kennzeichnen chemische Elemente und Verbindungen aus mindestens zwei verbundenen Atomen oder Ionen.

Die *Anzahl der Teilchen* wird in der Formel als tiefgestellte Zahl hinter dem Teilchen angegeben. Die 1 lässt man weg.

Name	Teilchen	Symbole	Zahlenverhältnis	Formel
Wasser	Wasserstoffatome Sauerstoffatome	H O	2 : 1	H_2O
Kochsalz	Natrium-Ionen Chlorid-Ionen	Na^+ Cl^-	1 : 1	NaCl

Aufstellen von chemischen Formeln	Aluminiumsulfid	
1 Angabe der Elementsymbole	Al	S
2 Wertigkeiten bzw. Ladungen der beteiligten Atome/Ionen ermitteln	3 Al^{3+}	2 S^{2-}
3 Kleinstes gemeinsames Vielfaches (kgV) der Wertigkeiten (Ionenladungen) bilden	3 kgV = 6	2
4 Kleinstes gemeinsames Vielfaches durch Wertigkeiten/Ionenladungen teilen	6 : 3 = 2	6 : 2 = 3
5 Zahlenverhältnisse als tief gestellte Zahlen in der Formel angeben	Al_2S_3	

Chemische Reaktionsgleichungen

Sie veranschaulichen mit Formeln, Symbolen und Zeichen die Vorgänge bei einer chemischen Reaktion.

Ausgangsstoffe	Reaktionspfeil →	Reaktionsprodukte
liegen vor der Reaktion vor	gibt die Richtung der Reaktion an	liegen nach der Reaktion vor

Die **Wortgleichung** gibt die reagierenden Stoffe mit ihren chemischen Bezeichnungen an. In der **Formelgleichung** werden die chemischen Formeln der Stoffe verwendet und die reagierenden Stoffmengen (↑ S. 23) sind ablesbar.

Wasserstoff	+	Sauerstoff	reagieren zu →	Wasser
$2H_2$	+	O_2	→	$2H_2O$

Aufstellen und Ausgleichen von Formelgleichungen

① Wortgleichung formulieren	Aluminium + Sauerstoff → Aluminiumoxid
② Chemische Formeln einsetzen	$Al + O_2 \rightarrow Al_2O_3$
③ Faktoren ermitteln: kgV der Stoffmengen von jedem Element bilden und durch die jeweilige Anzahl (Index) dividieren	$Al + O_2 \rightarrow Al_2O_3$ O_2: 6:2 = 3 — kgV = 6 — Al_2O_3: 6:3 = 2 $Al + 3O_2 \rightarrow 2Al_2O_3$ Al: 4:1 = 4 — kgV = 4 — Al_2O_3: 4:4 = 1
④ Faktoren einsetzen	$4\,Al + 3O_2 \rightarrow 2Al_2O_3$
⑤ Atomanzahlen kontrollieren	$4\,Al + 3O_2 \rightarrow 2Al_2O_3$ Al: 4 — $2 \cdot 2 = 4$ O: $3 \cdot 2 = 6$ — $2 \cdot 3 = 6$

2 Chemische Reaktionen

Grundlagen chemischer Reaktionen

Chemische Reaktionen sind Vorgänge der **Stoff- und Energieumwandlung.** Es entstehen neue Stoffe mit neuen Eigenschaften und umgebauten Bindungen (↑ S. 10). Die **Aktivierungsenergie** lässt die Reaktion beginnen.

Gleichung:

Kohlenstoff + Sauerstoff → Kohlenstoffmonooxid

Stoffeigenschaften:

fest		gasförmig		gasförmig
schwarz	+	farblos	→	farblos
ungiftig		ungiftig		stark giftig

Bindungen:

unpolare Atombindungen → polare Atombindung

Reaktionswärme

Bei chemischen Reaktionen werden verschiedene Energieformen aufgenommen oder abgegeben.

elektrische Energie · Lichtenergie · Wärmeenergie · mechanische Energie · magnetische Energie

- **exotherme chemische Reaktion:** Wärme wird abgegeben. Die Reaktionsprodukte haben einen geringeren Energiegehalt als die Ausgangsstoffe. Die **Reaktionswärme** Q erhält ein negatives Vorzeichen.

Verlauf einer exothermen chemischen Reaktion:

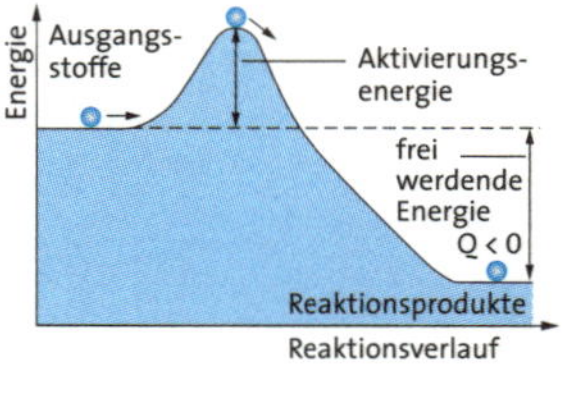

endotherme chemische Reaktion: Wärme wird aufgenommen. Die Reaktionsprodukte haben einen höheren Energiegehalt als die Ausgangsstoffe. Die **Reaktionswärme** Q erhält ein positives Vorzeichen.

Verlauf einer endothermen chemischen Reaktion:

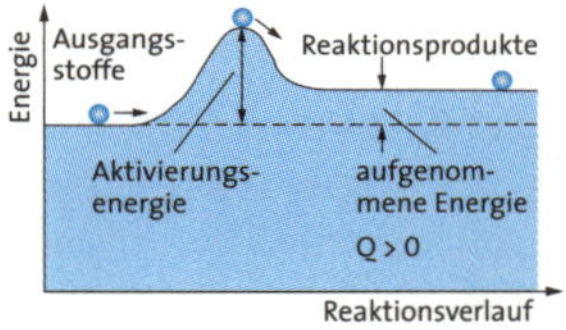

2

Reaktionsgeschwindigkeit

Dies ist der Quotient aus Konzentrationsänderung (Δc) und der dazu benötigten Zeitspanne (Δt). Sie ist abhängig von Temperatur und Konzentration.

Je höher Temperatur und Konzentration der reagierenden Stoffe, umso schneller die Reaktion.

Ein **Katalysator** beeinflusst die Reaktionsgeschwindigkeit. Er verringert die Aktivierungsenergie.

Einsatz von Katalysatoren bei der Herstellung von Ammoniak (↑ S. 72), Schwefelsäure (↑ S. 74)

Chemisches Gleichgewicht

Dieses stellt sich bei einer **umkehrbaren chemischen Reaktion** ein. Nach der Einstellzeit sind Geschwindigkeit von Hin- und Rückreaktion gleich.

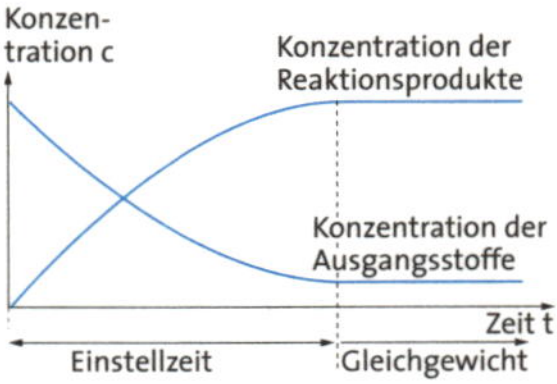

Arten chemischer Reaktionen

Chemische Reaktionen können in
- Redoxreaktionen,
- Säure-Base-Reaktionen,
- Fällungsreaktionen und
- Komplexreaktionen

eingeteilt werden.

Nach der Art der übertragenen Teilchen werden Redoxreaktionen auch als *Reaktionen mit Elektronenübergang* und Säure-Base-Reaktionen auch als *Reaktionen mit Protonenübergang bezeichnet.*

Redoxreaktionen

Im engeren Sinn sind dies Reaktionen mit *Sauerstoffübergang*. Das **Oxidationsmittel** gibt Sauerstoff ab **(Reduktion).** *Gleichzeitig* nimmt das **Reduktionsmittel** Sauerstoff auf **(Oxidation).**

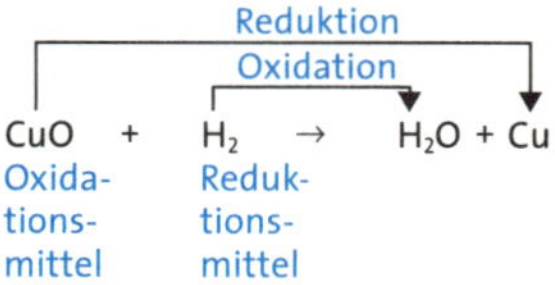

Im weiteren Sinn handelt es sich um Reaktionen mit Elektronenübergang. Die Abgabe von Elektronen ist die Oxidation, die Aufnahme von Elektronen die Reduktion. Das Oxidationsmittel **(Elektronenakzeptor)** nimmt Elektronen auf, das Reduktionsmittel **(Elektronendonator)** gibt Elektronen ab.

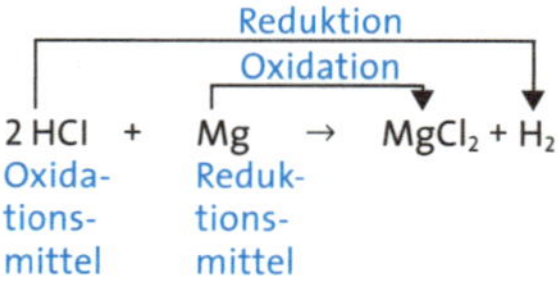

Elektrochemische Reaktionen

Dies sind Reaktionen mit Elektronenübergang. Dabei wird chemische in elektrische Energie umgewandelt und umgekehrt.

galvanische Prozesse:	elektrolytische Prozesse:
Umwandlung von chemischer in elektrische Energie (freiwillig)	Umwandlung von elektrischer in chemische Energie (nicht freiwillig)

Bei **elektrochemischen Reaktionen** verläuft an der **Anode** die Oxidation, an der **Katode** die Reduktion.

Daniell-Element: Kupfer-Ionen werden reduziert, Zinkatome werden oxidiert.

Elektrolytische Prozesse laufen in Elektrolysezellen ab. Die chemische Stoffumwandlung wird durch Zufuhr von elektrischer Energie erzwungen.

Herstellung von Natriumhydroxidlösung nach dem Membranverfahren (↑ S. 78), Schmelzflusselektrolyse zur Herstellung von Aluminium (↑ S. 77)

Elektronenschreibweise

Mit der Elektronenschreibweise werden Elektronenübergänge bei chemischen Reaktionen deutlich gemacht. Die Außenelektronen der reagierenden Teilchen werden angedeutet.

Element:	Mg	Al	Ne
Außenelektronen:	2	3	8
Elektronenschreibweise:	•Mg•	•Al• (mit Punkt oben)	:Ne: (mit Punktpaaren oben und unten)

Vorgänge im Daniell-Element:

Ionenschreibweise:

$Zn + Cu^{2+} \rightarrow Zn^{2+} + Cu$

Elektronenschreibweise:

$\cdot Zn \cdot + Cu^{2+} \rightarrow Zn^{2+} + \cdot Cu \cdot$

Säure-Base-Reaktionen

Nach Arrhenius dissoziieren **Säuren** in wässriger Lösung in Wasserstoff-Ionen und Säurerest-Ionen. **Basen** dissoziieren in Hydroxid- und Metall-Ionen.

HCl	→	Cl^-	+	H^+
Säure	→	Säurerest-Ion	+	Wasserstoff-Ion (Proton)
NaOH	→	Na^+	+	OH^-
Base	→	Metall-Ion	+	Hydroxid-Ion

Nach Brönsted geben Säuren Protonen ab **(Protonendonatoren).** Basen nehmen Protonen auf, sie sind **Protonenakzeptoren.** Durch Protonenabgabe wird aus der Säure die korrespondierende Base. Aus der Base wird durch Protonenaufnahme die korrespondierende Säure.

HCl	→	Cl^-	+	H^+
$Säure_1$	→	$Base_1$	+	Wasserstoff-Ion (Proton)

NH_3	+	H^+	→	NH_4^+
$Base_2$	+	Wasserstoff-Ion (Proton)	→	$Säure_2$

Säure-Base-Reaktionen sind Reaktionen mit **Protonenübergang.** Daran sind immer zwei Säure-Base-Paare beteiligt. Es stellt sich ein chemisches Gleichgewicht (↑ S. 17) ein.

Proton (H^+)
Säure 1 + Base 2 ⇄

Proton (H^+)
Base 1 + Säure 2

Bei **Neutralisationsreaktionen** reagieren Hydronium-Ionen (↑ S. 40) mit Hydroxid-Ionen zu Wasser.

H_3O^+	+ OH^-	⇄	$2H_2O$
(Säure)	(Base)		(Wasser)
HCl	+ NaOH	⇄	H_2O + NaCl

Redoxreaktionen und Säure-Base-Reaktionen

	Redoxreaktionen	Säure-Base-Reaktionen
übertragene Teilchen	Elektronen	Protonen
Teilchendonator	Reduktionsmittel (RM)	Säure (S)
Teilchenakzeptor	Oxidationsmittel (OM)	Base (B)
Teilreaktionen	$RM_1 \rightleftarrows OM_1 + e^-$ $OM_2 + e^- \rightleftarrows RM_2$	$S_1 \rightleftarrows B_1 + H^+$ $B_2 + H^+ \rightleftarrows S_2$
Gesamtgleichung	$RM_1 + OM_2 \rightleftarrows OM_1 + RM_2$	$S_1 + B_2 \rightleftarrows B_1 + S_2$

Fällungsreaktionen

Dies sind chemische Reaktionen, bei denen aus Lösungen verschiedener frei beweglicher Ionen ein Feststoff ausfällt. Die Löslichkeit des Feststoffes im Lösungsmittel wird dabei unterschritten.

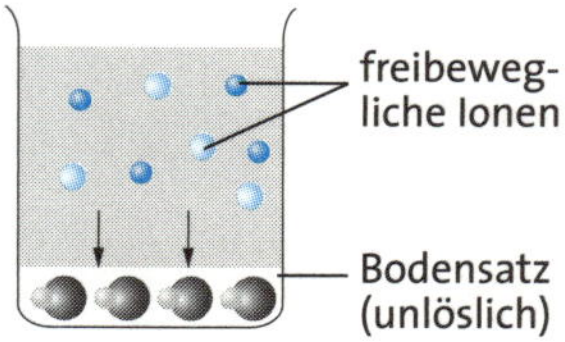

Fällungsreaktionen werden als **Nachweisreaktionen** (↑ S. 88) verwendet. Der schwer lösliche Stoff setzt sich als Niederschlag am Boden ab.

Aufgepasst: In der Formelgleichung (↑ S. 15) wird die **Ausfällung** mit einem Pfeil nach unten gekennzeichnet.

Gleichung in Ionenschreibweise:

$$Na^+ + Cl^- + Ag^+ + NO_3^- \rightarrow Na^+ + NO_3^- + AgCl \downarrow$$

Vereinfachte Ionengleichung:

$$Cl^- + Ag^+ \rightarrow AgCl \downarrow$$

3 Rechnen in der Chemie

Stoffe kennzeichnende Größen

Da die absoluten Massen von Atomen unvorstellbar klein sind, wurde zur besseren Berechenbarkeit die **atomare Masseneinheit** (u) eingeführt.

Die **atomare Masseneinheit 1 u** entspricht einem Zwölftel der Masse eines Kohlenstoffatoms $^{12}_{6}C$.

$$\frac{m_{Kohlenstoffatom}}{12} = 1\,u$$

$$= \frac{0{,}000\,000\,000\,000\,000\,000\,000\,001\,993\ g}{12}$$

$$= 1{,}661 \cdot 10^{-24}\,g$$

Relative Atommasse A_r

A_r gibt an, wie viel Mal größer als die atomare Masseneinheit die Masse eines Atoms ist. Sie steht im PSE (↑ S. 8).

Berechnung:

$$A_r = \frac{\text{absolute Masse eines Atoms}}{\text{atomare Masseneinheit}}$$

$$A_r = \frac{m_a}{u}$$

Relative Molekülmasse M_r

M_r ist die Summe der relativen Atommassen aller Atome eines Moleküls.
Aufgepasst: Relative Atommasse und relative Molekülmasse haben keine Einheit.

Molekülmasse von Schwefeldioxid
Formel: SO_2
Relative Atommassen:
A_r (Schwefel) $= A_{r\,(S)} = 32{,}1$
A_r (Sauerstoff) $= A_{r\,(O)} = 16{,}0$
$M_{r\,(SO_2)} = A_{r\,(S)} + 2 \cdot A_{r\,(O)}$
$M_{r\,(SO_2)} = 32{,}1 + 2 \cdot 16{,}0 = 64{,}1$

Masse

Sie gibt an, wie schwer eine Stoffprobe ist.

Formelzeichen: m
Einheiten: kg, g

Volumen

Es gibt an, wie viel Raum eine Stoffprobe (Stoffportion) einnimmt.

Formelzeichen: V
Einheiten: cm^3, m^3, l

3

Dichte

Sie gibt an, welche Masse ein bestimmtes Volumen eines Stoffes besitzt.

Formelzeichen: ρ
Einheiten: kg/m^3, g/cm^3
g/l

Teilchenzahl

Sie gibt an, wie viele Teilchen in einer Stoffprobe enthalten sind.

Die Teilchenzahl N ist proportional zur Masse:
$N \sim m$

Stoffmenge

Sie gibt an, wie viele Teilchen eines Stoffes in einer Stoffportion vorliegen.
Avogadro-Konstante (N_A): In einem Mol eines Stoffes sind immer $6{,}022 \cdot 10^{23}$ (rund $6 \cdot 10^{23}$) Teilchen enthalten.

Formelzeichen: n
Einheit: mol

Ein Mol Kupfer enthält ca. $6 \cdot 10^{23}$ Teilchen und wiegt rund 64 g. Ein Mol Schwefel enthält auch $6 \cdot 10^{23}$ Teilchen, wiegt aber 32 g.

Molare Masse

Sie gibt an, welche Masse (↑ S. 23) ein Mol (↑ S. 23) des Stoffes besitzt.

Formelzeichen: M
Einheit: g/mol
Berechnung: $M = \frac{m}{n}$

Aufgepasst: Die molaren Massen von vielen Stoffen finden sich in Tabellen und Tafelwerken.

$M_{(H_2O)} = 18$ g/mol
$M_{(H_2SO_4)} = 98{,}1$ g/mol

Molares Volumen

Es gibt an, welches Volumen eines Gases (↑ S. 23) ein Mol dieses Gases besitzt.

Formelzeichen: V_m
Einheit: l/mol
Berechnung: $V_m = \frac{V}{n}$

Aufgepasst: Das molare Volumen *aller* Gase beträgt bei 0 °C und 1013 hPa *immer* 22,4 l/mol.

$V_{m(He)} = 22{,}4$ l/mol
$V_{m(O_2)} = 22{,}4$ l/mol
$V_{m(CO_2)} = 22{,}4$ l/mol

Bei allen chemischen Reaktionen gilt das Gesetz von der Erhaltung der Anzahl der Atome. Die Stoffe reagieren in festen **Stoffmengenverhältnissen** miteinander. Die jeweiligen Stoffmengen finden sich *vor* der Formel in der chemischen Gleichung.

$C + O_2 \rightarrow CO_2$
1 Atom + 2 Atome → 3 Atome
1 mol + 1 mol → 1 mol

$n_1 \sim n_2$

Gesetz von der Erhaltung der Masse

Bei jeder chemischen Reaktion ist die Summe der Massen der Ausgangsstoffe gleich der Summe der Massen der Reaktionsprodukte.

$C + O_2 \rightarrow CO_2$
$m_C + m_{O_2} \rightarrow m_{CO_2}$
$12g + 32g \rightarrow 44g$

$\Delta m = m_{CO_2} - (m_C + m_{O_2}) = 0$
$\Delta m = 44\ g - (12\ g + 32\ g) = 0$

Für stöchiometrische Berechnungen benötigt man das **Gesetz von den konstanten Proportionen.** In jeder chemischen Verbindung (↑ S. 6) sind die verbundenen Elemente in konstanten Massenverhältnissen enthalten.

Massenverhältnis in Wasser
Formel: H_2O
Masse des Elements Sauerstoff: $m_{(O)} = 16\ g$
Masse des Elements Wasserstoff: $m_{(H)} = 1\ g$
Massenverhältnis der Elemente: $2 \cdot m_{(H)} : m_{(O)}$
$= 2\ g : 16\ g$
$= 1 : 8$

In chemischen Verbindungen stehen die Massen der Elemente im Verhältnis kleiner ganzer Zahlen. Das **Gesetz der multiplen Proportionen** findet sich in der Formel der Verbindung wieder. Die **stöchiometrische Formel** (1) gibt Art und Zahlenverhältnis der Atome an, die **Molekülformel** (2) zeigt Art, Zahlenverhältnis und Anzahl der beteiligten Atome.

Stöchiometrische Formeln (Verhältnisformeln) werden vor allem für Ionenverbindungen (↑ S. 10) verwendet. Sie kennzeichnen Baueinheiten.

(1) Ethin (↑ S. 53): Kohlenstoff- und Wasserstoffatome stehen im Verhältnis 1:1.

(2) Ethin: C_2H_2
In jedem Ethinmolekül sind zwei Kohlenstoff- und zwei Wasserstoffatome miteinander verbunden.

Massen- und Volumenverhältnisse – Berechnungsbeispiele

Masse

Berechne die Masse eines Bleiatoms!

ges.: $m_{a(Blei)}$ geg.: $A_{r(Blei)} = 207{,}2$ (PSE)
$u = 1{,}661 \cdot 10^{-24}$ g (↑ S. 22)

Lös.: $A_r = \frac{m_a}{u}$

$m_{a(Blei)} = A_r \cdot u$
$m_{a(Blei)} = 207{,}2 \cdot 1{,}661 \cdot 10^{-24}$ g
$m_{a(Blei)} = 3{,}442 \cdot 10^{-22}$ g $= 3{,}442 \cdot 10^{-25}$ kg

Ein Bleiatom hat die Masse von $3{,}442 \cdot 10^{-22}$ g.

Molare Masse

Berechne die molare Masse des Ammoniakmoleküls (NH_3)!

ges.: M_{NH_3} geg.: $M_N = 14$ g/mol (PSE)
$M_H = 1$ g/mol (PSE)

Lös.: $M_{NH_3} = 1 \cdot M_N + 3 \cdot M_H$
$M_{NH_3} = 1 \cdot 14$ g/mol $+ 3 \cdot 1$ g/mol
$M_{NH_3} = 17$ g/mol

Die molare Masse des Ammoniakmoleküls beträgt 17 g/mol.

Berechne die molare Masse von Glucose!

ges.: $M_{C_6H_{12}O_6}$ geg.: $M_C = 12$ g/mol (PSE)
$M_H = 1$ g/mol (PSE)
$M_O = 16$ g/mol (PSE)

Lös.: $M_{C_6H_{12}O_6} = 6 \cdot M_C + 12 \cdot M_H + 6 \cdot M_O$
$M_{C_6H_{12}O_6} = 6 \cdot 12$ g/mol $+ 12 \cdot 1$ g/mol $+ 6 \cdot 16$ g/mol
$M_{C_6H_{12}O_6} = 72$ g/mol $+ 12$ g/mol $+ 96$ g/mol
$M_{C_6H_{12}O_6} = 180$ g/mol

Die molare Masse des Glucosemoleküls beträgt 180 g/mol. Das bedeutet, ein Mol, also $6{,}022 \cdot 10^{23}$ Teilchen, wiegt insgesamt 180 g.

Teilchenmenge

Berechne, aus wie vielen Teilchen (Molekülen) eine Stoffprobe von 10 g Wasser besteht!

ges.: $N_{(Wasser)}$ geg.: $m_{(Wasser)} = 10\ g$
$N_A = 6{,}022 \cdot 10^{23} mol^{-1}$ (↑ S. 23)
$M_{(Wasser)} = 18\ g/mol$ (↑ S. 24)

Lös.: $N = N_A \cdot n$ und $n = \frac{m}{M}$ $N = N_A \cdot \frac{m}{M}$

$$N_{(Wasser)} = \frac{6{,}022 \cdot 10^{23} \cdot 10\ g \cdot mol}{18\ g \cdot mol} \quad N_{(Wasser)} = 3{,}35 \cdot 10^{23}$$

Eine Stoffprobe von 10 g Wasser besteht aus $3{,}35 \cdot 10^{23}$ Teilchen (Wassermolekülen).

Volumen

Gib das Volumen von
a) einem Mol Chlorwasserstoff (HCI),
b) drei Mol Sauerstoff (O_2) an!

ges.: a) V_{HCI} geg.: a) $V_m = 22{,}4\ l/mol$ (↑ S. 24)
$n_{HCI} = 1\ mol$
b) V_{O_2} b) $V_m = 22{,}4\ l/mol$; $n_{O_2} = 3\ mol$

Lös.: $V_m = \frac{V}{n}$ $V = V_m \cdot n$

a) $V_{HCI} = 22{,}4\ l/mol \cdot 1\ mol = 22{,}4\ l$
b) $V_{O_2} = 22{,}4\ l/mol \cdot 3\ mol = 67{,}2\ l$

Ein Mol Chlorwasserstoff hat ein Volumen von 22,4 l; drei Mol Sauerstoff haben ein Volumen von 67,2 l.

Berechne die Stoffmenge von 156,8 l Ethin!

ges.: n_{Ethin} geg.: $V_m = 22{,}4\ l/mol$; $V_{Ethin} = 156{,}8\ l$

Lös.: $V_m = \frac{V}{n}$ $n = \frac{V}{V_m}$

$$n_{Ethin} = \frac{V_{Ethin}}{V_m} = \frac{156{,}8\ l \cdot mol}{22{,}4\ l} = 7\ mol$$

156,8 l Ethin entsprechen einer Stoffmenge von 7 mol.

Berechnung mit Größengleichungen

Die gesuchten und gegebenen Größen werden in eine allgemeine **Größengleichung** eingesetzt.

Größengleichungen zur Berechnung von Massen und Volumina:

$$\frac{m_1}{m_2} = \frac{M_1 \cdot n_1}{M_2 \cdot n_2} \qquad \frac{m_1}{V_2} = \frac{M_1 \cdot n_1}{V_m \cdot n_2}$$

Berechnung mit Verhältnisgleichungen

Die gesuchten und gegebenen Größen werden über und unter der Reaktionsgleichung *ins Verhältnis* gesetzt.

m_1			m_2
A	+	**B** $\longrightarrow$	**C**
$n_1 \cdot M_1 = \text{Wert 1}$			$n_2 \cdot M_2 = \text{Wert 2}$

Die Reaktionsgleichung kann als Bruchstrich angesehen werden, statt des Reaktionspfeils setzt man das Gleichheitszeichen. Es ergibt sich die Verhältnisgleichung:

$$\frac{m_1}{\text{Wert 1}} = \frac{m_2}{\text{Wert 2}}$$

Schrittfolge zum Lösen stöchiometrischer Aufgaben

1. Analysiere die Aufgabe! Stelle die Wort- und Formelgleichung (↑ S. 15) auf!
2. Stelle die gegebenen und gesuchten Größen aus der Aufgabe zusammen! Entnimm fehlende Angaben aus dem PSE oder aus Formelsammlungen!
3. Suche einen Ansatz zur Berechnung! Verwende entweder die Größengleichung oder die Verhältnisgleichung und stelle diese nach der gesuchten Größe um!
4. Setze die gegebenen Größen (mit Einheiten) ein!
5. Berechne die gesuchte Größe!
6. Formuliere das Ergebnis in einem Antwortsatz! Beziehe dich auf die Aufgabenstellung!

Berechnung mittels Größengleichung

Aufgabe: Berechne die Masse an Magnesiumoxid, die bei der Verbrennung von 0,5 g Magnesium entsteht!

1 Magnesium + Sauerstoff → Magnesiumoxid

$2\,Mg + O_2 \rightarrow 2\,MgO$

2 ges.: m_{MgO} geg.: $m_{Mg} = 0{,}5\ g$; $M_{Mg} = 24{,}3\ g/mol$; $n_{Mg} = 2\ mol$

$M_{MgO} = 40{,}3\ g/mol$; $n_{MgO} = 2\ mol$

3 $\frac{m_{MgO}}{m_{Mg}} = \frac{M_{MgO} \cdot n_{MgO}}{M_{Mg} \cdot n_{Mg}}$ $\quad m_{MgO} = \frac{M_{MgO} \cdot n_{MgO} \cdot m_{Mg}}{M_{Mg} \cdot n_{Mg}}$

4 $m_{MgO} = \frac{40{,}3\ g/mol \cdot 2\ mol \cdot 0{,}5\ g}{24{,}3\ g/mol \cdot 2\ mol} = 0{,}83\ g$

5 $m_{MgO} = 0{,}83\ g$

6 Bei der Verbrennung von 0,5 g Magnesium entstehen 0,83 g Magnesiumoxid.

Berechnung mittels Verhältnisgleichung

Aufgabe: Berechne das Volumen an Wasserstoff, das im kippschen Gasentwickler entsteht, wenn 50 g Zink eingefüllt werden und genügend Chlorwasserstoffsäure (Salzsäure) vorhanden ist!

1 Zink + Chlorwasserstoffsäure → Zinkchlorid + Wasserstoff

$Zn + 2\,HCl \rightarrow ZnCl_2 + H_2$

2 ges.: V_{H_2} geg.: $m_{Zn} = 50\ g$; $M_{Zn} = 65{,}38\ g/mol$; $n_{Zn} = 1\ mol$

$V_M = 22{,}4\ l/mol$; $n_{H_2} = 1\ mol$

3 50 g $\qquad V_{H_2}$

4 $\mathbf{Zn + 2\,HCl \rightarrow ZnCl_2 + H_2}$

1 mol · 65,38 g/mol $\qquad$ 1 mol · 22,4 l/mol

$\frac{50\ g}{1\ mol \cdot 65{,}38\ g/mol} = \frac{V_{H_2}}{1\ mol \cdot 22{,}4\ l/mol}$ $\quad V_{H_2} = \frac{50\ g \cdot 22{,}4\ l/mol}{65{,}38\ g/mol}$

5 $V_{H_2} = 17{,}13\ l$

6 Beim Einsatz von 50 g Zink entstehen im kippschen Gasentwickler rund 17 l Wasserstoff.

4 Anorganische Chemie

Wichtige metallische Elemente

Metalle sind elektrisch leitfähige Elemente. Sie besitzen metallischen Glanz, gute Wärmeleitfähigkeit und Verformbarkeit. Im Metallkristall herrscht Metallbindung (↑ S. 12) vor.

feste Metalle: Eisen, Chrom, Magnesium, Aluminium, Blei
flüssiges Metall: Quecksilber

Schwarzmetall: Eisen
Buntmetalle: Kupfer, Zinn

Einteilung der Metalle

Metalle können geordnet werden nach der:

- Dichte (↑ S. 23) in **Leicht-** und **Schwermetalle**
- Schmelztemperatur in niedrig-, mittel- und hochschmelzende Metalle
- **Oxidierbarkeit** in unedle und edle Metalle.

Leichtmetalle ($\rho < 4{,}5\ g/cm^3$): Natrium, Magnesium
Schwermetalle ($\rho > 4{,}5\ g/cm^3$): Eisen, Gold

unedle Metalle: Eisen, Magnesium
edle Metalle: Silber, Platin

Aufgepasst: **Edelmetalle** geben nur schwer Elektronen ab und bilden schwer Oxide. **Unedle Metalle** geben leicht Elektronen ab und bilden leicht Oxide.

Edelmetalle kommen oft als reines Metall (gediegen) vor, unedle meist nur als Mineralien (Erze).

Wichtige Metalle

Eisen: silberweißes Schwermetall, weich, dehnbar, reaktionsfreudig, rostet leicht	Bestandteil von Eisenerz; wichtigstes Gebrauchsmetall in Form von Legierungen
Kupfer: hellrot, dehnbar, sehr weich, sehr gute elektrische Leitfähigkeit	Bestandteil von Kupferkies/Kupferglanz; Verwendung: Elektroindustrie
Gold: rötlich gelb, sehr weich, dehnbar, Schwermetall, reaktionsträge	kommt elementar vor; Verwendung: in Legierungen für Schmuck, Elektrotechnik
Aluminium: silberweiß, Leichtmetall, bildet beständige Oxidschicht	kommt in Form von Erzen vor; Verwendung: Fahrzeug-, Flugzeugbau, Verpackungen
Uran: silberglänzend, bildet beständige Oxidschicht, radioaktiv	kommt in Form von Erzen vor; Verwendung: als Kernbrennstoff, in Kernwaffen

4

Metalllegierungen

Dies sind homogene Stoffgemische (↑ S. 6) von Metallen mit anderen Metallen oder Stoffen.	Rotgold: Gold/Kupfer Weißgold: Gold/Palladium/Nickel
Gusseisen: 96–98 % Eisen/2–4 % Kohlenstoff	Verwendung: Gießen von Formstücken
Bronze: 60 % Kupfer/30–40 % Zinn	Verwendung: Medaillen, Kunstgegenstände, Glocken
Messing: 55–90 % Kupfer/10–45 % Zink	Verwendung: Armaturen, Kunstgegenstände
Amalgame: Quecksilber mit Blei, Gold, Silber, Zink	Verwendung: Elektroden, Zahnfüllungen

Wichtige nichtmetallische Elemente

Nichtmetalle sind nicht elektrisch leitfähig, haben keinen metallischen Glanz und sehr unterschiedliche Eigenschaften.

fest: Kohlenstoff (↑ S. 35)
Schwefel (↑ S. 38)
flüssig: Brom
gasförmig: Wasserstoff (↑ S. 34)
Chlor (↑ S. 39)

Halogene

Das sind die Elemente der VII. HG. Man nennt sie **Salzbildner.**

Alle Halogene besitzen 7 Außenelektronen und sind sehr reaktionsfähig.

- **Fluor:** grünliches Gas, stechend riechend, stark ätzend, giftig

zweiatomiges Molekül mit Atombindung

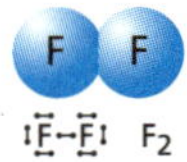

- **Brom:** rotbraune Flüssigkeit, ätzend, stechend riechend, giftige Dämpfe

zweiatomiges Molekül mit Atombindung

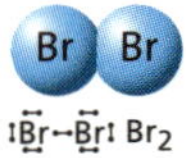

- **Iod:** kristalliner, grau/violetter Feststoff, bildet violette Dämpfe

zweiatomiges Molekül mit Atombindung

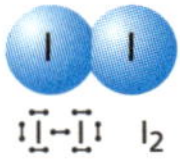

Edelgase

Das sind die Elemente der VIII. Hauptgruppe.

Edelgase sind sehr reaktionsträge.

- **Helium:** geht keine chemischen Reaktionen ein

einatomig; Verwendung: Füllgas in Ballons, Kühlgas

- **Neon:** Bestandteil der Luft (0,0018 %)

einatomig; Verwendung: Füllgas in Leuchtstoffröhren

- **Argon:** Bestandteil der Luft (0,934 %)

einatomig; Verwendung: Schutzgas beim Schweißen

Wichtige halbmetallische Elemente

Halbmetalle nehmen eine Mittelstellung zwischen Metallen und Nichtmetallen ein. Sie leiten elektrischen Strom bei Zimmertemperatur kaum. Im PSE (↑ Innenklappe) sind sie weiß. Oft gibt es eine metallische und eine nichtmetallische Modifikation.

B	C	N	O	F
Al	Si	P	S	Cl
Ga	Ge	As	Se	Br
In	Sn	Sb	Te	I
Tl	Pb	Bi	Po	At

blau = Metalle
weiß = Halbmetalle
grau = Nichtmetalle

Wichtige Halbmetalle

- **Germanium:** grau bis weiß, fest, spröde, kristallisiert in Form eines Diamantgitters (↑ S. 35)
  kommt in Form von Verbindungen vor (Germanit); Verwendung: Halbleitertechnik, Optik
- **Arsen:** stabilste Modifikation ist grau, metallisch, hart, spröde, sehr giftig (auch in Verbindungen)
  kommt in Erzen vor; Verwendung: Halbleitertechnik, zum Härten von Blei, Glasherstellung
- **Bor:** stabilste Modifikation ist fest, kristallin, schwarzgrau, sehr reaktionsträge
  kommt in der Natur in Verbindungen, z. B. **Borax,** vor; Verwendung: Halbleitertechnik, Borfasern, Glühlampen
- **Selen:** stabilste Modifikation ist grau und metallisch, Halbleiter
  kommt in Form von Selenidmineralen vor; Verwendung: Fotozellen
- **Antimon:** stabilste Modifikation ist grau und metallisch, hart, spröde
  über 100 verschiedene Minerale; Verwendung: Legierungen (↑ S. 31)

Anorganische Elemente und Verbindungen

Elementsubstanzen bestehen aus einem Element des PSE (↑ S. 8).

Elementsubstanzen

- **atomar**: He, Mg
- **molekular**: O_2, S_8

Wasserstoff

Das ist ein Element der I. HG. Das Atom besitzt 1 Proton und 1 Elektron (Außenelektron).
Reiner Wasserstoff kommt fast nur molekular als ein farbloses, geruchloses, brennbares, reaktionsfreudiges Gas vor, das **Knallgasgemische** bildet.

Elektronenschreibweise: **H•**

Wasserstoff ist einwertig.

Molekül mit Atombindung

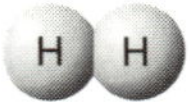

H_2

Knallgasreaktion mit Sauerstoff:

$2\,H_2 + O_2 \rightarrow 2\,H_2O$

Anorganische Wasserstoffverbindungen

Wasser ist ein flüssiges, farb- und geruchloses Molekül und ein gutes Lösungsmittel. Durch den Dipolcharakter bilden sich Wasserstoffbrückenbindungen (↑ S. 13).

Molekül mit polarer Atombindung

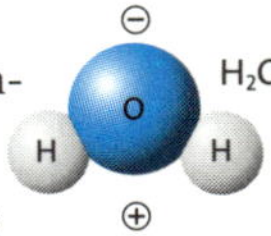

H_2O

Lösung eines Salzes in Wasser:

$NaCl + H_2O \rightarrow Na^+ + Cl^- + H_2O$

Chlorwasserstoff ist ein farbloses, stechend riechendes Gas.

Molekül mit polarer Atombindung

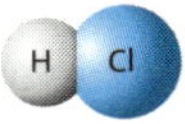

HCl

$HCl + H_2O \rightleftarrows H_3O^+ + Cl^-$

Kohlenstoff

Das ist ein Element der IV. HG. Das Atom besitzt 6 Protonen/Elektronen, davon 4 Außenelektronen.

Elektronenschreibweise: $\cdot\dot{\underset{\cdot}{C}}\cdot$

Kohlenstoff ist vierwertig.

Kohlenstoff kommt als grauschwarzer, leitfähiger **Graphit,** als kristalliner, farbloser, sehr harter, nicht leitfähiger **Diamant** und als **Fulleren** vor.

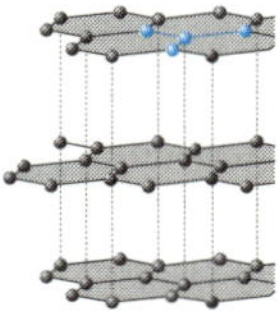

„Wabennetze“ des Graphit

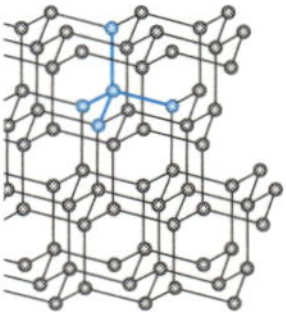

Kristallgitter des Diamant

Anorganische Kohlenstoffverbindungen

Kohlenstoffmonooxid (CO) und **Kohlenstoffdioxid** (CO_2) sind Moleküle. Es sind farb- und geruchlose Gase.

CO
stark giftig

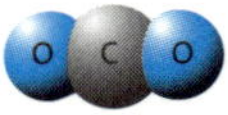

CO_2
wirkt erstickend
wasserlöslich

Kohlensäure (↑ S. 43) ist farblos, geruchlos, leicht säuerlich schmeckend und leicht zersetzlich. Sie entsteht durch Reaktion von CO_2 mit Wasser. Die Salze heißen **Carbonate** (↑ S. 46) und **Hydrogencarbonate.**

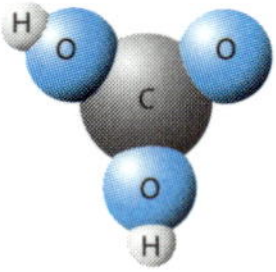

H_2CO_3

Zerfall von Kohlensäure:
$H_2CO_3 \rightleftarrows H_2O + CO_2\uparrow$

Sauerstoff

Das ist ein Element der VI. HG. Das Atom besitzt 8 Protonen/Elektronen, davon 6 Außenelektronen. *Reiner* Sauerstoff kommt molekular als farb- und geruchloses, wasserlösliches, nicht brennbares Gas vor, das die Verbrennung fördert.

Elektronenschreibweise: ·Ö· (mit zwei freien Elektronenpaaren)

Sauerstoff ist zweiwertig.

O_2

Molekül mit zwei Atombindungen

Anorganische Sauerstoffverbindungen

Oxide sind anorganische Verbindungen aus Sauerstoff und mindestens einem weiteren Element.

Es gibt Säure bildende (CO_2), Basen bildende (CaO) und amphotere Oxide, deren Lösungen sauer oder basisch reagieren können.

Calciumoxid, auch Branntkalk (↑ S. 75) oder Ätzkalk, ist eine weiße, pulverförmige, stark ätzende Ionensubstanz (↑ S. 10).

Reaktion des Oxids mit Wasser/Bildung einer Base:

$$CaO + H_2O \rightarrow Ca(OH)_2$$
$$CaO + H_2O \rightarrow Ca^{2+} + 2OH^-$$

Aluminiumoxid (↑ S. 77) kommt als feste, weiße, pulvrige Tonerde oder kristallines Korund vor.

Reaktion des Oxids mit Wasser/Bildung einer Base:

$$Al_2O_3 + 3H_2O \rightarrow 2\,Al(OH)_3$$
$$Al_2O_3 + 3H_2O \rightarrow 2\,Al^{3+} + 6\,OH^-$$

Stickstoff

Das ist ein Element der V. HG. Das Atom besitzt 7 Protonen/Elektronen, davon 5 Außenelektronen. *Reiner* Stickstoff kommt molekular als farbloses, geruchloses, nicht brennbares Gas vor. Es wirkt erstickend. Stickstoff ist mit 78 % Hauptbestandteil der Luft (↑ S. 80).

Elektronenschreibweise: $\cdot\ddot{\text{N}}\cdot$ (mit einem Punkt unter dem N)

Stickstoff (sehr reaktionsträge) ist dreiwertig.

N_2

Molekül mit drei Atombindungen

Anorganische Stickstoffverbindungen

Ammoniak (↑ S. 72) ist ein Molekül. Es ist ein gut wasserlösliches Gas mit charakteristischem Geruch.

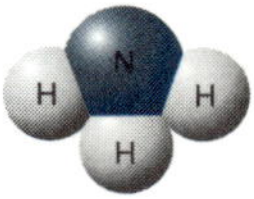

NH_3

Molekül mit polarer Atombindung

Stickstoffmonooxid (farblos) und **Stickstoffdioxid** (braunrot) sind stark giftige Gase. Sie reagieren mit Wasser zu Säuren.

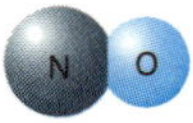

NO

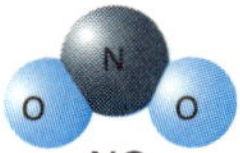

NO_2

Moleküle mit polarer Atombindung

Salpetersäure (↑ S. 73) ist eine starke Säure. Die Salze heißen **Nitrate** (↑ S. 46).

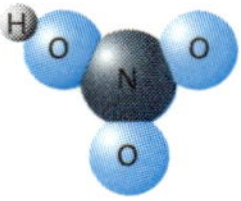

HNO_3

$$2\,HNO_3 + Mg \rightarrow Mg(NO_3)_2 + H_2\uparrow$$

Schwefel

Das ist ein Element der VI. HG. Das Atom besitzt 16 Protonen/Elektronen, davon 6 Außenelektronen. Schwefel kommt in verschiedenen Modifikationen vor. Bei Zimmertemperatur ist nur *rhombischer* Schwefel stabil. Er ist fest, gelb, kristallin, brennbar und nicht wasserlöslich.

Elektronenschreibweise: 

Schwefel ist zweiwertig **(Sulfid-Ion S^{2-}).**

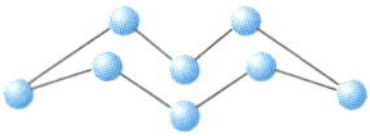

rhombischer Schwefel (α-Schwefel, Kronenform)

Anorganische Schwefelverbindungen

Schwefeldioxid (SO_2) und **Schwefeltrioxid** (SO_3) sind Moleküle. SO_2 ist gasförmig, farblos, stechend riechend, giftig und wasserlöslich. SO_3 ist fest und reagiert heftig mit Wasser.

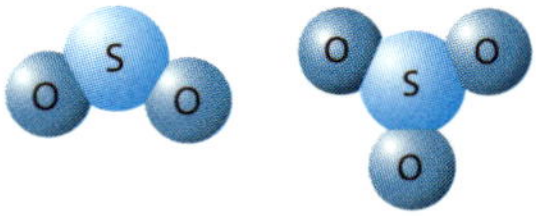

SO_2 SO_3

Moleküle mit polarer Atombindung

Schwefelsäure (↑ S. 74) ist eine starke, farblose, ölige und stark ätzende Säure. Die Salze (↑ S. 47) sind **Hydrogensulfate** und **Sulfate.**

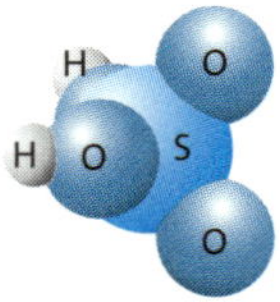

H_2SO_4

Reaktion mit Metallen:

$H_2SO_4 + Mg \rightarrow MgSO_4 + H_2\uparrow$

Chlor

Chlor ist ein Element der VII. HG, ein Halogen (↑ S. 32). Das Atom besitzt 17 Protonen/Elektronen, davon 7 Außenelektronen. Chlor bildet Moleküle. Es ist ein gelbgrünes, stechend riechendes, sehr giftiges, reaktionsfreudiges, aggressives Gas.

Elektronenschreibweise: $:\ddot{\underset{\cdot\cdot}{Cl}}\cdot$

Chlor ist einwertig (**Chlorid-Ion Cl^-**).

Cl_2

Molekül mit einer Atombindung

Anorganische Chlorverbindungen

Chlorwasserstoffsäure, Salzsäure, ist die farblose, stark ätzende Lösung von Chlorwasserstoff (↑ S. 34). Die Salze heißen **Chloride** (↑ S. 46). Sie wird verdünnt (7%ig) und konzentriert (30%ig) verwendet und reagiert mit vielen schwer wasserlöslichen Salzen, Oxiden und Basen (Neutralisation, ↑ S. 20).

Reaktion mit Metallen:
$2HCl + Zn \rightarrow ZnCl_2 + H_2\uparrow$

Reaktion mit schwerlöslichen Salzen:
$2HCl + CaCO_3 \rightarrow CaCl_2 + CO_2\uparrow + H_2O$

Reaktion mit Oxiden:
$2HCl + MgO \rightarrow MgCl_2 + H_2O$

Reaktion mit Basen:
$2HCl + Mg(OH)_2 \rightarrow MgCl_2 + 2H_2O$

Einige wichtige Chlorverbindungen bestehen aus Chlor, Wasserstoff, Sauerstoff.

Chlorsäure = $HClO_3$, hypochlorige Säure = $HClO$, chlorige Säure = $HClO_2$, Perchlorsäure = $HClO_4$

Säuren

Säuren sind nach Brönsted (↑ S. 20) **Protonendonatoren,** also Verbindungen oder Teilchen, die Wasserstoff-Ionen (Protonen) abgeben können. Die Lösung der Säure besitzt einen sauren **pH-Wert** (↑ S. 45).

Abgabe von Wasserstoff-Ionen (Protonen) durch Säuren:

$$HNO_3 + H_2O \xrightarrow{H^+} \rightleftarrows H_3O^+ + NO_3^-$$

Reaktionen von Säuren

Säuren reagieren mit Metallen zu Salzen und Wasserstoff.

$2HCl + Ca \rightarrow CaCl_2 + H_2\uparrow$

Chlorwasserstoffsäure + Calcium reagieren zu Calciumchlorid + Wasserstoff

Säuren reagieren mit Metalloxiden zu Salzen und Wasser.

$2HCl + CaO \rightarrow CaCl_2 + H_2O$

Chlorwasserstoffsäure + Calciumoxid reagieren zu Calciumchlorid + Wasser

Säuren reagieren mit Basen zu Salzen und Wasser (↑ S. 20).

$HCl + NaOH \rightarrow NaCl + H_2O$

Chlorwasserstoffsäure + Natriumhydroxid reagieren zu Natriumchlorid + Wasser

Basen

Basen sind nach Brönsted (↑ S. 20) **Protonenakzeptoren,** also Verbindungen oder Teilchen, die Wasserstoff-Ionen (Protonen) aufnehmen können. Die Lösung der Base, die **alkalische Lösung,** besitzt einen basischen (alkalischen) pH-Wert.

Aufnahme von Wasserstoff-Ionen (Protonen) durch Basen:

$$NH_3 + H_2O \rightleftarrows NH_4^+ + OH^- \quad (H^+ \text{ von } H_2O \text{ zu } NH_3)$$

Reaktionen von Basen

Basen reagieren mit Säuren zu Salzen und Wasser (↑ S. 20).

$3H_2SO_3$ + $2Al(OH)_3$ → $Al_2(SO_3)_3$ + $6H_2O$
schweflige Säure + Aluminiumhydroxid reagieren zu Aluminiumsulfit + Wasser

Salze

Salze sind Ionensubstanzen (↑ S. 10), in denen positive Ionen (oft Metall-Ionen) mit negativen Säurerest-Ionen in einem Kristallgitter (Ionengitter) verbunden sind. Salze entstehen durch verschiedene **Salzbildungsreaktionen.**

Salzbildungsreaktionen

Salze entstehen durch Neutralisation (↑ S. 20) aus Säuren und Basen.

Säure(lösung)	+	Base(lösung)	$\xrightarrow{\text{reagieren zu}}$	Salz(lösung)	+	Wasser
HNO_3	+	KOH	$\longrightarrow$	KNO_3	+	H_2O

Salze entstehen durch Reaktion von Säuren mit Metalloxiden.

Säure(lösung)	+	Metalloxid	$\xrightarrow{\text{reagieren zu}}$	Salz(lösung)	+	Wasser
$2HCl$	+	MgO	$\longrightarrow$	$MgCl_2$	+	H_2O

Salze entstehen durch Reaktion von (verdünnten) Säuren mit (unedlen) Metallen.

Säure(lösung)	+	unedles Metall	$\xrightarrow{\text{reagieren zu}}$	Salz(lösung)	+	Wasserstoff
$2HCl$	+	Fe	$\longrightarrow$	$FeCl_2$	+	$H_2\uparrow$

Salze entstehen durch Reaktion von Metallen mit Nichtmetallen.

Metall	+	Nichtmetall	$\xrightarrow{\text{reagieren zu}}$	Salz
$2Na$	+	Cl_2	$\longrightarrow$	$2NaCl$

Salzartige Stoffe sind feste, kristalline Ionensubstanzen mit hohen Schmelz- und Siedepunkten. Hier sind in einem Kristallgitter Anionen und Kationen mit Ionenbindung verbunden. Dazu gehören auch einige Metalloxide und einige Metallhydroxide.

Wichtige anorganische Säuren

Salzsäure, HCl,
- ist die wässrige Lösung von Chlorwasserstoff (↑ S. 39).
- reagiert mit Wasser zu Hydronium- und Chlorid-Ionen.
- ist farblos, flüssig, stechend riechend und ätzend.

verdünnte HCl:	7 %
konzentrierte HCl:	30 %
rauchende HCl:	ca. 37 %

$HCl + H_2O \rightleftarrows H_3O^+ + Cl^-$

Verwendung: zur Metallreinigung und Neutralisation von Abwässern

Salpetersäure, HNO_3,
- reagiert mit Wasser zu Hydronium- und Nitrat-Ionen (↑ S. 73).
- ist farblos, flüssig, ölig, stechend riechend, wasserlöslich und ätzend.

konzentrierte HNO_3: bis 68,4 %

$HNO_3 + H_2O \rightleftarrows H_3O^+ + NO_3^-$

Verwendung: zur Düngemittelherstellung und als Nitrier- und Oxidiermittel

Schwefelsäure, H_2SO_4,
- reagiert mit Wasser zu Hydronium- und Sulfat-Ionen (↑ S. 38).
- ist farblos, flüssig, ölig, stark wasseranziehend und stark ätzend.

Mit Wasser reagiert die Säure unter starker Wärmeentwicklung (VORSICHT!).

verdünnte H_2SO_4:	16 %
konzentrierte H_2SO_4:	98 %

$H_2SO_4 + 2H_2O \rightleftarrows 2H_3O^+ + SO_4^{2-}$

Verwendung: als Trockenmittel, zur Düngemittelherstellung, als Batteriesäure oder zur Herstellung von Estern (↑ S. 60)

Kohlensäure, H_2CO_3,
- ist die wässrige Lösung von Kohlenstoffdioxid, CO_2 (↑ S. 35).
- reagiert nur sehr gering mit Wasser.

H_2CO_3 ist eine schwache Säure. 99 % der CO_2-Moleküle sind nur physikalisch gelöst.

$H_2CO_3 + 2H_2O \rightleftarrows 2H_3O^+ + CO_3^{2-}$

Verwendung: in Erfrischungsgetränken

Phosphorsäure, H_3PO_4,
- reagiert mit Wasser zu Hydronium- und Phosphat-Ionen.
- *Reine* H_3PO_4 ist farblos, fest, kristallin, leicht wasserlöslich, stark wasseranziehend (hygroskopisch) und ätzend.

Aufgepasst: Beim Mischen von Säuren mit Wasser vorsichtig sein!

$H_3PO_4 + 3H_2O \rightleftarrows 3H_3O^+ + PO_4^{3-}$

Verwendung: zur Herstellung von Phosphaten und Düngemitteln, zur Wasserenthärtung und als Lebensmittelzusatzstoff

„Erst das Wasser, dann die Säure, sonst geschieht das Ungeheure!“

Säurerest-Ionen und zugehörige Salze

Säure	Säurerest-Ion	Salze
Salzsäure	Chlorid-Ion	Chloride
Salpetersäure	Nitrat-Ion	Nitrate
Schwefelsäure	Sulfat-Ion, Hydrogensulfat-Ion	Sulfate, Hydrogensulfate
schweflige Säure	Sulfit-Ion, Hydrogensulfit-Ion	Sulfite, Hydrogensulfite
Phosphorsäure	Phosphat-Ion, Hydrogenphosphat-Ion, Dihydrogenphosphat-Ion	Phosphate, Hydrogenphosphate, Dihydrogenphosphate
Kohlensäure	Carbonat-Ion, Hydrogencarbonat-Ion	Carbonate, Hydrogencarbonate

Wichtige Basen

Natriumhydroxid, NaOH,
- wird auch als **Ätznatron** bezeichnet.
- dissoziiert in Wasser in Natrium- und Hydroxid-Ionen, genannt **Natronlauge.**
- ist weiß, fest, kristallin, stark wasseranziehend (hygroskopisch), gut wasserlöslich (starke Wärmeentwicklung), stark ätzend.
- Im NaOH herrscht Ionenbindung vor (↑ S. 10).

NaOH wird durch das Membranverfahren (↑ S. 78) hergestellt.

$NaOH + H_2O \rightleftarrows Na^+ + OH^- + H_2O$
$NaOH \rightleftarrows Na^+ + OH^-$

Verwendung: in der Glas-, Seifen-, Waschmittel- und Zellstoffindustrie und bei der Herstellung von Farben

Kaliumhydroxid, KOH,
- wird auch als **Ätzkali** bezeichnet.
- dissoziiert in Wasser in Kalium- und Hydroxid-Ionen, genannt **Kalilauge.**
- ist weiß, fest, kristallin, stark wasseranziehend, gut wasserlöslich und stark ätzend.

$KOH + H_2O \rightleftarrows K^+ + OH^- + H_2O$
$KOH \rightleftarrows K^+ + OH^-$

Verwendung: als Trockenmittel, zur Herstellung von Waschmitteln, Wasserenthärtern und in der Glasindustrie

Calciumhydroxid, $Ca(OH)_2$,
- heißt als wässrige Lösung **Kalkwasser.**
- ist weiß, fest, wenig wasserlöslich und ätzend.

$Ca(OH)_2 \rightleftarrows Ca^{2+} + 2OH^-$

Verwendung: zur Herstellung von Mörtel, Chlorkalk und zur Rauchgasentschwefelung

Bariumhydroxid, $Ba(OH)_2$,
- heißt als wässrige Lösung **Barytlauge,** stark verdünnt **Barytwasser.**
- ist weiß, fest, kristallin, mäßig wasserlöslich und ätzend.

$Ba(OH)_2 \rightleftarrows Ba^{2+} + 2OH^-$

Mit Barytwasser kann CO_2 nachgewiesen werden (↑ S. 89).

Verwendung: zur Entwässerung von Fetten, Wachsen und Glycerin

Der pH-Wert

Der pH-Wert ist eine Maßzahl für die in einer Lösung enthaltenen Wasserstoff-(Hydronium-) Ionen.

pH-Werte:
Zitronensaft: 2,3
Cola: 2,4
Schweiß: 4–6
Blut: 7,4

- **Neutrale Lösungen** besitzen einen pH-Wert von genau 7.

Die Konzentration von Hydronium- und Hydroxid-Ionen ist gleich groß.

- **Saure Lösungen** besitzen einen pH-Wert unter 7.

Die Konzentration der Hydronium-Ionen ist höher als die der Hydroxid-Ionen.

- **Basische** oder alkalische **Lösungen** besitzen einen pH-Wert über 7.

Die Konzentration der Hydronium-Ionen ist geringer als die der Hydroxid-Ionen.

Der ph-Wert lässt sich mit verschiedenen Indikatoren (↑ S. 90, z. B. Farbstreifen) feststellen.

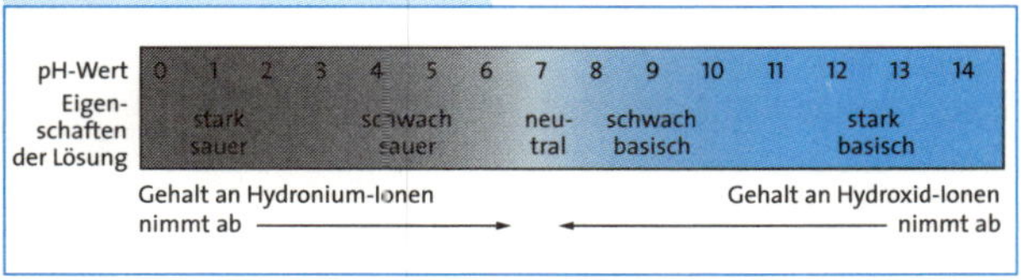

Wichtige Salze

Chloride (↑ S. 39) sind die Salze der Chlorwasserstoffsäure (↑ S. 42).

Natriumchlorid NaCl
Magnesiumchlorid $MgCl_2$
Aluminiumchlorid $AlCl_3$

■ **Natriumchlorid, NaCl,** heißt auch **Kochsalz.** Es ist farblos, fest und gut wasserlöslich. Es bildet würfelförmige, durchsichtige Kristalle.

Es kommt als **Steinsalz** vor. Verwendung: zum Würzen und Konservieren von Lebensmitteln, zur Herstellung von HCl, NaOH (↑ S. 78) und $NaCO_3$

Nitrate (↑ S. 37) sind die Salze der Salpetersäure (↑ S. 42, 73).

Natriumnitrat $NaNO_3$
Magnesiumnitrat $Mg(NO_3)_2$

■ **Kaliumnitrat, KNO_3,** heißt auch **Salpeter.** Es ist farblos, fest und gut wasserlöslich. Die Schmelze ist ein starkes Oxidationsmittel (↑ S. 18).

Kommt in Salzlagerstätten (Kalibergbau) vor. Verwendung: als Bestandteil von Schwarzpulver und Düngemitteln und in der Farbstoffindustrie

Carbonate (↑ S. 35) und **Hydrogencarbonate** sind die Salze (↑ S. 41) der Kohlensäure (↑ S. 43).

Natriumcarbonat Na_2CO_3 · Kaliumcarbonat, Pottasche K_2CO_3 · Kaliumhydrogencarbonat $KHCO_3$

■ **Calciumcarbonat, $CaCO_3$,** heißt je nach Vorkommen auch **Kalkstein, Kreide, Marmor** oder **Calcit** (Kalkspat). Es ist weiß, fest und schwer wasserlöslich.

Kommt in Gesteinen, z. B. als Marmor, vor und wird im Tagebau abgebaut. Verwendung: als Baumaterial, als Ausgangsstoff zum Kalkbrennen (↑ S. 75) und zur Zementherstellung

Sulfate und **Hydrogensulfate** sind die Salze der Schwefelsäure (↑ S. 42).

■ **Calciumsulfat,** $CaSO_4$, heißt auch **Anhydrit.** Es ist farblos bis weiß, fest, pulverförmig und schwer wasserlöslich.

Natriumsulfat Na_2SO_4 · Natriumhydrogensulfat $NaHSO_4$

Calciumsulfat mit gebundenem Kristallwasser heißt **Gips** ($CaSO_4 \cdot 2H_2O$). Verwendung: zur Herstellung von Zement und Schwefelsäure (↑ S. 74)

Phosphate, Hydrogenphosphate und **Dihydrogenphosphate** sind die Salze der Phosphorsäure (↑ S. 43).

Natriumphosphat Na_3PO_4 · Calciumhydrogenphosphat $CaHPO_4$ · Calciumdihydrogenphosphat $Ca(H_2PO_4)_2$

■ **Primäre Phosphate** enthalten das Dihydrogenphosphat-Ion, $H_2PO_4^-$. Sie sind wasserlöslich.

Verwendung: als Düngemittel und zur Wasserenthärtung, z. B. Natriumdihydrogenphosphat NaH_2PO_4

■ **Sekundäre Phosphate** enthalten das Hydrogenphosphat-Ion, HPO_4^{2-}.

Verwendung: als Düngemittel, z. B. Diammoniumhydrogenphosphat $(NH_4)_2HPO_4$

■ **Tertiäre Phosphate** enthalten das Phosphat-Ion, PO_4^{3-}. Sie sind thermisch beständig.

Verwendung: in der Lebensmittelindustrie (Schmelzkäse), z. B. Calciumphosphat $Ca_3(PO_4)_2$

Aufgepasst: **Sulfite** (↑ S. 43) und **Hydrogensulfite** sind die Salze der schwefligen Säure.

Magnesiumsulfit $MgSO_3$ · Calciumhydrogensulfit $Ca(HSO_3)_2$

Nitrite sind die Salze der **salpetrigen Säure.**

Natriumnitrit $NaNO_2$ (als Bestandteil von Pökelsalz)

Anorganische Stoffe

Anorganische Reinstoffe (↑ S. 6) können in Elemente und chemische Verbindungen eingeteilt werden.

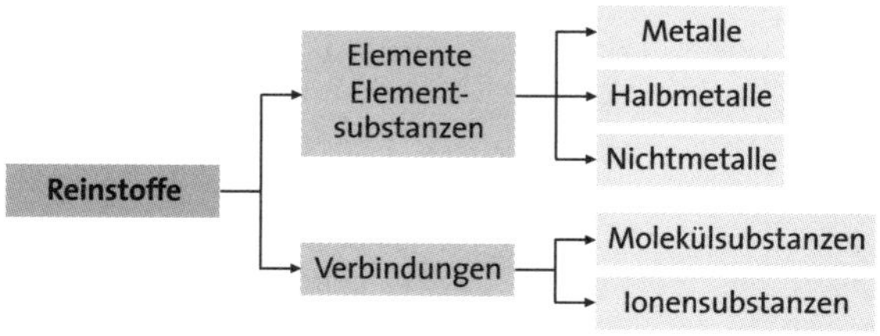

Hauptgruppenelemente und ihre Verbindungen

Alkalimetalle: Elemente der *I. HG* (außer Wasserstoff). Sie bilden Oxide, Hydroxide und Salze.	Elemente: Li, Na, K, Rb, Cs, Fr Oxide: Li_2O, K_2O, Na_2O Hydroxide: LiOH, NaOH, KOH Salze: NaCl, K_2CO_3, Rb_3PO_4
Erdalkalimetalle: Elemente der *II. HG.* Sie bilden Oxide, Hydroxide und Salze.	Elemente: Be, Mg, Ca, Sr, Ba, Ra Oxide: MgO, CaO Hydroxide: $Mg(OH)_2$, $Ca(OH)_2$ Salze: $MgSO_4$, $CaCO_3$
Borgruppe: Elemente der *III. HG.* Sie bilden Säuren, Oxide, Hydroxide und Salze.	Elemente: B, Al, Ga, In, Tl Säure: H_3BO_3 Oxide: Al_2O_3 Hydroxide: $Al(OH)_3$ Salze: $Al_2(SO_4)_3$
Kohlenstoffgruppe: Elemente der *IV. HG.* Sie bilden Säuren, Oxide, Salze und (C) organische Verbindungen (↑ S. 50).	Elemente: C, Si, Ge, Sn, Pb Oxide: CO, CO_2, SiO_2 Säuren: H_2CO_3, H_4SiO_4 Salze: $CaCO_3$
Stickstoffgruppe: Elemente der *V. HG.* Sie bilden Säuren, Oxide, Salze, Wasserstoffverbindungen.	Elemente: N, P, As, Sb, Bi Oxide: NO, NO_2, As_2O_3 Säuren: HNO_3, H_3PO_4 Salze: $NaNO_3$, $Mg_3(PO_4)_2$

Chalkogene: Elemente der *VI. HG.* Sie bilden Wasserstoffverbindungen, Säuren, Oxide, Salze.	Elemente: O, S, Se, Te, Po Wasserstoffverbindungen: H_2S, H_2O Säuren: H_2SO_4 Oxide: SO_2, SO_3, SeO_2
Halogene: Elemente der *VII. HG.* Sie bilden Wasserstoffverbindungen, Säuren, Salze, Oxide.	Elemente: F, Cl, Br, I, At Wasserstoffverbindungen: HCl, HF Säuren: HCl, $HClO_4$ Salze: NaCl, $CaBr_2$, AlF_3
Edelgase: Elemente der *VIII. HG.*	Elemente: He, Ne, Ar, Kr, Xe, Rn

Nebengruppenelemente und ihre Verbindungen

Aufgepasst: Alle Nebengruppenelemente (↑ S. 8) sind Metalle und bilden vor allem Oxide, Salze und Hydroxide.

Kupfergruppe: Elemente der *I. NG.*	Cu, Ag, Au
Zinkgruppe: Elemente der *II. NG.*	Zn, Cd, Hg
Scandiumgruppe mit **Lanthanoiden** und **Actinoiden:** Elemente der *III. NG.*	Sc, Y Lanthanoide: La, Ce, Pr, Nd, Pm, Sm, Eu, Gd, Tb, Dy, Ho, Er, Tm, Yb, Lu Actinoide: Ac, Th, Pa, U, Np, Pu, Am, Cm, Bk, Cf, Es, Fm, Md, No, Lr
Titangruppe: Elemente der *IV. NG.*	Ti, Zr, Hf
Vanadiumgruppe: Elemente der *V. NG.*	V, Nb, Ta
Chromgruppe: Elemente der *VI. NG.*	Cr, Mo, W
Mangangruppe: Elemente der *VII. NG.*	Mn, Tc, Re
Eisengruppe, leichte und schwere **Platinmetalle:** Elemente der *VIII. NG.*	Eisengruppe: Fe, Co, Ni leichte Platinmetalle: Ru, Rh, Pd schwere Platinmetalle: Os, Ir, Pt

5 Organische Chemie

Kohlenwasserstoffe

Kohlenwasserstoffgruppen

Organische Chemie ist die Chemie organischer Kohlenstoffverbindungen. Nicht dazu gehören: CO, CO_2, H_2CO_3, Carbonate (↑ S. 35), Hydrogencarbonate und Carbide. Einfache **Kohlenwasserstoffe** (KW) bestehen aus C- und H-Atomen.

Kohlenwasserstoffe

- **kettenförmige** Kohlenwasserstoffe
  - **gesättigt**
    - **Alkane**
  - **ungesättigt**
    - **Alkene**
    - **Alkine**
- **ringförmige** Kohlenwasserstoffe
  - **cyclisch**
    - **Cycloalkane**
    - **Cycloalkene**
  - **aromatische** Kohlenwasserstoffe

Nomenklatur

Wortstamm: Anzahl der C-Atome

1 C = Meth-	3 C = Prop-	5 C = Pent-	7 C = Hept-	9 C = Non-
2 C = Eth-	4 C = But-	6 C = Hex-	8 C = Oct-	10 C = Dec-

Endung: Bindungsart in der Kette

-an = nur Einfachbindungen
-en = mind. eine Doppelbindung
-in = mind. eine Dreifachbindung

verzweigte KW:
Grundname: Name der längsten unverzweigten Kette
Seitenkette: Wortstamm des KW-Restes mit Endung -yl

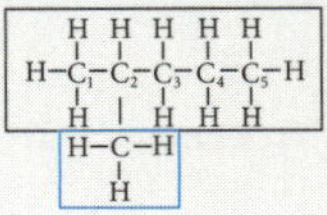

längste Kette mit 5 Kohlenstoffatomen: -Pentan
Alkylrest am 2. Kohlenstoffatom: -methyl
2-Monomethylpentan (2-Methylpentan)

Reaktionen

Reaktionen organischer Stoffe lassen sich in drei Grundtypen einteilen: Addition, Substitution und Eliminierung.

Bei der **Addition** lagert sich ein kleineres Molekül an eine Mehrfachbindung eines ungesättigten Moleküls an.

- **Hydrierung** = Anlagerung von Wasserstoff
- **Halogenierung** = Anlagerung von Halogenen
- **Hydratisierung** = Anlagerung von Wasser

Hydrierung:

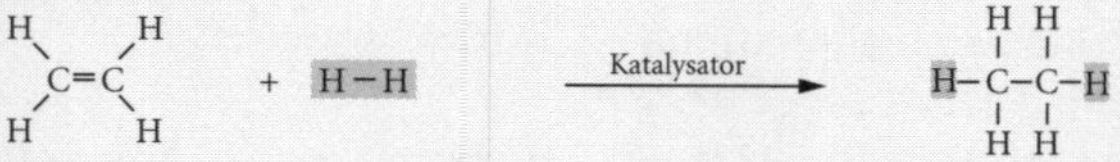

Ethen + Wasserstoff → Ethan

Bei der **Eliminierung** spalten sich Atome oder Atomgruppen aus Molekülen ab. Mehrfachbindungen entstehen.

- **Dehydrierung** = Abspaltung von Wasserstoff
- **Dehydratisierung** = Abspaltung von Wasser

Dehydrierung:

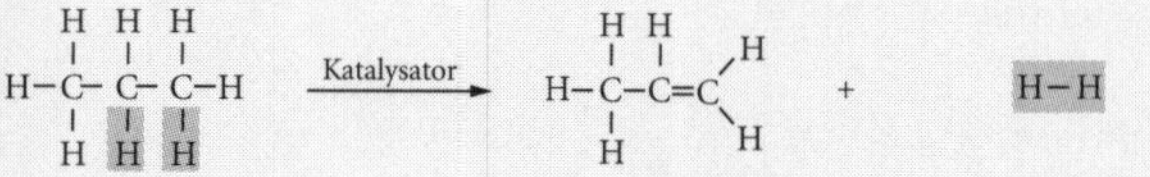

Propan → Propen + Wasserstoff

Bei der **Substitution** werden Atome oder Atomgruppen zwischen den Ausgangsstoffen ausgetauscht. Die Bindungsart bleibt erhalten. **Kondensationen** sind Sonderfälle der Substitution, bei denen Wasser entsteht.

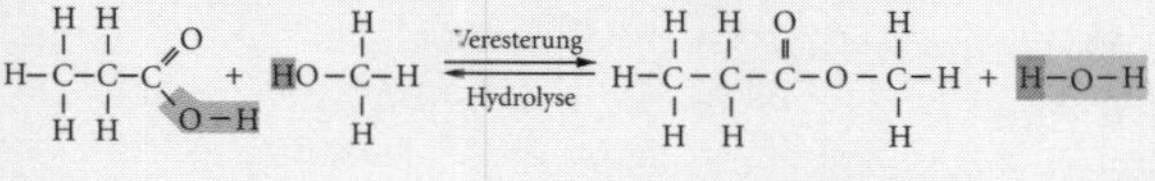

Propansäure + Methanol ⇌ Propansäuremethylester + Wasser

Einfache Kohlenwasserstoffe

Einfache Kohlenwasserstoffe (↑ S. 50) bestehen aus Molekülen mit Atombindungen.
Die **Molekül-** oder **Summenformel** gibt Art und Anzahl der verbundenen Atome an.

Alkane: CH_4, C_2H_6, C_3H_8
Alkene: C_2H_4, C_3H_6, C_4H_8
Alkine: C_2H_2, C_3H_4, C_4H_6

Cycloalkane
(ringförmige Alkane):
Cyclobuten C_4H_6
Cyclohexen C_6H_{10}

Die **Strukturformel** gibt Art und Anzahl der Atome sowie die Bindungen an.

- **ausführliche Strukturformel:** alle Atome und alle Bindungen einzeln
- **vereinfachte Strukturformel:** Gruppen von Atomen werden ohne Bindungsstriche zusammengefasst.

Formeln von Ethen
Summenformel: C_2H_4

Ausführliche Strukturformel:

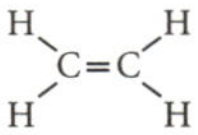

Vereinfachte Strukturformel:
$CH_2 = CH_2$

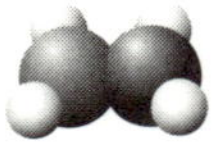

Isomere, (1) und (2), sind Verbindungen mit gleicher Summenformel, aber unterschiedlicher Struktur.

Homologe Reihen sind Folgen chemisch ähnlich aufgebauter Verbindungen mit ähnlichen Reaktionen (↑ S. 53, 56).

Summenformel: C_4H_{10}

(1) n-Butan („Normal“-Butan)

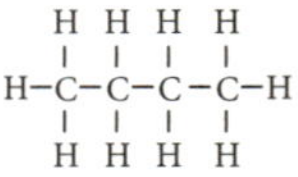

(2) i-Butan (2-Methylpropan) („Isomer“-Butan; vereinfacht Iso-Butan)

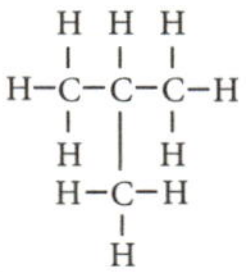

Alkane, Alkene, Alkine

Alkane sind kettenförmige KW mit C- und H-Atomen. Alle C-Atome sind durch Einfachbindungen verknüpft. Allgemeine Summenformel: C_nH_{2n+2}

Homologe Reihe der Alkane

Methan CH_4 

Ethan $CH_3 - CH_3$ 

Propan
$CH_3 - CH_2 - CH_3$ 

Alkene sind kettenförmige KW mit C- und H-Atomen. Es gibt *eine* Doppelbindung. Allgemeine Summenformel: C_nH_{2n}

Homologe Reihe der Alkene

Ethen (Ethylen)
$CH_2 = CH_2$ 

Propen (Propylen)
$CH_3 - CH = CH_2$ 

Alkine sind kettenförmige KW mit C- und H-Atomen. Es gibt *eine* Dreifachbindung. Allgemeine Summenformel: C_nH_{2n-2}

Homologe Reihe der Alkine

Ethin (Acetylen)
$H - C \equiv C - H$ 

Propin
$CH_3 - C \equiv CH$ 

Aromaten

Einige ringförmige KW besitzen im Innern des Rings ein stabiles **Elektronensextett**. Sie gehören zu den Aromaten. Aromaten können außer C- und H-Atomen auch O- und N-Atome im Molekül haben.

Benzen (Benzol) C_6H_6:

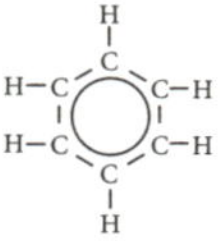

Strukturformel

Symbol

Styren (Styrol, Vinylbenzen):

 $- CH = CH_2$

Symbol

TOPTHEMA Funktionelle Gruppen

Funktionelle Gruppen sind Atome oder Atomgruppen, welche die chemischen Eigenschaften des organischen Stoffes wesentlich beeinflussen. Außer Kohlenstoff- und Wasserstoffatomen sind an funktionellen Gruppen oft Sauerstoff- und Stickstoffatome (manchmal Halogenatome u. a.) beteiligt.

Stoffe mit funktionellen Gruppen und Beispielen

Stoffklasse Name	**Funktionelle Gruppe**		**Beispiel**
	Formel	**Bezeichnung**	**Name und Strukturformel**
Alkohole Hydroxylgruppe	– OH	-ol	Ethanol (Ethylalkohol) 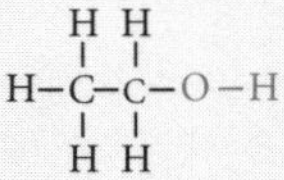
Phenole Hydroxylgruppe	– OH	Hydroxy-	Hydroxybenzen (Phenol) 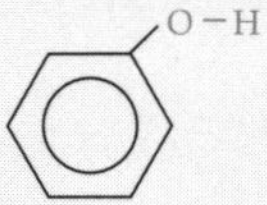
Halogenkohlenwasserstoffe Halogenatom	– F – Cl – Br – I (Hal)	Halogen-	Monobromethan 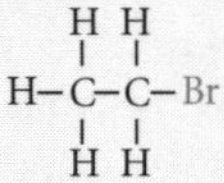

Stoffklasse Name	**Funktionelle Gruppe**		**Beispiel**
	Formel	**Bezeichnung**	**Name und Strukturformel**
Amine Aminogruppe	$-NH_2$	-amin	Ethylamin (Aminoethan) 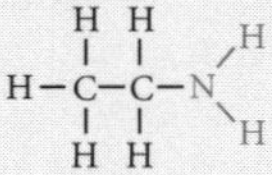
Ether Ethergruppe	$-O-$	-ether	Diethylether 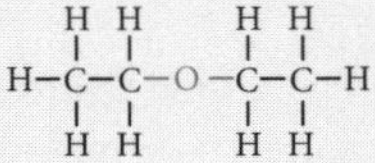
Aldehyde Aldehydgruppe	$-CHO$	-al	Ethanal (Acetaldehyd) 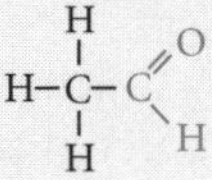
Ketone Ketogruppe	$-\underset{\underset{O}{\Vert}}{C}-$	-on	Propan-2-on (Aceton) 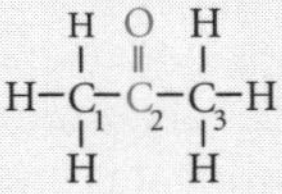
Carbonsäuren Carboxylgruppe	$-COOH$	-säure	Ethansäure (Essigsäure) 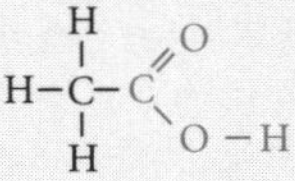

Alkohole

Das sind organische Verbindungen mit mindestens einer **Hydroxylgruppe.** Je nach Anzahl der funktionellen Gruppen unterscheidet man zwei Klassen.

Klassen:
einwertige Alkohole: *eine* Hydroxylgruppe, z. B. Ethanol
mehrwertige Alkohole: *mindestens zwei* Hydroxylgruppen, z. B. Glycerol (Glycerin)

Alkanole sind Stoffe einer homologen Reihe (↑ S. 52) mit einer Hydroxylgruppe. Allgemeine Summenformel: $C_nH_{2n+1}OH$

Alkanole sind einwertige Alkohole.

- **Methanol,** CH_3OH: farblose, giftige, brennbare Flüssigkeit, charakteristischer Geruch, gut mit Wasser mischbar

auch: Methylalkohol, Carbinol, Holzgeist; Verwendung: Lösungsmittel, Kraftstoffzusatz

- **Ethanol,** C_2H_5OH: farblose, gesundheitsschädliche, brennbare Flüssigkeit, charakteristischer Geruch (nach „Alkohol"), gut mit Wasser mischbar

auch: Ethylalkohol, Alkohol, Weingeist; Verwendung: Lösungsmittel, alkoholische Getränke, Kraftstoffzusatz, Medizin

- **Propanol,** C_3H_7OH: farblose, giftige, brennbare Flüssigkeit, angenehmer Geruch, gut mit Wasser mischbar

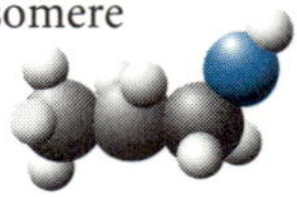

Es gibt zwei Isomere (↑ S. 52) des Propanols: Propan-1-ol und Propan-2-ol (Isopropanol); Verwendung: Lösungsmittel

Mehrwertige Alkohole:

- **Ethan 1,2 –diol,** $C_2H_4(OH)_2$: farblose, giftige Flüssigkeit, **Glycol**

Verwendung: Frostschutzmittel für Motoren (Glysantin), Kunststoffherstellung

- **Propan 1,2,3 –triol,** $C_3H_5(OH)_3$: farblose, ölige, stark wasseranziehende Flüssigkeit, **Glycerol**

auch: **Glycerin**

Phenole

Das sind Stoffe mit einem Benzenring (↑ S. 53) als Grundgerüst. Sie haben mindestens eine Hydroxylgruppe.

Phenol: farblos, kristallin, giftig, ätzend

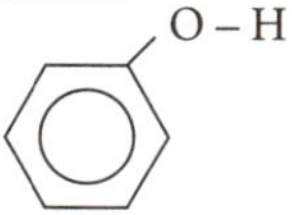

C_6H_5OH

Halogenkohlenwasserstoffe

Das sind organische Verbindungen mit Halogenatomen im Molekül.

- **Halogenalkane:** Monochlormethan, Trichlormethan, Tetrachlormethan, Monochlorethen (↑ S. 68)

Methylchlorid:	CH_3Cl
Chloroform:	$CHCl_3$
Tetra:	CCl_4
Vinylchlorid:	$CHCl = CH_2$

- **Fluorchlorkohlenwasserstoffe,** FCKW, enthalten Chlor- und Fluoratome im Molekül.

Dichlordifluormethan: CCl_2F_2
Trichlorfluormethan: CCl_3F
FCKW zerstören die Ozonschicht (↑ S. 81).

Aldehyde

Das sind organische Verbindungen mit mindestens einer **Aldehydgruppe.**
Alkanale sind Stoffe einer homologen Reihe (↑ S. 52) mit einer Aldehydgruppe. Allgemeine Summenformel: $C_nH_{2n+1}CHO$

Die Aldehydgruppe hat reduzierende Wirkung. Mit ammoniakalischer Silbernitratlösung entsteht ein Silberspiegel (↑ S. 92), mit fehlingscher Lösung rotes Kupfer(I)-oxid.

- **Methanal,** H – CHO: farblos, gasförmig, stechend riechend, sehr giftig (Krebs erregend)

auch: **Formaldehyd**
Verwendung: Kunststoffherstellung, Desinfektion, Konservierung

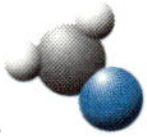

- **Ethanal,** CH_3 – CHO: farblos, flüssig, leicht flüchtig, stechend riechend, giftig (Krebs erregend), brennbar

auch: **Acetaldehyd**
Verwendung: Herstellung von Ethanol und Ethansäure, als Trockenspiritus

Ether und Ketone

Ether enthalten mindestens eine **Ethergruppe** im Molekül. Allgemeine Formel der Ethergruppe: $R^1 – O – R^2$
Ketone enthalten mindestens eine Ketogruppe im Molekül.

Diethylether (Ether):

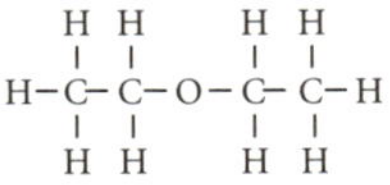

Propanon (Aceton):

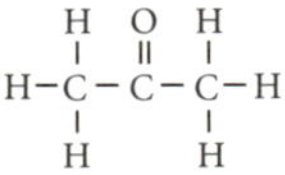

Carbonsäuren

Das sind organische Säuren mit mindestens einer **Carboxylgruppe.**

Von der Carboxylgruppe kann ein Wasserstoff-Ion (Proton) abgegeben werden. Sie reagieren ähnlich wie anorganische Säuren (↑ S. 40).

Alkansäuren sind Stoffe einer homologen Reihe mit *einer* Carboxylgruppe. Allgemeine Summenformel: $C_nH_{2n+1}COOH$

- **Methansäure,** $H-COOH$: farblos, flüssig, stechend riechend, stark ätzend, brennbar, gut wasserlöslich

auch: **Ameisensäure**
Salze: **Formiate**

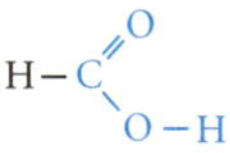

- **Ethansäure,** CH_3-COOH: farblos, flüssig, stechend riechend, ätzend, gut wasserlöslich

auch: **Essigsäure**
Salze: **Acetate**

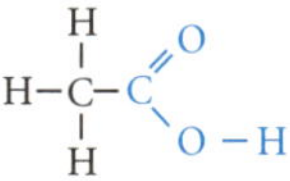

Alkandisäuren enthalten zwei Carboxylgruppen im Molekül, es sind **Dicarbonsäuren.** Sie sind farblos und kristallin.
Aufgepasst: Aminosäuren (↑ S. 61) enthalten die Carboxyl- und Aminogruppe im Molekül.

Oxalsäure (Ethandisäure)	Bernsteinsäure (Butandisäure)
$COOH-COOH$	$COOH-CH_2-CH_2-COOH$

Ester

Ester entstehen aus organischen oder anorganischen Säuren und Alkoholen unter Wasserabspaltung.

Aufgepasst:
Esterbindung: 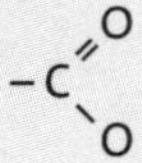

Vorkommen: Fette (↑ S. 64) = Gemische verschiedener Glycerolester, wobei Glycerol (↑ S. 57) mit Carbonsäuren versetzt ist (↑ S. 59).
Verwendung: Lösungsmittel, Aromastoffe, Parfümindustrie

Veresterung

Veresterung ist die Reaktion einer (organischen) Säure mit einem Alkohol. Aus Carboxylgruppe und Hydroxylgruppe wird Wasser abgespalten. Ein chemisches Gleichgewicht stellt sich ein.

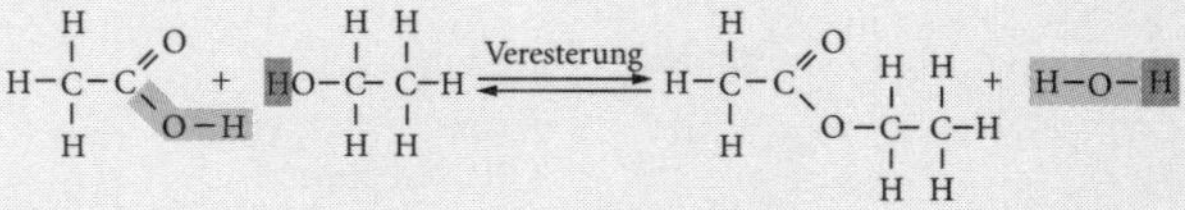

Ethansäure | Ethanol | Ethansäureethylester | Wasser (H_2O)

Verseifung

Verseifung ist die Spaltung eines Esters mittels Wasser. Säure und Alkohol entstehen.

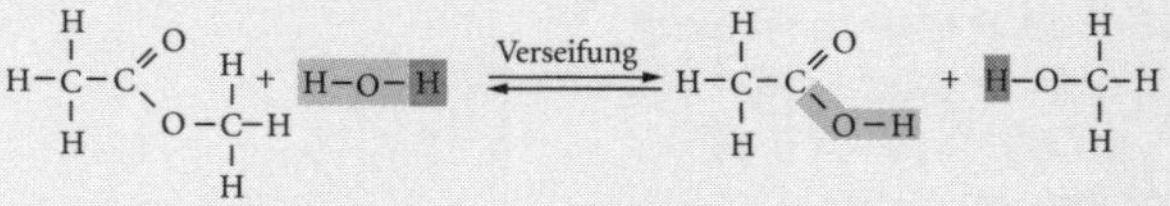

Ethansäuremethylester | Wasser (H_2O) | Ethansäure | Methanol

Amine

Das sind organische Verbindungen mit mindestens einer **Aminogruppe** (↑ S. 55). Amine reagieren basisch.

Ethylamin: 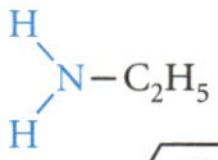

Anilin (Aminobenzen): 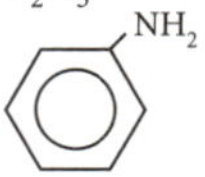

Aminosäuren

Das sind organische Verbindungen mit mindestens einer Carboxylgruppe und mindestens einer Aminogruppe.

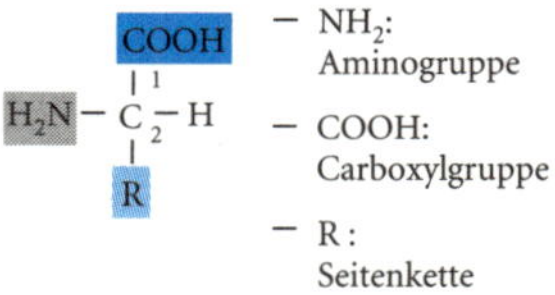

Als **proteinogene Aminosäuren** werden die 20 Aminosäuren bezeichnet, die am Aufbau der Eiweiße (↑ S. 65) beteiligt sind. Aminosäuren sind farblos und fest.
Zwei Aminosäuren reagieren miteinander zu einem **Dipeptid.** Wasser wird abgespalten. Eine **Peptidbindung** entsteht.

Aminosäuren:
Glycin (Gly)

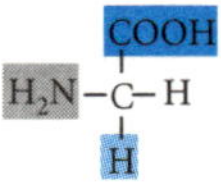

Alanin (Ala)

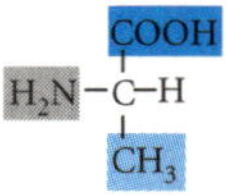

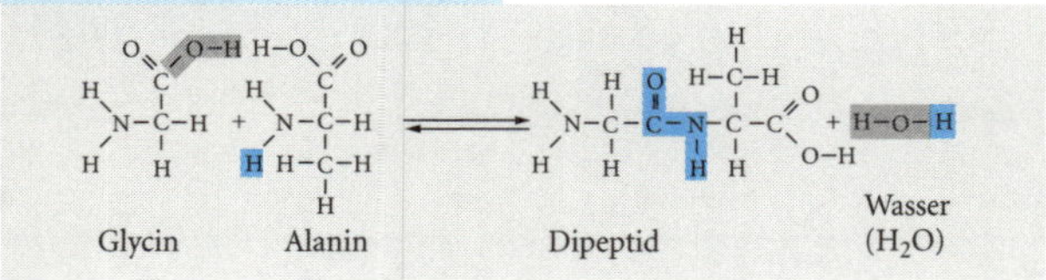

Makromoleküle

Makromolekulare Stoffe bestehen aus sehr großen Molekülen aus einer Vielzahl von Atomen, die durch Atombindungen (↑ S. 11) verknüpft sind. Ihre molaren Massen sind größer als 10 000 g/mol. Makromolekulare Stoffe sind vorwiegend organische Verbindungen.

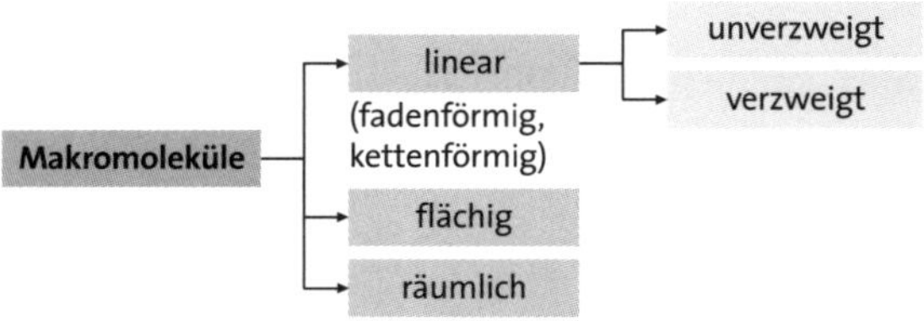

Natürliche Makromoleküle

Einteilung

Stoffgruppe	**Eiweiße**	**Fette**	**Kohlenhydrate** (nur Polysaccharide)
Bestandteile	verknüpfte Aminosäurereste, AS (↑ S. 61) **Polypeptid** = bis zu 100 AS-Reste **Protein** = mehr als 100 AS-Reste	ein Glycerolrest (↑ S. 56) und drei Carbonsäurereste (Fettsäuren)	1000 bis 100 000 verknüpfte Monosaccharidreste (↑ S. 66)
Symbol			
Beispiele	Kollagene, Enzyme, Globuline	Olivenöl, Kokosfett, Sojaöl	Stärke (↑ S. 67), Cellulose

Synthetische Makromoleküle

Dies sind industriell hergestellte makromolekulare Stoffe. Im Molekül wiederholt sich eine Einheit, ein **Monomer.**

Kunststoffe: Polyethylen (↑ S. 69), Polyvinylchlorid (↑ S. 68), Polystyren

Kunstfasern: Polyester, Polyamide (↑ S. 69), Polyacrylnitril

Einteilung nach Syntheseart

Polymere entstehen durch Polymerisation (↑ S. 68).	**Polykondensate** entstehen durch Polykondensation.	**Polyadditionsprodukte** entstehen durch Polyaddition.
ein Ausgangsstoff mit mindestens einer Doppelbindung	zwei Ausgangsstoffe mit zwei funktionellen Gruppen	zwei Ausgangsstoffe, einer besitzt mindestens eine Doppelbindung
kein Nebenprodukt	Nebenprodukt meist Wasser	kein Nebenprodukt

Einteilung nach Struktur und Eigenschaften

Thermoplaste	**Duroplaste**	**Elastomere**
linear, wenig verzweigt, weich, plastisch, erweichen beim Erwärmen	räumlich stark vernetzt, sehr hart, erweichen nicht	gering vernetzt, weich, elastisch, nach Verformung wieder Ausgangszustand
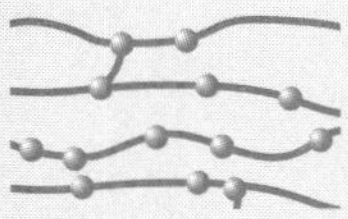	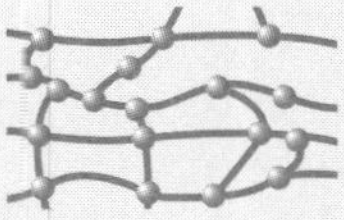	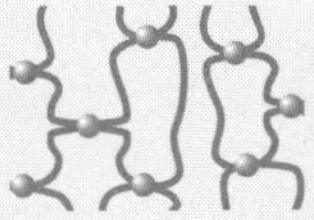

Natürliche makromolekulare Stoffe

Fette

Fette sind Gemische aus Estern des Glycerols (↑ S. 57). Im Molekül sind drei, meist unterschiedliche Fettsäurereste mit einem Glycerolrest verknüpft.

Ungesättigte Fettsäuren (z. B. Ölsäure, Linolsäure) enthalten mindestens eine Mehrfachbindung, **gesättigte Fettsäuren** (z. B. Palmitinsäure, Stearinsäure) enthalten nur Einfachbindungen.

- Fette sind gut in organischen Lösungsmitteln löslich.
- Sie reagieren mit Laugen zu Glycerol und Salzen der drei Fettsäuren.

Natriumstearat ist Hauptbestandteil von Kernseife. **Kaliumstearat** ist in Schmier- und Rasierseife enthalten.

Fette entstehen durch Veresterung (↑ S. 60) aus Glycerol (Propan-1,2,3-triol) und geradzahligen, höheren Carbonsäuren (↑ S. 59).

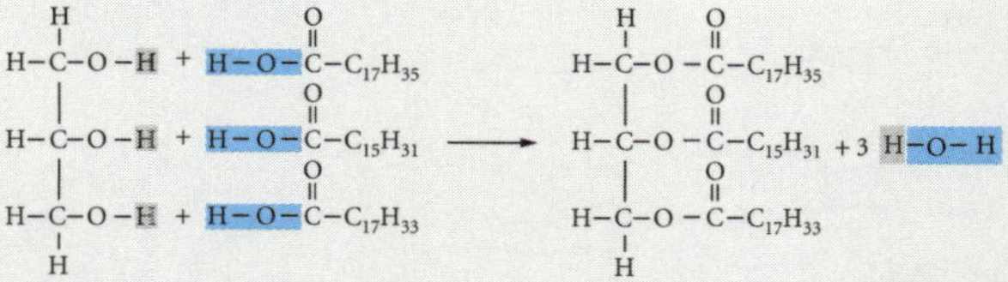

Propan-1,2,3-triol + Fettsäuren → Glycerolester + Wasser

Eiweiße

Eiweiße sind Makromoleküle (↑ S. 62) aus vielen durch Peptidbindung verknüpften Aminosäureresten (↑ S. 61).

Eiweiße sind Bausteine aller lebenden Zellen.
Sie werden in den Ribosomen durch **Proteinbiosynthese** hergestellt.

- **Primärstruktur:** Anzahl und Reihenfolge der Aminosäurereste (Sequenz)
- **Sekundärstruktur:** räumliche Anordnung der Aminosäurekette (1) und (2)
- **Tertiärstruktur:** gefaltete Raumstruktur des gesamten Moleküls
- **Quartärstruktur:** Anordnung mehrerer Untereinheiten

Aminosäuresequenz:

(1) Helixstruktur:

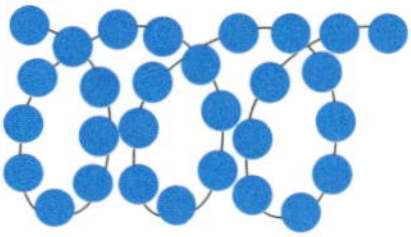

(2) Faltblattstruktur:

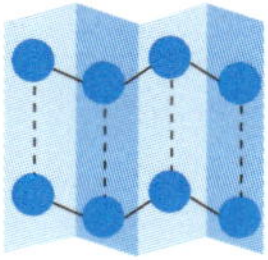

Eiweiße sind hitze- und chemikalienempfindlich. Die strukturelle Veränderung heißt **Denaturierung.**

Erhitzen über 60 °C zerstört die Tertiär- und Quartärstruktur. Auch Strahlung, Säuren, Basen, Schwermetall-Ionen und Alkohole führen zur Zerstörung, d. h. Denaturierung.

Enzyme sind **Biokatalysatoren** aus Eiweißen (mit Eiweißanteil).

Sie katalysieren Reaktionen in Zellen, z. B. Amylase, Katalase, Oxidoreduktasen.

Kohlenhydrate

Kohlenhydrate (KH) bestehen aus Kohlenstoff, Sauerstoff und Wasserstoff. Sie besitzen *mehrere* Hydroxylgruppen (↑ S. 56). Allgemeine Summenformel: $C_n(H_2O)_m$

Monosaccharide
= Einfachzucker
Disaccharide
= Zweifachzucker
Polysaccharide
= Vielfachzucker

Monosaccharide bestehen nur aus *einem* Ring, können nicht in einfachere KH zerlegt werden. Sie treten in Ketten- oder Ringform auf.

Triosen: 3 Kohlenstoffatome
Tetrosen: 4 Kohlenstoffatome
Pentosen: 5 Kohlenstoffatome
Hexosen: 6 Kohlenstoffatome

Glucose, Traubenzucker besitzt 6 C-Atome, von denen *fünf* einen Ring bilden. Es sind farblose, süß schmeckende, gut wasserlösliche Kristalle. *Aufgepasst:* Glucose wird mit fehlingscher Lösung nachgewiesen (↑ S. 93).

Ringform

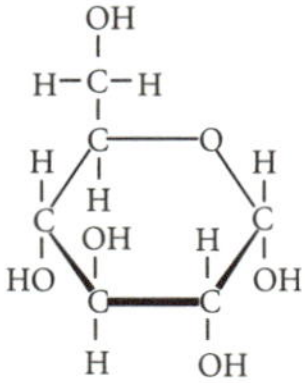

Symbol

Summenformel: $C_6H_{12}O_6$

Fructose, Fruchtzucker besitzt 6 C-Atome, von denen *vier* einen Ring bilden. Es sind farblose, süß schmeckende, gut wasserlösliche Kristalle.

Ringform

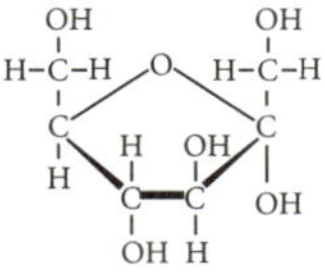

Symbol

Summenformel: $C_6H_{12}O_6$

Disaccharide bestehen aus *zwei* Ringen und können in Monosaccharide zerlegt werden.

Maltose (Malzzucker): zwei Glucosereste sind verknüpft.

Saccharose, Rohrzucker besteht aus einem Glucose- und einem Fructoserest. Es sind farblose, süß schmeckende, gut wasserlösliche Kristalle.

Vereinfachte Strukturformel:

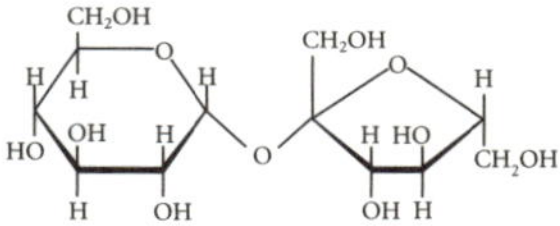

Polysaccharide sind Makromoleküle. Sie können in viele Monosaccharide zerlegt werden.

Cellulose: bis 10 000 verknüpfte Glucosemoleküle
Amylose: bis 1200
Amylopektin: bis 12 000

Stärke besteht aus Amylose und Amylopektin. Die Grundbausteine sind Glucosemoleküle.
Es ist ein farbloses, nicht süß schmeckendes, nicht brennbares, wasserunlösliches Pulver.

Amylose	**Amylopektin**
unverzweigte Ketten, schraubig gewunden	astähnlich verzweigte Ketten
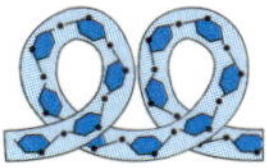	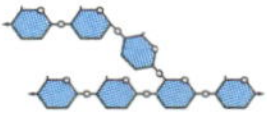

Cellulose (Zellstoff) besteht aus Tausenden, fadenförmig verknüpften Glucosemolekülresten. Sie ist fest, faserig, brennbar, nicht wasserlöslich.

Ausschnitt aus einem Cellulosemolekül:

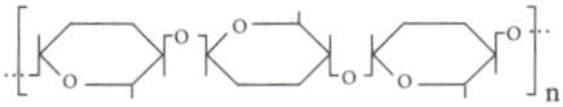

Synthetische makromolekulare Stoffe

Synthetische makromolekulare Stoffe, auch **Kunststoffe,** sind organische Verbindungen mit hoher Molekülmasse, die durch Synthese hergestellt werden.

Polykondensation: Es entstehen Makromoleküle aus Grundbausteinen mit funktionellen Gruppen. Mögliche Nebenprodukte sind H_2O; NH_3; HCl.
Polykondensate: Alkydharze („Bakelit"); Polyester; **Nylon;** Polycarbonat

Polymerisation

Dies sind Sonderfälle der Addition (↑ S. 51), bei der gleiche ungesättigte Monomere reagieren.
Das Makromolekül heißt Polymer (↑ S. 63).
Polymerisate: Polyethylen, PE; **Polystyren,** PS (Polystyrol); Polytetrafluorethen, PTFE **(Teflon)**

Polymerisation von Monochlorethen (Vinylchlorid, ↑ S. 57) zu **Polyvinylchlorid**

Polyaddition

Dies sind Sonderfälle der Addition (↑ S. 51), bei der gleiche oder verschiedene Monomere mit funktionellen Gruppen reagieren. Das Makromolekül ist ein **Polyadditionsprodukt.**

Polyaddition zu **Polyurethan**

Plaste, Elastomere, Kunstfasern

	Ausgangsstoffe	Makromoleküle	
	Bezeichnung/Formel	**Bezeichnung/Formel**	
Plaste	Ethen (Ethylen) 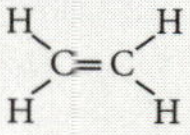	Polyethylen (Polyethen) PE 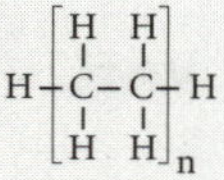	Polymerisation
Plaste	Monochlorethen (Vinylchlorid) 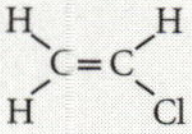	Polyvinylchlorid PVC 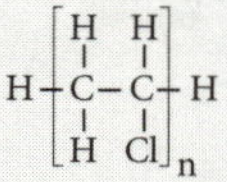	Polymerisation
Plaste	Tetrafluorethylen 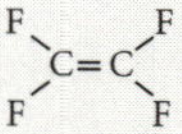	Polytetrafluorethylen PTFE 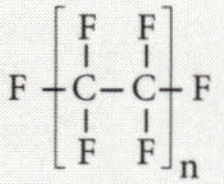	Polymerisation
Plaste	Monophenylethen (Styren, Styrol) 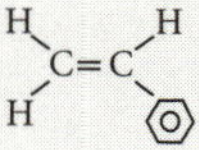	Polystyren (Polystyrol) PS 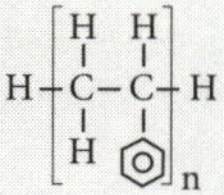	Polymerisation
Kunstfasern	– Dicarbonsäure 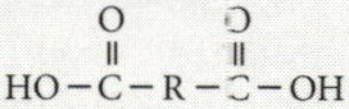 – Dialkohol HO – R – OH	Polyester 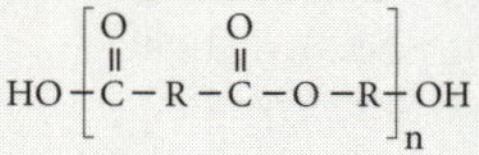	Polykondensation
Kunstfasern	– Dicarbonsäure 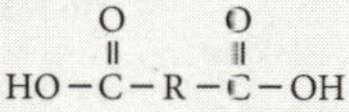 – Diamin $H_2N - R - NH_2$	Polyamide 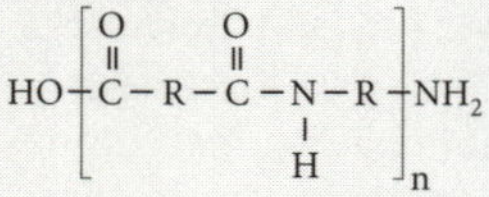	Polykondensation
Elaste	Buta-1,3-dien (Butadien) 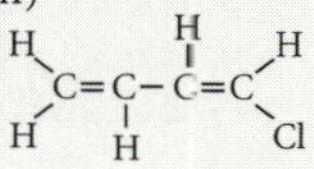	Synthesekautschuk 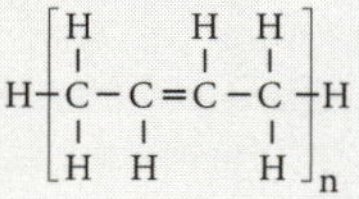	

5

Rohstoffe

Rohstoffe sind Ausgangsstoffe für chemisch-technische Prozesse. Nach Herkunft unterscheidet man mineralische, fossile, nachwachsende und **Sekundärrohstoffe.**

mineralisch: Bauxit (↑ S. 77), Eisenerze (↑ S. 76), Kalkstein
fossil: Kohle, Erdgas, Erdöl
nachwachsend: Holz, Baumwolle, Fette/Öle (↑ S. 64)
Sekundärrohstoffe: Altpapier, Glas, Plastabfälle, Altmetall

Kohle

Als Kohle werden alle kohlenstoffreichen festen **Brennstoffe** bezeichnet, die durch **Inkohlung** aus fossilen Pflanzen entstanden sind.

Braunkohle: 65–75 % C; 5–9 % H; 18–30 % O; 1–3 % S
Heizwert = 25 100–28 500 kJ/kg
Steinkohle: 85–90 % C; 5 % H; 3–7 % O; 1–2 % S
Heizwert = bis 355 000 kJ/kg

Bei der **Kohleveredlung** werden hochwertige Brennstoffe erzeugt.

- **Kohleentgasung,** auch **Verkokung** von Kohle: Herstellung von **Koks** aus Steinkohle im **Koksofen;** Produkte: Koks, Teer, Rohbenzen, Kokereigas

Verwendung der Produkte
Koks: Brennstoff, Reduktionsmittel im Hochofenprozess (↑ S. 76)
Teer: Gewinnung von Grundchemikalien, z. B. Aromaten (↑ S. 53) und Farben
Kokereigas: Heizgas

- **Synthesegaserzeugung:** Gewinnung von Gasgemischen aus fossilen Rohstoffen; Produkte: Synthese- oder Heizgas

Verwendung der Produkte
Synthesegas: Herstellung von Ammoniak (↑ S. 72) und Methanol (↑ S. 79)
Heizgas: Brennstoff (Stadtgas)

Erdöl

Erdöl ist ein komplexes Gemisch kettenförmiger, ringförmiger und aromatischer organischer Verbindungen (↑ S. 50).

Es entstand aus fossilem pflanzlichem und tierischem Material. Zusammensetzung (variiert): 85–90 % C; 10–14 % H; 0–2 % O; 0,1–7 % S

- **Rohöldestillation:** Zerlegung des Stoffgemisches in Siedefraktionen
- **Cracken:** Spaltung von hochsiedenden Fraktionen, thermisch oder katalytisch. **Pyrolyse:** Crackverfahren zur Gewinnung niederer Alkene und Aromaten
- **Reformieren:** Umwandlung von KW, z. B. aus Benzin, zur Erzeugung von Kraftstoffen und Aromaten

$$\underset{\text{Vakuumdestillat}}{C_{25}H_{52}} \xrightarrow{\text{Katalysator}} \underset{\text{Alkan}}{C_{15}H_{32}} + \underset{\text{Alkan}}{C_9H_{20}} + \underset{\text{Koks}}{C}$$

Niedere Alkene und Aromaten werden für die Herstellung von Kunststoffen (↑ S. 69) benötigt.

Die **Octanzahl** der Kraftstoffe wird durch Reformieren erhöht. Das Benzin erhält eine höhere Klopffestigkeit.

Erdgas

Erdgas ist ein komplexes Gemisch von einfachen Kohlenwasserstoffen (↑ S. 52) und anderen Gasen. Es wird gereinigt und als Heizgas oder Rohstoff verwendet.

Es bildet sich ähnlich wie Erdöl. Die Zusammensetzung variiert stark je nach Entstehungsbedingungen: 55–80 % C; 20–25 % H; 0 % O; 0–25 % S. Reinigung durch: Kühlen, Waschen oder fraktionierte Destillation

6 Chemische Verfahren und Umweltchemie

Herstellung von Ammoniak

Die **Ammoniaksynthese** ist eine Gleichgewichtsreaktion (↑ S. 17). Sie wird auch als **Haber-Bosch-Verfahren** bezeichnet.

Verwendung (↑ S. 37): zur Herstellung von Düngemitteln, Salpetersäure, Soda und Kunststoffen

- Einleiten der vorgeheizten Ausgangsstoffe in den Reaktor

Ausgangsstoffe: Synthesegas ($N_2 + 3H_2$); Eisenkatalysator
$T = 400–500\,°C$
$p = 25–30\ MPa$

- exotherme Reaktion am Katalysator zu Ammoniak
- Abtrennen des NH_3 durch Kondensation

$N_2 + 3\,H_2 \rightarrow 2\,NH_3$
$Q = -92\ kJ/mol$
Ausbeute: 15–20 % NH_3

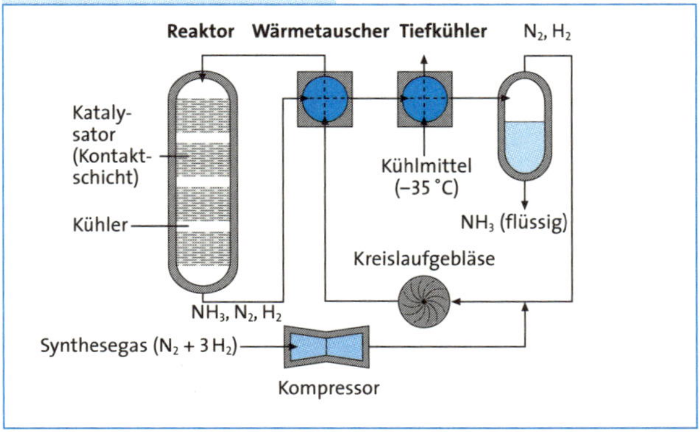

Herstellung von Salpetersäure

Salpetersäure (↑ S. 37, 42) wird durch schrittweise Oxidation von Ammoniak und Einleitung von Stickstoffdioxid in Wasser nach dem **Ostwald-Verfahren** hergestellt.

Verwendung: zur Herstellung von Düngemitteln, Sprengstoffen, Kunststoffen

- Einleiten des NH_3-Luft-Gemisches in den Kontaktofen

Ausgangsstoffe: NH_3, H_2O, Luft; Platinkatalysator
$T = 850–950\,°C$
$p = 0{,}3–1{,}5$ MPa

- Oxidation von NH_3 zu NO am Katalysator

$4\,NH_3 + 5\,O_2 \rightarrow 4\,NO + 6\,H_2O$
$Q = -904$ kJ/mol

- Oxidation von NO zu NO_2

$2\,NO + O_2 \rightarrow 2\,NO_2$
$Q = -116$ kJ/mol

- Reaktion von NO_2 mit Wasser zu HNO_3

$3\,NO_2 + H_2O \rightarrow 2\,HNO_3 + NO$
$Q = -73$ kJ/mol

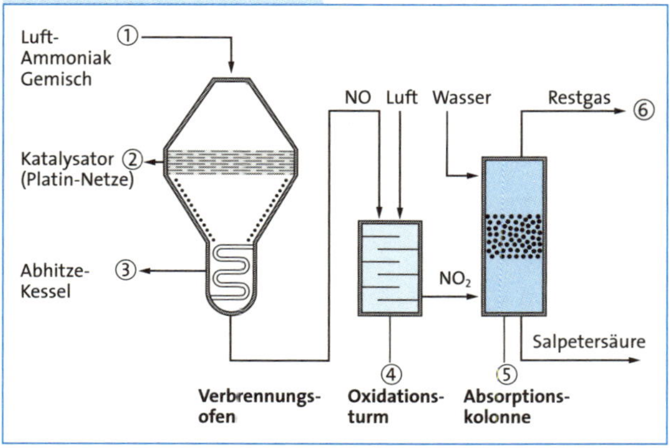

6

Herstellung von Schwefelsäure

Schwefelsäure (↑ S. 38, 42) wird im **Kontaktverfahren** mit einem Vanadium(V)-oxid-Katalysator bei 420–450 °C und Normaldruck hergestellt.

Verwendung: Herstellung von Düngemitteln, Waschmitteln, anorganischen Salzen und zur Metallverarbeitung

- Einleiten der Ausgangsstoffe
- Oxidation (Verbrennung) von Schwefel zu SO_2
- katalytische Oxidation von SO_2 zu SO_3 im Kontaktofen
- Absorption von SO_3 in H_2SO_4 (96 %), anschließende Verdünnung

Ausgangsstoffe: Schwefel, Luft, Wasser

$S + O_2 \rightarrow SO_2$
$Q = -297$ kJ/mol

$2\,SO_2 + O_2 \rightarrow 2\,SO_3$
$Q = -99$ kJ/mol

vereinfacht:
$SO_3 + H_2O \rightarrow H_2SO_4$
96 % → 100 %

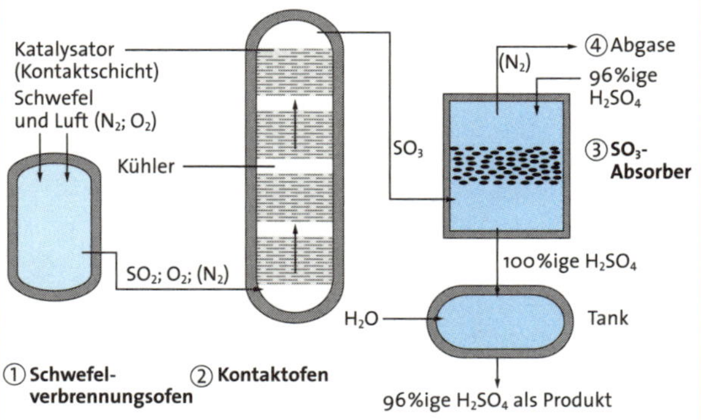

Herstellung von Branntkalk

Branntkalk, CaO (↑ S. 36), wird durch thermische Zersetzung von Calciumcarbonat, dem Kalkbrennen im **Kalkschachtofen,** bei 1000 °C hergestellt.

Verwendung: Kalkmörtel, Glas, Soda; Abwasserreinigung, Zucker- und Zellstoffindustrie

- Zufuhr der Ausgangsstoffe

Ausgangsstoffe: Calciumcarbonat (Kalkstein, ↑ S. 46), Koks, Luft

- Reaktion von Koks (C) mit Luft, Erzeugung der Reaktionstemperatur

$C + O_2 \rightarrow CO_2$
$Q = -394$ kJ/mol

- Zersetzung von $CaCO_3$ zu CaO (endotherm)

$CaCO_3 \rightarrow CaO + CO_2$
$Q = +181$ kJ/mol

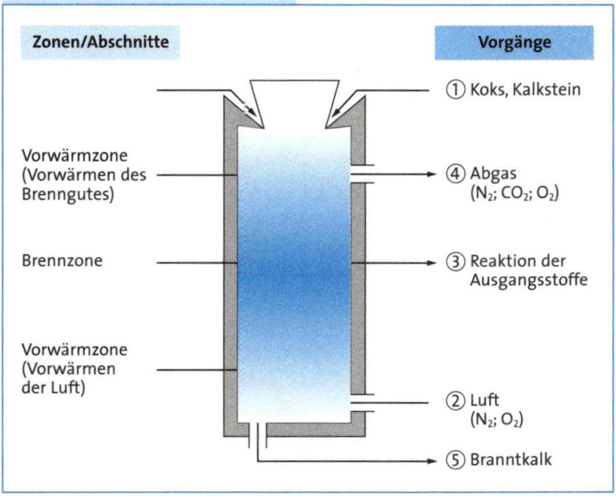

Herstellung von Eisen und Stahl

Roheisen (↑ S. 31) wird im **Hochofen** bei bis zu 2000 °C erzeugt. Es wird von Verunreinigungen befreit und mit Zusätzen verschmolzen, Stahl entsteht.

Roheisen: 4 % C-Gehalt, hart, spröde
Stahl: < 2 % C-Gehalt, schmiedbar
Verwendung (in Form von Legierungen): Bauindustrie, Werkstoffe, Werkzeuge

Hochofenprozess:
- Zufuhr der Rohstoffe
- Reaktion von Koks mit O_2 (Schmelzzone)
- Reaktion von CO_2 und C zu CO (Kohlungszone)
- Reduktion der Eisenerze durch CO (Reduktionszone) zu Roheisen

Ausgangsstoffe: Eisenerze, Koks, Kalkstein (Zuschlag), Luft

$$C + O_2 \rightarrow CO_2$$
$$C + CO_2 \rightarrow 2CO$$
$$Fe_2O_3 + CO \rightarrow 2FeO + CO_2$$
$$FeO + CO \rightarrow Fe + CO_2$$

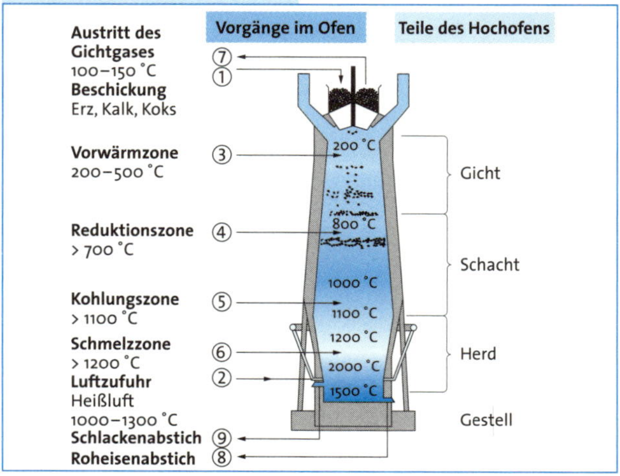

Herstellung von Aluminium

Aluminium wird durch **Schmelzflusselektrolyse** bei 1000 °C und einer Zellspannung von 5 Volt hergestellt.

Verwendung: Fahrzeug- und Flugzeugbau, Bauindustrie, Maschinenbau, Verpackungen, Elektrotechnik

- Elektrolyse (↑ S. 19) von geschmolzenem Al_2O_3 (liegt *formal* als Al^{3+} und O^{2-} vor)

Ausgangsstoff: **Bauxit** (enthält Al_2O_3), Eisenoxide, Siliciumdioxid

- Anode: Oxidation der „Oxid-Ionen" (O^{2-})

Anode aus Kohlenstoff (Graphit):
$3\,O^{2-} + 2\,C \rightarrow CO + CO_2 + 6e^-$

- Katode: Reduktion der Aluminium-Ionen

Katode aus Kohlenstoff:
$2\,Al^{3+} + 6e^- \rightarrow 2\,Al$

- Abstich: Ansammlung des gebildeten Aluminiums

Reaktionsprodukte: Aluminium, Abgas (CO und CO_2

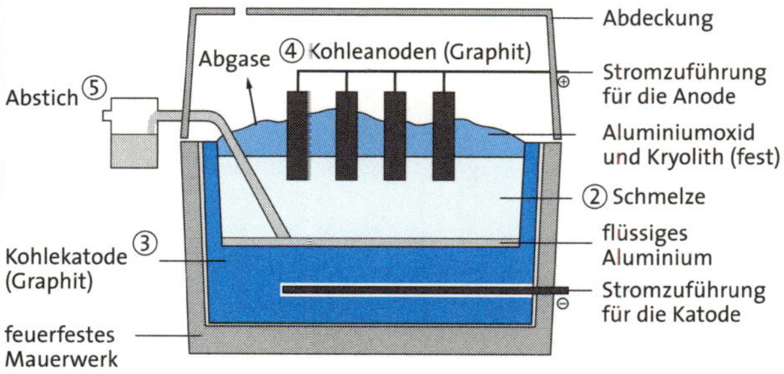

Herstellung von Natriumhydroxidlösung

Natriumhydroxidlösung wird durch Elektrolyse von Natriumchloridlösung im **Membranverfahren** bei einer Zellspannung von 3–4 Volt hergestellt.

Verwendung von NaOH: Zellstoff- und Papierindustrie, Waschmittel, Seifen
Verwendung von Cl_2: Kunststoffherstellung, Bleichmittel.

- Anode: Oxidation der Chlorid-Ionen zu Chlor

Ausgangsstoffe: festes NaCl, Wasser; Anode aus Titan
$2Cl^- \rightarrow Cl_2\uparrow + 2e^-$

- Membran: Wanderung von Natrium-Ionen

Na^+ →	→	→	→ Na^+
Anodenraum		selektive Membran	Katodenraum

- Katode: Reduktion der Wassermoleküle zu Wasserstoff und Hydroxid-Ionen

Katode aus Stahl:
$2\,H_2O + 2e^- \rightarrow H_2\uparrow + 2\,OH^-$

- Reaktion von Na^+ mit OH^-

$2\,Na^+ + 2\,OH^- \rightarrow 2\,NaOH$

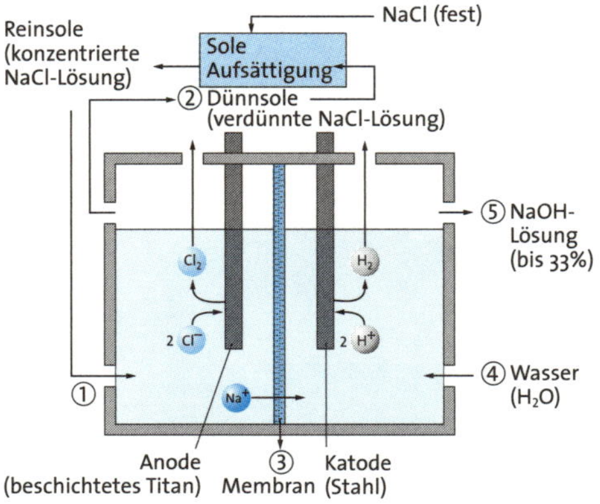

Herstellung von Methanol und Ethanol

Ethanol (↑ S. 56) wird durch alkoholische Gärung aus Kohlenhydraten (↑ S. 66) oder durch Hydratisierung von Alkenen (↑ S. 53) erzeugt.

Verwendung: als Lösungsmittel, Treibstoff, Brennspiritus, für alkoholische Getränke

alkoholische Gärung: Vergärung von Monosacchariden zu Ethanol und CO_2 durch Enzyme von Hefen

$$C_6H_{12}O_6 \rightarrow 2\,C_2H_5OH + 2\,CO_2$$

Methanol wird in einer Gleichgewichtsreaktion mit einem Mischkatalysator (Al-, Cu-, Zn-Oxide) in einem Reaktor hergestellt.

Verwendung: Herstellung organischer Stoffe, Lösungsmittel, Kraftstoff
Ausgangsstoff: Synthesegas (CO und H_2)

$$CO + 2\,H_2 \rightarrow CH_3OH$$

$$Q = -92\ \text{kJ/mol}$$

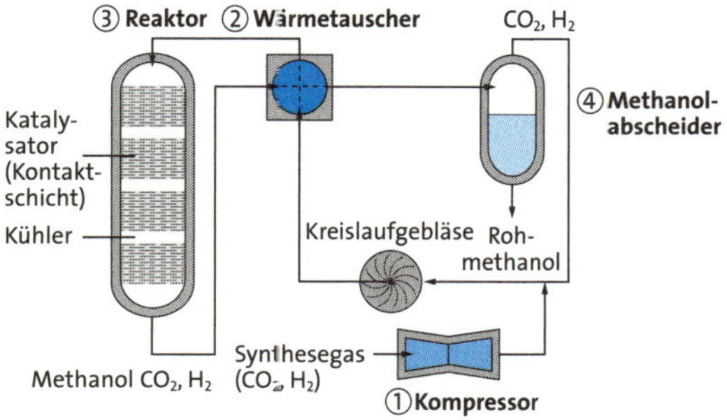

6

Umweltchemie

Luft

Luft ist ein Stoffgemisch aus verschiedenen Gasen. Die Lufthülle der Erde heißt **Atmosphäre**.

bodennahe Luftschichten:
78,09 % N_2, 20,95 % O_2, 0,93 % Ar, 0,03 % CO_2
Rest: Edelgase, H_2, Wasserdampf, SO_2, CO, Ozon

Die **Luftbelastung** wird durch **Luftschadstoffe** verursacht. Sie wirken direkt (z. B. Gifte) oder indirekt (z. B. auf das Klima). Gasförmige Luftschadstoffe entstehen durch Kraftwerke, Industrieanlagen, Heizungen, Kraftfahrzeuge, Luftverkehr.

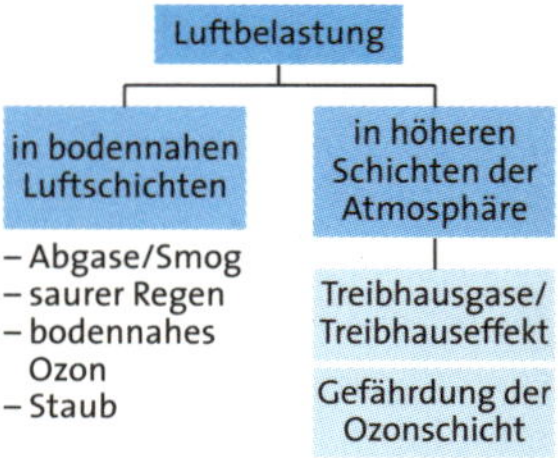

Umweltschäden:
- Übersäuerung der Niederschläge, **saurer Regen**
- Schädigung von Pflanzen durch Oxidanzien
- Entstehung von **Smog** und bodennahem **Ozon**
- Erhöhung des **Treibhauseffekts**

Abgase reagieren mit Luftfeuchtigkeit zu Säuren:
$SO_3 + 2\,H_2O \rightarrow 2\,H_3O^+ + SO_4^{2-}$

bilden sich durch Reaktionen aus Abgasen unter Lichteinfluss

Smog: aus smoke (engl. für Rauch) + fog (engl. für Nebel)

Ein natürlicher Treibhauseffekt existiert schon Jahrmillionen.

Smog

■ **Wintersmog** entsteht durch Überlagerung von bodennaher Kaltluft mit wärmerer Luft (Inversionswetter).

■ **Sommersmog** entsteht durch fotochemische Reaktionen mit Bestandteilen der Abgase, wodurch Ozon frei wird.

Schadstoffe in bodennahen Luftschichten: SO_2, Stickstoffoxide (↑ S. 37), KW, Ruß, Säuren aus Oxiden und Feuchtigkeit

Ozon gehört zu den **Fotooxidanzien.**

Zerstörung der Ozonschicht

Als **Ozonloch** wird die Abnahme der Ozonkonzentration in der Stratosphäre bezeichnet. Ozon wird durch FCKW (↑ S. 57) und Stickstoffoxide abgebaut, zerstört.

Ozon entsteht durch Wirkung von UV-Strahlung auf O_2.

$$O_2 \xrightarrow{\text{Strahlung}} 2\,O$$

$$O + O_2 \longrightarrow O_3$$

O	O_2	O_3
atomarer Sauerstoff	Sauerstoffmolekül	Ozonmolekül

Treibhauseffekt

Der künstlich (vom Menschen, anthropogen) erzeugte Treibhauseffekt wird durch Gase hervorgerufen, die die Wärmestrahlung der Sonne absorbieren.

Künstlich erzeugte Treibhausgase: Kohlenstoffdioxid (CO_2), Methan (CH_4), Distickstoffmonooxid (N_2O), Fluorchlorkohlenwasserstoffe (FCKW), bodennahes Ozon (O_3)

Gewässer

Gewässer können physikalisch (Erwärmung) oder chemisch durch gelöste und nicht lösliche Stoffe belastet werden.

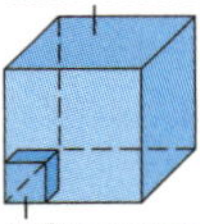

Thermisch:

- Kühlwasser aus industriellen Prozessen – Abnahme der O_2-Löslichkeit, Zunahme der Reaktionsgeschwindigkeit

Unlösliche Stoffe:

- Schwebstoffteilchen – Trübung des Wassers, Verringerung von Fotosynthese
- Öle und Fette aus Tankerunfällen und illegaler Verklappung – Bildung eines luftundurchlässigen Ölfilms

Lösliche Stoffe:

- Phosphat-Ionen aus Waschmitteln, Landwirtschaft (Exkremente und Mineraldünger) – **Eutrophierung** der Gewässer, übermäßiges Pflanzenwachstum, hoher Sauerstoffverbrauch durch Abbauprozesse
- Nitrat-Ionen aus Haushaltsabwässern, Landwirtschaft (Exkremente und Mineraldünger) – Eutrophierung der Gewässer, Gefährdung des Trinkwassers (Bildung von Krebs erregendem Nitrit im Körper)
- Schwermetall-Ionen aus Industrieabwässern, Treibstoffen und Deponien – starke Giftwirkung auf Lebewesen, Anreicherung in der Nahrungskette

Boden

Der Boden kann durch wasserlösliche Luftschadstoffe, Schwermetalle, Düngemittel, Biozide oder Stoffe aus Deponien belastet werden.	Boden besteht aus Bodenteilchen, Bodenwasser, Bodenluft, anorganischen und organischen Bestandteilen.
Wasserlösliche Luftschadstoffe: ■ Gase aus Abgasen, die mit H_2O Säuren bilden	Versauerung des Bodens, z. B. durch: SO_2, NO_2 $SO_2 + H_2O \rightarrow H_2SO_3$
■ Düngemittel aus der Landwirtschaft	Gefährdung des Grundwassers, Eutrophierung der Gewässer
■ Stoffe aus Deponien **(Altlasten)** enthalten Säuren, Mineralöle	Versauerung des Bodens, Schädigung durch Giftwirkung
■ **Biozide** aus der Landwirtschaft (Schädlingsbekämpfung)	Herbizide, Insektizide, Fungizide
Schwermetalle:	Schwermetalle denaturieren Eiweiße (↑ S. 65).
■ Blei (Treibstoffzusätze, Farben)	Vergiftungen, Anreicherung im Körper, Lähmung
■ Cadmium (Batterien, Klärschlamm)	Vergiftungen, Krebs, Lungen- und Nierenschäden, Krämpfe
■ Quecksilber (Thermometer, Amalgame)	Vergiftungen, Zahnausfall, Kopfschmerzen, Krämpfe

7 Experimentieren und nachweisen

Sicherheit und Gefahrstoffe

Gefahrstoffverordnung

Sie legt fest, dass gefährliche Stoffe durch Gefahrstoffsymbole zu kennzeichnen sind.

R-Sätze: Gefahrenhinweise zu den Gefahrstoffsymbolen
S-Sätze: Sicherheitsratschläge
E-Sätze: Entsorgungshinweise

Gefahrstoffsymbole
- T = giftig
- Xn = gesundheitsschädlich; Xi = reizend
- C = ätzend
- N = umweltgefährlich
- E = explosionsgefährlich

T
giftig

Xn
gesundheitsschädlich

C
ätzend

N
umweltgefährlich

E
explosionsgefährlich

Brandbekämpfung

- Entfernen brennbarer Stoffe vom Brandherd
- Verhindern des Sauerstoffzutritts
- Abkühlen

Gefahrstoffsymbole:
- F = entzündlich
- O = brandfördernd

Wassersperre, Feuerschneise (bei Waldbränden), Abdecken (Löschdecke), Zuschütten (Sand), Löschen mit Wasser oder CO_2-Schaum

F
entzündlich

O
brandfördernd

Experimentieren

Experimente dienen zur Überprüfung von Zusammenhängen und Voraussagen.	Schrittfolge: 1. Vorbereitung 2. Durchführung 3. Beobachtung 4. Auswertung
Planung:	
■ Erfassen und Durchdenken der Aufgabe	Ziel des Experimentes
■ Planen der Geräte/Apparaturen (↑ S. 86)	Geräte und Chemikalien, Skizze zum Versuchsaufbau
■ Vorbereiten der Durchführung	Bereitstellen von Geräten und Chemikalien, Informieren über Gefahrstoffe, Aufbau
■ Durchdenken des Ablaufs	Gedankliche Durchführung, Prüfen von Gefahrenquellen

Protokoll

Protokollschema:	
1. Aufgabenstellung	1. Fragestellung und Ziel des Experimentes
2. Vorbetrachtungen	2. Benötigte Kenntnisse, Arbeitsschutz
3. Geräte und Chemikalien	3. Liste erstellen
4. Durchführung	4. Arbeitsschritte, Durchführungsskizze
5. Beobachtungen	5. Veränderungen, Messwerte
6. Auswertung (mit Bezug zur Aufgabenstellung)	6. Deuten der Werte, Schlussfolgerungen, Reaktionsgleichungen, Berechnungen

Gasbrenner

Er wird auch Bunsenbrenner genannt und funktioniert mit Stadtgas oder Erdgas.

- **leuchtende Flamme:** Luftschraube geschlossen; bis 1000 °C; lautlos, flackernd, gelb
- **rauschende** (nicht leuchtende) **Flamme:** Luftschraube offen; bis 1500 °C; rauscht, schwach blau

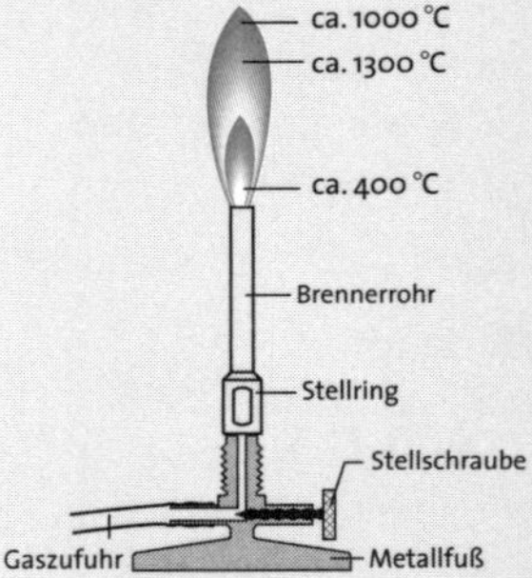

Geräte

Laborgeräte sind Glasgeräte. **Hilfsmittel** sind zusätzlich benötigte Geräte aus verschiedenen Materialien.

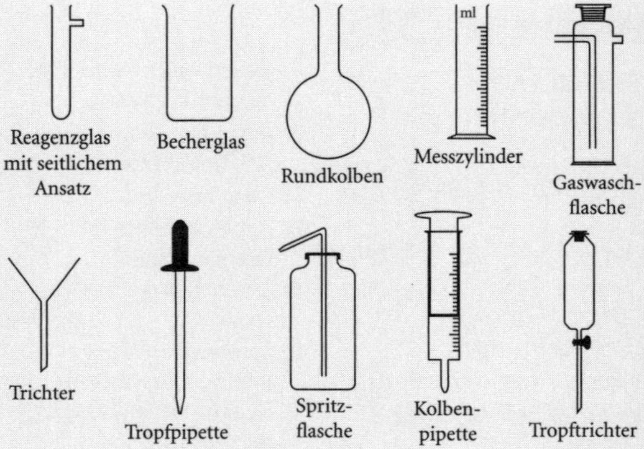

Apparaturen

Apparaturen bestehen aus mehreren miteinander verbundenen Geräten und Hilfsmitteln. Sie dienen zur Trennung von Stoffgemischen (↑S. 7) und zur Durchführung häufig wiederkehrender Reaktionen.

Eindampfen

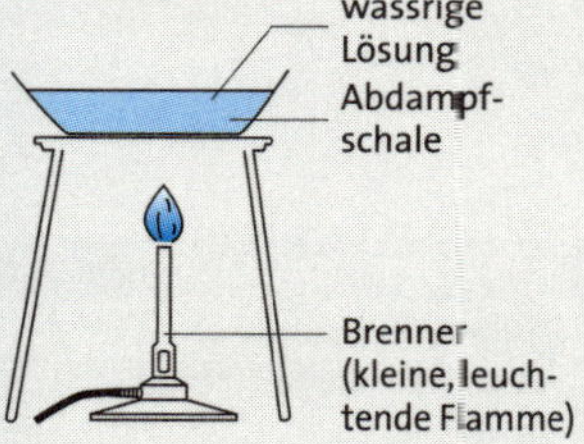

Filtrieren

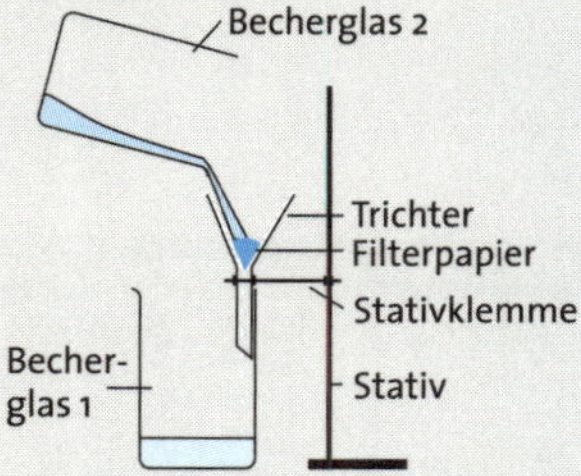

Destillieren

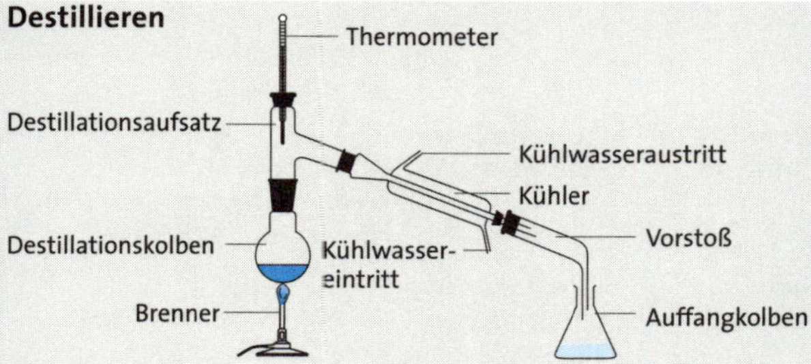

Gasentwicklung

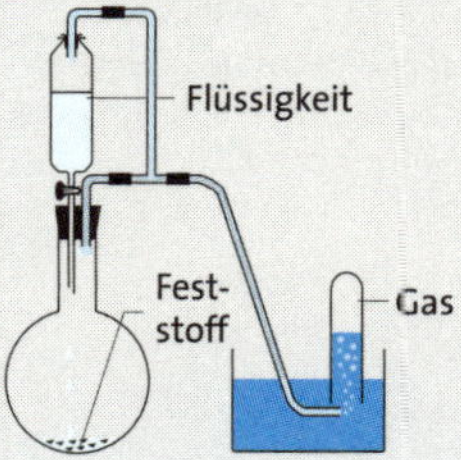

Reaktion von Gasen mit Feststoffen

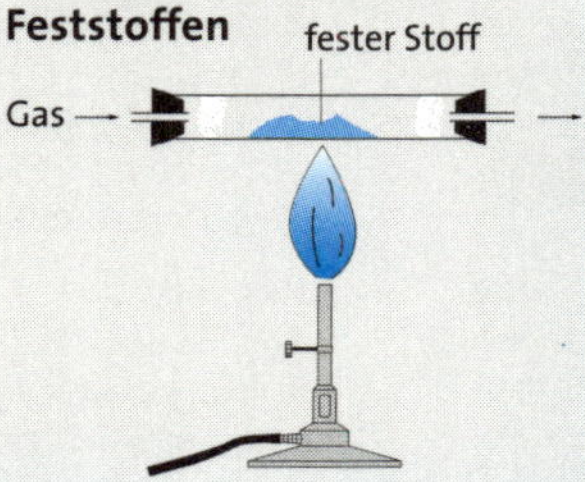

7

Anorganische Nachweisreaktionen

Fällungsreaktionen

Fällungsreaktionen (↑ S. 21) werden als Nachweis für Ionen verwendet.

Ionen aus der Lösung und dem Nachweismittel reagieren zu schwer löslichen Stoffen. Diese fallen aus.

Nachweis einiger Ionen durch Fällungsreaktionen

nachzuweisende Ionen	Nachweismittel	Fällungsreaktion Farbe des Niederschlags
Chlorid-Ionen, Cl^-	Silbernitratlösung ($AgNO_3$-Lösung)	$Ag^+ + Cl^- \rightarrow AgCl \downarrow$; Silberchlorid löst sich in *verdünnter* Ammoniaklösung. Niederschlag: weiß
Bromid-Ionen, Br^-	Silbernitratlösung ($AgNO_3$-Lösung)	$Ag^+ + Br^- \rightarrow AgBr \downarrow$ Silberbromid löst sich in *konzentrierter* Ammoniaklösung. Niederschlag: gelblichweiß
Iodid-Ionen, I^-	Silbernitratlösung ($AgNO_3$-Lösung)	$Ag^+ + I^- \rightarrow AgI \downarrow$ Silberiodid löst sich nicht in Ammoniaklösung. Niederschlag: gelb
Sulfat-Ionen, SO_4^{2-}	Bariumchloridlösung ($BaCl_2$-Lösung); mit einigen Tropfen Salzsäure	$Ba^{2+} + SO_4^{2-} \rightarrow BaSO_4 \downarrow$ Das Ansäuern mit Salzsäure verhindert das Ausfällen von Bariumcarbonat. Niederschlag: weiß
Sulfid-Ionen, S^{2-}	Bleiacetat; $Pb(CH_3\text{-}COO)_2$ als Bleiacetatpapier oder -Lösung	$Pb^{2+} + S^{2-} \rightarrow PbS \downarrow$ Niederschlag: schwarz

Nachweise von Gasen

Nachweis von CO_2: Einleiten des Gases in Calciumhydroxidlösung, $Ca(OH)_2$; oder Bariumhydroxidlösung, $Ba(OH)_2$.

Trübung durch Ausfallen von schwer löslichem Carbonat.

Aus Carbonaten (↑ S. 35) wird CO_2 durch Zugabe von verdünnter HCl freigesetzt. Dieses wird dann in $Ca(OH)_2$- oder $Ba(OH)_2$-Lösung eingeleitet.

Fällungsreaktion:

$$Ca(OH)_2 + CO_2 \rightarrow CaCO_3\downarrow + H_2O$$

weißer Niederschlag

Nachweis von O_2 mittels Spanprobe:
Holzspan zum Glimmen bringen, in Reagenzglas mit Gas eintauchen. Span flammt auf (ab 30 % O_2).

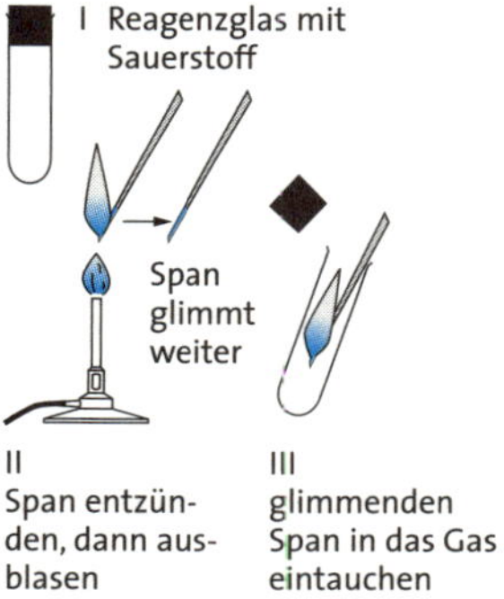

Nachweis von H_2 mittels Knallgasprobe: Gemische aus H_2/O_2 sind explosiv. Reagenzglas mit H_2/O_2 an Brennerflamme halten. Lauter Pfiff/Knall ist zu hören (VORSICHT!).

Verbrennen von reinem Wasserstoff

Nachweise durch Farbreaktionen

Nachweis von Ammoniak (↑ S. 37) und Ammonium-Ionen: Zugabe einer starken Base zum unbekannten Stoff, NH_3 wird frei. NH_3 reagiert mit H_2O zu $NH_4^+ + OH^-$; Hydroxid-Ionen färben Unitest blau.

Es ist ein indirekter Nachweis, da die gebildeten Hydroxid-Ionen und nicht NH_3 nachgewiesen werden.

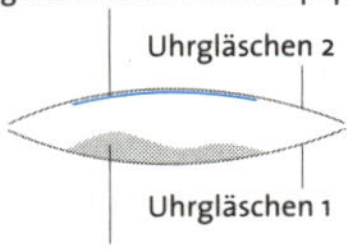

Nachweis von Wasser (↑ S. 34): Entwässertes, weißes Kupfer(II)-sulfat, $CuSO_4$ färbt sich durch die Aufnahme von Wasser (Kristallwasser) blau.

Wasser bzw. Probe der zu untersuchenden Flüssigkeit

Nachweis von Wasserstoff- und Hydroxid-Ionen mit Farbindikatoren.

Farbindikatoren sind Stoffe, deren Farbe von der Konzentration bestimmter Ionen abhängt.

Indikatoren

Farbänderung bei H^+ (H_3O^+)	Indikator	Farbänderung bei OH^-
wird rot (Rotstufen)	Unitest	wird blau (Blaustufen)
wird rot	Lackmus	wird blau
bleibt farblos	Phenolphtalein	wird rosa bis rot
wird violett	Methylrot	wird gelb
wird gelb	Bromthymolblau	wird hellblau

Nachweis von Nitrat-Ionen:
Ansäuern mit verdünnter H_2SO_4-Lösung. Zugabe frisch bereiteter $FeSO_4$-Lösung. Unterschichten mit konzentrierter H_2SO_4. An der Grenzfläche entsteht ein brauner Ring.

VORSICHT! Kein Schülerversuch!

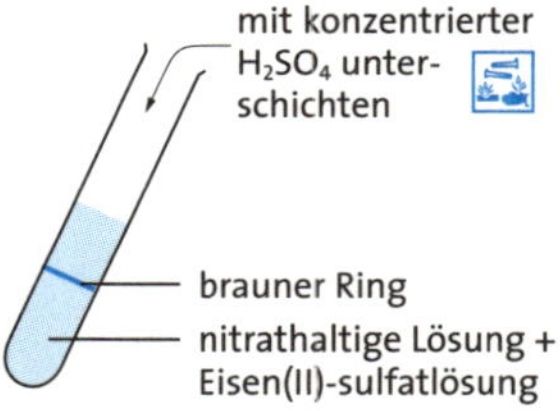

Flammenfärbungen

Flammenfärbungen sind Vorproben zur Identifizierung von Metallen (↑ S. 31).

- Magnesiastäbchen ausglühen (reinigen).
- Zuerst in konzentrierte HCl (VORSICHT!), dann in Substanz tauchen.
- In rauschende Brennerflamme (↑ S. 86) halten.

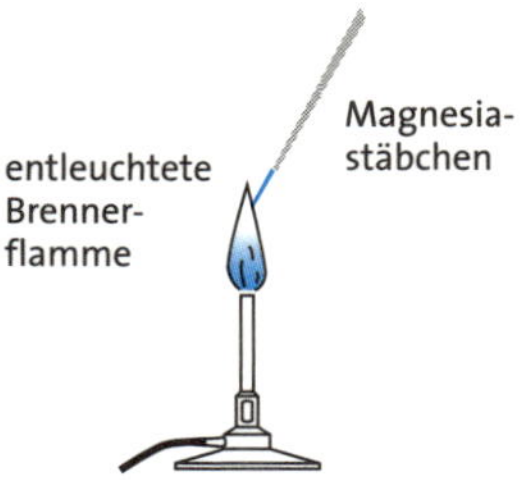

Flammenfärbungen zum Nachweis von Metallen

Metall	Elementsymbol	Flammenfarbe
Barium	Ba	gelbgrün
Cäsium	Cs	blauviolett
Calcium	Ca	ziegelrot
Kalium	K	hellviolett
Kupfer	Cu	grün
Lithium	Li	karminrot
Natrium	Na	gelb
Rubidium	Rb	rotviolett
Strontium	Sr	rot

Organische Nachweisreaktionen

Funktionelle Gruppen

Die **Hydroxylgruppe** (↑ S. 56) wird u. a. mit Borsäure nachgewiesen. Ester färben Flamme oder Flammensaum grün.

2 g Borsäure mit 4 ml des Alkohols mischen, 1 ml konzentrierte H_2SO_4 dazu geben, alles erwärmen (VORSICHT!), dann die Dämpfe entzünden.

Die **Aldehydgruppe** (↑ S. 58) wirkt stark reduzierend. Sie wird mit **Tollens Reagenz** (ammoniakalischer Silbernitratlösung), mit **Schiffs Reagenz** (fuchsinschwefliger Säure) oder mit fehlingscher Lösung nachgewiesen.

Nachweis mit Tollens Reagenz: ammoniakalische Silbernitratlösung zugeben; Gemisch vorsichtig erwärmen; Silberspiegel an Gefäßwand entsteht
Nachweis mit Schiffs Reagenz: fuchsinschweflige Säure färbt sich violett.

Stoffe mit **Carboxylgruppe** (↑ S. 59) dissoziieren in Wasser. H_3O^+ färben Indikatoren (↑ S. 90).

$$CH_3 - COOH + H_2O \rightleftarrows CH_3 - COO^- + H_3O^+$$

Mehrfachbindungen

Mehrfachbindungen (↑ S. 53) werden durch Addition (↑ S. 51) mit Brom nachgewiesen. Brom (in Wasser gelöst) entfärbt sich.

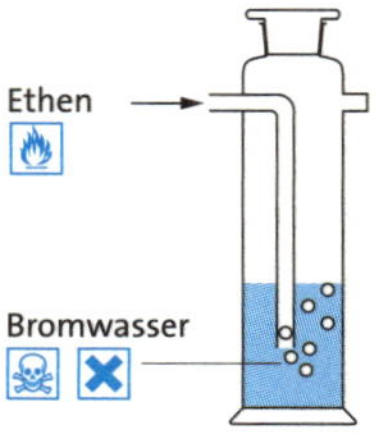

Organische Verbindungen

Nachweis von Glucose: **fehlingsche Lösung** I und II im Verhältnis 1:1 mischen. Es entsteht eine dunkelblaue Lösung. Die Substanz zugeben, vorsichtig erwärmen. Es entsteht ein ziegelroter Niederschlag.

Die Kettenform der Glucose (↑ S. 66) enthält eine Aldehyd-Gruppe (↑ S. 92).

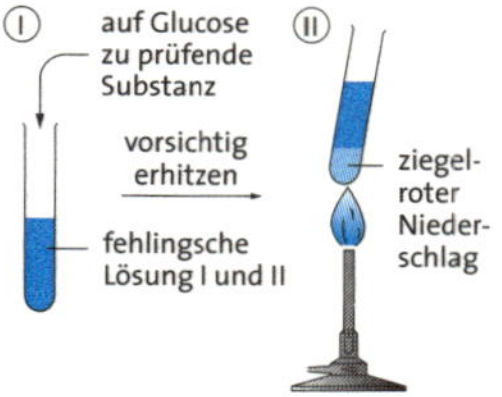

Nachweis von Stärke (↑ S. 67) mit **Iod-Kalium-Iodidlösung:** Eine Blaufärbung tritt ein.

Cellulose wird mit **Chlorzinkiodlösung** nachgewiesen. Es tritt Blau- bis Violettfärbung auf.

Nachweis von Eiweißen (↑ S. 65) durch **Xanthoproteinreaktion:** Zugabe von 3 ml konzentrierter HNO_3 (VORSICHT!) und vorsichtig erwärmen. Es tritt eine Gelb- bis Orangefärbung auf.

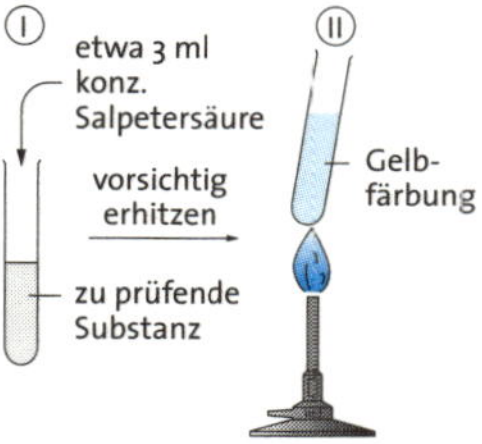

Nachweis von Peptidbindungen durch **Biuretreaktion:** 3 ml konzentrierte NaOH und einige Tropfen $CuSO_4$-Lösung zugeben. Eine Violettfärbung tritt auf.

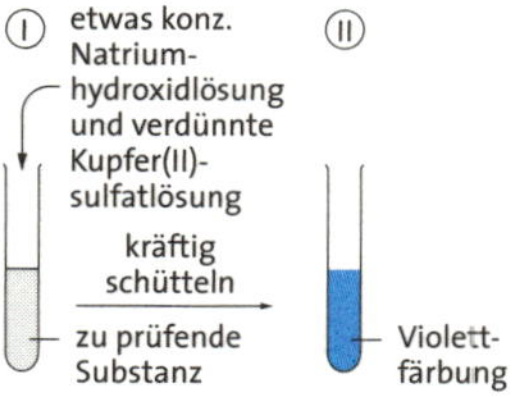

Bibliografische Information der Deutschen Bibliothek
Die Deutsche Bibliothek verzeichnet diese Publikation in der Deutschen Nationalbibliografie; detaillierte bibliografische Daten sind im Internet über http://dnb.ddb.de abrufbar.

2., aktualisierte Auflage

Redaktionelle Leitung Heike Krüger-Beer
Redaktion Marion Krause
Autorin Claudia Puhlfürst

Herstellung Annette Scheerer
Typografisches Konzept Horst Bachmann
Illustrator Peter Lohse, Büttelborn
Grafiken Bibliographisches Institut & F. A. Brockhaus AG und DUDEN PAETEC GmbH
Umschlaggestaltung Michael Acker

Satz Robert Turzer, Tübingen
Druck und Bindung Kösel, Altusried-Krugzell
Printed in Germany

F

ISBN-13: 978-3-411-02319-6 (Gesamtkassette)
ISBN-10: 3-411-02319-8 (Gesamtkassette)

Duden

SMS Schnell-Merk-System

Diktat

5. bis 10. Klasse

Dudenverlag
Mannheim · Leipzig · Wien · Zürich

DUDEN PAETEC Schulbuchverlag
Berlin · Frankfurt a. M.

Inhaltsverzeichnis

1 Diktate üben

Für Diktate gilt: Übung macht den Meister! Damit das Üben nicht langweilig wird, greifst du am besten auf verschiedene **Übungsformen** zurück.

Eigendiktat · Schleichdiktat · Kassettendiktat · Partnerdiktat

Grundsätzliches

Grundsätzlich gilt: **Erst nachdenken, dann schreiben!** Viele Fehler lassen sich vermeiden, wenn du dein grammatisches Wissen richtig anwendest:

- Zu welcher **Wortart** zählt das Wort, über dessen Schreibung du nachdenkst?

  Substantive schreibt man groß, Adjektive klein usw.

- Kannst du das **Wort verlängern,** um den Auslaut besser zu hören?

  wen**ig** → wen**ige** Male

- Gehört das fragliche Wort zu einer **Wortfamilie?** Dann überlege dir, ob du andere Wörter aus der gleichen Familie kennst und wie man sie schreibt.

  Fa**h**rt – fa**h**ren – Vorfa**h**rt – Autofa**h**rerin

- Kennst du eine Regel oder eine **Eselsbrücke,** die auf das fragliche Wort passen könnte?

  Wer nämlich mit *h* schreibt, ist dämlich!

Keine Angst vor Diktaten

1

Vor dem Diktat

- Sei **ruhig** und gelassen! Denke positiv!
- Überprüfe, ob noch genügend Tinte im **Füller** ist. Setze im Zweifelsfall lieber eine neue Patrone ein oder nimm einen anderen Füller mit.
- Überprüfe auch, ob noch genügend Platz im **Diktatheft** ist. Stecke im Zweifelsfall ein Zusatzheft ein.
- Geh noch einmal auf die **Toilette.**
- **Konzentriere** dich auf das Wesentliche!

Während des Diktats

- Erst **zuhören,** dann schreiben!
- Wenn du während des Diktats nicht mitkommst, lass eine **Lücke** an der Stelle oder den Stellen, wo dir Wörter fehlen.
- **Markiere** dir die Wörter, bei denen du unsicher bist. So findest du sie leichter, wenn es ans Kontrollieren geht.

Nach dem Diktat

- Wenn deine Lehrerin oder dein Lehrer den Text noch einmal vorliest, **fülle deine Lücken** und vergleiche Wort für Wort.
- Lies den Text Wort für Wort **rückwärts,** so findest du Fehler besser.
- Lies den Text noch einmal gründlich von der ersten bis zur letzten Zeile und achte darauf, dass die Sätze alle **vollständig** und **grammatisch richtig** sind.

Verschiedene Übungsformen

Diktate kannst du auf unterschiedliche Weise üben – allein, mit den Eltern oder mit Freunden. Je abwechslungsreicher du dich auf eine Klassenarbeit vorbereitest, desto eher wirst du Erfolg haben. Such dir dabei eine Übungsform, die zu dir passt.

Bringe Abwechslung in deine Vorbereitung.

Eigendiktat

Wenn du niemanden hast, der dir einen Text diktieren kann, probiere es mit dem Eigendiktat:

- Suche dir einen geeigneten Übungstext. Wenn er dir zu lang erscheint, kannst du ihn auch in zwei Teile aufteilen.
- Lies den gesamten Text einmal gründlich durch.
- Decke den Text so ab, dass du nur eine Textzeile siehst.
- Merke dir diese Textzeile und schreibe sie auswendig in dein Heft.
- Arbeite dich Satz für Satz bis ans Textende durch.
- Lies den ganzen Text, den du geschrieben hast, noch einmal gründlich durch (↑ S. 5).
- Vergleiche deinen Text mit der Vorlage und streiche deine Fehler an.

Verwende Texte aus Schul- oder Übungsbüchern.

Nimm Papier, Pappe oder ein undurchsichtiges Lineal zum Abdecken.

Lies rückwärts. · Achte auf vollständige Sätze.

Sei ehrlich zu dir selbst!

Ein Schüler allein zu Haus

1

Ein Tag zu Hause ohne Eltern ist ein Traumtag! Gleich nach dem Weggehen der Erwachsenen kann man mit dem Lernen aufhören und sich allerlei Schönem widmen. Zuerst hält man nach etwas Essbarem Ausschau, dabei wird vor allem Süßes bevorzugt. Da der junge Mensch nicht nur essen muss, sondern auch das Trinken nicht vergessen sollte, ist das Aufsuchen des Getränkekellers die nächste wichtige Aufgabe. Dort kann einem dann Hören und Sehen vergehen: süße Limonade und Cola in rauen Mengen!

Wenn man nun genug zu essen und zu trinken zusammengetragen hat, beginnt der gemütliche Teil des Tages: Man stellt die Leckereien und Getränke in greifbare Nähe auf den Tisch, holt sein neues Comicheft, das man vorher vor den forschenden Blicken der Eltern versteckt hat, aus der Schublade, setzt sich auf Vaters gepolsterten Stuhl und gibt sich nun hemmungslos dem Betrachten bunter Zeichnungen und dem Lesen lustiger Sprechblasen hin.

Zwischendurch macht man eine kleine Pause, um auch seinem Körper Gutes zu tun: Wie göttlich schmecken doch Salzstangen zusammen mit Schokolade, wenn man zum Hinunterspülen auch noch ein Glas Cola trinkt!

177 Wörter

* einfach

Schleichdiktat

Mit einem Schleichdiktat kannst du nicht nur Diktate an sich, sondern gleichzeitig auch deine Gedächtnisleistung und Konzentrationsfähigkeit trainieren.
So funktioniert das Schleichdiktat:

- Lies den gewählten Übungstext einmal gründlich durch.

Je sinnvoller der Text, desto einprägsamer!

- Leg den Text nun an eine Stelle, zu der du von deinem Arbeitsplatz aus hingehen musst.

Meide Orte (Küche) oder Gegenstände (TV), die dich ablenken.

- Merke dir einen Textabschnitt, geh zurück zu deinem Arbeitsplatz und schreibe den Text auf.

- Arbeite dich nach Sinnabschnitten durch den gesamten Text. Je seltener du zum Text gehen musst, desto besser ist deine Konzentrationsfähigkeit. Aber Vorsicht: Es nützt gar nichts, wenn du den Text in drei Gängen und nur fünf Minuten schaffst, aber dafür massenweise Fehler machst!

Mach eine Strichliste, wie oft du zum Text gehst. Bei 200 Wörtern darfst du 12- bis 14-mal schleichen.

- Nimm am Ende den Text mit an deinen Arbeitsplatz und vergleiche deinen Text mit der Vorlage.

Korrigiere sorgfältig und genau.

Die Formel I

Formel-1-Piloten leben gefährlich. So gibt es kaum einen Weltklassefahrer, | der sein Rennauto nicht mindestens einmal völlig demoliert hat. | Dies konnte aber bisher noch keinen von ihnen davon abhalten, | sofort in das nächste Auto zu steigen und mit quietschenden Reifen aus den Boxen zu rasen. | Doch nicht nur die Fahrt mit dem Rennauto birgt Gefahren, auch der Halt zum Reifenwechsel und Tanken kann tödlich enden. | Da alles blitzschnell geschehen muss, kann es vorkommen, dass ein Mechaniker die Reifen nicht ordnungsgemäß befestigt. | Bei hoher Geschwindigkeit löst sich dann das Rad von der Aufhängung und der Rennfahrer verliert die Kontrolle über die Maschine. |

Noch schlimmer ist es allerdings, wenn beim Auftanken Benzin austritt. | Es genügen schon wenige Tropfen, die sich am glühend heißen Auspuff des Autos entzünden, | um im Nu ein riesiges Flammenmeer auflodern zu lassen. | Nur das schnelle Eingreifen der Feuerwehr kann hier ein Überleben garantieren. |

Zum Glück sind wenigstens die Zuschauer heutzutage gut geschützt, | denn die schwersten Unfälle ereigneten sich früher immer, wenn der Pilot die Gewalt über sein Fahrzeug verlor | und, ohne zu bremsen, in die Masse der Zuschauer schoss. Wen das Auto nicht erfasste, | der konnte sein Leben durch die Panik der Umstehenden verlieren. | Für die Angehörigen blieben dann nur Fassungslosigkeit und grenzenlose Trauer.

205 Wörter

** mittel

Kassettendiktat

Probiere es doch einmal mit einem Kassettendiktat:
- Nimm dir einen Kassettenrekorder mit Aufnahmefunktion.
- Lies dir zunächst den Text, den du üben möchtest, gründlich durch.
- Sprich den Text auf Band (1).
- Spul die Kassette an den Ausgangspunkt zurück.
- Nun schreibe den Text nach Gehör (2).
- Korrigiere zum Schluss deinen Text, indem du ihn mit der Vorlage vergleichst (3).

(1) Lass Pausen zwischen Sinnabschnitten.
(2) Warte ein paar Minuten, bevor du den Text schreibst.
(3) Versuche „typische" Fehler herauszufinden, damit du gezielt weiterüben kannst.

Partnerdiktat

Du kannst auch jemanden bitten, dir einen Text zu diktieren. So entsteht eine ähnliche Situation, wie du sie von der Klassenarbeit her kennst.
- Lass dir den Text diktieren.

Freunde, Eltern, Geschwister

- Dein Partner kann dich nach jedem Satz auf Fehler hinweisen. Frage nach, wenn du dir bei der Schreibung schwieriger Wörter unsicher bist.

Präge dir keine falsche Schreibung ein.

- Wenn du mit einem Freund oder einer Freundin lernst, solltet ihr euch mit dem Diktieren (z. B. aus euren Lieblingsbüchern) abwechseln.

Achte auch beim Vorlesen auf die Schreibung schwieriger Wörter.

Herakles

Zu den größten Helden der griechischen Mythologie zählt Herakles, dessen lateinischer Name Herkules lautet. Schon als er in der Wiege lag, sorgte er für grenzenloses Staunen, als er zwei Schlangen erwürgte, die ihn mit ihren Bissen töten wollten.

Noch gewaltiger wurde sein Ruhm durch die zwölf Aufgaben, die er lösen musste, um in den Olymp, die Wohnstatt der Götter, zu gelangen.

Als Erstes wurde ihm die Aufgabe gestellt, den Nemeischen Löwen zu töten. Dem Fell dieses Tieres konnte weder durch Bogenschüsse noch durch Schwerthiebe Schaden zugefügt werden. Trotzdem schoss Herakles alle seine Pfeile auf die Bestie ab, allerdings erfolglos. Als auch sein Schwert versagte, erwürgte er das Untier schließlich mit bloßen Händen. Die zweite Prüfung verlangte von Herakles die Ermordung der Hydra, eines hässlichen Ungeheuers von hundeähnlicher Gestalt mit acht oder neun Schlangenköpfen. Außerdem wusste man, dass ihr Atem für Menschen tödlich war.

Herakles näherte sich der Hydra mit geschlossenem Mund. Ohne gebissen zu werden, gelang es ihm, dem Untier einige Köpfe abzuschlagen. Für jeden Kopf, den er abhackte, wuchsen sofort zwei neue. Erst als Herakles die Wurzeln der abgeschlagenen Köpfe mit Feuer versengte, gelang es ihm, das Nachwachsen zu beenden und die Hydra zu töten. Im Olymp wurde der Tapfere mit Unsterblichkeit und ewiger Jugend belohnt.

207 Wörter

*** schwierig

Damit dein Üben von Erfolg gekrönt ist, musst du ganz gezielt an die Sache herangehen. Hier steht, wie es funktioniert:

Analysiere deine Fehler

In einem Diktat kannst du unterschiedliche Arten von Fehlern machen, nämlich

- Fehler bei der Groß- und Kleinschreibung,
- Fehler bei der Getrennt- und Zusammenschreibung,
- Fehler bei der Schreibung ähnlicher Buchstaben,
- Fehler bei der Schreibung von Fremdwörtern,
- Zeichensetzungsfehler,
- Grammatikfehler,
- Flüchtigkeitsfehler.

Nimm dir ein Blatt Papier, mach dir eine Tabelle mit sieben Zeilen für die sieben verschiedenen Fehlerarten. Dann nimm dir deine letzten drei oder vier Diktate (und die Aufsätze, falls du auch im Aufsatz viele Rechtschreibfehler machst) und mach für jeden Fehler einen Strich in der entsprechenden Zeile. So kannst du leicht feststellen, wo du die meisten Fehler machst.

Groß-/Kleinschreibung	
Getrennt-/Zusammenschreibung	
Ähnliche Buchstaben	
Fremdwörter	
Zeichensetzung	
Grammatik	
Flüchtigkeit	

Nachdem du also – wie beim Arzt – eine Diagnose hast, behandelst du das Problem: Du übst ganz gezielt die Bereiche, die dir Schwierigkeiten bereiten. Dieses Buch hilft dir dabei. Darüber hinaus kannst du aber noch mehr tun:

Trainiere dein optisches Gedächtnis

1. Präge dir Wortfamilien ein: Ein Wortstamm wird in allen Wörtern gleich geschrieben.
2. Nimm ein Buch und lies: Die richtige Schreibung von Wörtern wird quasi automatisch im Gehirn verankert; zudem erweitert das Lesen deinen Wortschatz.
3. Bastle dir ein Memory®-Spiel aus Diktatwörtern: Denke dir ein Bild zu dem Wort, das du dir merken willst.

Schalte andere Fehlerquellen aus

1. Vielleicht wird in deiner Gegend Dialekt gesprochen. Achte verstärkt auf die Unterschiede zur Hochsprache.
2. Geh auf Nummer sicher und überprüfe, ob nicht vielleicht gesundheitliche Probleme (z. B. ein schlechtes Gehör) die Ursache für deine Schwierigkeiten sind.

Trainiere deine Konzentrationsfähigkeit

1. Beseitige alles, was dich ablenken könnte.
2. Erledige nicht mehrere Aufgaben gleichzeitig.
3. Mach spätestens nach 30 Minuten eine kurze Pause von fünf Minuten.
4. Achte auf eine gute Reihenfolge, in der du die Aufgaben erledigst. Übe z. B. nicht gleich nach einem Aufsatz Diktate, sondern erledige erst einmal die Mathe-Aufgaben.

Achte auf dein Arbeitspensum

1. Übe in kleineren Einheiten: besser 15 Minuten täglich als mehrere Stunden am Tag vor der Arbeit.
2. Mach dir bewusst, was du schon alles kannst, und trau dich auch an Aufgaben, die du noch nie zuvor gemacht hast.

2 Groß- und Kleinschreibung

Grundsätzliches zur Großschreibung

An einigen Stellen im Satz wird grundsätzlich großgeschrieben:
- am Satzanfang (1),
- nach einem Doppelpunkt, wenn ein selbstständiger Satz folgt (2),
- zu Beginn der direkten Rede (3).

(1) **S**ie ist schön.
(2) So lautet der Vertrag: **D**er Sohn erbt alles.
(3) Sein Gejammer „**A**lles viel zu teuer“ kann ich nicht mehr hören.

Großgeschrieben werden auch alle
- **Substantive,**
- **Eigennamen** – auch die **mehrteiligen Eigennamen,**
- **Wörter, die als Substantive gebraucht werden,** egal, zu welcher Wortart sie ursprünglich gehören.

das **K**ind
Herr **S**chmidt · **A**lexander der **G**roße
Das **R**eiten ist ihr großes Hobby.

Ebenfalls großgeschrieben werden
- **ins Deutsche übernommene Wörter** aus anderen Sprachen (↑ S. 66 ff.) (1),
- alle Wörter mit den **Suffixen** (Nachsilben) *-ung, -heit, -keit, -nis, -schaft, -tum, -ling* und *-sal* (2).

(1) der **F**un · der **S**wimmingpool
(2) die **E**rleuchtung · die **F**aulheit · die **E**insamkeit · das **E**rlebnis · die **S**eilschaft · der **R**eichtum · der **F**eigling · das **S**chicksal

Die Affen im Zoo

An einem schönen Frühlingssonntag unternahm Familie Müller einen Ausflug in den Zoo. Gerade jetzt zu Beginn der Saison, wenn das Leben der Pflanzen und Tiere nach dem Winter neu erwacht, ist ein solcher Ausflug besonders für die Kinder ein Erlebnis. Als sie alle bei den Affen ankamen, war das Staunen groß: Die Affen waren nicht in einen Käfig eingesperrt, sondern sprangen in einer hellen, offenen Halle umher.

„Zur Würdigung der Forschungsarbeit von Jane Goodall", lasen sie auf einem Schild. Die Mutter erklärte den Kindern: „Jane Goodall ist eine britische Forscherin, die ihr Leben der Beobachtung und der Erforschung des Sozialverhaltens von Menschenaffen gewidmet hat."

Die Affen turnten an den Bäumen. Ein Affenkind mit dem Spitznamen „Wilde Hilde" spielte in einer Ecke mit einem Plastikball und begeisterte das Publikum mit seiner Verwegenheit. Einer der Jungen forderte das Schicksal heraus und steckte einen Schokoladenriegel durch das Gitter. Weil die Neugier des Affenbabys größer war als seine Angst, kam es an das Gitter. Blitzschnell griff es den Riegel und aß die Schokolade auf. Das Lachen der Kinder, die das Geschehen beobachtet hatten, hallte noch lange durch den Zoo.

Amüsiert griff die Mutter zu ihrem Geldbeutel: „Zum Abschluss spendiere ich euch jetzt noch ein Eis!"

201 Wörter

* einfach

Substantivierungen

Substantivierte Verben

Als Substantiv gebrauchte Verben werden großgeschrieben. Man erkennt solche substantivierten Verben daran, dass ein Artikel vorangestellt ist.

Das **S**ingen ist meine Leidenschaft. · Sie hat das **R**echnen von ihrer Schwester gelernt.

Aufgepasst:

- Oft verschmilzt der bestimmte Artikel mit einer Präposition.

Beim (= bei **dem**) **R**eiten habe ich Spaß.

- Fehlt der Artikel, dann kann man groß- oder kleinschreiben.

Er lernt jetzt **M**alen/**m**alen.

Auch **zusammengesetzte Verben,** die man wie ein Substantiv verwendet, werden großgeschrieben.

Im Winter geht sie jeden Sonntag zum **S**chlittschuhlaufen.

Substantivierte Adjektive

Auch für Adjektive gilt: Werden sie im Satz wie ein Substantiv verwendet, müssen sie großgeschrieben werden. Häufig geht ihnen dann ein Artikel voraus.

Der **B**este gewinnt. · im (in dem) **D**unkeln tappen

Adjektive, die auf **unbestimmte Mengenangaben** (*allerlei, alles, etwas, genug, nichts, viel, wenig*) folgen, werden im Satz als Substantiv verwendet. Daher schreibt man sie immer groß.

allerlei **N**eues · etwas **L**autes · genug **A**lltägliches · nichts **S**chönes · wenig **S**ehenswertes

Anne und der Sternenhimmel

Anne interessiert sich sehr für den Sternenhimmel. Das Finden des Sternbildes Großer Bär, das man auch den Großen Wagen nennt, ist für sie nichts Besonderes. Auch das Auffinden einzelner Sterne, zum Beispiel des Polarsterns, bereitet ihr keine Schwierigkeiten.

Ihr ganzes Wissen stammt aus vielen Büchern: Annes liebster Zeitvertreib ist Lesen/lesen!

Manchmal leistet ihr Laura, Annes kleine Schwester, beim Beobachten des Nachthimmels Gesellschaft. Anne erklärt ihrer kleinen Schwester dann, was sie zuvor gelesen hat. Laura ist beeindruckt. Die beiden stehen im Dunkeln und blicken nach oben. Das Schönste aber ist, wenn sie dabei zufällig eine Sternschnuppe sehen.

„Kannst du den Stern erkennen?“, fragt Anne die Schwester. „Natürlich! Ich bin doch nicht blind!“ Aufmerksam lauscht Laura den Erklärungen der großen Schwester. Sie freut sich sehr, beim Sternegucken dabei sein zu dürfen. Zum Glück fällt es ihr sehr leicht, sich das Gehörte auch zu merken. Schon vor dem Schlafengehen freut sich Laura dann auf den nächsten Tag, wenn sie mit ihrem neu erworbenen Wissen den Klassenkameraden allerlei Interessantes berichten kann.

167 Wörter

** mittel

Substantivierte Adjektive

Klein schreibt man Adjektive,
- die sich auf ein Substantiv beziehen, das im Satz bereits vorkommt. In diesem Fall musst du dir das fehlende Substantiv dazudenken;
- die im Satz mit *wie?* erfragt werden können.

Junge Hunde sind verspielter als **a**lte (Hunde). · Die großen Fische fressen die **k**leinen (Fische). Lateinarbeiten sind immer am **s**chwierigsten.

Substantivierte Partizipien

Sowohl das **Partizip Präsens** (mit der Endung *-end*) als auch das **Partizip Perfekt** (oft mit Vorsilbe *ge-*) werden großgeschrieben, wenn sie als Substantiv verwendet werden. Auch sie haben häufig einen Artikel.

Der **L**ernende wird müde. · Das **G**elesene ging ihr nicht aus dem Kopf.

Partizipien, die auf **unbestimmte Mengenangaben** (*allerlei, alles, etwas, genug, nichts, viel, wenig*) folgen, werden großgeschrieben.

allerlei **G**ekochtes · wenig **G**elerntes · alles **E**rlebte

Substantivierte Pronomen

- Pronomen, die als Substantive gebraucht werden, schreibt man groß.

das **D**u anbieten · Der Hund ist eine **S**ie.

- Pronomen, die als Stellvertreter gebraucht werden, schreibt man dagegen klein.

In diesem Wald hat sich schon **m**ancher verirrt.

Gefährlicher Ausflug

Am Ende unseres gestrigen Fahrradausflugs ereignete sich ein Zwischenfall, der unsere Nerven aufs Äußerste strapazierte. Auf unserem Rückweg mussten wir über eine achtspurige Brücke, die jetzt am Nachmittag am dichtesten befahren war. Die älteren Jungen fuhren den kleineren voraus und die schnellsten hatten die höchste Stelle der Brücke bereits erreicht, als sie plötzlich anhielten. Obwohl die Räder alle vor Kurzem überprüft worden waren, hatte jemand einen Platten. Das Klügste wäre es gewesen, auf die Nachfolgenden zu warten, denn unser Lehrer hatte uns immer wieder aufs Eindringlichste vor dem Überqueren der Brücke gewarnt.

Nichts Gelerntes schien jedoch in diesem Moment zu zählen und zudem winkte auf der anderen Seite einer der Unseren mit einem Ersatzreifen. So trat der angeblich mutigste der Schüler mit viel Getöse auf die Fahrbahn. Er schien sich nicht im Entferntesten der Gefahr bewusst zu sein.

Am quälendsten war unsere Machtlosigkeit, denn über kurz oder lang musste ein Unglück geschehen. Der Schüler hatte schon fast den gegenüberliegenden Bürgersteig erreicht, als ein Auto auf der äußersten Spur heranschoss. Der Wagen erfasste den Schüler an den Füßen und schleuderte ihn einige Meter weiter. Der Verletzte blieb mit Prellungen liegen. So mancher traute sich nicht mehr auf die Straße zu blicken!

Heute ist das Erlebte auf dem Schulhof wichtiges Gesprächsthema, ebenso die Entscheidung der Schulleitung, dass bis auf Weiteres kein Fahrradausflug mehr stattfindet.

222 Wörter

*** schwierig

Besonderheiten

Paarformeln

Undeklinierte Adjektive (d. h. Adjektive in der Grundform), die mehrere Personen gemeinsam bezeichnen, werden großgeschrieben. Man nennt sie Paarformeln.

Alte und **J**unge · **G**roß und **K**lein · **A**rm und **R**eich

Substantivisch gebrauchte Adverbien, Präpositionen, Konjunktionen und Interjektionen (Ausrufe) schreibt man groß. Sie treten häufig ebenfalls als Paarformeln auf.

Drum und **D**ran · das **F**ür und **W**ider · **O**b und **W**ie · **W**eh und **A**ch

Zahlwörter

Alle **Grundzahlen** (Kardinalzahlen) schreibt man klein.

Die **z**wei sind nett. · Sie wollte um **a**cht anrufen.

Aufgepasst: Eine Grundzahl schreibt man groß, wenn sie eine Ziffer oder einen Zahlwert bezeichnet.

Er fürchtet die **D**reizehn.

Zahlwörter, die als Substantiv verwendet werden, werden großgeschrieben.

Es gibt ein **D**utzend Möglichkeiten.

In solchen Fällen schreibt man auch **unbestimmte Zahladjektive** groß.

alles **M**ögliche · die **E**inzige

Aufgepasst: Die vier Zahladjektive *viel, wenig, eine, andere* werden in allen Formen kleingeschrieben.

Das haben schon **v**iele erlebt.

Fußball, ein Mannschaftssport

Fußballspieler sind Mitglieder eines Teams mit elf Spielern, in dem es niemals drunter- und drübergehen darf. Das tägliche Training beginnt um sechs Uhr abends. Jeder Einzelne muss sich ohne Für und Wider den Anordnungen des Trainers fügen. Zeigen sich beim Laufen Konditionsprobleme, hilft kein Weh und Ach und die ganze Elf muss ein paar Runden extra ums Stadion laufen.

Auch das Platzwechseln hin und her auf dem Rasen will geübt sein. Wenn der Linksaußen Schwierigkeiten beim Köpfen hat und der Ball zu oft ins Aus geht, heißt es einschleifen, sonst zieht die gesamte Mannschaft den Kürzeren. Jeder leistet sein Möglichstes, aber nur die Besten werden aufgestellt. Das haben schon viele erlebt, das gehört zum Auf und Ab einer Spielerkarriere.

Fällt der Schiedsrichter beim Spielen eine ungünstige Entscheidung, hilft kein Wenn und Aber. Auch wenn während des Diskutierens die Wogen der Erregung bei Alten und Jungen hochgehen, erweist sich der Spruch des Schiedsrichters im Nachhinein doch als richtig. Deswegen ist es ratsam, mit dem Beschimpfen des Unparteiischen vorsichtig zu sein, denn hat man Beleidigendes erst einmal ausgesprochen, gibt es kein Zurück.

180 Wörter

** mittel

Tageszeiten und Zeitangaben

Tageszeiten können als Substantiv auftreten. Man erkennt sie meist am vorangehenden Artikel, auch wenn dieser mit einer Präposition verschmolzen ist (*am* → *an dem*). Sie werden großgeschrieben.

Der **M**orgen ist die stressigste Tageszeit. · Am **N**achmittag ist es im Schulgebäude still.

Manchmal ist auch eine **Präposition** das Erkennungszeichen, das auf den substantivischen Gebrauch einer Tageszeitangabe hinweist.

gegen **M**orgen einschlafen · nach **M**itternacht ausgehen

Tageszeiten, die **nach** den **Adverbien** *vorgestern, gestern, heute, morgen* und *übermorgen* stehen, werden ebenfalls großgeschrieben.

vorgestern **A**bend · übermorgen **M**ittag · heute **N**achmittag

Aufgepasst: Die Zeitangaben *vorgestern, gestern, heute, morgen* und *übermorgen* sind Adverbien und werden kleingeschrieben, ebenso die Zeitangaben, denen ein *-s* angehängt wurde.

Wir waren **g**estern im Schwimmbad. · Das Wetter **h**eute ist scheußlich. · **f**rühmorgens · **m**ittwochs · **n**achts

Wochentage sind ebenfalls Zeitangaben und man schreibt sie groß. Auch sie erkennst du meist am Begleiter.

Das Fest findet **am** **S**amstag statt. · **Am** **M**ontagabend gehen wir ins Kino.

Die Fahndung

Nachdem Kommissarin Seifert heute Morgen über die Leiche des Bäckermeisters im Bach informiert worden war, war sie sofort losgefahren. Als sie mittags gemeinsam mit ihrem Kollegen in dem kleinen Dorf eintraf, gab es bereits einige Anhaltspunkte.

Nach Aussage seiner Frau war der Bäckermeister gestern wie üblich abends gegen neun Uhr ins Bett gegangen, nachdem er am späten Nachmittag mit einigen Bekannten in der Dorfschenke zusammengesessen hatte. Dort hatte er erzählt, dass er am nächsten Morgen eine größere Summe in bar mit in die Backstube nehmen wollte, um den Müller zu bezahlen. Man erwähnte nebenbei, dass seit vorgestern Mittag ein Unbekannter in der Dorfschenke wohnte, der ebenfalls in der Gaststube anwesend war. Dieser war heute Vormittag jedoch wieder abgereist, nachdem er morgens bereits bei Sonnenaufgang einen Spaziergang gemacht hatte, wie sich der Wirt erinnerte, der nachts manchmal seinen Hund rausließ.

Mehrere Leute konnten den Unbekannten beschreiben, sodass schon nachmittags die Fahndung eingeleitet wurde. Als der Mann am späten Freitagabend von der Polizei geschnappt wurde, trug er das Geld des Bäckers noch bei sich.

172 Wörter

** mittel

Geografische Namen und Titel

Großgeschrieben werden

- alle **von** geografischen **Eigennamen abgeleiteten Wörter** auf *-er* sowie

der **K**ölner Dom · die **S**chweizer Schokolade

- Adjektive, die zum **festen Bestandteil** eines Eigennamens geworden sind.

das **R**ote Rathaus in Berlin · die **S**chwäbische Alb

Aufgepasst: Dies gilt nicht für Ableitungen auf *-isch, -ische, -ischer, -sch* sowie feste Verbindungen, die nicht zu einem Eigennamen gehören.

das **b**ayrische Kochbuch · die **d**änische Küste
das **n**eue Jahr

Zusammensetzungen mit mehreren oder mehrteiligen Namen werden ebenfalls großgeschrieben. Sie werden mit Bindestrich verbunden.

Theodor-**H**euss-**G**ymnasium · **S**t.-**M**arien-**K**irche

In **Buch- und Filmtiteln** und bei **Zeitschriftennamen** wird das erste Wort großgeschrieben. Der Titel steht in Anführungszeichen.

Kennst du das Buch „**D**rei Männer im Schnee“?

Aufgepasst: Bei bekannten Buchtiteln können die Anführungszeichen fehlen.

Goethes Faust.

Anrede

Die **Anredepronomen** *du* und *ihr* sowie die davon abgeleiteten Formen dürfen **in Briefen** klein- oder großgeschrieben werden.

Wie geht es dir/Dir?

Jakob, der Weltenbummler

Lieber Peter,
ich lese doch manchmal „Die Zeit" und weißt du/Du, über wen ich dort einen Artikel entdeckt habe? Über unseren alten Freund Jakob:

Nachdem ein gewisser Jakob seinen Abschluss an der Hans-Müller-Schule gemacht hatte, entdeckte er seine Reiseleidenschaft. Mittlerweile ist Jakob viel in der Welt herumgekommen. Er findet alles Fremde interessant und freut sich auf neue Entdeckungen.

Jakob kennt die australische Wüste und fing mit den Cowboys Südamerikas zusammen argentinische Rinder. Im Londoner Tower bekam er eine Gänsehaut, von der er sich an italienischen Stränden erholen musste. Die ägyptischen Pyramiden bestaunte Jakob ebenso wie den Pariser Eiffelturm. Im Norden Russlands machte er Bekanntschaft mit der sibirischen Kälte und kaufte sich daher eine Fellmütze, die ihm in den Schweizer Alpen wertvolle Dienste leistete. Die echten Salzburger Nockerln schmeckten ihm ebenso wie japanischer roher Fisch; da ist Jakob recht aufgeschlossen. Erst kürzlich hat sogar das Fernsehen in der Dokumentarsendung „Mit Jakob durch die Welt" von seinen Abenteuern berichtet. Er kennt die Sitten der Länder, offene Freundlichkeit ist echt amerikanisch, vornehme Zurückhaltung dagegen ein Zeichen der Briten. Wenn er aber von einer Reise zurückkommt, freut er sich auf bayrisches Bier und verdrückt Unmengen Königsberger Klopse. Bis ihn die Reiselust wieder packt …

Habt ihr/Ihr euch/Euch gesehen, als Jakob das letzte Mal in Deutschland war?

Viele Grüße, Christian

217 Wörter

*** schwierig

Grundsätzlich gilt:	Aber:
Alle Substantive werden großgeschrieben – ebenso Wörter aus anderen Wortarten, wenn sie als Substantiv verwendet werden **(Substantivierungen).** Meistens geht solchen Substantivierungen ein Artikel voraus – wenn nicht, dann musst du ihn dir einfach dazudenken.	Es gibt auch Wörter, die ihre Aufgabe als Substantiv verloren haben und die Aufgabe einer anderen Wortgruppe übernehmen. Solche **Desubstantivierungen** schreibt man klein! Regel: Wörter, die mit *sein* oder *werden* als Adjektive gebraucht werden, schreibt man klein.
Das Lesen ist ihr liebstes Hobby. · am **E**rsten des Monats (= an **dem E**rsten des Monats)	angst werden · bange sein · gram sein · recht/unrecht sein · schuld sein

Dieselben Wörter werden in Verbindung mit anderen Verben meist großgeschrieben:

mit anderen Verben	mit *sein* oder *werden*
Dieser Hund macht mir **A**ngst.	Mir *wird* **a**ngst.
Vor Mathe habe ich **B**ange.	Mir *ist* **a**ngst und **b**ange.
Sie gibt dem Sohn die **S**chuld.	Du *bist* **s**chuld.

Groß- oder kleingeschrieben werden können *recht/Recht* und *unrecht/Unrecht* in Verbindung mit den Verben *behalten, bekommen, geben, haben, tun,* z. B. *recht/Recht haben, unrecht/Unrecht tun.*

Es gibt Wörter, die einmal als Substantiv, einmal als Präposition verwendet werden.

als Substantiv	als Präposition
Zum **Dank** für ihre Hilfe …	**dank** deiner Hilfe
Ein Schultag kostet viel **Kraft.**	Sie entschied **kraft** ihrer Position.
Es geht nach seinem **Willen.**	um ihres Kindes **willen**
Die **Zeit** vergeht wie im Fluge.	**zeit** seines Lebens

Bestimmte **Zahlwörter** können, wenn sie eine unbestimmte, nicht in Ziffern schreibbare Menge bezeichnen, groß- oder kleingeschrieben werden.

Aufgepasst: Ab einer Million schreibt man Zahlsubstantive groß.

Ich habe es dir **d**utzende/**D**utzende Male gesagt.
Mehrere **h**undert/**H**undert Leute standen vor der Disco.

Bruch- und Ordnungszahlen schreibt man groß, wenn man sie substantivisch verwendet,

ein **V**iertel vom Kuchen
Ich war die **L**etzte.

... und klein vor Maßangaben, falls sie auf *-tel/-stel* enden.

ein **v**iertel Kilogramm
eine **t**ausendstel Sekunde

Manche Wörter kann man als **feste Zusammensetzung** oder auch als **Wortgruppe** betrachten. Dann kannst du dir aussuchen, wie du schreiben möchtest.

auf Grund	mit Hilfe	aufgrund	mithilfe
zu Lasten	zu Mute sein	zulasten	zumute sein
von Seiten	im Stande sein	vonseiten	imstande sein
zu Grunde	in Frage kommen	zugrunde	infrage kommen

Besonders knifflig ist auch die Schreibung von **festen Verbindungen aus Adjektiv und Substantiv.**

- Bestimmte feststehende Begriffe werden großgeschrieben, obwohl keine Eigennamen vorliegen.

Titel- oder Amtsbezeichnungen: der **H**eilige Vater
Arten und Rassen in der Biologie: der **D**eutsche Schäferhund
Besondere Kalendertage: der **W**eiße Sonntag · der **E**rste Mai
Historische Ereignisse: der **Z**weite Weltkrieg · der **S**iebzehnte Juni
Fachsprachlicher Gebrauch: **G**elbe Karte · **K**leine Anfrage

- In anderen substantivischen Wortgruppen, die zu festen Verbindungen geworden sind, schreibt man Adjektive klein.

die **u**ngarische Salami · die **t**ürkische Pizza · das **n**eue Jahr

3 Getrennt- und Zusammenschreibung

Getrennt oder zusammen? Das ist eine der kniffligsten Fragen, wenn es im Deutschen um die richtige Schreibung geht. In vielen Fällen kann sowohl getrennt als auch zusammengeschrieben werden.

allein erziehend/alleinerziehend · kennen lernen/kennenlernen · Saub saugen/staubsaugen

Verbindungen mit Verben

Verbindungen mit *sein* werden immer getrennt geschrieben.

laut sein · allein sein · böse sein · getrennt sein · dagegen sein

Verb + Verb

Treffen in Verbindungen zwei Verben aufeinander, wird in der Regel getrennt geschrieben. Verbindungen mit *bleiben* oder *lassen* können bei übertragener Bedeutung auch zusammengeschrieben werden.

laufen lernen · arbeiten gehen · hängen bleiben/hängenbleiben

Aufgepasst: Der substantivische Gebrauch solcher Zusammensetzungen verlangt immer die Zusammenschreibung.

Das Getrenntsein am Wochenende tut ihrer Beziehung nicht gut.

Zusatzunterricht

In diesem Schuljahr bleibt Laura freitags länger in der Schule. Sie soll Tastaturschreiben lernen. Obwohl sie viel lieber ein Buch lesen würde, kann sie ihrer Mutter, die sie für den Kurs angemeldet hat, nicht wirklich böse sein. Laura weiß selbst, dass ihr die zusätzlichen Kenntnisse später nützlich sein werden, wenn sie in einer höheren Klasse ein Referat abgeben muss. Schließlich lernen die Kinder von heute nicht mehr auf alten Schreibmaschinen, sondern auf modernen Computertastaturen.

Zum Glück ist die Lehrerin ganz nett und toleriert so manchen Schabernack. Als es ihr einmal aber doch zu bunt wird, ruft sie aus: „Kinder, ihr sollt nicht so laut sein! Ihr sollt diesen Unfug bleibenlassen/bleiben lassen und auf euren Stühlen sitzen bleiben. Nur wer fleißig übt, der wird die Tastatur richtig beherrschen lernen." Dann teilt sie ein neues Arbeitsblatt aus: einen Übungstext zum Kennenlernen der Fingersätze für die Zahlentasten.

Nun lockert die Lehrerin den Unterricht mit ein paar gymnastischen Übungen auf. Als es weitergeht, ermahnt sie die Kinder: „Ihr sollt euren Rücken gerade halten und die Hände locker lassen!"

Die nette Lehrerin kann den Kindern so manchen Fehler gar nicht übelnehmen. Am Ende des Schuljahres wird sie sich damit zufriedengeben, wenn es einigen Schülerinnen und Schülern gelingt zu tippen, ohne ständig auf die Tastatur zu schauen. Die Lehrerin weiß schließlich ganz genau: Nicht jedem Kind macht das Schreibenlernen Spaß!

225 Wörter

** mittel

Substantiv + Verb

Wortgruppen, deren erster Bestandteil ein Substantiv und deren zweiter Bestandteil ein Verb ist, werden getrennt geschrieben.

Klavier spielen · Ski laufen · Rad fahren

Aufgepasst: Der substantivische Gebrauch solcher Wortgruppen verlangt die Zusammenschreibung.

Das Skilaufen macht mir keinen Spaß.

Es gibt Verbindungen aus Substantiv und Verb, die einen **feststehenden Begriff** bilden, d. h., die Substantive sind kaum noch in ihrer ursprünglichen Bedeutung erkennbar. Solche Verbindungen werden zusammengeschrieben.

eislaufen · kopfstehen · leidtun · nottun · haushalten · handhaben · heimsuchen · standhalten · preisgeben

Aufgepasst: Da diese Verbindungen **trennbar zusammengesetzt** (↑ S. 32) sind, wird der substantivische Bestandteil auch dann kleingeschrieben, wenn die Bestandteile aufgrund ihrer Stellung im Satz getrennt stehen.

Sie **gab** ihr Geheimnis **preis.** · Er **hielt** der Versuchung **stand.**

Sowohl Getrennt- als auch Zusammenschreibung ist möglich bei *Acht geben/achtgeben, Acht haben/achthaben, Halt machen/haltmachen, Maß halten/maßhalten* sowie bei Wortgruppen, die aus einem Substantiv und einem Partizip Präsens bestehen.

Fleisch fressende/fleischfressende Pflanzen · Daten verarbeitende/datenverarbeitende Maschinen

Redekunst

In der tschechischen Hauptstadt Prag strapazierte ein englischer Angeklagter die Nerven des Gerichts, indem er endlose Reden hielt. Sein Ziel war es, den Richter durch seinen Monolog in den Wahnsinn zu treiben. Der Richter forderte, dass er **Maß halten/maßhalten** solle, womit er bei dem Beschuldigten allerdings kein **Gehör fand**. Er nutzte eine Besonderheit des tschechischen Rechts, das Verteidigungsreden kein Zeitlimit setzt.

Die erste Übersetzerin durfte **heimgehen**, nachdem sie vor Erschöpfung zusammengebrochen war. Sie konnte dem Redeschwall gerade mal zwei Tage **standhalten**. Ein paar arbeitsfreie Tage sollten die überstandenen Anstrengungen wieder **wettmachen**. Der Engländer hätte theoretisch Monate reden können, da das Gesetz nicht vorschreibt, dass er direkt zum Thema sprechen muss. Der Richter konnte die Situation also gar nicht anders **handhaben**. Glücklicherweise beschränkte der Angeklagte sich auf nur wenige Wochen. In dieser Zeit **gab** er alle wichtigen und unwichtigen Details aus seinem Leben **preis**.

Er erzählte, wie er täglich zum Waschsalon ging, um seine **Wäsche** zu **waschen**. Zudem war er ein leidenschaftlicher Wintersportler. Regelmäßig ging er **eislaufen**, **Schlitten** und **Ski fahren**, wobei er **das Skifahren** zu seiner Lieblingssportart erklärte. Der Richter drohte schließlich irrezuwerden, beinahe glaubte er, einem **Feuer speienden/feuerspeienden** Drachen gegenüberzusitzen. Daher unterbrach er schließlich die Verhandlung für mehrere Tage.

200 Wörter

*** schwierig

Adjektiv + Verb

Verbindungen aus einem Adjektiv mit einem Verb werden getrennt geschrieben, wenn das Adjektiv **gesteigert** oder **erweitert** werden kann. Ist das Adjektiv nicht steiger- oder erweiterbar, wird zusammengeschrieben. Zusammengeschrieben wird auch, wenn eine neue, übertragene Gesamtbedeutung entsteht.

hell strahlen (**heller** strahlen) · **gut** meinen (**besser** meinen) fernsehen · hochrechnen · wahrsagen · kürzertreten · richtigstellen

Adverb + Verb

Verbindungen zwischen Adverb und Verb werden zusammengeschrieben, wenn die Hauptbetonung auf dem Adverb liegt. Das Adverb wird dann zur Verbpartikel.

zunichtemachen · vorliebnehmen · aus**einander**gehen · ab**wärts**gehen

Präposition + Verb

Verbindungen von Präpositionen mit einem Verb sind

- **untrennbar,** wenn sie in allen gebeugten Formen zusammengeschrieben werden,

übertreten · widersprechen · unterziehen

- **trennbar,** wenn die Stellung des Wortes im Satz bedingt, dass sie getrennt geschrieben werden. Sie werden nur im Infinitiv, in den beiden Partizipien und bei Endstellung im Nebensatz zusammengeschrieben.

aufgehen → Die Sonne **geht auf**. · auffallen → Er **fällt** zwischen all den kleinen Kindern besonders **auf**.

Die Konferenz der Tiere

Annika und Lilly dürfen heute Abend fernsehen. In den Kindernachrichten wird der folgende Text vorgelesen:

Die Menschen auf der Erde übertreten Grenzen, führen daraufhin Kriege und halten schließlich Konferenzen ab, um wieder Frieden zu schließen. Doch leider haben die wenigsten Konferenzen tatsächlich Erfolg, auch wenn sie gut gemeint sind, denn aufeinander zugehen bedeutet mehr als miteinander reden.

Die Tiere der Welt beobachten dieses Treiben der Menschen und überlegen, wie sie es fertigbringen können, diesen tödlichen Kreislauf zu unterbrechen. Parallel zur 87. Konferenz der Staatsmänner treffen sich die Tiere zu ihrer ersten Zusammenkunft. Sie beschließen, den Menschen zu widersprechen und sie ihrer Vernunft zu unterwerfen.

Zuerst überfallen die Nagetiere die Büros der Menschen und fressen deren Akten. Danach werden die Motten auf die Soldaten gehetzt, um deren Uniformen zu zerstören, denn die Militärs verkörpern die Macht der Staatsmänner.

Doch die Menschen bleiben stur, woraufhin die Tiere schlussfolgern, dass nur die Entführung der Kinder zum Nachgeben der Menschen führen kann. Sie verstecken die Kinder in unbekannten Gegenden, was endlich bewirkt, dass die Staatsmänner ihre Konferenz unterbrechen. Sie unterschreiben schließlich den Vertrag mit den Tieren, da sie den Widerstand der Eltern fürchten.

189 Wörter

** mittel

Weitere Verbindungen

Substantiv + Präposition

Eine Verbindung aus Substantiv und Präposition kann man in vielen Fällen getrennt oder zusammenschreiben. Ausnahmen, die nur zusammengeschrieben werden, sind: *anstatt, inmitten, zuliebe*. Nur getrennt geschrieben werden: *zu Ende, zu Fuß*.

anstelle/an Stelle · infrage/in Frage · inmitten · zu Ende

Verbindungen mit Adjektiven

Sie werden zusammengeschrieben, wenn

- einer der Bestandteile oder beide **nicht allein vorkommen** können,

  mehrdeutig · erstmalig

- die Bestandteile **aus unterschiedlichen Wortarten stammen** und zu einem Ganzen verschmolzen sind,

  blauäugig · großspurig

- der erste Bestandteil dazu dient, den zweiten in der Bedeutung zu **verstärken** oder zu **vermindern,**

  brandneu · stockdunkel · hochoffiziell · dunkelblau

- der erste Bestandteil *irgend-* ist.

  irgendein · irgendetwas · irgendwie · irgendwelche

Der getrocknete Python

Ein englischer Elektrotechniker hat bei der Reparatur eines brandneuen Wäschetrockners eine ungewöhnliche Fehlerursache entdeckt: In dem Gerät befand sich inmitten der Wäsche eine riesig große Würgeschlange von 1,80 Meter Länge.

Der Käufer des Geräts hatte sich bei der Firma hochoffiziell beschwert, dass der Wäschetrockner nach erstmaligem Gebrauch streikte und seine blendend weiße Wäsche nicht trocknete. Da der Kunde die Qualität der Maschine infrage/in Frage stellte und wegen der gültigen Garantie, holte die Firma das Gerät sofort wieder ab. Ein Mitarbeiter wurde mit der Fehlersuche betraut, wobei er anstelle/an Stelle eines technischen Defekts den grünlich gelben Python fand. Der Angestellte sei daraufhin schrecklich nervös durch die Werkhalle gelaufen. „Ich habe ihn noch niemals so weiß im Gesicht gesehen“, sagte ein Mitarbeiter.

Auf der Suche nach der Herkunft des Tieres wurde der Kunde befragt, der nur widerwillig und schlecht gelaunt Auskunft gab. Es stellte sich heraus, dass das Tier ihm gehörte und in seiner Wohnung irgendwann in den Trockner gekrochen war. Wahrscheinlich liebte die Riesenschlange das feuchte und drückend heiße Klima im Innern des Trockners. Die Hitze hatte sie wohl an ihre tropische Heimat erinnert.

In einem Gespräch über die Übernahme der Reparaturkosten wurden sich die Firma und der Kunde schließlich irgendwie einig.

Zum Glück sind Schlangen als wechselwarme Tiere hitzebeständig und so konnte der Python seinem Besitzer zurückgegeben werden. Der Ausflug in die tropische Wärme war damit allerdings zu Ende.

229 Wörter

** mittel

Mnchae Setzä knnöen wir lseen, achu wnne die Reneihfloge dre Bchustbaen in den Wertörn nchit rchitig ist. Das ist eine Super-Leistung unseres Gehirns.
Manchmal macht es aber einen Unterschied, wie ein Wort geschrieben wird, um einen Satz zu verstehen. Du musst also beim Schreiben immer mitdenken.

Getrenntschreibung	Zusammenschreibung
Die Familie **setzt** mit der Fähre nach Schweden **über.**	Maike **übersetzt** Kinderbücher ins Deutsche.
Das Kind **holt** sich **wieder** ein Comicheft am Kiosk.	Die Lehrerin wünscht, dass er die Klassenarbeit **wiederholt.**
Der Vater **brach** die Schokoladentafel **durch.**	Der Bankräuber **durchbrach** die Absperrung.
Meine Schwester hat den Aufsatz **gut geschrieben.**	Die Bank hat mir das Geld **gutgeschrieben.**
Der Politiker wollte seine Fernsehrede **frei halten.**	Wir bitten, die Ausfahrt wegen eines Umzugs **freizuhalten.**
Der Arzt fordert ihn auf, den Oberkörper **frei zu machen.**	Wenn Sie diesen Brief **freimachen,** kommt er an.
Der Schüler hat auf dem Spickzettel **klein geschrieben.**	Adjektive werden meistens **kleingeschrieben.**
Sie haben die Schulbank **zusammen gedrückt.**	Sie hat den Karton **zusammengedrückt.**
Sie sind **zusammen** in Urlaub **gefahren.**	Die Radfahrer sind vor Schreck **zusammengefahren.**
Der Portier hat die Koffer **zusammen** ins Zimmer **gebracht.**	Er hat die Gegner **zusammengebracht.**
Wir werden den Blinden **zusammen führen.**	Die Flüchtlinge werden im Lager **zusammengeführt.**
Wir können den Hof **zusammen kehren.**	Hast du die Scherben **zusammengekehrt?**
In den neuen Wanderschuhen kann man **sicher gehen.**	Er will mit diesem Vertrag **sichergehen.**

Auch für die Getrennt- und Zusammenschreibung bei *zu* gilt: **Zwei Schreibweisen – zwei Bedeutungen,** je nachdem, welche Aussage man machen will.

Getrenntschreibung ist erforderlich, wenn die Betonung beim Sprechen nicht auf *zu* liegt:	Zusammenschreibung ist erforderlich, wenn die Betonung beim Sprechen auf der Vorsilbe *zu-* liegt:
Sie hasst es, so früh schon nach Hause **zu gehen.**	So wie du gepackt hast, wird der Koffer nicht **zugehen.**

Die folgenden Kombinationen von Wörtern haben ebenfalls eine unterschiedliche Bedeutung, je nachdem, wie sie verwendet werden. Für die Getrennt- und Zusammenschreibung von *nach dem / nachdem, seit dem / seitdem* sowie *in dem / indem* gilt:

Der Gebrauch dieser Wortgruppen als Präposition und Artikel erfordert die Getrenntschreibung:	Konjunktionen, die einen Nebensatz einleiten, werden zusammengeschrieben.
Sie bat ihre Freundin, **nach dem** Spiel auf ein Eis zu ihr zu kommen.	Sie bat ihre Freundin um ein Eis, **nachdem** sie die Hausaufgaben erledigt hatten.
Seit dem Sieg haben sie nicht mehr trainiert.	**Seitdem** sie gewonnen haben, freuen sie sich auf das nächste Spiel.
Es war keinerlei Spannung **in dem** Spiel.	**Indem** er regelmäßig Sport treibt, hält er sich fit.

4 Schärfung, Dehnung und Konsonantenhäufung

Schreibung bei kurzem Vokal

Grundsätzlich gilt: Auf einen kurzen betonten Vokal folgen zwei oder mehr Konsonanten. Eine solche Kennzeichnung eines kurz gesprochenen Vokals bezeichnet man als **Schärfung.**

Ma**nn** · schne**ll** · re**tt**en · Ru**ck** · Glü**ck** · kla**tsch**en

Häufig folgen einem kurzen Vokal **Doppelkonsonanten,** wie z. B. *ll, nn, mm, ss, tt* usw.

Karame**ll** · nu**mm**erieren · Flu**ss** · bi**tt**er · Sto**pp** · Ti**pp**

Aufgepasst: Wird ein Wort mit Doppelkonsonant geschrieben, so schreibt man auch alle verwandten Wörter mit Doppelkonsonant.

ke**nn**en – Ke**nn**tnisse – Beka**nn**tschaft – ke**nn**tlich

Auch **Konsonantenkombinationen** kennzeichnen einen kurzen Vokal, z. B.: *ck, st, tz.*

zu**ck**en · Ka**st**en · Mu**sk**el · To**pf** · Ka**tz**e

Es gibt eine Eselsbrücke, die du unbedingt kennen solltest: Nach *l, m, n, r,* das merke ja, folgt nie *tz* und nie *ck!*

Sa**lz** · Ka**lk** · I**mk**er · Ra**nz**en · A**rz**t

Das Küchenunglück

Tina will heute eine Suppe kochen. Patent, wie sie ist, besorgt sie Fleisch, Gemüse und Kartoffeln. Sie schafft den größten Topf aus dem Keller herbei und schnippelt alles klein. So weit, so gut. Kaum kommt der kleine Bruder Tom aus der Schule, steckt er seine Nase in die Küche und betrachtet seine Schwester spöttisch. „Du willst kochen? Mensch, bei dir brennt doch sogar Wasser an!" Wütend knallt Tina die Tür zu und macht sich ans Werk. Fleisch anbraten, Wasser aufgießen, Zutaten hinein, Salz und Pfeffer dazu, Herd auf mittlere Hitze schalten. In diesem Moment kracht es laut in Mutters Arbeitszimmer. Tina lässt alles fallen und stürmt nach oben.

Dort steht Tom vor dem Lattenregal und starrt seine Schwester betroffen an. „Ich wollte nur die neuen Bücher von Mama anschauen. Als ich sie herunternehmen wollte, ist das Ding zusammengebrochen." „Du kommst doch gar nicht an das oberste Regal dran. Ich wette, du bist auf das unterste Brett geklettert!"
Tina überlegt: Wenn wir das nicht schnell in Ordnung bringen, erlauben die Eltern nicht, dass wir am Wochenende mit unseren Freunden an die Klippen gehen.

Mühsam bauen Tina und Tom das Regal wieder auf. Plötzlich schnuppern sie misstrauisch. Etwas stinkt! Die Suppe! Eilig rennt Tina zurück in die Küche. Auf einmal knarrt die Haustür. Der Vater steht im Flur und schnüffelt. Die Suppe ist nicht mehr zu retten, doch zum Glück nimmt der Vater die Geschichte gelassen hin. Und im Kühlschrank sind noch Eier und Milch, auch Mehl und Zucker sind noch da. Na, dann gibts heute eben Pfannkuchen!

Nicht farbig hervorgehoben: *und, ist*

256 Wörter

* einfach

4

Schreibung bei langem Vokal

Ein langer Vokal klingt zwar immer wie ein einzeln ausgesprochener Vokal, das Schriftbild allerdings variiert ziemlich stark.

R**ah**m · H**aa**r · Fl**ie**ge · T**a**ler · Sp**u**k

Dehnungs-h

Ein Mittel, einen lang gesprochenen Vokal im Schriftbild zu kennzeichnen, ist das so genannte Dehnungs-h, d. h., auf den Vokal folgt der Buchstabe *h*.

le**h**ren · Ru**h**m · So**h**n · Hö**h**le · i**h**r · za**h**m

Aufgepasst:

- Das Dehnungs-h zieht sich durch die gesamte **Wortfamilie.**

  Za**h**l – zä**h**len – za**h**lreich

- Einige Wörter werden mit *-eih* geschrieben, aber das *h* ist kein Dehnungs-h. Es gehört zur nächsten Silbe (lei-hen). Am besten, du lernst diese Wörter auswendig.

  Ged**eih**en · verz**eih**en · R**eih**e · w**eih**en · W**eih**er

Doppelvokal

Werden die Vokale *a, e* oder *o* lang gesprochen, können sie auch verdoppelt werden.

S**aa**l · S**ee**le · M**oo**s · M**oo**r

Aufgepasst: Umlaute werden nicht verdoppelt.

Fests**aa**l – Fests**ä**le · B**oo**t – B**ö**tchen

Ein Kartentrick

Der berühmte Zauberer Abraxas hat einen Auftritt auf dem Schulfest im Großen Saal. Im Anschluss an die Vorführung betteln die Kinder: „Bitte verrate uns doch ein paar Tricks!“ Abraxas überlegt, dann fängt er an einen zu erklären:

„Nimm ein Kartenspiel und drehe die unterste Karte unauffällig um, sodass sie mit der Bildseite gegen die Bildseiten der übrigen Karten liegt. Fächere die Spielkarten mit den Rücken nach oben leicht auseinander. Lass aber nicht die umgedrehte unterste Karte sehen. Nun hat einer der Anwesenden die Qual der Wahl: Er soll eine Karte ziehen und sie sich merken. Während er sie studiert, drehst du das Spiel sehr schnell um, sodass die verkehrt liegende unterste Karte oben liegt. Lass dir die gezogene Karte mit der Bildseite nach unten wiedergeben und schiebe sie in das Spiel zurück.

Halte es aber gut zusammen, damit niemand sieht, dass die übrigen Karten – bis auf die Deckkarte – mit der Bildseite nach oben liegen. Tritt nun mit dem Rücken zum Publikum an den Tisch und lege die Karten – Bildseite nach oben – auf. Dabei drehst du die Deckkarte und die eingeschobene Karte, die du dir merkst, ziemlich schnell um. Nun wende dich um und bewege dich seelenruhig neben den Tisch, sodass alle die Karten sehen können. Dann nimmst du die gezogene Karte, zeigst sie herum und sagst: ‚Das Rätsel ist gelöst.‘“

220 Wörter

** mittel

Dehnungs-e

Das *e* als Dehnungszeichen ist zu finden	
■ **nach** einem *i*,	s**ie**gen · St**ie**fel
■ in **Fremdwörtern,** die mit einem langen *i* enden,	Gen**ie** · Lotter**ie** · Biolog**ie**
■ in **flektierten Verbformen.**	bleiben – ich bl**ie**b
Aufgepasst: In einigen wenigen geografischen Namen gibt es ein Dehnungs-e auch nach *a* und *o*.	Str**ae**len · S**oe**st · Itzeh**oe** · Oldesl**oe**
Einzelne, ganz wenige Wörter kombinieren das Dehnungs-e mit dem Dehnungs-h.	z**ieh**en · fl**ieh**en · w**ieh**ern · V**ieh** · du bef**ieh**lst

Langer Vokal ohne Dehnung

Es gibt Wörter im Deutschen, die einen lang gesprochenen Vokal haben, aber ohne Dehnungszeichen geschrieben werden.	R**o**se · L**ü**gen · Sch**u**ster · H**a**se · S**e**gen · R**e**be · Kr**o**ne
Ein Dehnungs-h nach *i* gibt es nicht! Ausnahme: die Pronomen *ihm, ihr, ihnen, ihrem, ihren*.	Bibel · Gardine
In Vorsilben (Präfixen) wie *ur-* und *un-* und Nachsilben (Suffixen) wie *-tum, -sal, -bar, -sam* werden die Vokale lang gesprochen, obwohl kein Dehnungszeichen geschrieben wird.	**ur**alt · **un**möglich · Alter**tum** · Schick**sal** · wunder**bar** · wach**sam**

Meine Uroma

Meine Uroma war eine kluge Frau. Sie ging niemals unter einer Leiter durch. Wenn sie einer schwarzen Katze über den Weg lief, ging sie nach Hause und streute sich Salz über die Schulter. Dieses Verhalten war ihre beste Medizin. An einem Freitag, dem 13. erledigte sie nur das Nötigste und zog die Gardinen zu, um nicht das Schicksal herauszufordern. Sie suchte auch mit Eifer und Geduld vierblättrige Kleeblätter, die sie dann in dicken Büchern presste. Meist vergaß sie dann, wohin sie die Glücksbringer gelegt hatte, aber glaubte, deren Wunderkraft wirke auch ungesehen. Vielleicht war es auch so.

Als Witwe hatte sie gerade genug zum Leben. Aber sie spielte regelmäßig in der Lotterie. In zwanzig Jahren gewann sie nie mehr als vierzig Euro. Ausgerechnet an einem Freitag, dem 13. im Juli, als die Kleeernte besonders ergiebig war, passierte es: Uroma hatte fünf Richtige!

Flugs organisierte sie ein riesiges Fest für alle Enkel und Urenkel. Ohne Regen, ohne Gewitter, ohne Donnerwetter der Eltern verbrachten wir einen wunderbaren Tag mit Spielen, viel Schlagsahne, Bonbons und Spaß im Garten der Urgroßmutter. Die Erwachsenen labten sich an Hasenbraten und Rebensaft. Am Abend bastelten die Kinder ihrer Uroma eine Krone aus Papier, die sie aber nicht aufziehen wollte. Der Gewinn war verbraten und wir Kinder liebten Uroma umso mehr. Ja, die alte Dame war wirklich ein Genie!

221 Wörter

** mittel

Langer Vokal ohne Dehnung

Die Endsilben *-ine*, *-il* und *-in* finden sich meist in Lehn- oder Fremdwörtern. Aufgrund ihrer Herkunft aus einer anderen Sprache haben sie auch im Deutschen kein Dehnungszeichen.

Apfels**ine** · Masch**ine** · Mandar**ine** · Krokod**il** · Magaz**in** · Mediz**in**

Konsonantenhäufung

Die Kürze eines Vokals kann nicht nur durch zwei gleiche, sondern auch durch zwei oder mehr unterschiedliche Konsonanten angezeigt werden. Treffen mehr als zwei verschiedene Konsonanten aufeinander, spricht man von Konsonantenhäufung.

a**rg** · Kä**lt**e · O**rt** · du**mpf** · Ste**rn** · A**kt**e · Sa**nd**

A**bdr**uck · Ma**tsch** · Stru**mpf**

Wortzusammensetzungen

Es gibt Wörter, die aus zwei oder mehreren einzelnen Substantiven zusammengesetzt sind, sogenannte **Komposita.** Für sie gilt:

- Endet ein Wort mit dem gleichen Konsonanten, der auch zu Beginn des folgenden Wortes steht, bleiben die beiden Konsonanten unverändert nebeneinander stehen.

Rei**ss**uppe · Ro**tt**on · schma**ll**ippig

- Treffen bei Wortzusammensetzungen drei gleiche Buchstaben aufeinander, bleiben immer alle erhalten.

Gewinn + Nummer = Gewi**nnn**ummer

Überfall in der Strumpffabrik

Meldung der Hattenbacher Nachrichten

Am Montag wurde die Strumpffabrik „Duftende Socke“ von fünf maskierten Männern überfallen. Der Geschäftsführer wollte abends nach dem Fabrikverkauf schließen und war gerade dabei, die Maschinen abzuschalten, als die mit Strumpfmasken maskierten Männer durch die Tür drängten. Schnell stießen sie die Verkäuferinnen zur Seite und wollten die Kasse öffnen. Weil aber die Schublade klemmte, bedrohten sie eine der Angestellten mit einem Messer. Die bekam einen Asthmaanfall – röchelnd rang sie nach Luft. Erschrocken ließ der Räuber sie los und starrte einen Moment seine Kumpanen an. Diesen Moment nutzte der Strumpfmanager, um drei der Männer mit einem Pappplakat zu Fall zu bringen. Aufgeregt, mit einem kräftigen Rotton im Gesicht, setzten die Verkäuferinnen die anderen beiden mit Dekorationsstücken außer Gefecht. Gefesselt mit Damenstrümpfen reihten die Überfallenen die Täter auf und baten sie vernünftig zu sein. Besonnen rief der Geschäftsführer die Polizei an und bat sie, auch einen Rettungswagen mit Sauerstoffflasche und Medizin für seine asthmakranke Angestellte zu schicken.

Der Prozess gegen die Täter wird im Mai stattfinden. Es wird damit gerechnet, dass sie zu einer Haftstrafe verurteilt werden, weil auf das Konto der Bande auch drei Tankstellen- und zwei Ladenüberfälle gehen.

Nicht farbig hervorgehoben: *und*

192 Wörter

** mittel

Lernen muss nicht langweilig sein. Es gibt zahlreiche Möglichkeiten, Diktatwörter spielerisch zu trainieren. Wenn man solche Spiele gemeinsam und um die Wette spielt, machen sie richtig Spaß. Es geht aber auch allein.

Wörterketten

Nimm ein zusammengesetztes Substantiv und verwende den zweiten Teil des ersten Wortes als ersten Teil des neuen Wortes. Vielleicht gelingt es dir ja, die Kette zu schließen.

Fragespiel – Spielwaren – Warenhaus – Hauswand – Wandfarbe – Farbensinn – Sinn**frage**

Viele Wörter aus einem

Nimm ein möglichst langes Wort und schreibe es in Druckbuchstaben auf einen Zettel. Versuche aus den Buchstaben des langen Wortes möglichst viele neue Wörter zu bilden.

Holzlattenregal: Regel, Rolle, rollen, Lager, lagern, Holzlatte, Holz, Latte, Lattenregal, Tal, Taler, Aal, Zoll, Regen, egal, holen, nett, Teller, galant …

Wörter Memo

Nimm für jedes Diktatwort, das du üben möchtest, zwei kleine Karteikärtchen. Auf das eine Kärtchen schreibst du das Wort, auf das andere malst du ein Bild oder eine Comicszene. Du kannst auch ein passendes Bild aus einer Zeitschrift ausschneiden und aufkleben.
Aufgepasst: Achte darauf, dass du das Wort auch wirklich richtig schreibst. Sieh im Zweifel zuerst in einem Wörterbuch nach. Spiele das Spiel mit Freunden, Klassenkameraden, deinen Eltern oder Geschwistern.

Buchstabengitter

Nimm den Computer zu Hilfe: Tippe in ein Quadrat so viele Buchstaben wie möglich, ohne darauf zu achten, ob sich sinnvolle Wörter ergeben. Dann nimm die Lernwörter und verstecke sie in dem Buchstabengewirr, indem du einen Teil der Buchstaben ersetzt. Lass etwas Zeit verstreichen, bevor du das Rätsel löst.

A S D **K A R A M E L L** F J K L Ö M R S
H Ä **B O O T E** Z U I O P Ü Ü P O I Z T
A Z T R E E W Q T **O B E N** Ä Ö L T F A
M Z **F L I E G E** V M N B C X Y S E R C
M P O I U Z T R **G E D E I H E N** K L J
E Q P **L** T Z U T R E W Q A S D F G R B
L Z U **E** I N B V C **S E E L E** Ä Ü P Q U
P O I **H** P O I U Z T R E W Q A S D M I
Ü Ä L **R** Q W E R Ü Ä Ö L K J H H F K L
W Q R **E** J N B G F R T E D S W P A Ä E
U I O **R** P O I U Z **L O T T E R I E** Ä Ö

4

Verrutschte Wortanfänge

Bitte einen Freund oder eine Freundin, einen Übungstext so abzuschreiben, dass die Wortanfänge verrutscht sind. Schreibe den Text danach richtig ab.

DieS upp ei stni chtme hr zur et te ndo chz umGl ückn im mtd er-Va terd ieG esch ich teg elas se nhin.

Lernspiele am Computer

Es gibt zahlreiche Lernprogramme, die Rechtschreibwissen auf unterhaltsame und spielerische Weise vermitteln. Pädagogisch wertvolle, inhaltlich und gestalterisch gute Programme werden mit Preisen ausgezeichnet. Solchen Preisen, z. B. der Comenius-Medaille, dem Bologna New Media Preis, digita oder dem Prix-Möbius der UNESCO, kannst du vertrauen.

5 Gleich und ähnlich klingende Laute

Gleich und ähnlich klingende Vokale

Im Deutschen gibt es drei gleich klingende Vokale (Selbstlaute) oder Diphthonge: *ä/e, äu/eu, ai/ei*.

W**ä**lle – W**e**lle · H**äu**te – h**eu**te · S**ai**te – S**ei**te

ä und e

Um zu unterscheiden, ob ein Wort mit *ä* oder *e* geschrieben wird, merke dir folgende Regel: Die meisten Wörter mit *ä* lassen sich von einem Wort mit *a* ableiten.

erkl**ä**ren → kl**a**r · Gel**ä**nde → L**a**nd · Gespr**ä**ch → Spr**a**che

äu und eu

Auch *äu* und *eu* klingen gleich. Hier gilt: Die meisten Wörter mit *äu* lassen sich von einem Wort mit *au* ableiten.

schn**äu**zen – Schn**au**ze · H**äu**ser – H**au**s

ai und ei

Für dieses Vokalpaar gibt es leider keine Regel. Du kannst dir aber merken, dass man häufiger mit *ei* schreibt. Wörter, die mit *ai* geschrieben werden, lernst du am besten auswendig.

M**ai**s · Brotl**ai**b · T**ai**fun · H**ai** · K**ai**ser · M**ai**

Windsurfen

Ähnlich einer Riesenwelle schwappte vor ungefähr 25 Jahren die Sportart Windsurfen aus den USA nach Europa herüber. Dieser Sport entwickelte sich allmählich aus dem jahrhundertealten Wellenreiten der Polynesier, die auf schmalen Holzbrettern zwischen den Wellenkämmen ihre abenteuerlichen Kunststücke vollführten.

Eines Tages, nachdem sie sich auf der Flucht vor einem Hai zufällig am Strand getroffen hatten, kamen ein Surfer und ein Segler ins Gespräch. Einer der beiden äußerte die Idee, ein Surfbrett mit einem Segel auszustaffieren. Zwei Jahre tüftelten sie täglich an dieser Idee, dann wurde das Surfbrett mit Segel zum Patent angemeldet. Das anfangs sehr teure Gerät erregte großes Aufsehen und große Freude, als die ersten Käufer versuchten, Brett und Segel zu bändigen. Später wurde es weiter verbessert und fällt heute den Leuten schon lange nicht mehr auf. Doch noch immer ist dieses Sportgerät eine wackelige Angelegenheit und kein Surfer darf in einen Sturm, geschweige denn in einen Taifun geraten.

Es gibt wenige Sportarten, bei denen sich Könner und Anfänger so grundlegend voneinander unterscheiden wie beim Windsurfen. Während die einen über das Wasser segeln, segeln die anderen hinein.

Für den Profi aber gilt: Die besten Surfverhältnisse bieten die Strände auf Hawaii und im Mai sind dort auch oft die Windverhältnisse optimal.

201 Wörter

** mittel

Gleich und ähnlich klingende Konsonanten

Zahlreiche Konsonanten im Deutschen klingen ziemlich ähnlich. Besonders knifflig ist die richtige Schreibung, weil sie an unterschiedlichen Stellen im Wort vorkommen.

v–w · b–p · f–v · g–k · d–t · dt–tt · z–ds–ts–ns · x–ks–cks–gs–chs

b, d, g und p, t, k

Stehen *b, d* oder *g* am Anfang eines Wortes (im **Anlaut**), werden sie weich, d. h. stimmhaft, ausgesprochen, *p, t* und *k* dagegen hart, d. h. stimmlos.

Bein · **d**ippen · **g**önnen

Pein · **t**ippen · **k**önnen

In der Wortmitte (im **Inlaut**) ist der Unterschied manchmal sehr schwer zu hören, ebenso am Wortende (im **Auslaut**). Du hörst aber, ob *b, d, g* oder *p, t, k* geschrieben werden muss, wenn du

- das Wort verlängerst **(Auslautverlängerung)** oder
- ein verwandtes Wort suchst **(Stammwortsuche).**

unglau**b**lich · Ja**g**d

Wan**d** → Wän**d**e · Sar**g** → Sär**g**e

lie**b** → Lie**b**e · Ja**g**d → ja**g**en

f-Laute

Der f-Laut wird meistens mit *f* geschrieben, aber auch *v* und *ph* klingen im Deutschen wie ein *f*.

Familie · **v**errückt · **Ph**ilosoph

Lediglich in manchen Fremdwörtern wird *v* wie ein *w* ausgesprochen.

Vase · ner**v**ös

Die Verwechslung

An einem Sommerabend in München herrschte dichter Berufsverkehr. Eigentlich wollte Herr Müller mit dem eigenen Auto fahren, doch bei diesen Verkehrsverhältnissen wird er damit auf keinen Fall pünktlich zu seiner Verabredung kommen. Auf den Straßen wird gehupt wie verrückt und so mancher Autofahrer tobt vor Wut, während andere die Arme zum Himmel heben. Deshalb fuhr Herr Müller mit der Straßenbahn in die Stadt, wo in der Oper ein Violinkonzert stattfinden sollte. Weil er seit vielen Stunden gearbeitet hatte, lehnte er sich in die Ecke, um etwas zu schlafen. Bevor er einschlief, bat er den Schaffner, ihn rechtzeitig zu wecken: „Wenn ich nicht gleich wach werde, wenden Sie ruhig Gewalt an." Er dankte im Voraus, dann klappte sein Kopf vornüber und sofort darauf war er eingeschlafen.

Als die Bahn an der Endstation anhielt, wachte der Mann auf. Er fuhr von seiner Bank hoch, wandte sich an den Schaffner und fluchte: „Ich verstehe nicht, warum sie mich nicht rechtzeitig geweckt haben!" Der Schaffner kratzte sich verlegen am Kopf. Der Mann schimpfte weiter lautstark vor sich hin.

Einige Anwesende erschraken und meinten, das solle sich der Beamte nicht gefallen lassen und eine Entschuldigung fordern. Der Schaffner aber wandte sich um und sagte glucksend: „Da hätten Sie unterwegs erst den Krach hören sollen, den der Herr gemacht hat, den ich stattdessen bei der Oper hinausgesetzt habe."

222 Wörter

** mittel

x-Laute

Für den gesprochenen x-Laut schreibt man in einigen Wörtern *x, gs, chs, ks* und *cks*. Auch hier hilft die **Stammwortsuche** – allerdings nicht immer.
Merke dir: Am Wortanfang (im Anlaut) wird immer *x* geschrieben.

Ma**x** · mitta**gs** · Fu**chs** · Mur**ks** · Kle**cks**

flu**gs** → **Flug**

Xaver · **X**ylophon

z und tz

Auch *z* und *tz* klingen gleich. Hier gilt: Folgt der z-Laut auf einen kurzen Vokal, wird mit *tz* geschrieben (**Vokalschärfung,** ↑ S. 38).
Merke dir gut: Am Wortanfang wird immer *z* geschrieben.

Gese**tz** · Ka**tz**e · he**tz**en · wi**tz**ig

Zahn · **Z**eile · **z**ehn · **z**aubern

Endungen -ig, -lich und -isch

Die Endungen *-ig, -lich* und *-isch* sind lautlich ebenfalls schwer zu unterscheiden. Wenn du das **Wort** aber **verlängerst,** kannst du die richtige Schreibung meistens heraushören.

Kön**ig** → die heiligen drei Kön**ige** · heiml**ich** → eine heiml**iche** Liebe · himml**isch** → ein himml**isches** Gefühl

Der Dachs und die Katze

In einer windschiefen Hütte am Waldrand lebte eine alte, lausige Hexe. Werktags experimentierte sie in ihrer winzigen Küche, denn sie suchte nach einem Rezept für ein Elixier, das ewiges Leben versprach. Jedes Wochenende aber war sie in der ganzen Welt unterwegs, um heimlich andere Hexen zu belauschen. Ihre schwarze Katze, die sie herzlich liebte, durfte sie auf einem eigenen, winzigen Besen begleiten.

Wieder war ein Wochenende vorüber, ohne dass der Hexe und ihrer Katze eine wichtige Entdeckung gelungen war. Doch als sie vor dem windschiefen Häuschen ankamen, lauerte ein Dachs der Katze auf. Die beiden Tiere unterhielten sich eine Weile, dann verschwand die Katze im Haus. Mit einem riesigen Keks im Maul kam sie wieder heraus, machte einen tiefen Knicks und bedankte sich.

Die Hexe war zwar verwundert, ließ ihr Tier aber gewähren – auch dann noch, als die schwarze Katze eine vorüberhuschende Eidechse mit einem gezielten Hieb mit der Tatze zur Strecke brachte. Gleich darauf erwischte es auch noch einen jungen Spatz.

Die Katze jubelte: „Der Dachs hat mir das gesuchte Rezept verraten! Zum Glück zieht gerade ein heftiges Gewitter auf. Jetzt, wo wir die Eidechse und den Spatz haben, sind alle Zutaten vorhanden. Und ein gewaltiger Blitz wird den Kessel ordentlich aufheizen! Los gehts! Ich freue mich redlich auf das himmlische Gefühl, ewig leben zu dürfen!“

217 Wörter

*** schwierig

Gleich und ähnlich klingende Silben und Wörter

Die Vorsilben end- und ent-

- ***end-*** kommt vom Wort *Ende* und hat die Bedeutung von *Schluss*.
- ***ent-*** hat inhaltlich oft die gleiche Bedeutung wie die Vorsilbe *weg-* *(wegnehmen, loswerden)*.

Endspurt · **end**lich

Enthüllung · **ent**rätseln

wieder oder wider?

In Zusammensetzungen
- wird ***wieder*** im Sinne von *zurück*, *erneut* oder *noch einmal* verwendet;
- bedeutet ***wider*** *gegen*.

w**ie**dererzählen

w**i**derspiegeln

seid oder seit?

- ***seid*** ist die flektierte Form des Hilfsverbs *sein* (2. Person Plural Präsens).
- ***seit*** ist eine Zeitangabe (Präposition).

Seid ihr alle da?

Sie kann **seit** dem Sommer segeln.

Stadt oder statt?

Zusammengesetzte Wörter
- mit ***Stadt/Städte*** haben etwas mit einem größeren Ort zu tun;
- mit ***statt*** haben die Bedeutung *anstelle/stellvertretend für* oder *Statt/Stätten = Stelle/Platz*.

Sta**dt**haus · Stä**dt**ebau

sta**tt**dessen · ansta**tt** · Grabstä**tt**e

Das königliche Spiel

Seit Menschengedenken übt Schach auf einige Menschen einen unwiderstehlichen Reiz aus. Im Schach gibt es so viele Möglichkeiten, dass nicht einmal ein Computer sie alle wiedergeben kann. Manche Stellungen tauchen zwar immer wieder auf, doch schon bei zehn Zügen entstehen mehr Möglichkeiten, als Menschen auf der Erde leben. Der größte Widersacher des Schachspielers sind also die unzähligen Möglichkeiten, die man jedes Mal entdeckt. Ein etwas widersinniges indisches Sprichwort heißt: Schach ist ein See, in dem eine Mücke baden und ein Elefant ertrinken kann.

Wiederholung und stetiges Üben machen im Schach den Meister. Widersprüchlich ist die Einschätzung des Schachspiels. Für manche ist es ein Sport, für andere eine Wissenschaft und für wieder andere eine Kunst. Man muss die Spieler also fragen: „Seid ihr Sportler, Wissenschaftler oder Künstler?“

In diesem Jahr wird die städtische Schachmeisterschaft in der Stadthalle ausgetragen. Alle Teilnehmer sind rechtzeitig angereist und endlich kann der Wettkampf beginnen. Die Spieler sitzen seit dem frühen Morgen an den Brettern, doch erst am Ende eines langen Tages steht das Endergebnis fest: Der Titelverteidiger war wieder erfolgreich.

Der Bürgermeister überreicht dem Sieger den Pokal und lädt ihn zu einem Essen ein. Doch leider ist die kleine Tochter des Siegers krank und daher geht er lieber nach Hause anstatt ins Restaurant.

207 Wörter

** mittel

Homophone

Wörter, die gleich gesprochen werden, sich in Schreibung und Bedeutung aber unterscheiden, nennt man **Homophone.** Die richtige Schreibung lässt sich jedoch aus der **Wortbedeutung** ableiten. Und im Zweifelsfall gilt: Schlage ruhig auch mal im Wörterbuch nach.

Homophone mit und ohne Dehnungs-h

dehnen (erweitern) → denen (Pronomen)
Mahl (Essen) → Mal (das erste Mal)
Wahl (Abstimmung) → Wal (Säugetier)
wahr (richtig) → war (Präteritum von *sein*)
mahlen (Getreide) → malen (Bild)

Homophone mit Doppelvokal oder Dehnungs-h

Leere (Leerheit) → Lehre (Ausbildung)
Meer (Ozean) → mehr (Indefinitpronomen)

Homophone mit Dehnungs-e nach i

Fieber (Körpertemperatur) → Fiber (Faser)
Lied (Gesang) → Lid (Auge)
Miene (Gesichtszug) → Mine (Bergwerk)
Stiel (Besen) → Stil (Aufsatz)

Homophone mit e und ä

Beeren (Strauchfrüchte) → Bären (Bär)
Ehre (Ruhm) → Ähre (Fruchtstand)
Felle (Tier) → Fälle (Fall)
Lerche (Vogel) → Lärche (Baum)

Der kleine Bär

Ada, die **Bären**dame, kümmert sich um ihren Nachwuchs. Der kleine Bär muss lernen, sich von **Beeren** und den anderen Früchten des Waldes selbst zu ernähren. Ada **lehrt** ihren Sohn auch, sich vor den **Gewehr**läufen der Jäger in Acht zu nehmen. Wer nämlich nicht achtsam ist, für dessen Leben gibt es keine **Gewähr**. Der kleine Bär aber ist ein folgsamer Schüler, gute Futter**stellen** merkt er sich beim ersten **Mal**.

Auch heute streifen die beiden **Bären** gemeinsam durch den Wald. Der Winter war dunkel und trüb, doch jetzt fällt zwischen den hochgewachsenen **Lärchen** endlich wieder Sonnenlicht auf den Boden. Das Licht bescheint die dunklen **Felle** der Tiere. Wie **wahr** ist doch, was Ada meint: Die Frühlingssonne zaubert jedem Tier eine richtig freundliche **Miene** ins Gesicht. Die längeren Tage lassen auch das Grün üppiger und das Futter **mehr** werden.

Die Tage vergehen. Mutter und Sohn genießen das Leben zu zweit und sie wissen: Wenn am Ende des Sommers die **Ähren** auf den Feldern goldgelb leuchten werden, dann wird auch die **Lehr**zeit des kleinen **Bären** vorüber sein. Für Adas Sohn aber wird es nicht nur eine Frage der **Ehre** sein, die Ratschläge der Mutter auch in Zukunft zu beherzigen, sondern auch eine Frage des Überlebens.

201 Wörter

** mittel

Die Rechtschreibkartei

Gibt es Wörter oder Rechtschreibregeln, die du dir nur schlecht merken kannst? Dann probiere doch mal, mithilfe einer Rechtschreibkartei zu lernen.

Du brauchst dafür:

- einen Karteikasten oder eine Schachtel aus Pappe oder Karton,
- Karteikärtchen (die du dir aus Tonkarton selbst zurechtschneiden kannst),
- Trennkarten aus etwas dickerem Karton.

So gehts

1. Unterteile den Karteikasten oder die Schachtel in vier Fächer.
2. Nimm dir ein Kärtchen und schreibe ein Lernwort oder eine Rechtschreibregel darauf. Um deinem Gedächtnis auf die Sprünge zu helfen, kannst du auch ein kleines Bild oder eine Skizze dazumalen. Ganz wichtig: Kontrolliere genau, dass du das Wort richtig geschrieben hast.

(Hier klebst du ein Bild ein oder erstellst eine Skizze.) **der tote Baum**	Merke: Das einfache Adjektiv *tot* wird mit *t* geschrieben. Zusammengesetzte Adjektive schreibt man meist mit *tod-* *(todsicher, todkrank).*

3. Beschrifte so viele Karteikärtchen, wie du Lernwörter oder Rechtschreibregeln hast.
4. Leg diese Kärtchen in das erste Fach deines Karteikastens.

Jetzt kannst du loslegen

Fach 1

Nimm ein Kärtchen aus dem 1. Fach und lies das Wort. Leg dann das Kärtchen verdeckt vor dich hin und schreibe es aus dem Gedächtnis auf. Kontrolliere!

- Ist dir ein Fehler passiert? Dann leg das Kärtchen als hinterste Karte zurück in Fach 1.
- Alles richtig? Dann leg das Kärtchen ins 2. Fach.

Fach 2

Die Lernwörter aus dem 1. Fach übst du am besten täglich. Die Kärtchen, die sich im 2. Fach befinden, sind ungefähr alle drei Tage an der Reihe. An solchen Tagen solltest du etwa 10 Minuten zusätzlich fürs Üben einplanen.

Auch mit den Kärtchen aus Fach 2 verfährst du wie gewohnt: Lies das Wort, leg das Kärtchen verdeckt vor dich hin, schreibe es aus dem Gedächtnis auf und kontrolliere!

- Ist dir ein Fehler passiert? Dann leg das Kärtchen als hinterste Karte zurück in Fach 2.
- Alles richtig? Dann leg das Kärtchen ins 3. Fach.

Fach 3

Wenn sich im dritten Fach einige Kärtchen angesammelt haben, dann nimmst du dir auch diese vor.

- Ist dir ein Fehler passiert? Dann leg das Kärtchen als hinterste Karte zurück in Fach 3.
- Alles richtig? Dann leg das Kärtchen ins 4. Fach.

Fach 4

Alle Lernwörter, die ins 4. Fach gewandert sind und einen letzten Test bestehen, kannst du aussortieren. Diese Wörter schreibst du bestimmt nicht mehr falsch. So hast du wieder Platz für neue Kärtchen mit neuen Lernwörtern.

6 Schreibung der s-Laute

Was im Deutschen wie ein *s* klingt, kann im Schriftbild verschieden aussehen. Der deutsche s-Laut kann als *s*, *ss* und *ß* geschrieben werden. Außerdem kann der s-Laut zusätzlich unterschiedlich ausgesprochen werden:

- **stimmhaft** (weich) als [z] oder — **S**and · Be**s**en
- **stimmlos** (hart) als [s]. — Ma**ß**e · Ga**s**t · Wa**ss**er · Ri**ss**

Aufgepasst:

- Der stimmhafte s-Laut wird immer *s* geschrieben. — Mu**s**e
- Am Wortende ist das *s* stimmlos. — Gra**s**

Schreibung mit einfachem *s*

Ein einfaches *s* steht

- immer **nach** einem **Konsonanten,** — Erb**s**e · In**s**el · anfang**s**
- immer **am Wortanfang,** — **S**inn · **s**ieben · **S**oße · **S**uppe · **s**ingen
- häufig **nach** einem **Vokal, Diphthong** oder **Umlaut** in der Wortmitte. Es wird dann stimmhaft gesprochen. — Ha**s**e · Ro**s**e · Rei**s**e · Gebl**ä**se

Die wunderbare Reise des Nils Holgersson

Selma Lagerlöf wurde 1858 in Schweden geboren. Sie war bereits eine bekannte Schriftstellerin, als sie den Auftrag bekam, ein Lesebuch für die schwedische Volksschule zu schreiben. Deshalb unternahm sie viele Reisen durch Schweden bis zum Polarkreis. Diese Erlebnisse flossen in das neue Lesebuch ein, in dem die Autorin die vielfältigen Informationen zu einer interessanten Handlung verknüpfte.

Den Kern der Handlung bildete eine Erzählung ihrer Großmutter. Diese hatte beobachtet, wie eine zahme Gans des Hofes den nach Norden ziehenden Wildgänsen gefolgt war. Die Familie hatte das sanfte Tier bereits aufgegeben, als es sich im folgenden Jahr mit der neu gegründeten Familie auf dem Hof niederließ.

Die Großmutter hatte der Schriftstellerin auch einiges Wissenswerte über die Gänse berichtet. Sie wusste, dass der Hals einer Gans länger ist als bei Enten und ein Gansschnabel keilförmig ist. Außerdem sind diese Tiere meist gute Flieger und ein Gänsepaar bleibt lebenslang zusammen.

So entstand das Buch „Nils Holgerssons wunderbare Reise“, für das die Autorin den wichtigsten Preis für Literatur, den Nobelpreis, erhielt. Schon wenige Jahre nach der Veröffentlichung des Buches wurde es in über 30 Sprachen übersetzt.

181 Wörter

* einfach

Schreibung mit *ss*

Folgt ein s-Laut auf einen **kurzen Vokal,** wird *ss* geschrieben!

la**ss**en · fre**ss**en · Me**ss**e · Ta**ss**e · kü**ss**en

Aufgepasst: Es gibt einige wenige Singularformen von Wörtern, die mit einfachem *s* geschrieben werden, obwohl es auf einen kurzen Vokal folgt. Im Plural allerdings folgen auch sie wieder der Regel.

der Bu**s** – die Bu**ss**e · der Kürbi**s** – die Kürbi**ss**e · der Ilti**s** – die Ilti**ss**e

Aus dem Suffix (Nachsilbe) ***-nis*** wird im Plural immer ***-nisse,*** also eine Schreibung mit *ss.*

Verhält**nis** – Verhält**nisse** · Gefäng**nis** – Gefäng**nisse**

Schreibung mit *ß*

Ein *ß* kann nur **nach einem langen Vokal oder Umlaut** oder **nach den Diphthongen** *ei, eu* und *au* stehen. Es ist immer ein stimmloser (harter) Laut.

sto**ß**en · ru**ß**en · flie**ß**en · grü**ß**en · bei**ß**en · hei**ß**en · Preu**ß**en · drau**ß**en

Innerhalb einer Wortfamilie gibt es manchmal Wörter, die je nach Wortform einen kurzen oder einen langen Vokal haben. Daher werden solche Wörter mal mit *ss* und mal mit *ß* geschrieben.

der Gu**ss** – gie**ß**en · der Ri**ss** – rei**ß**en · der Spro**ss** – sprie**ß**en

Fußball

Mädchen spielen nicht Fußball, sagen Sabines Eltern. Dabei hat der Sportverein Sangersheim mehr Mädchen in der Fußballsparte als Jungs.

Neulich hat Sabine, als den Jungs ein Ersatzspieler fehlte, sogar ein Punktspiel mitgemacht. Hannes hatte erzählt, dass seine Mannschaft wohl die Punkte des nächsten Spiels verlieren würde, weil mindestens ein Spieler fehlte. Dabei ging es dieses Mal um den Klassenerhalt!

Nachmittags klingelte Hannes bei Sabine. „Tschüss", rief sie ihrer Mutter zu, dann fiel die Tür ins Schloss. Draußen auf der Straße kam Sabine dann die Idee, als Junge in Hannes' Mannschaft mitzuspielen. Also dachte sich Sabine einen Fantasienamen aus und ließ sich von nun an „Sabu" anreden. „Wehe, du schmeißt uns das Spiel", meinte Hannes nur.

Am nächsten Samstag stand Sabu mit auf dem Platz. Der Spielführer der gegnerischen Mannschaft wollte gerade genüsslich in einen Apfel beißen, als er bemerkte, dass Sangersheim doch vollständig angetreten war und die Verhältnisse damit ausgeglichen waren. Lange Zeit zum Überlegen hatte er nicht. Nach dem Anstoß befand sich der Ball gleich in der gegnerischen Hälfte und zu allem Überfluss sprach der Schiedsrichter den Sangersheimern einen Freistoß zu. Sabu im gegnerischen Strafraum bekam ihn auf den Fuß und schoss den Ball ins Tor. Es blieb bei diesem einen Tor und die Sangersheimer feierten ihren Sieg. Dieses Ergebnis konnte sich sehen lassen!

215 Wörter

* einfach

das oder *dass?*

Die richtige Schreibung von *das* und *dass* fällt vielen Schülern ziemlich schwer. Die folgenden Erklärungen helfen dir, den Unterschied zu begreifen und somit eine häufige Fehlerquelle auszuschalten.
Das Wörtchen ***das*** kann im Satz drei unterschiedliche grammatische Funktionen haben:

- Es ist ein **bestimmter Artikel.**
- Es weist auf etwas hin, ist also ein **Demonstrativpronomen.**
- Es ist ein **Relativpronomen.**

das Buch
Das mag ich überhaupt nicht.
Das Kind, **das** allein auf dem Schulhof steht, …

Dagegen ist das Wörtchen ***dass*** immer eine **Konjunktion,** d. h., es leitet einen Nebensatz ein. Deshalb steht vor *dass* immer auch ein Komma.

Du weißt, **dass** ich dich mag!

Die Ersatzprobe

Merke dir einfach: Man schreibt *das,* wenn man stattdessen auch *ein, dieses, jenes* oder *welches* einsetzen kann.

das Kind – **ein** Kind
Das mag ich überhaupt nicht. – **Jenes/Dieses** mag ich nicht.
Das Kind, **das** allein … – Das Kind, **welches** …

Sigmund Freud – Das Leben ein Traum?

Dass Sigmund Freud ein großer Psychoanalytiker war, das hast du bestimmt schon mal gehört. Aber weißt du auch Bescheid über das, was er erforschte? Der folgende Text liefert eine kurze Zusammenfassung seiner wichtigsten Thesen.

Dass das menschliche Innenleben eine komplizierte Angelegenheit ist, wusste man zwar schon lange, doch erst der österreichische Arzt Sigmund Freud systematisierte das Ganze. Seine Lehre der Psychoanalyse sorgte dafür, dass er berühmt-berüchtigt wurde.

Freud teilte die menschliche Psyche in drei Teile. Das nach dem Lustprinzip arbeitende Reich unserer Triebe nannte er das Es. Das Ich ist der an die Realität gebundene Teil der Psyche. Schließlich ist das Über-Ich dafür verantwortlich, dass das Ich nicht nur das tut, wozu das Es Lust hat. Das Über-Ich ist die moralische Instanz und also das Element der Psyche, das dem Ich ein schlechtes Gewissen bereitet.

Dem Ich wird das Leben noch dadurch erschwert, dass ihm nur ein Teil bewusst ist. Freud erforschte das, was unter der Oberfläche des Bewusstseins brodelt. Ganz schwer zugänglich fand er das Unbewusste, das wir zu verdrängen versuchen, weil es uns unangenehm ist. Deshalb erforschte er auch die Träume seiner Patienten, denn in ihnen sucht das Unbewusste den Weg zum Bewusstsein.

195 Wörter

*** schwierig

7 Fremdwörter richtig schreiben

Bei Wörtern, die ursprünglich aus anderen Sprachen stammen, unterscheidet man zwischen **Lehnwörtern,** deren Laute und Formen sich wie einheimische Wörter entwickelt haben, und **Fremdwörtern,** die sich in Schreibung, Betonung und Aussprache Besonderheiten bewahrt haben.

Lehnwörter:
Mauer (zu lat. murus) · Keller (zu lat. cellarium) · Fenster (zu lat. fenestra)
Fremdwörter:
Souvenir · Jeans · Violine · Update

Bei einigen Fremdwörtern ist neben der ursprünglichen auch eine eingedeutschte Schreibung möglich.
Aufgepasst: Achte auf einheitliche Schreibung innerhalb eines Textes!

Kupon (zu Coupon) · **Nugat** (zu Nougat) · **Soße** (zu Sauce)

Fremdwörter und ihre Herkunft

Fremdwörter aus dem Englischen

Diese finden sich vor allem in den Bereichen Sport, Jugendsprache und Technik. Du kannst dich an den folgenden Regeln orientieren:

- *ee* und *ea* werden als langes *i* gesprochen,
  T**ee**nager · T**ea**m · Fr**ea**k
- *y* oder *i* klingen wie ein deutsches *ei.*
  B**y**te · P**i**peline · N**y**lon · Des**i**gn

Theorie und Praxis

Das Highlight seines Lebens erhoffte sich ein Teenager von einem Flug in einem gestohlenen Propellerflugzeug. Der Hobbypilot hatte zuvor niemals selbst ein Flugzeug geflogen, war jedoch ein leidenschaftlicher Airbus-Fluggast. Das nötige technische Know-how hatte der Computerfreak mithilfe einer Simulationssoftware am Computer erworben. Außerdem war er stundenlang von Homepage zu Homepage gesurft, um sich im Internet über die diversen Flugzeugtypen zu informieren.

Eines Tages war es so weit. Unauffällig mit einem T-Shirt, einem Pullover und modischen Slippers an den Füßen bekleidet, setzte er sich in die Wartelounge eines kleinen amerikanischen Airports. Er wartete die Mittagspause des Personals ab und als die Piloten und Stewardessen zum Essen gingen, startete er seinen Coup. Das Timing stimmte und er gelangte unbemerkt zu der begehrten Maschine, die er sich für seinen Diebstahl ausgewählt hatte.

Der Countdown lief, der Start glückte. Der Outsider der Luftfahrt fühlte sich richtig cool und flog sich in einen Rausch, während die Fluglotsen im Tower das Schauspiel für einen Gag hielten. Für eine sichere Landung reichten seine Kenntnisse allerdings nicht mehr. Nach vier missglückten Versuchen kam es zum Crash. Bei der Landung platzten die Reifen, außerdem ging der Propeller zu Bruch.

190 Wörter

*** schwierig

Fremdwörter aus dem Französischen

Im Deutschen verwendete Fremdwörter aus dem Französischen finden sich häufig in Texten über Mode, Kultur und Gastronomie. Hier die wichtigsten Regeln:

- *ou* klingt wie ein deutsches *u*. — Rag**ou**t · R**ou**te
- *ai* klingt wie ein deutsches *ä*. — S**ai**son · Pal**ais**
- *ill* wird als [lj] oder [ij] gesprochen. — Pav**ill**on
- *eu* klingt wie *ö*. — Redakt**eu**r
- *g* wird als [ʒ] gesprochen, wenn es vor einem *e* oder *i* vorkommt. — Eta**g**e · Passa**g**ier

Fremdwörter aus dem Lateinischen

Wörter aus dem Lateinischen, die keine Lehnwörter sind, enden häufig auf *-ion, -ant, -al, -us, -tät, -um* oder *-or*. Sie stammen oft aus den Bereichen Wissenschaft, Kunst und Militärwesen.

Stad**ion** · toler**ant** · lok**al** · Laps**us** · Identi**tät** · Stud**ium** · Dokt**or**

Fremdwörter aus dem Griechischen

ph, rh, th oder *y* sind häufig Zeichen dafür, dass ein Wort dem Griechischen entstammt. Meist handelt es sich dabei um Fremdwörter aus den Bereichen Wissenschaft und Kultur.

Pro**ph**et · **Rh**y**th**mus · Me**th**ode · **Th**eke · Sympa**th**ie

Aufgepasst: *ph* wird wie *f* gesprochen.

Al**ph**abet · As**ph**alt · **Ph**iloso**ph**ie

Prominenten-Hochzeit im Stadion

Auf der Titelseite der Boulevardzeitung prangt in großen Lettern: „Riesenaufwand bei Promi-Hochzeit – Vera Buschfeld im Glück!“

Der Redakteur der Zeitung „Immer im Bild“ will herausgefunden haben, dass das große Ereignis im Olympiastadion stattfinden wird. Das breite Publikum wird die Möglichkeit haben, das Geschehen von den Rängen aus zu beobachten. Der Pastor, der die eigentliche Trauzeremonie durchführen wird, wird auf einer geheimen Route durch den Hintereingang ins Stadion geschleust werden; kurz danach wird das Brautpaar erscheinen. Das ganze Procedere ist peinlich genau und bis ins kleinste Detail festgelegt.

Als Küchenchef wurde ein Mann von exzellentem Ruf engagiert. Er hat sich das folgende Menü ausgedacht: Auf das Entree wird ein Salatteller folgen, anschließend wird ein Zitronensorbet der Hauptspeise vorausgehen. Als Hauptgang ist ein Ragout aus Wild mit verschiedenen Beilagen, unter anderem winzigen Pommes Croquettes, geplant, dazu sollen unterschiedliche Soßen gereicht werden. Zum Dessert werden eine schwarze und eine weiße Mousse au Chocolat serviert werden, flankiert von einer Nugatcreme/Nougatcreme. Der ganze Aufwand hat Methode, denn auch der Wein wird von erlesener Qualität sein, der Sommelier wird eigens aus Frankreich anreisen.

Man muss wirklich kein Prophet sein, um hinsichtlich dieses Aufwands zu kommentieren: Diese Hochzeit wird wahrlich ein Ereignis und das Brautpaar darf sich der Sympathien des Publikums gewiss sein!

206 Wörter

*** schwierig

Fremdwörter aus dem Italienischen

Das Italienische hat vor allem die Sprache der Musik beeinflusst, aber auch die Bereiche Handel und Kunst.

Kantate · Sonate · Adagio · Fresko · Konto · Kredit

Fremdwörter aus anderen Sprachen

Manche Fremdwörter entstammen dem
- Arabischen, — Kaffee · Karaffe
- Japanischen, — Bonsai · Ikebana
- Chinesischen, — Wok · Kotau
- Indischen. — Ingwer · Dschungel

Zusammengesetzte Fremdwörter

- Zusammengesetzte Fremdwörter werden meist zusammengeschrieben. Bei der Zusammensetzung zweier Substantive kann zur besseren Lesbarkeit ein **Bindestrich** gesetzt werden. Beide Substantive werden dann großgeschrieben.

  Airconditioning *oder* Air-Conditioning · Sciencefiction *oder* Science-Fiction

- Ist der **erste Bestandteil ein Adjektiv,** darf nur dann zusammengeschrieben werden, wenn die Betonung auf dem Adjektiv liegt.

  Hotdog *oder* Hot Dog · *aber nur* Happy End

- Werden (meist ursprünglich englische) Fremdwörter aneinandergereiht, setzt man einen Bindestrich.

  Boogie-Woogie · Do-it-yourself

Eine italienische Oper

Auf dem Spielplan des Frankfurter Opernhauses steht heute „La Bohème“. Nachdem die Klasse 9 c mit ihrer Lehrerin im Musikunterricht die Weltgeltung der italienischen Oper ausführlich besprochen hat, steht heute ein gemeinsamer Opernbesuch an. Es ist ein heißer Sommerabend und die Besucher sind dankbar, dass der Airconditioner/Air-conditioner funktioniert, die Temperaturen in dem alten Barockgebäude wären sonst nur schwer auszuhalten.

Fresken im Eingangsbereich stimmen die Besucher auf den Kulturgenuss ein. Dann beginnt die Vorstellung. Nach der Ouvertüre dringen schon bald Kantaten und Arien durch den Raum. Weil die Schülerinnen und Schüler wissen, wovon das Musikdrama handelt, können sie Puccinis Werk auch genießen.

In der Pause gönnt sich die Lehrerin einen Kaffee. Zwar sehen die großen Karaffen mit dem Rotwein sehr verführerisch aus und an der Bar wird auch Champagner ausgeschenkt, doch die Lehrkraft möchte Vorbild sein und verzichtet daher auf Alkohol.

Leider hat die Oper kein wirkliches Happy End, denn die beiden Helden der Geschichte, Rudolf und Mimi, sind erst an Mimis Sterbebett vereint. Die Musik erklingt jetzt nur noch im gemäßigten Adagio und die Stimmung ist gedrückt. Da möchte keiner der Zuschauer Boogie-Woogie auf den Rängen tanzen, das dramatische Geschehen liefert viel zu viel Diskussionsstoff. Die Lehrerin verspricht, in der nächsten Musikstunde auf die Fragen der Jugendlichen einzugehen, dann machen sich alle auf den Heimweg.

215 Wörter

** mittel

Besser konzentrieren – besser im Diktat

Die Konzentrationsfähigkeit ist entscheidend für den Erfolg beim Diktat! Wenn du dich richtig konzentrierst, gelingt es dir, beim Diktat nur an die richtige Schreibung der Wörter zu denken. So vermeidest du Flüchtigkeitsfehler oder spürst sie beim Korrekturlesen leichter auf.

Konzentrationsübungen

Rechtschreibphänomene, die sich nicht logisch erklären lassen (z. B. bei Fremdwörtern, Homophonen), kannst du nur dann richtig schreiben, wenn du sie korrekt gespeichert hast. Das fällt dir leichter, wenn du dein Gedächtnis trainierst:

- Versuche es einmal mit folgendem Spiel: Leg verschiedene Gegenstände (etwa 12 Stück) vor dich. Merke sie dir, schließe dann die Augen und bitte jemanden, zwei Gegenstände wegzunehmen. Weißt du, was fehlt?
- Erstelle dir ein Buchstabengitter (↑ S. 47) aus schwierigen Wörtern.

Clevere Merkstrategien

Halte deine Gehirnzellen in Schwung! Greif nicht sofort zu einem Merkzettel, sondern versuche dir möglichst viele Informationen zu merken, indem du sie

- an vorhandenes Wissen anknüpfst und dir z. B. Wortfamilien merkst oder nach Stammwörtern suchst;

fahren – die Fähre – die Abfahrt – das Gefährt
Häuser – Haus – hausieren

- miteinander verknüpfst und strukturierst.

Verzichte öfter mal auf den Einkaufszettel. Überlege dir stattdessen, wie du Besorgungen am besten erledigst, ob du zuerst zum Bäcker oder zur Post gehst, um möglichst effektiv zu sein.

Logisches Denken

Du weißt, dass das Wort „nummerieren“ von „Nummer“ kommt. Also ist es logisch, dass es auch mit zwei *m* geschrieben wird. – Manches musst du dir gar nicht merken, sondern kannst es dir immer wieder ganz leicht herleiten. Konzentriere dich einmal auf solche Zusammenhänge.

Weisheit → weise (nicht: weiße)
Wissen → ich weiß (nicht: ich weis)

Ruhe und Entspannung

Je gelassener du das Diktat angehst, desto besser kannst du dich konzentrieren. Aufregung versetzt dich nur in Unruhe und führt zu Konzentrationsschwierigkeiten.

- Atme mehrmals tief durch und sage dir, dass du optimal vorbereitet bist.
- Vergewissere dich, dass deine Arbeitsmaterialien am richtigen Platz sind, damit du gleich loslegen kannst.
- Lass dich von deinen Klassenkameraden nicht durch letzte Fragen ablenken, sondern versuche zur Ruhe zu kommen.

Belohnung muss sein!

Für gute Leistungen solltest du dich unbedingt belohnen, und zwar nicht nur, wenn du eine gute Note geschrieben hast, sondern auch, wenn du gut gelernt hast. Schaffst du es, dich bei einer Diktat-Übungseinheit wirklich zu konzentrieren und dich nicht durch äußere Bedingungen oder eigene abschweifende Gedanken ablenken zu lassen, dann motiviere dich selbst für die nächste Einheit mit einer Belohnung.

mit deiner Freundin telefonieren · ein bisschen lesen · ein Eis essen · eine Runde mit dem Rad drehen

8 Worttrennung

Trennung einfacher Wörter

Grundsätzlich gilt: Einsilbige Wörter werden nicht getrennt.

neu · Huhn · Klee

Am Zeilenende können mehrsilbige Wörter getrennt werden. Die Trennung einfacher Wörter erfolgt nach Sprechsilben.

Freun-de · Or-gel · kal-kig

Besonderheiten

Es gibt ein paar Besonderheiten, die du dir einprägen solltest:

- ***ck*** kann nicht getrennt werden. Merke dir einfach: Wer *ck* trennt, wird aufgehängt!

  Dru-**ck**er · Ste-**ck**er · zu-**ck**en

- Steht ***ss*** anstelle von *ß*, dann wird zwischen den beiden *s* getrennt.

  STRA**S-S**E (statt Stra-ße)

- Die Abtrennung eines **einzelnen Vokals** sowohl am Wortanfang als auch am Wortende ist nicht erlaubt, da eine solche Trennung die Lesbarkeit beeinträchtigt. Das gilt auch für Wortzusammensetzungen.

  Eber · Uhu · Aue · Deo · Adel · Biomüll · Ju-li-abend

- Treffen **mehrere Konsonanten** aufeinander, kommt nur der letzte auf die neue Zeile.

  Ha**ms-t**er · Erei**g-n**is · Em**p-feh-l**ung

Katzen

Kat-zen sind na-he-zu welt-weit ver-brei-tet. Für die Men-schen in Eu-ro-pa ist ei-ne Kat-ze häu-fig ein put-zi-ges Haus-tier.

Das Ge-biss ei-ner Kat-ze – die üb-ri-gens den Raub-tie-ren zu-ge-rech-net wird – ist aus-ge-zeich-net für das Schla-gen von Beu-te-tie-ren ge-eig-net. Al-le Kat-zen, mit Aus-nah-me des Ge-pards, kön-nen ih-re Kral-len vor-stre-cken. Ent-spre-chend der nächt-li-chen Le-bens-wei-se sind Seh-, Hör- und Tast-sinn (Schnurr-haa-re) sehr gut aus-ge-bil-det.

Frü-her war die Kat-ze ein tü-cki-scher Jä-ger, der auf der Su-che nach Beu-te gro-ße Stre-cken zu-rück-leg-te. Es be-darf viel Übung, ein Beu-te-tier ge-zielt zu er-legen. Man-che Kat-zen ha-ben die-se Ge-wohn-heit bei-be-hal-ten und zie-hen nachts durch Stra-ßen und Fel-der, um mit den Tat-zen Mäu-se zu fan-gen.

Die Freund-schaft zwi-schen Mensch und Kat-ze be-gann in Ägyp-ten. Die Stamm-form der Haus-kat-ze ist die nord-af-ri-ka-ni-sche Falb-kat-ze. Be-reits vor mehr als 4000 Jah-ren wur-den in Ägyp-ten die-se ja-gen-den Tie-re ins Haus ge-lockt und ge-zähmt. Den Ägyp-tern wa-ren die Kat-zen au-ßer-dem hei-lig, sie gal-ten als ei-ne Er-schei-nung des Son-nen-got-tes Re auf der Er-de.

155 Wörter

* einfach

8

Trennung von Komposita

Zusammengesetzte Wörter (= Komposita) und Wörter mit Vorsilben werden nach ihren **erkennbaren Bestandteilen** getrennt.

Diens-tag · Stadt-staat · brand-neu · ge-treu

Trennungen, die den Leseablauf stören oder den Wortsinn entstellen, sollte man vermeiden. Sie sind jedoch nicht falsch.

Spar-gelder *statt* Spargel-der · be-inhalten *statt* bein-halten

Trennung von Fremdwörtern

Fremdwörter können nach **Sprechsilben** getrennt werden; einige Konsonantengruppen können aber auch ungetrennt bleiben:

- verschiedene Konsonanten in Verbindung mit einem *l* (1) oder einem *r* (2) sowie
- die Konsonantenkombinationen *gn* und *kn* (3).

Aufgepasst: Wichtig ist, dass die Worttrennung innerhalb eines Textes einheitlich gehandhabt wird.

(1) Pu**b-l**ikum *oder* Pu-**bl**ikum · Re**g-l**ement *oder* Re**gl**e-ment
(2) Fe**b-r**uar *oder* Fe-**br**uar
(3) Ma**g-n**et *oder* Ma-**gn**et

Stehen die Konsonantenverbindungen *ch, ph, rh, sh* und *th* für einen einfachen Laut, werden sie nicht getrennt.

Ma-**ch**e-te · Pro-**ph**et · Ca-**sh**ew-nuss

Für Wörter aus dem Französischen gilt: *oi* bleibt besser ungetrennt.

P**oi**n-te · Me-m**oi**-ren

Silvester in der Oper

Ges-tern hat der In-ten-dant auf der Be-triebs-ver-samm-lung ver-kün-det, dass die-ses Jahr ei-ne Sil-ves-ter-fei-er mit Ball ver-an-stal-tet wird, um die lee-ren Kas-sen wie-der et-was auf-zu-fül-len. Al-le An-ge-stell-ten, auch die en-ga-gier-ten Schau-spie-ler und Sän-ger, müs-sen zu den Vor-be-rei-tun-gen an-tre-ten, da man sich teu-re Ver-an-stal-tungs-un-ter-neh-men nicht leis-ten kann.

Schon beim Ver-tei-len der Auf-ga-ben er-hob sich Tu-mult: Die Gar-de-ro-bi-e-ren und das Bal-lett sol-len Ge-trän-ke und Ca-shew-nüs-se ser-vie-ren, die Vi-sa-gis-tin-nen sol-len als Ani-ma-teu-rin-nen die Gäs-te un-ter-hal-ten, wäh-rend die Schau-spie-ler in der Kü-che das Bü-fett zu-be-rei-ten sol-len. Der In-ten-dant hat-te sich selbst als In-stal-la-teur der De-ko-ra-ti-on vor-ge-se-hen, die Be-leuch-ter und Büh-nen-ar-bei-ter sol-len als Putz-ko-lon-ne mit-ten in der Nacht auf-räu-men und sau-ber ma-chen, da an Neu-jahr wie im-mer ei-ne Ma-ti-nee statt-fin-den wird. Nur die Fri-sö-re und Fri-sö-rin-nen durf-ten ih-rem Hand-werk nach-gehen. Es ha-gel-te wü-ten-de Pro-tes-te und Be-schimp-fun-gen, bis der Di-rek-tor den An-we-sen-den er-klär-te, dass das Opern-haus schlie-ßen müs-se, wenn es nicht in der La-ge sei, selbst neue Geld-quel-len auf-zu-trei-ben. Spon-so-ren ge-be es lei-der nicht in dem Aus-maß, wie es nö-tig wä-re. Vol-ler Iro-nie öff-nete die Pri-ma-bal-le-ri-na ihr Port-mo-nee und spen-de-te ei-nen Eu-ro, um sich von die-ser Fron frei-zu-kau-fen. Sie ent-kam aber ih-rer Auf-ga-be nicht.

187 Wörter

*** schwierig

TOPTHEMA Richtig nachschlagen!

Wörterbücher und Lexika können dir helfen, deine Aufgaben allein, ohne die Hilfe von anderen, zu lösen. Zur Grundausstattung deines Arbeitsplatzes sollten daher ein Rechtschreibwörterbuch, ein Fremdsprachenwörterbuch für jede Sprache, die du lernst, sowie ein allgemein bildendes Lexikon gehören.

Rechtschreibwörterbücher

zeigen
- die Schreibung von Wörtern;
- die Trennung eines Wortes;
- Numerus und Genus;
- Aussprache und Betonung eines Wortes.

313

das **Sweat|shirt** ['svɛtʃøːɐ̯t] (weit geschnittener Pullover); des Sweatshirts; die Sweatshirts

der **Swim|ming|pool** ['svɪmɪŋpuːl], *auch:* Swim|ming-Pool (Schwimmbecken); des Swimmingpools; die Swimmingpools

der **Swing** (ein Jazzstil); des Swing[s]; **swingen** (Swingmusik machen; zum Swing tanzen); ich swinge; du swingst; sie swingte; sie hat geswingt

Syd|ney ['sɪdnɪ] (Stadt in Australien)

Sylt (Insel in der Nordsee)

Fremdsprachenwörterbücher

- übersetzen ein Wort oder einen Begriff in eine andere Sprache;
- liefern zudem die gleichen Informationen, die auch ein Rechtschreibwörterbuch bietet (richtige Schreibung, Trennung sowie grammatische Besonderheiten des fremdsprachlichen Wortes);
- verfügen häufig über einen so genannten „Serviceteil", in dem z. B. unregelmäßige Verben alphabetisch aufgelistet oder andere grammatische Besonderheiten einer Sprache übersichtlich dargeboten werden.

Lexika

sind eine hervorragende Informationsquelle für alle Wissensgebiete. Ein allgemeines Lexikon informiert kurz und prägnant über das jeweilige Stichwort. Fachlexika bieten darüber hinaus vertiefende Informationen.

Beim Üben von Diktaten wirst du manchmal unsicher sein, wie ein Wort geschrieben wird. **Richtig nachschlagen** ist keine Kunst – **so geht es:**

- Sämtliche Wörterbücher sind alphabetisch geordnet.
Aufgepasst: Umlaute werden in der alphabetischen Anordnung nicht in die Schreibung a+e, o+e, u+e aufgelöst, sondern als Buchstaben gewertet. Daher folgt *Bär* auf *Bar* und nicht umgekehrt.
- Manche Wörterbücher haben ein von außen sichtbares Buchstabenregister, das dir hilft, schnell den gesuchten Anfangsbuchstaben zu finden.
- Achte beim Nachschlagen auf die Leitwörter links und rechts oben. Nur wenn das Wort, das du suchst, im Alphabet zwischen diesen Wörtern steht, wirst du es auch auf dieser Doppelseite finden.
- Regeln zur Schreibung der Wochentage und der Zahlen findest du unter dem Wochentag oder der Zahl, die im Alphabet als Erste kommen (z. B. die Sieben ↑Acht).
- Gute Wörterbücher heben besonders schwierige Zweifelsfälle in farbigen Infokästen hervor. Hier findest du Antworten auf knifflige Fragen auf einen Blick.
- Achte auf altersgemäße Nachschlagewerke. Es gibt Wörterbücher und Lexika für Kinder, Jugendliche und Erwachsene.
- Mach dich mit den Abkürzungen vertraut. Die meisten Wörterbücher haben eine alphabetisch geordnete Auflistung der Abkürzungen, und zwar gleich auf den ersten Seiten des Buches.
- Zu guter Letzt: Je intensiver du dich mit einem Thema beschäftigst, desto mehr Spaß wird es dir machen. Schau also öfter mal in die Bücherregale deiner Eltern oder Freunde und nutze die örtliche Bücherei oder die Bibliothek deiner Schule.

9 Satzzeichen

Satzschlusszeichen

Punkt

Ein **vollständiger Satz** im Deutschen enthält mindestens ein Subjekt und ein Prädikat. Am Ende eines solchen Satzes steht ein Punkt.

Er schläft**.** · Der Winter ist vorbei**.** · Sie geht gerne zur Schule**.**

Ausrufezeichen

Das Ausrufezeichen steht nach einem **Aus- oder Zuruf,** nach **Aufforderungen, Befehlen** und **Anreden** oder wenn eine Aussage hervorgehoben werden soll.

Hurra**!** · Sehr geehrter Herr Schmidt**!** · Hoffentlich bis bald**!**

Fragezeichen

Fragen werden mit einem Fragezeichen abgeschlossen. Am Anfang einer Frage steht immer

- ein **Fragewort** (*wer? wie? was?* usw.) oder

  Wie alt bist du**?**

- die **konjugierte Form** (Personalform) des **Verbs.**

  Kommst du mit zum Baggersee**?**

In den Sommerferien

In diesen Sommerferien war ich in einem Jugendzeltlager in der Eifel. Gleich am ersten Abend rief Ralf, der erfahrenste der Betreuer, alle zu sich. Weil einer der Teilnehmer sich beim Aufbauen der Zelte verdrückt hatte, schimpfte Ralf ihn vor allen anderen laut aus: „So geht das nicht, Freundchen! **Glaubst** du, dass du hier von vorne bis hinten bedient wirst? Wir sind hier nicht im Hotel und wenn du das nicht begreifst, kannst du gleich wieder nach Hause fahren!"

Wir waren ziemlich erschrocken über diese Motzerei. Aber in einem solchen Zeltlager gibt es wirklich so viel zu tun, dass alle mit anfassen müssen. Vor allem, dass wir uns alle gemeinsam um das Essen kümmern mussten, war wirklich etwas ganz Neues für viele von uns. Wie oft waren die Nudeln angebrannt oder wir mussten noch kurz vor Ladenschluss irgendeine Kleinigkeit einkaufen!

Aber insgesamt waren es wirklich ganz tolle Ferien. Wir waren mehr als 40 Jungen und Mädchen und schon die ersten Nachrichten, die die Daheimgebliebenen erhielten, hörten sich sehr gut an. Natürlich hatten wir nicht viel Zeit zum Schreiben oder Telefonieren, sondern begnügten uns mit kurzen Nachrichten an die Eltern. „Tolle Stimmung!", hieß es bei den einen; „Super Wetter!" und „**Was** will man mehr?" bei den anderen. Die ganze Woche über blieben das Wetter und die Stimmung prima und als wir am Ende der Freizeit gefragt wurden: „**Was** könnte man im nächsten Jahr besser machen?", sagten die meisten: „Nichts, alles war super!" „Hoffentlich sehen wir uns bald wieder!"

246 Wörter

** mittel

9

Weitere Satzzeichen

Strichpunkt

Ein Strichpunkt (Semikolon) trennt **gleichwertige Teilsätze** oder **Wortgruppen** stärker als ein Komma.

Das ist vergessen**;** ich möchte nichts davon hören.

Gedankenstrich

Er kündigt etwas **Weiterführendes,** meist etwas **Unerwartetes,** an. Er kann aber auch **Zusätze,** Nachträge oder Einschübe abgrenzen.

Plötzlich – ein Beben! · Herr Moor – ein toller Mann – ist Arzt.

Doppelpunkt

Er steht vor **wörtlich wiedergegebenen Aussagen** oder Textstellen, **angekündigten** Aufzählungen, Erläuterungen oder vor **Schlussfolgerungen.**

Er sagte**:** „Alle mal hersehen.“ · Man nehme**:** 300 g Mehl, 3 Eier …

Apostroph

Grundsätzlich gilt: Der Apostroph **(Auslassungszeichen)** steht

- für einen oder mehrere ausgelassene Buchstaben in einem Wort,
- als Zeichen des Genitivs von Namen, die auf *s, ss, ß, tz, z, x* enden und keinen Artikel o. Ä. bei sich haben.

Aufgepasst: Normalerweise steht vor dem Genitiv-s kein Apostroph!

Nimm **’**ne (= eine) andere Farbe.

Sach**s’** Gedichte · das Leben Johannes**’** des Täufer**s**

Brecht**s** Dramen

Aus dem Alltag eines Schülers

Tom hat heute einen schlechten Tag; und das ausgerechnet an einem Donnerstag, denn da steht neben Mathe und Physik auch eine Doppelstunde Latein auf dem Stundenplan. Und Englisch und Religion! Zu allem Unglück lässt Tom dann auch noch Philipps Physikheft, das er sich zum Abschreiben der Hausaufgaben geliehen hatte, auf dem Küchentisch liegen. Das merkt er allerdings erst im Schulbus, als Philipp ihn danach fragt. So ein Mist! Schneller als es Tom lieb ist, hält der Bus vor der Schule an. Das Schulgebäude – ein Bau aus dem vorletzten Jahrhundert – wirkt auf Tom heute noch weniger einladend als sonst.

Gleich in der ersten Stunde schreibt der Pfarrer einen Test in Religion. Auf die Frage, was er denn über das Leben Johannes’ des Täufers wisse, kann Tom leider nur vage antworten.

Endlich – das Pausenzeichen! Tom hetzt zum Kiosk an der Straßenecke; doch leider sind an Willis Bude heute seine Lieblingsschokoriegel aus.

„Noch zwei Stunden Latein“, denkt Tom lustlos. Ovids Gedichte sind ihm schon an guten Tagen ein Graus! Kein Wunder, dass er während der Monologe seines Lehrers in Gedanken abdriftet: Tom träumt von der nächsten Klassenfahrt nach Berlin. Wie schön wäre es, jetzt mit seinen Freunden über den Ku’damm zu flanieren!

Die Schulglocke reißt Tom aus seinen Tagträumen; und dann hat auch dieser Schultag endlich ein Ende.

215 Wörter

*** schwierig

Anführungszeichen

Anführungszeichen, häufig auch „Gänsefüßchen" genannt, stehen vor und hinter

- **Aussagen, Gedanken** und **Zitaten** (Textstellen), die **wörtlich wiedergegeben** werden,

Ludwig XIV. sagte: „Der Staat, das bin ich!" · Er schreibt in seinen Memoiren: „Nie werde ich sie vergessen."

- **Überschriften, Werktiteln, Sprichwörtern** und **Äußerungen,** die nachfolgend kommentiert werden,

Sie liest gerade „Harry Potter". · Das Sprichwort „Reden ist Silber, Schweigen ist Gold" hatte sie noch nie verstanden.

- **Wörtern** oder **Wortgruppen,** über die eine **Aussage getroffen** wird oder die **ironisch** gemeint sind.

Das hast du aber „fein" hingekriegt.

Aufgepasst: Satzzeichen, die zum wörtlich Wiedergegebenen gehören, setzt man **vor** das abschließende Anführungszeichen; Satzzeichen, die zum Begleitsatz gehören, werden **nach** dem abschließenden Anführungszeichen gesetzt (↑ indirekte Rede, S. 88).
Sowohl der angeführte Satz als auch der Begleitsatz behalten ihre Ausrufe- und Fragezeichen.

„Kommst du jetzt endlich**!**", rief er. · „Kannst du mir morgen beim Saubermachen helfen**?**", fragte die Mutter.

Omas Erbsensuppe

Die Familie entschließt sich am Samstag, in den Biergarten im Stadtwald zu gehen. Die Oma sagt zufrieden: „Es ist wunderschön hier im Wald!“ „Außerdem können wir gleich noch auf den Abenteuerspielplatz gehen“, ruft auch Jana ganz begeistert. „Und deine Pommes kannst du hier auch bestellen“, fügt der Vater hinzu. Die Mutter hält jedoch unmissverständlich fest: „Mit den Fingern wird hier in der Öffentlichkeit aber nicht gegessen!“ „Jana bekommt ihren Willen und ich gucke in die Röhre!“, reagiert Moritz sauer und er fordert: „Dann möchte ich aber ein großes Glas Cola!“

Der Vater lehnt sich zufrieden zurück: „Ich esse eine Bockwurst mit Kartoffelsalat.“ „Kinder“, verkündet die Oma, „ich lade euch hinterher noch zu einem Eis ein.“ „Willst du uns damit bestechen?“, fragt Moritz direkt. „Und das nur, damit wir morgen deine Erbsensuppe essen?“, ruft Jana.

Die Oma ist beleidigt: „Meine Erbsensuppe ist euch wohl nicht gut genug?“ „Deine Suppe schmeckt immer sehr gut“, lenkt die Mutter versöhnlich ein. „Moritz und ich können am Sonntag doch kochen“, schlägt Jana vor. „Wir machen Spaghetti mit Soße“, ergänzt Moritz, „und einen Salat.“ „Und die Suppe essen wir dann am Montag“, fügt der Vater erleichtert hinzu. „Leider kann ich dann gar nichts für euch tun“, stellt er mit einem Grinsen fest. „Doch“, sagten beide Kinder wie aus einem Munde, „du spülst ab!“

217 Wörter

*** schwierig

Regeln zur Kommasetzung

Ein Komma **trennt Teilsätze** und **Wortgruppen** voneinander ab (= einfacher Gebrauch).
Trennt das Komma **eingeschobene Sätze** oder **Satzteile** ab, wird es paarig gebraucht.

Meine Freundin Tina sagt**, dass sie mich mag**.

Meine Freundin**, die Tina heißt,** mag mich.

Komma zwischen zwei Hauptsätzen

Gleichrangige Hauptsätze und Wortgruppen werden durch Komma getrennt. Dies gilt auch, wenn diese Sätze durch **entgegenstellende Konjunktionen** (*aber, jedoch, sondern*) verbunden sind.
Aufgepasst: Die Wörter *und, oder* und *sowie* können das Komma ersetzen.

Glaub mir**,** ich will nur dein Bestes. · Das Haus war alt**,** aber es war nicht verkommen.

Es war ganz still[,] und nichts war mehr zu hören.

Komma zwischen Haupt- und Nebensatz

Grundsätzlich gilt: Alle Nebensätze werden durch Komma vom Hauptsatz getrennt oder mit paarigem Komma eingeschlossen. Einen Nebensatz erkennst du daran, dass
- das konjugierte **Verb am Ende** steht;
- er **nicht allein** stehen kann.

Ich weiß genau, **dass ich es schaffe.** · Die Musik**, die leise ertönte,** nahm uns ganz gefangen.

Lernen kann Spaß machen

Es stimmt, man kann immer und überall etwas lernen. Alle Lehrer, ob alt oder jung, nehmen sich die Zeit, ihren Schülern möglichst viele interessante Dinge beizubringen – und das jeden Tag, außer am Wochenende.

Meine Freundin Tina sagt, dass das Beste an der Schule sei, dass man dort jeden Tag andere Kinder treffe. Und meine Schwester, die Lilly heißt, ergänzt: „In die Schule muss schließlich jeder! Da muss man sich gar nicht verabreden!"

Es macht Spaß, gemeinsam mit anderen zu lernen, z. B. bei der Gruppenarbeit, der Partnerarbeit oder in einer AG. Wenn ein Thema so richtig interessant ist, ist es im Klassenzimmer ganz still [,] und nichts anderes ist zu hören als die Stimme des Lehrers. Doch wer bestimmt eigentlich, was gelernt wird?

Schade ist nur, dass man für die Schule immer wieder Hausaufgaben machen muss – auch wenn das Wetter noch so schön ist und man viel lieber rausgehen möchte. Es gibt Tage, da weiß ich ganz genau, dass ich mit den Hausaufgaben nicht fertig werde. Und manchmal lasse ich mich auch von der Musik, die leise aus der Küche in mein Zimmer dringt, ablenken. Wäre es nicht eine prima Idee, wenn jemand mal eine Hausaufgabenmaschine erfinden würde?

197 Wörter

** mittel

Komma zwischen Haupt- und Nebensatz

Relativsätze werden durch ein Relativpronomen oder -adverb eingeleitet: *der, die, das, welcher, welche, welches, wo, wie, wohin, woher, wodurch, wer, was.*	Das Kind**, das** weinte, war drei. · Ich werde ein Gedicht lernen**, welches** mir gut gefällt.
Konjunktionalsätze werden durch eine unterordnende Konjunktion an den Hauptsatz geknüpft, z. B.: *dass, wenn, als, ob, sobald, weil, indem.*	Es ist noch nicht sicher**, ob** wir in Urlaub fahren.
Interrogativsätze werden durch ein Interrogativpronomen (Fragepronomen) eingeleitet: *was?, wann?, wer?, wie?, wo?, warum?, weshalb?*	Ich wusste nicht**, wann** ich es tun sollte.
Die **indirekte Rede** dient der Wiedergabe von Aussagen und Meinungen (z. B. in Protokollen). Man erkennt sie meist daran, dass ■ ein Verb des Sagens, des Fragens oder Denkens der Aussage vorausgeht; ■ das Verb im Konjunktiv (Möglichkeitsform) steht.	Der Autofahrer **klagt,** die Benzinpreise **seien** gestiegen.
Auch mithilfe von *dass*-Sätzen wird indirekte Rede ausgedrückt. *Aufgepasst:* Das Verb steht dann im Indikativ.	Der Autofahrer klagt**, dass** die Benzinpreise gestiegen **sind**.

Das Jugendparlament

Endlich, sagte die Oberbürgermeisterin kürzlich in einer Sendung des Lokalsenders, sei in der Stadt ein Jugendparlament eingerichtet worden. Nachdem sie immer wieder Briefe von Jugendlichen, die mehr Mitsprache gefordert hätten, erreicht haben, erhoffe sie sich nun eine rege Beteiligung. Eine Vertreterin des Jugendamtes fügte hinzu, dass zunächst einmal überlegt werden muss, wer alles am Parlament teilnehmen dürfe. Zur ersten Sitzung, die in der Schulturnhalle stattfindet, kommen zahlreiche Kinder aus der Stadt. Sie diskutieren, welche Aufgaben und Ziele ihr Parlament haben soll.

Besonders wichtig sei ihm, erklärte Michel, das Freizeitangebot für Jugendliche zu verbessern. Konkret bedeute dies, meinte Denise, neue, gut ausgestattete Jugendräume in allen Stadtteilen zu eröffnen. Ihr läge, warf Paula bestimmend ein, eine gute Skatebahn noch mehr am Herzen. Zunächst, sagte Maximilian vermittelnd, könne jedes Mitglied Vorschläge machen. Erst später, fügte er hinzu, werde über die Dringlichkeit der Anträge abgestimmt. Die Ausbesserung und Erweiterung der Fahrradwege, forderte Fabian, solle auch noch einmal im Stadtrat beraten werden. Die Stadtranderholung in den Ferien, verlangte Dominik, solle nicht aus Geldnöten eingestellt werden. Das Jugendparlament, schlug Debora vor, könne sich ja auch um Sponsoren bemühen. Außerdem, regte Hanna an, könnte man in der Stadtbibliothek ein Internetcafé einrichten. Und die Spielesammlung, schlug Julian vor, solle um Computerspiele ergänzt werden. Vielleicht, meinte Mira, könne die Stadt auch etwas für Kids, die auf der Straße leben, tun.

221 Wörter

** mittel

Komma zwischen Haupt- und Nebensatz

Partizipialsätze werden mit einem Partizip Präsens oder Partizip Perfekt gebildet. Sie können durch ein Komma abgetrennt werden, aber du musst es nicht setzen.

Auf eine Antwort **hoffend**[,] wartete sie auf den Briefträger. · Gerade **angekommen**[,] musste sie gleich wieder gehen.

Infinitivsätze werden mit dem erweiterten Infinitiv mit *zu* gebildet. Solche Infinitivsätze brauchen kein Komma – aber du darfst es setzen, wenn du willst.

Sie weigerte sich[,] zu helfen. · Wir versuchten[,] die Torte mit Sahne zu verzieren.

Aufgepasst: Das Komma muss jedoch gesetzt werden, wenn

- die Infinitivgruppe mit *um, ohne, statt, anstatt, außer* oder *als* eingeleitet wird,

  Sie öffnete das Fenster**,** **um** frische Luft hereinzulassen.

- im Hauptsatz ein **hinweisendes Wort** auf die folgende Infinitivgruppe steht,

  Erinnere mich **daran,** den Mülleimer zu leeren.

- eine vorausgehende Infinitivgruppe durch ein **folgendes Wort** wieder aufgenommen wird.

  Zu reiten**,** **das** ist ihre größte Freude.

Komma in Nebensätzen

Gleichwertige Nebensätze werden ebenfalls durch ein Komma voneinander getrennt.

Er kannte niemanden**,** der ihm geholfen hätte**,** an den er sich hätte wenden können.

Arbeit statt Schule?

Auf die Mitarbeit der Eltern hoffend[,] hatte die Lehrerin den Jugendlichen vorgeschlagen[,] einmal einen Tag am Arbeitsplatz eines Elternteils zu verbringen, anstatt in die Schule zu gehen.

Hanna brauchte ihre Mutter gar nicht mehr viel zu fragen. Schon oft hatte sie ihr in ihrem Bioladen geholfen. Über den Bioladen aus Sicht der Kundinnen und Kunden zu berichten, das hatte sie sich für dieses Mal vorgenommen, weil das auch für sie eine neue und interessante Sichtweise war, weil sie Freude am Fotografieren hatte. Als sie am Mittwochnachmittag mit ihrer Digitalkamera in den Laden ging, gab es gerade die Gelegenheit, Honig zu probieren. Hanna konnte sich manchmal vor Lachen kaum halten, wenn die kleinen Kinder besonderen Spaß daran hatten, den Honig im ganzen Gesicht zu verschmieren.

Zu Hause angekommen[,] entschließt Hanna sich[,] die Fotos auf eine große Plakatwand zu kleben und auch die vielen anderen Aufgaben ihrer Mutter, die nicht so spannend sind, um sie auf einem Foto festzuhalten, zu beschreiben. Jeden Abend muss sie sich Zeit nehmen, um zu planen, um die Bestellung für den übernächsten Tag festzulegen. Dabei versucht sie auch immer[,] auf besondere Wünsche einzelner Kundinnen und Kunden einzugehen. Außerdem darf sie auch nicht vergessen[,] die Kasse zu überprüfen. Die offenen Rechnungen zu überweisen, das ist natürlich auch eine wichtige Aufgabe. Als fortschrittliche Unternehmerin hat Hannas Mutter schon begonnen[,] die Möglichkeiten des Online-Banking zu nutzen. Ja, Hanna ist stolz darauf, ihrer Mutter helfen zu können. Keinen anderen Arbeitsplatz würde sie vorziehen!

242 Wörter

*** schwierig

Komma in Aufzählungen

Bei Aufzählungen steht ein Komma, wenn die einzelnen Wörter nicht durch *und*, *oder* oder *sowie* verbunden sind.
Aufgepasst: Zwischen Adjektiven, von denen das erste die folgende Fügung näher bestimmt, steht kein Komma.

Tick**,** Trick **und** Track sind die Neffen von Donald Duck.

das große bunte Badetuch · der neue blaue Rucksack

Komma bei Apposition, Zusätzen und Erläuterungen

Erklärungen, die in Form eines Nachsatzes (**nachgestellter** Beisatz oder Apposition) geliefert werden, trennt man mit einem Komma vom Hauptsatz ab.
Eingeschobene Zusätze werden von Kommas eingeschlossen (paariger Gebrauch).

Das ist Kirsten**,** meine Freundin. · Johannes Gutenberg**,** der Erfinder der Buchdruckerkunst**,** wurde in Mainz geboren.

Ein Komma muss auch stehen bei mehrteiligen

- **Datums- und Zeitangaben** (1),
- **Wohnungsangaben** (2),
- **Literaturangaben** (3).

(1) Mannheim**,** den 5. Mai
(2) Sie wohnt in Ulm**,** Hauptstraße 110**,** Stadtteil Mitte.
(3) Goethes „Tasso“**,** 2. Akt**,** 1. Szene.

Unsere neue Mediothek

Unsere neue Mediothek, Marktplatz 1, ein heller, freundlicher Raum, soll allen Schülerinnen und Schülern, Lehrerinnen und Lehrern und auch den Eltern zur Verfügung stehen. An fünf Computerarbeitsplätzen wird es einen Zugang zum Katalog unserer Mediothek, zum Katalog der Stadtbibliothek sowie zum Internet geben. Unterschiedliche Lernsoftware für die Fächer Englisch, Deutsch und Mathematik wird dort zur Verfügung gestellt. Zettel mit Vorschlägen für neue aktuelle Bücher können in eine Wunschbox eingeworfen werden.

Weil der Raum möglichst oft geöffnet sein soll, wechseln sich die Lehrerinnen und Lehrer und Schülerinnen und Schüler der 10 a, b, c und d ab. Eine halbe Stunde vor Schulbeginn, in den Pausen und zwei Stunden nach Schulschluss ist die Mediothek immer geöffnet.

Die Lokalzeitungen, überregionale Tageszeitungen und monatlich oder wöchentlich erscheinende Magazine können in der Leseecke studiert werden.

Im Internet kann man natürlich in fast allen weltweit erscheinenden Zeitungen lesen. Auch Textstellen, zum Beispiel aus Lessings „Nathan der Weise", 2. Aufzug, 5. Auftritt, lassen sich über eine Suchmaschine ausfindig machen. Wenn jemand ein Buch aus der Stadtbibliothek benötigt, kann er es per Computer bestellen. Montags, mittwochs und freitags kommt der Bücherbus vorbei und liefert die bestellten Bücher oder CDs ab. Für verlorene, beschädigte oder verschmutzte Medien muss – wie üblich – der volle Preis bezahlt werden.

Beim Sommerfest[,] am ersten Samstag im Juni[,] wird die neue Mediothek mit einem großen Lese- und Medienquiz auf sich aufmerksam machen.

227 Wörter

*** schwierig

Bibliografische Information der Deutschen Bibliothek
Die Deutsche Bibliothek verzeichnet diese Publikation in der Deutschen Nationalbibliografie; detaillierte bibliografische Daten sind im Internet über http://dnb.ddb.de abrufbar.

2., aktualisierte Auflage
Nach den ab 1. 8. 2006 gültigen Rechtschreibregeln.

2006 Genehmigte Sonderausgabe für Verlagsgruppe Weltbild GmbH, Augsburg

Redaktionelle Leitung Heike Krüger-Beer
Redaktion Katrin Zuschlag, Claudia Fahlbusch, Cornelia Schaller
Autorin Birgit Hock

Herstellung Annette Scheerer
Typografisches Konzept Horst Bachmann
Illustrator Peter Lohse, Büttelborn
Umschlaggestaltung Michael Acker

Satz Robert Turzer, Tübingen
Druck und Bindung Kösel, Altusried-Krugzell
Printed in Germany

F

ISBN-13: 978-3-411-02319-6 (Gesamtkassette)
ISBN-10: 3-411-02319-8 (Gesamtkassette)

Duden

SMS Schnell-Merk-System

Mathematik

5. bis 10. Klasse

Dudenverlag
Mannheim · Leipzig · Wien · Zürich

DUDEN PAETEC Schulbuchverlag
Berlin · Frankfurt a. M.

Inhaltsverzeichnis

1 Grundbegriffe und Symbole

Mathematische Zeichen und Symbole

Verknüpfungen

$=$	gleich	$>$	größer als
$\neq$	ungleich	$\leq$	kleiner oder gleich
$\approx$	rund, angenähert	$\geq$	größer oder gleich
$\triangleq$	entspricht	$\Rightarrow$	wenn …, dann …
$<$	kleiner als	$\Leftrightarrow$	genau dann, wenn

Zeichen/Operatoren

$+$	plus	$n!$	n Fakultät
$-$	minus	$\binom{n}{k}$	n über k (Binomialkoeffizient)
$\cdot$	mal, multipliziert mit	$(x;y)$	geordnetes Paar x, y
$a : b$; $\frac{a}{b}$	a geteilt durch b	$\sim$	proportional
a^b	a hoch b (Potenz)	$\mapsto$	Zuordnung
$\sqrt{}$	Quadratwurzel aus	$f(x)$	f von x (Wert der Funktion f an der Stelle x)
$\sqrt[n]{}$	n-te Wurzel aus	π	Kreiszahl Pi ($\pi = 3{,}14159\ldots$)
$\lvert x \rvert$	Betrag von x	e	eulersche Zahl ($e = 2{,}71828\ldots$)
%	Prozent	∞	unendlich
‰	Promille		
$a \mid b$	a ist Teiler von b		
$a \nmid b$	a ist nicht Teiler von b		

Mengen

A, B, M_1	Mengen
{a; b}	Menge mit den Elementen a und b
{x|x = …}	Menge aller x, für die gilt: x = …
{ } oder ∅	leere Menge
$\in$	Element von
$\notin$	nicht Element von
$\subseteq$	Teilmenge von
$\subset$	echte Teilmenge von
$A \cup B$	Vereinigungsmenge von A und B
$A \cap B$	Schnittmenge von A und B
$\mathbb{N}$	Menge der natürlichen Zahlen
$\mathbb{Z}$	Menge der ganzen Zahlen
$\mathbb{Q}$	Menge der rationalen Zahlen
$\mathbb{R}$	Menge der reellen Zahlen
L	Lösungsmenge

Logarithmen

$\log_a x$	Logarithmus x zur Basis a
ln x	Logarithmus x zur Basis e
lg x	Logarithmus x zur Basis 10
lb x	Logarithmus x zur Basis 2

Winkelfunktionen

sin	Sinus
tan	Tangens
cos	Kosinus
cot	Kotangens

Geometrie

$\sim$	proportional, ähnlich
$\cong$	kongruent, deckungsgleich
$\perp$	senkrecht auf
$\parallel$	parallel zu
∢	Winkel
⊾	rechter Winkel
Δ ABC	Dreieck A, B, C
$\overline{AB}$	Strecke AB
$\vec{a}$; $\vec{G}$; $\overrightarrow{AB}$	Vektoren

Intervalle

[a; b]	abgeschlossenes Intervall von a bis b
]a; b[	offenes Intervall
[a; b[	halboffenes Intervall

Mengen

Eine **Menge** ist die Zusammenfassung von verschiedenen Objekten zu einer Einheit. Die Objekte sind **Elemente** der Menge.

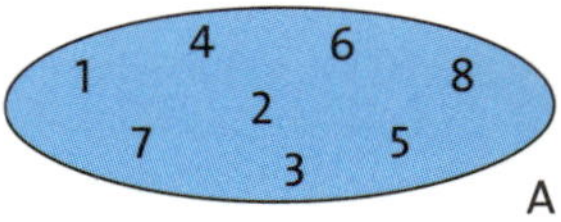

$A = \{1; 2; 3; 4; 5; 6; 7; 8\}$

$3 \in A$ 3 ist Element von A

$9 \notin A$ 9 ist nicht Element von A

Mengengleichheit

Zwei Mengen A und B sind **gleich**, wenn sie dieselben Elemente besitzen.

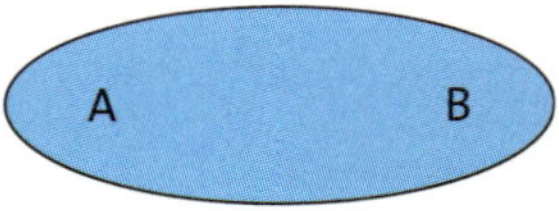

$A = B$

A ist eine **Teilmenge** von B, wenn jedes Element von A auch Element von B ist. Gibt es ein Element in B, das nicht zu A gehört, ist A **echte Teilmenge** von B.
Die Menge aller Elemente, die in A oder in B oder in beiden Mengen enthalten sind, bildet die **Vereinigungsmenge** $A \cup B$.
Die Menge aller Elemente, die zu A *und* zu B gleichzeitig gehören, bildet die **Schnittmenge** $A \cap B$ (auch Durchschnittsmenge).

$A \subseteq B$

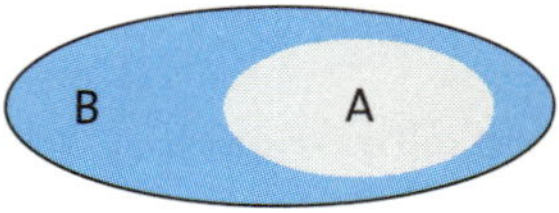

$A \subset B$

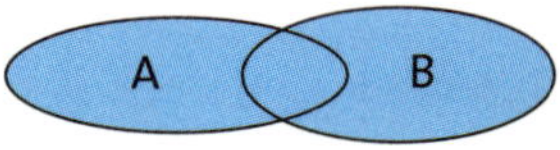

$A \cup B$

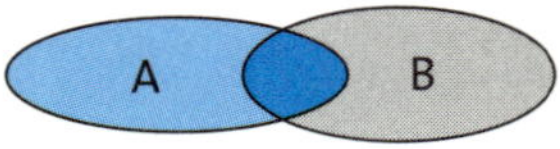

$A \cap B$

Zahlenmengen

Zahlenmenge	Beschreibung	uneingeschränkt ausführbare Rechenoperationen
natürliche Zahlen (↑ S. 10)	$\mathbb{N} = \{0; 1; 2; 3; \dots\}$ $\mathbb{N}^* = \mathbb{N} \setminus \{0\} = \{1; 2; 3; \dots\}$ (natürliche Zahlen ohne die Null)	Addition, Multiplikation
ganze Zahlen (↑ S. 22)	$\mathbb{Z} = \{\dots; -3; -2; -1; 0; 1; 2; 3; \dots\}$	Addition, Multiplikation, Subtraktion
gebrochene Zahlen (↑ S. 16)	$\mathbb{Q}_+ = \{\frac{p}{q} \text{ mit } p, q \in \mathbb{N} \text{ und } q \neq 0\}$	Addition, Multiplikation, Division (nicht 0)
rationale Zahlen (↑ S. 23)	$\mathbb{Q} = \{\frac{p}{q} \text{ mit } p, q \in \mathbb{Z} \text{ und } q \neq 0\}$	Addition, Multiplikation, Subtraktion, Division (nicht 0)
reelle Zahlen (↑ S. 24)	$\mathbb{R} = \mathbb{Q} \cup \mathbb{I}$ — $\mathbb{I}$ irrationale Zahlen (unendliche nichtperiodische Dezimalbrüche)	Addition, Multiplikation, Subtraktion, Division (nicht 0), Wurzelziehen

Beziehungen zwischen den Zahlenmengen

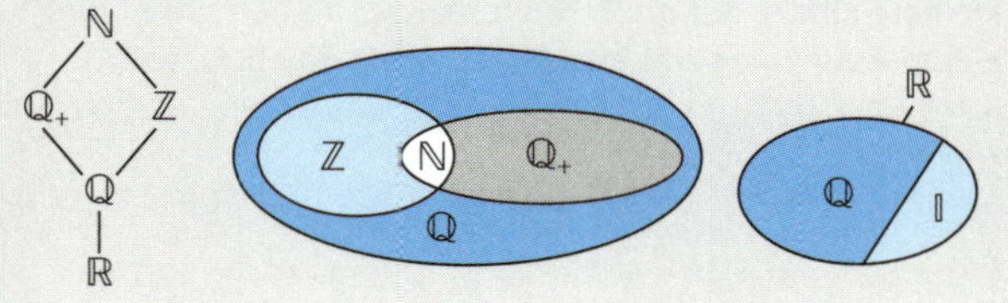

Ziffern

Zum Darstellen natürlicher Zahlen verwendet man **Ziffern.**

Die Zahl Zwölf wurde in den verschiedenen Jahrhunderten und in verschiedenen Ländern unterschiedlich dargestellt:

- vor 5000 Jahren in Ägypten ∩II
- vor 3500 Jahren in China –II
- vor 2000 Jahren im Römischen Reich XII
- mit arabischen Ziffern 12
- im Dualsystem IIOO

Dualsystem

Anstelle der 10 kann man auch jede andere Zahl als Basis eines solchen Positionssystems wählen.
Wählt man 2 als Basis, erhält man das **Dualsystem** mit den beiden Ziffern O und I (O steht für 0, I steht für 1).

	2^4	2^3	2^2	2^1	2^0	Dual
Wert	16	8	4	2	1	
12		I	I	O	O	IIOO
26	I	I	O	I	O	IIOIO
29	I	I	I	O	I	IIIOI

Römische Zahlzeichen

Eine andere Art der Darstellung natürlicher Zahlen als Positionssysteme sind **römische Zahlzeichen.** Folgen kleinere Ziffern auf größere, werden sie addiert. Steht eine kleinere vor einer größeren Ziffer, wird sie subtrahiert.

I	V	X	L	C	D	M
1	5	10	50	100	500	1000

CXI = 111 XL = 40 XCV = 95 CMLII = 952 VIII = 8

Stellenwertschreibweise

Heute werden meist die zehn Ziffern 0, 1, 2, 3, 4, 5, 6, 7, 8 und 9 (auch Grundziffern genannt) verwendet.
Dabei kommt auch der Stelle, an der eine Ziffer steht, eine große Bedeutung zu.

Hunderttausender, Zehntausender, Tausender, Hunderter, Zehner, Einer

	HT	ZT	T	H	Z	E
845 762	8	4	5	7	6	2

Dezimalsystem

Bei der Darstellung der natürlichen Zahlen bilden die Zahl 10 und deren Potenzen die Grundlage. Man spricht deshalb vom **dekadischen Positionssystem** oder vom **Dezimalsystem.**

Hexadezimalsystem

Mit 16 als Basis erhält man das **Hexadezimalsystem.**
Die Grundziffern hierbei sind: 0, 1, 2, 3, 4, 5, 6, 7, 8, 9, A, B, C, D, E, F. Der Zusatz h kennzeichnet die hexadezimale Schreibweise.

	16^3	16^2	16^1	16^0	Hex
Wert	4096	256	16	1	
25			1	9	19h
696		2	B	8	2B8h
6991	1	B	4	F	1B4Fh

2 Zahlen und Rechnen

Natürliche Zahlen

Die Zahlen 0; 1; 2; 3; ... usw. bilden die **Menge ℕ der natürlichen Zahlen.**

ℕ* = ℕ \ {0}: Menge der natürlichen Zahlen ohne die Zahl 0.

Auf jede natürliche Zahl folgt ihr **Nachfolger.**
Zu jeder natürlichen Zahl (außer der ersten) gibt es eine vorangehende Zahl, ihren **Vorgänger.**

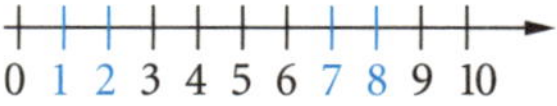

8 ist der Nachfolger von 7.
1 ist der Vorgänger von 2.

Vorgänger	Zahl	Nachfolger
3256	3257	3258

Messen mit natürlichen Zahlen

Dabei wird bestimmt, wie oft die **Maßeinheit** in der Größe enthalten ist.

Längenangabe:	7 m
Maßeinheit:	m
Maßzahl:	7

Länge

1 km	=	1000 m	1 m	=	0,001 km
1 m	=	10 dm	1 dm	=	0,1 m
1 dm	=	10 cm	1 cm	=	0,01 m
1 cm	=	10 mm	1 mm	=	0,1 cm

Masse

1 t	=	10 dt = 1000 kg	1 kg	=	1000 g
1 dt	=	100 kg	1 g	=	1000 mg
1 kg	=	0,001 t	1 g	=	0,001 kg
1 kg	=	0,01 dt	1 mg	=	0,001 g

Runden

Dies ist das Ersetzen eines Zahlenwertes durch einen Näherungswert. Ist die rechts neben der Rundungsstelle stehende Ziffer eine 0, 1, 2, 3, 4, wird **abgerundet.** Bei den Ziffern 5, 6, 7, 8, 9 wird **aufgerundet.**

Rundungsstelle ↓

3647 auf Zehner runden
$3647 \approx 3650$
3647 auf Hunderter runden
$3647 \approx 3600$
3647 auf Tausender runden
$3647 \approx 4000$

Rechnen mit natürlichen Zahlen

Addieren ist z. B. das Zusammenfassen, Dazugeben, Hinzufügen, Vermehren und Verlängern. Summanden können vertauscht werden **(Kommutativgesetz).** Klammern können umgesetzt werden **(Assoziativgesetz).**

1. Summand ↓
$7 + 2 = 9$ (7 plus 2 gleich 9)
↑ **2. Summand**

7 + 2 heißt **Summe.**

$a + b = b + a$
$8 + 7 = 15 \quad 7 + 8 = 15$

$a + (b + c) = (a + b) + c$
$6 + (4 + 9) = (6 + 4) + 9$
$6 + 13 = 10 + 9 = 19$

Subtrahieren ist z. B. das Wegnehmen, Vermindern, Abziehen oder Verringern. Die Subtraktion ist die Umkehrung der Addition. $a + b = c$ ist gleichwertig mit $b = c - a$.

Minuend ↓
$8 - 3 = 5$ (8 minus 3 gleich 5)
↑ **Subtrahend**

8 – 3 heißt **Differenz.**
$3 + 5 = 8 \quad 5 = 8 - 3$

Rechnen mit natürlichen Zahlen

Multiplikation ist die mehrfache Addition gleicher Summanden.

$12 + 12 + 12 = 3 \cdot 12 = 36$

- Die Multiplikation von natürlichen Zahlen ist immer ausführbar und eindeutig.

1. Faktor ↓

$4 \cdot 8 = 32$ (4 mal 8 gleich 32)

↑ **2. Faktor**

$4 \cdot 8$ heißt **Produkt.**

- Ein Produkt ist 0, wenn (mindestens) ein Faktor 0 ist.

$a \cdot 0 = 0 \cdot a = 0$

- Ein Produkt natürlicher Zahlen, in dem kein Faktor 0 ist, ist nie kleiner als ein einzelner Faktor.

$a \cdot b = c$	$1 \cdot 9 = 9$
$c \geq a$	$9 \geq 1$
$c \geq b$	$9 \geq 9$

Faktoren können vertauscht werden **(Kommutativgesetz).**

$a \cdot b = b \cdot a$

$5 \cdot 7 = 35 \quad 7 \cdot 5 = 35$

Faktoren darf man beliebig zusammenfassen **(Assoziativgesetz).**

$a \cdot (b \cdot c) = (a \cdot b) \cdot c$

$3 \cdot (4 \cdot 2) = 3 \cdot 8 = 24$

$(3 \cdot 4) \cdot 2 = 12 \cdot 2 = 24$

Eine Summe oder Differenz wird mit einem Faktor multipliziert, indem man jede Zahl mit diesem Faktor multipliziert und die entstehenden Produkte addiert oder subtrahiert **(Distributivgesetz).**

$a \cdot (b \pm c) = a \cdot b \pm a \cdot c$

$5 \cdot (8 - 4) = 5 \cdot 8 - 5 \cdot 4$

$= 40 - 20 = 20$

Die Umkehrung der Multiplikation ist die Division. $a \cdot q = c$ ist gleichwertig mit $q = c : a$ ($a \neq 0$). Im Bereich der natürlichen Zahlen ist die Division nur dann uneingeschränkt ausführbar, wenn der Dividend ein Vielfaches (↑ S. 15) des Divisors ist.

Dividend

$32 : 8 = 4$ (32 durch 8 gleich 4)

Divisor

32 : 8 heißt **Quotient.**

- Die Division durch 0 ist nicht definiert (n. d.).
- $a : 1 = a$ und $a : a = 1$, weil $a \cdot 1 = a$
- Eine Summe oder Differenz kann gliedweise dividiert werden **(Distributivgesetz).**

$55 : 1 = 55$
$55 : 55 = 1$, weil $55 \cdot 1 = 55$

$(a \pm b) : c = a : c \pm b : c$

$$321 : 3 = (300 + 21) : 3 = 300 : 3 + 21 : 3 = 100 + 7 = 107$$

Quadrieren ist die Multiplikation einer Zahl mit sich selbst.
$a^2 = a \cdot a = c$

Exponent

$7^2 = 49$ (7 zum Quadrat gleich 49)

Quadrat
Basis

Potenzieren ist die n-fache Multiplikation einer Zahl mit sich selbst.

Exponent

$4^3 = 64$ (4 hoch 3 gleich 64)

Potenz
Basis

$a^n = a \cdot a \cdot a \cdot ... \cdot a = c$
= n-mal Faktor a

$2^5 = 2 \cdot 2 \cdot 2 \cdot 2 \cdot 2 = 32$

- $a^0 = 1$
- $a^1 = a$

$9^0 = 1$ $26^0 = 1$
$7^1 = 7$ $327^1 = 327$

Rechenregeln

- Was in **Klammern** steht, wird zuerst berechnet.
- **Punktrechnung** geht vor **Strichrechnung.**

$$\underbrace{(8-4)}_{4} \cdot 3 + 2 =$$
$$\underbrace{4 \cdot 3}_{12} + 2 =$$
$$12 + 2 = 14$$

Teilbarkeitsregeln

Teiler	Regel ($n \in \mathbb{N}$)	Beispiel
n	Null ist durch jede Zahl n teilbar, aber nicht durch sich selbst.	$0 : 12 = 0$ $0 : 0 =$ nicht definiert
n	Jede Zahl n ist durch sich selbst teilbar.	$13 : 13 = 1$
1	Jede Zahl n ist durch 1 teilbar.	$17 : 1 = 17$
2	Eine Zahl n ist durch 2 teilbar, wenn die letzte Ziffer 0; 2; 4; 6 oder 8 ist.	$208 : 2 = 104$ $35 : 2 =$ nicht teilbar
3; 9	Eine Zahl n ist durch 3 bzw. 9 teilbar, wenn ihre **Quersumme** (Summe der einzelnen Ziffern) durch 3 bzw. 9 teilbar ist.	$96 : 3 = 32$ Quersumme: $9 + 6 = 15$ $15 : 3 = 5$
4	Eine Zahl n ist durch 4 teilbar, wenn die letzten beiden Ziffern eine durch 4 teilbare Zahl bilden.	$716 : 4 = 179$ $16 : 4 = 4$
5	Eine Zahl n ist durch 5 teilbar, wenn die letzte Ziffer 0 oder 5 ist.	$845 : 5 = 169$ $1020 : 5 = 204$
6	Eine Zahl n ist durch 6 teilbar, wenn sie sowohl durch 2 als auch durch 3 teilbar ist.	$558 : 6 = 93$ $558 : 2 = 279$ $558 : 3 = 186$
8	Eine Zahl n ist durch 8 teilbar, wenn die letzten drei Ziffern eine durch 8 teilbare Zahl bilden.	$1136 : 8 = 142$ $136 : 8 = 17$

Primzahlen sind nur durch 1 und sich selbst teilbar. 1 ist keine Primzahl.

2 3 5 7 11 13 17 19 23 29 31 37 41 43 47 53 59 61 67 71 73 79 83 89 97 101 103 107 109 113 127

Die Zerlegung einer Zahl als Produkt aus Primzahlen heißt **Primfaktorzerlegung.**

$60 = 2 \cdot 2 \cdot 3 \cdot 5 = 2^2 \cdot 3 \cdot 5$
$140 = 2 \cdot 2 \cdot 5 \cdot 7 = 2^2 \cdot 5 \cdot 7$

Zahlen, die nur die 1 als gemeinsamen Teiler haben, sind **teilerfremd.**

9 und 10 sind teilerfremd
$T_9 = \{1; 3; 9\}$
$T_{10} = \{1; 2; 5; 10\}$

Teiler und Vielfaches	
a ist **Teiler** von b (a | b), wenn es ein n ($n \in \mathbb{N}^*$) gibt, sodass $a \cdot n = b$.	b heißt **Vielfaches** von a, wenn a ein Teiler von b ist.
gT (a, b) ist **gemeinsamer Teiler** von a und b, wenn gT (a, b) sowohl a als auch b teilt.	gV (a, b) ist **gemeinsames Vielfaches** von a und b, wenn sowohl a als auch b Teiler von gV (a, b) ist.
Zur **Bestimmung** des **größten gemeinsamen Teilers, ggT,** multipliziert man die höchsten Potenzen aller Primfaktoren, die sowohl in der Zerlegung von a als auch von b vorkommen. $ggT(28, 42) = 2 \cdot 7 = 14$, da $28 = 2 \cdot 2 \cdot 7; 42 = 2 \cdot 3 \cdot 7$	Zur **Bestimmung** des **kleinsten gemeinsamen Vielfachen, kgV,** multipliziert man die höchsten Potenzen aller Primfaktoren beider Zerlegungen. $kgV(12, 15) = 2^2 \cdot 3 \cdot 5 = 60$, da $12 = 2^2 \cdot 3; 15 = 3 \cdot 5$

Bruchzahlen

Ein Bruch $\frac{a}{b}$ wird durch den **Zähler** a und den **Nenner** b gebildet ($a, b \in \mathbb{N}$; $b \neq 0$). Brüche mit dem Zähler 1 heißen **Stammbrüche.**

$\frac{1}{2}, \frac{2}{3}, \frac{5}{4}, \frac{17}{10}$

Bruchstrich

$\frac{\text{Zähler}}{\text{Nenner}}$

$\frac{1}{2}, \frac{1}{3}, \frac{1}{5}, \frac{1}{10}, \frac{1}{12}$

Jeder Bruchzahl ist genau **ein** Punkt auf dem Zahlenstrahl zugeordnet.

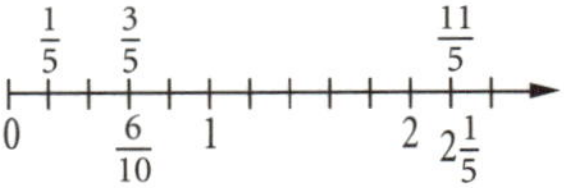

Bei einem **echten Bruch** ist der Zähler kleiner als der Nenner, bei einem **unechten Bruch** größer oder gleich.

echte Brüche: $\frac{1}{5}, \frac{8}{23}, \frac{25}{27}$

unechte Brüche: $\frac{8}{7}, \frac{25}{22}, \frac{78}{78}$

Brüche mit gleichem Nenner heißen **gleichnamig,** ansonsten ungleichnamig.

gleichnamige Brüche: $\frac{1}{5}, \frac{4}{5}, \frac{18}{5}$

Echte Brüche geben den **Anteil** an einem Ganzen an. Der Nenner gibt die Zahl der Teile an, der Zähler gibt an, wie viele dieser Teile den Wert des Bruchs ausmachen.

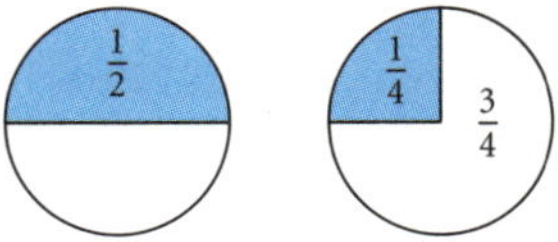

$\frac{b}{a}$ ist der **Kehrwert** (das Reziproke) von $\frac{a}{b}$.

$\frac{a}{b} \cdot \frac{b}{a} = 1 \qquad \frac{7}{9} \cdot \frac{9}{7} = \frac{63}{63} = 1$

Zum **Erweitern** werden Zähler und Nenner mit derselben Zahl multipliziert. Beim **Kürzen** werden Zähler und Nenner durch dieselbe Zahl dividiert.

$\frac{a}{b} = \frac{a \cdot c}{b \cdot c}\ (c \neq 0) \qquad \frac{2}{5} = \frac{2 \cdot 3}{5 \cdot 3} = \frac{6}{15}$

$\frac{a}{b} = \frac{a : c}{b : c} \qquad \frac{12}{18} = \frac{12 : 6}{18 : 6} = \frac{2}{3}$

$c \neq 0$ und $c \mid a$ und $c \mid b$

Der Wert eines Bruches ändert sich durch Erweitern und Kürzen nicht. Zwei Brüche lassen sich stets **gleichnamig machen** und so **vergleichen.** Derjenige Bruch ist größer, der auf dem Zahlenstrahl weiter rechts liegt.

$\frac{12}{20} = \frac{24}{40} = \frac{3}{5} = \frac{60}{100}$

Vergleich:

$\frac{12}{22}$ und $\frac{17}{33} \qquad \frac{36}{66} > \frac{34}{66}$

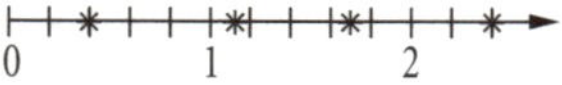

$0 < \frac{2}{5} < \frac{11}{10} < \frac{5}{3} < \frac{12}{5}$

Rechnen mit Bruchzahlen

Gleichnamige Brüche werden **addiert** bzw. **subtrahiert,** indem man die Zähler addiert bzw. subtrahiert und den Nenner beibehält. Ungleichnamige Brüche müssen erst gleichnamig gemacht werden.

$\frac{a}{c} + \frac{b}{c} = \frac{a + b}{c}\ (a, b, c \in \mathbb{N}; c \neq 0)$

$\frac{13}{27} + \frac{12}{27} = \frac{13 + 12}{27} = \frac{25}{27}$

$\frac{a}{c} - \frac{b}{c} = \frac{a - b}{c}$

$(a, b, c \in \mathbb{N}; c \neq 0; a \geq b)$

$\frac{13}{27} - \frac{12}{27} = \frac{13 - 12}{27} = \frac{1}{27}$

Beim **Multiplizieren** werden jeweils die Zähler und Nenner miteinander multipliziert.

$\frac{a}{b} \cdot \frac{c}{d} = \frac{a \cdot c}{b \cdot d} \quad (a, b, c, d \in \mathbb{N})$

$\frac{3}{4} \cdot \frac{6}{7} = \frac{3 \cdot 6}{4 \cdot 7} = \frac{18}{28} = \frac{9}{14}$

$\frac{4}{6} \cdot \frac{12}{23} = \frac{4 \cdot \cancel{12}^{2}}{{}_{1}\cancel{6} \cdot 23} = \frac{8}{23}$

Rechnen mit Bruchzahlen

Beim **Dividieren** wird mit dem Kehrwert dieses Bruches multipliziert.

$\frac{a}{b} : \frac{c}{d} = \frac{a \cdot d}{b \cdot c}$ (a, b, c, d ∈ ℕ)

$\frac{3}{4} : \frac{6}{7} = \frac{3 \cdot 7}{4 \cdot 6} = \frac{21}{24} = \frac{7}{8}$

Brüche, mit einer Potenz von 10 im Nenner heißen **Dezimalbrüche.** Alle Brüche $\frac{a}{b}$ lassen sich durch Division von a durch b in Dezimalbrüche umwandeln.

$\frac{a}{10^n}$ (a, n ∈ ℕ) $\frac{1}{10} = \frac{1}{10^1} = 0{,}1$

$\frac{1}{100} = \frac{1}{10^2} = 0{,}01$ $\frac{32}{1000} = 0{,}032$

$\frac{25}{8} = 25 : 8 = 3{,}125$

$\frac{2}{3} = 2 : 3 = 0{,}666666$

Prozentrechnung

Ein **Prozent** ist ein Hundertstel einer Bezugsgröße G, dem **Grundwert.** Die Angabe p% heißt **Prozentsatz,** die Zahl p heißt **Prozentzahl** (Prozentpunkt). Der Wert W, der dem Prozentsatz entspricht, heißt **Prozentwert.**

$1\,\%$ von $G = G \cdot \frac{1}{100} = \frac{G}{100}$

Prozentsatz
↓
25 % von 600 € sind
↑
Grundwert

$\frac{25}{100} \cdot 600\ € = 150\ €$
↑
Prozentwert

Grundgleichung der Prozentrechnung:

$p\% = \frac{W}{G}$ oder $\frac{p}{100} = \frac{W}{G}$

Von 30 Schülern treiben 18 in der Freizeit Sport.

$p\% = \frac{18}{30} = \frac{6}{10} = 0{,}6$

Das sind 60 % der Schüler.

Prozentwert:

$W = p\% \cdot G$ oder $W = \frac{p \cdot G}{100}$

56 % der 75 Vereinsmitglieder sind anwesend.

$W = \frac{56 \cdot 75}{100} = \frac{56 \cdot 3}{4} = 42$

Das sind 42 Mitglieder.

Grundwert:

$G = \frac{W}{p\,\%}$ oder $G = \frac{W \cdot 100}{p}$

Von vier Kindern zahlt jedes 0,90 € und damit 25 % für das Popcorn im Kino.

$G = \frac{0{,}90\,€ \cdot 100}{25} = 0{,}90\,€ \cdot 4 = 3{,}60\,€$

Das Popcorn kostet 3,60 €.

Vermindert sich der Grundwert um einen Prozentsatz, so ist das ein **prozentualer Abschlag.** Vermehrt sich der Grundwert um einen Prozentsatz, so ist das ein **prozentualer Zuschlag.** Ursprünglicher Grundwert:

$G = \frac{G_-}{100\,\% - p\,\%}$

$G = \frac{G_+}{100\,\% + p\,\%}$

prozentualer Abschlag:
$G_- = G \cdot (100\,\% - p\%)$ bzw.

$G_- = G \cdot (1 - \frac{p}{100})$

prozentualer Zuschlag:
$G_+ = G \cdot (100\,\% + p\%)$ bzw.

$G_+ = G \cdot (1 + \frac{p}{100})$

Nettopreis: 3,75 €
Mehrwertsteuer: 16 %

$G_+ = 3{,}75\,€ \cdot (1 + \frac{16}{100})$

$G_+ = 3{,}75\,€ \cdot 1{,}16 = 4{,}35\,€$

Bruttopreis: 4,35 €

Zinsrechnung

Die Grundbegriffe und die Grundgleichung der Zinsrechnung entsprechen denen der Prozentrechnung.

Grundwert G = Kapital K
Prozentsatz p % = Zinssatz p %
Prozentwert W = Zinsen Z

$\frac{p}{100} = \frac{W}{G} \qquad = \frac{p}{100} = \frac{Z}{K}$

Bei der Zinsrechnung spielt die Zeit eine Rolle. Allgemein bezieht sich der Zinssatz auf ein Jahr. Ein Zinsjahr entspricht 360 Tagen.

Monatszinsen:
$Z_m = \frac{p}{100} \cdot K \cdot \frac{m}{12}$

Tageszinsen:
$Z_t = \frac{p}{100} \cdot K \cdot \frac{t}{360}$

Aufgaben-Check

1. Was ist gesucht?
2. Was ist gegeben?
3. Welche Größen sind einander zugeordnet (↑ S. 52)?

Ist es eine **direkt proportionale** Zuordnung? →

Direkt proportionale Zuordnung

der 1. Größe → die 2. Größe
dem Doppelten → das Doppelte
dem 5-fachen → das 5-fache

„Je mehr → desto mehr"

Ein Brötchen kostet 20 ct, sieben Brötchen kosten 1,40 €.
Der Zug benötigt für 80 km 1 h Fahrzeit, für 120 km 1,5 h.
Ein Werkstück wiegt 875 g, drei Werkstücke 2625 g.

Ist es eine **indirekt proportionale** (eine umgekehrt proportionale) Zuordnung? →

Indirekt proportionale Zuordnung

der 1. Größe → die 2. Größe
dem Doppelten → die Hälfte
dem 5-fachen → der 5. Teil

„Je mehr → desto weniger"

Ein Maler benötigt einen Tag für den Anstrich der Wand, zwei Maler benötigen nur 0,5 Tage.
Fährt der Zug mit 120 km/h, benötigt er 30 min, bei 180 km/h nur 20 min für dieselbe Strecke.

Beispielrechnung für den direkten Dreisatz

Die Größenpaare haben den gleichen Quotienten (↑ S. 35).
Es gilt: $\frac{x}{a} = \frac{B}{A}$

5 kg einer Ware kosten 45 €. Wie viel kosten 15 kg dieser Ware?

	1. Größe	2. Größe	Allgemein
Wir wollen wissen:	15 kg kosten	x €	$a \triangleq x$
❶ Wir wissen:	5 kg kosten	45 €	$A \triangleq B$
❷ Wir dividieren:	1 kg kostet	$\frac{45}{5}$ € = 9 €	$\frac{B}{A}$
❸ Wir berechnen x:	15 kg kosten	15 · 9 € = 135 €	$\frac{a \cdot B}{A} = x$

Beispielrechnung für den indirekten Dreisatz

Die Größenpaare bilden das gleiche Produkt (↑ S. 35).
Es gilt: $a \cdot x = A \cdot B$

Bei einer Geschwindigkeit von 45 $\frac{km}{h}$ benötigt man 2 Stunden. Wie lange braucht man, wenn man mit 30 $\frac{km}{h}$ fährt?

	1. Größe	2. Größe	Allgemein
Wir wollen wissen:	30 $\frac{km}{h}$	x h	$a \triangleq x$
❶ Wir wissen:	45 $\frac{km}{h}$	2 h	$A \triangleq B$
❷ Wir multiplizieren:	1 $\frac{km}{h}$	45 · 2 h = 90 h	$A \cdot B$
❸ Wir berechnen x:	30 $\frac{km}{h}$	$\frac{90}{30}$ h = 3 h	$\frac{A \cdot B}{a} = x$

Ganze Zahlen

Setzt man die Folge der natürlichen Zahlen auf dem Zahlenstrahl nach links fort, dann erhält man die **negativen Zahlen.** Aus dem Zahlenstrahl wird eine **Zahlengerade.** Die Null ist weder positiv noch negativ.

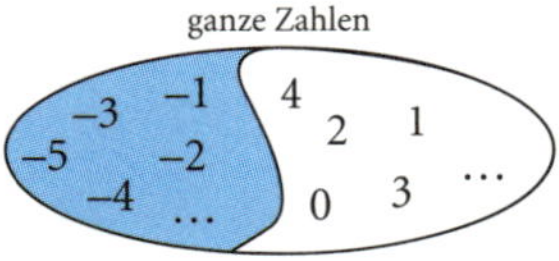

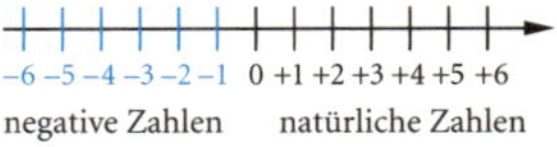

Im Bereich der ganzen Zahlen ist die Subtraktion uneingeschränkt ausführbar.

$5 - 12 = -7$
$23 - 45 = -22$

Zahlen, die auf der Zahlengeraden den gleichen Abstand von 0 haben, heißen zueinander **entgegengesetzte Zahlen.**
Der Abstand einer ganzen Zahl g vom Nullpunkt ist ihr absoluter Betrag $|g|$ (oder Betrag von g).

Zahl	entgegengesetzte Zahl
4	–4
–35	35

$|g| = g$, wenn g positiv oder 0 ist
$|g| = -g$, wenn g negativ ist
$|x| = 4 \Rightarrow x_1 = -4;\ x_2 = 4$

Bei der Multiplikation und Division ganzer Zahlen gilt für die **Vorzeichen:**

+ · + = +	+ : + = +
– · – = +	– : – = +
– · + = –	– : + = –
+ · – = –	+ : – = –

$5 \cdot 9 = 45$	$10 : 2 = 5$
$-5 \cdot -9 = 45$	$-10 : -2 = 5$
$-5 \cdot 9 = -45$	$-10 : 2 = -5$
$5 \cdot -9 = -45$	$10 : -2 = -5$

Rationale Zahlen

Aus den Bruchzahlen, den zu ihnen entgegengesetzten Zahlen und der Null ergibt sich die Menge **der rationalen Zahlen** $\mathbb{Q}$.

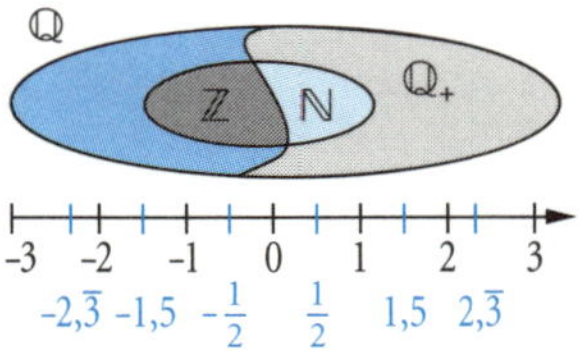

Im Bereich der rationalen Zahlen sind alle vier Grundrechenoperationen (außer Division durch 0) uneingeschränkt ausführbar.

$\frac{2}{7}-\frac{5}{7}$	$\mathbb{Q}_+$	keine Lösung
$\frac{2}{7}-\frac{5}{7}$	$\mathbb{Q}$	$-\frac{3}{7}$
$(-9):2$	$\mathbb{Z}$	keine Lösung
$(-9):2$	$\mathbb{Q}$	$-4,5$

Rechnen mit rationalen Zahlen

Addition zweier Zahlen mit **gleichen Vorzeichen:**
- Beträge bilden und diese addieren,
- Summe erhält das Vorzeichen der Summanden.

$\frac{2}{7}+\frac{2}{7}=\frac{4}{7}$

$-3,2+(-5,9)=-9,1$

Addition zweier Zahlen mit **unterschiedlichen Vorzeichen:**
- Beträge bilden,
- kleineren Betrag vom größeren subtrahieren,
- Summe erhält das Vorzeichen der Zahl mit dem größeren Betrag.

$-4,9+2,3=-2,6$

$4,9+(-2,3)=2,6$

$\frac{1}{8}+(-\frac{7}{8})=-\frac{6}{8}$

$-\frac{1}{8}+\frac{7}{8}=\frac{6}{8}$

Rechnen mit rationalen Zahlen

Multiplikation:

- Betrag vom Produkt bilden,
- Vorzeichen: Das Produkt ist **positiv** bei gerader Anzahl der negativen Faktoren; **null,** wenn mindestens *ein Faktor* Null ist; **negativ** bei ungerader Anzahl negativer Faktoren.

$3{,}5 \cdot (-2{,}3) \cdot 5{,}6 \cdot (-2{,}1) = 94{,}668$

$3{,}5 \cdot (-2{,}3) \cdot 5{,}6 \cdot 0 = 0$

$-3{,}5 \cdot (-2{,}3) \cdot 5{,}6 \cdot (-2{,}1) = -94{,}668$

Division:

- Betrag von a durch b bilden,
- Vorzeichen: Der Quotient ist **positiv** bei gleichen Vorzeichen; **negativ** bei verschiedenen Vorzeichen.

$1{,}44 : 1{,}2 = 1{,}2$
$(-1{,}44) : (-1{,}2) = 1{,}2$
$(-2{,}8) : 0{,}7 = -4$
$2{,}8 : (-0{,}7) = -4$

Reelle Zahlen

Zahlen, die nicht in der Form $\frac{a}{b}$ $(a, b \in \mathbb{Z};\ b \neq 0)$ dargestellt werden können, heißen **irrationale Zahlen.** Als Dezimalbruch sind sie **unendlich** und **nicht periodisch.**
Zur Menge der **reellen Zahlen** gehören die rationalen und irrationalen Zahlen.

$\pi = 3{,}141592\ldots$
$e = 2{,}718281\ldots$
$\sqrt{3} = 1{,}73205\ldots$

rational: $\sqrt{121} = 11$
irrational: $\sqrt{5} = 2{,}236067\ldots$

Potenzen

Die Potenz a^2 ($a \in \mathbb{N}$) heißt **Quadratzahl.** Die Potenz a^3 ($a \in \mathbb{N}$) heißt **Kubikzahl.**	$a^2 = a \cdot a \quad 12^2 = 12 \cdot 12 = 144$ $a^3 = a \cdot a \cdot a \quad 4^3 = 4 \cdot 4 \cdot 4 = 64$
Es gelten folgende Festlegungen:	
■ $a^1 = a \quad a^0 = 1 \quad a^{-1} = \frac{1}{a}$	$6^1 = 6 \quad 14^0 = 1 \quad 16^{-1} = \frac{1}{16}$
■ $a^{-n} = \frac{1}{a^n}$ ($a \in \mathbb{R}$; $a \neq 0$)	$13^{-2} = \frac{1}{13^2} = \frac{1}{169}$
■ $0^n = 0$ (0^0 ist nicht definiert).	$0^4 = 0$
■ Der Wert einer Potenz mit **negativer Basis** ist positiv, wenn der Betrag des Exponenten eine gerade Zahl ist. Er ist negativ, wenn der Betrag des Exponenten eine ungerade Zahl ist.	$(-2)^{-4} = \frac{1}{16}$ $(-2)^3 = -8$

Potenzgesetze

$a^n \cdot a^m = a^{n+m}$	$2^3 \cdot 2^5 = 2^{3+5} = 2^8 = 256$ $0{,}5^3 \cdot 0{,}5^2 = 0{,}5^5 = 0{,}03125$
$a^n : a^m = a^{n-m}$	$2^7 : 2^4 = 2^{7-4} = 2^3 = 8$ $(-2)^3 : (-2)^4 = (-2)^{3-4} = (-2)^{-1}$ $= -\frac{1}{2}$
$a^n \cdot b^n = (a \cdot b)^n$	$3^3 \cdot 4^3 = (3 \cdot 4)^3 = 12^3 = 1728$

Potenzgesetze

$a^n : b^n = (a : b)^n$ — $(-4)^3 : 2^3 = (\frac{-4}{2})^3 = (-2)^3 = 8$

$\frac{a^n}{b^n} = (\frac{a}{b})^n$ — $\frac{8^2}{4^2} = (\frac{8}{4})^2 = 2^2 = 4$

$(a^n)^m = a^{n \cdot m}$ — $(2^2)^3 = 2^{2 \cdot 3} = 2^6 = 64$

$(\frac{a}{b})^n = (\frac{b}{a})^{-n}$ — $(\frac{3}{4})^2 = \frac{3^2}{4^2} = \frac{4^{-2}}{3^{-2}} = (\frac{4}{3})^{-2}$

Aufgepasst: Potenzieren geht vor Punktrechnung.

Wurzeln

Das **Radizieren** (Wurzelziehen) ist eine Umkehrung des Potenzierens. $a^n = c$ ist gleichbedeutend mit $a = \sqrt[n]{c}$.

Wurzelexponent

$a = \sqrt[n]{c}$

Wurzelwert — Radikand

a gleich n-te Wurzel aus c ($a \in \mathbb{R}$; $a \geq 0$; $n \in \mathbb{N}$; $n \geq 2$; $c \geq 0$)

Wurzelgesetze

Man kann Wurzeln in Potenzen überführen.

$\sqrt[n]{a^m} = a^{\frac{m}{n}}$ — $\sqrt[3]{5^2} = 5^{\frac{2}{3}}$

($a \geq 0$; $m, n \in \mathbb{N}$; $m \geq 1$; $n \geq 2$)

$\sqrt[n]{a} \cdot \sqrt[n]{b} = \sqrt[n]{a \cdot b}$ — $\sqrt{12} \cdot \sqrt{3} = \sqrt{36} = 6$

$\sqrt[n]{a} : \sqrt[n]{b} = \sqrt[n]{\frac{a}{b}}$

$\sqrt[3]{81} : \sqrt[3]{3} = \sqrt[3]{\frac{81}{3}} = \sqrt[3]{27} = 3$

$(\sqrt[n]{a})^m = \sqrt[n]{a^m}$

$(\sqrt[3]{8})^2 = \sqrt[3]{8^2} = \sqrt[3]{64} = 4$

$\sqrt[m]{\sqrt[n]{a}} = \sqrt[m \cdot n]{a} = \sqrt[n]{\sqrt[m]{a}}$

$\sqrt[2]{\sqrt[3]{64}} = \sqrt[2 \cdot 3]{64} = \sqrt[6]{64} = 2$

Es gilt: $\sqrt[n]{1} = 1 \quad \sqrt[n]{0} = 0$

$\sqrt[n]{a^n} = a \quad (a > 0)$

Logarithmen

Das **Logarithmieren** ist die zweite Umkehrung des Potenzierens.
$a^n = c$ ist gleichbedeutend mit
$n = \log_a c$ ($a \in \mathbb{R}$; $a > 0$; $n \in \mathbb{N}$; $n \neq 0$; $n \neq 1$, $c \geq 0$).

$2^5 = 32 \Rightarrow \log_2 32 = 5$
$10^2 = 100 \Rightarrow \log_{10} 100 = 2$

n gleich Logarithmus von c zur Basis a

Logarithmengesetze

$\log_a (n \cdot m) = \log_a n + \log_a m$

$\log_2 (4 \cdot 8) = \log_2 4 + \log_2 8$
$= 2 + 3 = 5$

$\log_a (\frac{n}{m}) = \log_a n - \log_a m$

$\log_3 (\frac{27}{9}) = \log_3 27 - \log_3 9$
$= 3 - 2 = 1$

$\log_a (n^m) = m \cdot \log_a n$

$\log_5 (25^4) = 4 \cdot \log_5 25$
$= 4 \cdot 2 = 8$

$\log_a \sqrt[s]{n} = \frac{1}{s} \cdot \log_a n$

$\log_2 \sqrt[4]{8} = \frac{1}{4} \cdot \log_2 8$
$= \frac{1}{4} \cdot 3 = \frac{3}{4}$

3 Gleichungen und Ungleichungen

Terme und Variablen

Eine **Variable** ist ein Zeichen für ein Objekt aus einer Menge gleichartiger Objekte. Diese Menge ist der Variablengrundbereich (oder Grundbereich) G.

Variablen werden oft durch Buchstaben dargestellt:
x, y, a, b, g, A, M

$n \in \mathbb{N}$ n ist eine beliebige natürliche Zahl

Ein **Term** ist eine sinnvolle mathematische Zeichenreihe ohne *Relationszeichen.*

Relationszeichen:
$<, >, =, \neq, \leq, \geq$

Terme: $3 + \frac{1}{4}$; $n + 2b$; $\sin x$

kein Term: $7 < 9$; $3x = 15$

Terme mit gleichem Wert heißen **gleichwertig** (äquivalent) in ihrem Grundbereich.

gleichwertig:
$126 : 3$ und $6 \cdot 7$
$a^2 - b^2$ und $(a + b)(a - b)$

Termumformung

Gleiche Variablen mit unterschiedlichen Koeffizienten werden in algebraischen Summen zusammengefasst, indem die Koeffizienten addiert (subtrahiert) werden.

Koeffizient ↘

$x + x + x + x = 4 \cdot x = 4x$
$ab + ab + ab = 3 \cdot ab = 3ab$
$2x + 4y + 6x - y = 8x + 3y$
$5a^2 + b + 4a^2 = 9a^2 + b$

Auflösen von Klammern in algebraischen Summen:

- bei „+“ vor der Klammer: Klammer weglassen;

$T_1 + T_2$

$(3a + 5y) + (4a - y)$

$= 3a + 5y + 4a - y = 7a + 4y$

- bei „–“ vor der Klammer: Klammer und Minus weglassen und bei allen Gliedern die Vorzeichen umkehren.

$T_1 - T_2$

$(3a + 5y) - (4a - y)$

$= 3a + 5y - 4a + y = -a + 6y$

$= 6y - a$

Ein zweigliedriger Term heißt **Binom,** ein dreigliedriger **Trinom,** ein mehrgliedriger **Polynom.**

Binom:

$x + y$; $3a^2 - 4b$; $\frac{1}{4}z + \frac{1}{2}u$

Trinom:

$a^2 + b^2 + c$; $3x - 4y + z$

Ausmultiplizieren eines Polynoms: Jedes Glied des Polynoms in der Klammer wird mit der Variablen (oder Zahl) multipliziert.

$a(x - y + z) = ax - ay + az$

$2(b^2 + 4c - 3x) =$

$2b^2 + 8c - 6x$

Beim **Ausklammern** wird jedes Glied des Polynoms durch die ausgeklammerte Variable (Zahl) dividiert.

$6x + 8y - 4z$

$= 2 \cdot 3x + 2 \cdot 4y - 2 \cdot 2z$

$= 2(3x + 4y - 2z)$

Zwei Polynome werden **multipliziert,** indem man jedes Glied des einen Polynoms mit jedem des anderen multipliziert.

$(3a + 4b)(2a - 3b + c)$

$= 6a^2 - 9ab + 3ac$

$+ 8ab - 12b^2 + 4bc$

$= 6a^2 - ab + 3ac - 12b^2 + 4bc$

Termumformung

Bei der **Division von Polynomen** kann man oft nach dem Ausklammern kürzen.

$$\frac{15xy-3y}{6yz} = \frac{\overset{1}{\cancel{3y}}(5x-1)}{{}_{1}\cancel{3y}(2z)} = \frac{5x-1}{2z}$$

$(y, z \neq 0)$

Binomische Formeln

Einige Binome treten häufig auf und nehmen so eine Sonderstellung ein.

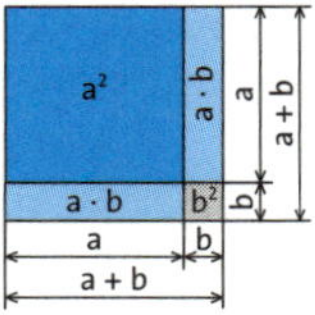

- $(a+b)^2 = a^2 + 2ab + b^2$
- $(a-b)^2 = a^2 - 2ab + b^2$

$(2x+3y)^2 = 4x^2 + 12xy + 9y^2$

$(3z-4u)^2$
$= 9z^2 - 24zu + 16u^2$

- $(a+b)(a-b) = a^2 - b^2$

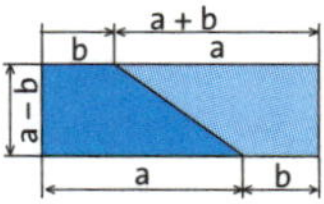

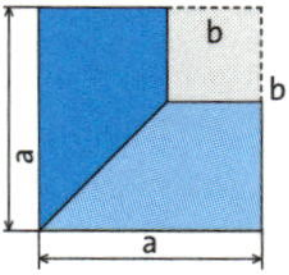

$(5n+6m)(5n-6m)$
$= 25n^2 - 36m^2$

Höhere Potenzen von Binomen

$(a+b)^3 = a^3 + 3a^2b + 3ab^2 + b^3$

$(a+b)^4 = a^4 + 4a^3b + 6a^2b^2 + 4ab^3 + b^4$

$(a+b)^5 = a^5 + 5a^4b + 10a^3b^2 + 10a^2b^3 + 5ab^4 + b^5$

Pascalsches Dreieck

Jede Zeile beginnt und endet mit 1. In die Lücken wird immer die Summe der beiden darüberstehenden Zahlen geschrieben. Die Summe einer Zahlenreihe ergibt 2^n.

n									
0					1				
1				1		1			
2			1		2		1		
3		1		3		3		1	
4	1		4		6		4		1

$2^3 = 8$

Begriffe der Gleichungslehre

Eine **Gleichung** ist ein mathematischer Ausdruck für zwei Terme, die durch „=“ verbunden sind.

$4a + 8 = 34$
$3x - 4y = 5z + 8$
$0{,}8a - 6 = 2a - 12$

Bei einer **Ungleichung** sind zwei Terme durch eines der Zeichen „≠“, „<“, „>“, „≤“, „≥“ verbunden.

$43 < 41 + 8$
$4n + 3n \neq 5n$
$2a - 3b \geq 36 + 7a$
$3x^2 + 7 > 3x^3$

Gleichungen und Ungleichungen ohne Variablen sind **wahre** oder **falsche Aussagen.**

wahre Aussage:
$3 \cdot 25 = 75; 8 \cdot 6 > 45$
falsche Aussage:
$4 \cdot 12 = 412; 3 \cdot 33 < 98$

Gleichungen und Ungleichungen mit mindestens einer Variablen werden zu Aussagen, wenn für *alle* Variablen Werte aus dem jeweiligen Grundbereich eingesetzt werden.

$4x - 6 = 2$
für $x = 2$: wahre Aussage
für $x = 7$: falsche Aussage

Lösen von Gleichungen und Ungleichungen

Jede Zahl oder Größe aus dem Grundbereich, die die Gleichung/Ungleichung erfüllt, heißt **Lösung.** Alle Lösungen zusammen bilden die **Lösungsmenge** L.

L:
- kein Element: $L = \{\} = \emptyset$
- genau ein Element
- endlich viele Elemente
- unendlich viele Elemente

Aufgepasst: Die Lösungsmenge ist abhängig vom Grundbereich.

$3x + 8 \leq 17$
$G = \mathbb{N};\ L = \{3; 2; 1; 0\}$
$G = \mathbb{Z};\ L = \{3; 2; 1; 0; -1; \ldots\}$
$G = \mathbb{R};\ L = \{x \in \mathbb{R};\ x \leq 3\}$

Nach Ermittlung einer Lösung kann man durch Einsetzen in die Ausgangsgleichung eine **Probe** durchführen.

$12x + 14 = 15x + 5$
$L = \{3\}$
$12 \cdot 3 + 14 = 36 + 14 = 50$
$15 \cdot 3 + 5 = 45 + 5 = 50$
Vergleich: $50 = 50$

Inhaltliche Lösungsstrategien:
- einfache Überlegungen ohne Anwendung formaler Regeln
- Einsetzen verschiedener Zahlen und systematisches Probieren
- Rückwärtsschließen durch schrittweise Anwendung der Umkehroperationen
- Veranschaulichen durch Skizzen und Symbole etc.

$8x - 10 = 6x + 2\ (x \in \mathbb{N})$

x	Aussage	
1	$-2 = 8$	falsch
10	$70 = 62$	falsch
6	$38 = 38$	wahr

Äquivalentes Umformen

Äquivalenz

Gleichungen bzw. Ungleichungen mit demselben Grundbereich und gleicher Lösungsmenge heißen zueinander **äquivalent.** **Äquivalente Umformungen** führen zu äquivalenten Gleichungen.

$5x - 3 = x + 7 \ (G = \mathbb{R})$
$x + 0{,}5 = 3 \ (G = \mathbb{R})$

Für beide Gleichungen gilt:
$L = \{2{,}5\}$

Umformungsregeln

Umformungen auf *beiden* Seiten einer **Gleichung:**

- Seiten vertauschen

  $22 = x \qquad x = 22$

- Addition bzw. Subtraktion der gleichen Zahl (Term)

  $4x + 3 = 27 \quad | -3$
  $4x = 24$

- Division mit der gleichen Zahl (ungleich 0)

  $4x = 24 \quad | :4$
  $x = 6$

- Multiplikation mit der gleichen (von 0 verschiedenen) Zahl (Term)

  $\frac{c}{5} = 4{,}5 \quad | \cdot 5$
  $c = 22{,}5$

Umformungen auf *beiden* Seiten einer **Ungleichung:**

- Seiten vertauschen (mit Umkehrung des Relationszeichens)

  $17 \leq x$
  $x \geq 17$

Umformungsregeln

■ Addition bzw. Subtraktion der gleichen Zahl (Term)	$2x - 8 > 16x \mid -2x$ $-8 > 14x$
■ Multiplikation mit der gleichen **positiven** (von 0 verschiedenen) Zahl (Term)	$\frac{a}{3} < -4{,}2 \mid \cdot 3$ $a < -12{,}6$
■ Division mit der gleichen **positiven** (von 0 verschiedenen) Zahl (Term)	$7x < 35 \mid : 7$ $x < 5$
■ Multiplikation bzw. Division mit der gleichen **negativen** Zahl (Term) (mit Umkehrung des Relationszeichens)	$\frac{c}{-5} > -9 \mid \cdot (-5)$ $c < 45$

Aufgepasst: Quadrieren, Potenzieren und Radizieren sind keine äquivalenten Umformungen.

Umformungen nur auf *einer* Seite einer Gleichung bzw. Ungleichung:

- Auflösen von Klammern
- Ordnen
- Zusammenfassen

$$\begin{aligned} 3(x-5) + 4(3-x) &= -7 \\ 3x - 15 + 12 - 4x &= -7 \\ 3x - 4x - 15 + 12 &= -7 \\ -x - 3 &= -7 \\ x &= 4 \end{aligned}$$

- Kürzen von Brüchen
- Erweitern von Brüchen
- Ausklammern

$$\begin{aligned} x^2 + 8x + 16 &= 3x + 12 \\ (x+4)^2 &= 3(x+4) \end{aligned}$$

Lineare Gleichungen

Lineare Gleichungen mit einer Variablen

Das sind Gleichungen in der Form $ax + b = 0$ ($a \neq 0$). Lösungsmöglichkeiten sind:

- Anwenden der Umformungsregeln **(kalkülmäßiges Lösen)** (1).
- Durchführen von **Fallunterscheidungen** (2).
- **Grafisches Lösen,** indem eine lineare Gleichung $ax + b = 0$ in eine Funktion $y = ax + b$ (↑ S. 54) umgewandelt wird (3).

(1) $14x - (-3 + 3x) = 2(9 + 4x) - 3$

$14x + 3 - 3x = 18 + 8x - 3$

$11x + 3 = 8x + 15 \quad | -8x; -3$

$3x = 12 \quad | :3$

$x = 4$

(2) $|2x + 3| = 4$

1. Fall:	2. Fall:
$2x + 3 = 4$	$2x + 3 = -4$
$x = 0{,}5$	$x = -3{,}5$

(3)

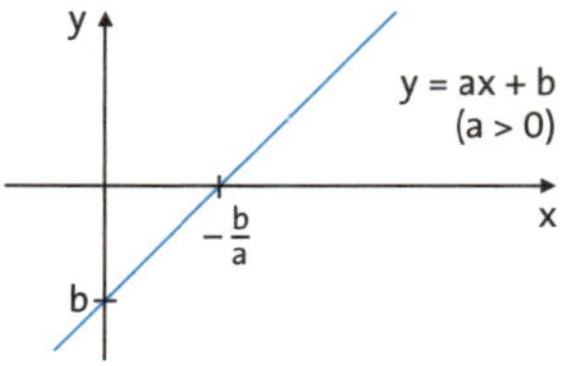

Eine Gleichung in der Form $\frac{a}{b} = \frac{c}{d}$ ($a, b, c, d \neq 0$) heißt **Verhältnisgleichung** oder **Proportion** (↑ S. 21).
In jeder Verhältnisgleichung $a : b = c : d$ ist das Produkt der Innenglieder gleich dem Produkt der Außenglieder.

Außenglied — Innenglied

$a : b = c : d$

Innenglied — Außenglied

$\frac{a}{b} = \frac{c}{d}$

$a = \frac{c \cdot b}{d}$

$a \cdot d = b \cdot c$

Aufgabe

Tom macht Urlaub auf dem Bauernhof. Dort gibt es viermal so viele Enten wie Pferde, aber nur halb so viele Schafe wie Pferde. Insgesamt sind es 66 Tiere.
Wie viele Tiere jeder Art leben auf dem Bauernhof?

Aufgabenanalyse

Was ist gegeben?
Was ist gesucht?
In welcher Beziehung stehen die Größen zueinander?

e: Zahl der Enten
p: Zahl der Pferde
s: Zahl der Schafe
t: Summe aller Tiere
Gegeben: $t = e + p + s = 66$
$e = 4p$
$s = \frac{1}{2}p$
Gesucht: e; p; s

Ansatz

$t = e + p + s = 66$
Einsetzen:
$t = 4p + p + \frac{1}{2}p = 66$
$5\frac{1}{2}p = 66$
$p = 12$

Ausrechnen

$p = 12$
$e = 4p = 4 \cdot 12 = 48$
$s = \frac{1}{2}p = 0{,}5 \cdot 12 = 6$

Probe

$e + p + s = 48 + 12 + 6 = 66$
$t \quad = 66$
$66 = 66$

Lösung

Auf dem Bauernhof leben 48 Enten, 12 Pferde und 6 Schafe.

Tipps zum richtigen Lesen von Textaufgaben

- Umschreibungen für **addieren:** zusammenfassen, dazugeben, hinzufügen, vermehren, verlängern, einnehmen
- Umschreibungen für **subtrahieren:** wegnehmen, vermindern, abziehen, verringern, verkleinern, ausgeben, weniger als
- Umschreibungen für **multiplizieren:** x-fache, x-mal so viel, Doppeltes, Dreifaches, Vielfaches, malnehmen
- Umschreibungen für **dividieren:** x-te Teil, teilen, geteilt durch, halbieren, vierteln

Beispiele

Das	7fache	einer natürlichen	Zahl	vermehrt um	11	ergibt	46
	↓ ↓		↓	↓	↓	↓	↓
	$7 \cdot$		n	$+$	11	$=$	46

$7n + 11 = 46$

$7n = 35 \Rightarrow n = 5$

Das	3fache	einer	Zahl	vermindert um	8	soll kleiner sein als	7
	↓ ↓		↓	↓	↓	↓	↓
	$3 \cdot$		x	$-$	8	$<$	7

$3x - 8 < 7$

Probieren: $3 \cdot 8 - 8 < 7 \longrightarrow 16 < 7$ falsche Aussage

$3 \cdot 4 - 8 < 7 \longrightarrow 4 < 7$ wahre Aussage

Berechnen: $3 \cdot x - 8 < 7 \longrightarrow 3x < 15 \longrightarrow x < 5$

Alle Zahlen, die kleiner sind als 5, erfüllen die Ungleichung.

Maria ist doppelt so alt wie Jenny.	$M = 2 \cdot J$
Chris ist 4 cm kleiner als Paul.	$C = P - 4$
Der Umfang eines Rechtecks ist 18 cm.	$18 = 2a + 2b$
Der Flächeninhalt des Quadrats ist 16 cm.	$16 = a \cdot a = a^2$
Eric bekommt den 3. Teil gegenüber Jan.	$E = J : 3$

Lineare Gleichungen mit zwei Variablen

Das sind Gleichungen in der Form $ax + by + c = 0$ $(a, b \neq 0)$.

$5x + 10y = 30$
$(x, y \in \mathbb{N}; x, y \geq 0)$

$$y = -\frac{1}{2}x + 3$$

Die Lösungsmengen solcher Gleichungen bestehen aus Mengen von Zahlenpaaren.

$L = \{(0; 3), (2; 2), (4; 1), (6; 0)\}$

x	0	2	4	6
y	3	2	1	0

Die grafische Veranschaulichung findet man, wenn man die Gleichung als lineare Funktion auffasst.

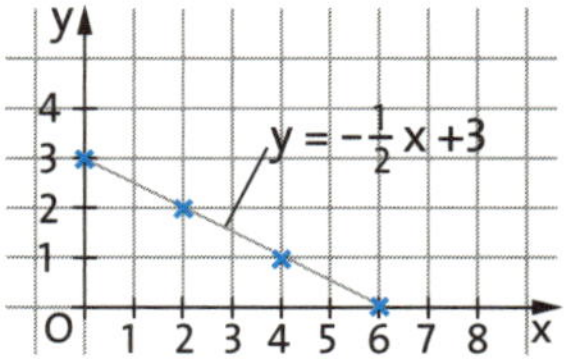

Lineare Ungleichungen

Lineare Ungleichungen mit einer Variablen

Das sind Ungleichungen der Form $ax + b < 0$ $(a \neq 0)$. In Abhängigkeit vom Grundbereich G ist die Lösungsmenge unterschiedlich. Die Lösungsmengen lassen sich auf der Zahlengeraden veranschaulichen.

$13x - 7 < 8x + 8$
$5x < 15 \qquad 5x - 15 < 0$
$x < 3$

$G = \mathbb{N}; L = \{2; 1; 0\}$

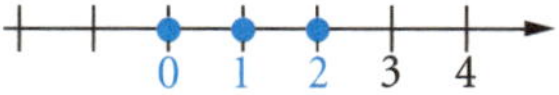

$G = \mathbb{Z}; L = \{2; 1; 0; -1; -2; \ldots\}$

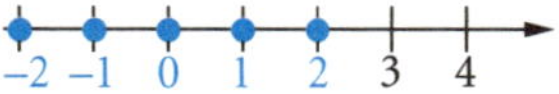

$G = \mathbb{R}; L = \{x \in \mathbb{R}; x < 3\}$

Lineare Ungleichungen mit zwei Variablen

Das sind Ungleichungen der Form $ax + by + c < 0$ $(a, b \neq 0)$.
Die Lösungsmengen solcher Ungleichungen bestehen aus Mengen von Zahlenpaaren.

$2x + y \leq 3 \quad (x, y \in \mathbb{N})$
$2x + y - 3 \leq 0$

$L = \{(0; 0), (0; 1), (0; 2), (0; 3), (1; 0), (1; 1)\}$

Lassen sich die Paare nicht durch eine Aufzählung angeben, kann eine Ungleichung grafisch gelöst werden.

$4x - 2y < 6 \quad (x, y \in \mathbb{R})$

- Dazu wird die Ungleichung nach einer oder beiden Variablen aufgelöst.

$y > 2x - 3$

- Die Zahlen für eine der Variablen werden durch Einsetzen von Zahlen für die andere Variable ermittelt.

für $x = 2$:
$y > 2 \cdot 2 - 3$
$y > 1$

- Die Darstellung der Funktion im Koordinatensystem ergibt eine Gerade.

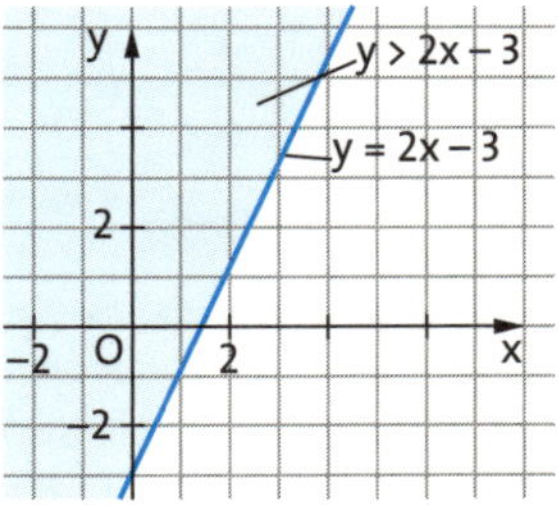

- Alle oberhalb oder unterhalb der Geraden liegenden Punkte haben Koordinaten, die als Paare die Ungleichung erfüllen.

Die Gerade gehört nicht zur Lösung der Ungleichung.

Normalform

I $a_1x + b_1y = c_1$
II $a_2x + b_2y = c_2$
$a_1, b_1, c_1, a_2, b_2, c_2$ konstant $\in \mathbb{R}$

Einsetzungsverfahren

Beim **Einsetzungsverfahren (Substitutionsverfahren)** löst man eine der beiden Gleichungen nach einer der beiden Variablen auf und setzt den so erhaltenen Term für diese Variable in die andere Gleichung ein. Das Einsetzungsverfahren ist dann vorteilhaft, wenn (wenigstens) eine der beiden Gleichungen nach einer der beiden Variablen aufgelöst ist.

Gleichsetzungsverfahren

Das **Gleichsetzungsverfahren** ist ein Spezialfall des Einsetzungsverfahrens. Man löst beide Gleichungen nach derselben Variablen auf und setzt die beiden erhaltenen Terme gleich. Das Gleichsetzungsverfahren ist immer dann sinnvoll, wenn beide Gleichungen nach einer Variablen aufgelöst vorliegen.

Additionsverfahren

Beim **Additionsverfahren** formt man eine oder beide Gleichungen so um, dass bei der Addition der beiden Gleichungen eine der beiden Variablen wegfällt. Das Additionsverfahren ist immer dann zweckmäßig, wenn die Koeffizienten einer Variablen in beiden Gleichungen zu einander entgegengesetzte Zahlen sind.

Lösungsverfahren

Ziel: Eliminieren einer der beiden Variablen. Damit wird aus dem System **„zwei Gleichungen mit zwei Variablen“** ein System mit **„einer Gleichung und einer Variablen“.**

I $y = -x + 2$

II $4x + 3y = 2$

I in II einsetzen: (einsetzen: $y = -x + 2$ in $4x + 3y = 2$)

$$4x + 3y = 2 \qquad y = -x + 2$$
$$4x + 3(-x + 2) = 2$$
$$4x - 3x + 6 = 2 \qquad y = -(-4) + 2$$
$$x = -4 \qquad y = 6$$
$$L = \{(-4\,;6)\}$$

I $3x = 10 - 5y$

II $3x = -2y + 13$

I und II gleichsetzen:

$$10 - 5y = -2y + 13 \quad |+2y$$
$$10 - 3y = 13 \quad |-10$$
$$-3y = 3 \quad |:(-3)$$
$$y = -1$$

$y = -1$ in **I** einsetzen:

$$3x = 10 - 5 \cdot (-1)$$
$$3x = 15 \quad |:3$$
$$x = 5$$
$$L = \{(5\,;-1)\}$$

I $8x + 5y = 51$

II $3x - 5y = 26$

I + II:

$$11x = 77 \quad |:11$$
$$x = 7$$

In **I** einsetzen:

$$8 \cdot 7 + 5y = 51$$
$$y = -1$$
$$L = \{(7;-1)\}$$

Lineare Gleichungssysteme

Das ist ein System aus zwei linearen Gleichungen mit zwei Variablen (↑ S. 40).

I $a_1x + b_1y = c_1$
II $a_2x + b_2y = c_2$
$(a_1, b_1, c_1, a_2, b_2, c_2 \in \mathbb{R})$

Lösen von linearen Gleichungssystemen

Lösungen dieses Systems sind Zahlenpaare, die jede dieser Gleichungen erfüllen. Die Gesamtheit aller Lösungen bildet die Lösungsmenge.

I $y = -x + 2$
II $4x + 3y = 2$
$x = -4; y = 6$

$L = \{(-4; 6)\}$

Lösbarkeitsbedingungen für ein Gleichungssystem:

- genau eine Lösung, wenn $\frac{a_1}{a_2} \neq \frac{b_1}{b_2}$

I $2x + 4y = 20$
II $3x - 4y = 50$
$L = \{(14; -2)\}$
Es gilt: $\frac{2}{3} \neq \frac{4}{-4}$

- unendlich viele Lösungen, wenn $\frac{a_1}{a_2} = \frac{b_1}{b_2} = \frac{c_1}{c_2}$

I $2x + 4y = 20$
II $3x + 6y = 30$
$L = \{(x; y): y = -\frac{1}{2}x + 5\}$
Es gilt: $\frac{2}{3} = \frac{4}{6} = \frac{20}{30}$

- keine Lösung, wenn $\frac{a_1}{a_2} = \frac{b_1}{b_2} \neq \frac{c_1}{c_2}$

I $2x + 4y = 20$
II $3x + 6y = 40$
$L = \{\,\}$
Es gilt: $\frac{2}{3} = \frac{4}{6} \neq \frac{20}{40}$

Quadratische Gleichungen

Die Gleichung
$ax^2 + bx + c = 0 \quad (a \neq 0)$
heißt **allgemeine Form der quadratischen Gleichung.**
Nach der Division durch a ($a \neq 0$) folgt:
$x^2 + \frac{b}{a}x + \frac{c}{a} = 0$

$5x^2 + 20x - 15 = 0$
$x^2 + 4x - 3 = 0$

quadratisches Glied

$x^2 + \frac{b}{a}x + \frac{c}{a} = 0$

lineares Glied **absolutes Glied**

Koeffizienten vereinfachen:
$\frac{b}{a} = p$ und $\frac{c}{a} = q$.
Die Gleichung
$x^2 + px + q = 0$
heißt **Normalform der quadratischen Gleichung.**

$x^2 + 4x - 3 = 0 \quad p = 4; q = -3$
$3x^2 - 24x + 15 = 0$
$p = -\frac{24}{3} = -8$
$q = \frac{15}{3} = 5$

Lösungsformel

Die **Lösungsformel** für die Normalform lautet:
$x_{1,2} = -\frac{p}{2} \pm \sqrt{\left(\frac{p}{2}\right)^2 - q}$

$x^2 - 6x + 5 = 0 \quad p = -6; q = 5$
$x_{1,2} = 3 \pm \sqrt{9 - 5}$
$= 3 \pm 2$
$x_1 = 1; x_2 = 5 \qquad L = \{1; 5\}$

Spezielle quadratische Gleichungen

- Die Gleichung $x^2 = 0$ hat die Doppellösung $x_1 = x_2 = 0$.
- Gleichung $x^2 + px = 0$ hat die Lösungsmenge $L = \{0; -p\}$.

$x^2 = 0 \qquad L = \{0\}$

$x^2 - 8x = 0 \qquad x(x - 8) = 0$
$x = 0$ oder $x - 8 = 0$
$x_1 = 0$ und $x_2 = 8 \quad L = \{0; 8\}$

Spezielle quadratische Gleichungen

■ Die Gleichung $x^2 + q = 0$ hat die Lösungsmenge $L = \{-\sqrt{q}; \sqrt{q}\}$.

$x^2 - 25 = 0$
$(x + 5)(x - 5) = 0$
$x_1 = -5 \qquad x_2 = 5$
$L = \{-5; 5\}$

Diskriminante

Sie gibt Aufschluss über die Lösungen einer quadratischen Gleichung. Diskriminante der

■ allgemeinen Form:
$D = b^2 - 4ac$

Die Lösung einer quadratischen Gleichung hängt vom Radikanden in der Lösungsformel, $(\frac{p}{2})^2 - q$, ab.

$2x^2 - 4x + 6 = 0$
$D = 4^2 - 4 \cdot 2 \cdot 6 = 16 - 24$
$= -8$

■ Normalform:
$D = \frac{p^2}{4} - q = \left(\frac{p}{2}\right)^2 - q$

$x^2 - 2x + 3 = 0$
$D = (-1)^2 - 3 = -2$

Es sind drei Lösungsfälle zu unterscheiden ($x \in \mathbb{R}$):

(1) $D > 0 \Rightarrow L = \{x_1; x_2\}$

(1) $x^2 + 8x + 15 = 0$
$D = 1; x_1 = -3; x_2 = -5$
$L = \{-3; -5\}$

(2) $D = 0 \Rightarrow L = \{x_1\} = \{x_2\}$

(2) $x^2 + 2x + 1 = 0$
$D = 0; x_{1,2} = -1$
$L = \{-1\}$

(3) $D < 0 \Rightarrow L = \{\}$

(3) $x^2 + 2x + 2 = 0$
D = keine reelle Zahl
$L = \{\ \}$; keine reelle Lösung

Satz von Vieta

$x_1 + x_2 = -p$ und $x_1 \cdot x_2 = q$
Anwendungen: u. a. Probe bei bekannten Lösungen.

$x^2 - 12x + 32 = 0$
$x_1 = 4 \qquad x_2 = 8$
$x_1 \cdot x_2 = q$
$x_2 = \frac{q}{x_1} = \frac{32}{4} = 8$

Bruchgleichungen und Bruchungleichungen

Bruchterm: Term, dessen Nenner eine Variable enthält.

$\frac{15}{2-x}; \frac{-2a}{6(b+3)}$

Bruchgleichungen bzw. **Bruchungleichungen** enthalten mindestens einen Bruchterm.

$\frac{36}{4+x} = 6; \frac{a+5}{2a} = 4$

$\frac{18}{2-x} < 9; \frac{x+3}{x-2} > 0$

In Bruchterme dürfen nur solche Zahlen oder Größen für die Variablen eingesetzt werden, für die der Wert des Terms im Nenner ungleich 0 ist. Diese Einsetzungen sind die **Definitionsmenge D** des Bruchterms.

$\frac{3}{6-x} \quad (x \in \mathbb{Q})$

Für $x = 6$ wird der Nenner gleich Null, also gilt:
$D = \mathbb{Q} \setminus \{6\}$

Lösen von Bruchgleichungen

Schrittweises lösen:

- beide Seiten der Gleichung mit dem Hauptnenner multiplizieren,
- auf beiden Seiten die Brüche kürzen,

$\frac{5}{2x} - \frac{3}{4x} = 1{,}75 \quad (x \in \mathbb{Q}; x \neq 0)$

$\frac{5}{2x} - \frac{3}{4x} = 1{,}75 \qquad | \cdot 4x$

$\frac{5 \cdot \cancel{4x}^{2}}{\cancel{2x}_{1}} - \frac{3 \cdot \cancel{4x}^{1}}{\cancel{4x}_{1}} = 1{,}75 \cdot 4x$

$5 \cdot 2 - 3 = 7x$

Lösen von Bruchgleichungen

- neue Gleichung mit den bekannten Umformungsschritten lösen,
- prüfen, ob die Lösung der neuen Gleichung auch zur Definitionsmenge der Bruchgleichung gehört.

$7 = 7x \quad | : 7$
$1 = x$
$L = \{1\}$
Der Wert für x gehört zur Definitionsmenge.

Algebraische Gleichungen höheren Grades

Eine Gleichung der Form $a_n x^n + a_{n-1} x^{n-1} + \ldots + a_1 x + a_0 = 0$ mit $a_n \neq 0$ heißt **algebraische Gleichung n-ten Grades.**
Der Grad der Gleichung ist gleich dem *größten* Exponenten der Variablen.

a_0 = konstantes Glied
$a_1 x$ = lineares Glied
$a_2 x^2$ = quadratisches Glied
$a_3 x^3$ = kubisches Glied

$6x^4 - 3x^3 + x^2 - 2 = 0$
Gleichung vierten Grades

Kubische Gleichungen

Eine Gleichung der Form $Ax^3 + Bx^2 + Cx + D = 0$ $(A \neq 0)$ heißt kubische Gleichung oder Gleichung dritten Grades.
Nach Division durch A hat sie die Form $x^3 + ax^2 + bx + c = 0$.

$\frac{x^3}{3} + 2x^2 - 6x + 10 = 0$

$4x^3 - 24x^2 + 12x - 32 = 0 \quad | : 4$
$x^3 - 6x^2 + 3x - 8 = 0$

Polynomdivision

Ein quadratisches Polynom der Form $x^2 + px + q$ kann bei Kenntnis der reellen Nullstellen x_1 und x_2 in der Form eines Produkts geschrieben werden.

$$x^2 + px + q = (x - x_1)(x - x_2)$$

$$(x^2 + px + q):(x - x_1) = x - x_2$$
$$(x^2 + px + q):(x - x_2) = x - x_1$$

Ein Polynom n-ten Grades mit $a_n = 1$, das die Nullstelle x_1 besitzt, lässt sich ohne Rest durch $(x - x_1)$ teilen. Der Quotient ist vom Grad $n - 1$.

$$(x^n + a_{n-1}x^{n-1} + \ldots + a_1x + a_0):(x - x_1) = b_{n-1}x^{n-1} + b_{n-2}x^{n-2} + \ldots + b_1x + b_0$$

Wurzel-, Exponential- und Logarithmengleichungen

Eine Gleichung mit Variable im Radikanten heißt **Wurzelgleichung.**

$$\sqrt{x+8} = 1$$
$$\sqrt[3]{x+2} = 2$$
$$\sqrt{x + \sqrt{x+1}} = 5$$

Eine Gleichung mit Variable im Exponenten heißt **Exponentialgleichung.**

$$2^x = 16$$
$$1{,}1^{\frac{1}{2} \cdot x^2} = 3$$
$$1{,}8^x = 2$$

Eine Gleichung heißt **Logarithmengleichung,** wenn die Variable im Argument der Logarithmusfunktion auftritt.

$$2\lg x = 16$$
$$\log_5\left(\tfrac{3}{x}\right) = 5$$

Lösen von Wurzelgleichungen

Rechnerisch lassen sich Wurzeln durch Quadrieren/Potenzieren beseitigen.

$\sqrt[3]{x+1} = 4$ | hoch 3
$x + 1 = 64$ | -1
$x_1 = 63$

Bei der *grafischen Lösung* werden beide Seiten der Wurzelgleichung als Funktionsgleichungen y_1 und y_2 geschrieben. Die Abzisse des Schnittpunktes der entsprechenden Funktionsgraphen liefert dann näherungsweise eine Lösung der Wurzelgleichung.

$\sqrt[3]{x-1} + x - 2 = 0$ | $-x; +2$
$\sqrt[3]{x-1} = -x + 2$

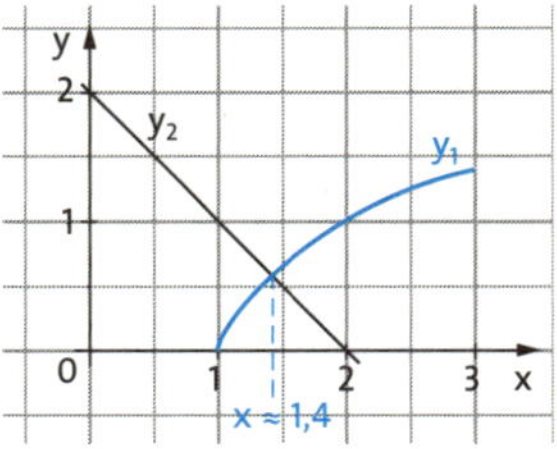

Lösung $x \approx 1{,}4$

Lösen von Exponentialgleichungen

Rechnerisch lassen sich Exponentialgleichungen unter Anwendung der **Potenzgesetze** oder durch **Logarithmieren** lösen.

Beim *Exponentenvergleich* werden Exponentialgleichungen auf einen Vergleich von Potenzen mit gleicher Basis zurückgeführt.

Vergleich:

(1) $64^x = 4^6$
$(4^3)^x = 4^6$
$4^{3x} = 4^6$
$\Rightarrow 3x = 6$
$x = 2$

(2) $5^x = \sqrt[3]{5^2}$
$5^x = 5^{\frac{2}{3}}$
$\Rightarrow x = \frac{2}{3}$

Allgemeine Schrittfolge beim **Logarithmieren:**

$$a^x = b$$
$$\lg a^x = \lg b$$
$$x \cdot \lg a = \lg b$$
$$x = \frac{\lg b}{\lg a}$$

$$2^x = 18$$
$$\lg 2^x = \lg 18$$
$$x \cdot \lg 2 = \lg 18$$
$$x = \frac{\lg 18}{\lg 2}$$
$$x \approx 4{,}17$$

Das *grafische Lösen* bietet sich dann an, wenn die Variable nicht nur im Exponenten vorkommt, also keine reine Exponentialgleichung vorliegt.

$$2^x + x^2 - 2 = 0 \qquad | -x^2; +2$$
$$2^x = -x^2 + 2$$

$y_1 = 2^x$ $\qquad y_2 = -x^2 + 2$

$x_1 \approx -1{,}25$ $\qquad x_2 \approx 0{,}6$

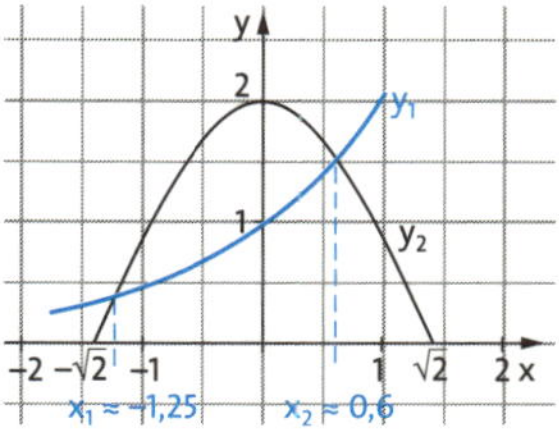

Trigonometrische Gleichungen

Das sind Gleichungen, in denen die Variable im Argument von Winkelfunktionen (↑ S. 64) vorkommt.

$\sin y = 0{,}75$
$\tan x = 1{,}24$
$\cos z = 0{,}5$

Bei der **Lösung** trigonometrischer Gleichungen wird der Winkel x im Grad- oder Bogenmaß bestimmt, der die Gleichung erfüllt.

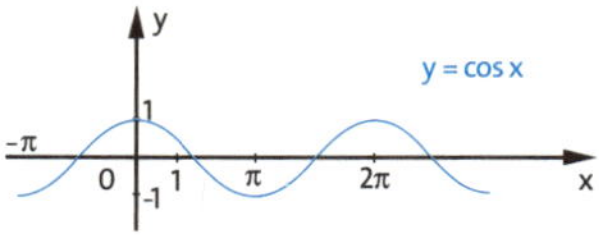

4 Funktionen

Grundbegriffe und Eigenschaften

Eine **Funktion** f ist eine eindeutige Zuordnung (Abbildung), die jedem Element x aus einer Menge D, **Definitionsbereich,** eindeutig ein Element y aus einer Menge W, **Wertebereich,** zuordnet. Die Elemente x, y sind eine Menge geordneter Paare, x nennt man **Argument,** das zugeordnete Element y aus W heißt **Funktionswert** von x und wird mit f(x) bezeichnet.

$y = f(x) = x^2$

$x \in D$ (Definitionsbereich)

$y \in W$ (Wertebereich)

Ergebnis einer Klassenarbeit:

Zensur	1	2	3	4	5	6
Anzahl	3	7	12	4	3	1

Es gilt: $D = \{1; 2; 3; 4; 5; 6\}$
$W = \{1; 3; 4; 7; 12\}$

Funktionen werden durch eine **Zuordnungsvorschrift** und die Angabe des Definitions- bzw. Wertebereichs beschrieben. Schreibweisen:

- $f: x \rightarrow y; x \in D; y \in W$
- $f: x \rightarrow f(x); x \in D; y \in W$
- $y = f(x)$ (Funktionsgleichung)
- $\{(x; y) : x \in D \text{ und } y \in W\}$

Jeder reellen Zahl wird ihr Quadrat zugeordnet.
Es gilt: $D = \mathbb{R}; W = [0, +\infty[$

$f: x \rightarrow x^2$, also $y = x^2$
Dies ist eine eindeutige Zuordnung, also eine Funktion.

gesprochen: Menge der geordneten Paare x, y mit x aus D und y aus W

Darstellungen von Funktionen

Darstellung mithilfe einer **Wortvorschrift.**	Jeder positiven Zahl wird ihr doppelter Wert zugeordnet.
Darstellung mithilfe einer **Funktionsgleichung.**	$f(x) = 2x$ $D = [0, +\infty[$ $W = [0, +\infty[$
Darstellung mithilfe einer **Wertetabelle.**	(siehe Tabelle unten)

x	0	1	2	3	4	…
f(x)	0	2	4	6	8	…

Grafische Darstellung: Funktionsgraphen werden meist im **kartesischen Koordinatensystem** dargestellt.
Ein Punkt ist darin durch seine **Koordinaten** (Abstände zu den Achsen) eindeutig festgelegt.
Die Abstände heißen **Abszisse (x-Wert)** und **Ordinate (y-Wert).** Die Achsen bezeichnet man als **x-Achse** (Abszissenachse, Rechtsachse) bzw. **y-Achse** (Ordinatenachse, Hochachse). Die Achsen schneiden einander im **Koordinatenursprung** O, mit den Koordinaten (0; 0).

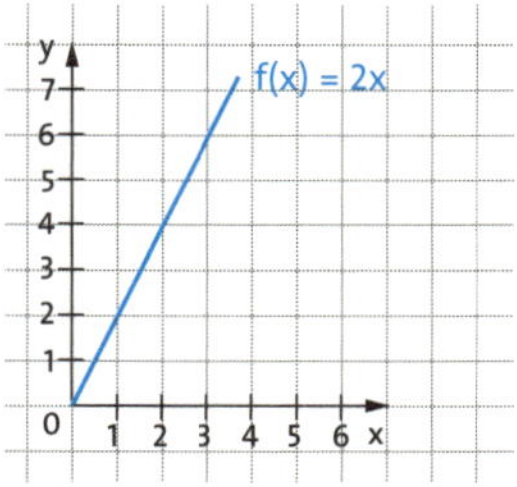

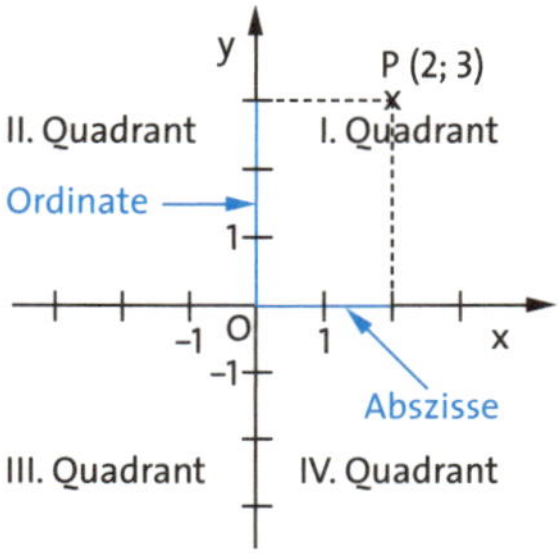

4

Zuordnung

Werden zwei Größenbereiche in Beziehung gesetzt, so entstehen Zuordnungen (↑ S. 20).

Name	Frank	Maria	Sophie	Olaf	Peter	Paul
Größe	1,70 m	1,64 m	1,68 m	1,70 m	1,68 m	1,72 m

Proportionale Zuordnungen

Eine Zuordnung heißt **direkte Proportionalität,** wenn zwei veränderliche Größen x und y immer den gleichen Quotienten k haben, also gilt:

$\frac{y}{x} = k$, d.h. $y = k \cdot x$. Man schreibt dann:

$y \sim x$ (gesprochen: y ist proportional zu x)

Ein Wasserhahn tropft. Mit zunehmender Zeit steigt der Wasserverlust.

Zeit x in h	1	2	3	4	5	6
Wasser y in ml	250	500	750	1000	1250	1500

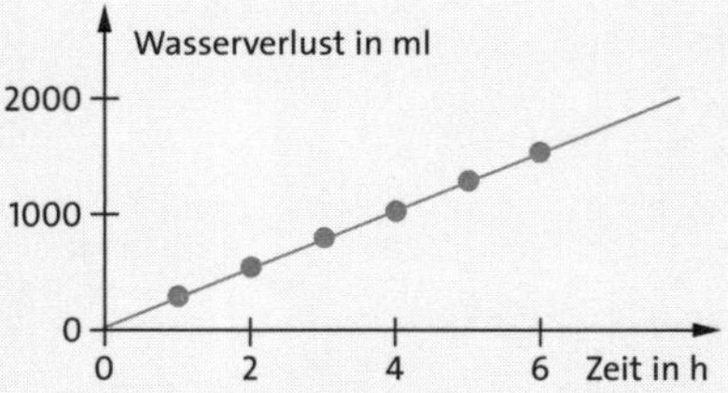

Indirekt proportionale Zuordnungen

Eine Zuordnung heißt **indirekte Proportionalität** (umgekehrte Proportionalität), wenn zwei veränderliche Größen x und y immer das gleiche Produkt k haben, also gilt:
$y \cdot x = k$, d. h. $y = k \cdot \frac{1}{x}$. Man schreibt dann:

$y \sim \frac{1}{x}$ (gesprochen: y ist indirekt proportional zu x)

Je mehr Lottospieler in einer Tippgemeinschaft zusammen spielen, desto kleiner ist der Gewinn für jeden.

Zahl der Spieler	1	2	4	5	6
Gewinn in €	24 000	12 000	6 000	4 800	4 000

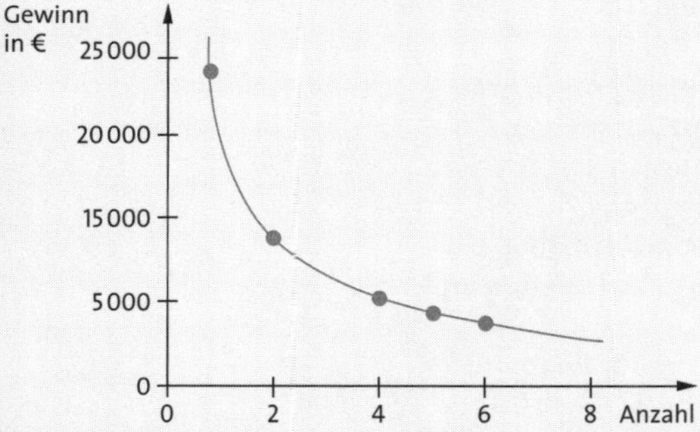

direkte Proportionalität	indirekte Proportionalität
Je mehr – desto mehr.	Je mehr – desto weniger.
Vier Schüler wollen von der Schule ins Kino fahren:	
Nehmen sie den Bus, zahlt jeder Schüler 2 €. Insgesamt kostet die Fahrt 8 €.	Nehmen sie das Taxi, zahlen sie zusammen 10 €. Der Einzelpreis beträgt 2,50 €.
Je mehr mitfahren, desto höher wird der Gesamtpreis.	Je mehr mitfahren, desto geringer der Einzelfahrpreis.

Lineare Funktionen

Dies sind Funktionen mit einer Gleichung der Form $y = m \cdot x + n \quad (m; n \in \mathbb{R})$. m und n sind **Parameter.**

$y = \frac{1}{2}x + 1$

Wertetabelle:

x	−2	0	2	4
y	0	1	2	3

Funktionen der Form y = n, d. h. y = mx + n mit m = 0, heißen **konstante Funktionen.** Der Graph ist eine Parallele zur x-Achse im Abstand n.

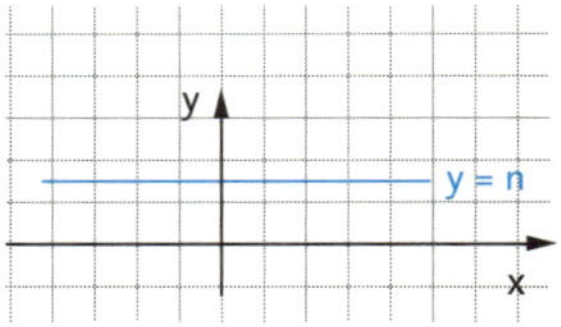

Für $y = m \cdot x \; (m \neq 0)$ gilt:

- Der Graph ist eine Gerade durch den Koordinatenursprung (1).
- m gibt den **Anstieg,** die Steigung der Funktion an.

Für $y = mx + n \; (m, n \neq 0)$ gilt:

- Der Graph ist eine Gerade (2).
- n **(absolutes Glied)** gibt den Schnittpunkt mit der y-Achse an.
- Bei gleichem Anstieg m und unterschiedlichen n sind die Graphen zueinander parallele Geraden (2), (3).

(1) $y = 0{,}5 \cdot x$
(2) $y = 0{,}5 \cdot x + 2$
(3) $y = 0{,}5 \cdot x - 2$

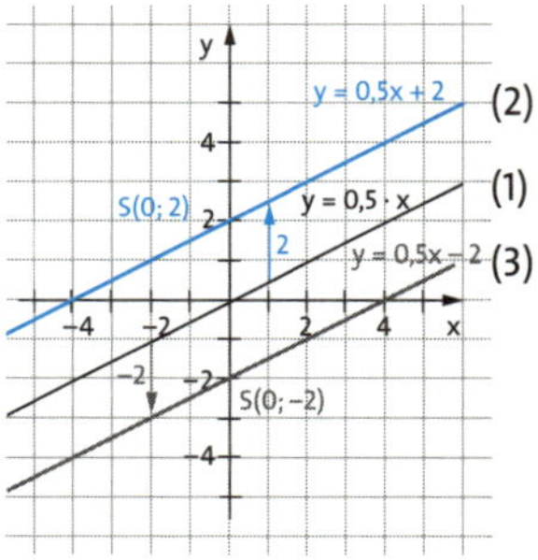

Zeichnen der Graphen

$y = m \cdot x \ (m \neq 0)$:

- Der erste Punkt ist der Koordinatenursprung.
- Für den zweiten Punkt wird die Funktionsgleichung für einen Wert berechnet oder der Anstieg m genutzt.

Das eingezeichnete rechtwinklige Dreieck nennt man **Anstiegs-** oder **Steigungsdreieck.**

$y = \frac{3}{4}x \quad P_1(0;\,0) \quad m = \frac{3}{4}$

Wenn x um 4 wächst, wächst y um 3.

$P_2(4;\,3)$

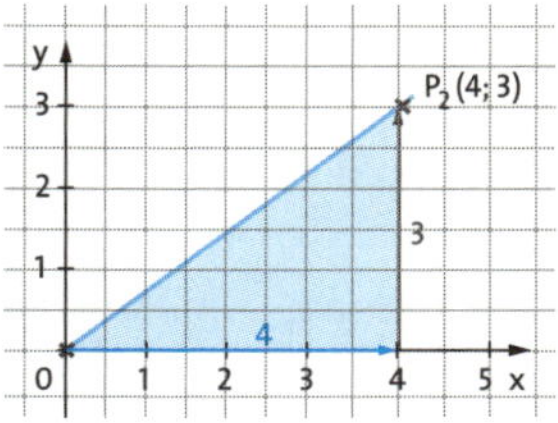

$y = mx + n \ (m;\, n \neq 0)$:

- Unter Verwendung des Steigungsdreiecks und des Schnittpunkts mit der y-Achse P(0; n) kann der Graph gezeichnet werden.

Nullstelle der Funktion: y = 0 einsetzen.

- Anderer Weg: Erstellen einer Wertetabelle und Zeichnen des Graphen mittels zweier Werte.

$y = -\frac{3}{2}x - 1 \quad P(0;\,-1)$

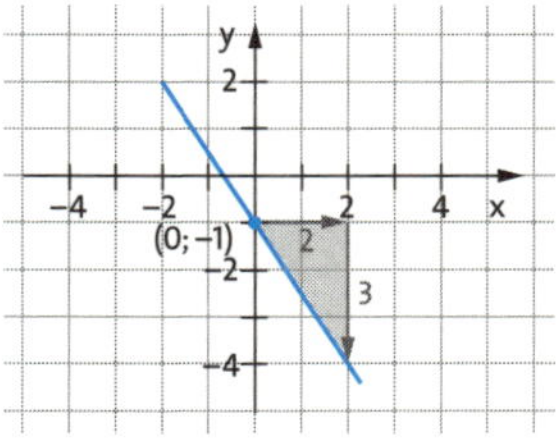

$y = -\frac{3}{2}x - 1 \qquad -\frac{3}{2}x - 1 = 0$

$x = -\frac{2}{3}$

Die Funktionsgleichung lässt sich aus zwei bekannten Punkten durch Lösung eines **Gleichungssystems** (↑ S. 40) bestimmen.

Geg.: $P_1(2;\,5);\ P_2(-2;\,-1)$

Funktion	$y = mx + n$
I	$5 = m \cdot 2 + n$
II	$-1 = m\,(-2) + n$
Gleichung	$y = \frac{3}{2}x + 2$

Quadratische Funktionen

Dies sind Funktionen mit einer Gleichung der Form $y = ax^2 + bx + c \quad (a \neq 0)$. ax^2 heißt quadratisches Glied, bx heißt lineares Glied, c heißt konstantes Glied (Absolutglied). Der Graph ist eine **Parabel.**

Die **Normalparabel** ist ein Sonderfall ($a = 1$, $b = 0$, $c = 0$).

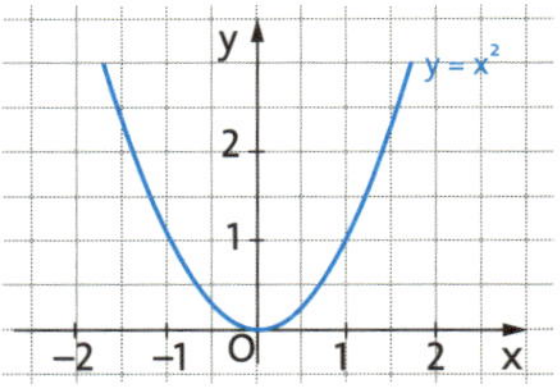

Zeichnen der Graphen

Stauchung und **Streckung:** Der Parameter $a > 0$ bewirkt eine Stauchung oder Streckung der Parabel.
$0 < a < 1$ Parabel gestaucht
$a > 1$ Parabel gestreckt
Ist $a < 0$, wird der Graph an der x-Achse **gespiegelt.**

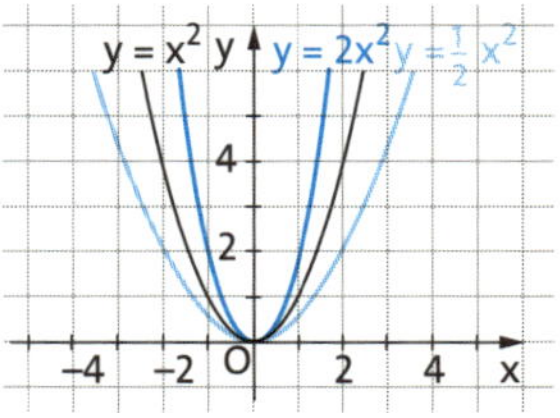

Der Graph der Funktion $y = x^2 + c$ entsteht durch **Verschiebung** der Normalparabel **entlang der y-Achse.** Die Gestalt der Normalparabel ändert sich nicht.
$c > 0$ Verschiebung auf y-Achse nach oben
$c < 0$ Verschiebung auf y-Achse nach unten

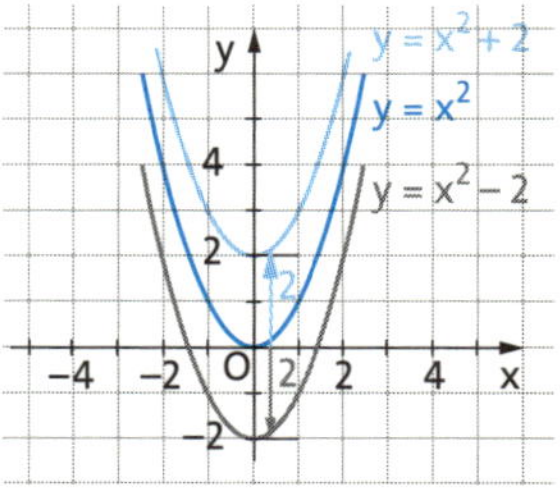

Bei einer **Verschiebung** der Normalparabel $y = x^2$ **auf der x-Achse** um den Wert d hat der Scheitelpunkt S die Koordinaten $S(-d; 0)$ und die Parabel die Gleichung $y = (x + d)^2$.

$d < 0$ Verschiebung auf x-Achse nach rechts

$d > 0$ Verschiebung auf x-Achse nach links

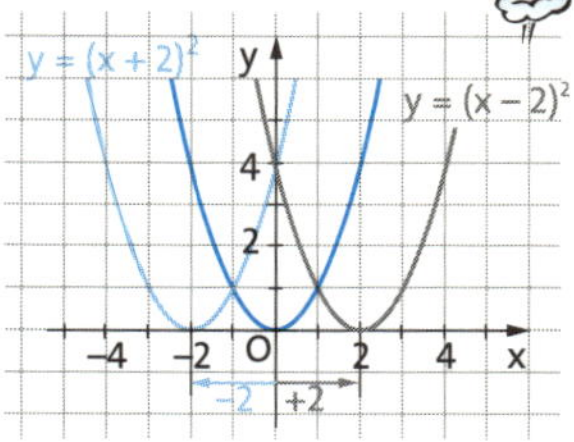

Nullstellen der Funktion $y = x^2 + px + q$

Sie werden berechnet mit der Formel $x_{1;2} = -\frac{p}{2} \pm \sqrt{\left(\frac{p}{2}\right)^2 - q}$

Für die Koordinaten des **Scheitelpunkts** gilt:

$S(x_S; y_S) = S\left(-\frac{p}{2}; -\left(\frac{p}{2}\right)^2 + q\right)$. Der Term $\left(\frac{p}{2}\right)^2 - q$ wird als **Diskriminante** D bezeichnet, also $S\left(-\frac{p}{2}; -D\right)$.

Diskriminante D	$D > 0$	$D = 0$	$D < 0$
Anzahl Nullstellen	2	1 (doppelte)	keine
Graph	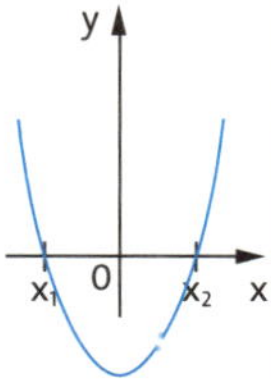	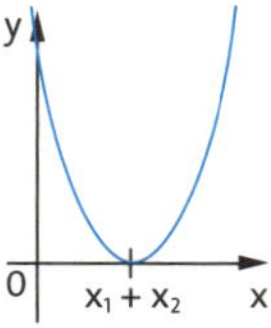	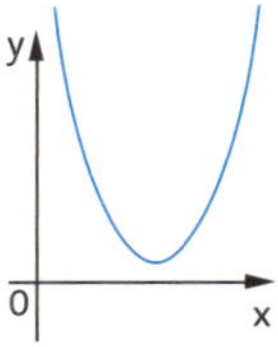
Beispiele	$y = x^2 - 2x - 3$ $D = 4$	$y = x^2 - 2x + 1$ $D = 0$	$y = x^2 - 2x + 3$ $D = -2$

Allgemeine Form		
Für die allgemeine Form der quadratischen Funktion $y = ax^2 + bx + c$ gilt:		
Funktionsgleichung	$y = ax^2 + bx + c$	$y = 2x^2 + 8x - 4$
Definitionsbereich	$-\infty < x < \infty$	$-\infty < x < \infty$
Wertebereich	$\frac{4ac - b^2}{4a} \leq y < \infty$ für $a > 0$; $-\infty < y \leq \frac{4ac - b^2}{4a}$ für $a < 0$;	$-12 \leq y \leq \infty$
Scheitelpunkt der Parabel	$S(-\frac{b}{2a}; \frac{4ac - b^2}{4a})$	$S(-2; -12)$
Nullstellen	$x_{1,2} = \frac{1}{2a}(-b \pm \sqrt{b^2 - 4ac})$	$x_1 \approx 0{,}45$; $x_2 \approx -4{,}45$

Potenzfunktionen

Dies sind Funktionen mit Gleichungen der Form $y = x^n \quad (x \in \mathbb{R}, n \in \mathbb{Z})$.

Die Graphen der Funktionen sind Parabeln n-ten Grades.

Ist der Exponent n in $y = x^n$ eine *gerade* Zahl ($n = 2k$; $k \in \mathbb{Z}$), so liegen **gerade Funktionen** vor.
Die y-Achse ist die Symmetrieachse für diese Graphen.

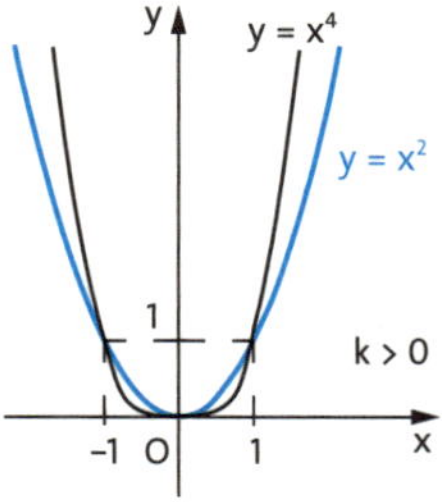

Ist der Exponent n in $y = x^n$ eine *ungerade* Zahl ($n = 2k + 1$; $k \in \mathbb{Z}$), so liegen **ungerade Funktionen** vor. Die Funktionsgraphen sind punktsymmetrisch (zentralsymmetrisch) zum Koordinatenursprung O.

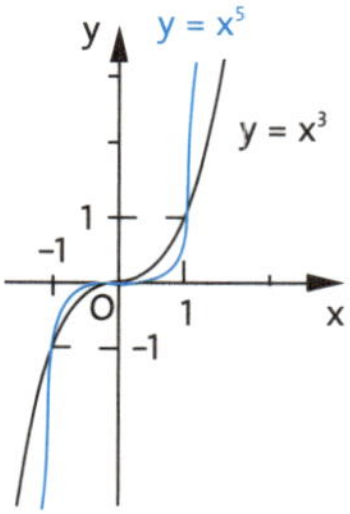

$n = 2m$; $m \in \mathbb{N}^*$ (1)
$D = \mathbb{R}$, $W = [0, +\infty[$
Nullstelle: $x_0 = 0$;
gemeinsame Punkte aller Graphen: (–1; 1), (0; 0), (1; 1)

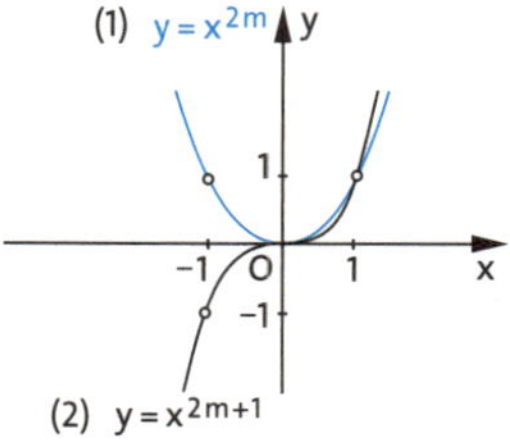

$n = 2m + 1$, $m \in \mathbb{N}^*$ (2)
$D = \mathbb{R}$, $W = \mathbb{R}$
Nullstelle: $x_0 = 0$;
gemeinsame Punkte aller Graphen: (–1; –1), (0; 0), (1; 1)

$n = -2m$, $m \in \mathbb{N}^*$ (3)
$D = \mathbb{R} \setminus \{0\}$, $W =]0, +\infty[$
Nullstelle: keine;
gemeinsame Punkte aller Graphen: (–1; 1), (1; 1)

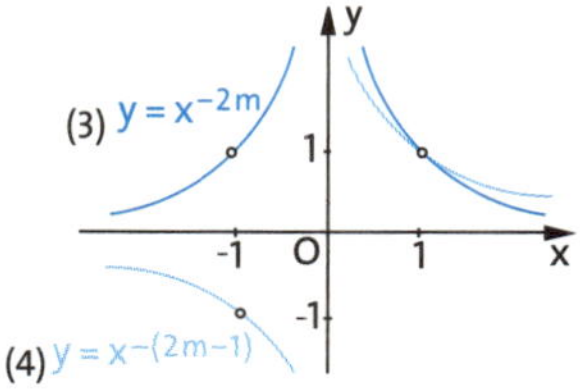

$n = -(2m - 1)$, $m \in \mathbb{N}^*$ (4)
$D = \mathbb{R} \setminus \{0\}$, $W = \mathbb{R} \setminus \{0\}$
Nullstelle: keine;
gemeinsame Punkte aller Graphen: (–1; –1), (1; 1)

4

Wurzelfunktionen

Dies sind Funktionen mit Gleichungen der Form $f(x) = \sqrt[n]{x^m}$ $(x \geq 0; m, n \in \mathbb{N}; m \geq 1; n \geq 2)$.

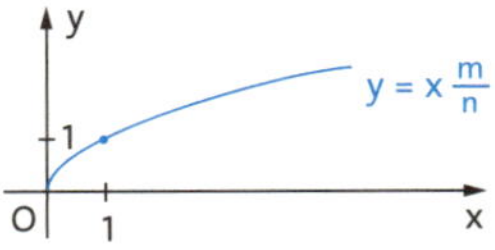

Die Funktion $f(x) = \sqrt{x}$

Sie ist die Umkehrfunktion zu $g(x) = x^2$, jedoch nur für den Bereich nichtnegativer x-Werte, da $g(x) = x^2$ nicht eineindeutig ist.
Gemeinsame Punkte der beiden Funktionen sind (0; 0) und (1; 1). Da $g(x) = x^2$ für $x \geq 0$ monoton steigend ist, ist es auch $f(x) = \sqrt{x} = \sqrt[2]{x}$.

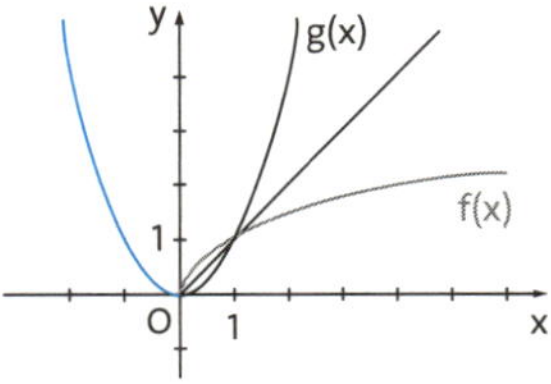

$f(x) = \sqrt{x}$ ist nicht äquivalent zu $[f(x)]^2 = x$.
Nach dem Wurzelziehen folgt: $|f(x)| = \sqrt{x}$ mit der Fallunterscheidung
(1) $f(x) \geq 0 \Rightarrow f_1(x) = \sqrt{x}$
(2) $f(x) < 0 \Rightarrow f_2(x) = -\sqrt{x}$

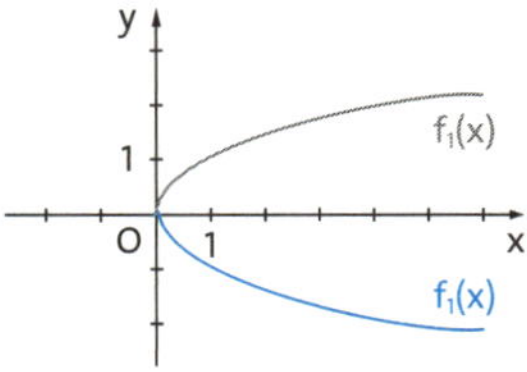

Die Funktionen f(x) $\sqrt[n]{x}$

$f(x) = x^n$ ($n \in \mathbb{N}$; $n \geq 2$) und $f^{-1}(x) = \sqrt[n]{x}$ sind zueinander inverse Funktionen, aber nur für $x \geq 0$.
Definitionsbereich:
$0 \leq x < \infty$
Wertebereich: $0 \leq y < \infty$
Nullstelle: $x = 0$
gemeinsame Punkte aller Graphen: (0; 0), (1; 1)
Monotonie: monoton steigend

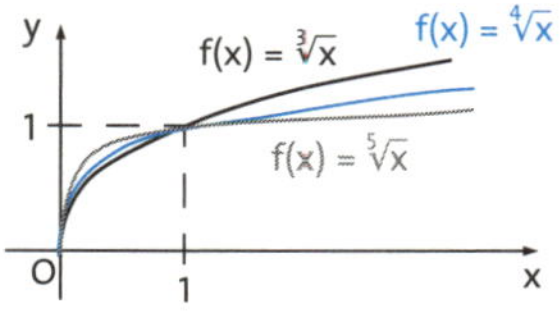

Logarithmusfunktionen

Dies sind Funktionen mit Gleichungen der Form
$f(x) = \log_a x$
($a, x \in \mathbb{R}$; $a, x > 0$; $a \neq 1$).

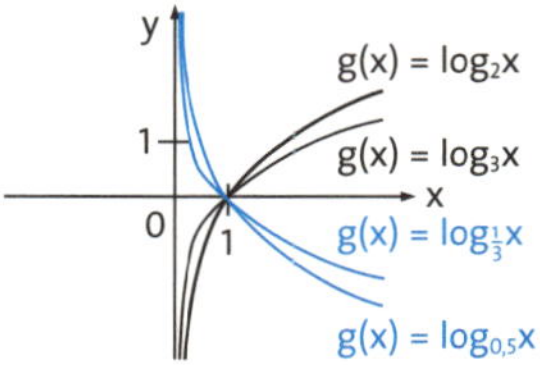

$y = \log_a x$ ist Umkehrfunktion von $g(x) = a^x$.
$D =]0, +\infty[$ $W = \mathbb{R}$
Nullstelle: $x_0 = 1$;
gemeinsamer Punkt aller Funktionsgraphen: (1; 0)
Spezialfälle (↑ S. 64):

$y = \log_{10} x = \lg x$
$y = \log_e x = \ln x$
$y = \log_2 x = \text{lb}\, x$

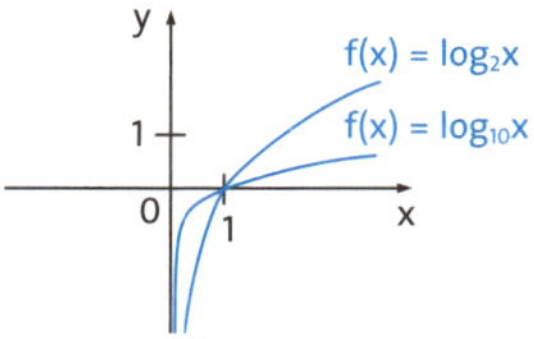

Exponentialfunktionen

$y = a^x$ ($a \in \mathbb{R}, a > 0, a \neq 1$)
$D = \mathbb{R}$ $W =]0, +\infty[$
Nullstellen: keine;
gemeinsamer Punkt aller Funktionsgraphen: (0; 1)
Spezialfall: $y = e^x$
e = 2,718282 (eulersche Zahl)

In Abhängigkeit von a spricht man von einer

- exponentiellen Zunahme $a > 1$
- exponentiellen Abnahme $0 < a < 1$

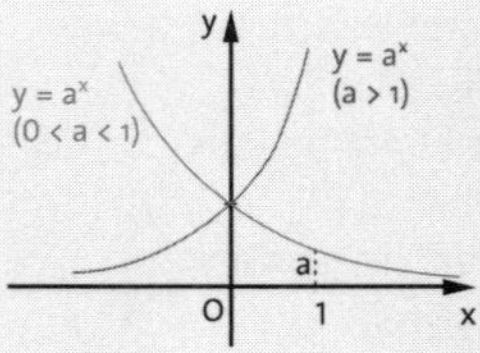

Lineares Wachstum

Ein Wachstum heißt **lineares Wachstum,** wenn die **Änderungsrate m konstant** ist. Mit dem Anfangsbestand c = B(0) gilt für den Bestand B(t) nach t ($t \in \mathbb{N}$) Zeitintervallen:
$\mathbf{B(t) = m \cdot t + c}$

Tim und seine Freunde machen eine Fahrradtour. Sie schaffen 15 km Weg in jeder Stunde. Nach den 3 Stunden Fahrt haben sie eine Strecke von 3 · 15 km + 0 km = 45 km bewältigt.

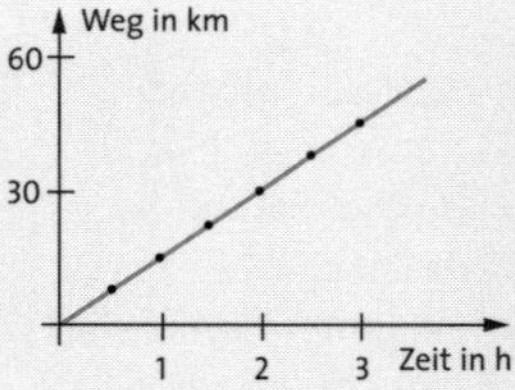

Exponentielles Wachstum

Ein Wachstum heißt **exponentielles Wachstum,** wenn für jeden Zeitschritt $\text{Bestand}_{\text{neu}} = a \cdot \text{Bestand}_{\text{alt}}$ gilt. Für alle Zeitintervalle ist der **Wachstumsfaktor a gleich.** Für den Bestand B(t) gilt nach t $(t \in \mathbb{N})$ Zeitintervallen: $\mathbf{B(t) = B(0) \cdot a^t}$

Wenn man sein Geld bei einer Bank anlegt und die Zinsen nicht abhebt, sondern auf dem Konto belässt, so steigt der Kontostand exponentiell. Aus 1000 € Startkapital werden nach 100 Jahren und 5 % Zinsen sagenhafte 125 239,30 €.

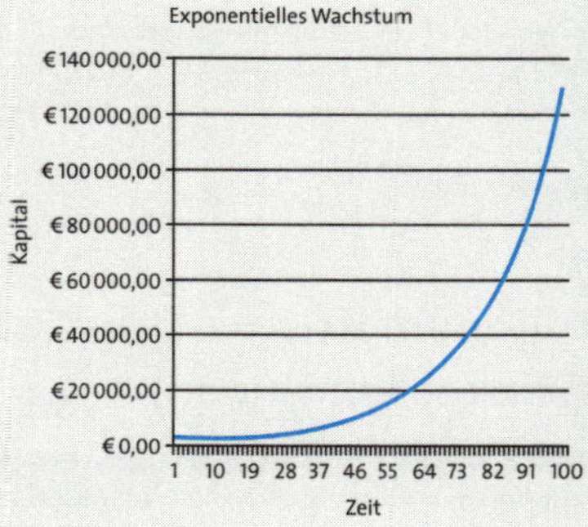

Wachstumsfaktor a: $1 + \frac{5}{100} = 1{,}05$

Nach 100 Jahren gilt: $1000\ € \cdot 1{,}05^{100} = 125\,239{,}30\ €$

Die Weltbevölkerung ist nahezu exponentiell gewachsen. Gab es Mitte des 17. Jahrhunderts etwa 500 Millionen Menschen, waren es 1960 3 Milliarden. 1987 waren es 5 Milliarden, 2010 werden 7 Milliarden erwartet.

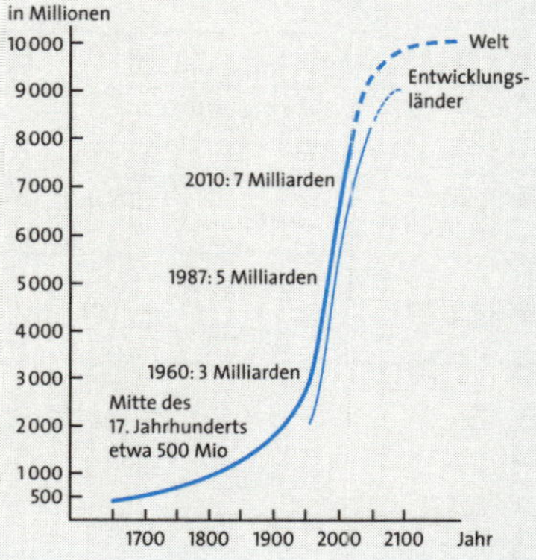

Die Funktionen f(x) = lg x und f(x) = ln x		
	f(x) = lg x	**f(x) = ln x**
Basis	10	e = 2,718282…
Symbol	lg	ln
Bezeichnung	dekadischer Logarithmus, briggsscher Logarithmus	natürlicher Logarithmus, neperscher Logarithmus (nach John Napier)
Beziehung	$10^{\lg x} = e^{\ln x} = x$	

Trigonometrische Funktionen (Winkelfunktionen)

Winkelfunktionen am rechtwinkligen Dreieck			
Bezeichnung	**Längenverhältnis**		
Sinus	$\frac{\text{Gegenkathete}}{\text{Hypotenuse}}$	$\sin\alpha = \frac{a}{c}$	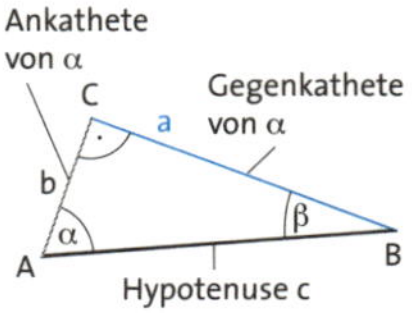
Kosinus	$\frac{\text{Ankathete}}{\text{Hypotenuse}}$	$\cos\alpha = \frac{b}{c}$	
Tangens	$\frac{\text{Gegenkathete}}{\text{Ankathete}}$	$\tan\alpha = \frac{a}{b}$	
Kotangens	$\frac{\text{Ankathete}}{\text{Gegenkathete}}$	$\cot\alpha = \frac{b}{a}$	

Winkelfunktionen am Kreis

Die **Sinusfunktion** ist die Menge aller geordneten Paare $(x; \frac{u}{r})$.
Funktionsgleichung:
$f(x) = \sin x$

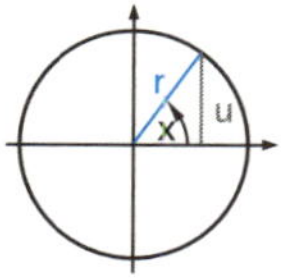

Die **Kosinusfunktion** ist die Menge aller geordneten Paare $(x; \frac{v}{r})$.
Funktionsgleichung:
$f(x) = \cos x$

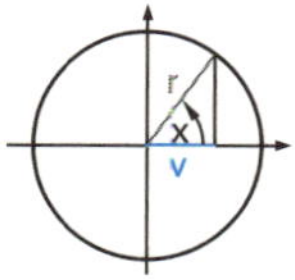

Die **Tangensfunktion** ist die Menge aller geordneten Paare $(x; \frac{u}{v})$.
Funktionsgleichung:
$f(x) = \tan x$

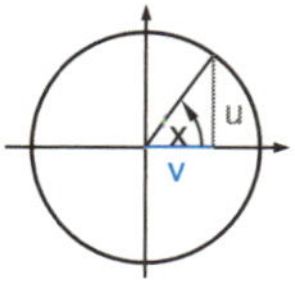

Die **Kotangensfunktion** ist die Menge aller geordneten Paare $(x; \frac{v}{u})$.
Funktionsgleichung:
$f(x) = \cot x$

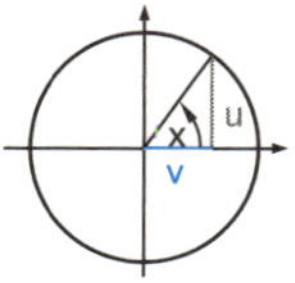

Wählt man als Radius 1 **(Einheitskreis),** entsprechen die Maßzahlen der Abszisse bzw. Ordinate den Funktionswerten der Sinus- bzw. Kosinusfunktion.

Bogenmaß

Dies ist das Verhältnis aus dem zu einem Winkel α gehörenden Kreisbogen b und dem Radius. Es wird mit **Arkus** (arc) bezeichnet.

$$\text{arc}\,\alpha = \frac{b}{r} = \frac{\pi\, r\, \alpha}{180^\circ \cdot r} = \frac{\pi}{180^\circ} \cdot \alpha$$

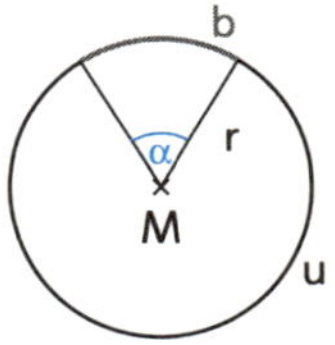

Graphen und Eigenschaften

Die Graphen der Winkelfunktionen lassen sich unmittelbar aus der Darstellung am Einheitskreis (↑ S. 65) entwickeln.

Sinusfunktion
$f(x) = \sin x$
Definitionsbereich:
$-\infty < x < \infty$
Wertebereich: $-1 \leq y \leq 1$
kleinste Periodenlänge: 2π
Nullstellen: $0 + k\pi$ $(k \in \mathbb{Z})$

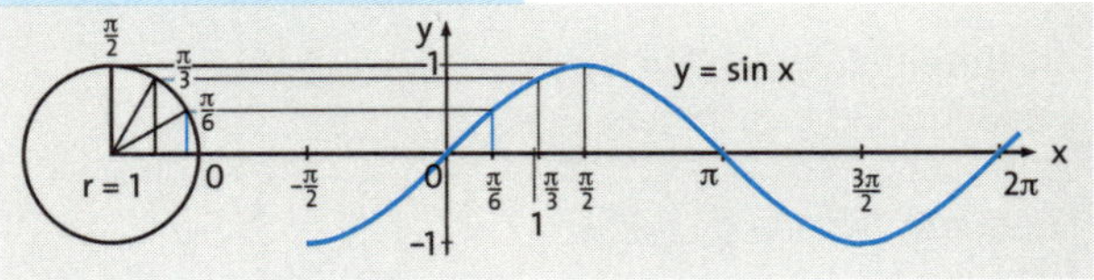

Kosinusfunktion
$f(x) = \cos x$
Definitionsbereich:
$-\infty < x < \infty$
Wertebereich: $-1 \leq y \leq 1$
kleinste Periodenlänge: 2π
Nullstellen: $\frac{\pi}{2} + k\pi$ $(k \in \mathbb{Z})$

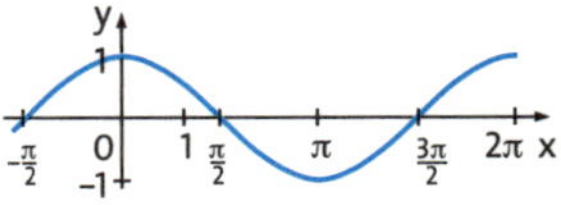

Tangensfunktion
f(x) = tan x
Definitionsbereich:
$-\infty < x < \infty$
$x \neq (2k+1)\frac{\pi}{2}$ $(k \in \mathbb{Z})$
Wertebereich: $-\infty < y < \infty$
kleinste Periodenlänge: π
Nullstellen: $0 + k\pi$ $(k \in \mathbb{Z})$

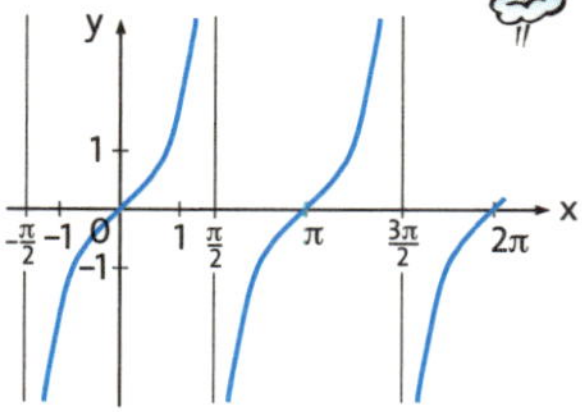

Kotangensfunktion
f(x) = cot x
Definitionsbereich:
$-\infty < x < \infty$ $x \neq k\pi$ $(k \in \mathbb{Z})$
Wertebereich: $-\infty < y < \infty$
kleinste Periodenlänge: π
Nullstellen: $\frac{\pi}{2} + k\pi$ $(k \in \mathbb{Z})$

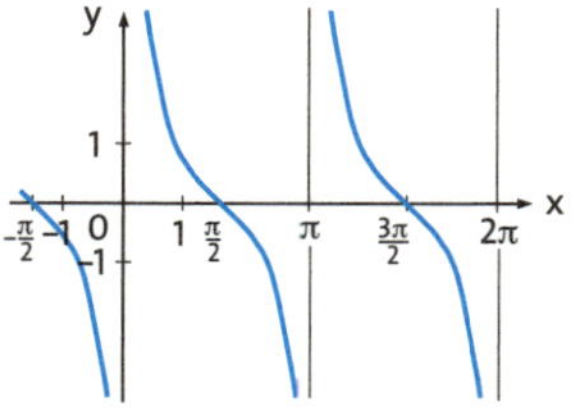

4

Die wichtigsten Werte trigonometrischer Funktionen

Gradmaß Bogenmaß	0° 0	30° $\frac{\pi}{6}$	45° $\frac{\pi}{4}$	60° $\frac{\pi}{3}$	90° $\frac{\pi}{2}$	120° $\frac{2\pi}{3}$	135° $\frac{3\pi}{4}$	150° $\frac{5\pi}{6}$	180° π
y = sin x	0	$\frac{1}{2}$	$\frac{1}{2}\sqrt{2}$	$\frac{1}{2}\sqrt{3}$	1	$\frac{1}{2}\sqrt{3}$	$\frac{1}{2}\sqrt{2}$	$\frac{1}{2}$	0
y = cos x	1	$\frac{1}{2}\sqrt{3}$	$\frac{1}{2}\sqrt{2}$	$\frac{1}{2}$	0	$-\frac{1}{2}$	$-\frac{1}{2}\sqrt{2}$	$-\frac{1}{2}\sqrt{3}$	-1
y = tan x	0	$\frac{1}{3}\sqrt{3}$	1	$\sqrt{3}$	nicht definiert	$-\sqrt{3}$	-1	$-\frac{1}{3}\sqrt{3}$	0
y = cot x	nicht definiert	$\sqrt{3}$	1	$\frac{1}{3}\sqrt{3}$	0	$-\frac{1}{3}\sqrt{3}$	-1	$-\sqrt{3}$	nicht definiert

5 Geometrie

Grundbegriffe

Ein **Punkt** hat keine Ausdehnung. Seine Lage im Koordinatensystem wird durch seine Koordinaten eindeutig angegeben.

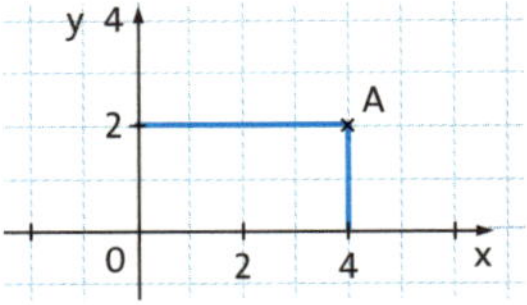

A (4; 2)

Jede **Linie** ist eine unendliche Punktmenge. Gerade Linien ohne Anfangs- und Endpunkt heißen **Geraden.**

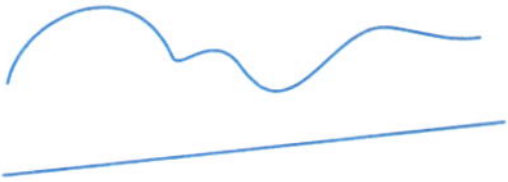

Zwei Punkte legen eine Gerade eindeutig fest.

Parallele Geraden haben keinen Punkt gemeinsam oder sie sind identisch. **Senkrechte** Geraden schneiden sich unter einem rechten Winkel.

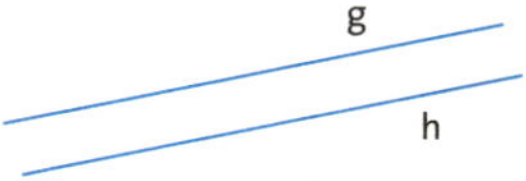

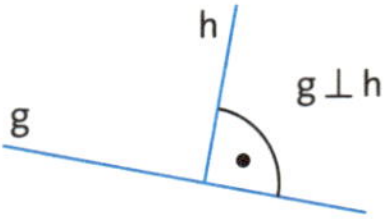

Wenn zwei Geraden einander **schneiden,** haben sie genau einen Punkt gemeinsam.

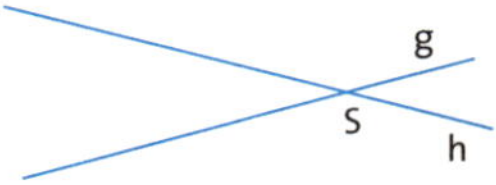

Eine Gerade wird durch einen Punkt in zwei **Halbgeraden (Strahlen)** zerlegt.

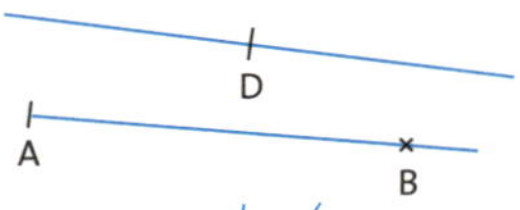

Alle Strahlen der Ebene mit gemeinsamem Anfangspunkt bilden ein **Strahlenbüschel.**

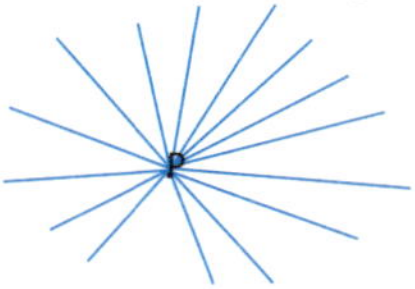

Eine **Strecke** wird durch ihre zwei Randpunkte festgelegt. Sie ist die kürzeste Verbindung zwischen zwei Punkten.

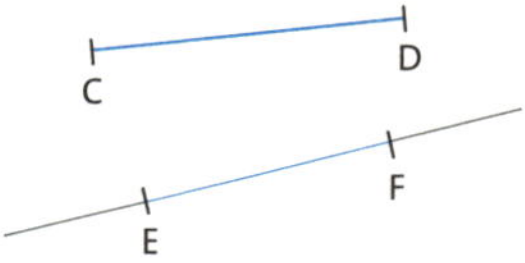

Die Strecke PL ($L \in g$), die auf der Senkrechten zu g durch P liegt, heißt das **Lot** (↑ S. 75) von P auf g.

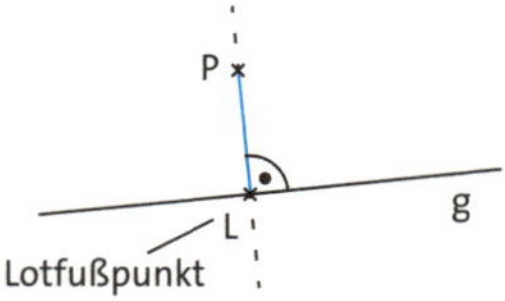

Eine **Ebene** ist eine nach allen Richtungen unbegrenzte unendliche Punktmenge, die festgelegt wird durch:

- drei Punkte, die nicht auf einer Geraden liegen (1),
- eine Gerade und einen Punkt, der nicht auf der Geraden liegt (2),
- zwei verschiedene, sich schneidende oder parallele Geraden (3).

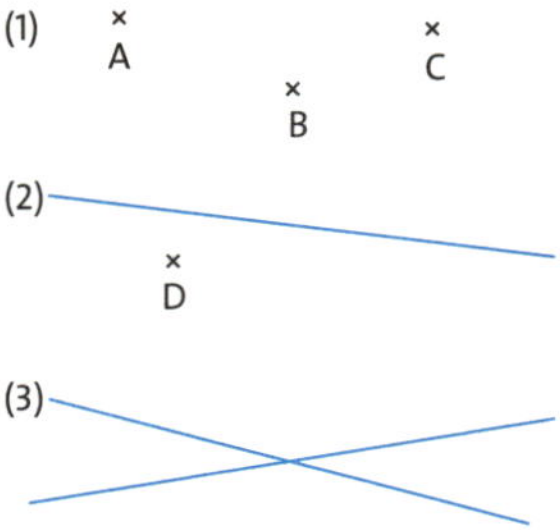

5

Längen

Können zwei Strecken mit einer Bewegung (↑ S. 76 f.) aufeinander abgebildet werden, so sind sie **deckungsgleich** und haben die gleiche **Länge.**

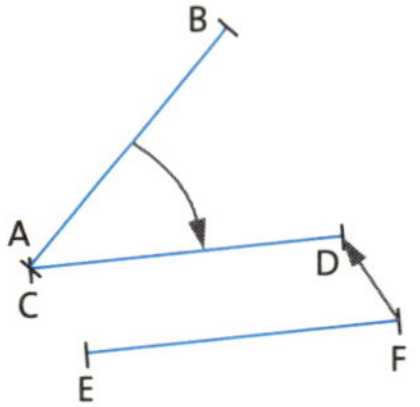

Als **Abstand eines Punktes P von einer Geraden g** wird die Länge des Lots von P auf g bezeichnet (↑ S. 69).

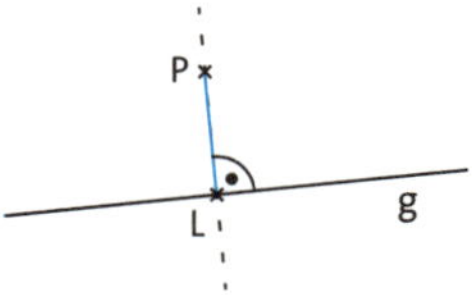

Die Länge der Strecke AB (= $\overline{AB}$) ist der **Abstand der Parallelen g und h** (g || h, k ⊥ h, k ⊥ g).

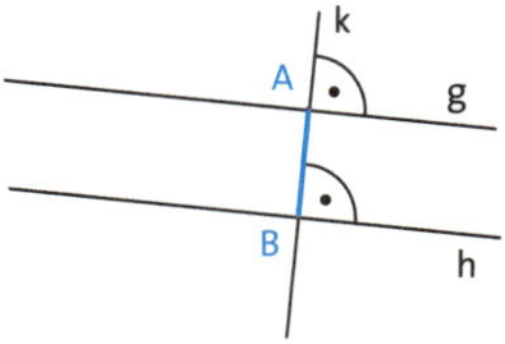

Flächen

Eine geschlossene Linie in der Ebene erzeugt eine **ebene Figur.** Ihre Fläche umfasst alle Punkte im Innern und auf dem Rand. Zwei Figuren haben den gleichen **Flächeninhalt,** wenn sie so in Teilflächen zerlegt werden können, dass jede der Teilflächen in jeder Figur enthalten ist.

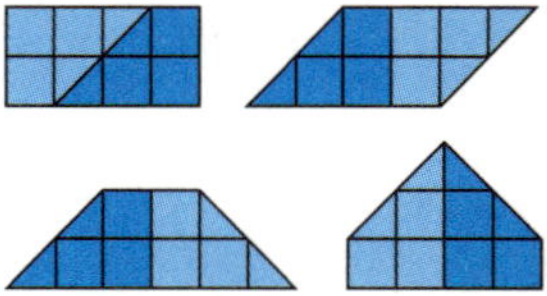

Winkel

Zwei Strahlen mit einem gemeinsamen Anfangspunkt S bilden einen **Winkel.** Der gemeinsame Anfangspunkt ist der **Scheitelpunkt** des Winkels. Die zwei Strahlen sind die **Schenkel** des Winkels.

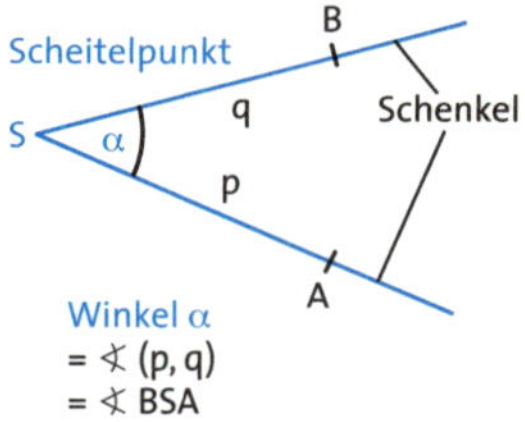

Einen Winkel der Größe **1 Grad (1°)** erhält man, indem man einen Kreis durch Radien in 360 deckungsgleiche Teile (Kreisausschnitte) zerlegt.

Das **Bogenmaß** b ist die Länge des zugehörigen Kreisbogens auf dem Einheitskreis (↑ S. 65).

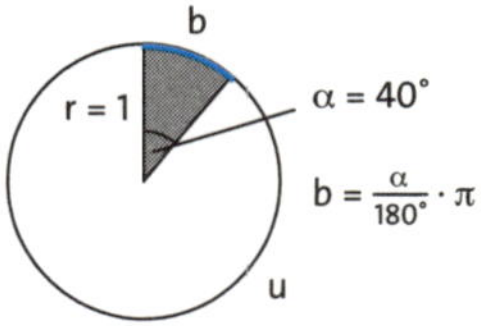

Wird ein Strahl um seinen Anfangspunkt S gedreht, so entsteht ein **orientierter Winkel.** Der Drehpunkt S heißt **Scheitelpunkt** des Winkels. Erfolgt die Drehung entgegen dem Uhrzeigersinn, so ist der Winkel **positiv orientiert.**

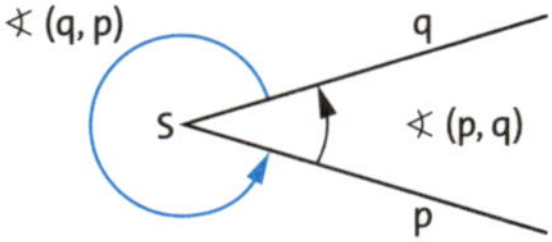

Winkelarten

spitzer Winkel α:
$\alpha < 90°$

rechter Winkel β:
$\beta = 90°$

stumpfer Winkel γ:
$90° < \gamma < 180°$

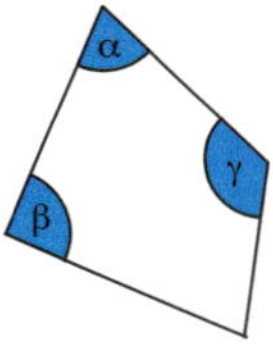

gestreckter Winkel δ:
$\delta = 180°$

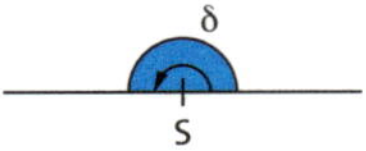

überstumpfer Winkel μ:
$180° < \mu < 360°$

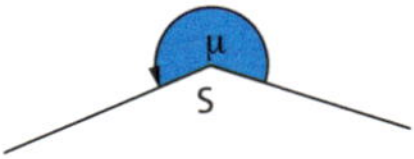

Vollwinkel ε:
$\varepsilon = 360°$

Nullwinkel α:
Die Strahlen p und q sind identisch. $\alpha = 0°$

Winkel an Geraden

Schneiden zwei Geraden einander, so heißen die *gegenüberliegenden* Winkel **Scheitelwinkel.** Sie sind gleich groß.
Die *nebeneinander liegenden* Winkel heißen **Nebenwinkel.** Ihre Summe beträgt 180°.

In der Abbildung gilt:
$\alpha + \beta = \beta + \gamma = \gamma + \delta = \delta + \alpha = 180°$

Winkel an geschnittenen Parallelen

Stufenwinkel an geschnittenen Parallelen sind gleich groß.

$\alpha = \alpha', \beta = \beta', \gamma = \gamma', \delta = \delta'$

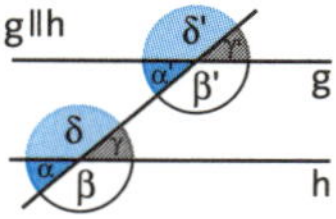

Wechselwinkel an geschnittenen Parallelen sind gleich groß.

$\alpha = \gamma', \beta = \delta', \gamma = \alpha', \delta = \beta'$

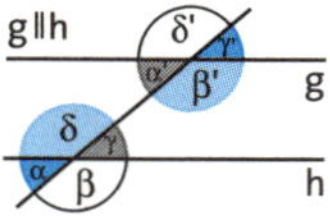

Entgegengesetzt liegende Winkel an geschnittenen Parallelen ergänzen einander zu 180°.

$\alpha + \delta' = \beta + \gamma' = \gamma + \beta'$
$= \delta + \alpha' = 180°$

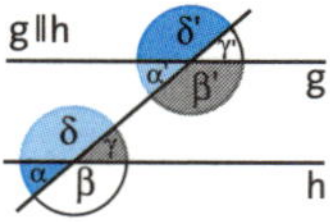

Konstruktionen

Abtragen einer Strecke

(1) Kreisbogen um P mit $r = \overline{AB}$ zeichnen ⇒ Punkte Q und R auf g
Die Strecken PQ und PR auf g haben die gleiche Länge wie AB.

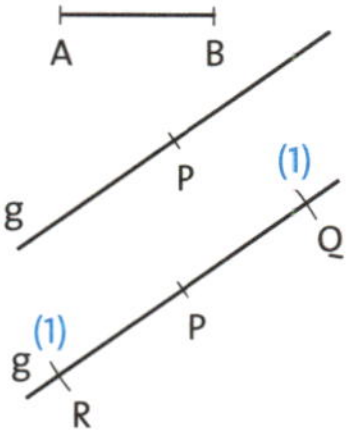

Antragen eines Winkels an einen Strahl

(1) Kreisbogen um S zeichnen ⇒ Punkte P und Q
(2) Kreisbogen um A mit Radius $r = \overline{SP}$ zeichnen ⇒ Punkt B auf dem Strahl s
(3) Kreisbogen um B mit $r = \overline{PQ}$ zeichnen ⇒ Punkte C und D
(4) Strahlen $\overrightarrow{AD}$ und $\overrightarrow{AC}$ zeichnen. Es gilt:
$\sphericalangle BAD = \sphericalangle CAB = \sphericalangle QSP$.

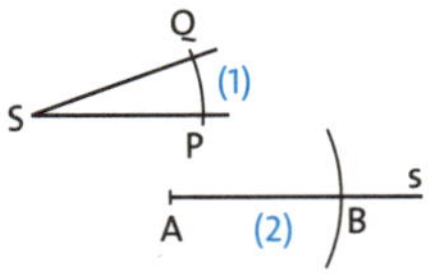

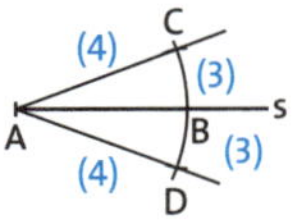

Strecke halbieren – die Mittelsenkrechte

(1) Kreisbogen um A und B zeichnen; Radius beliebig, gleich groß und $r > \frac{1}{2}\overline{AB}$ ⇒ Punkte C und D
(2) Die Gerade CD schneidet die Strecke AB in M. Sie ist die **Mittelsenkrechte** der Strecke AB.

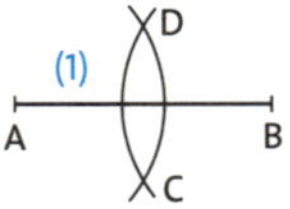

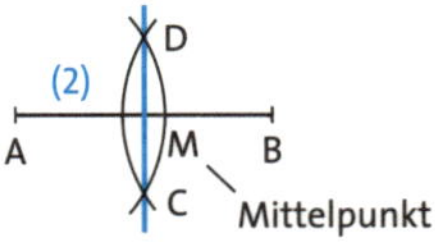

Winkelhalbierende

(1) Kreisbogen um den Scheitelpunkt A zeichnen ⇒ Punkt B auf h und Punkt C auf k

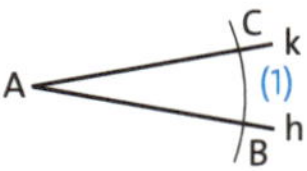

(2) Zwei Kreisbögen um B und C zeichnen, $r > \frac{1}{2}\overline{BC}$
⇒ Punkte D und E als Schnittpunkte der beiden Kreisbögen
$\overrightarrow{AD}$ ist die **Winkelhalbierende** von ∢ (h, k).

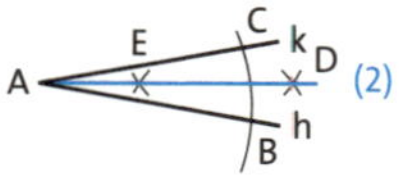

Senkrechte zu einer Geraden

(1) Kreisbogen um A zeichnen ⇒ B und C auf h
(2) Kreisbogen um B und C zeichnen; Radius beliebig, aber gleich groß, $r > \overline{AB}$
⇒ Punkte D und E
Die Gerade durch A, D, E ist die **Senkrechte** zu h in A.

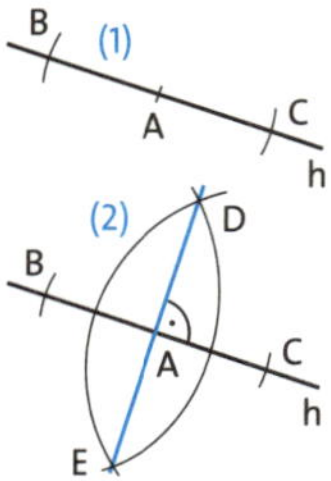

Lot von einem Punkt auf eine Gerade

(1) Kreisbogen um A zeichnen ⇒ B und C auf h
(2) Kreisbogen um B und C zeichnen; $r > \frac{1}{2}\overline{BC}$ aber gleich groß ⇒ Punkt D
(3) Gerade durch A und D zeichnen ⇒ Punkt L auf h
AL ist das **Lot** von A auf die Gerade h.

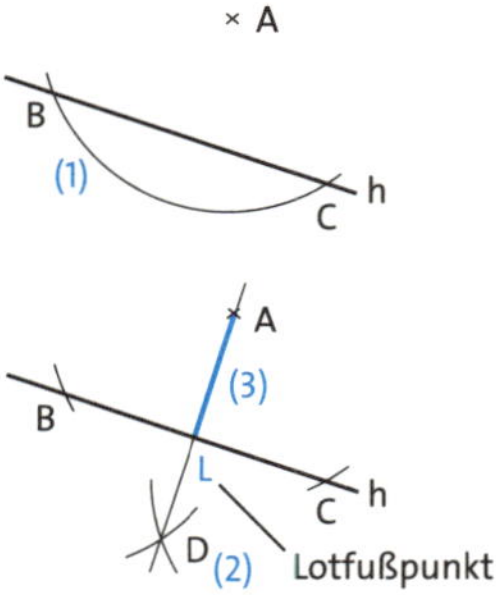

Kongruenz und Bewegung

Zwei Figuren sind zueinander **kongruent,** wenn es eine Bewegung gibt, welche die eine Figur auf die andere abbildet.

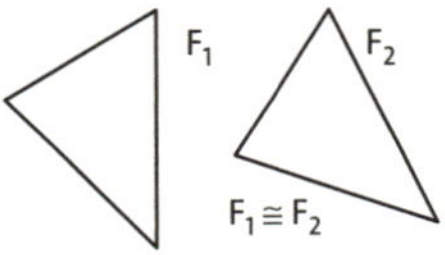

Verschiebung

Eine **Verschiebung** $\overrightarrow{AB}$ ist eine eineindeutige Abbildung der Ebene auf sich selbst. Für das Bild P' von P gilt:
PP' || AB und AP || BP'.

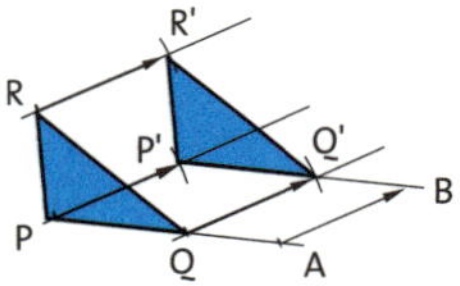

Drehung

Eine **Drehung um einen Punkt Z** mit dem Drehwinkel α ist eine eineindeutige Abbildung der Ebene auf sich selbst. Für das Bild P' von P gilt:

- P' liegt auf dem Kreis um Z durch P,
- $\sphericalangle$ (PZP') = α.

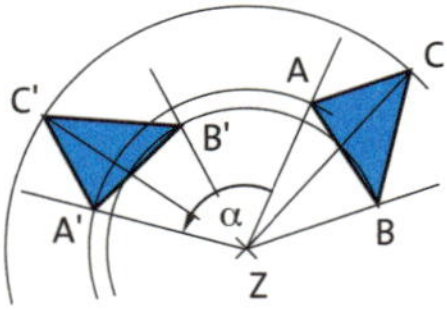

Spiegelung

Eine **Punktspiegelung am Punkt Z** ist eine eineindeutige Abbildung der Ebene auf sich selbst. Für das Bild P' von P gilt:

- P' liegt auf dem Kreis um Z durch P,
- P' liegt auf der Geraden durch P und Z.

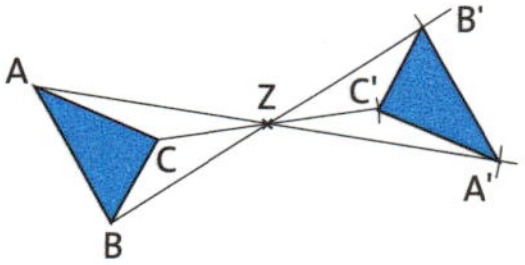

Eine **Geradenspiegelung an g** ist eine eineindeutige Abbildung der Ebene auf sich selbst. Für das Bild P' von P gilt:

- P' liegt auf der Senkrechten zu g durch P,
- g halbiert PP'.

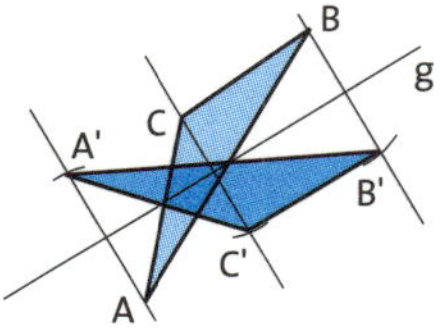

Symmetrie

Eine Figur heißt **symmetrisch,** wenn sie bei einer Bewegung auf sich selbst abgebildet werden kann. Wird die Figur bei einer Geradenspiegelung an der **Symmetrieachse (Spiegelachse)** auf sich selbst abgebildet, ist sie **achsen-** bzw. **axialsymmetrisch.**

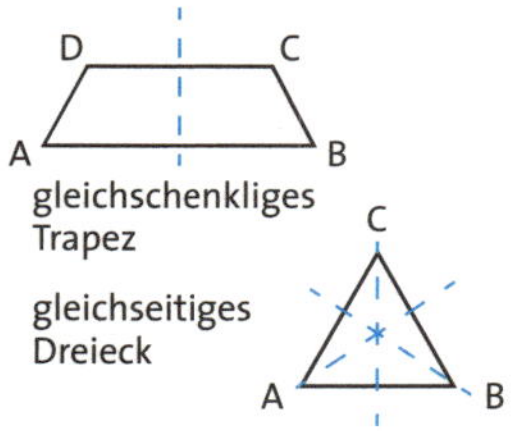

5

Symmetrie

Wird die Figur bei der Spiegelung an einem Punkt Z, dem **Symmetriezentrum,** auf sich selbst abgebildet, ist sie **punkt-** bzw. **zentralsymmetrisch.**

sich schneidende Geraden

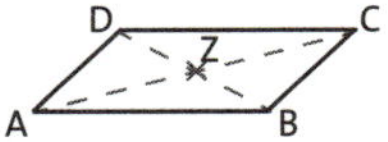

Parallelogramm

Wird die Figur bei Drehung um einen Punkt D mit Drehwinkel α auf sich selbst abgebildet, ist sie **dreh-** bzw. **radialsymmetrisch.**

Quadrat
$\alpha = 90°$

regelmäßiges Sechseck
$\alpha = 60°$

Dreiecke

Abgeschlossene Streckenzüge aus drei Strecken werden **Dreiecke** genannt. Die drei Strecken sind die **Seiten** des Dreiecks. Je zwei Seiten haben einen **Eckpunkt** gemeinsam.

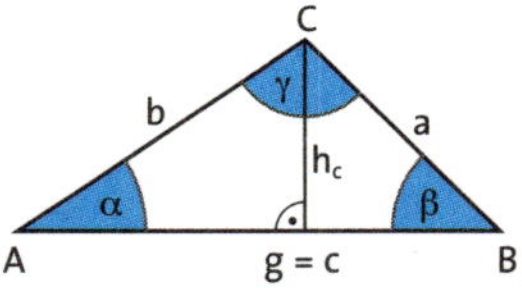

Umfang: $u = a + b + c$

Flächeninhalt: $A = \frac{1}{2} gh$

Einteilung der Dreiecke nach Seitenlängen		
unregelmäßiges Dreieck	gleichschenkliges Dreieck	gleichseitiges Dreieck
$a \neq b, a \neq c, b \neq c$	$a = b$	$a = b = c$
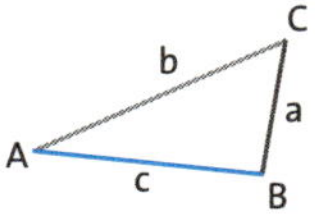	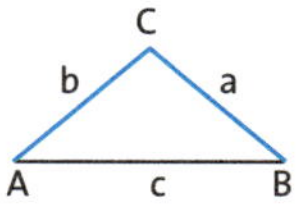	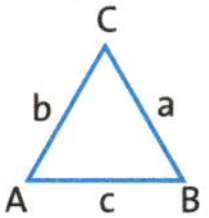

Einteilung der Dreiecke nach Winkelgröße

stumpfwinkliges Dreieck	rechtwinkliges Dreieck	spitzwinkliges Dreieck
Ein Innenwinkel ist ein stumpfer.	Ein Innenwinkel ist ein rechter.	Alle Innenwinkel sind spitze.
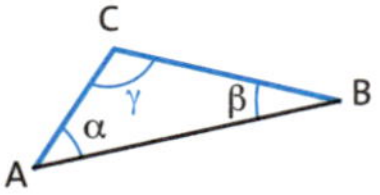	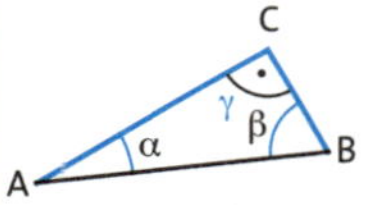	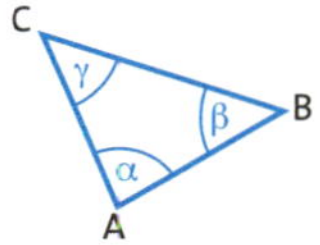
$\gamma > 90°$	$\gamma = 90°$	$\alpha < 90°, \beta < 90°, \gamma < 90°$

Sätze am Dreieck

Innenwinkelsatz:
Die Summe der Innenwinkel eines Dreiecks ABC beträgt 180°.

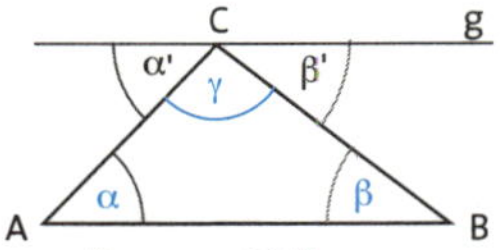

$\alpha + \beta + \gamma = 180°$

Außenwinkelsatz:
Jeder Außenwinkel eines Dreiecks ist so groß wie die Summe der beiden nicht anliegenden Innenwinkel.

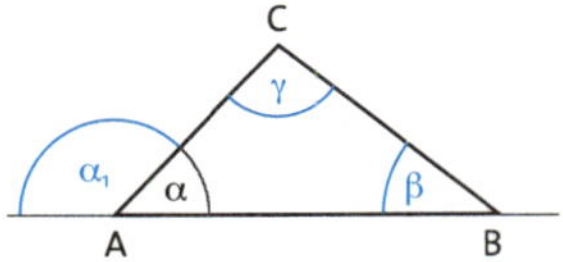

$\alpha_1 = \beta + \gamma$

Aufgepasst: In jedem Dreieck sind zwei Seiten zusammen immer länger als die dritte Seite (Dreiecksungleichungen).

$a + b > c$
$a + c > b$
$b + c > a$

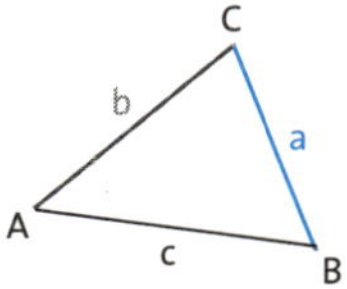

Besondere Linien und Punkte im Dreieck

Die **Mittelsenkrechten** der drei Dreiecksseiten schneiden einander stets im **Umkreismittelpunkt** M des Dreiecks.

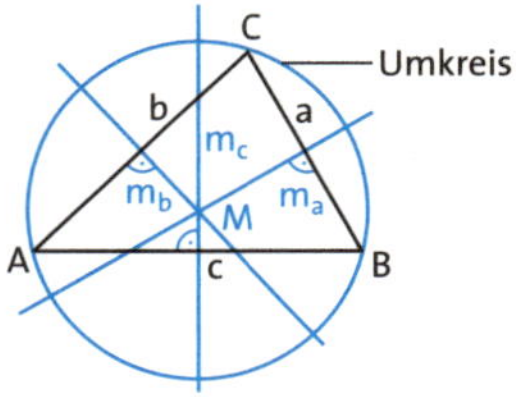

Die drei **Winkelhalbierenden** der Innenwinkel eines Dreiecks schneiden einander stets im Mittelpunkt W des **Inkreises.**

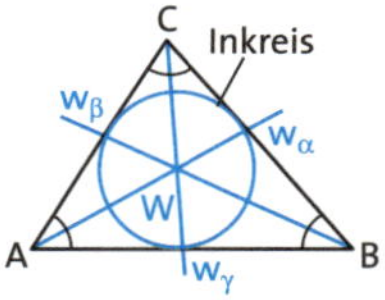

Die **Seitenhalbierenden** verbinden den Mittelpunkt einer Seite mit dem gegenüberliegenden Eckpunkt. Die Seitenhalbierenden aller Dreiecksseiten schneiden einander im **Schwerpunkt** S des Dreiecks.

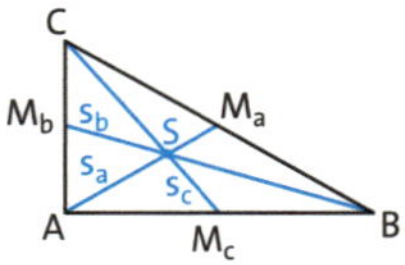

$\overline{AS} = 2\,\overline{SM_a}$, $\overline{BS} = 2\,\overline{SM_b}$, $\overline{CS} = 2\,\overline{SM_c}$

In jedem Dreieck schneiden die Höhen einander in einem **Höhenschnittpunkt** H.

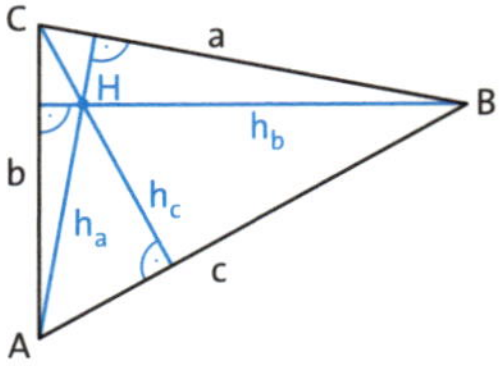

Kongruenzsätze für Dreiecke

SSS: Dreiecke sind zueinander kongruent, wenn sie in allen drei Seiten übereinstimmen.

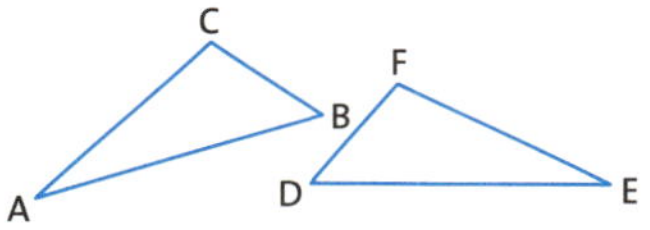

SWS: Dreiecke sind zueinander kongruent, wenn sie in zwei Seiten und dem eingeschlossenen Winkel übereinstimmen.

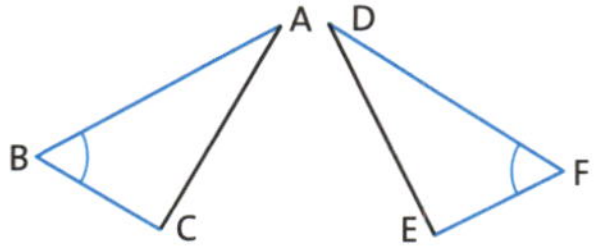

WSW: Dreiecke sind zueinander kongruent, wenn sie in zwei Winkeln und der eingeschlossenen Seite übereinstimmen.

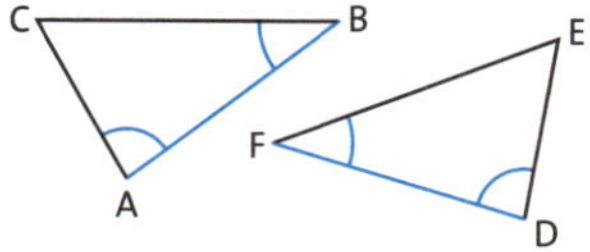

SSW: Dreiecke sind zueinander kongruent, wenn sie in zwei Seiten und dem der größeren Seite gegenüberliegenden Winkel übereinstimmen.

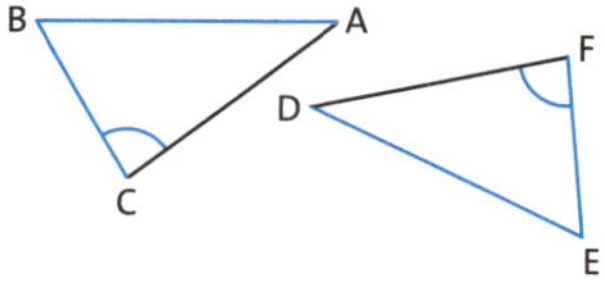

Flächeninhalt

Der **Flächeninhalt** A ist das halbe Produkt aus einer Seite und der dazugehörigen Höhe.

$$A = \frac{1}{2} a \cdot h_a = \frac{1}{2} b \cdot h_b$$
$$= \frac{1}{2} c \cdot h_c = \frac{1}{2} g \cdot h_g$$

Satz des Pythagoras

Im rechtwinkligen Dreieck ist der Flächeninhalt des Quadrats über der **Hypotenuse** gleich der Summe der Flächeninhalte der Quadrate über den **Katheten:** $c^2 = a^2 + b^2$

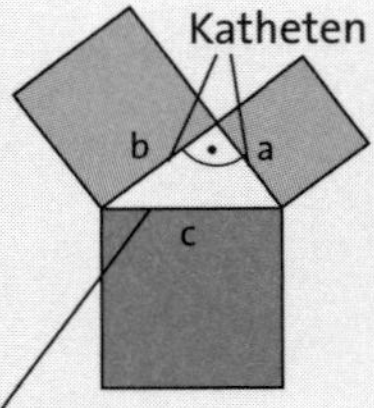

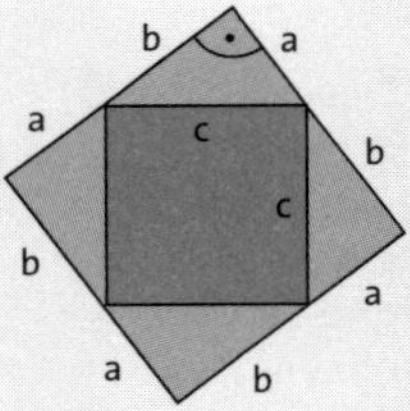

$c^2 = (a + b)^2 - 4\,(\tfrac{1}{2}a \cdot b) = a^2 + b^2$

Anwendung: Länge der Diagonale im Rechteck

Die Länge der Diagonale ergibt sich aus den Seitenlängen durch Anwendung des Satzes des Pythagoras:

$\overline{AC}^2 = a^2 + b^2$

$\overline{AC} = \sqrt{a^2 + b^2}$

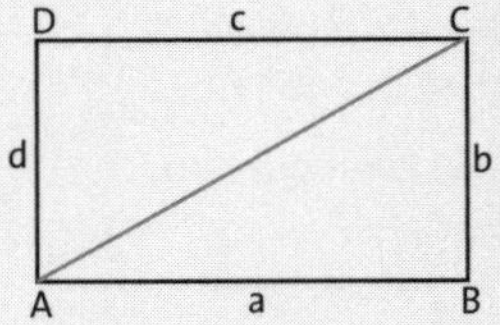

Anwendung: Länge der Raumdiagonale im Quader

Die Länge der Raumdiagonale ergibt sich aus den Seitenlängen durch zweimalige Anwendung des Satzes des Pythagoras:

$\overline{AC}^2 = a^2 + b^2$

$\overline{AG}^2 = \overline{AC}^2 + c^2 = a^2 + b^2 + c^2$

$\overline{AG} = \sqrt{a^2 + b^2 + c^2}$

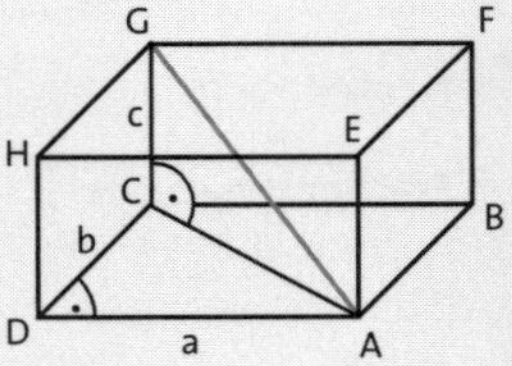

Umkehrung

Gilt zwischen den Seiten a, b und c eines Dreiecks die Beziehung $a^2 + b^2 = c^2$, dann ist das Dreieck rechtwinklig und hat die Hypotenuse c.

Satz des Euklid (Kathetensatz)

Im rechtwinkligen Dreieck ist das Quadrat über einer Kathete flächeninhaltsgleich mit dem Rechteck aus der Hypotenuse und dem zur Kathete gehörenden Hypotenusenabschnitt: $a^2 = c \cdot p$ bzw. $b^2 = c \cdot q$

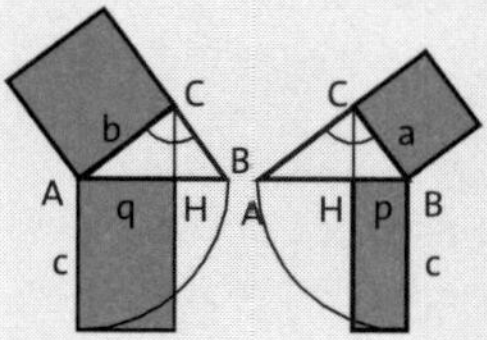

Umkehrung des Satzes des Euklid

Gelten für ein Dreieck mit den Seiten a, b und c, dessen Seite c durch die Höhe h_c in die Abschnitte p und q geteilt wird, die Beziehungen $a^2 = c \cdot p$ und $b^2 = c \cdot q$, dann ist das Dreieck rechtwinklig.

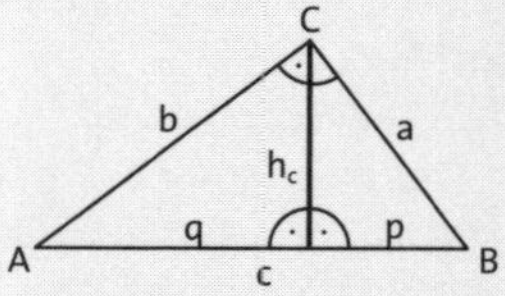

Höhensatz

Im rechtwinkligen Dreieck ist das Quadrat über der Höhe auf der Hypotenuse flächeninhaltsgleich mit dem Rechteck aus den Hypotenusenabschnitten: $h^2 = p \cdot q$

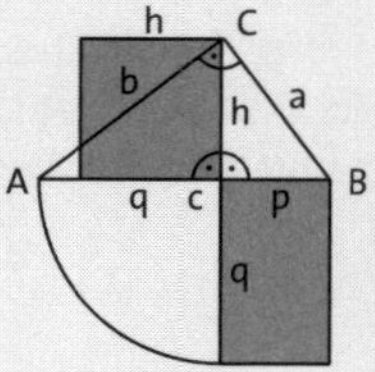

Vierecke

Eine ebene, von vier Strecken eingeschlossene Figur heißt **Viereck.**

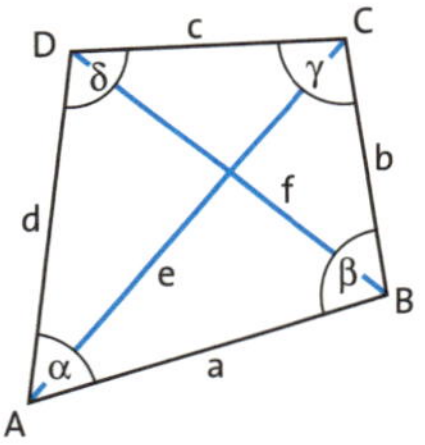

Der **Umfang** u ist die Summe der Seitenlängen:
$u = a + b + c + d$

Die **Summe der Innenwinkel** beträgt 360°.
$\alpha + \beta + \gamma + \delta = 360°$

Arten von Vierecken

Ein Viereck mit vier rechten Winkeln heißt **Rechteck.**
Die Diagonalen e und f halbieren einander.
Gegenüberliegende Seiten sind parallel und gleich lang.
Flächeninhalt: $A = a \cdot b$

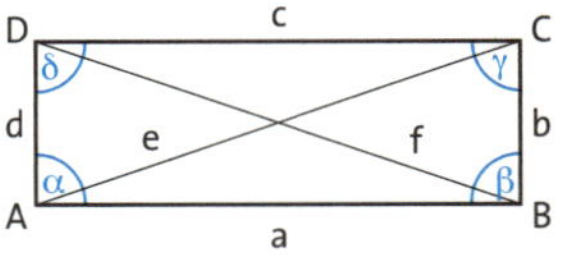

$\alpha = \beta = \gamma = \delta = 90°$
$a = c;\ b = d;\ e = f = \sqrt{a^2 + b^2}$

Ein Viereck heißt **Quadrat,** wenn alle Seiten gleich lang und alle Innenwinkel 90° sind.
Flächeninhalt: $A = a^2 = \frac{1}{2}e^2$

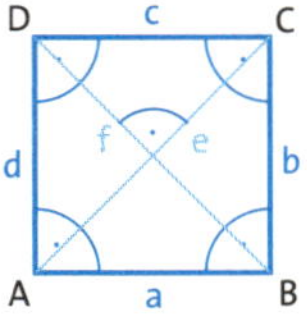

$a = b = c = d; \quad e = f;$
$e \perp f;\ a \perp b;\ c \perp d;\ b \perp c;\ a \perp d$

Ein Viereck mit vier gleich langen Seiten heißt **Raute** (Rhombus).
Flächeninhalt: $A = \frac{1}{2}ef$

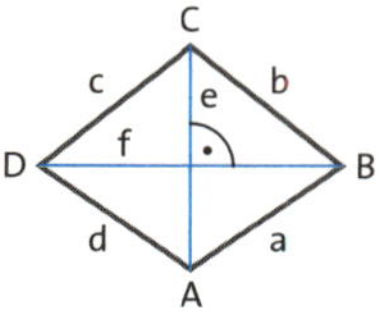

$a = b = c = d;\ a \parallel c;\ b \parallel d$
$e^2 = 4a^2 - f^2$

Ein Viereck mit mindestens zwei parallelen Seiten heißt **Trapez** (1).
Wenn (mindestens) zwei benachbarte Seiten zueinander senkrecht sind, ist es ein **rechtwinkliges Trapez** (2).
Wenn die anderen beiden Seiten gleich lang sind, heißt es **gleichschenkliges Trapez** (3).
Flächeninhalt für Trapeze:
$A = \frac{1}{2}(a + c) \cdot h = m \cdot h$

(1)

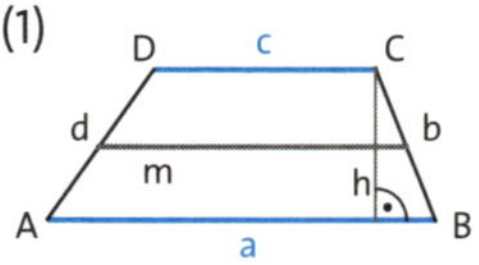

(2)

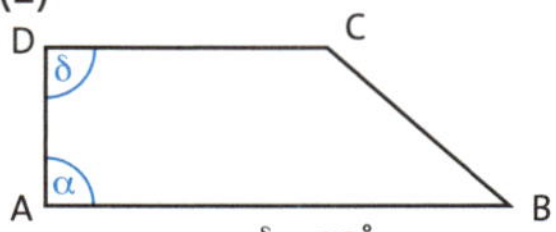

$\alpha = \delta = 90°$

(3)

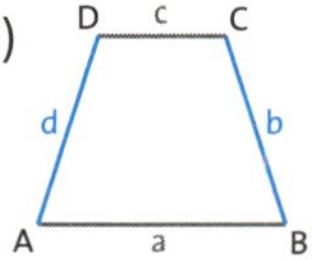

Ein Viereck mit zwei Paaren paralleler Seiten heißt **Parallelogramm.** Die jeweils gegenüberliegenden Seiten und Innenwinkel sind gleich lang bzw. groß.
Flächeninhalt:
$A = a \cdot h_a = a \cdot b \cdot \sin\alpha$

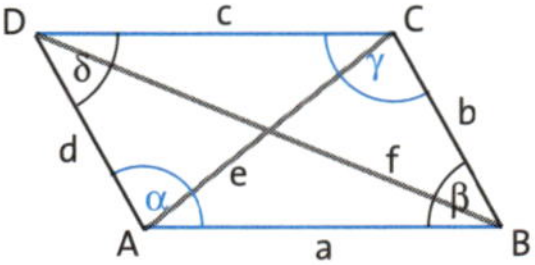

$a = c;\ b = d;\ a \parallel c;\ b \parallel d;$
$\alpha = \gamma;\ \beta = \delta;\ \alpha + \beta = 180°$
$2(a^2 + b^2) = e^2 + f^2$

Arten von Vierecken

Ein Viereck mit zwei Paaren gleich langer benachbarter Seiten heißt **Drachenviereck.**

Flächeninhalt: $A = \frac{1}{2} e \cdot f$

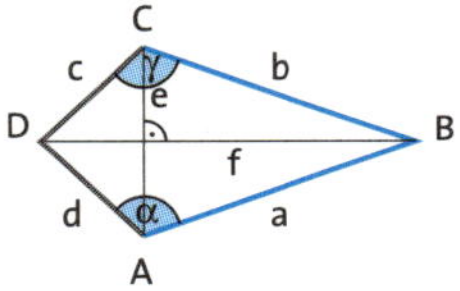

$a = b;\ c = d;\ \alpha = \gamma;\ e \perp f$

Ein Viereck, bei dem die Summe der gegenüberliegenden Winkel stets 180° beträgt, heißt **Sehnenviereck.**
Alle Eckpunkte liegen auf einem Kreis.
Flächeninhalt:
$A = \sqrt{(s-a)(s-b)(s-c)(s-d)}$

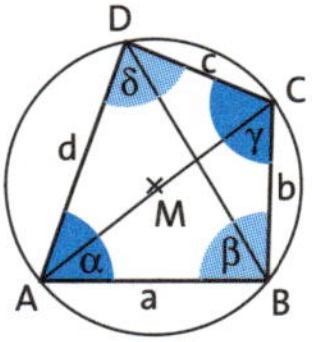

$\alpha + \gamma = \beta + \delta = 180°$

$s = \frac{u}{2} \qquad ac + bd = ef$

Vielecke

Vielecke (Polygone) sind abgeschlossene ebene Streckenzüge aus endlich vielen Strecken.

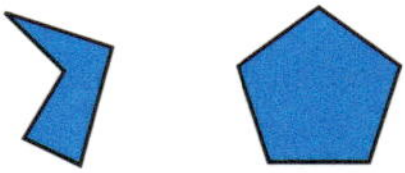

Für die **Innenwinkelsumme** S_n eines beliebigen n-Ecks gilt:
$S_n = (n-2) \cdot 180°$.

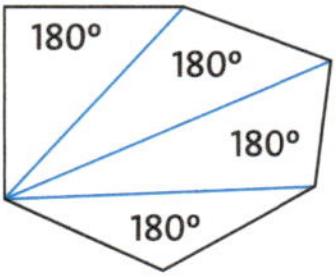

Regelmäßige n-Ecke

Alle regelmäßigen n-Ecke besitzen gleich lange Seiten und gleich große Innenwinkel. Für die Innenwinkel gilt:

$$\beta = \frac{(n-2)\cdot 180^\circ}{n} = 180^\circ - \frac{360^\circ}{n}.$$

r_1: Inkreisradius
r_2: Umkreisradius

$\alpha = \frac{360^\circ}{n}$ $\quad u = n \cdot a$

$A = \frac{n}{2} \cdot a \cdot r_1 = \frac{n}{2} \cdot {r_2}^2 \cdot \sin\alpha$

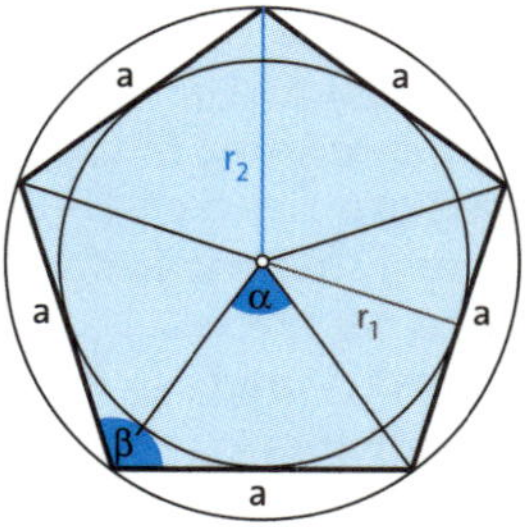

Übersicht über regelmäßige n-Ecke

Anzahl der Ecken n	Innenwinkel $\frac{(n-2)\cdot 180^\circ}{n}$	Anzahl der Diagonalen $\frac{1}{2}\cdot n\cdot(n-3)$	Seitenlänge $2r_2 \cdot \sin\frac{\alpha}{2}$	Flächeninhalt $\frac{n}{2}\cdot {r_2}^2 \cdot \sin\alpha$
3	60°	0	$\sqrt{3}\cdot r_2$	$\frac{4}{3}\sqrt{3}\cdot {r_2}^2$
4	90°	2	$\sqrt{2}\cdot r_2$	$2\cdot {r_2}^2$
5	108°	5	$\frac{1}{2} r_2\sqrt{10-2\cdot\sqrt{5}}$	$\frac{5}{8}\cdot\sqrt{10-2\cdot\sqrt{5}}\cdot {r_2}^2$
6	120°	9	r_2	$\frac{3}{2}\sqrt{3}\cdot {r_2}^2$

Kreis

Der **Kreis** (Kreislinie) ist die Menge der Punkte, die von einem festen **Mittelpunkt** M aus den gleichen Abstand r haben. r heißt **Radius** des Kreises.

Q: **innerer Punkt;** $\overline{QM} < r$
P: **Randpunkt;** $\overline{PM} = r$
R: **äußerer Punkt;** $\overline{RM} > r$

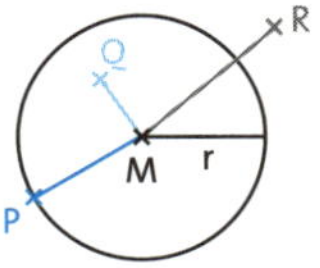

Zur **Kreisfläche** gehören alle Randpunkte und alle inneren Punkte.
Flächeninhalt:

$$A = \pi \cdot r^2 = \frac{1}{4}\pi \cdot d^2$$

Der **Umfang** des Kreises ist die Länge der Kreislinie.
$u = 2 \cdot \pi \cdot r = \pi \cdot d$

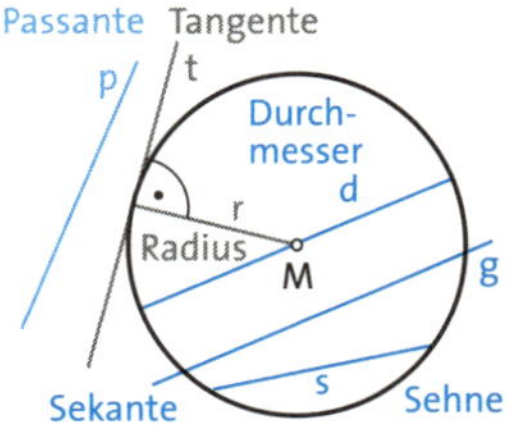

$d = 2 \cdot r$

Tangente und Berührungsradius stehen senkrecht aufeinander.
α: Sehnentangentenwinkel
β: Zentriwinkel
γ, γ': Peripheriewinkel über dem Bogen b

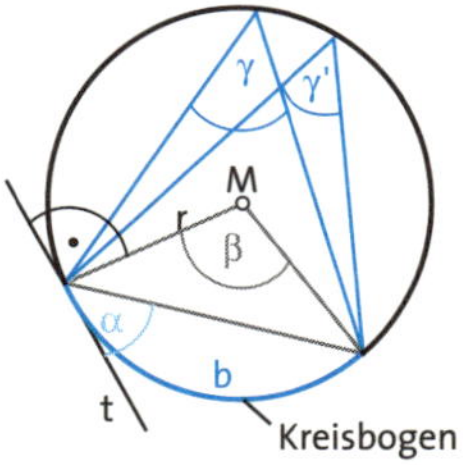

Am Kreisausschnitt A_α und dem Kreisbogen b gilt:

$$\frac{b}{u} = \frac{\alpha}{360°} \qquad A_\alpha = \frac{1}{4} b \cdot r$$

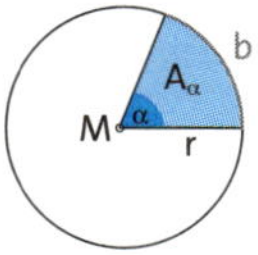

Zentrische Streckung und Ähnlichkeit

Eine **zentrische Streckung** Z mit dem Punkt S als **Streckungszentrum** und dem Faktor k (k > 0) als **Streckungsfaktor** ist eine Abbildung der Ebene auf sich selbst. Für das Bild P' jedes Punktes P (P ≠ S) gilt:

- P liegt auf dem Strahl $\overrightarrow{SP}$
- $\overline{SP'} = k \cdot \overline{SP}$
- S' (Bildpunkt von S) ist S

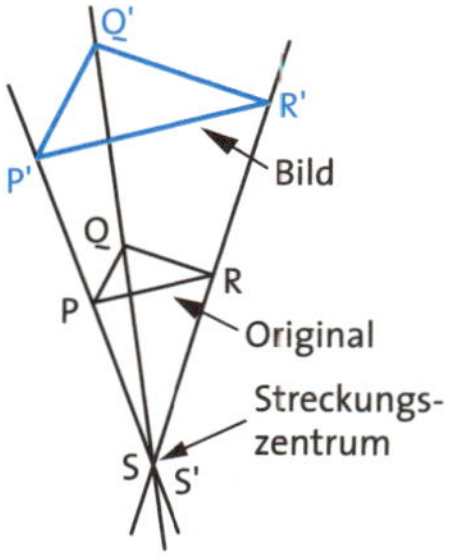

Wenn es eine Ähnlichkeitsabbildung φ gibt, die die Figur F auf die Figur F' abbildet, sind beide Figuren **zueinander ähnlich.**

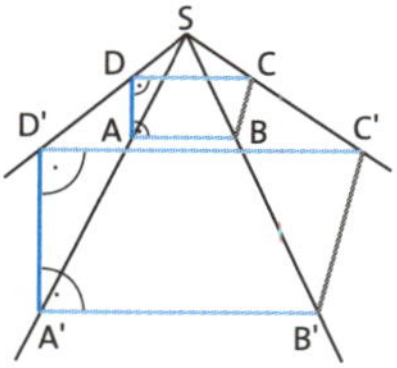

Bei zueinander ähnlichen Figuren sind entsprechende Winkel gleich groß **(Winkeltreue).**

Bei zueinander ähnlichen Dreiecken gilt:

$$\frac{A'}{A} = \frac{a'^2}{a^2} = \frac{b'^2}{b^2} = \frac{c'^2}{c^2} = k^2$$

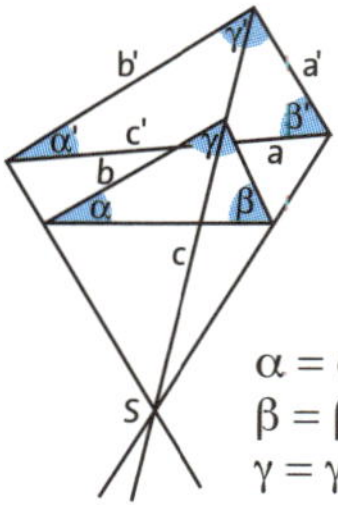

$\alpha = \alpha'$
$\beta = \beta'$
$\gamma = \gamma'$

Der **Maßstab** zeigt das Verhältnis vom Original zum Bild.

Landkarte 1 : 200 000:
1 cm auf der Karte entspricht 200 000 cm = 2 km in der Wirklichkeit.

Strahlensätze

Werden **Strahlenbüschel** (s_1; s_2; s_3) von **Parallelen** (g; h) geschnitten, entstehen **Strahlenabschnitte** und Parallelenabschnitte.

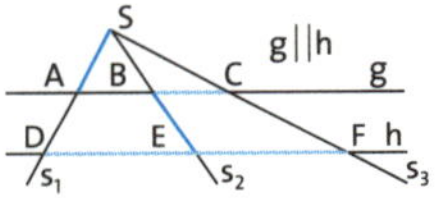

Strahlenabschnitte: $\overline{SA}$, $\overline{BE}$
Parallelenabschnitte: $\overline{BC}$, $\overline{DF}$

1. Strahlensatz
Die Längen der Abschnitte auf einem Strahl verhalten sich zueinander wie die Längen der gleich liegenden Abschnitte auf einem anderen Strahl.

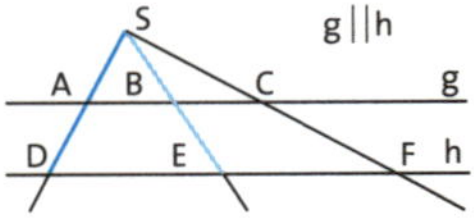

$\overline{SA} : \overline{AD} = \overline{SB} : \overline{BE}$

2. Strahlensatz
Die Längen der zwischen zwei Strahlen liegenden Parallelenabschnitte verhalten sich zueinander wie die Längen der vom Scheitelpunkt aus gemessenen zugehörigen Strahlenabschnitte.

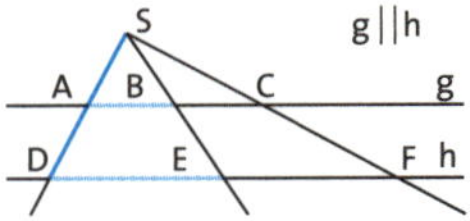

$\overline{SA} : \overline{SD} = \overline{AB} : \overline{DE}$

3. Strahlensatz
Die Längen gleich liegender Parallelenabschnitte zwischen zwei Strahlen verhalten sich zueinander wie die Längen gleich liegender Parallelenabschnitte zwischen zwei anderen Strahlen.

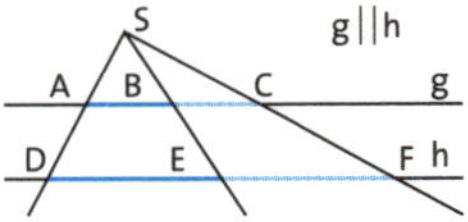

$\overline{AB} : \overline{DE} = \overline{BC} : \overline{EF}$

Goldener Schnitt

Der goldene Schnitt ist eine Form der geometrischen Teilung einer Strecke. Es werden Strecken so geteilt, dass gilt:
$\overline{AB} : \overline{AT} = \overline{AT} : \overline{BT}$

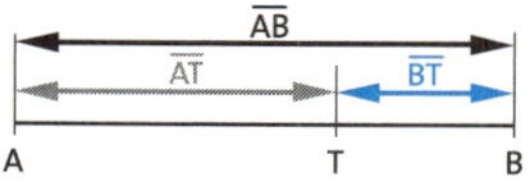

Ähnlichkeit bei Dreiecken

Dreiecke sind zueinander ähnlich, wenn sie in zwei Innenwinkeln übereinstimmen.

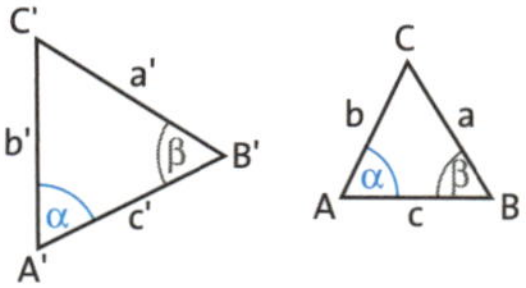

Körper

Begriffe

Oberflächeninhalt A_O: Summe der Flächeninhalte aller Begrenzungsflächen.
Volumen V: Größe des Rauminhaltes innerhalb der Begrenzungsflächen.
Es gibt Körper mit einer **Grundfläche** A.
Die übrigen Flächen heißen Seitenflächen, sie bilden zusammen die **Mantelfläche** A_M.

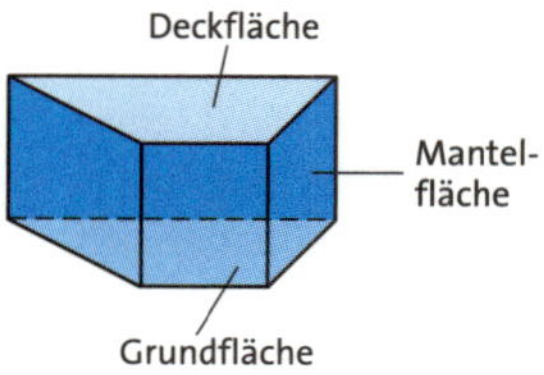

Quader und Prismen

Ein **Quader** (1) wird von drei Paaren zueinander kongruenter Rechtecke (die paarweise parallel liegen) begrenzt.

$V = a \cdot b \cdot c \quad A_M = 2(ac + bc)$

$A_O = 2(ab + ac + bc)$

Beim **Würfel** (2) (Hexaeder) sind die Flächen sechs kongruente Quadrate.

$V = a^3 \quad A_M = 4a^2 \quad A_O = 6a^2$

(1)

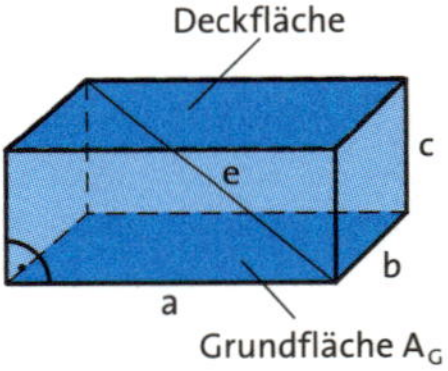

(2)

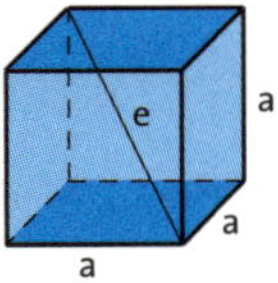

Ein gerades n-seitiges **Prisma** (1) wird begrenzt von:

- zwei kongruenten zueinander parallelen n-Eckflächen,
- n Rechteckflächen.

$V = A_G \cdot h \qquad A_O = 2\,A_G + A_M$

Dreiseitiges Prisma (2):

$V = \frac{a^2}{4}\,h\sqrt{3} \qquad A_M = 3ah$

$A_O = \frac{a}{2}\,(a\sqrt{3} + 6h)$

(1)

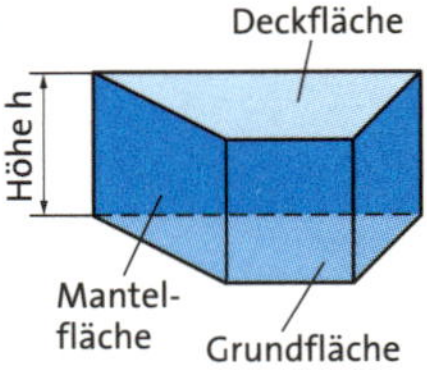

(2)

Pyramide

Sie wird begrenzt von:

- einer n-Eckfläche,
- n Dreiecksflächen mit gemeinsamem Punkt S.

$V = \frac{1}{3} A_G h \qquad A_O = A_G + A_M$

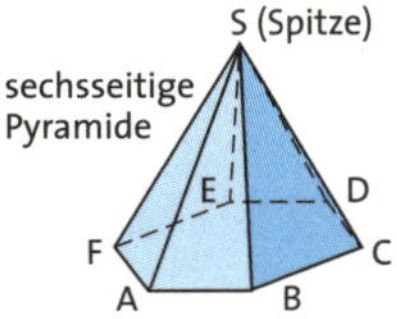

Für eine **gerade quadratische Pyramide** gilt:

$V = \frac{1}{3}a^2h$ $A_M = 2ah_s$

$A_O = a(a + 2h_s)$

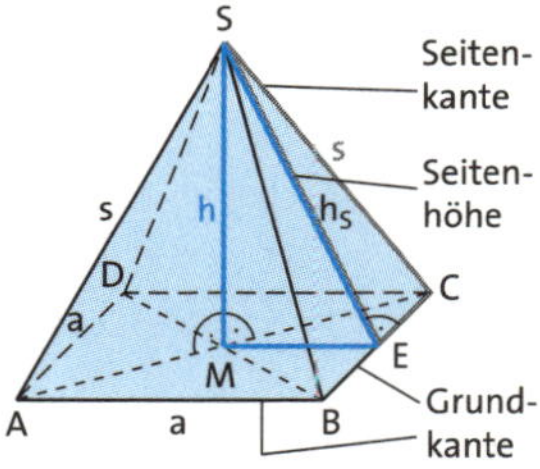

Zylinder

Ein gerader **Kreiszylinder** wird begrenzt von:

- zwei kongruenten zueinander parallelen Kreisflächen,
- einer gekrümmten Fläche, die abgewickelt ein Rechteck ergibt.

$V = \pi r^2h = \frac{\pi}{4}d^2h$ $d = 2r$

$A_M = 2\pi rh = \pi dh$

$A_O = 2\pi r(r + h) = \pi d(\frac{d}{2} + h)$

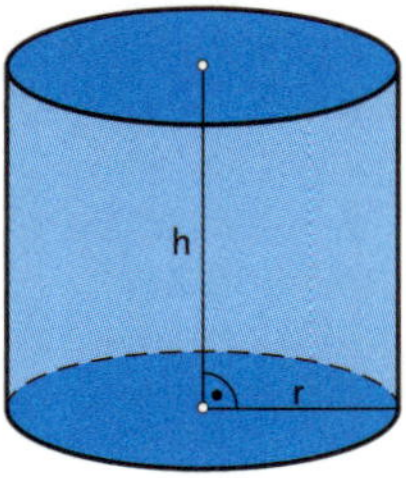

Kegel

Ein gerader **Kreiskegel** wird begrenzt von:

- einer Kreisfläche,
- einer gekrümmten Fläche, die abgewickelt einen Kreisausschnitt ergibt.

$V = \frac{1}{3}A_Gh$ $s^2 = h^2 + r^2$

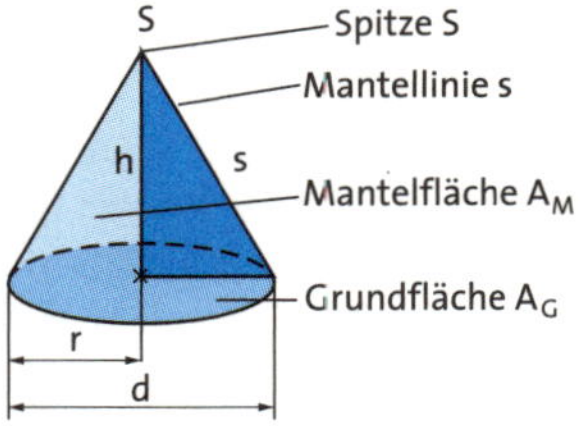

5

Kegel

$A_O = A_G + A_M$
$V = \frac{\pi}{3} r^2 h = \frac{\pi}{12} d^2 h \qquad d = 2r$
$A_M = \pi rs = \frac{\pi}{2} ds$
$A_O = \pi r(r + s) = \frac{\pi}{4} d(d + 2s)$

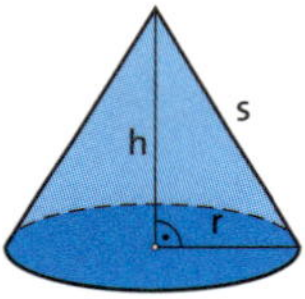

Kugel

Die **Kugel** ist ein geometrischer Körper, der von einer gleichmäßig gekrümmten Fläche **(Kugeloberfläche)** begrenzt wird. Alle Punkte der Kugeloberfläche haben von einem festen Punkt im Raum **(Kugelmittelpunkt)** den gleichen Abstand (Radius r).

$V = \frac{4}{3}\pi r^3 = \frac{1}{3}\pi d^3 \qquad d = 2r$

$A_O = 4\pi r^2 = \pi d^2$

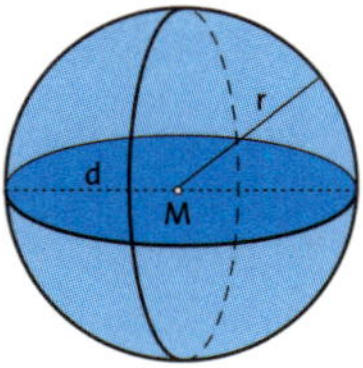

Beim ebenen Schnitt einer Kugel entstehen zwei **Kugelabschnitte (Kugelsegmente).** Der jeweils abgetrennte Teil der Kugeloberfläche heißt **Kugelkappe** (Kugelhaube, Kalotte).

$V = \frac{\pi}{6} h \cdot (3r_1^2 + h^2)$

$A_O = \pi\,(2r_1^2 + h^2)$

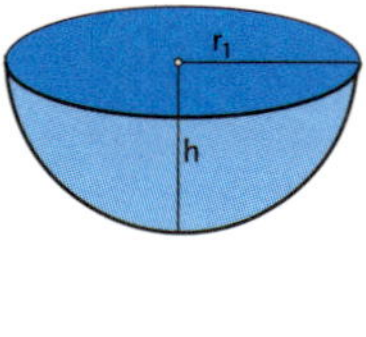

Projektionsarten

Ein Körper kann mithilfe von **Projektionsstrahlen** in eine Ebene (Bildebene) abgebildet werden. Jedem Punkt des Körpers wird dabei genau ein Bildpunkt in der Ebene zugeordnet.

Gehen alle Projektionsstrahlen von einem Punkt aus, so nennt man diese Abbildung **Zentralprojektion.**

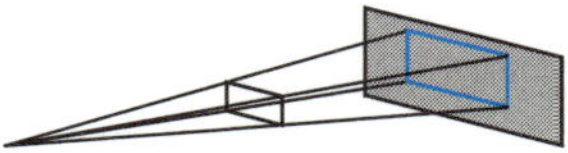

Verlaufen die Projektionsstrahlen zueinander parallel, so heißt eine solche Abbildung **Parallelprojektion.**

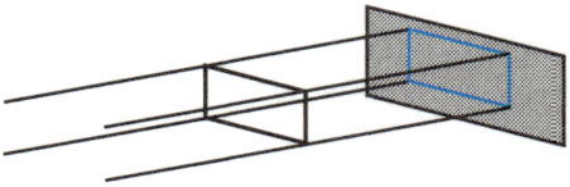

Bei einer Parallelprojektion können Strecken, Winkel oder Flächen des Originals in **wahrer Größe und Gestalt** oder auch verkürzt, verlängert oder verzerrt abgebildet werden. Die auf den drei Dimensionen jedes Körpers verlaufenden Linien **(Breite, Tiefe, Höhe)** heißen entsprechend.

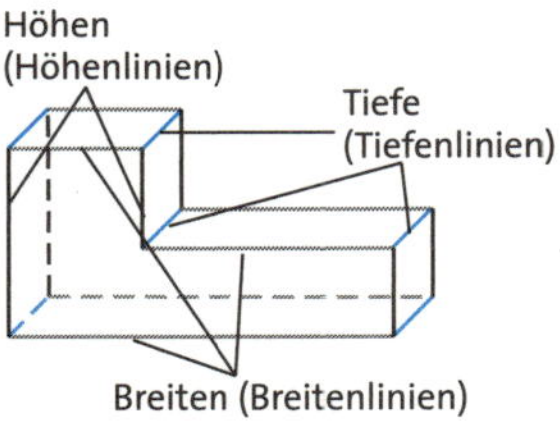

Projektionsarten

Bei einer **senkrechten Zweitafelprojektion** erfolgt eine Abbildung (Zweitafelbild) gleichzeitig in zwei Ebenen. Die **Grundrissebene** befindet sich unter dem Körper **(Grundriss).** Hinter dem Körper befindet sich die **Aufrissebene (Aufriss).** Dem Grundriss entspricht die Ansicht von oben **(Draufsicht)** und dem Aufriss die Ansicht von vorn **(Vorderansicht).**

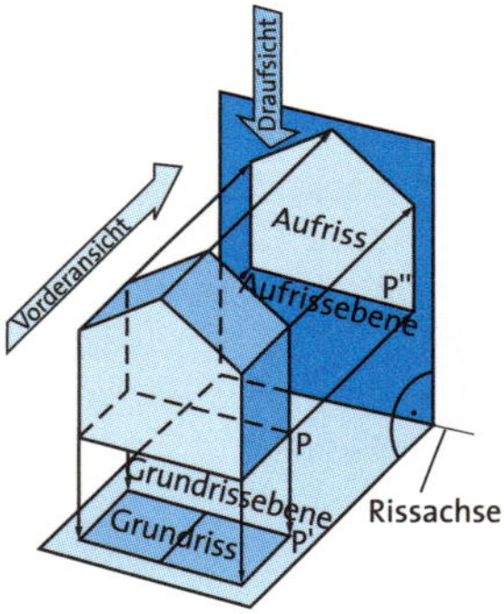

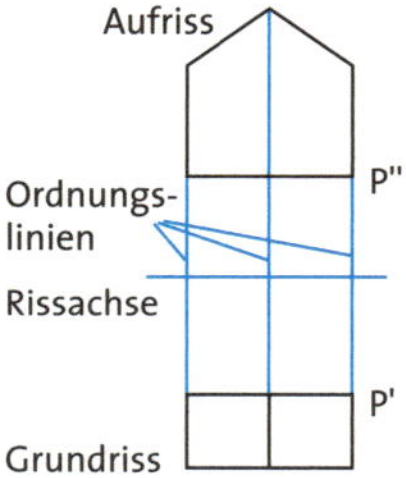

Trigonometrie

Sinussatz

In jedem Dreieck verhalten sich die Längen zweier Seiten wie die Sinuswerte der gegenüberliegenden Winkel:

$a : b : c = \sin\alpha : \sin\beta : \sin\gamma$

oder $\frac{a}{\sin\alpha} = \frac{b}{\sin\beta} = \frac{c}{\sin\gamma}$

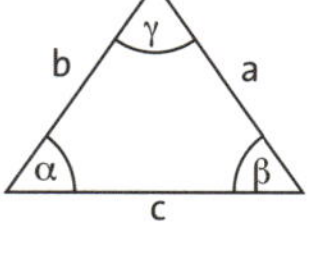

- **Spitzwinkliges Dreieck:**

$\sin \beta = \frac{h_c}{a}; \quad \sin \alpha = \frac{h_c}{b}$

$h_c = a \cdot \sin \beta = b \cdot \sin \alpha$

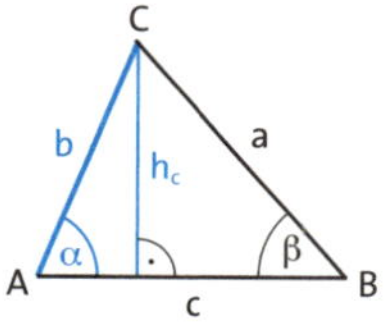

- **Rechtwinkliges Dreieck:**

$h_c = b \; (\sin \alpha = \sin 90° = 1)$

$b = h_c = a \cdot \sin \beta$

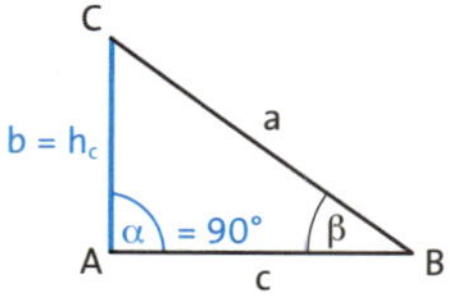

- **Stumpfwinkliges Dreieck:**

$\delta = \sin(180° - \alpha)$

$\sin \alpha = h_c : b$

$\sin \beta = h_c : a$

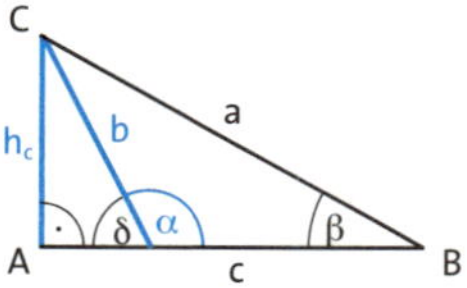

Kosinussatz

In jedem Dreieck gilt:

$a^2 = b^2 + c^2 - 2bc \cdot \cos \alpha$

$b^2 = a^2 + c^2 - 2ac \cdot \cos \beta$

$c^2 = a^2 + b^2 - 2ab \cdot \cos \gamma$

Aufgepasst: Der Satz des Pythagoras (↑ S. 82) ist ein Spezialfall des Kosinussatzes für $\gamma = 90°$ ($\cos 90° = 0$).

6 Wahrscheinlichkeitsrechnung und Stochastik

Kombinatorik

Jede mögliche Anordnung von allen n Elementen einer Menge heißt **Permutation** P_n. Für n verschiedene Elemente gibt es n! Anordnungsmöglichkeiten.
$P_n = n!$

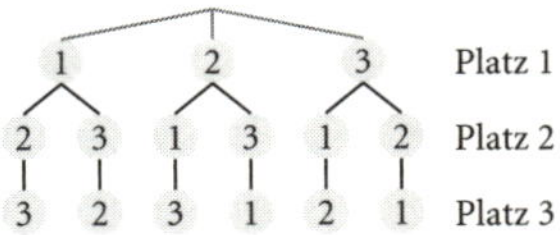

Für drei Elemente gibt es
$3 \cdot 2 \cdot 1 = 6$ Möglichkeiten
$P_3 = 3! = 6$

n! (sprich: **„n Fakultät"**) ist das Produkt aller natürlichen Zahlen von 1 bis n.
$n! = n \cdot (n-1) \cdot \ldots \cdot 3 \cdot 2 \cdot 1,$
$(n+1)! = (n+1) \cdot n! \; (n \in \mathbb{N})$

$3! = 2! \cdot 3 = 1 \cdot 2 \cdot 3 = 6$
$4! = 24 \quad 5! = 120 \quad 6! = 720$
$7! = 5040 \quad 8! = 40\,320$

$0! = 1 \quad 1! = 1$

Der Ausdruck $\binom{n}{k}$ (gesprochen: n über k) wird als **Binomialkoeffizient** bezeichnet. ($k, n \in \mathbb{N}; k \leq n$)
$\binom{n}{k} = \frac{n!}{k!(n-k)!}$

$\binom{n}{0} = \binom{n}{n} = 1$

Rechenregeln für Binomialkoeffizienten:
$\binom{n}{1} = \binom{n}{n-1} \quad (n \in \mathbb{N})$
$\binom{n}{k} = \binom{n}{n-k}$
$\binom{n}{k} + \binom{n}{k+1} = \binom{n+1}{n+k}$

$\binom{5}{3} = \binom{5}{5-3} = \binom{5}{2} = \frac{5 \cdot 4}{1 \cdot 2} = 10$
$\binom{5}{2} + \binom{5}{3} = \binom{6}{3} = \frac{6 \cdot 5 \cdot 4}{1 \cdot 2 \cdot 3} = 20$

Jede mögliche Anordnung von je k Elementen aus n Elementen, bei der die **Reihenfolge** berücksichtigt wird, heißt **Variation** V_n^k (Variation von n Elementen zur k-ten Klasse).

- Für Variationen **ohne Wiederholung** gilt:

$$V_n^k = \frac{n!}{(n-k)!} = \binom{n}{k} k!$$

2 aus 3 Elementen ABC:

$$V_3^2 = \frac{3!}{1!} = 6$$

AB BA CA AC BC CB

- Für die Anzahl der Variationen **mit Wiederholung** gilt: $\overline{V}_n^k = n^k$

2 aus 3 Elementen ABC:

$$\overline{V}_3^2 = 3^2 = 9$$

AA BA CA AB BB CB
AC BC CC

Jede mögliche Anordnung **ohne** Berücksichtigung der **Reihenfolge** aus jeweils k von n Elementen einer Menge heißt **Kombination.**

- Für die Anzahl der Kombinationen **ohne Wiederholung** gilt:

$$C_n^k = \frac{n!}{(n-k)! \cdot k!} = \binom{n}{k}$$

2 aus 3 Elementen ABC:

$$C_3^2 = \binom{3}{2} = 3$$

AB BC AC

- Für die Anzahl der Kombinationen **mit Wiederholung** gilt:

$$\overline{C}_n^k = \binom{n+k-1}{k}$$

Kombination der Elemente ABC zur zweiten Klasse:

$$\overline{C}_3^2 = \binom{3+2-1}{2} = \binom{4}{2} = 6$$

AA BB CC AB BC AC

Aufgepasst: AB und BA stellen die gleiche Kombination dar.

6

Wahrscheinlichkeitsrechnung

Zufällige Ergebnisse

Ein **Zufallsexperiment** ist die mehrfache Wiederholung eines zufälligen Vorgangs unter gleichen Bedingungen. Die Menge aller möglichen Ergebnisse heißt **Ergebnismenge** Ω.

Werfen eines Würfels:

Ergebnisse: 1; 2; 3; 4; 5; 6

$\Omega = \{1; 2; 3; 4; 5; 6\}$

Jede Teilmenge der Ergebnismenge Ω nennt man **Ereignis** E.

Eine 6 gewürfelt. $E_1 = \{6\}$
Eine ungerade Zahl gewürfelt. $E_2 = \{1; 3; 5\}$
Keine 6 gewürfelt. $E_3 = \{1; 2; 3; 4; 5\}$

- Ein **sicheres Ereignis** tritt bei **jeder** Versuchsdurchführung ein.

Mit einem Würfel wird eine Zahl von 1 bis 6 gewürfelt.

- Ein **unmögliches Ereignis** ∅ ist ein Ereignis, das bei **keiner** Versuchsdurchführung eintritt.

Mit einem Würfel wird eine 15 gewürfelt.

- Ein **Elementarereignis** {a} ist ein Ereignis mit genau einem Element.

Eine 3 wird gewürfelt. $E_4 = \{3\}$

- Ein **Gegenereignis** $\bar{E}$ (Komplementärmenge von E) ist ein Ereignis, das genau dann eintritt, wenn E nicht eintritt. $E \cup \bar{E} = \Omega$

E_3 ist das Gegenereignis zu E_1 (siehe oben).

Wahrscheinlichkeiten

Unter der **absoluten Häufigkeit** $H_n(E)$ versteht man die Anzahl des Eintretens von E bei n Versuchen.

Note	1	2	3	4	5	6
Anzahl	2	7	9	6	3	1

Schülerzahl n = 28

Die **relative Häufigkeit** $h_n(E)$ ist die absolute Häufigkeit H_n geteilt durch die Gesamtanzahl der Versuche.

$$h_n(E) = \frac{H_n(E)}{n}$$

$$h_{28}(\text{„2“}) = \frac{7}{28} = \frac{1}{4}$$

$$h_{28}(\text{„5“}) = \frac{3}{28}$$

Das empirische Gesetz der großen Zahlen:
Je häufiger ein Versuch durchgeführt wird, desto mehr nähert sich $h_n(E)$ einem festen Wert an, der **Wahrscheinlichkeit** P(E) genannt wird.

Werfen einer Münze:

Versuche	10	400	6000
Kopf	7	181	2958
Zahl	3	219	3042
Kopf	70 %	45 %	49 %
Zahl	30 %	55 %	51 %

Die relativen Häufigkeiten nähern sich jeweils 50 %.

Die **Wahrscheinlichkeitsverteilung** ordnet jedem einzelnen Ergebnis genau eine Zahl (Wahrscheinlichkeit) so zu, dass diese Zahl zwischen 0 und 1 liegt. Die Summe aller Wahrscheinlichkeiten ist 1.

Bei genügend vielen Versuchen liegt die Wahrscheinlichkeit für das Würfeln einer 2 bei $\frac{1}{6} = 0{,}16666$ und beim Werfen einer Münze für „Kopf“ bei $\frac{1}{2} = 0{,}5$.

Wahrscheinlichkeiten

Laplace-Experiment: Alle Ergebnisse eines Zufallsexperiments haben die gleiche Wahrscheinlichkeit **(Gleichverteilung).** Für ein beliebiges Ereignis E gilt:

$$P(E) = \frac{g}{m} = \frac{\text{Anzahl der für E günstigen Ergebnisse}}{\text{Anzahl aller möglichen Ergebnisse}}$$

Bei genügend vielen Versuchen liegt die Wahrscheinlichkeit für das Würfeln *jeder einzelnen Zahl* bei $\frac{1}{6} = 0{,}1666\overline{6}$ und beim Werfen einer Münze für *jedes der zwei Ereignisse* „Kopf" oder „Zahl" bei $\frac{1}{2} = 0{,}5$.

Regeln für Wahrscheinlichkeiten sind:

1. $0 \leq P(E) \leq 1$
2. Summenregel
   $\{x_1, x_2, ..., x_k\} \subseteq \Omega$
   $P(\{x_1, x_2, ..., x_k\}) = P(\{x_1\}) + P(\{x_2\}) + ... + P(\{x_k\})$
3. Wahrscheinlichkeit des sicheren Ereignisses
   $P(\Omega) = 1$
4. Wahrscheinlichkeit des unmöglichen Ereignisses
   $P(\varnothing) = 0$
5. Wahrscheinlichkeit des Gegenereignisses
   $P(\bar{E}) = 1 - P(E)$
6. $E_1 \subseteq E_2 \quad P(E_1) \leq P(E_2)$
7. Additionssatz für zwei Ereignisse
   $P(E_1 \cup E_2) = P(E_1) + P(E_2) - P(E_1 \cap E_2)$

Werfen eines Würfels:

1. $0 \leq P(\{2\}) \leq 1$
2. $\{1; 2; 3\} \subseteq \Omega$
   $P(\{1; 2; 3\}) = P(\{1\}) + P(\{2\}) + P(\{3\}) = \frac{1}{6} + \frac{1}{6} + \frac{1}{6} = \frac{3}{6}$
3. $P(\{1; 2; 3; 4; 5; 6\}) = 1$
4. $P(\{\ \}) = 0$
5. $P(\{1; 2\}) = 1 - P(\{3; 4; 5; 6\})$
6. $\{1; 2\} \subseteq \{1; 2; 3\}$
   $P(\{1; 2\}) = \frac{2}{6} \leq P(\{1; 2; 3\}) = \frac{3}{6}$
7. $P(\{1; 2; 3\} \cup \{3; 4\}) = P(\{1; 2; 3\}) + P(\{3; 4\}) - P(\{3\}) = \frac{3}{6} + \frac{2}{6} - \frac{1}{6} = \frac{4}{6} = P(\{1; 2; 3; 4\})$

Der **Additionssatz** für *einander ausschließende* Ereignisse lautet:
$P(E_1 \cup E_2) = P(E_1) + P(E_2)$
(Wahrscheinlichkeit für **„entweder** E_1 **oder** E_2).

Wahrscheinlichkeit dafür, beim Würfeln eine 1 oder eine 5 zu erreichen:

$$P(E_1 \cup E_5) = P(E_1) + P(E_5)$$
$$= \frac{1}{6} + \frac{1}{6} = \frac{1}{3}$$

Vorgänge mit zufälligem Ergebnis können aus *mehreren Teilvorgängen* bestehen, die sowohl *gleichzeitig* als auch *nacheinander* ablaufen können. Solche Vorgänge werden **mehrstufige Zufallsexperimente** genannt. Ein **Baumdiagramm** ist eine gute Möglichkeit zur Beschreibung mehrstufiger Zufallsexperimente.

Ziehen von 2 Kugeln ohne Zurücklegen aus einer Urne mit 3 unterschiedlichen Kugeln.

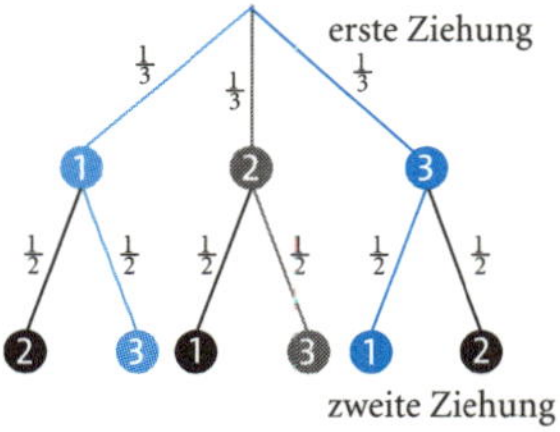

Ergebnisse
$E_2\{1;3\}$ $E_4\{2;3\}$ $E_5\{3;1\}$

Pfadregeln

1. Pfadregel (Produktregel): Die Wahrscheinlichkeit eines Ergebnisses in einem mehrstufigen Vorgang ist gleich dem Produkt der Wahrscheinlichkeiten längs des Pfades im Baumdiagramm, der diesem Ergebnis entspricht.

Geburt zweier Mädchen:

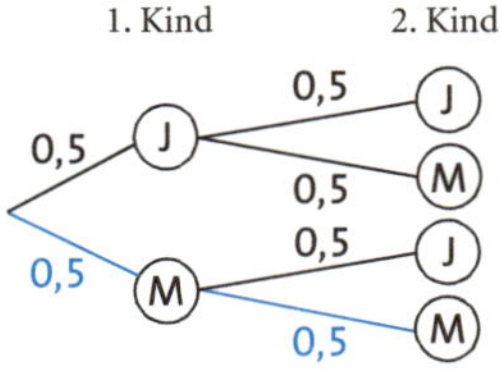

Wahrscheinlichkeit:
$0{,}5 \cdot 0{,}5 = 0{,}25 = 25\,\%$

Pfadregeln

2. Pfadregel (Summenregel):
Die Wahrscheinlichkeit eines Ereignisses in einem mehrstufigen Vorgang ist gleich der Summe der Wahrscheinlichkeiten der für dieses Ereignis günstigen Pfade.

Mindestens oder genau zweimal „Zahl“ (Z) beim dreimaligen Werfen einer Münze

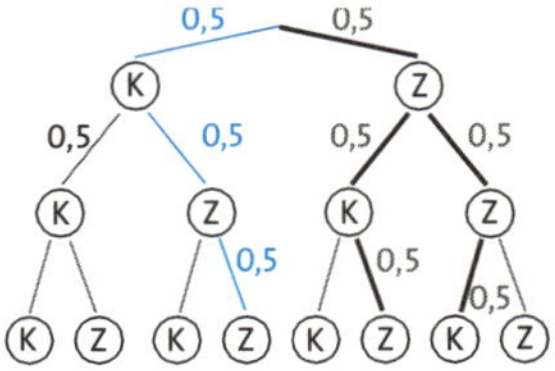

$P(E) = P(\{ZZK\}) + P(\{ZKZ\}) + P(\{KZZ\}) = \frac{1}{8} + \frac{1}{8} + \frac{1}{8} = \frac{3}{8} = 0{,}375 = 37{,}5\,\%$

Abhängigkeit von Ereignissen

Zwei **Ereignisse** heißen voneinander **unabhängig,** wenn das Eintreten des einen Ereignisses keinen Einfluss auf die Wahrscheinlichkeit des anderen Ereignisses hat.
Ansonsten heißen sie voneinander **abhängig.**

Voneinander unabhängige Ereignisse sind:
das Werfen einer Münze,
das Ziehen einer Kugel aus einer Urne mit Zurücklegen.

Voneinander abhängige Ereignisse sind:
das Ziehen eines Loses aus der Lostrommel,
das Ziehen einer Kugel aus einer Urne ohne Zurücklegen.

Die **bedingte Wahrscheinlichkeit** $P_B(A)$ ist die Wahrscheinlichkeit des Ereignisses A unter der Voraussetzung, dass B mit einer bestimmten Wahrscheinlichkeit bereits eingetreten ist.

$P_B(A) = \frac{P(A \cap B)}{P(B)}$, falls $P(B) > 0$

Binomialverteilung

Ein Zufallsversuch, bei dem genau zwei Ergebnisse („Erfolg" und „Misserfolg") möglich sind, heißt **Bernoulli-Versuch.** Wird ein Bernoulli-Versuch (mit der Erfolgswahrscheinlichkeit p) n-mal durchgeführt, ist die Wahrscheinlichkeit für k Erfolge ($0 \leq k \leq n$):

$P(k) = \binom{n}{k} \cdot p^k \cdot (1-p)^{n-k}$

Die Anzahl dieser Erfolge bei n-maliger Durchführung eines Bernoulli-Versuchs ist eine **Zufallsgröße.** Die Verteilung dieser Zufallsgröße heißt **Binomialverteilung.**

Vierfacher Münzwurf:

Ereignisse	Wahrscheinlichkeiten
4 × Zahl	$p_1 = 1 \cdot \frac{1}{16} = \frac{1}{16}$
3 × Zahl	$p_2 = 4 \cdot \frac{1}{16} = \frac{1}{4}$
2 × Zahl	$p_3 = 6 \cdot \frac{1}{16} = \frac{3}{8}$
1 × Zahl	$p_4 = 4 \cdot \frac{1}{16} = \frac{1}{4}$
keine Zahl	$p_5 = 1 \cdot \frac{1}{16} = \frac{1}{16}$

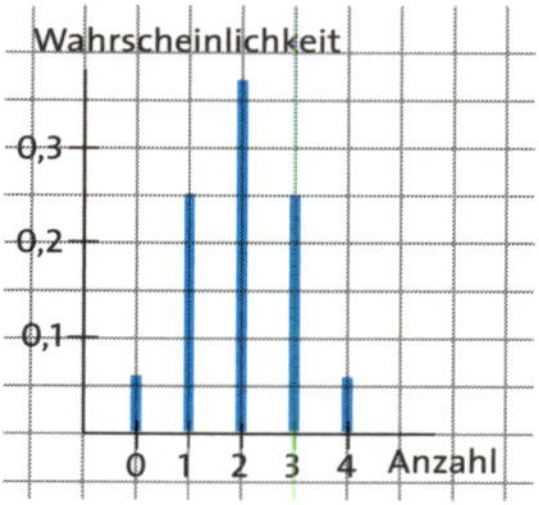

Beschreibende Statistik

Untersuchungen beziehen sich im Allgemeinen auf eine **Grundgesamtheit** mit einem bestimmten **Merkmal.** Aus dieser wählt man für die Untersuchung eine **Stichprobe** als Teilmenge aus, die *repräsentativ* sein sollte.

Aus der Bevölkerung eines Landes im Alter von 18 bis 25 Jahren werden 10 000 Menschen ausgewählt. Beachtet werden Alter, Geschlecht, Wohnort.
Grundgesamtheit: Bevölkerung von 18–25 Jahren
Merkmale: Alter, Geschlecht, Wohnort
Stichprobe: 10 000 Personen

Mittelwerte

Der **Modalwert** m ist der am häufigsten unter den Beobachtungsergebnissen einer Stichprobe auftretende Wert.

Note	1	2	3	4	5	6
Anzahl	2	7	9	6	3	1

Modalwert: m = 3

Der **Zentralwert (Median)** $\tilde{x}$ ist der in der Mitte stehende Wert der nach der Größe geordneten Werte $x_1, x_2, ..., x_n$ der Stichprobe.

0; 2; 2; 5; 6; 6; 9; 11; 11; 12; 15
Median: $\tilde{x} = 6$
2; 5; 6; 6; 9; 11; 11; 12
Median: $\tilde{x} = (6 + 9) : 2 = 7{,}5$

Das **arithmetische Mittel** $\bar{x}$ ist die Summe aller Werte einer Stichprobe dividiert durch deren Anzahl:

$$\bar{x} = \frac{x_1 + x_2 + ... + x_n}{n} \quad (n \in \mathbb{N})$$

gemessenes Körpergewicht:
52 kg; 54 kg; 55 kg; 53 kg;
52 kg; 59 kg; 57 kg; 54 kg;
62 kg; 55 kg; 56 kg; 57 kg

$$\bar{x} = \frac{666 \text{ kg}}{12} = 55{,}5 \text{ kg}$$

Das **gewogene arithmetische Mittel** $\overline{x}$ der Beobachtungsergebnisse einer Häufigkeitsverteilung wird berechnet als Summe der Produkte aus den Werten der Stichprobe und ihren zugehörigen relativen Häufigkeiten:
$\overline{x} = h_1 \cdot x_1 + h_2 \cdot x_2 + ... + h_k \cdot x_k \qquad (n, k \in \mathbb{N}; k \leq n)$

Note	1	2	3	4	5	6
Anzahl	2	7	9	6	3	1

$\overline{x} = \frac{(2 \cdot 1) + (7 \cdot 2) + \ldots + (1 \cdot 6)}{28} =$

$\frac{2 + 14 + 27 + 24 + 15 + 6}{28} =$

$\frac{88}{28} = \frac{22}{7} \approx 3{,}14$

Streuungsmaße

Wichtig für statistische Erhebungen ist auch, wie weit die Werte streuen.

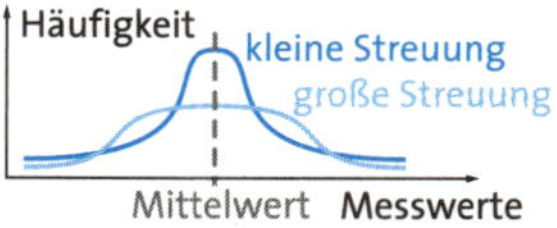

Bei gleichem Mittelwert sind die Messwerte doch völlig anders verteilt (gestreut).

Die **Spann-** oder **Streubreite** w einer Stichprobe ist die Differenz aus dem größten und dem kleinsten Beobachtungsergebnis:
$w = x_{max} - x_{min}$

Gemessenes Körpergewicht:
52 kg; 54 kg; 55 kg; 53 kg;
62 kg; 57 kg; 54 kg; 53 kg

w = 62 kg – 52 kg = 10 kg

Streuungsmaße

Die **mittlere** (lineare) **Abweichung** d der Werte einer Stichprobe (mit dem Umfang n) vom Mittelwert wird berechnet:

$$d = \frac{|x_1 - \overline{x}| + |x_2 - \overline{x}| + \ldots + |x_n - \overline{x}|}{n}$$

$(n \in \mathbb{N})$

Bei der Verkehrszählung in zwei Straßen sind die Mittelwerte gleich.

Häufigkeit		Abweichung von $\overline{x}$	
A	B	A	B
40	62	25	3
65	62	0	3
78	68	13	3
92	71	27	6
67	65	2	0
48	62	17	3
390	390	84	18

Straße A:
$\overline{x} = \frac{390}{6} = 65$
$d = \frac{84}{6} = 14$

Straße B:
$\overline{x} = \frac{390}{6} = 65$
$d = \frac{18}{6} = 3$

Zur Vereinfachung quadriert man die jeweiligen (vorzeichenbehafteten) Abstände und berechnet die **mittlere quadratische Abweichung (Varianz)** s^2.

$$s^2 = \frac{(x_1 - \overline{x})^2 + \ldots + (x_n - \overline{x})^2}{n} \quad (n \in \mathbb{N})$$

Der Wert s wird **Standardabweichung** genannt.

$$s = \sqrt{\frac{(x_1 - \overline{x})^2 + (x_2 - \overline{x})^2 + \ldots + (x_n - \overline{x})^2}{n}}$$

$(n \in \mathbb{N})$

Ein weiteres Streuungsmaß ist die **Halbweite** bzw. **Vierteldifferenz.** Dabei wird nicht auf den Mittelwert $\overline{x}$, sondern auf den Zentralwert $\tilde{x}$ Bezug genommen.

Bibliographische Information der Deutschen Bibliothek
Die Deutsche Bibliothek verzeichnet diese Publikation in der Deutschen Nationalbibliografie; detaillierte bibliografische Daten sind im Internet über http://dnb.ddb.de abrufbar.

2006 Genehmigte Sonderausgabe für Verlagsgruppe Weltbild GmbH, Augsburg

Redaktionelle Leitung Heike Krüger
Redaktion Claudia Fahlbusch und Marion Krause, Hampp Media GmbH, Stuttgart
Autor Dr. Uwe Schwippl, Berlin

Herstellung Annette Scheerer
Produktion HamppMedia GmbH, Stuttgart
Typografisches Konzept Horst Bachmann
Illustrator Peter Lohse, Büttelborn
Grafiken Bibliographisches Institut & F. A. Brockhaus AG und DUDEN PAETEC GmbH
Umschlaggestaltung Michael Acker

Druck und Bindung Kösel, Altusried-Krugzell
Printed in Germany

F

ISBN-13: 978-3-411-02319-6 (Gesamtkassette)
ISBN-10: 3-411-02319-8 (Gesamtkassette)

Duden

SMS Schnell-Merk-System

Physik

5. bis 10. Klasse

Dudenverlag
Mannheim · Leipzig · Wien · Zürich

DUDEN PAETEC Schulbuchverlag
Berlin · Frankfurt a. M.

Inhaltsverzeichnis

1 Mechanik

Größen in der Mechanik

Eine **physikalische Größe** beschreibt eine messbare Eigenschaft eines Objekts. Die Ausprägung dieser Eigenschaft bezeichnet man als **Wert der Größe.** Die Ermittlung des Werts erfolgt mittels Messgerät.

Die Masse m gibt an, wie schwer (oder wie leicht) und wie träge ein Körper ist.

Die Geschwindigkeit v gibt an, wie schnell (oder wie langsam) sich ein Körper bewegt.

Für jede Größe ist ein **Formelzeichen** festgelegt. Der Wert einer Größe ist das Produkt aus einem Zahlenwert und der **Einheit** dieser Größe.

$s = 5\ \mathrm{m} = 5 \cdot 1\ \mathrm{m}$

$t = 10\ \mathrm{s} = 10 \cdot 1\ \mathrm{s}$

$v = 80\ \frac{\mathrm{km}}{\mathrm{h}} = 80 \cdot 1\ \frac{\mathrm{km}}{\mathrm{h}}$

Die meisten physikalischen Größen sind **abgeleitete Größen.** Sie lassen sich auf **Grundgrößen** zurückführen.
Die Grund- und **Basiseinheiten** (↑ Innenklappe) sind im Internationalen Einheitensystem (SI) festgelegt.

Grundgrößen der Mechanik:
Weg, Länge: s, l
Masse: m
Zeit: t
Die Geschwindigkeit v ist eine abgeleitete Größe (↑ S. 7).

Eigenschaften von Körpern

Gegenstände bezeichnet man in der Physik als **Körper.** Körper haben Eigenschaften wie Form, Volumen, Gewicht, Temperatur.

Feste Körper haben eine bestimmte Form und gleich bleibendes Volumen.

Holz · Eisen
Feste Körper lassen sich nicht zusammendrücken.

Flüssigkeiten haben ein gleich bleibendes Volumen, passen ihre Form jedoch dem Gefäß an.

Wasser · Öl
Flüssigkeiten lassen sich nicht zusammendrücken.

Gase haben weder eine bestimmte Form noch ein bestimmtes Volumen. Sie sind bestrebt, den Raum, der ihnen zur Verfügung steht, gleichmäßig auszufüllen.

Luft · CO_2
Gase lassen sich zusammendrücken.

Stoffe können fest oder flüssig oder gasförmig sein, je nachdem, welche Kräfte zwischen den Teilchen wirken. Sie haben verschiedene **Aggregatzustände** (↑ S. 36).

Wasser kann zu Eis erstarren oder zu Wasserdampf verdampfen.
Anziehungskräfte:
fest: stark
flüssig: mittlere
gasförmig: gering

Masse, Volumen und Dichte

Masse

Jeder Körper hat eine Masse. Sie drückt aus, wie stark der Körper einer Änderung seiner Bewegung durch eine Kraft widersteht. Um die Masse eines Körpers zu bestimmen, benutzt man als Messgerät eine Waage.

Die Masse gibt an, wie schwer und wie träge ein Körper ist.
1 l Wasser hat die Masse von 1 kg.
Formelzeichen: m
Einheit: 1 kg
Vielfache/Teile der Einheit:
1 g = 1000 mg
1 t = 1 000 kg

Volumen

Das Volumen gibt an, wie viel Raum ein Körper einnimmt.

Formelzeichen: V
Einheit: m^3
Vielfache/Teile der Einheit:
$1\ l = 0{,}001\ m^3$
$1\ cm^3 = 0{,}001\ l = 10^{-6}\ m^3$

Dichte

Die Dichte kennzeichnet die Eigenschaft eines Stoffes. Sie ist eine von der Masse und dem Volumen eines Körpers abgeleitete Größe. Sie wird durch Messung von Masse und Volumen eines Körpers und Division beider Größen bestimmt.

Die Dichte gibt an, wie groß die Masse von 1 cm^3 eines Stoffes ist.
Die Dichte von Wasser beträgt 1 g/cm^3.

Formelzeichen: ρ

$$\rho = \frac{m}{V}$$

Einheiten: $1\frac{kg}{m^3} = 0{,}001\ \frac{g}{cm^3}$

Mechanische Bewegung

Bewegung

Dies ist die Veränderung des Ortes oder der Lage eines Körpers gegenüber einem anderen Körper. Ändert ein Körper seinen Ort oder seine Lage nicht, so ist er in **Ruhe.** Ruhe und Bewegung sind relativ.

Meist wird als Bezugskörper (Bezugssystem) die Erde gewählt.
Eine Person in einem fahrenden Zug ist gegenüber dem einen Bezugskörper (Zug) in Ruhe und gleichzeitig gegenüber anderen Bezugskörpern (z. B. Häuser an der Strecke) in Bewegung.

Zur Beschreibung der Bewegung eines Körpers nutzt man häufig das Modell **Massepunkt.** Im Massepunkt ist die gesamte Masse eines Körpers vereinigt, von Form und Volumen wird abgesehen.

Beschreibung der Bewegung eines fahrenden Autos:

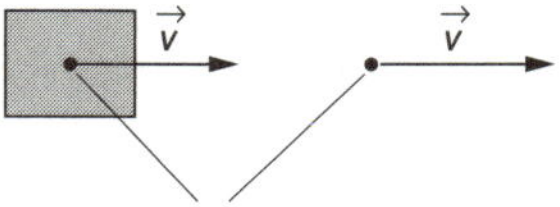

Geschwindigkeit

Geschwindigkeit ist eine vektorielle Größe. Sie hat in jedem Punkt der Bewegung einen **Betrag** und eine **Richtung.** Um die Geschwindigkeit zu bestimmen, benutzt man u. a. einen Tachometer.

Die Geschwindigkeit gibt an, wie schnell sich ein Körper bewegt.

Formelzeichen: v

Einheiten: $1\,\frac{\mathrm{m}}{\mathrm{s}} = 3{,}6\,\frac{\mathrm{km}}{\mathrm{h}}$

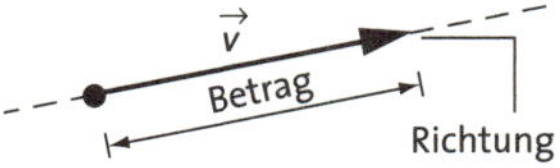

Geschwindigkeit

Die Geschwindigkeit *v* wird aus zurückgelegtem Weg *s* (Δs) und benötigter Zeit *t* (Δt) bestimmt. Man erhält die **Durchschnittsgeschwindigkeit.**

$$v = \frac{s}{t} \text{ oder } \frac{\Delta s}{\Delta t}$$

Ein Radsportler legt 204 km in 4 h 30 min zurück.

$$v = \frac{204\ \text{km}}{4{,}5\ \text{h}} = 45{,}3\ \text{km/h}$$

Beschleunigung

Beschleunigung ist eine vektorielle Größe. Sie hat einen Betrag und eine Richtung.
Eine der Bewegungsrichtung entgegengesetzt gerichtete (negative) Beschleunigung bezeichnet man als **Verzögerung.**

- anfahrendes Auto: positive Beschleunigung
- bremsendes Auto: negative Beschleunigung.

Die Beschleunigung gibt an, wie schnell sich die Geschwindigkeit eines Körpers ändert.

Formelzeichen: a

Einheit: $1\,\frac{\text{m}}{\text{s}^2}$

D. h., die Geschwindigkeit ändert sich in 1 s um $1\,\frac{\text{m}}{\text{s}}$

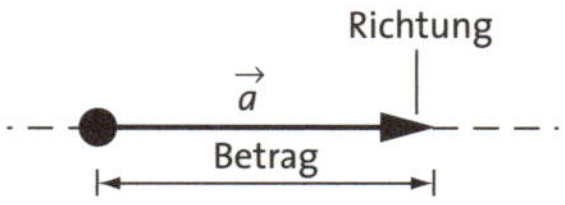

Die Beschleunigung *a* wird aus der Änderung der Geschwindigkeit *v* (Δv) und der dafür benötigten Zeit *t* (Δt) bestimmt. Man erhält die **Durchschnittsbeschleunigung.**

$$a = \frac{v}{t} \text{ oder } \frac{\Delta v}{\Delta t}$$

Ein Auto beschleunigt von 0 auf 100 $\frac{\text{km}}{\text{h}}$ ($= 27,8\,\frac{\text{m}}{\text{s}}$) in 12 s.

$$a = \frac{27{,}8\ \text{m}}{12\ \text{s} \cdot \text{s}} = 2{,}3\,\frac{\text{m}}{\text{s}^2}$$

Gleichförmige Bewegung

Eine **gleichförmig geradlinige Bewegung** liegt vor, wenn sich der Betrag und die Richtung der Geschwindigkeit eines Körpers nicht ändern. Die Beschleunigung in Bahnrichtung ist null.

$v = \text{konstant}$
$a = 0$

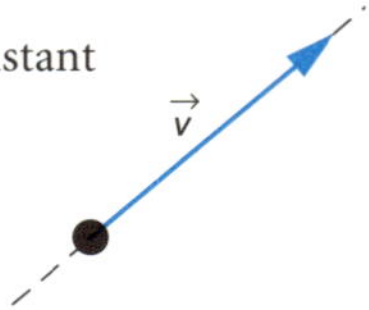

Eisenbahn mit konstanter Geschwindigkeit

Weg-Zeit-Gesetz:
In gleichen Zeiten werden gleiche Wege zurückgelegt.

$s \sim t$
$s = v \cdot t$

$v = \frac{s}{t} = \text{konstant}$

Weg-Zeit-Diagramm:
Je größer die Geschwindigkeit, desto steiler der Anstieg der Geraden.

$v_1 < v_2$

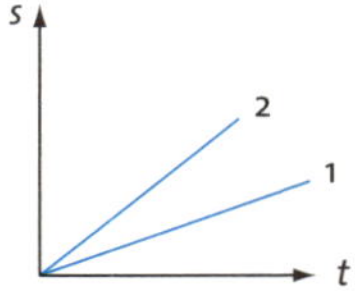

Geschwindigkeit-Zeit-Diagramm:
Je größer die Geschwindigkeit, desto höher liegt die Gerade.

$v_1 < v_2$

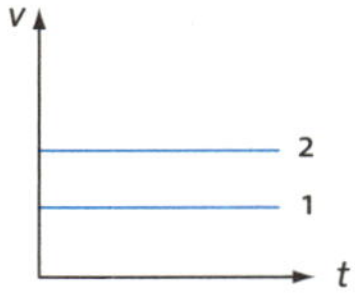

Bewegt sich ein Körper gleichförmig auf einer Kreisbahn, liegt eine besondere Form, die **gleichförmige Kreisbewegung**, vor (↑ S. 16).

$v = \frac{s}{t} = \frac{2\pi \cdot r}{T} = 2\pi \cdot r \cdot n$

r: Radius der Kreisbahn
T: Zeit für einen Umlauf
n: Drehzahl ($n = \frac{1}{T}$)

Ungleichförmige Bewegung

Eine **gleichmäßig beschleunigte Bewegung** eines Körpers liegt vor, wenn sich seine Geschwindigkeit in gleichen Zeitabschnitten in gleichem Maße verändert.

Beschleunigung einer Kugel durch eine Feder, etwa beim Flipper.

Gleichmäßig beschleunigte Bewegung **aus der Ruhelage:** $a = \text{konstant}$

- Weg-Zeit-Gesetz

$s \sim t^2$

$s = \frac{a}{2} \cdot t^2$

- Geschwindigkeit-Zeit-Gesetz

$v = a \cdot t$

Weg-Zeit-Diagramm: Je größer die Beschleunigung, desto steiler die Kurve.

$a_1 < a_2$

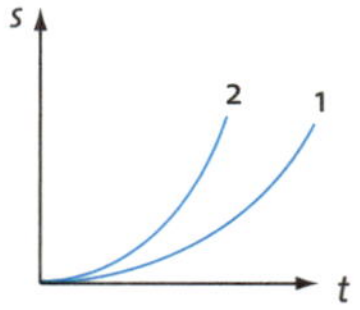

Geschwindigkeit-Zeit-Diagramm: Je größer die Beschleunigung, desto steiler die Gerade.

$a_1 < a_2$

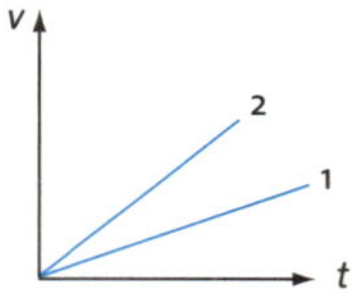

Beschleunigung-Zeit-Diagramm: Je größer die Beschleunigung, desto höher die Gerade.

$a_1 < a_2$

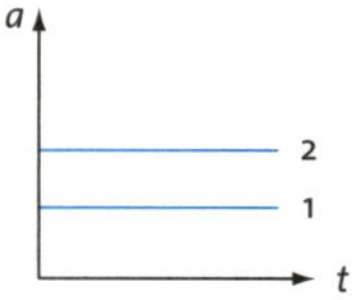

Der **freie Fall** ist eine spezielle gleichmäßig beschleunigte Bewegung. Die **Fallbeschleunigung** g ist ortsabhängig. Die Gesetze der gleichmäßig beschleunigten Bewegung gelten auch für den freien Fall **(Fallgesetze)**.

Fallender Körper, sofern der Luftwiderstand zu vernachlässigen ist.
Mittlere Fallbeschleunigung an der Erdoberfläche:

$$g = 9{,}81\,\frac{\text{m}}{\text{s}^2} \text{ oder } g \approx 10\,\frac{\text{m}}{\text{s}^2}$$

$$s = \frac{g}{2} \cdot t^2$$

$$v = g \cdot t$$

$$v = 2 \cdot g \cdot s$$

Bewegungsüberlagerung

Ein Körper kann eine Bewegung ausführen, die aus mehreren Bewegungen zusammengesetzt ist, z. B. Hochsprung: Absprungbewegung und freier Fall.
Die resultierende Geschwindigkeit ergibt sich aus den Geschwindigkeiten der Teilbewegungen. Diese können in gleicher, entgegengesetzter oder beliebig anderer Richtung verlaufen.
Bei **Wurfbewegungen** überlagern sich eine gleichförmige und eine gleichmäßig beschleunigte Bewegung (freier Fall).

Wurfbewegungen:

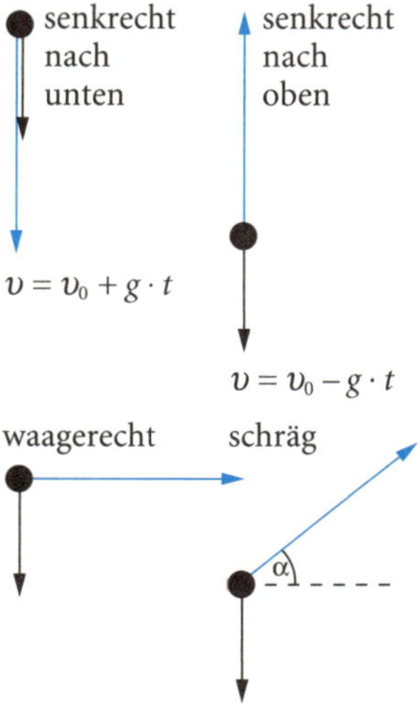

$$v = v_0 + g \cdot t$$

$$v = v_0 - g \cdot t$$

$$v = \sqrt{v_0^2 + (g \cdot t)^2}$$

Kraft und ihre Wirkungen

Die physikalische Größe **Kraft** gibt an, wie stark zwei Körper aufeinander einwirken.

Formelzeichen: F
Einheit: 1 Newton (1 N)

Die Kraft mit dem Betrag 1 N erteilt einem Körper der Masse 1 kg die Beschleunigung 1 m/s².
1 N ist etwa die Kraft, mit der ein Körper der Masse 100 g auf eine ruhende Unterlage drückt oder an einer Aufhängung zieht. Durch diese Kraft wird die Aufhängung verformt.

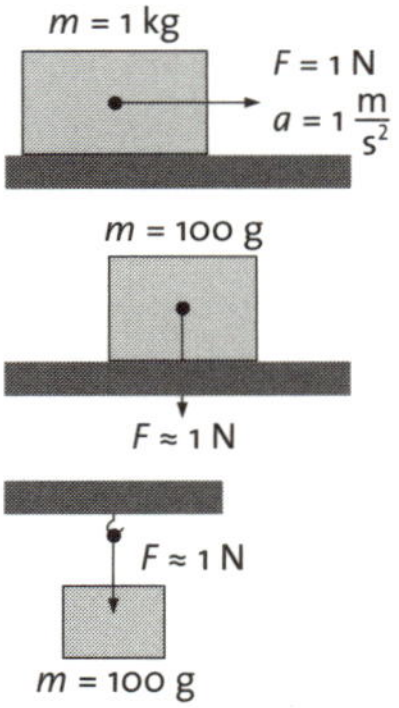

Die Verformung von Körpern durch Kräfte wird zur Messung der Kraft mit einem **Federkraftmesser** genutzt. Es gilt das **hookesche Gesetz.**

Hookesches Gesetz:
$F = D \cdot s$
F: angreifende Kraft
s: Verlängerung der Feder
D: Federkonstante

Die Kraft ist eine vektorielle Größe.
Die **Wirkung einer Kraft** hängt ab von Betrag, Richtung und Angriffspunkt der Kraft am Körper.

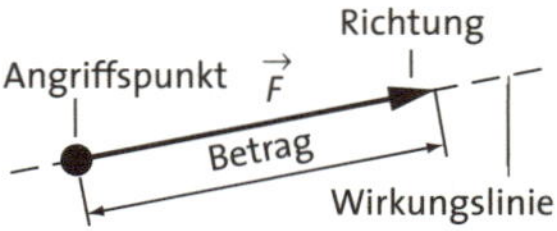

Die newtonschen Gesetze drücken Zusammenhänge zwischen Kräften, Geschwindigkeit und Beschleunigung aus.

1. Trägheitsgesetz

Ein Körper ändert seine Bewegung nicht, solange keine Kraft auf ihn wirkt.

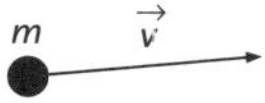

Es gilt: $\vec{v}$ = konstant bei $F = 0$

Damit sich ein ruhender Körper zu bewegen beginnt, muss eine Kraft auf ihn wirken: Ein Fußballer wirkt mit seinem Fuß auf den Ball ein, der dadurch in Bewegung gesetzt wird.

2. Newtonsches Grundgesetz

Zwischen Kraft, Masse und Beschleunigung gilt die Gleichung:

$\vec{F} = m \cdot \vec{a}$

Stärkere Motoren können gleiche Autos stärker beschleunigen und dadurch in kürzerer Zeit zur angestrebten Geschwindigkeit bringen.

3. Wechselwirkungsgesetz

Wirken zwei Körper aufeinander ein, so wirkt auf jeden eine gleich große Kraft, jedoch mit entgegengesetzter Richtung.

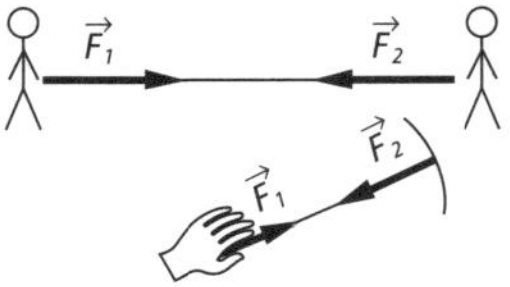

$\vec{F}_1 = -\vec{F}_2$

Wenn beim Seilziehen keine Mannschaft im Vorteil ist, greift an jeder Mannschaft eine gleich große Kraft an, wie sie selbst aufwendet.

Zusammensetzung von Kräften

Wenn auf einen Körper zwei Kräfte wirken, so ergibt sich eine **resultierende Kraft.**

Die resultierende Kraft kann man rechnerisch oder zeichnerisch ermitteln. Zeichnerisch ergibt sich ein **Kräfteparallelogramm.**

Gleiche Richtung:
Zwei Kräfte wirken in gleicher Richtung.

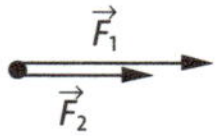

oder

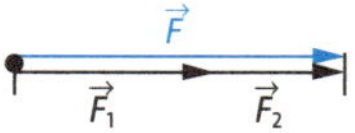

$F = F_1 + F_2$

Entgegengesetzte Richtung:
Zwei Kräfte wirken in entgegengesetzter Richtung.

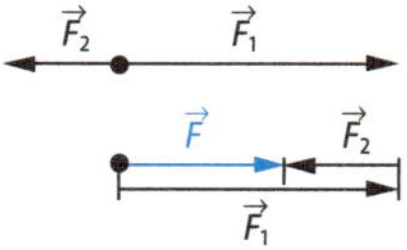

$F = F_1 - F_2$

Senkrechte Richtung:
Zwei Kräfte wirken im rechten Winkel zueinander.

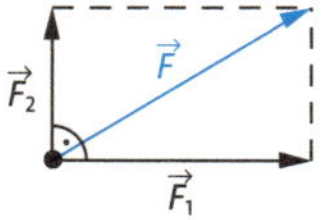

$F = \sqrt{F_1^2 + F_2^2}$

Beliebige Richtung:
Zwei Kräfte wirken in beliebiger Richtung zueinander.

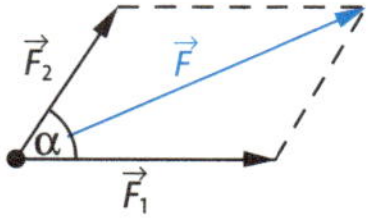

Gewichtskraft

Körper werden von der Erde angezogen.
Die Gewichtskraft gibt an, mit welcher Kraft ein Körper durch die Anziehung der Erde auf eine Unterlage oder eine Aufhängung einwirkt.
Die Höhe der Gewichtskraft hängt von der Masse des Körpers ab.

Formelzeichen: F_G
Berechnung: $F_G = m \cdot g$
g: Fallbeschleunigung oder Ortsfaktor (↑ S. 11)

$$g = 9{,}81\,\frac{\text{N}}{\text{kg}} \quad \text{oder} \quad g \approx 10\,\frac{\text{N}}{\text{kg}}$$

Die Fallbeschleunigung auf dem Mond beträgt nur $^1/_6$ der Fallbeschleunigung auf der Erde. Körper gleicher Masse erfahren auf dem Mond nur $^1/_6$ der Gewichtskraft, die sie auf der Erde erfahren.

Gravitationskraft

Alle Körper ziehen sich aufgrund ihrer Massen gegenseitig an. Diese Erscheinung bezeichnet man als Gravitation, die anziehenden Kräfte als Gravitationskräfte.
Die Gewichtskraft ist eine spezielle Gravitationskraft.

Die Gravitationskräfte, die zwei Körper aufeinander ausüben, berechnet man mit der Gleichung:

$$F = G \cdot \frac{m_1 \cdot m_2}{r^2}$$

G: Gravitationskonstante

$$G = 6{,}673 \cdot 10^{-11}\,\frac{\text{m}^3}{\text{kg} \cdot \text{s}^2}$$

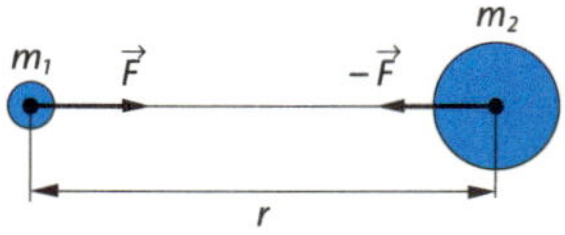

Radialkraft

Damit sich ein Körper auf einer Kreisbahn bewegt, muss eine Kraft an ihm angreifen, die zum Mittelpunkt der Kreisbahn gerichtet ist. Diese Kraft wird als Radialkraft bezeichnet.

Die Anziehungskraft der Sonne ist die Radialkraft, die die Erde auf die (nahezu kreisförmige) Umlaufbahn zwingt.
Die Radialkraft gibt an, mit welcher Kraft ein Körper auf einer Kreisbahn gehalten wird.

Berechnung der Radialkraft F_r bei einer gleichförmigen Kreisbewegung (↑ S. 9):

$$F_r = m \cdot \frac{v^2}{r} = m \cdot \frac{4\pi^2 \cdot r}{T^2} = m \cdot 4\pi^2 \cdot r \cdot n^2$$

Druckkraft

Wenn ein Körper auf eine Fläche einwirkt, so wirkt eine Druckkraft.

Beim Tanzen tritt ein Partner dem anderen auf den Fuß.

Die Druckkraft, die pro m^2 (oder cm^2) einer Fläche wirkt, bezeichnet man als **Auflagedruck.**

Je größer die Kraft und je kleiner die Fläche, desto größer ist der Auflagedruck.

Formelzeichen: p

Berechnung: $p = \frac{F}{A}$

Einheit: 1 Pascal (1 Pa) $= 1 \frac{\text{N}}{\text{m}^2}$

Vielfaches der Einheit:
1 MPa = 1 000 000 Pa

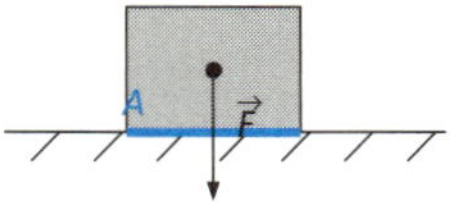

Reibung

Wenn sich Körper berühren, wirken zwischen ihnen **Reibungskräfte,** die die Bewegung hemmen. Ursache für die Reibung ist die Oberfläche der Körper.

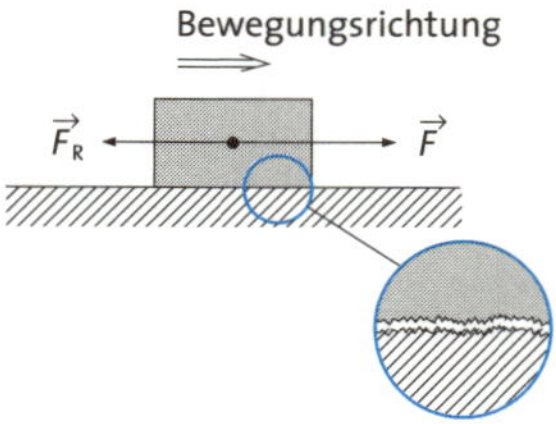

Haftreibung liegt vor, wenn Körper aneinander haften und sich nicht relativ zueinander bewegen.

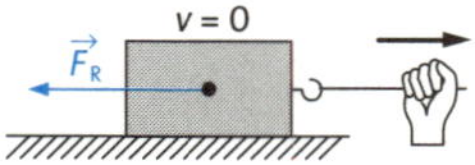

Kiste bewegt sich nicht.

Gleitreibung liegt vor, wenn ein Körper auf einem anderen gleitet.

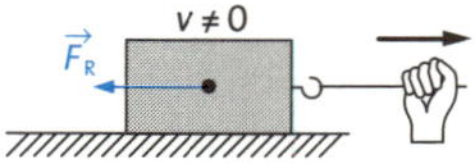

Kiste rutscht auf Bodenbelag.

Rollreibung liegt vor, wenn ein Körper auf einem anderen rollt.

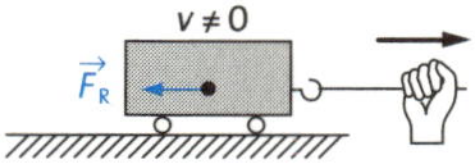

Ein schwerer Koffer wird auf Rollen bewegt.

Die Reibungskraft berechnet sich aus der Normalkraft (Auflagekraft) und der Reibungszahl. Die Reibungszahl hängt von Stoff und Reibungsart ab. Mit Schmiermitteln wird die Reibungskraft verringert.

$F_R = \mu \cdot F_N$
F_R = Reibungskraft
F_N = Normalkraft
μ = Reibungszahl

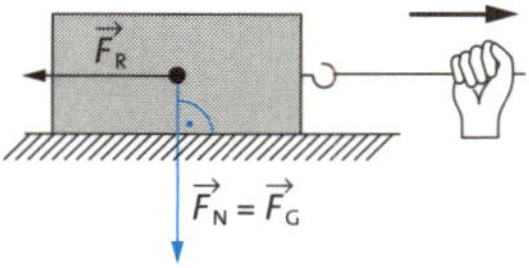

Unter **kraftumformenden Einrichtungen** versteht man einfache Vorrichtungen, mit deren Hilfe der Betrag oder die Richtung von Kräften oder beides verändert werden kann. Für kraftumformende Einrichtungen gilt die **goldene Regel der Mechanik:** Was man an Kraft spart, muss man an Weg zusetzen.

Hebel

Hebelgesetz

Für alle Hebel im Gleichgewicht gilt das Hebelgesetz:

$F_1 \cdot r_1 = F_2 \cdot r_2$ oder $\frac{F_1}{F_2} = \frac{r_2}{r_1}$

F bezeichnet die wirkenden Kräfte, *r* die Länge der Kraftarme. Das ist der jeweilige Abstand des Angriffspunktes einer Kraft von der Drehachse.

Einseitiger Hebel

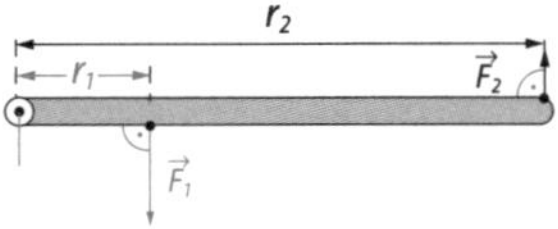

Nussknacker • Schraubenschlüssel

Zweiseitiger Hebel

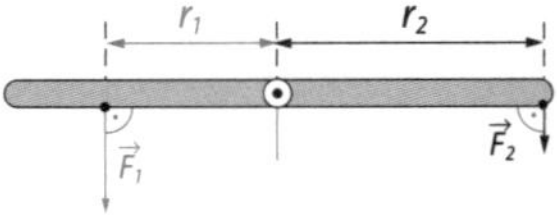

Schere • Wippe

Drehmoment

- Das Produkt $F \cdot r$ bezeichnet man als Drehmoment (Einheit: 1 Nm).
- Das Drehmoment gibt an, wie stark eine Kraft auf einen drehbaren Körper einwirkt.

Ein Hebel ist im Gleichgewicht, wenn das rechtsdrehende gleich dem linksdrehenden Drehmoment ist.

$M_L = M_R$

Geneigte Ebene

Für die geneigte Ebene gilt die Gleichung: $\frac{F_H}{F_G} = \frac{h}{l}$

Je länger der Weg ist, um einen bestimmten Höhenunterschied zu überwinden, desto geringer ist die Kraft, die dazu aufgewendet werden muss.

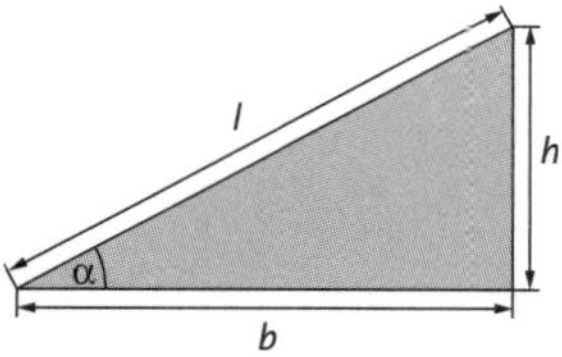

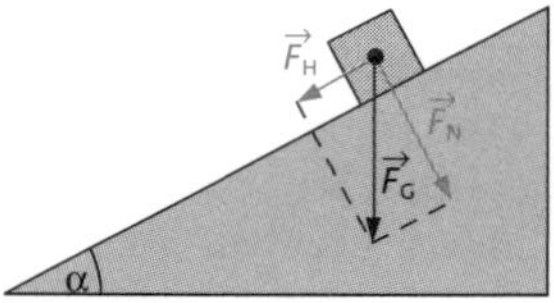

Ansteigende Straße, Rolltreppe, Transportband

Rollen

Feste Rolle	Lose Rolle	Flaschenzug
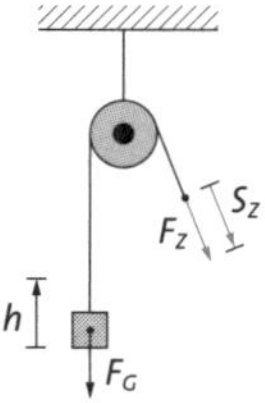	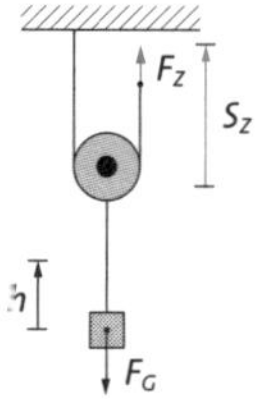	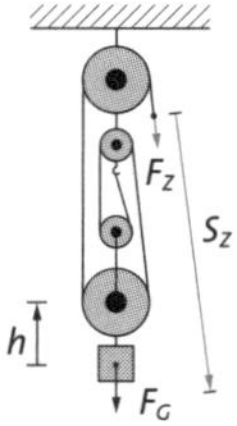
Die Zugkraft ist so groß wie die Gewichtskraft. Der Zugweg ist gleich der Hubhöhe.	Die Zugkraft ist halb so groß wie die Gewichtskraft. Der Zugweg ist doppelt so groß wie die Hubhöhe.	Die Zugkraft ist ein Viertel der Gewichtskraft. Der Zugweg ist viermal so groß wie die Hubhöhe.
$F_Z = F_G$ $s_Z = h$	$F_Z = \frac{1}{2} F_G$ $s_Z = 2 \cdot h$	$F_Z = \frac{1}{4} F_G$ $s_Z = 4 \cdot h$

Mechanik der Flüssigkeiten und Gase

Druck

In Gefäßen eingeschlossene Flüssigkeiten und Gase üben auf die Gefäßwände Kräfte aus. Ursache dieser Kräfte ist der Druck der Flüssigkeit oder des Gases. Dieser lässt sich mit dem **Teilchenmodell** deuten.

Druck in Flüssigkeiten:

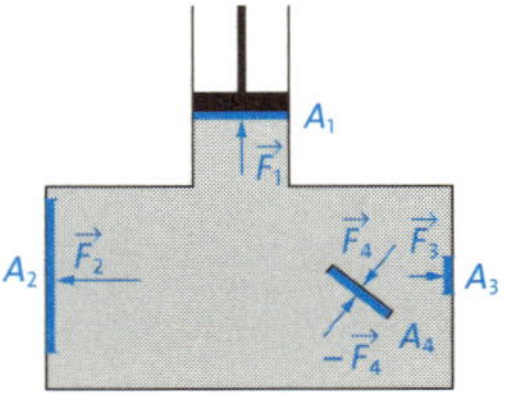

Druck in Gasen:

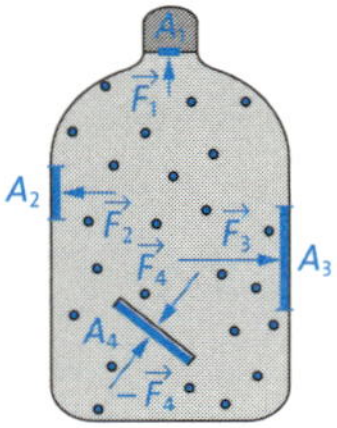

Der Druck ist im gesamten Gefäß annähernd gleich. Es gilt:

$$p = \frac{F_1}{A_1} = \frac{F_2}{A_2} = ... = \text{konstant}$$

In hohen Gefäßen muss jedoch der Schweredruck (↑ S. 21) berücksichtigt werden.

Formelzeichen: p
Einheit: 1 Pascal (1 Pa)

Umrechnung: $1 \text{ Pa} = 1 \frac{\text{N}}{\text{m}^2}$

Vielfache der Einheit:
1 kPa = 1000 Pa
1 MPa = 1000 kPa

Der Druck wird mit **Manometern** gemessen.
Durch den Druck wird eine Membran verformt. Die Verformung wird auf den Zeiger übertragen.

Andere Einheiten:
1 bar = 100 kPa
1 at ≈ 100 kPa
1 Torr ≈ 133 Pa

Bei einer Spritze oder Luftpumpe wird der Druck der Flüssigkeit oder des Gases mit einer Kraft an einem Kolben erzeugt. Dieser Druck wird deshalb als **Kolbendruck** bezeichnet.

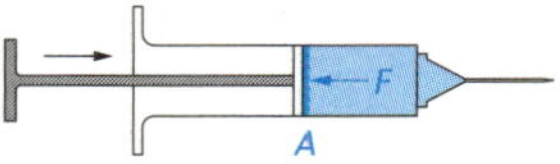

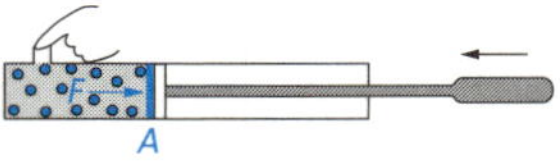

Flüssigkeiten lassen sich kaum zusammendrücken. Sie sind **inkompressibel.** Diese Eigenschaft wird bei **hydraulischen Anlagen** zur Kraftübertragung genutzt.
Hydraulische Anlagen sind kraftumformende Einrichtungen (↑ S. 18).
Aus p = konstant folgt:

$$\frac{F_1}{A_1} = \frac{F_2}{A_2}$$

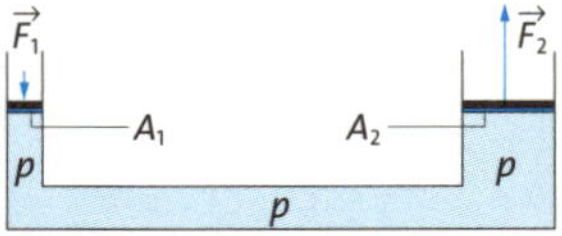

Pumpenkolben (kleine Fläche) — Verbindungsleitung — Arbeitskolben (große) Fläche)

Bei Hebebühnen und hydraulischen Bremsen wird mit kleinem Kraftaufwand eine große Kraftwirkung erzielt. Je kleiner die aufgewendete Kraft, desto größer ist der notwendige Weg.

Durch die Gewichtskraft herrscht in jeder Flüssigkeit ein **Schweredruck.** Er hängt von Höhe und Dichte der Flüssigkeit ab. In Wasser nimmt der Schweredruck alle 10 m um 100 kPa (1 at) zu.

$$p = \frac{F_G}{A} = \frac{m \cdot g}{A} = \rho \cdot g \cdot h$$

Schweredruck in 1000 m Wassertiefe:
Dichte des Meerwassers

$$1{,}02\,\frac{\text{g}}{\text{cm}^3} = 1020\,\frac{\text{kg}}{\text{m}^3}$$

$$p \approx 1020\,\frac{\text{kg}}{\text{m}^3} \cdot 10\,\frac{\text{N}}{\text{kg}} \cdot 1000\text{ m}$$

$$p \approx 10\,200\,000\text{ Pa} \approx 10\text{ MPa}$$

Luftdruck

Ähnlich wie bei Flüssigkeiten ruft die Gewichtskraft der über uns befindlichen Luft der Atmosphäre den **Luftdruck** hervor.
Den größten Betrag hat der Luftdruck in Meereshöhe (NN). Auf Bergen ist der Luftdruck geringer.
Der Luftdruck schwankt zwischen 97 und 103 kPa.

Der Luftdruck in NN beträgt etwa 100 kPa.

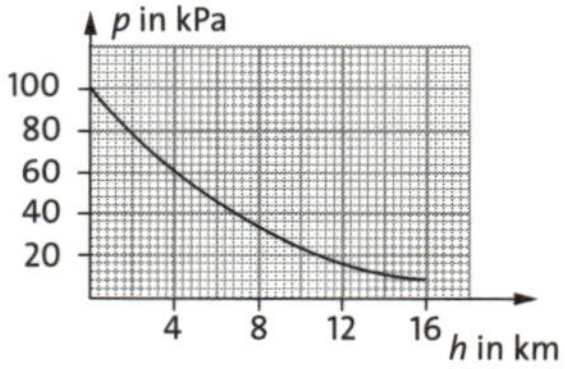

Tief- und Hochdruckgebiete bestimmen unser Wetter.

Messgeräte für den Luftdruck bezeichnet man als **Barometer.**

- **Dosenbarometer:** Durch den Luftdruck wird die Membran einer luftleeren Dose verformt und die Verformung auf einen Zeiger übertragen.

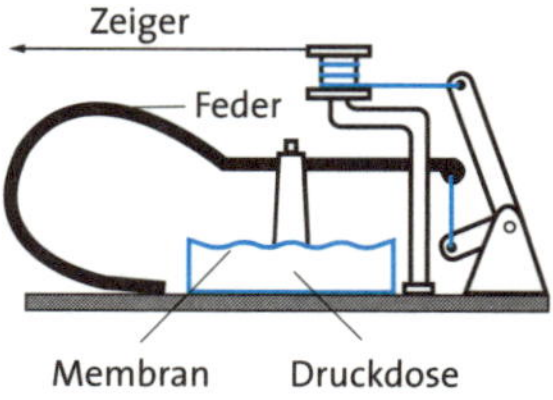

- **Quecksilberbarometer:** Der Schweredruck der Quecksilbersäule im linken Teil des Rohrs ist gleich dem Luftdruck, der rechts auf die Säule wirkt. Die Höhe der Säule links gibt daher den Luftdruck an.

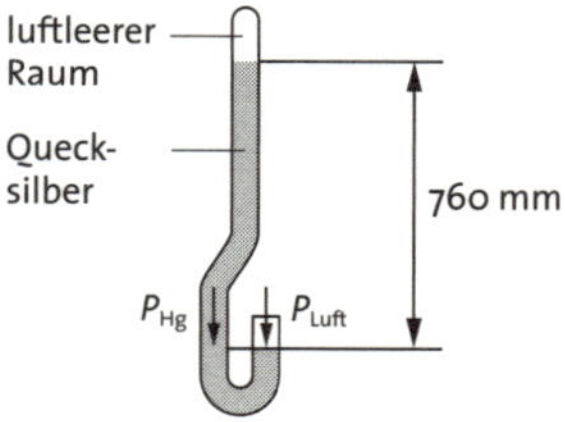

Auftrieb

Befindet sich ein Körper in einer Flüssigkeit, so verringert sich scheinbar sein Gewicht. Der Gewichtskraft wirkt die **Auftriebskraft F_A** entgegen.
Ursache des Auftriebs ist der verschiedene Schweredruck in verschiedenen Tiefen.
Archimedisches Gesetz:
Die Auftriebskraft ist gleich der Gewichtskraft der verdrängten Flüssigkeit.

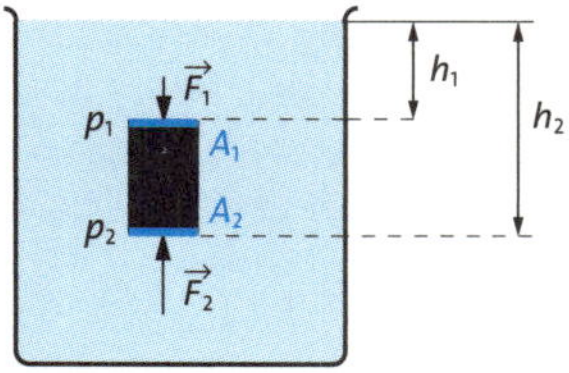

$$p_2 > p_1 \rightarrow F_2 > F_1$$
$$F_A = F_2 - F_1$$

$$F_A = \rho_{Fl} \cdot V_{Fl} \cdot g$$

Auftrieb und Gewichtskraft

Ob ein Körper in einer Flüssigkeit sinkt, schwebt, steigt oder schwimmt, hängt von seiner Gewichtskraft, der Auftriebskraft sowie den Dichten des Körpers ρ_K und der Flüssigkeit ρ_{FL} ab.

Sinken

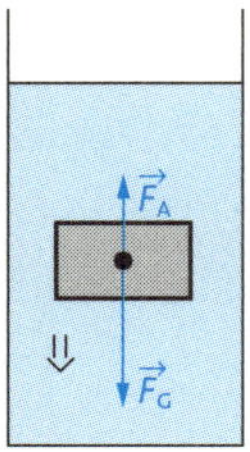

$F_A < F_G$
$\rho_{Fl} < \rho_K$

Schweben

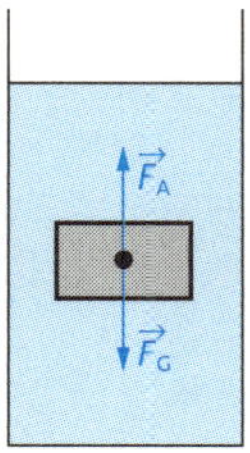

$F_A = F_G$
$\rho_{Fl} = \rho_K$

Steigen

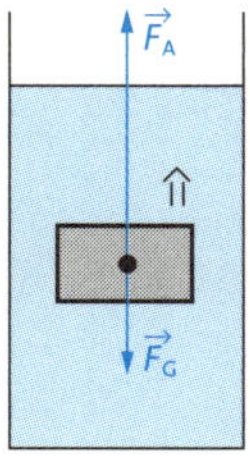

$F_A > F_G$
$\rho_{Fl} > \rho_K$

Schwimmen

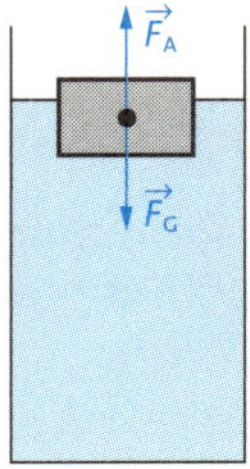

$F_A = F_G$
$\rho_{Fl} > \rho_K$

Mechanische Arbeit

Mechanische Arbeit wird verrichtet, wenn ein Körper durch eine Kraft bewegt oder verformt wird.

Formelzeichen: W
Einheit: 1 Joule (1 J)
1 Newtonmeter (1 N · m)
1 J = 1 N · m
Vielfache der Einheit:
1 kJ = 1000 J
1 MJ = 1000 kJ

Wenn die Kraft einen konstanten Betrag hat und längs des Weges wirkt, gilt für die Berechnung der mechanischen Arbeit: $W = F \cdot s$

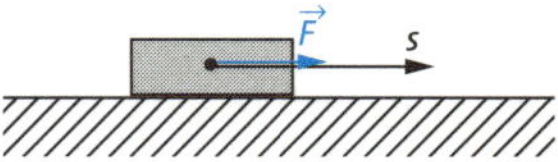

Arten mechanischer Arbeit

Beim Heben eines Körpers wird **Hubarbeit** verrichtet. Die zum Heben erforderliche Kraft ist gleich der Gewichtskraft.

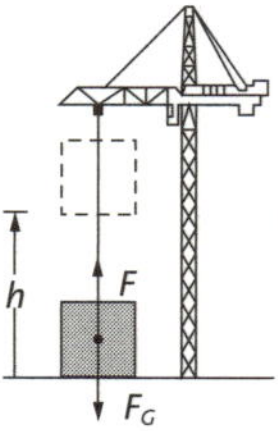

$$W = m \cdot g \cdot h$$

Beim Spannen einer Feder wird **Verformungsarbeit** verrichtet.

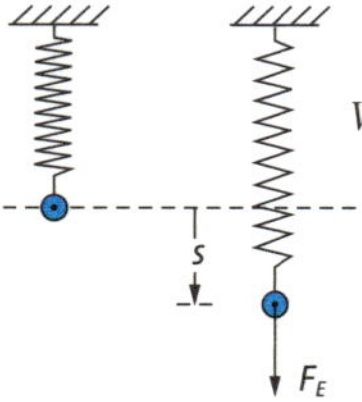

$$W = \frac{1}{2} F_E \cdot s$$

Beim Beschleunigen eines Fahrzeugs wird **Beschleunigungsarbeit** verrichtet.

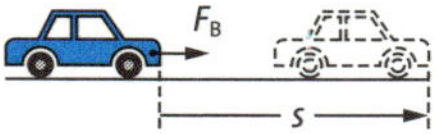

$W = m \cdot a \cdot s$

Zur Überwindung von Reibungskräften wird **Reibungsarbeit** verrichtet.

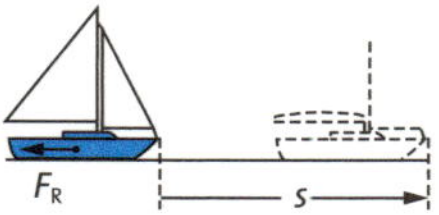

$W = \mu \cdot F_N \cdot s$

Mechanische Leistung

Die mechanische Leistung gibt an, wie viel mechanische Arbeit je Sekunde verrichtet wird.

Formelzeichen: P
Einheit: 1 Watt (1 W)

$$= 1\frac{\text{J}}{\text{s}}$$

Vielfache der Einheit:
1 kW = 1000 W
1 MW = 1000 kW

$$P = \frac{W}{t}$$

Wird die mechanische Arbeit gleichmäßig verrichtet, wird während der gesamten Zeit die gleiche Leistung erbracht. Dies gilt z. B. bei der gleichförmigen Bewegung. Die Leistung beträgt dann:
$P = F \cdot v$ (F und v sind konstant).

Mechanische Leistungen in Natur und Technik:
Spazierengehen: 20 W
Dauerleistung des Menschen: ≈ 100 W
Automotor: 50 kW
ICE: 6 MW

Mechanische Energie

Mechanische Energie ist die Fähigkeit eines Körpers, aufgrund seiner Lage oder seiner Bewegung mechanische Arbeit zu verrichten, Wärme abzugeben oder Licht auszusenden.

Formelzeichen: E_{mech}
Einheit: 1 Joule (1 J)
1 Newtonmeter (1 N · m)
$1\,J = 1\,N \cdot m$
Vielfache der Einheit:
1 kJ = 1000 J
1 MJ = 1000 kJ

Energieformen

Potenzielle Energie E_{pot}
Die potenzielle Energie (Energie der Lage) eines gehobenen Körpers beträgt:
$E_{pot} = m \cdot g \cdot h$
Der Wert der Energie hängt von der Masse und der Nähe ab.

E_{pot} in Natur und Technik:
Pkw auf Hebebühne: 15 kJ
Rammbär in 3 m Höhe: 30 kJ

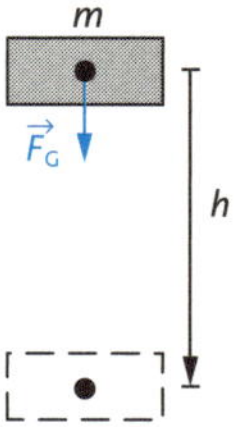

Kinetische Energie E_{kin}
Die kinetische Energie (Energie der Bewegung) eines sich bewegenden Körpers beträgt:
$E_{kin} = \frac{1}{2} m \cdot v^2$
Der Wert der Energie hängt von der Masse und der Geschwindigkeit ab.

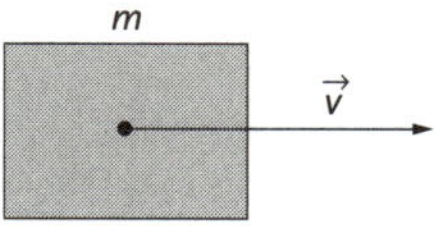

E_{kin} in Natur und Technik:
Radfahrer: ≈ 1 kJ
Fußgänger: ≈ 60 J
Pkw (m = 1000 kg) bei 100 km/h: ≈ 400 kJ

Arbeit ändert Energie

Wird ein Körper gehoben oder beschleunigt, so ändert sich seine mechanische Energie. Durch Hubarbeit wird die potenzielle, durch Beschleunigungsarbeit die kinetische Energie geändert.
Auch durch Verformungsarbeit wird die mechanische Energie geändert.
Durch Reibungsarbeit wird ein Teil der mechanischen Energie eines Körpers in Wärme umgewandelt.

Es gilt:
$W = E_{\text{Ende}} - E_{\text{Anfang}}$
$W = \Delta E$

Die potenzielle Energie einer mit der Kraft F gedehnten Feder beträgt:
$E_{\text{pot}} = \frac{1}{2} F \cdot s$

Beim Bremsen eines Fahrrads wird kinetische Energie in Wärme (der Bremse und des Rades) umgewandelt.

Erhaltung der mechanischen Energie

Sofern keine mechanische Energie in andere Energieformen umgewandelt wird, gilt:
$E_{\text{pot}} + E_{\text{kin}} = \text{konstant}$.
Dies ist eine spezielle Form des allgemeinen **Gesetzes von der Erhaltung der Energie**
(↑ S. 92).

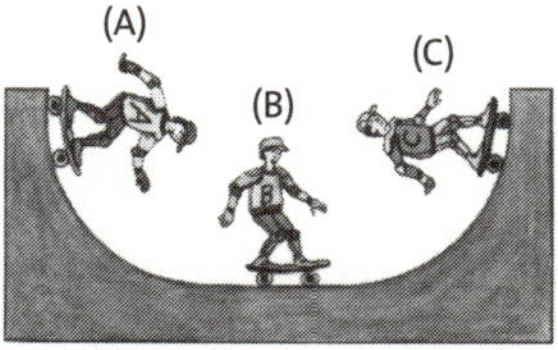

Potenzielle Energie (A) wird in kinetische (B) und diese wiederum in potenzielle Energie (C) umgewandelt:
$\frac{1}{2} m \cdot v^2 = m \cdot g \cdot h$

Wirkungsgrad

Der Wirkungsgrad gibt an, welcher Anteil (oder wie viel Prozent) der aufgewendeten Energie in Nutzenergie umgewandelt wird.

$$\eta = \frac{E_{nutz}}{E_{auf}}$$

Der Wirkungsgrad kann auch mit folgenden Gleichungen berechnet werden:

$$\eta = \frac{W_{nutz}}{W_{auf}} \qquad \eta = \frac{P_{nutz}}{P_{auf}}$$

Formelzeichen: η
Angabe in Prozent (%)

Wirkungsgrade in Natur und Technik:
Glühlampe: 5%
Energiesparlampe: 25%
Benzinmotor: 35%
Elektromotor: 90%
Schwimmen: 3%

Ein Wirkungsgrad von 25% bedeutet, dass ein Viertel der aufgewendeten Energie in Nutzenergie umgewandelt wird.

Mechanische Schwingungen

Eine **mechanische Schwingung** ist eine zeitlich periodische Bewegung eines Körpers um eine Ruhelage. Damit sie entsteht, muss einem schwingungsfähigen Körper Energie zur Auslenkung aus der Ruhelage zugeführt werden und eine zur Ruhelage rücktreibende Kraft wirken.

Ein angestoßenes Pendel schwingt um seine Ruhelage.

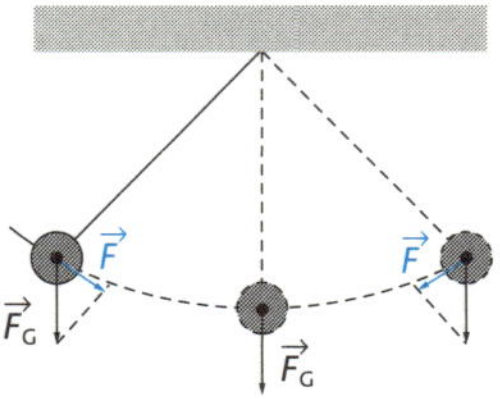

Eine angeschlagene Stimmgabel schwingt. Die rücktreibende Kraft ist die elastische Kraft der Stimmgabel.

Beschreibung

Das ***y*-*t*-Diagramm** stellt den Zusammenhang von Auslenkung und Zeit dar.

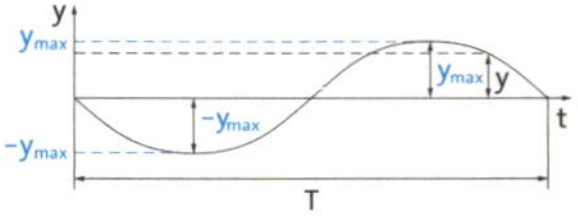

Größen:	Formelzeichen:	Einheit:
Auslenkung: Abstand von der Ruhelage	y	1 m
Amplitude: Höchstausschlag	y_{max}	1 m
Schwingungsdauer: Zeit für eine Schwingung	T	1 s
Frequenz: Schwingungen in 1 s	f $f = 1/T$	1 Hertz (1 Hz) 1 Hz = 1/s

Schwingungsarten

- **harmonische Schwingung** (Uhrpendel)

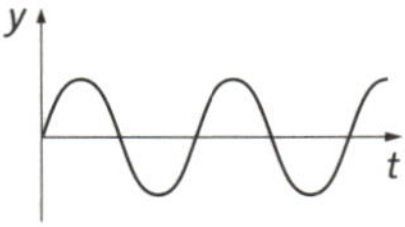

- **unharmonische Schwingung** (Stimmbänder)

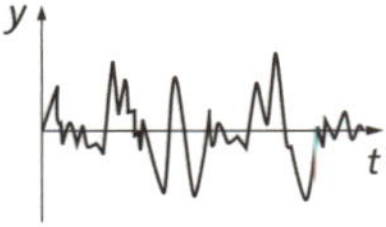

- **ungedämpfte Schwingung** (Membran eines Lautsprechers bei einem Ton bestimmter Lautstärke)

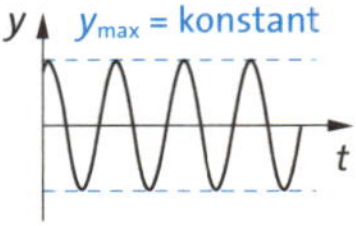

- **gedämpfte Schwingung** (Fadenpendel, Luftreibung berücksichtigt)

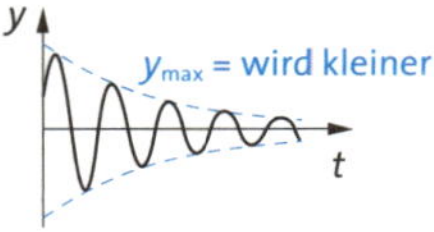

Mechanische Wellen

Eine **mechanische Welle** ist die Ausbreitung einer mechanischen Schwingung im Raum. Dabei wird Energie übertragen, aber kein Stoff transportiert.	Schallwellen Wasserwellen Erdbebenwellen
Mit den für Schwingungen geltenden Größen werden auch mechanische Wellen beschrieben.	Auslenkung, Amplitude, Frequenz (↑ S. 29)

	Formelzeichen:	Einheit:
Weitere Größen:		
■ Wellenlänge: Abstand zwischen zwei Körpern im gleichen Schwingungszustand	λ	1 m
■ Ausbreitungsgeschwindigkeit	v $v = \lambda \cdot f$	1 m/s

Beschreibung im Diagramm

Mechanische Wellen können auch mit Diagrammen beschrieben werden.

***y-t*-Diagramm**

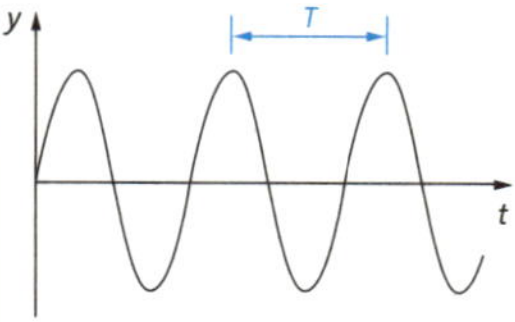

***y-x*-Diagramm**

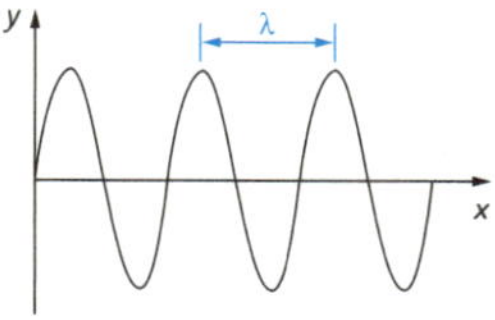

y: Auslenkung, *t*: Zeit, *x*: räumliche Ausbreitung

Eigenschaften

- Reflexion: Wellen werden an Hindernissen zurückgeworfen.
Es gilt das **Reflexionsgesetz.**
- Brechung: Wellen ändern beim Übergang in einen anderen Stoff ihre Ausbreitungsrichtung.
Es gilt das **Brechungsgesetz.**

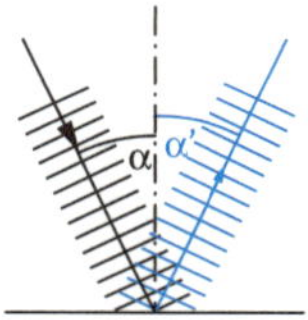

$\alpha = \alpha'$

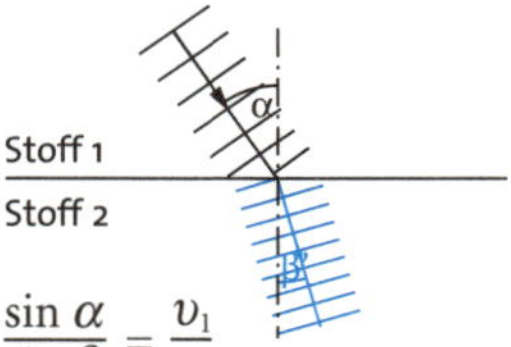

$$\frac{\sin \alpha}{\sin \beta} = \frac{v_1}{v_2}$$

Schall

Schallwellen sind mechanische Wellen. Sie breiten sich durch Druckschwankungen in Gasen, Flüssigkeiten und festen Stoffen aus.
Die **Tonhöhe** ist von der Frequenz (↑ S. 29) abhängig. Als Normalton wurde der Kammerton a ($f = 440$ Hz) vereinbart.
Die **Lautstärke** ist von der Amplitude (↑ S. 29) abhängig. Lärm ist Schall mit sehr großer Lautstärke.

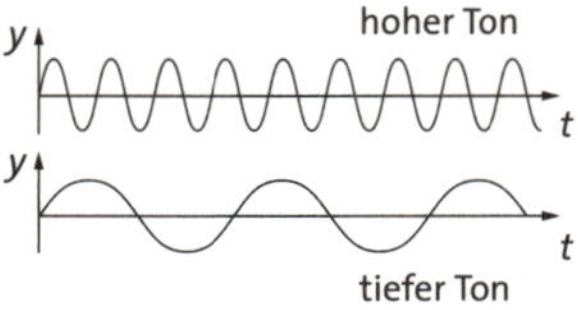

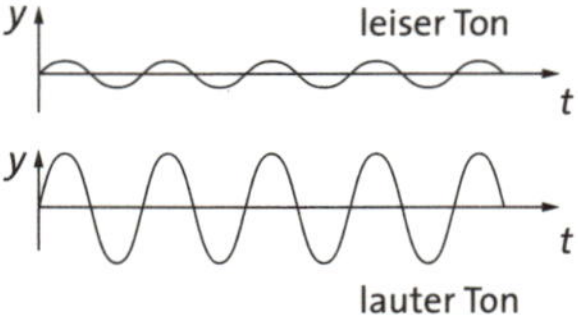

2 Wärmelehre

Temperatur von Körpern

Die **Temperatur** gibt an, wie warm oder wie kalt ein Körper ist.
Zwischen den Einheiten der Temperatur bestehen folgende Beziehungen:

Formelzeichen: *T*
Einheiten:
1 Grad Celsius (1 °C)
1 Kelvin (1 K)
1 Grad Fahrenheit (1 °F)
1 Grad Reaumur (1 °R)

Celsiusskala	Kelvinskala	Fahrenheit-skala	Reaumur-skala

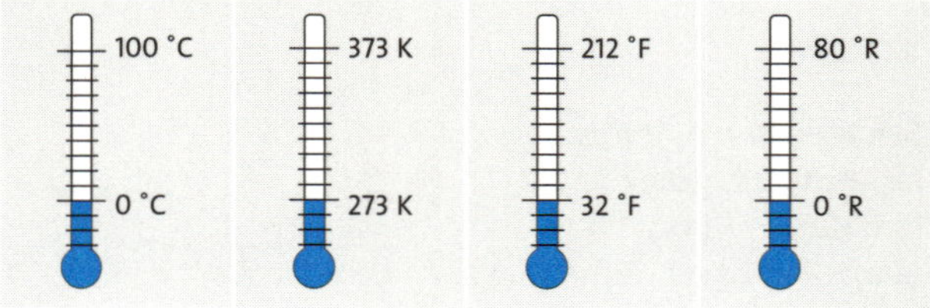

Messgeräte für die Temperatur sind **Thermometer.** Oft wird die Änderung des Volumens von Flüssigkeiten zur Temperaturmessung genutzt. Bei Erwärmung dehnt sich die Flüssigkeit aus.

Aufbau eines Flüssigkeitsthermometers:

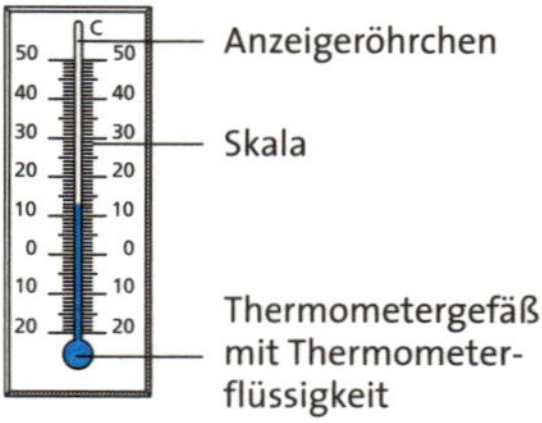

Energie und Wärme

Aufgrund seiner Temperatur besitzt jeder Körper **thermische Energie.** Diese kann er an eine kältere Umgebung abgeben.

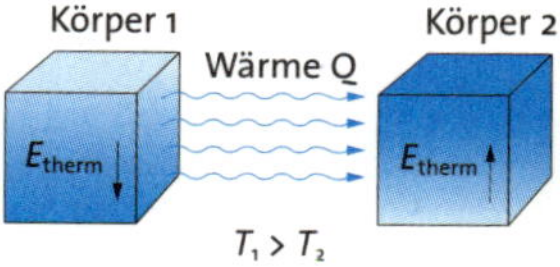

Die **Wärme** gibt an, wie viel thermische Energie von einem Körper auf einen anderen Körper übertragen wird.

Formelzeichen: Q
Einheit: 1 Joule (1 J)
Vielfache der Einheit:
1 kJ = 1000 J
1 MJ = 1000 kJ

2

Wärmekapazität

Wenn ein Körper bei Wärmezufuhr oder -abgabe seinen Aggregatzustand nicht ändert, gilt für die übertragene Wärme:
$Q = c \cdot m \cdot \Delta T$
Die **spezifische Wärmekapazität c** eines Stoffes gibt an, wie viel Wärme ein Körper mit der Masse 1 kg aufnehmen oder abgeben muss, damit sich seine Temperatur um 1 K ändert.

m: Masse des Körpers
ΔT: Temperaturänderung des Körpers
c: spezifische Wärmekapazität

Beispiele (c in $\frac{\text{kJ}}{\text{kg} \cdot \text{K}}$):
Stahl: 0,47
Petroleum: 2,0
Wasser: 4,19
Luft: 1,01

Die große spezifische Wärmekapazität des Wassers wird in Heizungsanlagen genutzt.

Wärmequellen und Heizwert

Beim Betreiben von Wärmequellen werden häufig Brennstoffe verbrannt. Diese haben einen Heizwert, der etwas über ihre Ergiebigkeit aussagt. Der Heizwert *H* gibt an, wie viel Wärme frei wird, wenn 1 kg oder 1 l oder 1 m^3 eines Brennstoffes verbrannt wird.

Wärmequellen sind u. a. Kohleöfen, Ölheizungen, Gaskocher. Unsere wichtigste Wärmequelle ist die Sonne.

Formelzeichen: *H*

Einheiten: $1\,\frac{\text{MJ}}{\text{kg}}$; $1\,\frac{\text{MJ}}{\text{l}}$; $1\,\frac{\text{MJ}}{\text{m}^3}$

Beispiele:

Briketts: $H = 20\,\frac{\text{MJ}}{\text{kg}}$

Heizöl: $H = 42\,\frac{\text{MJ}}{\text{l}}$

Erdgas: $H = 31\,\frac{\text{MJ}}{\text{m}^3}$

Thermische Leistung, Wirkungsgrad

Die **thermische Leistung** gibt an, wie viel Wärme pro Sekunde von einer Wärmequelle abgegeben wird.

Formelzeichen: *P*
Einheit: 1 Watt (1 W)

$$P = \frac{Q}{t}$$

Der **Wirkungsgrad** einer Wärmequelle gibt an, welcher Anteil der zugeführten Energie als Wärme abgegeben wird.

Formelzeichen: η
Angabe in %

$$\eta = \frac{Q_{\text{ab}}}{E_{\text{zu}}}$$

Volumen- und Temperaturänderung

Wenn sich die Temperatur eines Körpers ändert, ändert sich meist auch sein Volumen. Bei Erhöhung der Temperatur dehnen sich die Körper aus, bei Verringerung ziehen sie sich zusammen.
Wasser ist ein Sonderfall **(Anomalie des Wassers).**
Der Ausdehnungskoeffizient γ gibt an, um welchen Teil sich das Volumen eines Körpers bei einer Temperaturänderung um 1 K verändert.

Für die Volumenänderung gilt:
$\Delta V = \gamma \cdot V_0 \cdot \Delta T$
γ: Ausdehnungskoeffizient
V_0: Anfangsvolumen
ΔT: Temperaturänderung
Die Volumenänderung der Gase ist am größten, die der festen Körper am kleinsten.

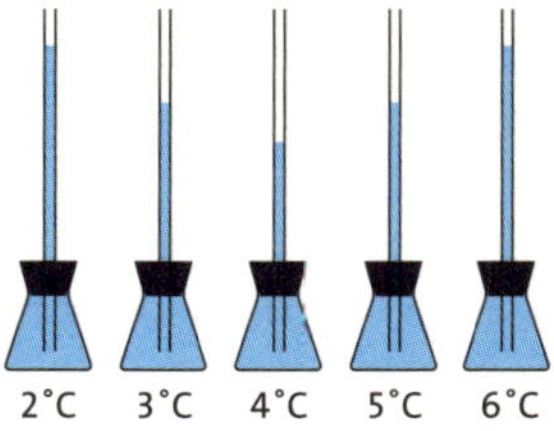

Wasser hat sein kleinstes Volumen bei 4 °C. Es dehnt sich beim Gefrieren aus.

Bei Eisenbahnschienen, Brücken, Oberleitungen ist nur die **Längenänderung** von Bedeutung.
Der Ausdehnungskoeffizient α gibt an, um welchen Teil sich die Länge eines Körpers bei einer Temperaturänderung um 1 K verändert.

Für die Längenänderung gilt:
$\Delta l = \alpha \cdot l_0 \cdot \Delta T$
α: Ausdehnungskoeffizient
l_0: Anfangslänge
ΔT: Temperaturänderung

Aggregatzustandsänderung bei Temperaturänderung

Körper können sich im festen, flüssigen oder gasförmigen Aggregatzustand befinden. Der Aggregatzustand kann sich bei Aufnahme oder Abgabe von Wärme ändern. Bei der Änderung eines Aggregatzustandes ändert sich die Temperatur trotz der Aufnahme oder Abgabe von Wärme nicht.

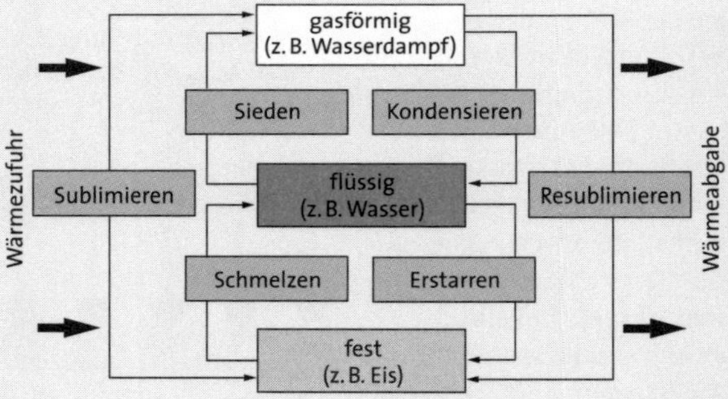

Schmelzen und Erstarren

Wird einem festen Körper Wärme zugeführt, schmilzt er bei Erreichen der **Schmelztemperatur** und wird flüssig. Wird einer Flüssigkeit Wärme entzogen, erstarrt sie bei Erreichen der **Erstarrungstemperatur** und wird fest. Die Schmelztemperatur sinkt bei Erhöhung des Drucks (Schlittschuhlaufen).

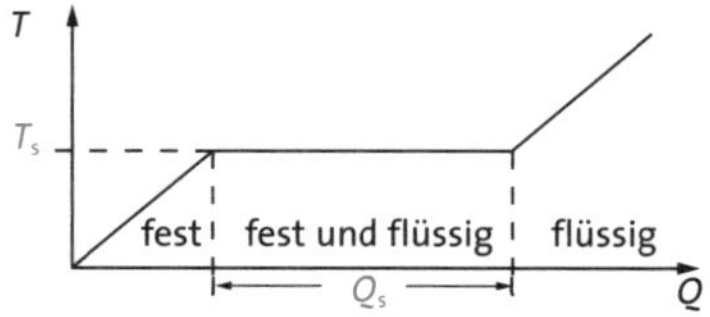

T_s: Schmelztemperatur, Erstarrungstemperatur

Q_s: Schmelzwärme, Erstarrungswärme

Sieden und Kondensieren

Wird einer Flüssigkeit Wärme zugeführt, verdampft sie bei Erreichen der **Siedetemperatur** und wird gasförmig. Wird einem Gas (Dampf) Wärme entzogen, kondensiert es bei Erreichen der **Kondensationstemperatur.** Die Siedetemperatur steigt bei Erhöhung des Drucks (Schnellkochtopf).

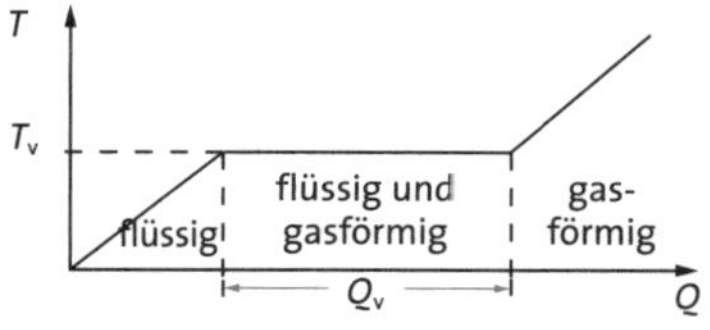

T_v : Siedetemperatur, Kondensationstemperatur
Q_v: Verdampfungswärme, Kondensationswärme

Verdunsten und Sublimieren

Flüssigkeiten können auch unterhalb der Siedetemperatur durch **Verdunsten** in den gasförmigen Aggregatzustand übergehen. Dazu muss Verdunstungswärme aufgewendet werden, wodurch sich die Umgebung abkühlt (Abkühlung beim Schwitzen). Feste Körper können durch **Sublimieren** unmittelbar in den gasförmigen Aggregatzustand übergehen. (Schnee verwandelt sich auch bei anhaltendem Frost in Wasserdampf).

Zustandsänderung der Gase bei Temperaturänderung

Bei Gasen können sich bei Änderung der Temperatur sowohl das Volumen als auch der Druck ändern.

Druck konstant:	**Volumen konstant:**	**Temperatur konstant:**
Je höher die Temperatur, desto größer das Volumen. $V \sim T$	Je höher die Temperatur, desto größer der Druck. $p \sim T$	Je größer der Druck, desto kleiner das Volumen. $V \sim \frac{1}{p}$

Wärmeübertragung

Bei der Übertragung von Energie durch Wärme unterscheidet man **Wärmeleitung, Wärmeströmung** (Konvektion) und **Wärmestrahlung.** Häufig treten die drei Arten zusammen auf.

Maßnahmen zur Verringerung der Wärmeübertragung bezeichnet man als **Wärmedämmung.**

Wärmeleitung

Hierbei wird Wärme von einem Körper höherer Temperatur zu einem Körper geringerer Temperatur übertragen. Die Wärme wird dabei durch die Körper hindurchgeleitet. Verschiedene Stoffe leiten die Wärme unterschiedlich.

Löffel im heißen Tee wird warm. Wasser in einem Kochtopf wird erhitzt.

Man unterscheidet gute und schlechte Wärmeleiter: Metalle sind gute, Kunststoffe und Luft sind schlechte Wärmeleiter. Die schlechte Wärmeleitfähigkeit von Luft wird bei Dämmstoffen genutzt, die viele Hohlräume enthalten.

Wird die Wärme durch einen Stoff hindurchgeleitet, bezeichnet man dies als **Wärmedurchgang.**

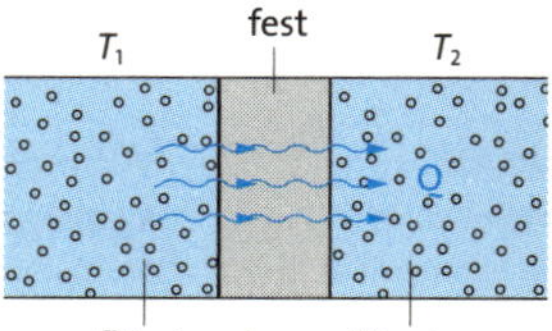

Wärme geht durch die Wand eines Heizkörpers an die Umgebung über.

Als **Wärmeübergang** wird die Art der Wärmeleitung bezeichnet, bei der Wärme von einem zu einem anderen Stoff übergeht.

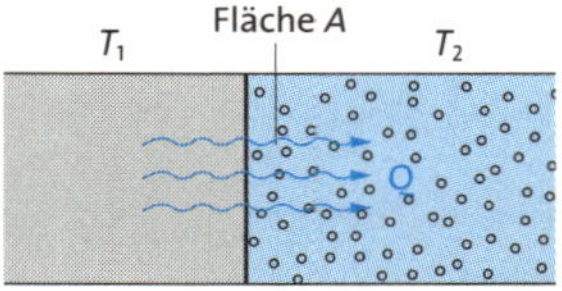

Wärme geht von einer erhitzten Heizspirale zum Wasser über.

Wärmeströmung

Beim Vorgang der Wärmeströmung wird Wärme durch strömende Flüssigkeiten oder Gase übertragen bzw. transportiert.

In Heizanlagen wird Wärme durch erwärmtes Wasser zu den Heizkörpern transportiert.
Wärmeströmungen in den Ozeanen und in der Atmosphäre beeinflussen unser Klima.

Wärmestrahlung

Bei Wärmestrahlung wird Energie durch elektromagnetische Wellen (↑ S. 77) übertragen. Für die Übertragung von Wärme durch Wärmestrahlung ist kein Stoff erforderlich.

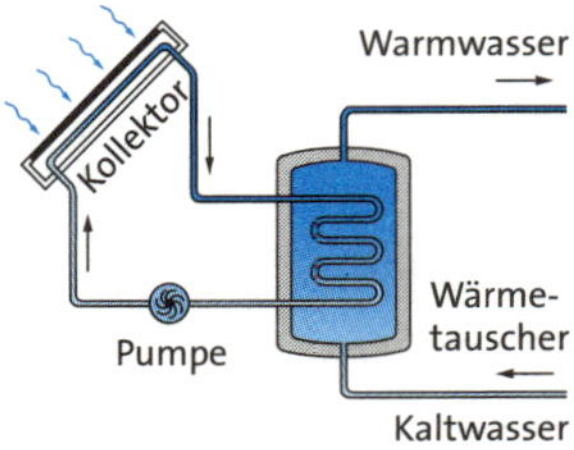

Sonnenkollektoren: Wasser absorbiert die Strahlung und wird dadurch erwärmt.

Hauptsätze der Wärmelehre und Wärmekraftmaschinen

0. Hauptsatz

Bringt man zwei Körper mit unterschiedlichen Temperaturen in engen Kontakt, so gleichen sich die Temperaturen allmählich aus.

Dieses Gesetz wird als Messprinzip bei Thermometern genutzt.

1. Hauptsatz

In einem abgeschlossenen System besteht ein Zusammenhang zwischen der Änderung der inneren (thermischen) Energie sowie der Aufnahme oder Abgabe von Wärme und dem Verrichten von mechanischer Arbeit.

Der 1. Hauptsatz der Wärmelehre ist eine spezielle Form des Gesetzes von der Erhaltung der Energie (↑ S. 92).

$\Delta U = W + Q$

ΔU: Änderung der inneren Energie
W: mechanische Arbeit
Q: aufgenommene oder abgegebene Wärme

2. Hauptsatz

Wärme geht niemals von selbst von einem Körper mit niedrigerer (tieferer) Temperatur auf einen Körper höherer Temperatur über.

Beim Fußbad kann man nicht erwarten, dass sich die kalten Füße weiter abkühlen und dabei das warme Wasser noch wärmer wird.

Wärmekraftmaschinen

Als Wärmekraftmaschinen bezeichnet man Anlagen, deren Wirkungsweise auf den Gesetzen der Wärmelehre beruht.

Dampfmaschinen wurden u. a. zum Antrieb von Lokomotiven genutzt.

Dampfturbinen werden in Kraftwerken zum Antrieb von Generatoren genutzt.

Ottomotor

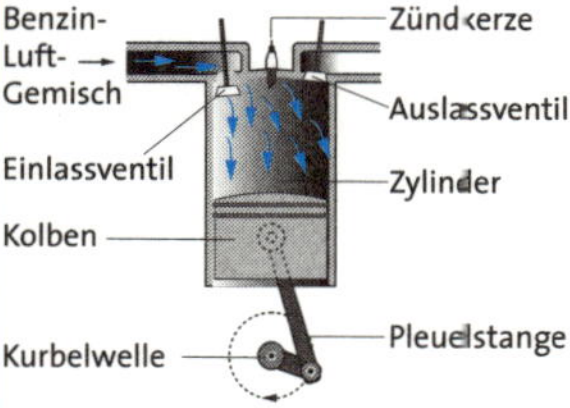

Im Zylinder wird ein Benzin-Luft-Gemisch durch einen Funken gezündet und verbrannt.

Dieselmotor

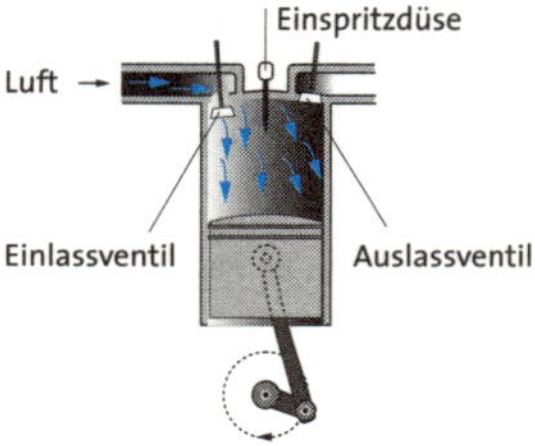

Der Treibstoff wird mittels Pumpe in den Zylinder gespritzt und dort verbrannt.

Kühlschrank und Wärmepumpe

Die Wärmepumpe wird zur Erwärmung von Wasser und Gebäuden genutzt. Sie hat den gleichen grundsätzlichen Aufbau wie ein Kühlschrank.

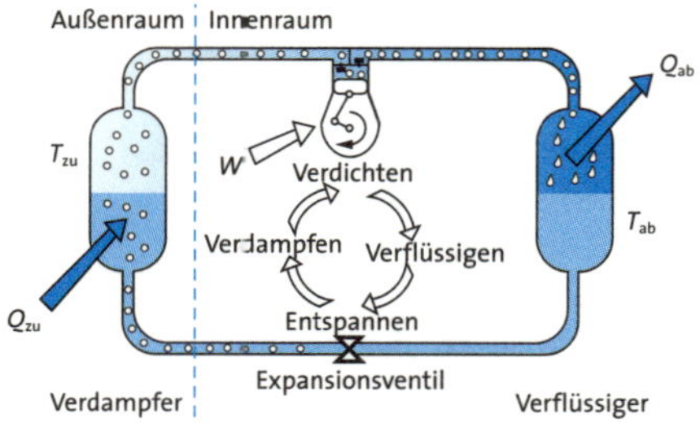

3 Optik

Lichtquellen

Körper, die Licht erzeugen, bezeichnet man als **Lichtquellen.**
Wir sehen Lichtquellen sowie beleuchtete Körper, die auftreffendes Licht zurückwerfen (reflektieren).

Die Sonne, unsere wichtigste Wärmequelle, ist auch die wichtigste Lichtquelle. Ohne Wärme und Licht wäre kein Leben auf der Erde möglich.

Lichtausbreitung

Von einer Lichtquelle breitet sich Licht im Raum geradlinig nach allen Seiten aus, sofern es daran nicht gehindert wird.

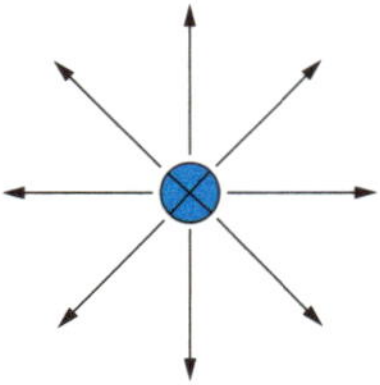

Das von einer Lichtquelle ausgehende Licht bezeichnet man als **Lichtbündel.** Die geradlinige Ausbreitung des Lichtes veranschaulichen **Lichtstrahlen.**

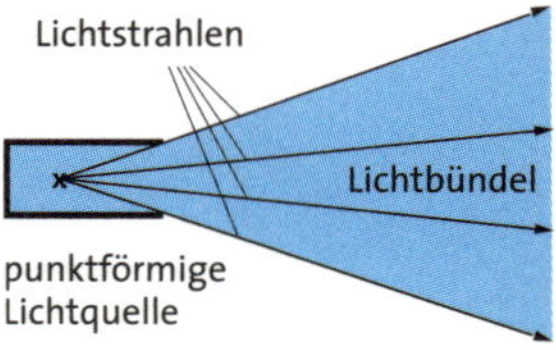

Wenn Licht auf einen Körper trifft, wird ein Teil hindurchgelassen, ein Teil verschluckt (absorbiert) und ein Teil reflektiert.

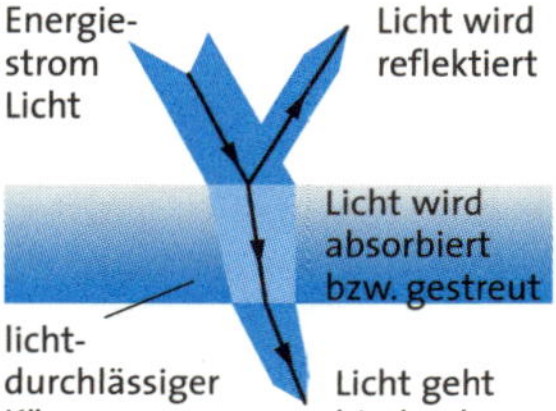

Lichtgeschwindigkeit

3

Die Geschwindigkeit, mit der sich das Licht ausbreitet, wird als Lichtgeschwindigkeit bezeichnet. Die Lichtgeschwindigkeit im Vakuum ist eine wichtige **Naturkonstante** und beträgt
$c = 299\,792{,}458$ km/s.

Erstmals wurde die Lichtgeschwindigkeit 1675 vom Dänen Olaf Römer bei astronomischen Messungen ermittelt. Die erste Messung der Lichtgeschwindigkeit auf der Erde gelang erst etwa 175 Jahre später.

Die Lichtgeschwindigkeit hängt vom Stoff ab, in dem sich das Licht ausbreitet. In allen Stoffen, auch in Luft, ist sie kleiner als im Vakuum. Einen Stoff, in dem sich das Licht schneller (langsamer) als in einem anderen ausbreitet, bezeichnet man als **optisch dünneren** (dichteren) **Stoff.**

Lichtgeschwindigkeiten in Stoffen:
Glas: ≈ 180 000 km/s
Wasser: ≈ 225 000 km/s
Luft: ≈ 300 000 km/s
(aber kleiner als im Vakuum)

Die Lichtgeschwindigkeit in Glas ist von der Glassorte abhängig.

Reflexion des Lichts

An glatten Oberflächen (z. B. Spiegeln) wird Licht in eine bestimmte Richtung, an rauen Oberflächen (z. B. Wänden) in verschiedene Richtungen zurückgeworfen. Man bezeichnet diese Vorgänge als **reguläre** oder als **diffuse Reflexion.**

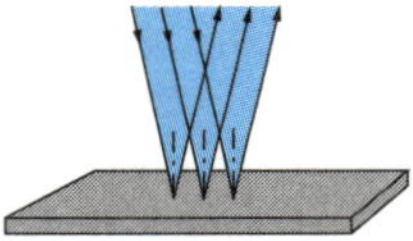

reguläre Reflexion

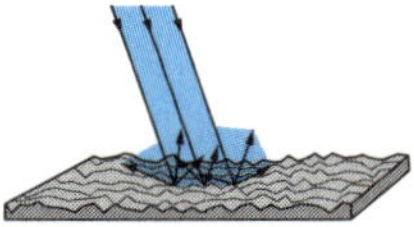

diffuse Reflexion

Reflexionsgesetz

Wenn Licht reflektiert wird, so ist der Einfallswinkel α gleich dem Reflexionswinkel α'. Dabei liegen der einfallende Strahl, das Einfallslot und der reflektierte Strahl in einer Ebene.

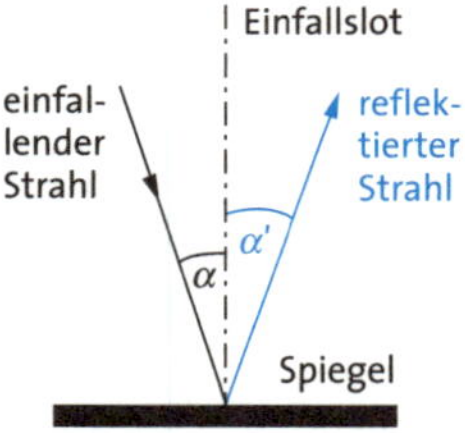

$\alpha = \alpha'$

Brechung des Lichts

Wenn Licht auf die Grenzfläche zweier Körper trifft, ändert sich seine Ausbreitungsrichtung. Diesen Vorgang bezeichnet man als **Brechung des Lichts.**

Wenn Licht von Luft in Glas übergeht, wird es an der Grenzfläche zum Lot hin gebrochen.

Brechungsgesetz

Wie das Licht gebrochen wird, hängt von den Lichtgeschwindigkeiten in den beteiligten Stoffen ab.
Für die Grenzfläche zweier Stoffe gilt das **Brechungsgesetz.**
Bei Übergang in ein optisch dichteres Medium (z. B. von Luft in Wasser) wird das Licht zum Lot hin gebrochen ($c_2 < c_1, \beta < \alpha$).

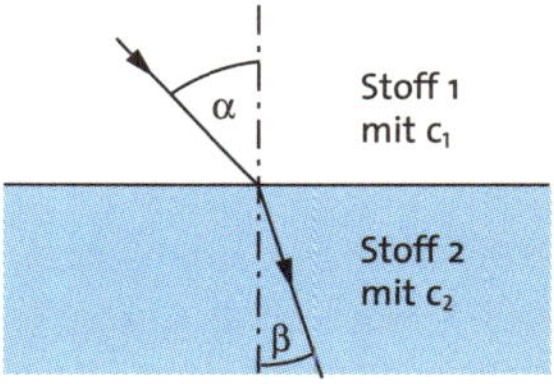

$$\frac{\sin \alpha}{\sin \beta} = \frac{c_1}{c_2} = n$$

c_1, c_2: Lichtgeschwindigkeiten
n: Brechzahl (= Verhältnis der Lichtgeschwindigkeiten in zwei Stoffen)

Totalreflexion

Tritt Licht von Wasser oder Glas in Luft über, so wird es vom Einfallslot weg gebrochen ($\beta > \alpha$).
Überschreitet der Einfallswinkel α einen bestimmten Wert (Grenzwert, bei Glas ca. 42°), so wird das gesamte einfallende Licht an der Grenzfläche reflektiert. Diesen Vorgang nennt man **Totalreflexion des Lichts.** Die Totalreflexion wird bei Prismen und Lichtleitkabeln genutzt.

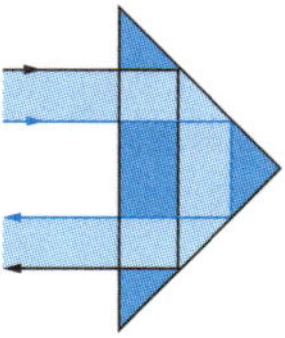

Beim **Umkehrprisma** wird durch zweifache Totalreflexion das Licht umgekehrt.

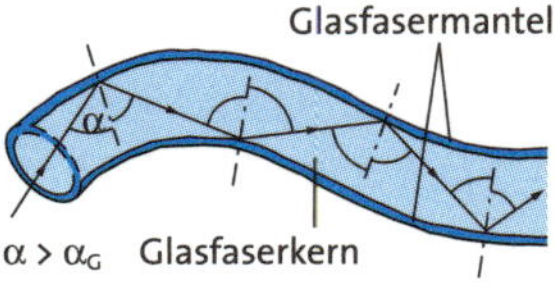

In einer Glasfaser wird Licht mehrmals totalreflektiert.

Spiegel

Reflexion

Trifft Licht auf einen **ebenen Spiegel (Planspiegel),** so wird es nach dem Reflexionsgesetz (↑ S. 44) zurückgeworfen.

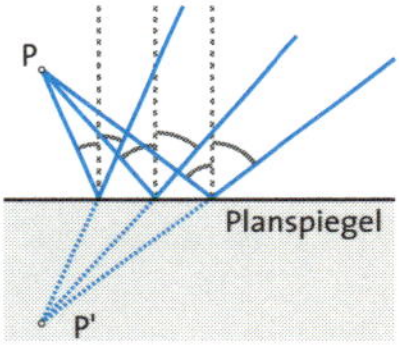

An **gekrümmten Spiegeln** wird jeder einzelne Lichtstrahl aufgrund der unterschiedlichen Einfallswinkel in eine andere Richtung reflektiert.

parabolischer Hohlspiegel: Autoscheinwerfer
kugelförmiger Hohlspiegel: Kosmetikspiegel
kugelförmiger Wölbspiegel: Weihnachtsbaumkugel

- Beim **Hohlspiegel** (Konkavspiegel) wird paralleles Licht durch Reflexion in einem Punkt, dem **Brennpunkt F** (lateinisch: focus), konzentriert.
Umgekehrt gilt: Geht Licht vom Brennpunkt selbst aus, so wird es als paralleles Licht reflektiert.

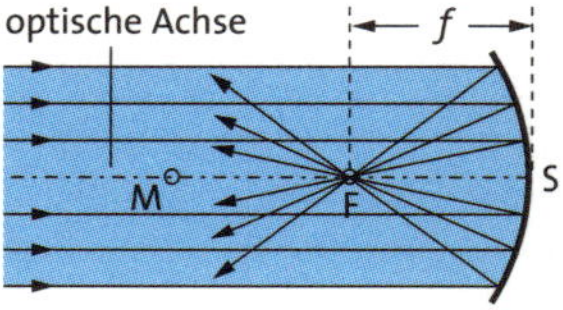

Dies gilt streng nur für parabolförmige und nicht für kugelförmige Hohlspiegel.

- Beim **Wölbspiegel** (Konvexspiegel) bildet das parallele Licht nach der Reflexion einen divergenten Lichtkegel.

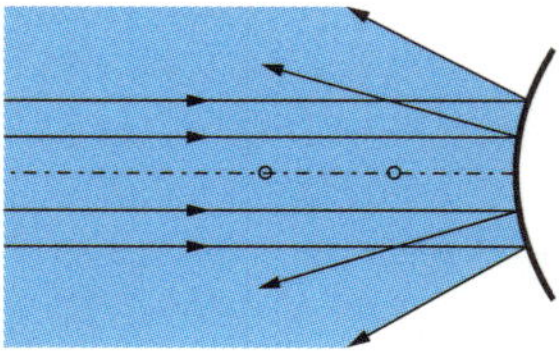

Sonnenofen

Die Konzentration parallelen Lichts durch Reflexion am Hohlspiegel wird beim Sonnenofen genutzt. Sonnenlicht wird mithilfe ebener Spiegel als paralleles Licht auf einen Hohlspiegel geleitet. Von dessen Oberfläche wird es zum Brennpunkt reflektiert, in dem Temperaturen von über 3000 °C entstehen können.

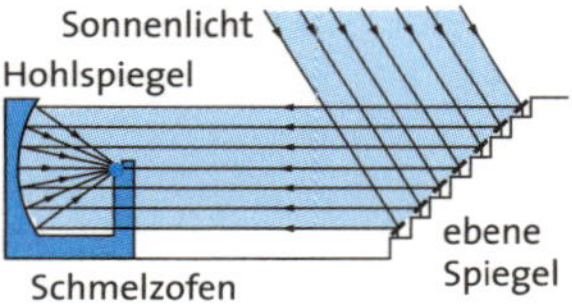

Nutzung von Solaranlagen zur Erwärmung von Brauchwasser in Haushalten oder Wasser in Schwimmbädern

3

Bilder am ebenen Spiegel

Das Licht, das von einem Gegenstand vor einem ebenen Spiegel ausgeht, wird reflektiert und es entsteht das Spiegelbild. Für ebene Spiegel gilt:

- Gegenstand und Bild (hinter dem Spiegel) sind bezüglich des Spiegels symmetrisch (gleich groß, gleich weit entfernt, gleiche Lage).
- Es entsteht ein virtuelles Bild.

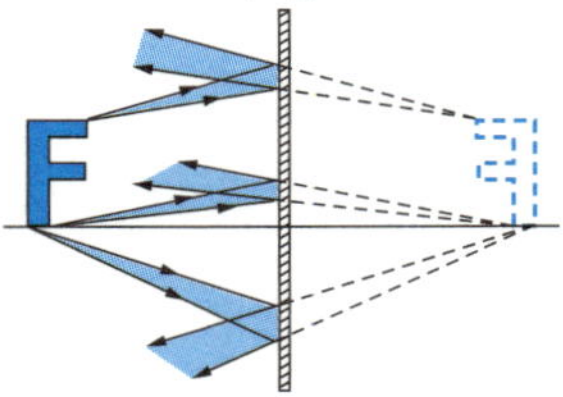

Konstruiert man den Strahlenverlauf für jeden Punkt des Gegenstandes, so erhält man sein Spiegelbild.

Bilder am Hohlspiegel

Um die Entstehung eines Bildes am Hohlspiegel zu verstehen, betrachtet man die Reflexion bestimmter Lichtstrahlen.

- **Parallelstrahlen** werden so reflektiert, dass sie Brennpunktstrahlen werden (↑ S. 46).
- **Brennpunktstrahlen** werden so reflektiert, dass sie Parallelstrahlen werden (↑ S. 46).
- **Mittelpunktstrahlen** werden so reflektiert, dass sie Mittelpunktstrahlen bleiben.

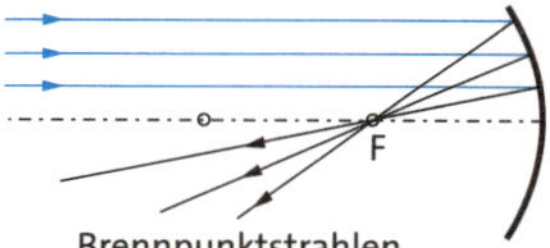

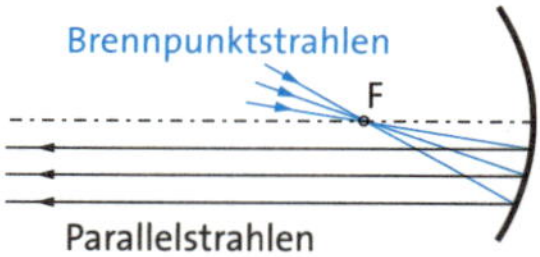

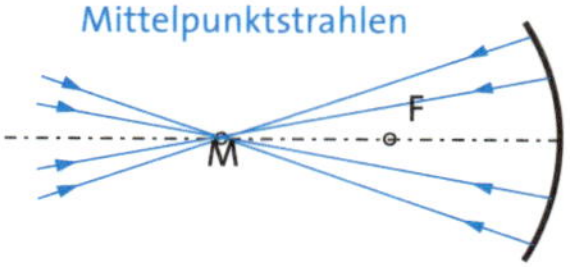

Zur Ermittlung des Bildes eines Gegenstandes werden von Punkten des Gegenstands Bildpunkte konstruiert.
Je nach Position des Gegenstands innerhalb oder außerhalb der Brennweite können verkleinerte, gleich große, vergrößerte sowie umgekehrte oder seitenvertauschte Bilder entstehen.

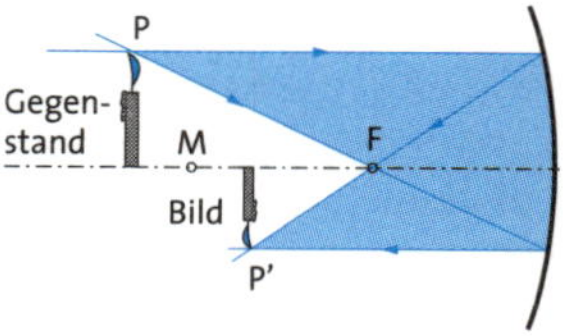

Hier ist das Bild kleiner als der Gegenstand.

außerhalb der Brennweite: reelles Bild; innerhalb der Brennweite: virtuelles Bild
Am Hohlspiegel kann ein virtuelles vergrößertes Bild entstehen (Kosmetikspiegel).

Optische Linsen

Sammellinsen

Linsen sind lichtdurchlässig. Sie bestehen meist aus Glas oder Kunststoff und haben unterschiedliche Formen.
Linsen, die paralleles Licht durch Brechung im Brennpunkt sammeln, bezeichnet man als Sammellinsen **(Konvexlinsen).**

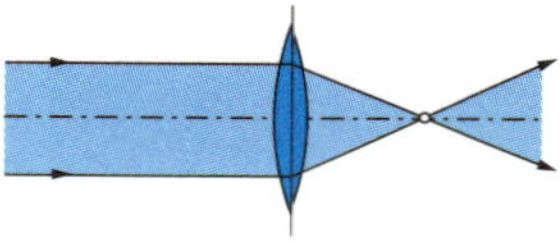

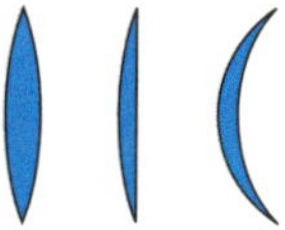

Zerstreuungslinsen

Linsen, die paralleles Licht durch Brechung in auseinander laufende Richtungen lenken, bezeichnet man als Zerstreuungslinsen **(Konkavlinsen).**

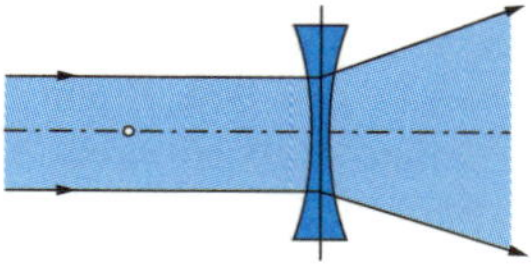

Beim Durchgang durch eine Linse wird das Licht an beiden Grenzflächen gebrochen. Bei dünnen Linsen kann man die zweimalige Brechung vernachlässigen.

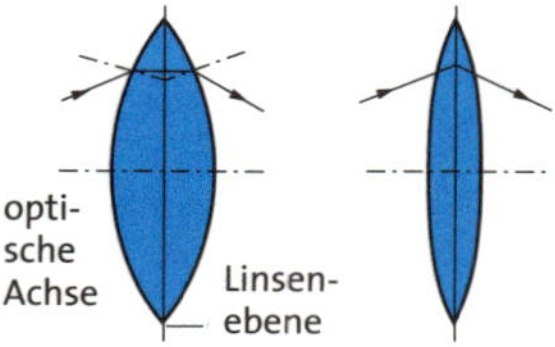

Brechung und Bildentstehung an Sammellinsen

Je nach Krümmung besitzen die **Sammellinsen** unterschiedliche **Brennweiten *f*.** Das ist der Abstand zwischen der Linsenebene und dem Brennpunkt F.

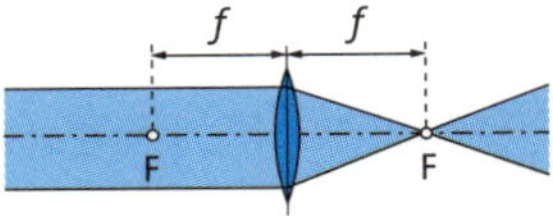

schwache Krümmung

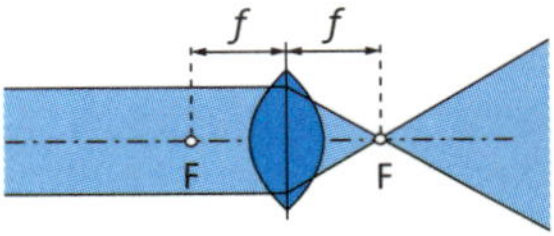

starke Krümmung

Ein **Parallelstrahl** wird so gebrochen, dass er durch den Brennpunkt verläuft, ein **Brennpunktstrahl** so, dass er parallel zur optischen Achse verläuft. Ein **Mittelpunktstrahl** wird nicht gebrochen.

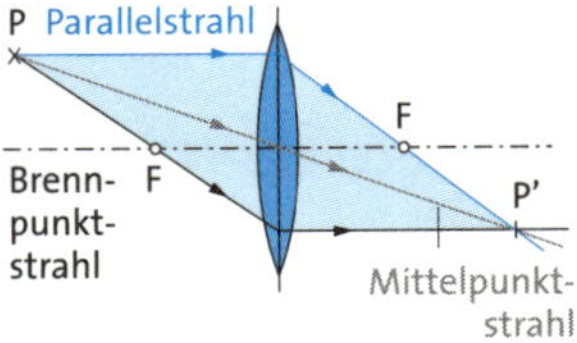

Um das **Bild eines Gegenstandes** zu konstruieren, zeichnet man Lichtstrahlen, die von Punkten des Gegenstandes ausgehen. Der Schnittpunkt zweier Strahlen, die vom gleichen Punkt des Gegenstandes ausgehen, ist der **Bildpunkt.**

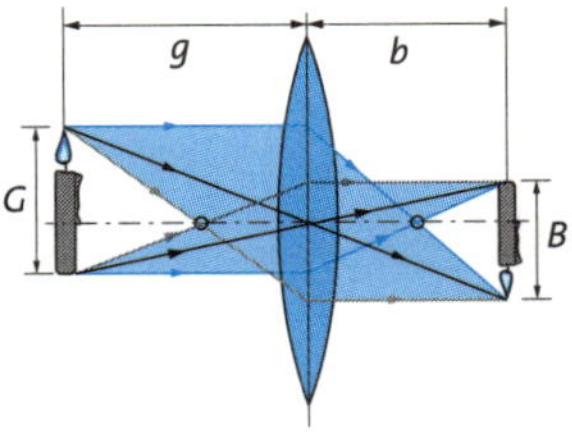

g: Gegenstandsweite
b: Bildweite
G: Gegenstandsgröße
B: Bildgröße

Für die Bildentstehung an dünnen Sammellinsen gilt die **Linsengleichung** (1). Für den **Abbildungsmaßstab** gilt (2).

$$(1)\ \frac{1}{f}=\frac{1}{g}+\frac{1}{b}$$

$$(2)\ \frac{G}{B}=\frac{g}{b}$$

Die Bildgröße ist von der Entfernung des Gegenstandes von der Linse abhängig.

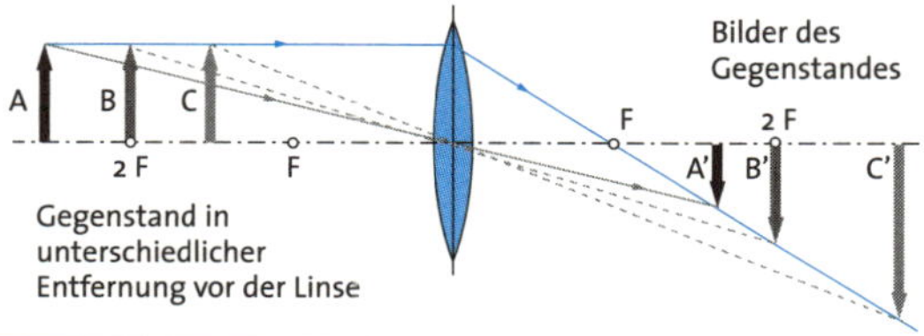

Arten der Bildentstehung

Ort des Gegenstandes	Bildkonstruktion	Eigenschaften des Bildes
außerhalb der doppelten Brennweite	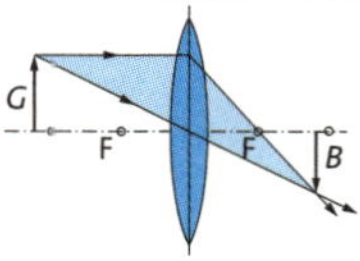	verkleinert, umgekehrt, reell
zwischen einfacher und doppelter Brennweite	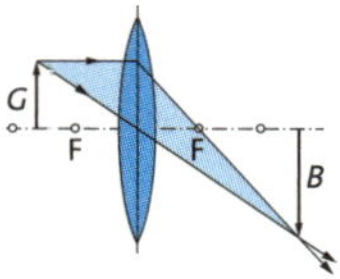	vergrößert, umgekehrt, reell
innerhalb der einfachen Brennweite	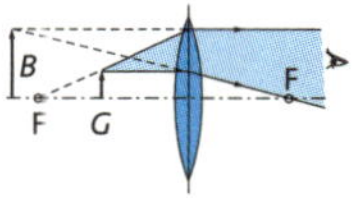	vergrößert, aufrecht, virtuell

Optische Geräte

Mithilfe eines Linsensystems **(Objektiv)** wird beim **Fotoapparat** das Bild eines Gegenstandes erzeugt und auf dem Film oder einem lichtempfindlichen elektronischen Bauelement gespeichert.

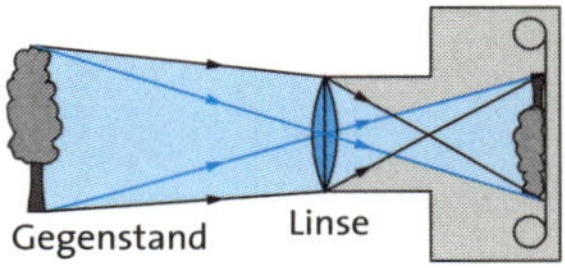

Beim **Projektor** werden mithilfe eines Objektivs vergrößerte Bilder (z. B. eines Dias oder einer Projektionsfolie) auf einer Leinwand erzeugt. Ein als **Kondensor** bezeichnetes Linsensystem sorgt für eine gute Ausleuchtung des abzubildenden Gegenstandes.

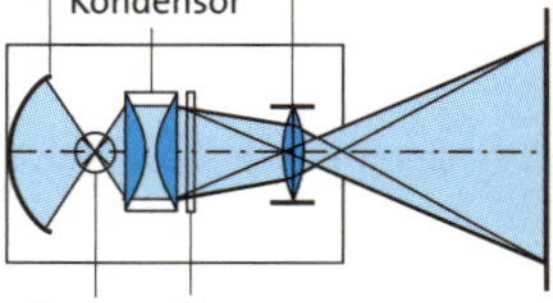

Lupen dienen dazu, um Gegenstände vergrößert zu sehen. Das Bild des Gegenstandes wird mit der Lupe unter einem größeren Winkel **(Sehwinkel)** als mit bloßem Auge gesehen.

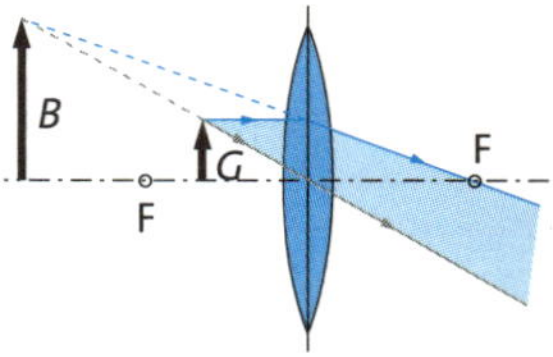

Mit dem **Mikroskop** werden sehr kleine Gegenstände vergrößert. Mit dem **Objektiv** wird ein Zwischenbild des Gegenstandes erzeugt. Dieses wird durch das **Okular** (Augenlinse) betrachtet. Das Okular wirkt wie eine Lupe.

Der Gegenstand befindet sich zwischen einfacher und doppelter Brennweite des Objektivs, das vergrößerte Zwischenbild innerhalb der einfachen Brennweite des Okulars. Es kommt zu einer nochmaligen Vergrößerung. Die Vergrößerung hängt von den Brennweiten der beiden Linsensysteme ab.

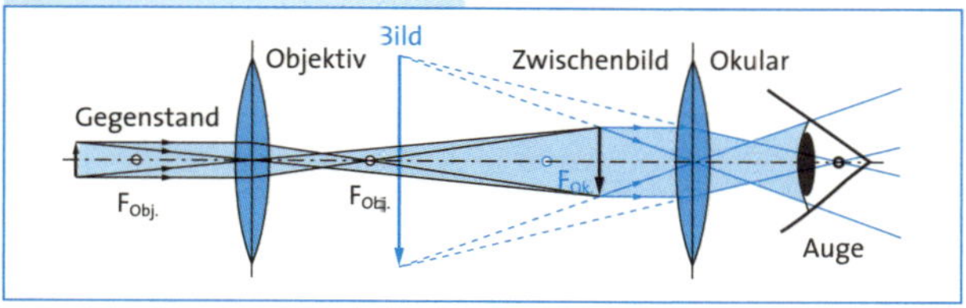

Wie beim Mikroskop wird beim **Fernrohr** das Zwischenbild durch das Okular betrachtet.
Das Bild wird unter einem größeren Sehwinkel als der Gegenstand mit bloßem Auge gesehen.

Der Gegenstand befindet sich außerhalb der doppelten Brennweite des Objektivs. Wie beim Mikroskop hängt die Vergrößerung von den Brennweiten der beiden Linsensysteme ab.

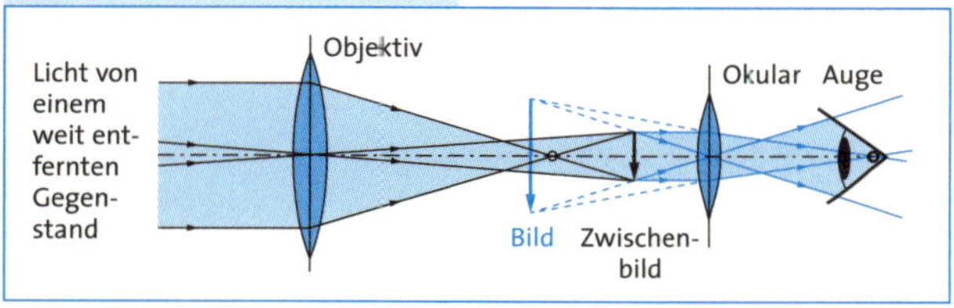

Auge

Das Licht, das durch die Pupille ins Auge fällt, wird durch die Augenlinse so gebrochen, dass auf der Netzhaut ein verkleinertes Bild des Gegenstands entsteht. Damit das Bild auf der Netzhaut scharf ist, passt sich die Augenlinse unwillkürlich durch Veränderung ihrer Krümmung der Entfernung des Gegenstands vom Auge an.

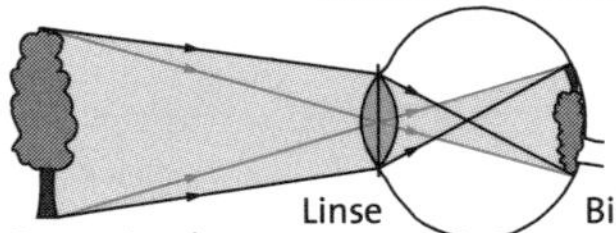

Sehfehler und Sehhilfen

Sehfehler können meist durch Sehhilfen (Brillen, Kontaktlinsen) korrigiert werden. Kurzsichtigkeit wird mit Zerstreuungslinsen, Weitsichtigkeit mit Sammellinsen korrigiert.
Je größer ein Sehfehler ist, desto größer muss der Brechwert der Brillengläser (Dioptrien) sein.

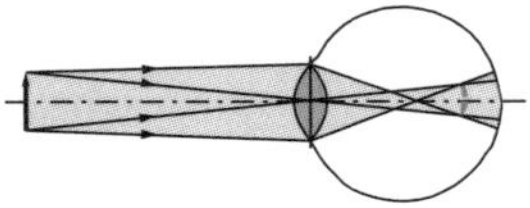
kurzsichtiges Auge

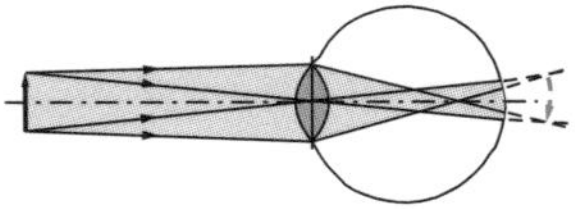
weitsichtiges Auge

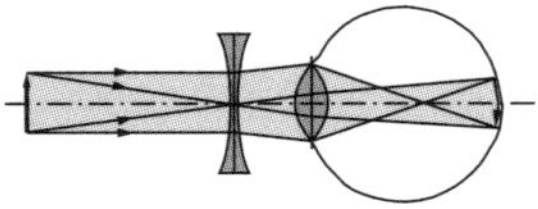
Korrektur der Kurzsichtigkeit

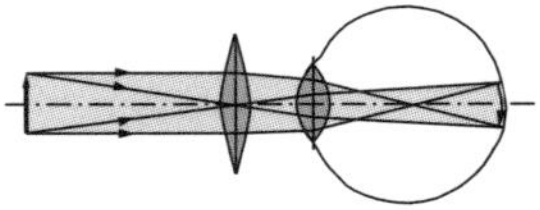
Korrektur der Weitsichtigkeit

Welleneigenschaften des Lichts

Licht als Welle

Eine Anzahl optischer Erscheinungen ist nur erklärbar, wenn man annimmt, dass sich das Licht wie eine Welle ausbreitet.
Lichtwellen sind elektromagnetische Wellen (↑ S. 77). Sie breiten sich in Stoffen und im Vakuum aus, transportieren Energie, aber keinen Stoff.

Wie mechanische Wellen (↑ S. 30) besitzen Lichtwellen eine Frequenz f, eine Wellenlänge λ und eine Ausbreitungsgeschwindigkeit c (Lichtgeschwindigkeit).
Es gilt: $c = f \cdot \lambda$

Vergleich von Lichtwellen und Schallwellen

Schallwellen	Lichtwellen
mechanische Wellen	elektromagnetische Wellen
Schallträger zur Ausbreitung erforderlich	Ausbreitung im Vakuum möglich
Reflexion, Brechung und Beugung möglich	Reflexion, Brechung und Beugung möglich
Frequenz bestimmt die Tonhöhe	Frequenz bestimmt die Lichtfarbe
Amplitude bestimmt die Lautstärke	Amplitude bestimmt die Lichtintensität

Beugung des Lichts

Trifft Licht auf einen schmalen Spalt oder eine Kante, so breitet es sich nach diesem Hindernis in alle Richtungen aus. Dies bezeichnet man als Beugung des Lichts. In den Schattenräumen ist die Lichtintensität jedoch meist gering.

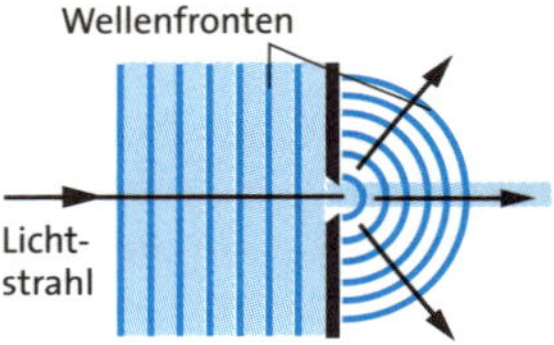

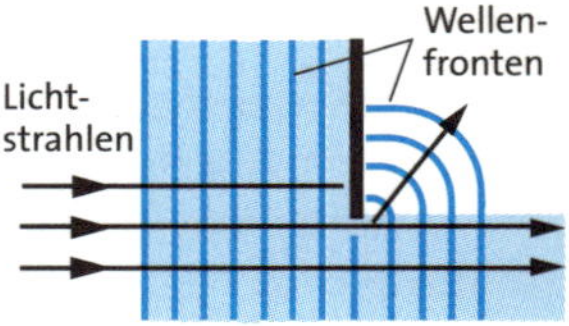

Interferenz des Lichts

Lichtwellen, die von der gleichen Lichtquelle stammen, können sich überlagern. Dabei kommt es im Gebiet der Überlagerung der Lichtwellen zu Verstärkungen und Auslöschungen des Lichts, den typischen Interferenzerscheinungen (Interferenzstreifen).
Je größer die Wellenlänge des Lichts ist, desto größer ist der Abstand zwischen den Interferenzstreifen.

Interferenzfähiges Licht entsteht durch Beugung einfarbigen Lichts einer Lichtquelle an einem Doppelspalt. Auf einem Schirm erscheinen die Gebiete der Verstärkung als helle Interferenzstreifen.

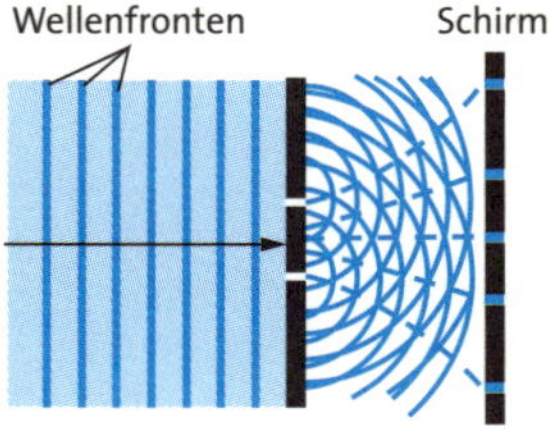

Dispersion des Lichts

Breitet sich weißes Licht in einem Prisma aus, so entsteht durch die Brechung an den Grenzflächen ein Farbband. Dieses wird als **Spektrum** bezeichnet.
Je kleiner die Wellenlänge des Lichts, desto stärker wird es gebrochen.
Die Zerlegung des Lichts in Farben bezeichnet man als **Dispersion.**

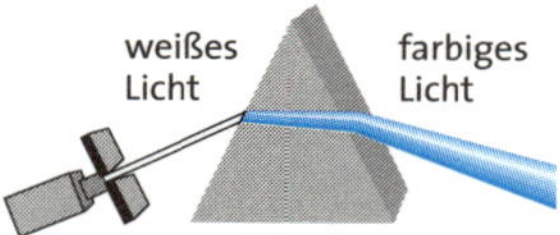

Weißes Licht besteht aus den **Spektralfarben** Rot, Orange, Gelb, Grün, Blau und Violett.

Bei der Zerlegung des Lichts erhält man verschiedenartige Spektren. Glühende feste Körper und Flüssigkeiten erzeugen **kontinuierliche Spektren.** Leuchtende Gase senden **Linienspektren** aus.

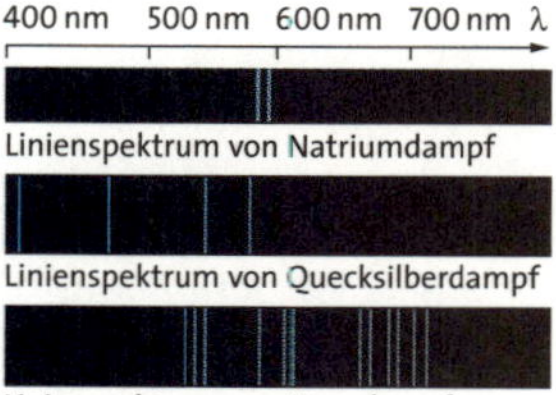

Aus der Anzahl und der Farbe der Spektrallinien kann man auf die Art des Gases schließen (**Spektralanalyse**).

Ursache für das Entstehen eines **Regenbogens** ist die Dispersion des Lichts durch Brechung beim Durchdringen von Wassertropfen.

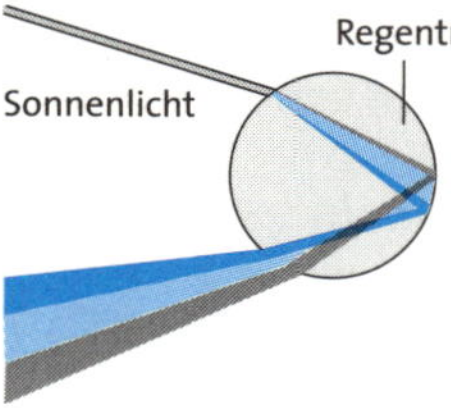

3

4 Elektrizitätslehre

Elektrische Ladung

Die neutralen Atome bestehen aus Atomkern und Atomhülle (↑ S. 84). Träger der elektrischen Ladung in der Atomhülle sind die **Elektronen.** Jedes Elektron hat die gleiche negative elektrische Ladung, die **Elementarladung *e*.** Negativ geladene Körper haben einen **Elektronenüberschuss.** Positiv geladene Körper haben einen **Elektronenmangel.**

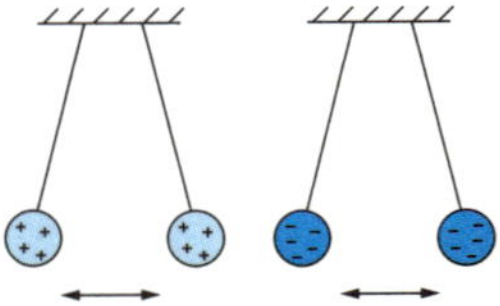

Gleichartig geladene Körper stoßen sich ab.

Ungleichartig geladene Körper ziehen sich an.

Die **elektrische Ladung** eines Körpers gibt an, wie groß der Elektronenüberschuss oder der Elektronenmangel ist.
Die Ladung eines Körpers lässt sich berechnen nach:
$Q = N \cdot e$
(N = Anzahl der Elementarladungen).

Formelzeichen: Q
Einheit: 1 Coulomb (1 C)
$1\ \text{C} = 1\ \text{A} \cdot \text{s}$
Elementarladung:
$e = 1{,}602 \cdot 10^{-19}\ \text{C}$

Bei negativer Ladung erhält Q ein negatives Vorzeichen ($Q < 0$), bei positiver Ladung ein positives ($Q > 0$).

Gleichstromkreis

Elektronen können elektrische Ladung transportieren. Die gerichtete Bewegung von Elektronen bezeichnet man als **elektrischen Strom.**

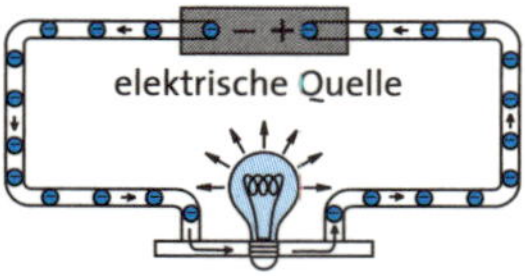

Elektronenbewegung in einem einfachen Stromkreis

Ein **einfacher Stromkreis** besteht aus einer Quelle und einem Bauelement (z. B. einem Elektrogerät). Beide sind durch elektrische Leiter miteinander verbunden. **Spannungsquellen** für elektrische Ladungen sind z. B. Batterien und Generatoren.

Spannungsquellen haben zwei **Pole** (Pluspol und Minuspol). **Gleichstrom** fließt von einem zum anderen Pol. Ändern sich die Pole der Spannungsquelle ständig, so fließt im Stromkreis **Wechselstrom.**

4

Unverzweigter und verzweigter Stromkreis

Werden mehrere elektrische Bauelemente zusammengeschaltet, so entstehen unverzweigte oder verzweigte Stromkreise.

unverzweigter Stromkreis:

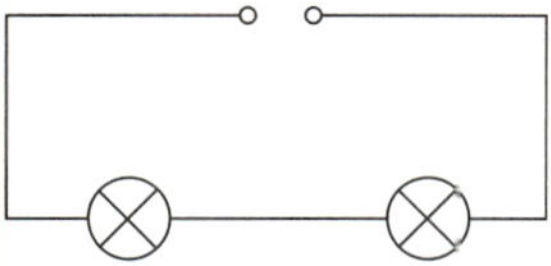

Lampen in Reihe geschaltet

verzweigter Stromkreis:

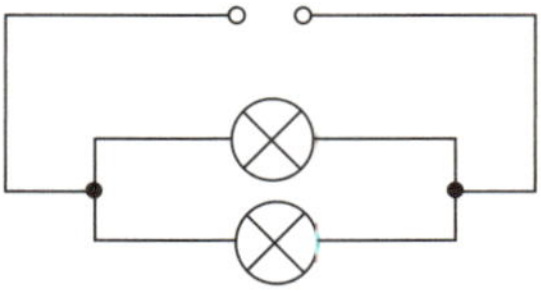

Lampen parallel geschaltet

Wirkungen des elektrischen Stroms

In den elektrischen Bauelementen ruft der Strom Wirkungen hervor, die Erzeugung von Licht und Wärme.

Lichtwirkung: Glühlampe
Wärmewirkung: Kochplatte
magnetische Wirkung: Elektromagnet
chemische Wirkung: Elektrolyse

Messgrößen im Stromkreis

Elektrische Stromstärke

Die elektrische Stromstärke gibt an, wie viel elektrische Ladung sich pro Sekunde durch den Querschnitt eines elektrischen Leiters bewegt.

Formelzeichen: I
Einheit: 1 Ampere (1 A)
Teil der Einheit:
1 mA = 0,001 A

$$I = \frac{Q}{t}$$

Die elektrische Stromstärke wird mit Stromstärkemessern **(Amperemeter)** gemessen. Diese werden mit dem elektrischen Bauelement in Reihe geschaltet.
Werden Vielfachmessgeräte verwendet, muss der geeignete Messbereich für die Stromstärke eingestellt werden (↑ S. 65).

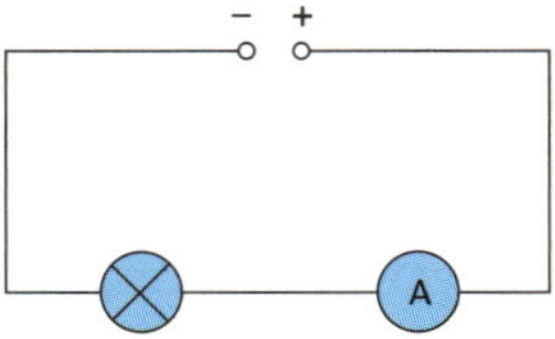

Stromstärken in Natur und Technik:
Radio: 10 mA
Glühlampe: ≈ 0,3 A
E-Lok: 300 A

Elektrische Spannung

Die elektrische Spannung gibt an, wie stark der Antrieb des elektrischen Stroms durch die Spannungsquelle ist. Die elektrische Spannung wird mit Spannungsmessern **(Voltmeter)** gemessen. Voltmeter werden mit dem elektrischen Bauelement oder der Spannungsquelle parallel geschaltet.

Formelzeichen: U
Einheit: 1 Volt (1 V)
Vielfache der Einheit:
1 kV = 1 000 V
1 MV = 1 000 kV

Spannungen in Natur und Technik:
Fahrraddynamo: 6 V
Steckdose im Haushalt: 230 V
Eisenbahn: 15 kV

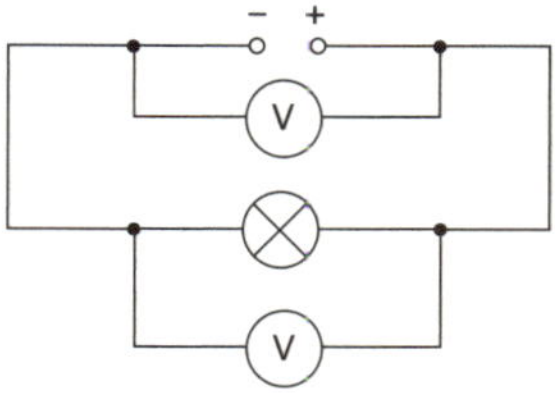

Elektrischer Widerstand

Die metallischen Leiter setzen dem Transport der Elektronen einen Widerstand entgegen, weil diese mit den Bausteinen des Metallgitters zusammenstoßen. Diese Behinderung des elektrischen Stroms bezeichnet man als elektrischen Widerstand.

Formelzeichen: R
Einheit: 1 Ohm (1 Ω)

$$1\,\Omega = 1\,\frac{\text{V}}{\text{A}}$$

Vielfache der Einheit:
1 kΩ = 1 000 Ω
1 MΩ = 1 000 kΩ

Elektrischer Widerstand

Damit der Stromfluss trotz des elektrischen Widerstandes erhalten bleibt, bedarf es einer Spannungsquelle als Antrieb für die Ladungsträger. Der **elektrische Widerstand** eines Bauelements gibt an, welche Spannung notwendig ist, damit ein elektrischer Strom der Stärke 1 A fließt.

Elektrische Widerstände in Natur und Technik:
Glühlampe: 880 Ω
Kabel im Haushalt: 0,1 Ω
Heizung der Waschmaschine: 26 Ω
Körperwiderstand des Menschen: 1200 Ω

Der elektrische Widerstand wird mit Widerstandsmessern **(Ohmmeter)** gemessen. Er kann jedoch auch durch Messung von Spannung und Stromstärke bestimmt werden.

$$R = \frac{U}{I}$$

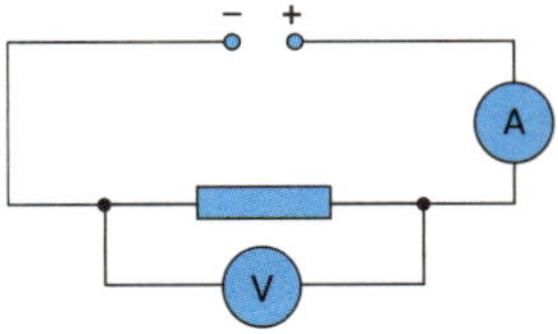

Der **spezifische elektrische Widerstand** ρ eines Leiters gibt an, wie groß der Widerstand eines 1 m langen Leiters mit 1 mm² Querschnitt ist. Bei Metallen ist er im Allgemeinen umso größer, je höher die Temperatur ist.

$$R = \rho \cdot \frac{l}{A}$$

spezifische elektrische Widerstände bei 20 °C in $\frac{\Omega \cdot \text{mm}^2}{\text{m}}$:
Kupfer: 0,017
Aluminium: 0,028

Kupfer ist ein besserer elektrischer Leiter als Aluminium.

Elektrische Energie, Arbeit und Leistung

Die **elektrische Energie** ist die Fähigkeit des elektrischen Stroms, mechanische Arbeit zu verrichten, Wärme abzugeben oder Licht auszustrahlen.
Die elektrische Energie wird mit einem **Kilowattstundenzähler** gemessen.

Formelzeichen: E_{el}
Einheit: 1 Joule (1 J)
1 Wattsekunde (1 Ws)
1 J = 1 Ws
Vielfaches der Einheit:
$1\ \text{kWh} = 3{,}6 \cdot 10^6\ \text{Ws}$

Berechnung der umgewandelten elektrischen Energie:
$E_{el} = U \cdot I \cdot t$

Die **elektrische Arbeit** gibt an, wie viel elektrische Energie in andere Energieformen umgewandelt wurde.

Formelzeichen: W
Einheit: 1 J = 1 Ws
$W = U \cdot I \cdot t$

Elektrische Arbeit bei einstündigem Betrieb:
Energiesparlampe: 0,015 kWh
Glühlampe: 0,075 kWh
Waschmaschine: 2 kWh

Die **elektrische Leistung** gibt an, wie viel elektrische Energie in 1 s in andere Energieformen umgewandelt wird.
Die elektrische Leistung kann auch mit den Gleichungen $P = U \cdot I$ und $P = I^2 \cdot R$ berechnet werden.

Formelzeichen: P
Einheit: 1 Watt (1 W)
Vielfache der Einheit:
1 kW = 1 000 W
1 MW = 1 000 kW

$$P = \frac{W}{t}$$

Elektrische Leistungen in Natur und Technik:
Energiesparlampen: bis 20 W
Autoscheinwerfer: 60 W
Waschmaschine: 2 000 W
Blitz: 10^{13} W

Ohmsches Gesetz

Je größer die Spannung in einem elektrischen Stromkreis ist, desto größer ist auch die Stromstärke.

Für alle Körper gilt bei konstanter Temperatur $U \sim I$, d. h.

$\frac{U}{I}$ = konstant (ohmsches Gesetz).

Die Konstante ist der elektrische Widerstand R: $U = R \cdot I$

Gesetze im unverzweigten und verzweigten Stromkreis

Die meisten elektrischen Stromkreise werden als verzweigte oder unverzweigte Stromkreise geschaltet. Wenn elektrische Bauelemente in Reihe oder parallel geschaltet sind (↑ S. 59), gilt:

Reihenschaltung von Bauelementen	Parallelschaltung von Bauelementen
Stromstärke: $I = I_1 = I_2$	Stromstärke: $I = I_1 + I_2$
Spannung: $U = U_1 + U_2$	Spannung: $U = U_1 = U_2$
Widerstände: $R = R_1 + R_2$	Widerstände: $\frac{1}{R} = \frac{1}{R_1} + \frac{1}{R_2}$
Spannungsteilerregel: $\frac{U_1}{U_2} = \frac{R_1}{R_2}$	Stromteilerregel: $\frac{I_1}{I_2} = \frac{R_2}{R_1}$

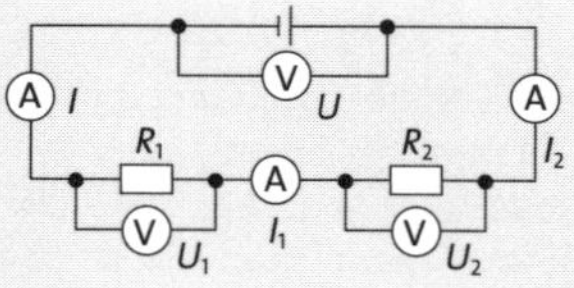

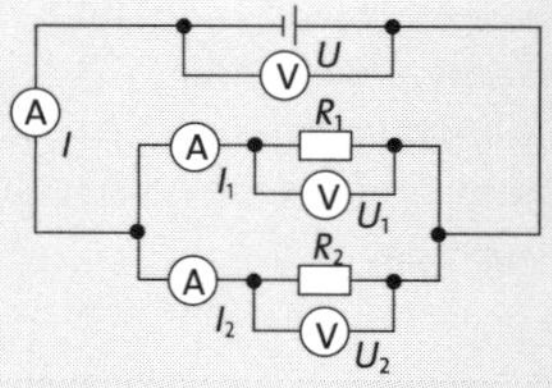

Messbereichserweiterung

Um sowohl kleine als auch große Beträge von Stromstärke oder Spannung messen zu können, werden die Messbereiche durch parallel oder in Reihe zum Messwerk geschaltete Widerstände entsprechend angepasst.

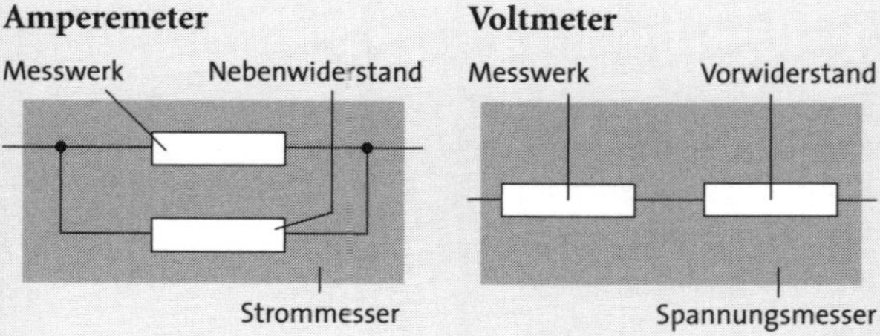

Innenwiderstände

Spannungsquellen und Messgeräte haben selbst auch einen elektrischen Widerstand, den **Innenwiderstand.** Dieser muss beim Messen berücksichtigt werden.

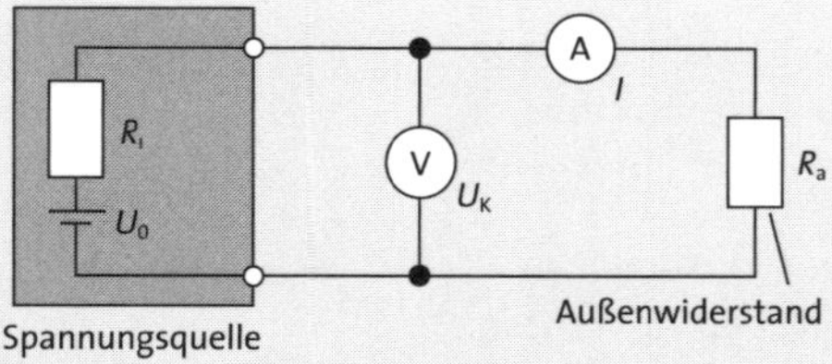

R_i: Innenwiderstand der Spannungsquelle
U_0: Urspannung der Spannungsquelle
I: Stromstärke
R_a: Außenwiderstand
U_K: Klemmenspannung

$I = \frac{U_0}{R_i + R_a}$ $\qquad U_k = U_0 - I \cdot R_i$

Elektrische und magnetische Felder

Elektrische Felder

Der Raum um eine elektrische Ladung befindet sich in einem solchen Zustand, dass Kräfte auf elektrisch geladene Körper wirken. Diesen Zustand nennt man **elektrisches Feld.** Ein homogenes elektrisches Feld, z. B. im Plattenkondensator, ist überall gleich stark.

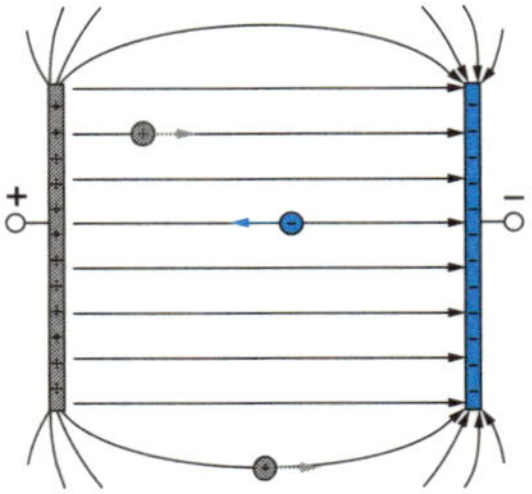

Plattenkondensator

Das **Feldlinienbild** lässt Aussagen über die im elektrischen Feld auf einen geladenen Körper wirkenden Kräfte zu.
Ein inhomogenes elektrisches Feld ist nicht überall gleich stark.

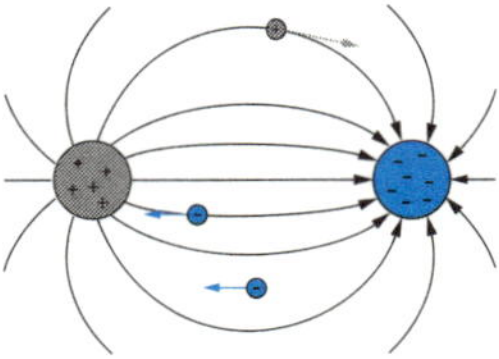
geladene Kugeln

Je dichter die Feldlinien sind, umso größer ist die dort auf einen geladenen Körper wirkende Kraft. Die Richtung der Feldlinien gibt die Kraftrichtung an.

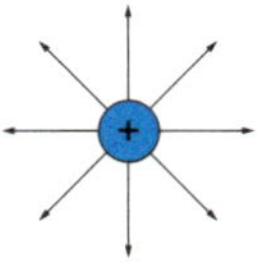

Punktladung

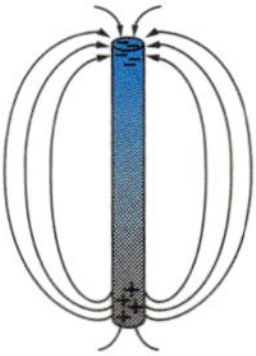
elektrischer Dipol

Die **elektrische Feldstärke** gibt an, wie groß im elektrischen Feld die Kraft auf eine Ladung von 1 C ist.

Formelzeichen: E

Einheit: $1\,\frac{\mathrm{N}}{\mathrm{C}} = 1\,\frac{\mathrm{V}}{\mathrm{m}}$

$$E = \frac{F}{Q}$$

Wenn durch die Kraftwirkung im elektrischen Feld ein geladener Körper einen Weg zurücklegt, wird mechanische Arbeit verrichtet. Diese wird durch Umwandlung von elektrischer **Energie des elektrischen Feldes** gewonnen.

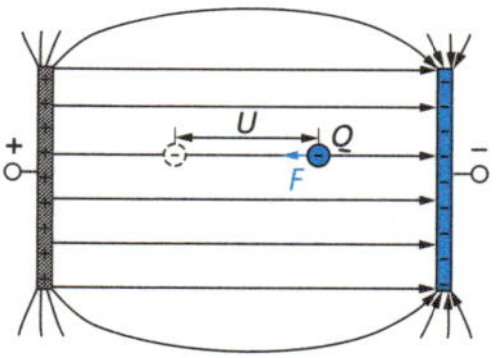

Die verrichtete Arbeit W ist gleich der Änderung der Energie ΔE.

Die gerichtete Bewegung von Ladungsträgern im elektrischen Feld ist ein elektrischer Strom (↑ S. 59). Zum Antrieb der Ladungsträger muss eine Spannung zwischen zwei Punkten des elektrischen Feldes vorhanden sein.

$$I = \frac{Q}{t}$$

$$U = \frac{W}{Q}$$

Die verrichtete Arbeit ist umso größer, je größer die Spannung zwischen zwei Punkten des elektrischen Feldes ist.

Der **Kondensator** ist ein Bauelement zum Speichern von elektrischer Ladung (elektrischer Energie). Schließt man an einen Kondensator eine Gleichspannungsquelle an, so wird er geladen.

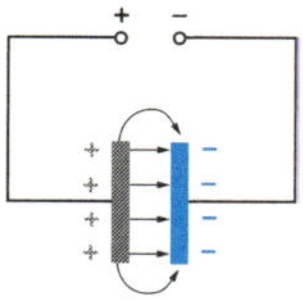

Der Kondensator besteht aus zwei leitenden Schichten, die durch ein **Dielektrikum** getrennt sind.

Die **Kapazität eines Kondensators** gibt an, wie viel elektrische Ladung bei 1 V Spannung gespeichert werden kann.
Die Kapazität hängt vom Aufbau des Kondensators ab. Die Dielektrizitätszahl ε_r gibt an, wie stark die Kapazität durch das Dielektrikum beeinflusst wird.
Die elektrische Feldkonstante ε_0 ist eine Naturkonstante

Formelzeichen: C
Einheit: 1 Farad (1 F)

$$1\ \mathrm{F} = 1\frac{\mathrm{C}}{\mathrm{V}}$$

Teile der Einheit:
$1\ \mu\mathrm{F} = 10^{-6}\ \mathrm{F}$
$1\ \mathrm{pF} = 10^{-12}\ \mathrm{F}$

$$C = \frac{Q}{U}$$

Plattenkondensator:

$$C = \varepsilon_0 \cdot \varepsilon_r \cdot \frac{A}{d}$$

A: Flächeninhalt einer Platte
d: Abstand der Platten
ε_r: Dielektrizitätszahl

$$\varepsilon_0 = 8{,}854 \cdot 10^{-12}\frac{C}{V \cdot m}$$

Magnetische Felder

Magnete ziehen Körper aus Eisen, Nickel oder Kobalt an. Körper, die diese Eigenschaft ständig besitzen, bezeichnet man als **Dauermagnete.** Jeder Magnet hat einen **Nordpol** und einen **Südpol.**

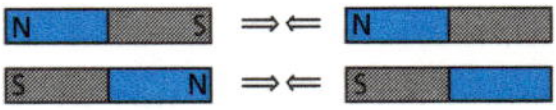

Ungleiche Magnetpole ziehen sich an.

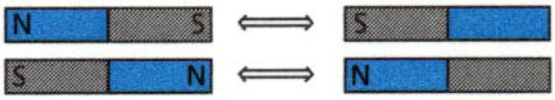

Gleiche Magnetpole stoßen sich ab.

Als **magnetisches Feld** bezeichnet man den Raum um einen Magneten, in dem auf andere Magnete oder magnetisierbare Körper Kräfte ausgeübt werden.

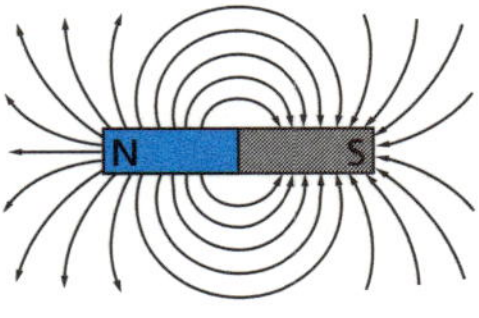

Feldlinienbild eines Stabmagneten

Magnetische Felder stellt man wie elektrische Felder mittels **Feldlinienbildern** dar (↑ S. 66).

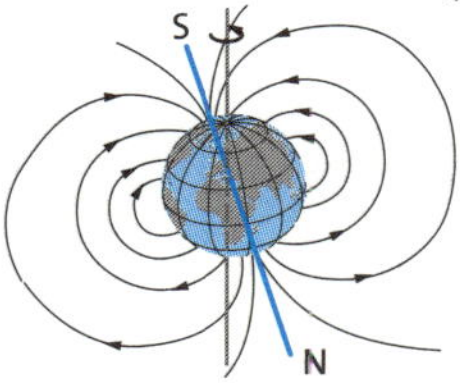

Magnetfeld der Erde

Die Stärke eines Magnetfeldes äußert sich darin, wie groß im magnetischen Feld die Kraft auf einen magnetischen Probekörper ist. Beim Verschieben eines Körpers in einem Magnetfeld wird mechanische Arbeit verrichtet und dabei Energie des Feldes umgewandelt.

Die verrichtete mechanische Arbeit W ist gleich der Änderung der Energie ΔE des Magnetfelds.

Im Raum um einen stromdurchflossenen Leiter wirken auf einen Magneten oder auf einen magnetisierbaren Körper Kräfte. Besonders stark ist das Magnetfeld, wenn der Leiter als Spule gewickelt ist und sich in der Spule ein Eisenkern befindet. Eine solche Anordnung bezeichnet man als **Elektromagnet.**

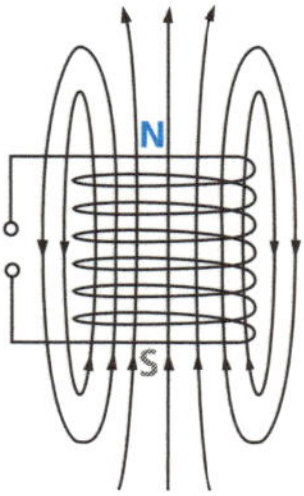

magnetisches Feld eines Elektromagneten

Die magnetische Feldstärke eines Elektromagneten ist abhängig von der Stromstärke sowie von der Windungszahl und der Länge der Spule.

Elektromagnetische Induktion

Induktionsgesetz

In einer Spule wird eine Spannung induziert, wenn sich das von ihr umfasste Magnetfeld ändert. Die **Induktionsspannung U_i** ist umso größer, je schneller und je stärker sich das von der Spule umfasste Magnetfeld ändert.
Die in der Spule induzierte Spannung ist umso größer, je größer die Windungszahl und je größer die Querschnittsfläche der Spule ist.

Anordnungen zur Erzeugung von Induktionsspannungen

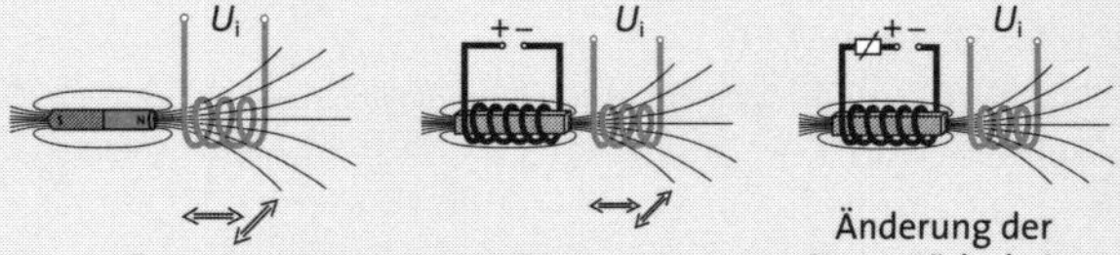

Bewegung | Bewegung | Änderung der Stromstärke beim Elektromagneten

Der hervorgerufene Induktionsstrom ist stets so gerichtet, dass er seiner Ursache entgegenwirkt **(lenzsches Gesetz).**
Das beim Einschalten eines Spulenstroms entstehende Magnetfeld induziert selbst eine Spannung und einen Strom **(Selbstinduktion).**

Die **Induktivität** einer Spule gibt an, welche Spannung bei einer Stromstärkenänderung induziert wird.

Formelzeichen: L
Einheit: 1 Henry (1 H)

$$1\,\mathrm{H} = 1\,\frac{\mathrm{V \cdot s}}{\mathrm{A}}$$

Berechnung der Induktivität einer langen Spule:

$$L = \mu_0 \cdot \mu_r \cdot N^2 \cdot \frac{A}{l}$$

A: Flächeninhalt des Spulenquerschnitts; l: Länge der Spule; N: Windungszahl; μ_r: Permeabilitätszahl; μ_0: magnetische Feldkonstante ($\mu_0 = 1{,}257 \cdot 10^{-6}\,\mathrm{V \cdot s/(A \cdot m)}$)

Generator und Elektromotor

Generatoren dienen der Umwandlung von mechanischer in elektrische Energie durch elektromagnetische Induktion. Man unterscheidet **Gleich- und Wechselstromgeneratoren,** die als Innen- oder Außenpolmaschinen gebaut sein können.
Die meisten Wechselstromgeneratoren sind Innenpolmaschinen.

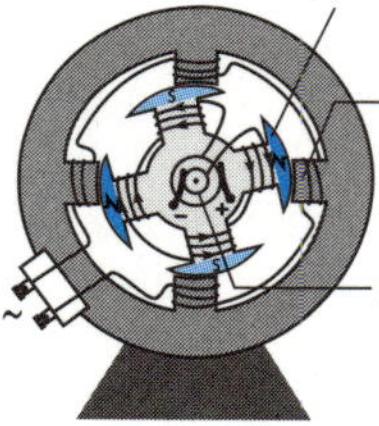

Im Innern des Stators rotiert ein Elektromagnet. Dieser Rotor ist über Schleifringe mit einer Gleichspannungsquelle verbunden. Beim Drehen wird im Stator eine Wechselspannung induziert.

Elektromotoren dienen der Umwandlung von elektrischer in mechanische Energie und dem Verrichten von mechanischer Arbeit. Durch die Kraft auf einen stromdurchflossenen Leiter im Magnetfeld wird eine Drehbewegung erzeugt. Diese Art der Energieumwandlung heißt **elektromotorisches Prinzip.**

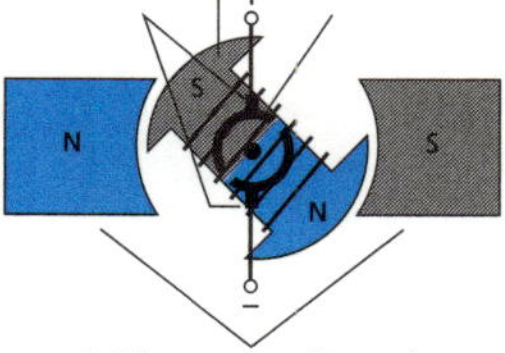

Beim Gleichstrommotor wird der drehbare Anker durch den Strom in seiner Spule magnetisiert. Dadurch treten Kräfte zwischen dem Anker und den feststehenden Feldmagneten auf.

4

Transformator

Mithilfe von Transformatoren werden Wechselspannungen und Wechselströme verändert.
Die Wirkungsweise der Transformatoren beruht auf der elektromagnetischen Induktion.
Ein Transformator besteht aus zwei Spulen und einem geschlossenen Eisenkern. Eine Wechselspannung an der **Primärspule** sorgt für ein wechselndes Magnetfeld, das durch den Eisenkern zur **Sekundärspule** übertragen wird. In dieser wird eine Wechselspannung induziert.

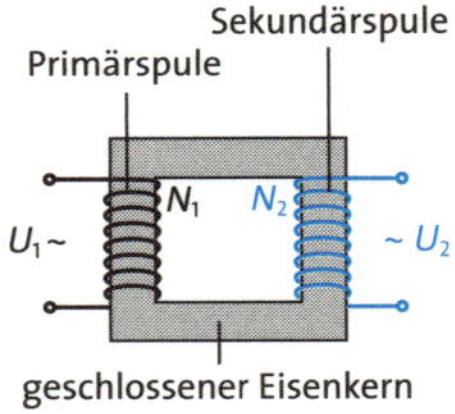

Beim unbelasteten Transformator ist kein Gerät an die Sekundärspule angeschlossen. Für den unbelasteten Transformator gilt:

$$\frac{U_1}{U_2} = \frac{N_1}{N_2}$$

Für einen stark belasteten Transformator (Verbraucher an der Sekundärspule) gilt:

$$\frac{I_1}{I_2} = \frac{N_2}{N_1}$$

Transformatoren werden angewendet, um hohe oder niedrige Spannungen zu erzeugen oder elektrische Geräte mit unterschiedlicher Betriebsspannung an das elektrische Netz anzuschließen.

Die von Generatoren erzeugte Wechselspannung wird zur Übertragung zunächst hoch- und beim Verbraucher heruntertransformiert.

Bei Klingelanlagen, Halogenlampen, Modellbahnen wird die Netzspannung verkleinert, beim Fernsehbildschirm vergrößert.

Wechselstromkreis

Im Wechselstromkreis ändern **Spannung** und **Stromstärke** periodisch mit der Frequenz Betrag und Richtung. Sinusförmige Wechselspannung hat nebenstehenden zeitlichen Verlauf. Wechselspannung mit dem Effektivwert U_{eff} ruft die gleiche Wirkung wie eine Gleichspannung mit gleichem Betrag hervor.

In Deutschland beträgt die Netzfrequenz 50 Hz. Bahnstrom hat eine Frequenz von $16\,^2\!/_3$ Hz.

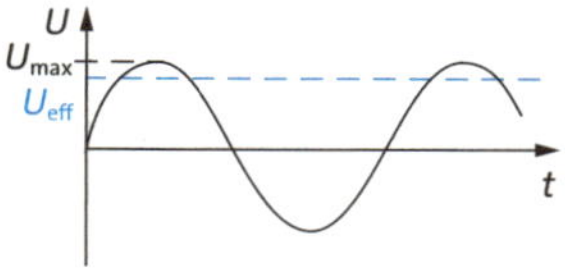

Der Effektivwert unserer Netzwechselspannung beträgt 230 V, der Maximalwert ist $\sqrt{2} \cdot 230\ \text{V} = 325\ \text{V}$.

Bauelemente im Wechselstromkreis

Ohmsche Widerstände sind elektrische Bauelemente, für die das ohmsche Gesetz (↑ S. 64) gilt.

Ihr Widerstand ist im Wechselstromkreis genauso groß wie im Gleichstromkreis.

Der elektrische Widerstand einer **Spule** ist im Wechselstromkreis größer als im Gleichstromkreis. Ursache dafür ist die Selbstinduktion (↑ S. 70).

Im Wechselstromkreis ändert sich in der Spule periodisch das Magnetfeld. Dadurch entsteht ein dem ursprünglichen Strom entgegengerichteter Induktionsstrom.

Der **induktive Widerstand einer Spule** gibt an, wie groß ihr Widerstand im Wechselstromkreis ist. Die Spule enthält im Wechselstromwiderstand auch den ohmschen Widerstand des aufgewickelten Drahtes, der jedoch kleiner als der induktive Widerstand ist.

Formelzeichen: X_L
Einheit: 1 Ohm (1 Ω)
Berechnung: $X_L = 2\pi \cdot f \cdot L$

f: Frequenz des Wechselstromes
L: Induktivität der Spule

Im Gleichstromkreis unterbricht ein **Kondensator** den Strom wegen des Dielektrikums, einem Isolierstoff zwischen den Kondensatorplatten. Im Wechselstromkreis werden die Ladungen zwischen den Kondensatorplatten ständig hin und her bewegt. Es fließt ein Wechselstrom.

Der Widerstand des Kondensators im Gleichstromkreis ist unendlich groß. Im Wechselstromkreis hängt er von der Kondensatorkapazität ab.

Der **kapazitive Widerstand** eines Kondensators gibt an, wie groß sein Widerstand im Wechselstromkreis ist.

Formelzeichen: X_C
Einheit: 1 Ohm (1 Ω)
Berechnung:

$$X_C = \frac{1}{2\pi \cdot f \cdot C}$$

f: Frequenz des Wechselstromes
C: Kapazität des Kondensators

Widerstände im Wechselstromkreis		
ohmsche Widerstände	**Spulen**	**Kondensatoren**
$R_{=} = R_{\sim}$ Ursache dafür ist die Wechselwirkung zwischen Elektronen und Metall-Ionen.	$R_{=} < R_{\sim}$ Ursache dafür ist die Selbstinduktion in Spulen.	$R_{=} \gg R_{\sim}$ Ursache dafür sind der Aufbau von Kondensatoren sowie Auf- und Entladevorgänge.
$R = \frac{U}{I}$	$R_{\sim} = X_L \approx \frac{U}{I}$ (bei $R_{=} \ll R_{\sim}$)	$R_{\sim} = X_C = \frac{U}{I}$
$R = \rho \cdot \frac{l}{A}$	$X_L = 2\pi \cdot f \cdot L$	$X_C = \frac{1}{2\pi \cdot f \cdot C}$
Elektrische Energie der Quelle wird in thermische Energie umgewandelt. $E_{el} \rightarrow E_{therm}$	Elektrische Energie der Quelle wird in Energie des Magnetfeldes der Spule umgewandelt und umgekehrt. $E_{el} \leftrightarrow E_{mag.Feld}$	Elekrische Energie der Quelle wird in Energie des elektrischen Feldes im Kondensator umgewandelt und umgekehrt. $E_{el} \leftrightarrow E_{el.Feld}$

Elektromagnetische Schwingungen

Die zeitlich periodischen Änderungen des elektrischen Feldes in einem Kondensator und des magnetischen Feldes einer Spule sind elektromagnetische Schwingungen. Diese erzeugt man mit einem **geschlossenen Schwingkreis,** in dem Kondensator und Spule zusammengeschaltet sind.

Im Schwingkreis wird ständig Energie des elektrischen Feldes in Energie des magnetischen Feldes umgewandelt. Durch den Stromfluss in der Spule entsteht thermische Energie und die elektrische Energie im Schwingkreis nimmt in Form einer **gedämpften Schwingung** ab. Bei **ungedämpften Schwingungen** wird ständig so viel elektrische Energie zugeführt, wie in thermische Energie umgewandelt wird.

thomsonsche Schwingungsgleichung:

$$T = 2\pi \cdot \sqrt{L \cdot C}$$

$$f = \frac{1}{2\pi \cdot \sqrt{L \cdot C}}$$

L: Induktivität der Spule im Schwingkreis
C: Kapazität des Kondensators im Schwingkreis

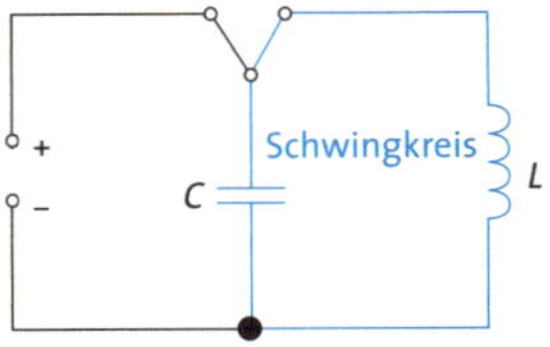

gedämpfte Schwingung:

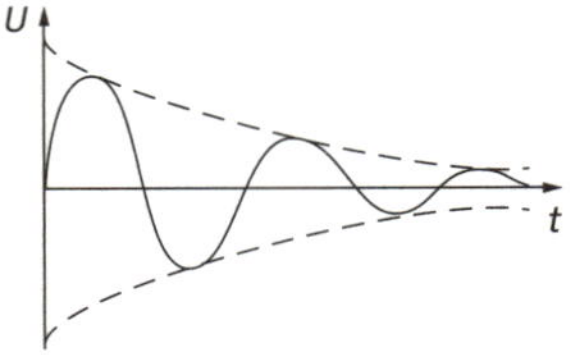

ungedämpfte Schwingung:

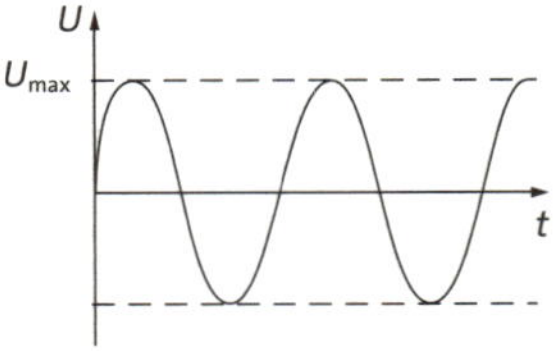

Elektromagnetische Wellen

Einen **offenen Schwingkreis (Dipol)** erhält man durch Öffnen des Kondensators. Ein Dipol kann elektromagnetische Schwingungen hoher Frequenz erzeugen und als **elektromagnetische Wellen** in den Raum abstrahlen.

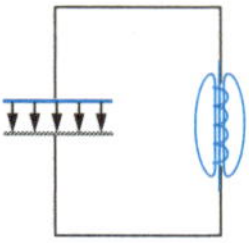

geschlossener Schwingkreis

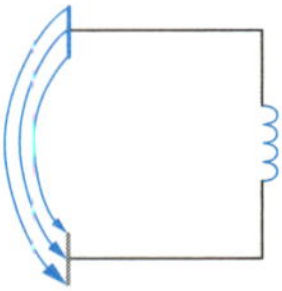

Öffnen des Schwingkreises

offener Schwingkreis

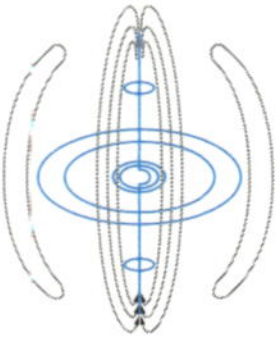

Abstrahlen elektromagnetischer Wellen

Eine elektromagnetische Welle ist die Ausbreitung von elektromagnetischen Schwingungen im Raum. Sie breitet sich mit Lichtgeschwindigkeit aus.

Ausbreitungsgeschwindigkeit elektromagnetischer Wellen: $c = f \cdot \lambda$

f: Frequenz der Welle

λ: Wellenlänge

Elektromagnetische Wellen besitzen ähnliche Eigenschaften wie mechanische Wellen (↑ S. 30). Sie können reflektiert, gebrochen, gebeugt werden und sich überlagern. Sie durchdringen Isolatoren und werden von Metallen abgeschirmt.

Hertzsche Wellen heißen elektromagnetische Wellen zur Übertragung von Sendungen des Rundfunks und des Fernsehens. Sie haben Wellenlängen zwischen 2 km (LW) und 4 dm (UHF).

Elektrische Leitungsvorgänge

Leitung in Metallen

Die frei beweglichen Ladungsträger in Metallen sind **Elektronen.** Im Metallgitter gibt jedes Atom Elektronen ab, die sich zwischen den Metall-Ionen frei bewegen können. Durch ein elektrisches Feld wirken Kräfte auf die Elektronen. Es kommt dadurch zu deren gerichteter Bewegung.

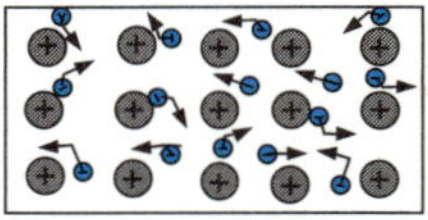

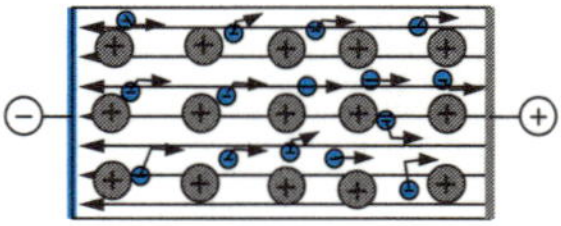

Die Elektronen stoßen mit den Metall-Ionen zusammen. Das führt zum elektrischen Widerstand. Bei hohen Temperaturen schwingen die Metall-Ionen im Gitter heftiger, wodurch es häufiger zu Zusammenstößen mit Elektronen und damit zu einem höheren Widerstand kommt.

Durch die Eigenerwärmung ist der Widerstand von Glühlampen im Betriebszustand höher als beim Einschalten.

Leitung in Flüssigkeiten

Die frei beweglichen Ladungsträger in wässriger Lösung von Säuren, Basen oder Salzen sind **Ionen,** die durch Dissoziation entstehen. Im elektrischen Feld bewegen sich die positiv geladenen **Kationen** zum Minuspol **(Katode),** die negativ geladenen **Anionen** zum Pluspol **(Anode).** Dabei wird auch Stoff transportiert.

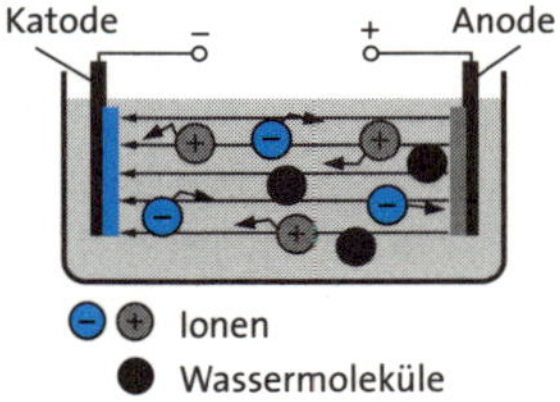

Leitende Flüssigkeiten bezeichnet man als **Elektrolyte** und den chemischen Vorgang beim Stromfluss als **Elektrolyse.**

4

Leitung in Gasen

In Gasen befinden sich nur wenige freie Ladungsträger. Freie Ladungsträger lassen sich durch **Ionisation** erzeugen, indem mittels Energiezufuhr Elektronen aus den Gasmolekülen herausgelöst werden. Treffen im elektrischen Feld beschleunigte Elektronen auf Gasmoleküle, so werden weitere Elektronen frei **(Stoßionisation).**

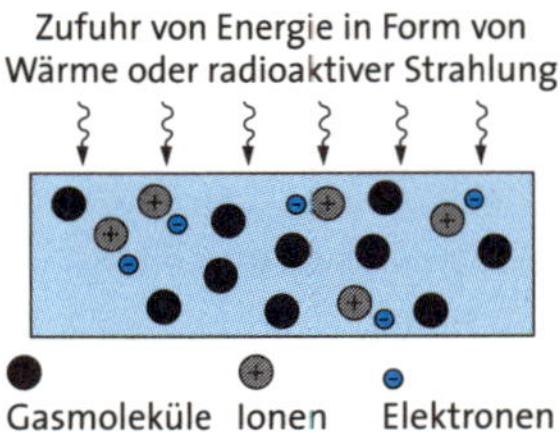

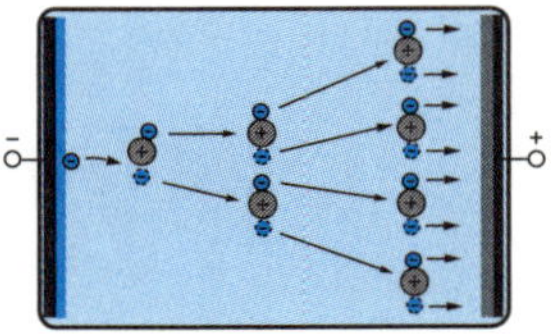

Leitung im Vakuum

Die für den Leitungsvorgang im Vakuum notwendigen freien Ladungsträger kann man durch **Glühemission** oder durch **Fotoemission** erzeugen. Dabei werden aus der Katode durch Erwärmung oder Bestrahlung mit Licht Elektronen herausgelöst und im elektrischen Feld zur Anode bewegt. Die Glühemission wurde früher bei Elektronenröhren in Radios, die Fotoemission wird bei Fotozellen angewendet.

Glühemission:

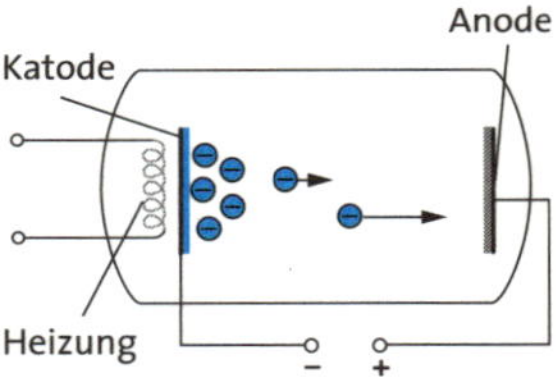

Fotoemission:

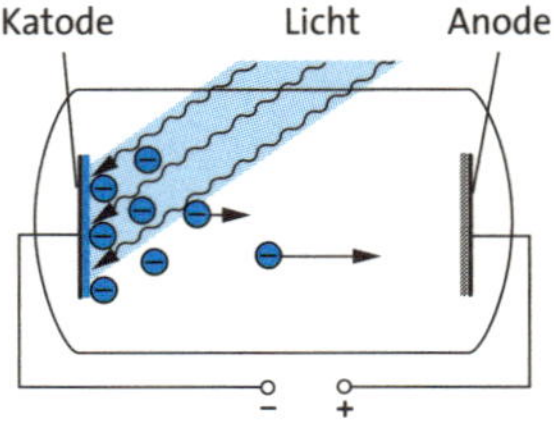

Eine wichtige Anwendung der Glühemission ist die **Elektronenstrahlröhre,** die sich in Fernsehgeräten befindet.

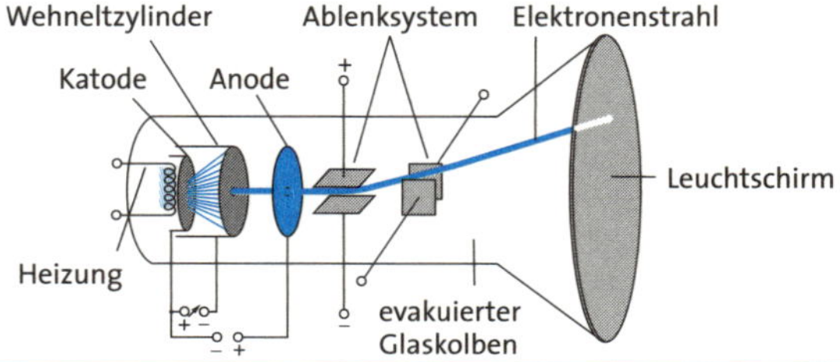

Leitung in Halbleitern

Um ausreichend viele Ladungsträger in Halbleitern zur Verfügung zu haben, bringt man in die Kristalle Atome anderer Elemente (Fremdatome) ein. Diesen Vorgang nennt man **Dotierung.**

Reine Halbleiter sind Silizium, Germanium, Selen.

Durch die Dotierung entstehen im Halbleitergitter **Störstellen** mit freien Elektronen (**n-Leitung**) und Defektelektronen oder Löchern (**p-Leitung**).

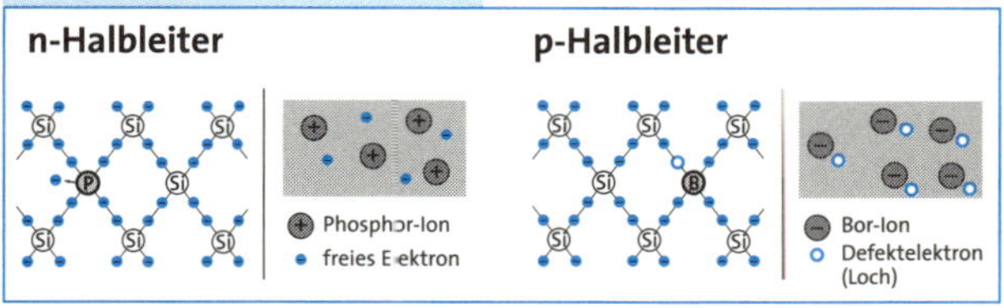

Der **Thermistor** ist ein Halbleiterbauelement, dessen elektrischer Widerstand stark von der Temperatur abhängt. Eine Art ist der **Heißleiter,** dessen Widerstand bei Erhöhung der Temperatur abnimmt.

Die Abhängigkeit des Widerstandes von der Temperatur bei Thermistoren wird zur Temperaturmessung genutzt.

Der **Fotowiderstand** ist ein Halbleiterbauelement, dessen elektrischer Widerstand von der Stärke des auffallenden Lichts (Beleuchtungsstärke) abhängig ist.

Fotowiderstände werden für Belichtungsmesser in Fotoapparaten verwendet.

Halbleiterdiode

Die **Diode** ist ein Halbleiterbauelement, durch das der elektrische Strom nur in einer Richtung fließen kann. Sie wird zur **Gleichrichtung** von Wechselströmen verwendet.

Diode in Durchlassrichtung

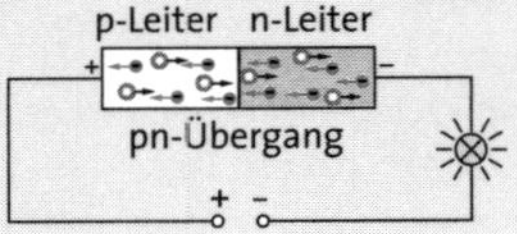

Diode in Sperrrichtung

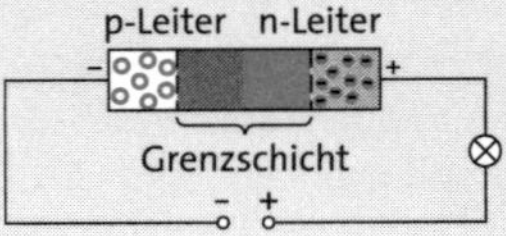

Die Diode besteht aus einem p-Leiter und einem n-Leiter. An deren Grenzschicht besteht ein **pn-Übergang.** Dort sind keine frei beweglichen Ladungsträger vorhanden. Werden der p-Leiter an den Pluspol und der n-Leiter an den Minuspol einer Spannungsquelle angelegt **(Durchlassrichtung),** so können die Ladungsträger die Grenzschicht überwinden und es fließt Strom. Bei umgekehrter Polung **(Sperrrichtung)** fließt kein Strom.

Gleichrichter

Zur Gleichrichtung von Wechselstrom werden Dioden als **Einweg-** oder **Zweiweggleichrichter** geschaltet.

Einweggleichrichter

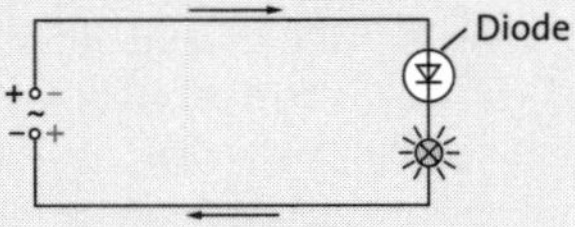

Zweiweggleichrichter

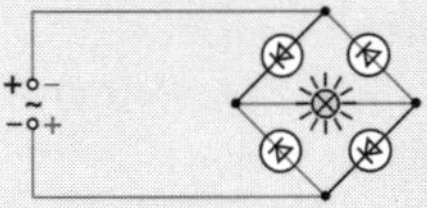

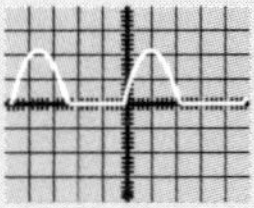

Verlauf des gleichgerichteten Stroms

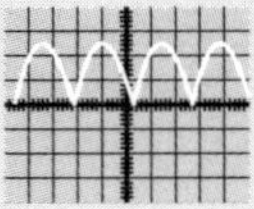

Leucht- und Fotodiode

Wenn beim Stromfluss durch Dioden freie Elektronen wieder in das Gitter eingebaut werden, wird deren Energie frei. **Leuchtdioden** (LED) strahlen diese Energie als Licht aus.
Bei der **Fotodiode** und bei **Solarzellen** werden durch Lichteinstrahlung Elektronen in der Grenzschicht freigesetzt und es entsteht eine Spannung. Dadurch wird Lichtenergie in elektrische Energie umgewandelt.

Transistor

Der **Transistor** ist ein Halbleiterbauelement aus drei Schichten mit jeweils einem Anschluss **(Emitter, Basis, Kollektor)** sowie zwei pn-Übergängen. Die elektrischen Widerstände in den pn-Übergängen und damit die Stromstärken im Transistor sind steuerbar.
Durch Anlegen einer Basis-Emitter-Spannung fließt ein Basisstrom. Elektronen gelangen durch die dünne Basisschicht in die Nähe des Kollektors, wodurch der pn-Übergang zwischen Basis und Kollektor elektrisch leitend wird. Es fließt ein Kollektorstrom.

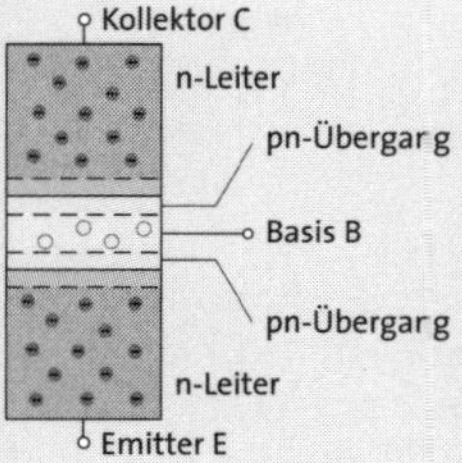

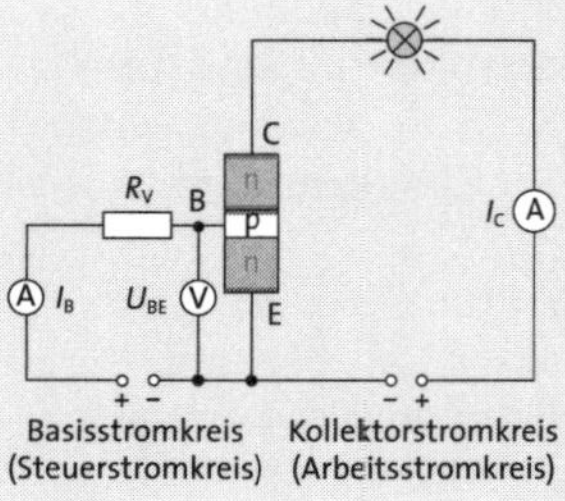

Transistoren werden als **Verstärker** verwendet. Durch eine kleine Änderung des Basisstroms wird eine große Änderung des Kollektorstroms erreicht.

5 Kernphysik

Aufbau der Atome

Die Stoffe sind aus Atomen aufgebaut. Atome bestehen aus dem positiv geladenen **Atomkern** und der negativ geladenen **Atomhülle.**

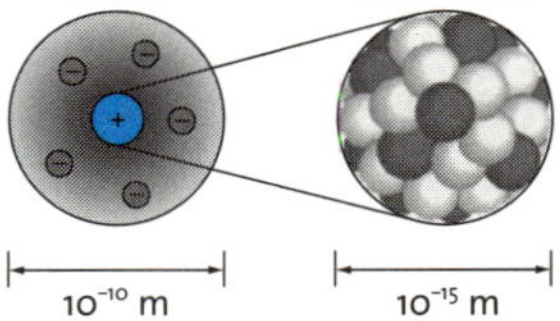

Kern und Hülle

Der Atomkern ist aus positiv geladenen **Protonen** und neutralen **Neutronen** zusammengesetzt. Die Atomhülle besteht aus negativ geladenen **Elektronen.** Im Atomkern ist fast die gesamte Masse des Atoms vereinigt.

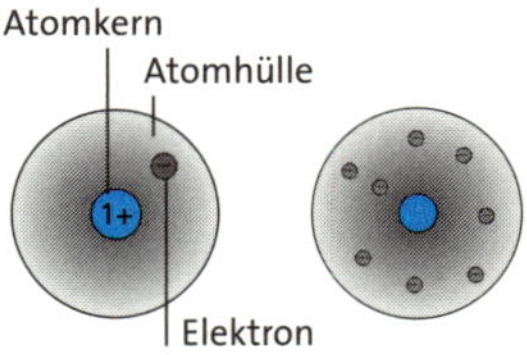

Ein Atom hat die gleiche Anzahl Protonen und Elektronen. Die Beträge der Ladung eines Protons und eines Elektrons sind gleich. Diese Ladung heißt **Elementarladung *e*.**

Masse des Protons:
$1{,}673 \cdot 10^{-27}$ kg
Masse des Elektrons:
$9{,}109 \cdot 10^{-31}$ kg
Elementarladung *e*:
$1{,}602 \cdot 10^{-19}$ C

Ordnungs- und Massenzahl

Die Anzahl der Protonen des Atomkerns wird als **Ordnungszahl** bezeichnet. Sie charakterisiert die Stellung des Atoms im Periodensystem der Elemente und gibt an, wie viele Elementarladungen im Atomkern vereinigt sind.
Die Gesamtzahl der Protonen und Neutronen im Atomkern ergibt die **Massenzahl.**

Atomkerne werden in Symbolschreibweise wie folgt dargestellt:

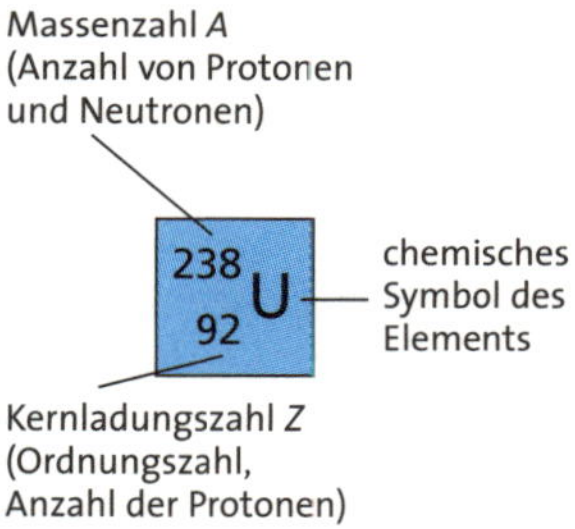

Nuklide und Isotope

Vom gleichen Element existieren Atomkerne mit unterschiedlichen Neutronen-, also Massenzahlen. Die durch Protonenzahl und Massenzahl charakterisierten Atomkerne werden als **Nuklide** bezeichnet. Atomkerne des gleichen Elements mit unterschiedlicher Anzahl von Neutronen bezeichnet man als **Isotope.**

Wasserstoffisotope:

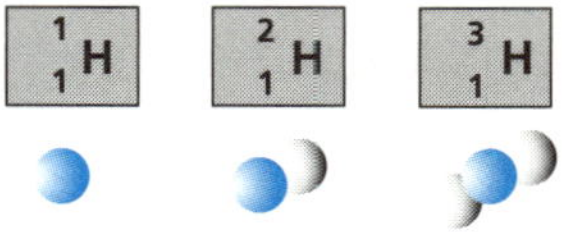

Wasserstoff Deuterium Tritium

Wichtige Isotope des Urans sind:
Uran-238: $^{238}_{92}U$
Uran-235: $^{235}_{92}U$

Kernumwandlungen

Spontanzerfall

Eine Reihe von Atomkernen ist nicht stabil. Man nennt sie **radioaktive Nuklide.** Sie senden radioaktive Strahlen (↑ S. 88) aus und verändern sich dabei. Die spontane Umwandlung von Atomkernen bezeichnet man als **natürliche Radioaktivität.**

Radium-226 zerfällt unter Aussendung eines α-Teilchens (zweifach positiv geladener Atomkern des Heliums) in Radon-222, das seinerseits wieder zerfällt.

Die natürliche Radioaktivität hat zur Folge, dass wir stets einer schwachen radioaktiven Strahlung ausgesetzt sind.

Als **künstliche Radioaktivität** bezeichnet man die spontane Umwandlung künstlich erzeugter radioaktiver Nuklide.

Werden Atomkerne von Cobalt-59 mit Neutronen beschossen, so entsteht radioaktives Cobalt-60, das unter Aussendung eines β-Teilchens (Elektron) in Nickel-60 zerfällt.

Kernspaltung

Bei der **Kernspaltung** werden unter Neutronenbeschuss schwere in leichtere Atomkerne zerlegt, wobei Energie freigesetzt wird. Genügend Atome und die richtige Geschwindigkeit können eine Kettenreaktion auslösen.

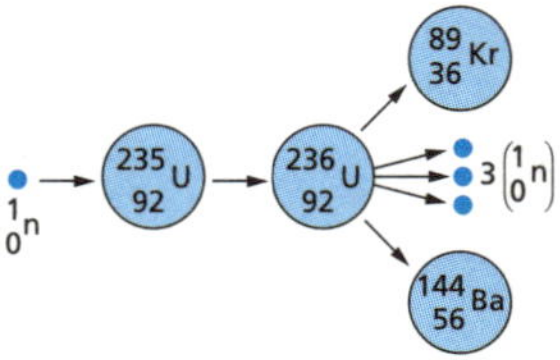

gesteuert: Kernreaktor
ungesteuert: Atombombe

Kernkraftwerk

Kernkraftwerke dienen der Bereitstellung von elektrischer Energie. Diese wird durch gesteuerte Kernspaltung im **Kernreaktor** aus der Kernenergie des spaltbaren Materials (z. B. angereichertes Uran) gewonnen. Dabei entstehen radioaktive Nuklide als Spaltprodukte. Sie müssen als radioaktiver Abfall in einem Endlager aufbewahrt werden.

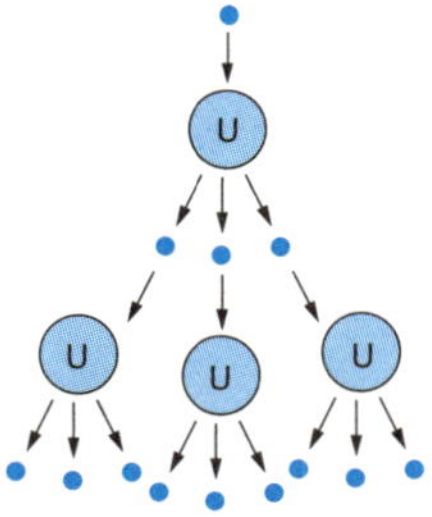

Bei der Spaltung von Urankernen werden Neutronen frei, die ihrerseits weitere Atomkerne spalten können, sofern genügend Uran (kritische Masse) vorhanden ist. Man spricht von einer **Kettenreaktion.**

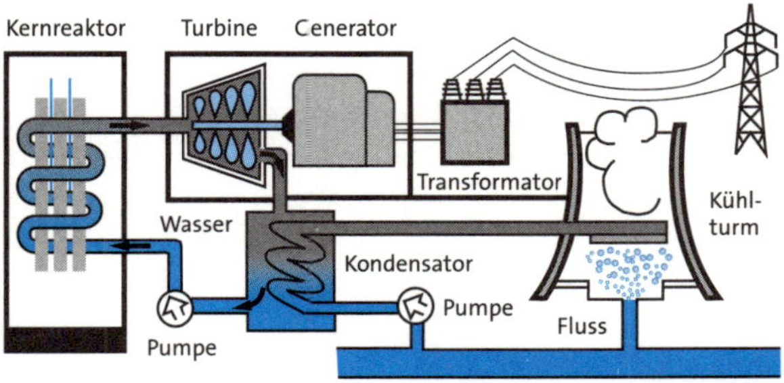

Kernenergie des Brennstoffs → thermische Energie des Dampfes → kinetische Energie von Turbine/Generator → elektrische Energie

TOPTHEMA

Radioaktive Strahlung

Bei der Umwandlung von Atomkernen entsteht **radioaktive Strahlung.** Man unterscheidet drei Arten.

Arten radioaktiver Strahlung

α-Strahlung	**β-Strahlung**	**γ-Strahlung**
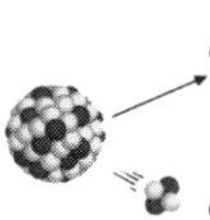	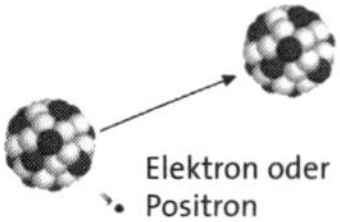	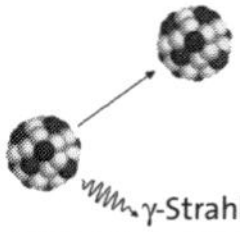
Die Strahlung besteht aus doppelt positiv geladenen Heliumkernen (α-Teilchen).	Die Strahlung besteht aus negativ geladenen Elektronen (β^-) oder positiv geladenen Positronen (β^+).	Die Strahlung ist eine sehr energiereiche elektromagnetische Strahlung kleiner Wellenlänge.
$^{226}_{88}Ra \rightarrow ^{222}_{86}Rn + ^{4}_{2}\alpha$	$^{214}_{82}Pb \rightarrow ^{214}_{83}Bi + ^{0}_{-1}e$ $^{30}_{15}P \rightarrow ^{30}_{14}Si + ^{0}_{+1}e$	$^{208}_{82}Pb \rightarrow ^{208}_{82}Pb + \gamma$

Eigenschaften radioaktiver Strahlen

Radioaktive Strahlen übertragen Energie. Sie können Gase ionisieren, Filme schwärzen, biologische Zellen verändern. Radioaktive Strahlen vermögen Stoffe zu durchdringen. Das Durchdringungsvermögen hängt von der Art der Strahlung und dem Stoff ab.

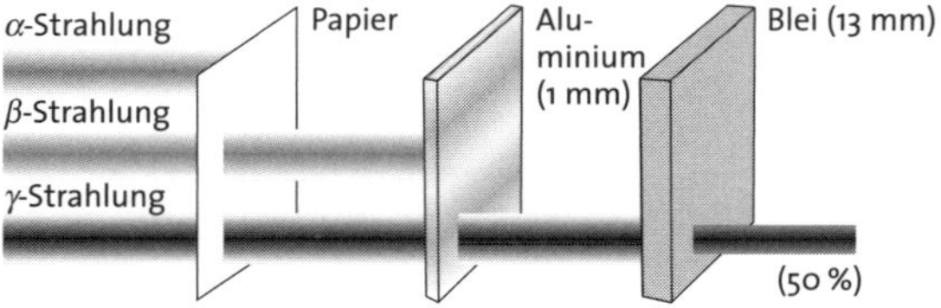

Biologische Wirkung radioaktiver Strahlen

Die biologische Wirkung hängt von der Art der radioaktiven Strahlen und den Körperteilen ab, die bestrahlt werden. Radioaktive Strahlen können biologische Zellen verändern und genetische Schäden herbeiführen. Bei zu hoher Dosierung kann der Tod die Folge sein. Dort, wo mit radioaktiven Strahlen gearbeitet wird, trifft man Vorsorge und kontrolliert die Strahlendosis.

Strahlenbelastung

Wir sind einer ständigen natürlichen Strahlenbelastung durch die radioaktive Strahlung der Erde, die kosmische Strahlung, die Strahlung aufgenommener Stoffe (Atmung, Ernährung) ausgesetzt. Aber auch Kernkraftwerke, Bildschirme, Röntgenapparate senden radioaktive Strahlen aus. In Deutschland ist die durchschnittliche Strahlenbelastung wie folgt verteilt:

natürliche Radioaktivität	10 %
kosmische Strahlung	8 %
Nahrung/Luft	43 %
medizinische Untersuchungen	38 %
Fernsehbildschirm/Computer	0,7 %
Kernkraftwerke/Kernwaffentests	0,3 %

Radioaktive Altersbestimmung

Beim radioaktiven Zerfall verringert sich der Anteil des radioaktiven Nuklids in einer Probe ständig. Die Zerfallsprodukte reichern sich hingegen an. Durch Bestimmung der Anteile lässt sich z. B. das Alter bestimmter archäologischer Funde schätzen.

6 Energie

Energie in Natur und Technik

Energie ist die Fähigkeit eines Körpers, mechanische Arbeit zu verrichten, Wärme abzugeben oder Licht auszustrahlen.

Formelzeichen: E
Einheit: 1 Joule (J)

1 Newtonmeter (1 N·m = 1 J)
1 Wattsekunde (1 W·s = 1 J)

Vielfache der Einheit:
1 kJ = 1 000 J
1 MJ = 1 000 000 J

Energiequellen

Körper, die Energie besitzen, nennt man **Energiequellen** oder auch **Energieträger.**

gespannte Feder · strömendes Wasser · Benzin · Erdgas · warmes Wasser · helle Glühlampe

Primärenergieträger kommen in der Natur unmittelbar vor und sind meist Quellen für nutzbringende Energie.

Erdgas · Erdöl · Wind · Gezeiten · Sonnenlicht · strömendes Wasser

Energieumwandlung

Primärenergie wird in Nutzenergie *umgewandelt.*

Erdgas (Primärenergieträger) wird zur Wärmegewinnung genutzt.

Potenzielle Energie (E_{pot})

Körper können aufgrund ihrer Lage mechanische Arbeit verrichten.

Springer auf dem Sprungturm, Last am Kran

Kinetische Energie (E_{kin})

Körper können aufgrund ihrer Bewegung mechanische Arbeit verrichten

fahrendes Auto, fliegender Ball, Läuferin

Thermische Energie (E_{therm})

Körper können aufgrund ihrer Temperatur Wärme abgeben oder Licht aussenden.

glühender Draht, Heizkörper, menschlicher Körper

Chemische Energie (E_{ch})

Körper können bei chemischen Reaktionen Wärme abgeben, Arbeit verrichten oder Licht aussenden.

Verbrennen von Holz und anderen Stoffen

Elektrische Energie (E_{el})

Körper können aufgrund elektrischer Vorgänge Arbeit verrichten, Wärme abgeben oder Licht aussenden.

geladene Gewitterwolken (Blitz), Batterie

Magnetische Energie (E_{mag})

Körper können aufgrund ihrer magnetischen Eigenschaften Arbeit verrichten.

Lasthebemagnet, Magnetkopf, Erdmagnetfeld

Lichtenergie (E_{Licht})

Licht transportiert als elektromagnetische Welle Energie.

Solarzelle, Fotosynthese der Pflanzen, Sonnenofen

Kernenergie (E_{Kern})

Durch Spaltung und Fusion von Atomkernen wird Kernenergie frei.

Kernkraftwerk, Kernfusion in der Sonne

Energieumwandlung

Häufig wird Primärenergie zunächst in **Sekundärenergie** umgewandelt. Diese ist leichter zu transportieren, zu lagern und umzuwandeln.

Träger von Sekundärenergie: Heizöl · Briketts · Benzin · Wasserdampf · elektrischer Strom

Energieübertragung

Bei physikalischen, chemischen, biologischen Vorgängen kann Energie von einer Energieform in eine oder mehrere andere Energieformen umgewandelt werden.
Energie kann von einem auf einen anderen Körper übertragen werden.

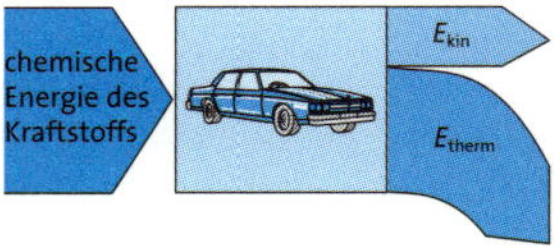

Energieumwandlung beim Auto

Gesetz von der Erhaltung der Energie (Energieerhaltungssatz):
Wenn Energie übertragen und umgewandelt wird, ändert sich die Gesamtenergie nicht. Energie kann weder erzeugt noch vernichtet werden. Sie wird nur von einer in eine andere Form umgewandelt.

$E_1 + E_2 + E_3 \ldots = \text{konstant}$
$E_1, E_2, E_3 \ldots$ verschiedene Energieformen

Erhaltung der mechanischen Energie (↑ S. 27)
1. Hauptsatz der Wärmelehre (↑ S. 40)

Energieentwertung

Vorgänge, bei denen Energie umgewandelt wird, laufen von allein nur in eine Richtung ab. Wertvolle elektrische, mechanische oder chemische Energie wird in thermische Energie umgewandelt. Sie wird als Wärme an die Umgebung abgegeben und ist nicht weiter nutzbar. Obwohl Energie erhalten bleibt, nimmt ihre Nutzbarkeit für den Menschen ab. Die Energie wird entwertet.

Eine leuchtende Glühlampe gibt Wärme an die Umgebung ab.
Beim Bremsen eines Autos wird mechanische Energie in thermische umgewandelt. Die Bremsen geben Wärme an die Umgebung ab.

Wärme geht nicht von selbst von einem Körper niedriger Temperatur auf einen Körper höherer Temperatur über.

Erneuerbare Energiequellen

Der Energiebedarf der Menschen steigt. Die Reserven an fossilen Energieträgern (Kohle, Erdöl, Erdgas) sind begrenzt. Deshalb müssen verstärkt erneuerbare Energieträger genutzt werden, die umweltfreundlich und im Prinzip unbegrenzt verfügbar sind.

Sonne
- Solarzelle (elektrische Energie)
- Kollektor (thermische Energie)

Wasserkraft
- Wasserkraftwerk (elektrische Energie)

Wind
- Windkraftwerk (elektrische Energie)

Umweltwärme
- Wärmepumpe (thermische Energie)

Bibliografische Information der Deutschen Bibliothek
Die Deutsche Bibliothek verzeichnet diese Publikation in der Deutschen Nationalbibliografie; detaillierte bibliografische Daten sind im Internet über http://dnb.ddb.de abrufbar.

2., aktualisierte Auflage

Redaktionelle Leitung Heike Krüger-Beer
Redaktion Marion Krause
Autor Dr. Horst Bienioschek

Herstellung Annette Scheerer
Typografisches Konzept Horst Bachmann
Illustrator Peter Lohse, Büttelborn
Grafiken Bibliographisches Institut & F. A. Brockhaus AG und DUDEN PAETEC GmbH
Umschlaggestaltung Michael Acker

Satz Robert Turzer, Tübingen
Druck und Bindung Kösel, Altusried-Krugzell
Printed in Germany

F

ISBN-13: 978-3-411-02319-6 (Gesamtkassette)
ISBN-10: 3-411-02319-8 (Gesamtkassette)

Duden

SMS

Schnell-Merk-System

Englisch

5. bis 10. Klasse

Dudenverlag
Mannheim · Leipzig · Wien · Zürich

DUDEN PAETEC Schulbuchverlag
Berlin · Frankfurt a. M.

Inhaltsverzeichnis

1 Nouns, articles and quantifiers

Nouns

Regular plurals

Regelmäßige Pluralformen werden gebildet, indem man ein *-s* anhängt. Endet das Wort auf ein stummes *e*, wird die Endung [ɪz] ausgesprochen. Nach Endungen auf *-s, -x, -ch, -sh, -z,* die als Zischlaut gesprochen werden, wird *-es* angehängt.

cat – cat**s**

pie**ce** – pieces [piːs – piːzɪz]

bus – bus**es**

Irregular plurals

Bei **unregelmäßigen Pluralformen** gilt:

- Steht vor *-y* am Wortende ein Vokal, bleibt *-y* erhalten.

  boy – boys

- Steht vor *-y* am Wortende ein Konsonant, wird *-y* zu *-ies*.

  baby – bab**ies**
  story – stor**ies**

- Steht am Ende *-f* oder *-fe*, wird daraus in der Regel *-ves*.

  shelf – shel**ves**
  knife – kni**ves**
  life – li**ves**

Aufgepasst: Es gibt jedoch auch Ausnahmen.

belief – belie**fs**
proof – proo**fs**
roof – roo**fs**

Endet das Wort auf *-ff*, wird *-s* angehängt.

cliff – cli**ffs**
take-off – take-o**ffs**

Steht am Ende *-o*,
- wird daraus *-oes* (Pflanzen und Menschen)
- oder *-os* (Dinge).

hero – her**oes**
tomato – tomat**oes**
kilo – kil**os**

Bei manchen Substantiven unterscheiden sich die Singular- und Pluralformen nicht voneinander.
Du erkennst den Singular oder Plural an den zugehörigen Verben, Pronomen und Begleitern, die dem Sinn entsprechend im Singular oder Plural stehen.

dice – dice
sheep – sheep
fish – fish

I have at least a **hundred** fish. **This** fish **is** the biggest of **them. These** fish **are** the prettiest of **them.**

Manche Substantive haben eine **besondere Pluralform:**

child – children · man – men · woman – women · tooth – teeth · foot – feet · mouse – mice · louse – lice

Aufgepasst: Penny hat die beiden Pluralformen *pence* (für eine Summe) und *pennies* (für die Anzahl der Münzen).
Person hat die beiden Pluralformen *persons* und *people.*

Pair nouns and plural nouns

Paarwörter bezeichnen Dinge, die aus zwei gleichen Teilen bestehen. Diese Wörter können nur im Plural verwendet werden.

jeans · pants · scissors

Die zugehörigen Verben, Pronomen und Begleiter stehen ebenfalls im Plural.

Can you pass me **those** scissors, please?

Pair nouns and plural nouns

Um bei **Paarwörtern** eine Anzahl angeben zu können, muss *pair of* eingefügt werden. Nur dann kann das Verb auch in der Singularform stehen.

I have two **pairs of** black jeans. This **is** my favourite **pair of** jeans.

Manche englischen Wörter haben **keine Singularform** und können nur im Plural verwendet werden.
Die zugehörigen Verben, Pronomen und Begleiter stehen auch im Plural.

clothes · stairs · police · cattle

These stairs **are** steep. The police **are** coming.

Aufgepasst: Manche Substantive mit einem angehängten *-s* sind Singular und stehen daher mit einem Verb im Singular.

That **is** good news. Maths **is** boring.

Prop-words one & ones

Die **Stützwörter** *one* und *ones* setzt man ein, um ein schon genanntes zählbares Substantiv nicht noch einmal zu wiederholen.
Im Singular verwendet man *one*, im Plural *ones*.
Aufgepasst: Adjektive können im Englischen nicht allein stehen, sondern müssen immer von Substantiven oder Stützwörtern wie *one* oder *ones* begleitet werden.

I have at least a hundred fish.

This fish is the biggest **one.** These fish are the prettiest **ones.**

Countables and uncountables

Zählbare Substantive können im Singular oder Plural stehen und mit unbestimmten Artikeln und Zahlwörtern verbunden werden.

a day – two days

Es gibt auch **nicht zählbare Substantive.** Diese Substantive stehen immer

- mit dem bestimmten Artikel oder
- ohne Artikel und dem Verb

im Singular.

music · milk
butter · oil · salt
auch: news

Nicht zählbare Substantive können keine eigene Pluralform bilden oder mit Zahlwörtern oder unbestimmten Artikeln verbunden werden.
Um diese Substantive zählbar zu machen, muss man bestimmte **Fügungen** davor setzen:
a bit of/a bottle of/a cup of/ a packet of/a glass of.

a glass of milk · one slice of bread

Is there any milk and butter in the fridge? – Yes, there are **two bottles of** milk and **a packet of** butter.

Bei nicht zählbaren Substantiven kann man auch **Mengenangaben** verwenden:
much, a lot oder *a little.*

The bankrobbers stole **a lot of** money.

Case of nouns

In der englischen Sprache unterteilt man beim **Kasus** nur in den	
■ **common case (Subjekts- oder Objektsfall)** und	girl/girls
■ **possessive case (Genitiv).**	girl's/girls'
s-genitive: Bei **Personen und Haustieren** steht der **s-Genitiv.**	John**'s** bike · Fluffy**'s** leash
Aufgepasst: Wird das Substantiv schon vorher genannt, kann der s-Genitiv auch allein stehen.	John has a new schoolbag. – Is this John**'s** (schoolbag)?
's wird angehängt, wenn	
■ das Substantiv im Singular steht oder	The **boy's** teacher is nice.
■ der Plural nicht auf *-s* endet.	The **children's** teacher is nice.
Aufgepasst: Endet das Wort im Singular auf *-s*, wird dennoch *'s* hinzugefügt.	Jame**s's** bike · the bos**s's** office
Endet aber der Plural eines Substantivs auf *-s*, wird nur ein Apostroph angehängt.	the boy**s'** teacher
Bei **zwei Personen** wird nur an die zuletzt genannte Person *-'s* angehängt, wenn sich beide auf dasselbe beziehen.	Peter and **Kim's** sisters are blondes.

Wenn sich beide auf etwas Unterschiedliches beziehen, hängt man bei beiden Personen *'s* an.

Peter's and **Kim's** sisters are 3 years apart.
Peter's sister is 5, **Kim's** sister is 8 years old.

Bei **Zeitangaben** steht auch der s-Genitiv.

last **week's** · this **night's** · **today's** · **Yesterday's** English test was easy.

of-phrase:
Bei Gegenständen, Orts- und Mengenangaben steht eine **of-Fügung.**

The roof **of** the house is new.
The city **of** New York is beautiful.
He wants a glass **of** water.

Aufgepasst: Möchte man betonen, dass es sich bei einer Person um eine von mehreren handelt, benutzt man eine **of-Fügung** (1) und den **doppelten Genitiv** (2).

(1) a friend **of** John · a sister **of** mine · Sue is a friend **of** mine but I have many friends.
(2) Is that a friend **of** John**'s** over there?

Bei **Ortsangaben** (Wohnungen, Geschäfte) kann man das nachfolgende Substantiv weglassen.

Let's meet at my **parents'** (house).
She is at the **hairdresser's**.
He is at the **greengrocer's**.

The definite article *the* (bestimmter Artikel)

Im Englischen wird der bestimmte Artikel meist wie im Deutschen verwendet. Wenn er allgemein verwendet wird, entfällt er jedoch in bestimmten Fällen im Englischen. Bei näherer Bestimmung muss er wiederum gesetzt werden.

Allgemeine Verwendung	Nähere Bestimmung
Substantive im Plural	
Cars jam up the motorway.	**The blue car** is really nice.
Verkehrsmittel	
I go to school by **bus.**	**The grey bus over there** is the bus I take to school.
Stoffbezeichnungen	
Tea is a very British beverage.	**The tea we had** was great.
Institutionen	
School is boring.	I went to **the school that was in the news yesterday.**
abstrakte Substantive	
Life in London is great.	The **life of a film star** is great.
Namen von Straßen und Plätzen	
Picadilly Circus is famous	–

Pronounciation (Aussprache)

Beginnt das Wort, das dem bestimmten Artikel folgt, mit einem Konsonanten, wird *the* als [δə] gesprochen. Beginnt das Wort mit einem Vokal, wird *the* wegen der leichteren Aussprache als [δı] ausgesprochen.

The indefinite article *a* bzw. *an* (unbestimmter Artikel)

Im Englischen wird der unbestimmte Artikel meist wie im Deutschen verwendet, außer vor:

Angaben zu Nationalität und Religion

Marc is **an** American.
She's **a** Catholic.

Berufsangaben

Jill is **a** doctor.
Mr Miller is **an** electrician.

Maß- und Mengenangaben

These apples cost 75 p **a** pound.
Our new car does 100 miles **an** hour.

Zeitangaben

Mary plays the piano once **a** week.
Paul drives to the supermarket once **a** month.

Der unbestimmte Artikel wird außerdem bei bestimmten Wendungen gebraucht:

for **a** long/short time · for **a** change · to take **a** shower/bath · to be in **a** hurry · to have **a** cold · to take **a** seat · from **a** distance · to come to **an** end · as **a** whole · as **a** role · to be in **a** position to do sth.

Pronounciation (Aussprache)

Beginnt das Wort, das dem unbestimmten Artikel folgt, mit einem Konsonanten, wird *a* [ə] verwendet. Beginnt das Wort mit einem Vokal, wird wegen der leichteren Aussprache *an* [ən] verwendet.

Quantifiers

some & any

Die **Mengenangaben** *some* oder *any* bezeichnen eine unbestimmte Anzahl oder eine unbestimmte Menge. Sie werden bei **zählbaren Substantiven** und **nicht zählbaren Substantiven** verwendet.

- In **bejahten Aussagen** (1) oder **höflichen Fragen** (2) benutzt man *some.*
- In **verneinten Aussagen** (3) und **allgemeinen Fragen** (4) benutzt man *any.*

Zusammensetzungen von *some* und *any* (5) werden in gleicher Weise verwendet: *somebody/anybody, something/anything etc.*

some/any apples
some/any milk

apple · girl
milk · water · idea

(1) I have **some** questions for you.
(2) Would you like **some** tea?
(3) I haven't got **any** idea.
(4) Have you got **any** idea?
(5) **Somebody** stole my bag. · I didn't hear **anybody.**

much & many

Bei **zählbaren Substantiven** wird die **Mengenangabe** *many* und bei **nicht zählbaren Substantiven** wird *much* eingesetzt.

Aufgepasst:

- In **bejahten Aussagesätzen** steht meist *a lot of* oder *lots of,*
- in **verneinten Aussagesätzen** meist *much* oder *many.*

many cars

much water

We have **lots of** milk in the fridge.
We don't drink **much** milk.

a few & a little

Bei **zählbaren Substantiven** verwendet man *a few (ein paar)* und *few (wenige)*.

a few apples
few friends

Bei **nicht zählbaren Substantiven** verwendet man *a little (ein wenig)* und *little (wenig)*.

a little water
little money

Nicht zählbare Substantive

How much milk is in the fridge?

Bejahte Antwort: There is lots of milk/a lot of milk.
Verneinte Antwort: There is not much milk/a little milk.

Zählbare Substantive

How many apples are on the table?

Bejahte Antwort: There are a lot of apples/lots of apples.
Verneinte Antwort: There are not many apples/
a few apples.

every & each

Every und *each* entsprechen dem deutschen Wort *jeder* und können fast beliebig eingesetzt werden.
Aufgepasst: Beachte, dass auf *every* immer ein Substantiv folgen muss.

Each/every student gets a report card.
Every day my mum takes me to school.

Each kann ohne Substantiv stehen oder es geht einer **of-Fügung** voraus.

The tickets are $ 7 **each**.
Each of the children got a new bike.

2 Adjectives and adverbs

Adjectives

Adjektive werden benutzt, um **Personen** oder **Dinge** näher zu beschreiben. Sie stehen

- vor einem Substantiv **(attributiver Gebrauch)** oder

The **sick boy** was taken to the doctor.

- nach einer Form von *be, get, become* oder *seem* **(prädikativer Gebrauch).**

John **was sick.**

Aufgepasst: Adjektive beschreiben auch **Verben der Wahrnehmung** näher: *feel, look, smell, sound* und *taste.*

A hot bath **feels great.**
Jill **looks good.**

Adjectives used as nouns

Stellt man einem Adjektiv den bestimmten Artikel voran, kann man es als **Substantiv** benutzen. Bei einer allgemeinen Aussage (1) wird das Adjektiv im Singular verwendet. Beschreibt man eine Gruppe (2), wird das Adjektiv im Plural verwendet, ohne dass ein s-Plural gebildet wird.

(1) Try to see **the good** and **the bad.**
(2) **The poor** need our help.

Aufgepasst: Manche Adjektive sind mittlerweile richtige Substantive.

a black · an individual · a native · a white

Adjectives used as adverbs

Manche **Adjektive** werden der Form nach unverändert **als Adverbien** gebraucht.
Aufgepasst: Zeitbestimmungen (1) werden in derselben Bedeutung verwendet.
Einige Wörter gewinnen eine andere Bedeutung (2).

(1) *Adjektiv:* He has a **weekly** piano lesson.
(1) *Adverb:* The teacher charges $ 10 **weekly.**

(2) *Adjektiv:* I'm not **well.** (Mir geht's nicht gut.)
(2) *Adverb:* He explained it **well.** (Er hat es gut erklärt.)

Comparison of adjectives

Die **Steigerung von einsilbigen Adjektiven** geschieht mit *-er/-est.*

long – longer – longest
poor – poorer – poorest

Aufgepasst: Endet ein einsilbiges Adjektiv auf einen Konsonanten, wird dieser verdoppelt, wenn der vorangehende Vokal kurz gesprochen wird.

big – bi**gg**er – bi**gg**est
hot – ho**tt**er – ho**tt**est
sad – sa**dd**er – sa**dd**est
wet – we**tt**er – we**tt**est

Endet ein einsilbiges Adjektiv auf *-e,* fällt dieses weg.

late – later – latest
nice – nicer – nicest
pure – purer – purest

Comparison of adjectives

Zweisilbige Adjektive, die auf *-y*, *-le*, *-ow* und *-er* enden, werden ebenfalls mit *-er*/*-est* gesteigert.

simple – simpler – simplest · clever – cleverer – cleverest

Aufgepasst:

Endet das Adjektiv auf einen Konsonanten, gefolgt von *-y*, wird *y* zu *i*.

heavy – heavier – heaviest

Wenn es auf *-le*, *-ow* und *-er* endet, kann es mit *-er*/*-est* oder mit *more* und *most* gesteigert werden.

more/most simple · more/most narrow

Zweisilbige Adjektive, die nicht auf *-y*, *-le*, *-ow* und *-er* enden, werden mit *more/most* gesteigert.

active – more active – most active

Die meisten **drei- und mehrsilbigen Adjektive** werden mit *more/most* gesteigert.

amazing – more amazing – most amazing

Unregelmäßig gesteigerte Adjektive sind:

bad – worse – worst · far – further – furthest · good – better – best · near – nearer – nearest/next · many/much/some/a lot of – more – most · few/little – less – least

Adjectives in comparisons

Der **Vergleich von Personen oder Dingen in einem Satz** wird gebildet mit:

- *(not) as ... as*
- *than.*

Bill is **as** tall **as** Tim. · Sarah is **not as** tall **as** Tim · Tim is taller **than** her.

Adverbs

Adverbien beschreiben eine **Tätigkeit** näher. Sie stehen häufig nach dem Verb oder nach dem Objekt. Adverbien können auch benutzt werden, um Adverbien (1) oder Adjektive (2) näher zu bestimmen.

She drives her car **slowly.**

(1) Jill drives **terribly fast.**

(2) It was **terribly hot** in Spain.

Adjektive stehen nach **Verben, die Zustände oder Eigenschaften beschreiben.** Diese Verben können meist durch *be* ersetzt werden. Die wichtigsten Verben sind: *be, become, feel, get, look, seem, sound, smell, stay, taste.*

Tim **looked angry.**
= Tim **was** angry.
(Zustand)

Aufgepasst: Drücken die Verben *feel, look, smell, sound, taste* eine Tätigkeit aus, steht ein **Adverb.**

Tim **looked angrily** at John.
(Tätigkeit)

Kinds of adverbs

Es gibt unterschiedliche **Adverbien:**

- **Adverbs of manner (Adverbien der Art und Weise)**
  beautifully · carefully · quickly
- **Adverbs of place & time (Adverbien des Ortes und der Zeit)**
  here · nowhere · early · tomorrow
- **Adverbs of frequency (Häufigkeitsadverbien)**
  always · often · twice · weekly
- **Adverbs of degree (Gradadverbien)**
  almost · hardly · only · rather

Adverbien (adverbs) – Bildung & Steigerung

Regular adverbs (regelmäßige Adverbien)

Die meisten Adverbien werden durch das Anhängen von *-ly* an das Adjektiv gebildet, z. B. *short – shortly* oder *loud – loudly.*
Es gibt jedoch auch Besonderheiten in der Schreibung:

Adjective auf *-y:*

-y wird zu *-i*

angr**y** – angr**i**ly
eas**y** – eas**i**ly
happ**y** – happ**i**ly
aber: shy – shyly
dry – dryly

Adjective auf *-ic:*

-ic wird zu *-ically*

electron**ic** – electron**ically**
fanat**ic** – fanat**ically**
aber: public – publicly

Adjective auf *-ly:*

Adjektive, die auf *-ly* enden, werden mit *in a ... way* umschrieben oder durch ein bedeutungsähnliches Adverb ersetzt.

ugly – in an ugly way
silly – in a silly way/ stupidly
friendly – in a friendly way

Adjective auf Konsonant + *-le:*

-e entfällt

simp**le** – simp**ly**
aber: polite – politely

Irregular adverbs (unregelmäßige Adverbien)

Manche Adjektive und Adverbien haben die gleiche Form:

close · daily · early · fair · fast · free · hard · high · late · long · low · right · wide · wrong

The London News is published **daily.** (Adverb)
The London News is a **daily** newspaper. (Adjektiv)

Manche Adverbien haben zwei Formen. Die eine entspricht der Form des Adjektivs, die andere Form endet auf *-ly*.
Aufgepasst: Die Formen haben verschiedene Bedeutungen.

deep – deeply · fair – fairly · hard – hardly · high – highly · late – lately · most – mostly · near – nearly · wide – widely

They worked **hard.** – Sie haben hart gearbeitet.
The scheme will **hardly** work. – Das Programm wird kaum funktionieren.

The comparison of adverbs (Steigerung von Adverbien)

- Entspricht das Adverb der Form des Adjektivs, werden die Steigerungsformen mit *-er/-est* gebildet:

fast – faster – fastest

- Endet das Adverb auf *-ly*, steigert man mit *more* und *most*:

easily – more easily – most easily

Aufgepasst: Es gibt unregelmäßige Steigerungsformen:

well – better – best · badly – worse – worst

Der Vergleich von Personen oder Dingen im Satz wird wie bei Adjektiven (↑ S. 16) mit *(not) as ... as* oder *than* gebildet.

She does her homework (**not**) **as** carefully **as** Tim.
Tim does his homework more carefully **than** her.

3 Pronouns

Personal pronouns

Substantive können durch **Personalpronomen** ersetzt werden. Auf diese Weise kann die Wiederholung von Substantiven vermieden werden. Für Dinge und Tiere wird im Singular immer *it* gebraucht. Nur für Menschen und Haustiere werden *he* und *she* benutzt. Für die 3. Person Plural steht das Personalpronomen *they* sowohl für Tiere und Dinge als auch für Menschen.

John went to school.
= **He** went to school.
The **car** is red.
= **It** is red.

Personalpronomen können Subjekt oder Objekt eines Satzes sein.
Aufgepasst: You, they und *one* können dem deutschen Wort *man* entsprechend verwendet werden.

I haven't seen **him** today.
One can't have everything.
They say … (Man sagt …)

Subjektform	Objektform
I	me
you	you
he/she/it	him/her/it
we	us
you	you
they	them

Possessive determiners and possessive pronouns

Possessivbegleiter, auch **Possessivadjektive** genannt, sind:
my, your, his/her/its, our, your, their.
Sie stehen immer vor Substantiven und zeigen an, wem etwas gehört.

This is **my** shirt.

3

Possessivpronomen sind:
yours, his/hers/-, ours, yours, theirs.
Sie stehen allein und ersetzen das Substantiv.

This is **mine.**
Is this **yours?**

Demonstrative pronouns

Demonstrativpronomen sind:
this/that (Singular) und *these/those* (Plural).
Sie werden räumlich und zeitlich verwendet. *This* und *these* beziehen sich auf Personen und Dinge in der Nähe, *that* und *those* auf räumlich und zeitlich weiter entfernte Personen und Dinge.

I like **this** car.
I don't like **that** car over there.

In **those** days (damals) people had to work very hard. Work is more comfortable **these** days (heutzutage).

Relative pronouns

Relativpronomen sind:
who, which, that, whose.
Sie sind Bestandteil des Relativsatzes. *Who* oder *that* werden für Personen, *which* oder *that* für Dinge eingesetzt.

This is the man **who** won the lottery.
We have a car **which** runs fast.

Interrogative pronouns

Die Formen der **Interrogativpronomen (Fragepronomen)** sind:

- Subjektsfall: *who, what* — **Who** is the man?
- Objektsfall: *what, which, who(m)* — **What** does he do? **Who(m)** is she visiting?
- Possessivfall: *whose* — **Whose** car is it?
- Präpositionsfall: *who ... (to/for), what ... (to/for), which ... (to/for), (to/for) whom.* — **Who** is it **for?**

Aufgepasst: Mit *who* oder *what* fragt man nach Personen oder Dingen aus einer uneingeschränkten Zahl. Mit *which* fragt man nach einer Auswahl aus einer begrenzten Anzahl.

Who owns this house?
Which house belongs to Mr. Smith?

Reflexive pronouns

Reflexivpronomen betonen, dass eine Person etwas selbst getan hat (1), oder dass das Objekt des Satzes dem Subjekt entspricht (2).

Aufgepasst: Achte auf die Schreibweise: Singular *-self*, Plural *-selves.*

(1) Tim made the cake **himself.**
(2) Jill looks after **herself.**

Tom and Frank do all the work them**selves.**

	Singular		Plural	
1. Person	I	myself	we	ourselves
2. Person	you	yourself	you	yourselves
3. Person	he, she, it	himself/ herself/itself	they	themselves

Das Reflexivpronomen bezieht sich immer auf das **Subjekt** im Satz. Es ist also **rückbezüglich** (reflexiv).
Aufgepasst: Verwechsle nicht Reflexiv- und Personalpronomen (↑ S. 20).

I am teaching myself English.

Marc is teaching me English.

each other & one another

Each other oder *one another* drücken eine **wechselseitige** Beziehung aus.

Jill and Tim looked at **each other.**

Reflexive pronouns as intensifiers

Das **verstärkende Pronomen** entspricht dem Reflexivpronomen und steht (1) hinter dem Wort, welches hervorgehoben werden soll, oder (2) am Satzende.

(1) John met Michael Jordan **himself.**
(2) The boys helped their grandmother **themselves.**

Non-reflexive verbs

Im Englischen gibt es einige Verben, die kein Reflexivpronomen bei sich haben, im Deutschen aber immer von dem Reflexivpronomen *sich* begleitet werden.

approach · argue · change · complain· decide · feel · hide · hurry · imagine sth. · lie down · listen to sth. · meet · move · open · recover · refer to · relax · rely on · remember · sit down · take a seat · turn · watch sth. · wonder · worry

4 Conjunctions and prepositions

Conjunctions

Wörter, Sätze und Satzteile können durch **nebenordnende Konjunktionen,** die Satzteile oder Hauptsätze miteinander verbinden, verbunden werden. **Unterordnende Konjunktionen** verbinden Nebensätze mit Hauptsätzen.

Coordinating conjunctions

Nebenordnende Konjunktionen verbinden Satzteile (1) oder Hauptsätze (2) miteinander.

(1) Jill is in bed **and** reads.
(2) Jill hasn't got a dog, **but** she has a cat.

and (und) · either … or (entweder … oder) · for (um, für) · or (oder) · but (aber, sondern) · neither … nor (weder … noch) · yet (doch, aber)

Das Wort **fanboy** hilft dir, dir die wichtigsten nebenordnenden Konjunktionen zu merken:

for
and
neither … nor
but
or
yet

Subordinating conjunctions

Unterordnende Konjunktionen verbinden Haupt- und Nebensätze miteinander:

He does his homework **before** he watches TV.

after* (nachdem)	rather than (lieber als)
although (obwohl)	since* (seit)
as (als, während)	so that (sodass)
as if (als ob)	that (dass)
as long as (so lange wie)	though (obwohl)
as soon as (sobald)	till/until (bis)
because (weil)	unless (außer wenn, wenn nicht)
before* (bevor, ehe)	when (wenn, als)
even if (auch wenn)	whenever (immer wenn)
even though (obwohl)	where (wo, wohin)
if (wenn, ob, falls)	whereas (während, wohingegen)
if only (wenn nur)	whether (ob)
in order that (sodass)	while (während)
now that (jetzt, da)	
once (als, sobald)	

* Diese unterordnenden Konjunktionen können auch als Präpositionen benutzt werden.

Because kann als Konjunktion zur Einleitung von Nebensätzen benutzt werden.
Aufgepasst: Because of (wegen) ist eine Präposition, keine unterordnende Konjunktion.

We played outside **because it was hot.**

We played outside **because of** the heat.

4

Correlative conjunctions

Gleichwertige Konjunktionen verbinden gleichwertige Elemente in einem Satzteil. Dazu gehören: *both ... and, either ... or, neither ... nor, not only ... but also* und *whether ... or.*

The newspaper reported that **not only** the hurricane **but also** the floods caused millions of dollars worth of damage.

Comma

Kommasetzung vor einer nebenordnenden Konjunktion:

- Ein Komma wird gesetzt, wenn zwei Hauptsätze miteinander verbunden werden.

Jill hasn't got a dog, but she has a cat.
Jill hasn't got a dog but a cat.

- Bei *and* wird nur dann ein Komma gesetzt, wenn drei oder mehr Elemente aneinander gereiht werden.

The flag was red, white, and blue.

Kommasetzung vor einer unterordnenden Konjunktion:

- Folgt der Nebensatz dem Hauptsatz, wird kein Komma gesetzt.

She talks about her dog whenever she calls.

- Folgt der Hauptsatz dem Nebensatz, muss ein Komma gesetzt werden.

Whenever she calls, she talks about her dog.
If the weather had been better, I would have cycled.

Prepositions of direction, place and time

Man unterscheidet **Präpositionen**
- **der Richtung,**
- **des Ortes,**
- **der Zeit** (↑ S. 28) sowie
- **sonstige Präpositionen** (↑ S. 29).

Die Präposition steht immer vor einem Substantiv oder Pronomen oder ist Teil des Gerundiums (↑ S. 65 f.).

List of prepositions of direction and place

above (über, oberhalb)	near (in der Nähe)
across (durch, über …)	next to (neben)
all over (überall in/auf)	on (an, im)
along (entlang)	on top of ([oben] auf)
around (um … herum)	opposite (gegenüber)
at (an, bei)	outside (außerhalb)
behind (hinter)	over (über)
below (unter)	round (um … herum)
between (zwischen)	through (durch)
for (nach)	throughout (überall in)
from (von, aus)	to (nach)
in (in)	towards (auf … zu)
in front of (vor)	under (unter)
inside (innen, in)	up (hinauf)
into (in … hinein)	within (innerhalb)

Aufgepasst:

at the baker's (beim Bäcker)
at a party (auf einer Party)
in the sky (am Himmel)
in the country (auf dem Land)

List of prepositions of time

after (nach)	on (an)
at (um, mit)	past (nach)
before (vor)	since (seit)
between (zwischen)	throughout (durch … hindurch)
by (bis)	towards (gegen)
during (während)	until/till (bis)
for (seit)	within (innerhalb)
in (im [Jahr])	

Tageszeiten können durch *in* allgemein gehalten und durch den Einsatz von *on* näher bestimmt werden.

in the evening
on Friday afternoon

Die Präpositionen *at* und *on* haben unterschiedliche deutsche Entsprechungen.

at night (nachts)	on Monday (am Montag)
at lunch (beim Essen)	on Mondays (montags)
at once (sofort)	on holidays (im Urlaub)
at last (endlich)	on the first day (am ersten Tag)
at one time (früher)	

Für *während* gibt es im Englischen zwei Ausdrucksmöglichkeiten:

- die Präposition *during*. Sie steht vor dem Substantiv.
- die Konjunktion *while*. Sie leitet einen Nebensatz ein.

I haven't got time **during** the week.

I don't have time **while** I'm at work.

Other prepositions and prepositional phrases

List of other prepositions

about (über/wegen)
after (nach)
against (gegen)
as (als)
because of (wegen)
before (vor)
by (durch, von)
except (außer)
for (für, um)
from (von)
instead of (anstelle von)
like (wie)
of (von)
out of ([1] von [10 Autos])
per (pro)
towards ([jemandem/etwas] gegenüber)
under (unter [1 Minute])
up to (bis zu)
with (mit, bei)
without (ohne)

List of prepositional phrases

at any rate (in jedem Fall)
at last (endlich)
at least (mindestens)
in addition to (zusätzlich zu)
in a hurry (in Eile)
in a loud voice (mit lauter Stimme)
in any case (auf jeden Fall)
in brief (kurz gesagt)
in comparison (im Vergleich)
in conclusion (folglich)
in English (auf Englisch)
in my opinion (meiner Meinung nach)
in my view (aus meiner Sicht)
on the phone (am Telefon)
on TV (im Fernsehen)
on holidays (im Urlaub)
on foot (zu Fuß)
by bus (mit dem Bus)
by Schiller (von Schiller)
with reference to (mit Bezug auf)

5 Verbs

Primary auxiliaries

Vollständige Hilfsverben sind: *be, have* und *do*. Sie können auch als Vollverb (↑ S. 36) benutzt werden.

I **am** 17.
I **have** a dog.
I **do** my job.

be

In Fragen und Verneinungen wird ***be*** **als Vollverb** wie das deutsche *sein* verwendet. Außerdem dient es zur Bildung der progressive-Form und des Passivs.

Is he nice?
No he **isn't.**
I'm going home.

Aufgepasst: Im Präsens gibt es bei der Verneinung zwei Kurzformen.

He **isn't** 12.
= He'**s not** 12.

Present (Präsens)		Past (Präteritum/Imperfekt)	
I **am**	we **are**	I **was**	we **were**
you **are**	you **are**	you **were**	you **were**
he/she/it **is**	they **are**	he/she/it **was**	they **were**

have

Have **als Vollverb** bedeutet *haben* oder *besitzen*. Im Präsens benutzt man meist *have/has got*.
Fragen und Verneinungen können auch mit *do* gebildet werden.

Have you **got** a dog? – I **haven't got** a dog. – I **have got** a dog.
Do you **have** it?
I **don't have** it.

Die Kurzformen werden durch Anhängen von *'ve* und *'s* gebildet. In der Verneinung heißt es *haven't got* oder *hasn't got*. *Aufgepasst:* Die Kurzformen von *is* und *has* sind nur im Zusammenhang zu erkennen.	I'**ve** got ten dollars. She'**s** got ten dollars. he is = he's he has = he's
Im Präteritum tritt *have* als Vollverb ohne *got* auf. Bei Fragen und Verneinungen wird *did/didn't* eingefügt.	**Did** you **have** it? I **didn't have** it.
***Have* als Hilfsverb** wird benutzt, um present perfect (↑ S. 40 f.) und past perfect (↑ S. 44 f.) zu bilden.	I **have done** it. I **had done** it.

do

***Do* als Vollverb** bedeutet *machen* oder *tun*. Auch wenn *do* das Vollverb des Satzes ist, wird mit *do* verneint. *Aufgepasst:* Nur in der 3. Person Singular heißt es *does* bzw. *doesn't*.	I **don't do** it. I **didn't do** it. She **doesn't** like him.

Present (Präsens)	Past (Präteritum/Imperfekt)	
	bejaht	verneint
I **have got**	I **had**	I **didn't have**
you **have got**	you **had**	you **didn't have**
he/she/it **has got**	he/she/it **had**	he/she/it **didn't have**
we **have got**	we **had**	we **didn't have**
you **have got**	you **had**	you **didn't have**
they **have got**	they **had**	they **didn't have**

5

Modal auxiliaries

Modale Hilfsverben können nie allein, sondern nur in Verbindung mit einem Vollverb (↑ S. 36) stehen. Auf modale Hilfsverben folgt immer der Infinitiv ohne *to*. Modale Hilfsverben haben immer die gleiche Endung. Fragen und Verneinungen werden mit dem entsprechenden Hilfsverb gebildet.

I **can do** it by myself.
You **should help** me.
He **will get** a new car.

List of modal auxiliaries

I **can/am able** to swim.	→	Fähigkeit
Can we watch TV?	→	Erlaubnis
You **can/are allowed** to stay up late on Saturdays.		
You **can** do whatever you like.	→	Möglichkeit
Not dating Jill anymore **could/might/may** be the best for you.		
Can/could/would you help me?	→	Bitte
May I have a cup of tea?	→	höfliche Bitte
You **should/must/ought to** study for the test.	→	Ratschlag
You **must** study for the test.	→	Pflicht
You **musn't/are not allowed to** cheat on your English test.	→	Verbot
Shall I call a taxi?	→	Vorschlag
Medicine **will/would** help the sick.	→	Wahrscheinlichkeit
The medicine **should/ought to** help you feel better soon.		

can/could

Mit dem Hilfsverb ***can*** kann man eine Fähigkeit, eine Bitte oder Erlaubnis ausdrücken. Ersatzverben für *can* sind ***be able to*** (Fähigkeit) und ***be allowed to*** (Erlaubnis).

I **can** drive a car.
Can he help me?
You **can** watch TV.

Can kann auch verwendet werden, wenn über Zukünftiges gesprochen wird.
Aufgepasst: *Can* wird durch *cannot* oder *can't* verneint.

I **can** visit you next week.

I **cannot/can't** visit you next week.

Mit dem Hilfsverb ***could*** kann man eine Möglichkeit oder eine Fähigkeit in der Vergangenheit ausdrücken.

He **couldn't** be here yesterday.
He **could** swim when he was 5.

Aufgepasst: Wenn man eine Erlaubnis in der Vergangenheit ausdrücken möchte, benutzt man ***be allowed to***, nicht *could*.

I **was allowed to** watch TV.

be able to/be allowed to

Be able to entspricht der Bedeutung von *can*, wenn man eine Fähigkeit ausdrücken möchte.
Im Präsens sind Formulierungen mit *can* gebräuchlicher, doch spricht man über Zukünftiges, benutzt man häufig die entsprechende Form von *be able to*.

I **can** swim.
= I'**m able to** swim.

I **will be able** to speak English one day.

be able to/be allowed to

Be allowed to entspricht der Bedeutung von *can,* wenn man eine Erlaubnis ausdrücken möchte.

He **can** watch TV. = He'**s allowed to** watch TV.

Be able to und ***be allowed to*** können in allen Zeitformen benutzt werden.

I **was able to** swim when I was 4 years old.

shall/should/ought to

Das Modalverb ***shall*** wird verwendet, wenn man einen Vorschlag oder ein Angebot macht.

Shall I call a taxi? **Shall** I help you with your bags?

Mit den Modalverben ***should*** oder ***ought to*** werden Ratschläge (1), Vermutungen (2) oder Verpflichtungen (3) ausgedrückt.
Die Verneinung ***oughtn't to*** ist förmlich und daher nicht sehr gebräuchlich.

(1) He **should/ ought to** see a doctor.
(2) He **should/ ought to** be home by eight.
(3) You **shouldn't** talk during lessons.

may/might

Das Modalverb ***may*** ist gebräuchlich bei höflichen Bitten und bei Vermutungen über Gegenwärtiges und Zukünftiges.

May I have some tea? · China **may** soon become a major economic power.

Auch mit ***might*** drückt man solche Vermutungen aus.

He **might** be sick. She **might** buy a new dress.

will/would

Mit ***will*** können Absichten und Versprechen ausgedrückt werden.

I **will** do that for you.

Would wird wie *can* und *could* eingesetzt, um eine Bitte auszudrücken. Außerdem können Einladungen damit ausgesprochen werden.

Would you pass the salt, please?
Would you come to my party?

must/have to

Mit ***must/have to*** wird ausgedrückt, dass jemand etwas tun muss. Die Verneinung dazu ist ***needn't*** oder ***not have to.*** Damit wird gesagt, dass jemand etwas nicht zu tun braucht bzw. dass etwas nicht notwendig ist. Um eine Aussage in der Vergangenheit zu machen, muss man eine Form von ***have to*** verwenden.

You **must/have to** do your homework.
You **needn't/don't have to** do your homework.

You **had to** do your homework.
You **didn't have to** do it.

Um **Verbote** auszudrücken, benutzt man ***mustn't*** *(nicht dürfen)*, ***can't*** und ***be not allowed to.***
Um eine Aussage in der Vergangenheit zu machen, muss man *can* oder eine Form von *be not allowed to* verwenden.

You **mustn't/can't/are not allowed to** watch TV.
You **couldn't/were not allowed to** watch TV.

Must kann auch dazu dienen, eine Vermutung auszudrücken.

The kids **must** be tired.

Verbs and verb complements

Full Verbs

Vollverben können in einem Satz allein stehen. Sie haben einen Infinitiv, von dem man vier Formen ableiten kann.

Infinitive	to ask	to give
Simple present	he/she/it asks	he/she/it gives
Present participle	asking	giving
Simple past	asked	gave
Past participle	asked	given

Prädikative Ergänzungen zum Subjekt (subject predicative) stehen nach Verben, die allein ohne Bedeutung sind (1), und (2) nach Verben der Wahrnehmung (↑ S. 14).

(1) be · become · seem
Tim **is small.**
(2) Chocolate **tastes good.**

Prädikative Ergänzungen zum Objekt (object predicative) beziehen sich immer auf das direkte Objekt. Sie stehen oft nach bestimmten Verben.

I **believe him** to be a liar.
believe · find · consider

Verb complements

Im Englischen wird zwischen den verb complements – dem **direkten** und **indirekten Objekt** – nur unterschieden, wenn ein Verb zwei Objekte hat.

Verbs with and without a direct object

Viele Verben können mit direktem (1) oder ohne direktes Objekt (2) benutzt werden.

(1) Mr. Smith	teaches	English.	
(2) Mr. Smith	teaches		at my school.

Manche Verben verändern ihre Bedeutung, wenn sie mit einem direkten Objekt verbunden werden. Zu diesen Verben gehören u. a. ***fail, fly, grow, run, sink*** und ***work.***

John	runs		to school.
John	läuft		zur Schule.
The principal	runs	the school.	
Der Rektor	leitet	die Schule.	

Verbs with direct and indirect object

Folgt dem direkten Objekt das **indirekte Objekt** (1), erlangt letzteres größere inhaltliche Bedeutung. Steht das indirekte Objekt vor dem **direkten Objekt** (2), erlangt letzteres größere inhaltliche Bedeutung.

(1) Jill shows the dress **to her friend** (not her mother).
(2) Mary shows her friend **the dress** (and not a hat).

Manche Verben sind mit einem direkten und indirekten Objekt verbunden. Zu diesen Verben gehören u. a. ***bring, explain, give, hand, introduce, offer, pass, promise, send, show, suggest*** und ***tell.***
Bei diesen Verben sind beide Wortstellungen möglich. Dem indirekten Objekt muss ***to*** beigefügt werden.

Marianne	gave	me	a book.
Marianne	gave	a book	**to** me.

Aufgepasst: Explain, introduce und *suggest* lassen nur die Wortstellung direktes Objekt vor indirektem Objekt zu.

The teacher	explained	the problem	to us.

6 Tenses

Present tense group

Im Englischen wird in der Gegenwart zwischen **simple present** und **present progressive** unterschieden. **Present perfect** und **present perfect progressive** sind auf die Gegenwart bezogen.

Simple present

Die Vollverben im simple present unterscheiden sich nur in der 3. Person Singular durch ein angehängtes *-s* vom Infinitiv.	ask – he/she/it ask**s**
Bei der Schreibung ist zu beachten:	
■ Endet ein Verb mit einem Vokal, gefolgt von *y*, wird *-s* angehängt.	stay – stay**s**
■ Endet ein Verb mit einem Konsonanten, gefolgt von *y*, wird *y* zu *i* und *-es* angehängt.	fly – fl**ies**
■ Endet das Verb auf einen Zischlaut, wird *-es* angehängt.	catch – catch**es** wish – wish**es**
Das simple present drückt aus, dass etwas regelmäßig, häufig oder nie auftritt oder dass Handlungen aufeinander folgen.	He **always** gets up at 6 o'clock.

Signalwörter zeigen es:
first, then, often, never, always, usually, every (Friday), sometimes.
Um im simple present eine Frage zu formulieren oder eine Aussage zu verneinen, muss man *do* oder *does* hinzufügen. Ist das Vollverb bereits *do*, kommt *do* zweimal vor.

When **do** you usually get up?
I often **don't do** my homework.

Present progressive

Das present progressive wird mit einer Form von *be* + ing-Form des Vollverbs gebildet.

I **am eating.**
You **are eating.**
He/she/it **is eating.**

Bei der Schreibung ist zu beachten:
■ Endet ein Verb auf *-ie*, wird *-ie* zu *-y*.
■ Endet es auf *-e*, fällt dieses weg.
■ Endet es auf einen kurzen Vokal, gefolgt von *m, n, p* oder *t*, wird der Konsonant verdoppelt.

die – d**y**ing
bake – baking
run – ru**nn**ing
sit – si**tt**ing

Das present progressive drückt aus, dass etwas im Augenblick oder in naher Zukunft passiert oder dass etwas ausnahmsweise anders ist.
Signalwörter sind u. a.:
(right) now, at the moment und *Look!*

I am reading **now.**
I am going out **tonight.**
I **always** get up at six **but today** I am staying in bed.

Mit dem Hilfsverb *to be* (*am/are/is*) werden Fragen formuliert oder Aussagen verneint.

What **is** she doing? She **isn't** watching TV.

Present perfect

Das present perfect wird mit *have/has* + past participle gebildet. **Regelmäßige Verben** enden auf *-ed*, **unregelmäßige** muss man lernen (↑ S. 90 ff.).	I **have seen** it. She **has seen** it. ask – ask**ed** go – **gone**
Das present perfect wird benutzt, ■ wenn der Zeitpunkt des Geschehens unbedeutend ist, nicht aber die Folge für die Gegenwart. ■ um zu zeigen, dass etwas in der Vergangenheit begonnen hat und bis jetzt andauert. **Signalwörter** sind oft unbestimmte Zeitangaben wie: *already, never, before, yet.*	I have cleaned my car. It looks like new. I have been to England, but I haven't been to Italy. I haven't been to Italy, **yet.**
Since oder ***for*** + present perfect drücken aus, seit wann oder wie lange etwas andauert. Dabei muss Folgendes beachtet werden: ■ *since* drückt einen Zeitpunkt, ■ *for* drückt einen Zeitraum aus.	I have had this job **since 2001.** I have had this job **for two years.**
Mit *have/has* werden Fragen formuliert oder Aussagen verneint.	**Have** you seen him? · I **haven't** seen him for months.

Present perfect progressive

Das present perfect progressive wird mit *have/has* + *been* + -ing-Form des Verbs gebildet.

I **have been working.**
She **has been reading.**

Das present perfect progressive wird benutzt, um auszudrücken, dass eine Handlung in der Vergangenheit begonnen hat und bis zur Gegenwart andauert.

I have been working all day.

Aufgepasst: Für das present perfect progressive gibt es keine deutsche Entsprechung. Im Deutschen wird dafür oft das Präsens benutzt.
Um zu zeigen, dass eine Handlung andauert, fügt man *now (jetzt schon)* ein. *Now* ist hier kein Signalwort!

I've been sitting here for three hours **now.**

For und ***since*** drücken die Dauer der Handlung aus.
Signalwörter, die auf das present perfect progressive hinweisen, sind Zeitangaben wie:
all day, forever.

We have been waiting **for** you all day.
I have been working here **for** two years/ **since** 2001.

Mit *have/has* werden Fragen formuliert oder Aussagen verneint.

Have you been working all day?
I **haven't** been watching TV for some days.

Past tense group

Im Englischen wird in der Vergangenheit zwischen **simple past** und **past progressive** unterschieden sowie zwischen **past perfect** und **past perfect progressive.**

Simple past

Das simple past wird bei **regelmäßigen Verben** durch das Anhängen von *-ed* oder bei **unregelmäßigen Verben** mit der 2. Form gebildet (↑ S. 90 ff.).

ask – ask**ed**

go – went

Bei der Schreibung ist zu beachten:

- Endet ein Verb mit einem Vokal, gefolgt von *y*, wird *-ed* angehängt. — play – play**ed**
- Endet ein Verb mit einem Konsonanten, gefolgt von *y*, wird *-y* zu *-i* und *-ed* wird angehängt. — hurry – hurr**ied**
- Endet das Verb auf ein stummes *e*, fällt dieses weg. — live – lived
- Endet ein Verb mit einem einfachen Vokal, gefolgt von einem Konsonanten, wird dieser verdoppelt. — rob – ro**bb**ed

Aufgepasst: Endet ein Verb mit *-el*, wird *l* nur im Britischen verdoppelt. — travel – trave**ll**ed (BE) – trave**l**ed (AE)

Das simple past wird benutzt, um eine abgeschlossene Handlung oder einen bestimmten Zeitpunkt in der Vergangenheit auszudrücken.

I watched TV **yesterday.**

Das simple past wird auch benutzt, um auszudrücken, dass in der Vergangenheit mehrere Handlungen aufeinander folgen.
Signalwörter zeigen es oft, aber nicht immer an:
yesterday, a day ago, last week, in 1998, when we were kids, at 7.

I got up, brushed my teeth and then had breakfast.
When we were kids, we went to the same school.

Mit *did/didn't* werden Aussagen verneint oder Fragen formuliert. Das Vollverb steht dann immer im Infinitiv.

I **didn't** watch TV yesterday.

Fragen mit *when* fragen nach einem Zeitpunkt in der Vergangenheit und stehen daher nicht mit dem present perfect (↑ S. 40 f.).

When **did** you see her?

Aufgepasst: Das Wort *haben* in einem deutschen Satz wird nicht mit *have* ins Englische übersetzt, wenn es im Satz einen Hinweis auf die Vergangenheit gibt. Dann wird das simple past verwendet.

Ich habe gestern gekocht.
= I cooked **yesterday.**

Past progressive

Das past progressive wird mit einer Vergangenheitsform von *be* + ing-Form des Vollverbs gebildet.
Es wird verwendet, wenn man betonen möchte, dass eine Handlung in der Vergangenheit im Gange, im Verlauf war (= in progress).

was/were
They **were** dream**ing.**
I **was** work**ing** all day.

Past progressive

Das past progressive wird auch verwendet, wenn ein Ereignis in der Vergangenheit während einer bereits andauernden Handlung eintritt.

While I was working, my sister came in.
I was watching TV **when** the telephone rang.

Signalwörter zeigen das past progressive an:
all day/week, while, suddenly.
Aufgepasst: *During* und *while* werden beide mit *während* übersetzt, doch nur *while* kann mit past progressive stehen. *During* steht mit einem Substantiv.

While I was flying …

During the flight …

Mit den Formen *was/were* bzw. *wasn't/weren't* werden Fragen formuliert oder Aussagen verneint.

What **was** she doing?
She **wasn't** working.

Past perfect und **past perfect progressive** drücken Vorzeitigkeit gegenüber einem Ereignis in der Vergangenheit aus.

Past perfect

Das past perfect wird mit *had* + past participle gebildet.
Regelmäßige Verben enden immer auf *-ed*, **unregelmäßige Verben** muss man lernen (↑ S. 90 ff.).

had gone/ danced/tried
ask – ask**ed**
give – **given**

Das past perfect wird verwendet, um zu betonen, dass eine Handlung in der Vergangenheit bereits abgeschlossen war (1) oder noch andauerte (2), als eine weitere Handlung begann. Die erste Handlung steht im past perfect.
Aufgepasst: Ist das Vollverb des Satzes *have,* kommt *had* zweimal vor (2).
Signalwörter sind:
after, when, before.

(1) After we **had done** our homework, we went to the cinema.
(2) When I met Tom, he **had had** the car for two years.

Mit *had/hadn't* werden Fragen formuliert oder Aussagen verneint.

Had they seen her?
They **hadn't** seen her.

Past perfect progressive

Das past perfect progressive wird mit *had been* + ing-Form des Vollverbs gebildet.

She **had been cooking.**

Mit dem past perfect progressive wird betont, dass eine Handlung vor einem Zeitpunkt in der Vergangenheit begonnen hatte und bis zu diesem andauerte. Diese Form betont Ablauf und Dauer des Vorgangs.

She **had been cooking** when her son arrived.

Mit *had/hadn't* werden Fragen formuliert oder Aussagen verneint.

Had he been cooking?
He **hadn't** been cooking.

Future

Das **Futur** kann im Englischen mit dem **will-future** oder dem **going-to-future** gebildet werden.
Aber auch andere Zeitformen und bestimmte Ausdrucksweisen können die Bedeutung des Futurs übernehmen (↑ S. 48 f.).

Will-future

Das will-future wird mit *will* und dem Infinitiv des Vollverbs gebildet. Die Kurzform von *will* ist *'ll*.
Man verwendet es, um zukünftige und nicht zu beeinflussende Ereignisse (1), Vermutungen und Hoffnungen (2) und spontane Überlegungen (3) auszudrücken.
Das will-future ist auch Teil des ersten Bedingungssatzes (↑ S. 82).

(1) She'**ll be** 15 in May.
(2) I'm sure he'**ll** help you.
(3) I'm tired. I **will go** to bed.

Mit *will/will not* werden Fragen formuliert oder Aussagen verneint. *Will not* wird zu *won't*.

What **will** the world be like in 2020? · I **won't** be here next week.

Going-to-future

Das going-to-future wird mit einer Form von *be* + *going to* + Infinitiv des Vollverbs gebildet.

am/are/is going to run

Es wird verwendet, um Absichten, Vorhaben oder Pläne (1) und Dinge, die sich mit großer Sicherheit ereignen werden (2), auszudrücken.

(1) **I'm going to buy** a car soon.
(2) This tastes terrible. I'**m going to be** sick.

Aufgepasst: Bei den Verben *go* und *come* wird oft das present progressive (↑ S. 39) eingesetzt.

I'**m going to come** with you tonight.
= I'**m coming** with you tonight.

Mit einer Form von *to be* werden Aussagen verneint oder Fragen formuliert.

She **isn't** going to help you.
Are you **going** to buy the car?

Will-future or going-to-future?

Die Verwendung hängt von der jeweiligen Situation ab.

Will-future

- **Vermutung über ein zukünftiges Ereignis**
  I **will** get a car some day.
- **spontaner Entschluss**
  Jim is in hospital. – But I **won't** visit him.

Going-to-future — **sicher eintretendes Ereignis, Absicht**

We have decided to have a party tomorrow. We are **going to** invite all our friends.

Future progressive

Diese Futurform wird mit *will be* + ing-Form des Vollverbs gebildet. Sie wird verwendet, um aufzuzeigen, dass eine zukünftige Handlung von begrenzter Dauer im Verlauf ist (1) oder dass eine zukünftige Handlung für sicher gehalten wird (2).

will be going

(1) I can't come next week. I **will be helping** my friend move.
(2) I **will be doing** more travelling when I am older.

Future perfect

Das future perfect wird mit *will have* + past participle gebildet. Es wird verwendet, um den Abschluss einer zukünftigen Handlung anzuzeigen. **Signalwörter** sind Zeitangaben wie: *until, by, in (5 min.)* oder *next.*

will have gone

I **will have done** it **by** Monday/ **before** Tuesday.

Simple present with a future meaning

Das simple present (↑ S. 38) wird verwendet, wenn etwas Zukünftiges festgelegt ist, z. B. Fahrplan.

The train **leaves** at 9.30.

Present progressive with a future meaning

Das present progressive (↑ S. 39) kann verwendet werden, wenn etwas Zukünftiges beschlossen ist.

I'**m having** a party on Friday.

Other ways of expressing future meaning

Es gibt auch andere sprachliche Möglichkeiten, ein künftiges Geschehen auszudrücken.

Mit ***be to*** kann man ausdrücken, dass etwas für die Zukunft vereinbart wurde.

The taxi **is to** arrive at 5.30.

Mit ***be expected to*** oder ***be supposed to*** kann man ausdrücken, dass von jemandem in der Zukunft etwas erwartet wird.

He **is expected to** get an A in the test.
I'**m supposed to** help my brother.

Be supposed to wird oft verwendet, wenn ausgedrückt werden soll, dass eine Pflicht besteht oder etwas vereinbart wurde.

I **was supposed to** help him.

Mit ***be certain to, be sure to, be likely to, be bound to*** oder ***be unlikely to*** kann man ausdrücken, dass es wahrscheinlich oder unwahrscheinlich ist, dass etwas in der Zukunft eintritt.

On this street a crash **is bound to** happen.
He **is unlikely to** get an A in the test.

Mit ***be about to*** oder ***be on the point of*** + ing-Form kann man ausdrücken, dass etwas bald eintreten wird.
Aufgepasst: be about to und *be on the point of* können auch im simple past (↑ S. 42 f.) verwendet werden.

I'**m about to** leave. I'**m on the point of** leaving.

I **was about to** leave the house when she called.

Zeiten (tenses) im Überblick

Past tense group

Past perfect

Eine Handlung in der Vergangenheit findet statt, nachdem die andere bereits abgeschlossen war.

After I **had brushed** my teeth, I went to bed.

Past perfect progressive

Dauer und Handlung der vorangehenden, aber dann abgeschlossenen Handlung stehen im Vordergrund.

I **had been working** when a friend came by.

Present tense group

Simple present

Wiederkehrende Handlung

I **go** to school every day.

Aufzählung

First I **get** up, and then I **brush** my teeth.

Fähigkeiten und Vorlieben

I **work** as a lawyer. I **play** soccer.

Fahr-, Stundenplan, Programm

The train **leaves** at 9.30.

Present progressive

Augenblickliche Handlung

I **am writing** a letter right now.

Etwas Außergewöhnliches tritt ein.

Usually I write it on the computer, but today I'**m writing** it by hand.

Verabredung für die nahe Zukunft

I'**m going** out tonight.

Future

Going-to-future

Es besteht eine Absicht.

I'**m going to** have a party.

Sicher eintretendes Ereignis

She **is going to** have a baby.

Will-future

Zukünftig und unabänderlich

I **will be** 15 years old.

Vermutung

I think they **will get** married.

Spontaner Entschluss

I'm tired. I **will go** to bed.

Simple past

Der Zeitpunkt der Handlung ist wichtig.

I **bought** a book yesterday.

Aufzählung von Tätigkeiten

First I **watched** TV, and then I **prepared** dinner.

Past progressive

Dauer der Handlung und Zeitpunkt stehen im Vordergrund.

I **was working** all day yesterday.

Eine Handlung geschieht während einer bereits andauernden Handlung.

While I **was working,** a friend came by.

Present perfect

Der Zeitpunkt der Handlung ist unwichtig. Das Resultat der Handlung steht im Vordergrund.

I'**ve finished** my book. Now I can start a new one.

Die Handlung erstreckt sich über einen nicht abgeschlossenen Zeitraum.

I'**ve lived** here since I was born.

Present perfect progressive

Die Dauer der Handlung steht im Vordergrund.

I **have been waiting** for you for two hours.

Future perfect

Die zukünftige Handlung ist in der Zukunft abgeschlossen.

I **will have finished** the book by next week.

Future progressive

Die Handlung wird in der Zukunft im Gange sein.

I'm not coming tonight. I **will be taking** a bath.

Die Handlung dauert in der Zukunft an.

I **will be earning** more money once I have a new job.

7 Active and passive

Formation and use of passive

In einem **Aktivsatz** führt das Subjekt eine Handlung aus. In einem **Passivsatz** wird etwas mit dem Subjekt getan. Das **Passiv** wird dann verwendet, wenn nicht klar ist, wer etwas tut, oder wenn dies unwichtig ist.	He **robbed** the bank. The bank **was robbed.**
Das Passiv wird mit einer Form von *be* in der jeweiligen Zeitstufe + past participle gebildet. Das Passiv mit modalen Hilfsverben (↑ S. 32 ff.) wird mit *be* + past participle gebildet.	was offered is done can be done
In der Umgangssprache kann statt des Hilfsverbs *be* auch *get* verwendet werden, wenn das Passiv einen Vorgang (1) und nicht einen Zustand (2) ausdrückt.	(1) The car **was/got** hit. (2) The shop was closed when they arrived.
Mit einer Form von *be, have/has/had, will* oder einem modalen Hilfsverb (↑ S. 32 ff.) werden Aussagen verneint oder Fragen formuliert.	It **wasn't** done. It **hasn't** been done. **Was** it done? **Will** it be done?

Simple and progressive in the passive

Die simple- und progressive-Form im **Passiv** wird genauso verwendet wie im Aktiv (↑ S. 38–47).

He **wrote** a letter.
= The letter **was written.**
He is writing the letter **now.**
= The letter is being written **now.**

by-agent

Soll einem Passivsatz hinzugefügt werden, wer oder was für das Ereignis oder die Handlung verantwortlich ist, wird dies mit *by (von)* an den Satz angefügt.

The bank was robbed **by** a tall man.

Verbs with prepositions

Manche englische Verben führen eine **Präposition** (↑ S. 27 ff.) mit sich. Wird der Aktivsatz in einen Passivsatz umgewandelt, dürfen Verb und Präposition nicht auseinander gerissen werden. Einige dieser Verbindungen von Verben und Präpositionen sind:
complain about,
deal with,
pay for,
put up,
take care of,
speak about,
think about.

I paid for the car.
= The car was **paid for.**
I take care of the bills.
= The bills are **taken care of.**

Verbs with two objects

Im Englischen lässt sich das Passiv mit allen Verben bilden, die ein direktes Objekt mit sich führen.

I ate a donut.
= The donut was eaten by me.

Einige englische Verben sind oft mit einem direkten und einem indirekten Objekt (↑ S. 37) verbunden.
Im Englischen wird das indirekte Objekt meist als Subjekt für den Passivsatz gewählt.
Das **indirekte Objekt** wird zum neuen Subjekt, das **direkte Objekt** bleibt erhalten.
Auch das direkte Objekt kann zum Subjekt des Passivsatzes werden.

ask · give · show

I gave **him** a book.
= **He** was given a book.

= **A book** was given to him.

Gerund in the passive

Das **Gerundium** wird im Passiv genauso wie im Aktiv verwendet (↑ S. 62). Es gibt eine Präsensform (1) und eine Perfektform (2).

(1) She likes **being treated** to dinner.
(2) I remember **having been told** this story before.

Infinitive in the passive

Es gibt eine Präsensform (1) und eine Perfektform (2) des **Infinitivs im Passiv.** Die Perfektform drückt Vorzeitigkeit aus, d. h., die Handlung ist bereits abgeschlossen.

(1) The cat **must be** fed.
(2) The cat **should have been** fed.

Impersonal passive

Das **unpersönliche Passiv** wird mit *it/is/was/has been* + past participle + *that* gebildet.
Solche Konstruktionen sind ziemlich förmlich; sie kommen nur selten in der Umgangssprache vor.
Es handelt sich häufig um **Verben des Sagens und Denkens,** z. B.:

It has been said that the earrings were antique.

agree	claim	expect	report
announce	decide	fear	say
believe	estimate	know	think

In Gutachten oder Berichten wird oft das unpersönliche Passiv verwendet. Auf diese Weise entsteht ein neutraler Eindruck.

It has been agreed that the bus will run every 15 minutes.

Personal passive

Mit den **Verben des Sagens und Denkens** kann auch ein **persönliches Passiv** gebildet werden.
Es wird gebildet, indem *to* + ein Vollverb im Infinitiv an die Passivkonstruktion gehängt wird.

John **is believed to** be a liar.

Das persönliche und unpersönliche Passiv sind sich inhaltlich sehr ähnlich. Das persönliche Passiv wird häufiger gebraucht.

Jill **is said to** be a rich girl.
= **It is said that** Jill is a rich girl.

Keine Fehler mit dem Aktiv (active) und Passiv (passive)

Active and passive in all tenses

Im Folgenden findest du eine Übersicht zum Aktiv und Passiv in allen Zeitformen.

	Active	Passive
Infinitive	to teach	to be taught
Simple		
Present	They teach kids.	Kids are taught.
Past	They taught kids.	Kids were taught.
Future	They will teach kids.	Kids will be taught.
Progressive		
Present	They are teaching kids.	Kids are being taught.
Past	They were teaching kids.	Kids were being taught.
Future	They will be teaching kids.	Kids will be being taught.
Perfect		
Present	They have taught kids.	Kids have been taught.
Past	They had taught kids.	Kids had been taught.
Future	They will have taught kids.	Kids will have been taught.
Perfect progressive		
Present	They have been teaching kids.	Kids have been being taught.
Past	They had been teaching kids.	Kids had been being taught.
Future	They will have been teaching kids.	Kids will have been being taught.

Watch out!

Beim Umwandeln eines Aktivsatzes in einen Passivsatz muss das **Prädikat** manchmal vom **Singular** in den **Plural** umgewandelt werden.

Subjekt und Objekt sind im Singular:
→ Das Prädikat muss nicht in den Plural umgewandelt werden.

Active	Passive
She **feeds** her dog. She **bought** a book.	Her dog **is** fed. A book **was** bought.

Das Subjekt ist im Singular, das Objekt im Plural:
→ Das Prädikat muss in den Plural umgewandelt werden.

He **feeds** his dogs. He **wrote** many books.	His dogs **are** fed. Many books **were** written.

Beim Umwandeln eines Aktivsatzes in einen Passivsatz dürfen **Verneinungen mit** einer Form von ***do*** nicht übernommen, sondern müssen umgewandelt werden. Verneinungen mit einer Form von ***have*** bleiben erhalten.

Verneinung mit einer Form von *do:*
→ Umwandlung mit einer Form von *be*

Active	Passive
He **doesn't feed** the dog. He **didn't feed** the dogs.	The dog **isn't** fed. The dogs **weren't** fed.

Verneinung mit einer Form von *have:*
→ Verneinung mit *have* bleibt erhalten.

He **hasn't fed** the dog. He **hasn't fed** the dogs.	The dog **hasn't been** fed. The dogs **haven't been** fed.

8 Infinitive, gerund and participles

Infinitive

Es gibt zwei Formen des **Infinitivs im Aktiv** und zwei Formen des **Infinitivs im Passiv** (↑ S. 54). Es sind jeweils eine Präsens- und eine Perfektform.

Präsens: ask
Perfekt: have asked
Präsens: be asked
Perfekt: have been asked

Infinitive with & without to

Der **Infinitiv mit *to*** steht nach

- einer Reihe von Verben (↑ S. 61), — I **hope** to be fine.
- Adjektiven, — It's **easy** to learn English.
- Fragewörtern und — She knows **what** to do.
- Substantiven. — He's the **guy** to talk to.

Der **Infinitiv mit *to*** steht u. a. nach:

- *want, wish, hate* und *prefer,* wenn diesen ein Objekt folgt, — I **want** her to be happy.
- *believe, consider, know* und *suppose,* wenn diesen ein Objekt folgt. — I **consider** it to be a lie.

Der **Infinitiv ohne *to*** steht nach Formen von *do* und den modalen Hilfsverben mit Ausnahme von *ought to* (↑ S. 32 ff.).	do · does · did
Die modalen Hilfsverben sind: *can, must, mustn't, shall, needn't, will, would, should, wouldn't, shouldn't, won't.*	I can help you. I should study.
Es gibt verschiedene Möglichkeiten, die deutschen Wörter *lassen, zulassen, veranlassen* auszudrücken.	
■ Für **Zugeständnisse** oder eine **Erlaubnis** benutzt man die Formulierungen *let* + object + infinitive without *to* oder *allow* – object + infinitive with *to*.	My mother **lets** me watch TV. = My mother **allows** me **to** watch TV.
■ Um auszudrücken, dass man **etwas erledigen lassen** will, benutzt man eine Form von *have* + object + infinitive without *to*.	She **had** her son clean the car.
Anstelle von *have* kann umgangssprachlich auch *get* + object + infinitive with *to* benutzt werden.	She **got** her son **to** clean the car.
Um eine Frage zu formulieren oder eine Aussage zu verneinen, muss man eine Form von *do* oder *have* einsetzen.	**Did** you let her stay up late? I **didn't** let her stay up late.
Aufgepasst: Das deutsche *lassen* wird nicht immer mit *let* übersetzt. Es gibt eine Reihe idiomatischer Wendungen.	Leave me alone! Give me time. Stop it!

Infinitive with & without to

- Um **jemanden zu einer Handlung zu veranlassen**, benutzt man die Formulierung *make* + object + infinitive without *to*.
- Möchte man den **Zwang betonen,** benutzt man die Formulierung *force* + object + infinitive with *to*.

His mother **made** him clean his room.

The robber **forced** her **to** give him money.

Um eine Frage zu formulieren oder eine Aussage zu verneinen, setzt man eine Form von *do* oder *have* ein.

Has she made him clean the room?
No, she **hasn't** made him clean the room.
She **didn't** make him clean the room.

Infinitive as subject and object

Der **Infinitiv** kann als Satzglied **wie ein Subjekt** behandelt werden.
Es ist möglich, einen solchen Satz mit *it* einzuleiten und den Infinitiv im Satz zu erhalten.

To know her is to love her.

It is great **to see** you.

Der **Infinitiv** kann als Satzglied **wie ein Objekt** behandelt werden. Der Infinitiv kann auch in Verbindung mit einem Fragewort das Objekt eines Satzes darstellen.

We all wanted **to go.**

He knows **how to repair** a car.

Infinitive after certain verbs

Der **Infinitiv mit *to*** steht	
■ **nach Verben der Vorliebe oder Abneigung:** *would love, like, prefer, hate to* u .a.	I **would love to** have a dog.
Stehen diese Verben ohne *would,* folgt ein Gerundium (↑ S. 63 f.).	I love swimming. I hate dancing.
■ **nach bestimmten Verben:** *afford, ask, beg, choose, decide, demand, deserve, fail, hope, manage, mean, offer, plan, prepare, promise, threaten, want* und *wish.*	I **asked** to see him. I **offered** to help him.
Diesen Verben können auch Substantive und Personalpronomen (↑ S. 20) folgen.	I asked the boss. I offered help.
Aufgepasst: Dem Verb *help* kann der Infinitv mit oder ohne *to* folgen.	He **helped** us (to) fix the computer.
■ **bei bestimmten Ausdrücken:** *to tell the truth,* *to start with,* *to be honest,* *to sum up* u. a.	**To be honest,** I don't like this shirt.

Der **Infinitiv ohne *to*** steht	
■ **nach modalen Hilfsverben** (↑ S. 32 ff.) mit Ausnahme von *ought to.*	You **should** see a doctor.
■ **nach Verben der Wahrnehmung + Objekt:** *let, feel, make, see, hear* u. a.	I **heard** her come. She **sees** me smile.

Grundregeln zum Gerundium (gerund)

Gerund

Von jedem Vollverb kann man eine ing-Form bilden. Erfüllt diese ing-Form die Funktion eines Substantivs, nennt man sie **Gerundium.**

Forms

	Aktiv	Passiv
Präsens	going	being gone
Perfekt	having gone	having been gone

Das Gerundium in der Präsensform des Aktivs ist besonders häufig. Die Passivformen des Gerundiums haben passivische Bedeutung.

Aktiv	Passiv
Walking is healthy.	Our dog loves being walked.

Das Gerundium kann erweitert werden durch:

1 ein **Objekt**	Cooking **spaghettis** is all I can do.
2 eine **Orts- oder Zeitangabe**	I like cooking **on Sundays.**

Functions

Ein Gerundium kann als **Subjekt** in einem Satz eingesetzt werden.

Watching TV is fun. · **Walking** is healthy. · **Eating** is necessary.

Ein Gerundium kann als **Objekt** in einem Satz eingesetzt werden.

I like **watching** TV. · I like **reading.** · I like **reading** a book.

Gerund after certain verbs

Das Gerundium steht nach bestimmten Verben, Präpositionen, Substantiven, Adjektiven und Redewendungen (↑ S. 64 ff.).
Hier findest du die wichtigsten Verben im Überblick.

admit (zugeben)	hate (hassen, nicht mögen)
avoid (vermeiden)	imagine (sich vorstellen)
begin (anfangen)	involve (verwickeln)
consider (sich überlegen)	keep (andauernd tun)
defend (verteidigen)	like (mögen)
delay (verschieben)	love (lieben)
deny (verneinen)	mention (erwähnen)
detest (verabscheuen)	mind (etwas dagegen haben)
discuss (diskutieren)	miss (vermissen, verpassen)
dislike (nicht mögen)	practice (üben)
enjoy (genießen)	quit (aufhören)
excuse (entschuldigen)	recall (sich erinnern)
finish (beenden)	risk (riskieren)
give up (aufgeben)	suggest (vorschlagen)
go on (weitermachen)	tolerate (tolerieren)

Gerund

Gerund & infinitive after certain verbs

Nach manchen Verben kann ein **Gerundium** oder ein **Infinitiv** stehen, **ohne dass sich die Bedeutung verändert.** Eine Übersicht über die wichtigsten Verben findest du auf ↑ S. 63.

I **began learning** tennis when I was 5.
= I **began to learn** tennis when I was 5.

Bei manchen Verben kann ein **Gerundium** oder ein **Infinitiv** stehen, doch **die Bedeutung des Verbs verändert sich.** Zu diesen Verben gehören:

- stop to do sth.: anhalten, um etw. zu tun
- stop doing sth.: aufhören, etw. zu tun.

He **stopped to** buy a paper. = Er hielt an, um eine Zeitung zu kaufen.
He **stopped smoking.** = Er hörte auf zu rauchen.

- forget to do sth.: vergessen, etw. zu tun
- forget doing sth.: vergessen, was man getan hat

I **forgot to** call him. ≠ I'll never **forget seeing** him for the first time.

- remember to do sth.: erinnern, etw. zu tun
- remember doing sth.: erinnern, was man getan hat

I **remembered to** visit you. = Ich habe nicht vergessen, dich zu besuchen.
I **remembered visiting** you. = Ich erinnerte mich an meinen Besuch bei dir.

Gerund after prepositions

Das **Gerundium** steht **nach** folgenden **Verben + Präposition:**

She **accused him of** stealing the money.

List of verbs + preposition

accuse sb. of	beschuldigen
adjust to	anpassen an
agree with	übereinstimmen mit
apologize for	entschuldigen
ask about	fragen nach
begin by	anfangen mit
believe in	glauben an
complain about	beschweren über
concentrate on	konzentrieren auf
consist of	bestehen aus
cope with	fertig werden mit
decide against	entscheiden gegen
depend on	abhängen von
die of	sterben an
dream of/about	träumen von
escape from	fliehen von
insist on	bestehen auf
look forward to	freuen auf
prevent sb. from	jm. abhalten von
rely on	verlassen auf
spend on	aufbringen für
succeed in	Erfolg haben mit
take part in	teilnehmen an
talk about	sprechen über
thank sb. for	jm. danken für
think of	denken an
worry about	sich sorgen um

Gerund after prepositions

Das **Gerundium folgt** auch bestimmten allein stehenden **Präpositionen:**

After doing his homework he played soccer.

after	before	by	for
instead of	on	without	

Gerund after nouns

Das **Gerundium** folgt **nach** folgenden **Substantiven + Präposition:**

They have a **chance of winning** the match.

List of nouns + preposition	
advantage of	im Vorteil/überlegen sein
alternative of	Alternative zu
chance of	die Möglichkeit, etwas zu tun
danger of	die Gefahr, etwas zu tun
demand for	Nachfrage nach
dislike for/of	Abneigung gegen
doubt about	Zweifel an
experience in	Erfahrung in
interest in	Interesse an
invitation to	Einladung für
method of	die Methode, etwas zu tun
possibility of	die Möglichkeit, etwas zu tun
problem of	das Problem, etwas zu tun
reason for	der Grund, etwas zu tun
risk of	das Risiko, etwas zu tun
trouble in	die Schwierigkeit, etwas zu tun
way of	die Art, etwas zu tun

Gerund after adjectives

Das **Gerundium** folgt **nach** bestimmten **Adjektiven + Präposition:**

I am **keen on travelling.**

List of adjectives + preposition

be afraid of doing sth.	vor etwas Angst haben
be angry about sth.	über etwas verärgert sein
be crazy about (doing) sth.	verrückt/wild auf etwas sein
be fond of doing sth.	etwas sehr gerne tun
be glad about sth.	sich über etwas freuen
be good/bad at doing sth.	gut/schlecht sein in etwas
be interested in doing sth.	an etwas interessiert sein
be keen on doing sth.	darauf versessen sein, etwas zu tun
be proud of doing sth.	auf etwas stolz sein
be tired of doing sth.	von etwas genug haben
be used to doing sth.	an etwas gewöhnt sein

Gerund after idioms

Das **Gerundium** folgt **nach** folgenden **Redewendungen:**

It's **not worth going out** tonight.

List of idioms

It's no use/useless/no good doing sth.	Es hat keinen Sinn …
It's (not) worth doing sth.	Es lohnt sich (nicht) …
I can't help doing sth.	Ich kann nicht anders als …
I can't stand doing sth.	Ich kann etwas nicht ausstehen.
I don't mind doing sth.	Es macht mir nichts aus …
What/how about doing sth.?	Wie wär's, wenn …?

Participles

Im Englischen werden das **Partizip Präsens** und das **Partizip Perfekt** unterschieden.	singing sung

Present participle

Das **Partizip Präsens** wird durch Anhängen von *-ing* an den Infinitiv gebildet (↑ S. 39). Das Partizip Präsens hat eine **aktivische Bedeutung.**	sing**ing** carry**ing**
Stellung im Satz: ■ Es kann **nach einem Substantiv anstelle eines Relativsatzes** (↑ S. 85 f.) stehen.	The **boy playing** soccer is my brother. = The boy who is playing soccer is my brother.
■ Das Partizip Präsens kann **wie ein Adjektiv vor einem Substantiv** stehen.	Turtles are a **living example** of dinosaurs.
Es steht nach bestimmten Verben: ■ **verbs of perception (Verben der Wahrnehmung):** *look, notice, see, hear, feel* und *smell.* Der Handlungsablauf wird betont.	She saw him **walking** up the street.
Aufgepasst: Soll hervorgehoben werden, dass die Handlung beendet ist, steht der Infinitiv.	She saw a man **stop** in front of the house.

- **verbs of movement and rest (Verben der Ruhe und Bewegung):** *lie, sit, stand, come, walk.* Mit diesen Verben wird ausgedrückt, dass zwei Handlungen gleichzeitig geschehen.

The boys **stood shouting** in the hall.

Aufgepasst: Das Partizip Präsens steht u. a. auch nach folgenden Verben: *keep, leave, catch* und *find.*

I **caught** him **cheating** in the English test.

Past participle

Das **Partizip Perfekt** wird durch Anhängen von *-ed* gebildet (↑ S. 42). Es gibt auch Verben mit unregelmäßiger Partizipbildung (↑ S. 90 ff.). Das Partizip Perfekt hat eine passivische Bedeutung.

Stellung im Satz:

- Das Partizip Perfekt kann **vor einem Substantiv anstelle eines Relativsatzes** stehen. Auch Adverbien und Substantive, die unmittelbar mit dem Partizip verknüpft sind, stehen vor dem Substantiv.

The newly **built** house was hit by a hurricane.
= The house that was newly built was hit by a hurricane.

- Das Partizip Perfekt kann **nach einem Substantiv anstelle eines Relativsatzes** stehen, wenn es im Satz durch **adverbiale Bestimmungen der Zeit oder des Ortes** erweitert wird.

The boys **punished last week** had to see the principal.

Past participle

***have* + object + past participle:**
Mit dieser Verbindung kann ausgedrückt werden:
- eine Veranlassung, dass etwas getan wird,
- ein unerfreuliches Ergebnis, ein ärgerliches Geschehen.

In der Umgangssprache kann statt *have* auch *get* benutzt werden.

I had my car serviced yesterday.

I had my purse stolen.

I **got** my purse stolen.

Participles instead of adverbial clauses

Mit dem **Partizip Präsens** und dem **Partizip Perfekt können** nicht nur Relativsätze (↑ S. 68 f., 85 f.), sondern auch **Adverbialsätze** (↑ S. 73 f., 87) **verkürzt werden.** Dabei muss allerdings das Subjekt des Nebensatzes dem Subjekt des Hauptsatzes entsprechen.

When he heard/ Hearing that his brother was on the phone John ran upstairs.

- **adverbial clause of time (adverbiale Bestimmung der Zeit):**
Partizipien können unverändert anstelle eines **Temporalsatzes** stehen, der mit *when* oder *while* eingeleitet wird.
Wird ein Temporalsatz durch *after* eingeleitet, steht *having* + past participle.

Having eaten so much candy he got sick.
= After he had eaten so much candy he got sick.

■ **adverbial clause of reason (adverbiale Bestimmung des Grundes):** Partizipien können anstelle eines **Kausalsatzes** stehen, der mit *as, because* oder *since* eingeleitet wird.

Being hungry he went shopping. = Because he was hungry, he went shopping.

In **Aktivsätzen** verwendet man das **Partizip Präsens.**

Watching TV I fell asleep. = While I was watching TV, I fell asleep.

In **Passivsätzen** verwendet man das **Partizip Perfekt.**

Greeted by Tom Sue became happy. = When Sue was greeted by Tom, she became happy.

Partizipialfügungen sind typisch für **kurze Berichte** oder **Beschreibungen** und kommen meist im geschriebenen Englisch vor. In der Umgangssprache nutzt man Adverbialsätze (↑ S. 73 f.).

The bankrobber **identified** as Tom Smith was seen at the crime scene. The tests **done** by the students are analysed.

Idiomatic expressions with participles

Zu **Partizipien, die Teil einer idiomatischen Wendung** geworden sind, gehören: *generally/roughly/strictly speaking, summing up, talking of* u. a.

Talking of Jane, where is she? **Generally speaking,** the weather in Germany is bad. **Strictly speaking,** this is wrong.

9 Sentences

Types of sentences and word order

Positive and negative statements

Die **Wortstellung im bejahten Aussagesatz** ist immer:
Subjekt – Prädikat – Objekt (S–P–O) + andere Satzteile.

I watch TV.
I watch TV in the evenings.

Die **Wortstellung im verneinten Satz** ist immer:
S–P–O + andere Satzteile. Vor dem Verb steht ein Hilfsverb + *not*.

I **don't** watch TV.
I **can't** help you.

Direct and indirect objects

Manche Verben führen ein **indirektes** (wem?; meist Person) und ein **direktes Objekt** (wen oder was?; meist Sache) mit sich (↑ S. 37).
Die **Wortstellung** ist immer:
S – P – indir. Objekt – dir. Objekt.
Aufgepasst: Person vor Sache.

I promised my brother a coke.

Pronomen stehen hinter dem Prädikat (Sache vor Person). Die Person wird mit *to* oder *for* angeschlossen.

I bought **it for** you.
Jill gave the book **to** Peter.

Adverbs and adverbial clauses

Adverbien (↑ S. 17 f.), die sich auf den ganzen Satz beziehen, stehen **vor** dem Subjekt. Dazu gehören: *at first, in fact, finally, maybe, then, suddenly* und *perhaps.*	**Suddenly** the door opened.
Adverbiale Bestimmungen haben unterschiedliche Stellungen im Satz:	
■ **Adverbien der unbestimmten Zeit** stehen nach Formen von be (1), vor dem Vollverb (simple past und simple present) (2) oder nach dem Hilfsverb (3).	(1) I'm **always** hungry. (2) I **often** get up at 6 o'clock. (3) She can **never** get enough.
Sometimes und ***often*** können auch am Satzanfang stehen. ***Before*** und ***yet*** stehen am Satzende.	**Sometimes** I don't sleep well. I haven't seen her **before.**
■ **Adverbien der Art und Weise,** ■ **Adverbien der Zeit** und	I drove **slowly.** It's Monday **tomorrow.**
■ **Adverbien des Ortes** stehen nach dem Vollverb oder Objekt. *Aufgepasst:* Kommen im Satz mehrere Adverbien vor, gilt: Ort vor Zeit.	I work **in the garden.** I flew **to Spain last year.**
Verstärkende, abschwächende und einschränkende **Gradadverbien** stehen oft vor dem Wort, auf das sie sich beziehen. Das sind: *hardly, quite, really, too* und *very.*	I **hardly** know her. It's **quite** nice.

Adverbs and adverbial clauses

Adverbialsätze der Zeit (adverbial clauses of time) können ■ mit einem Komma **vor** dem Hauptsatz stehen (1) ■ und ohne Komma **nach** dem Hauptsatz stehen (2) (↑ S. 87).	(1) **Since** I saw her, I haven't called. (2)I haven't seen her **since** I last went to Paris.
Adverbialsätze des Ortes (adverbial clauses of place) stehen meist **nach** dem Hauptsatz (↑ S. 87).	She moved back to the place **where** she first lived.
Adverbialsätze des Gegensatzes (adverbial clauses of contrast) können **vor oder nach** einem Hauptsatz stehen (↑ S. 87).	**Even though** I didn't like the food, I didn't say anything.
Adverbialsätze des Grundes (adverbial clauses of reason) stehen nach *as* und *since* meist **vor** dem Hauptsatz. Adverbialsätze mit *because* stehen **nach** dem Hauptsatz (↑ S. 87).	**Since** I have no money, I can't buy a new car. I didn't like the shirt **because** it was green.

Commands

Ein **Aufforderungssatz (Imperativ)** entspricht der Form des Infinitivs ohne *to.*	Sit down!
Um zu verneinen, wird *do not* vor dem Infinitiv ohne *to* eingefügt.	Don't sit there!
Mit *let's (not)* vor dem Infinitiv ohne *to* drückt man einen Vorschlag aus.	Let's go out tonight!

Questions

Bei **Entscheidungsfragen** ist die **Wortstellung:** Hilfsverb – Subjekt – Vollverb – (Ergänzungen).	**Is** he **reading** a book? · **Can** you **speak** English?
Ist kein Hilfsverb (↑ S. 30 ff.) vorhanden, muss eine Form von *do* für die Bildung der Frage benutzt werden.	**Do** you work here?
Auf Entscheidungsfragen werden meist Kurzantworten (↑ S. 76) erwartet.	No, I don't.
Bei **Fragen nach dem Subjekt** mit *who* oder *what* ist die **Wortstellung:** Fragewort – Vollverb – Ergänzungen. Das Verb in der Frage muss in der 3. Person Singular stehen.	Who like**s** chocolate?
Aufgepasst: Mit *who* kann man auch nach dem Objekt fragen. Bei förmlichen Fragen folgt auf eine vorangehende Präposition *whom.*	**Who** does she meet after school? **To whom** did you want to speak?
Whose + Substantiv fragt nach dem Genitiv *(wessen?).*	**Whose** telephone number is this?
Bei **Fragen nach dem Objekt** ist die **Wortstellung:** Fragewort – Hilfsverb – Subjekt – Vollverb – Ergänzungen.	Where has he gone?
Wenn kein anderes Hilfsverb (↑ S. 30 ff.) vorhanden ist, muss mit einer Form von *do* umschrieben werden.	Where **did** he go?
Präpositionen bleiben mit dem Verb verbunden.	I **work for** John. Who do you **work for**?

Question tags

Frageanhängsel (nicht wahr?, oder?) werden entweder mit dem Hilfsverb eines Satzes gebildet oder – wenn kein Hilfsverb vorhanden ist – mit einer Form von *do* formuliert.

is – isn't
can't – can
do – don't
didn't – did

Außerdem ist Folgendes zu beachten:

- Das Subjekt des Hauptsatzes wird zum Personalpronomen (↑ S. 20).

Sue lives in London, doesn't **she?**

- Das Frageanhängsel eines bejahten Satzes wird verneint.

London **is** in England, **isn't** it?

- Das Frageanhängsel eines verneinten Satzes wird bejaht.

You **don't** like cheese, **do** you?

Short answers

Das dem Hauptsatz entsprechende Verb oder Hilfsverb (↑ S. 30 ff.) wird zum Verb der **Kurzantwort.**

Is this Jill's dog? Yes, it **is.**

Das Subjekt der Frage wird als Personalpronomen ausgedrückt.

Does **John** work for Marc? No, **he** doesn't.

Weitere Änderungen sind:

- Nach *believe, suppose* und *think* wird nicht der ganze Satz wiederholt, sondern nur *so* angehängt. Das gilt ebenso für bejahte wie für verneinte Sätze.

I think it is her dog. I (don't) think **so.**

- Nach *hope* und *be afraid* wird bei bejahten Sätzen *so*, bei verneinten *not* angehängt.

Is Marc here? I'm afraid **not.**

Complex sentences

Reported speech

Die direkte Rede (direct speech) gibt wörtlich wieder, was jemand gesagt oder geschrieben hat. Die direkte Rede steht in Anführungszeichen.

Tom: "She doesn't like the music."

In der **indirekten Rede** (reported speech) gibt man einem anderen gegenüber wieder, was ein Dritter geschrieben oder gesagt hat.
Vor der indirekten Rede steht kein Komma; *that* wird meist weggelassen.

Tom said (that) she didn't like the music.

Die indirekte Rede wird mit bestimmten Verben eingeleitet:
add, answer, believe, explain, know, say, tell sb., think, want to know, wonder.

Jill answered (that) she didn't know for sure.

Auf *tell* folgt immer ein personenbezogenes Objekt (1). *Say* steht meist ohne ein solches Objekt. Wenn doch, dann wird diesem *to* vorangestellt (2).

(1) She told **me.**
She told **Jill.**
(2) She said **to** me.
She said **to** Jill.

Um einen Satz in der indirekten Rede wiederzugeben, müssen die Pronomen und die Adverbialbestimmungen des Ortes und der Zeit (↑ S. 80) verändert werden.
Wenn das einleitende Verb im past tense steht (z. B. *said*), muss die Zeit verändert werden (↑ S. 81).

Jill: "Tom came to my house last week."
Jill said (that) Tom **had come** to **her** house the **week before.**

Modal auxiliaries in reported speech

Nicht alle **modalen Hilfsverben** werden in der indirekten Rede eine Zeitstufe zurückgestellt.

Jill: “I **can** draw it for you.”
Jill said she **could** draw it for her.
Jill: “You **should** clean your car.”
Jill said she **should** clean her car.

Wenn ***must*** einen Vorschlag/Ratschlag oder eine Annahme/Schlussfolgerung ausdrückt, wird *must* in der indirekten Rede nicht verändert.
Wenn *must* Zwang oder eine Verpflichtung ausdrückt, kann *must* in der indirekten Rede durch ***had to*** ersetzt werden.

Doctor: “You must take care of your body.”
The doctor said I **must/had to** take care of my body. (Verpflichtung)
Marc: “You **must** see the new museum.”
Marc told me that I **must** see the new museum. (Vorschlag)
Joe: “I hear a car. It **must** be my dad.”
Joe heard a car. He thought it **must** be his dad. (Annahme)
Tom: “You **must** do your homework.”
Tom said you **must** do your homework. (Ratschlag)

Mustn’t kann in der indirekten Rede unverändert bleiben oder durch ***shouldn’t/wasn’t/weren’t to*** ersetzt werden.

Mum: “You **mustn’t** stay up so long.”
My mum said I **wasn’t to** stay up so long.

Needn’t kann in der indirekten Rede unverändert stehen oder durch ***didn’t have to*** ersetzt werden.

Mum: “You **needn’t** do the dishes.”
My mum said I **didn’t have to** do the dishes.

Reported speech

Befehle und **Aufforderungen (commands)** werden in der indirekten Rede durch einen Infinitiv mit *to* ausgedrückt.
Einleitende Verben sind:
order und *tell* u. a.

Jill: "Sit down."
Jill told him (not) **to sit** down.

Angebote/Einladungen und Bitten (invitations and suggestions) können durch einen Infinitiv mit *to* oder einen Gliedsatz ausgedrückt werden.
Einleitende Verben sind:
invite to, offer, ask if, ask for u. a.

Joe: "Have another glass." Joe **offered** her another drink.
Joe **asked** if she would like another drink.

Vorschläge werden mit *suggest* eingeleitet. Darauf folgt ein **Gerundium** (↑ S. 63 f.) oder ein Satz mit *should*. Der Nebensatz muss mit *that* eingeleitet werden.

Tom: "Shall we go to the party?" Tom **suggested going to** the party.
Tom **suggested that** they should go to the party.

Fragesätze (questions) werden in der indirekten Rede u. a. durch die Verben *ask* oder *want to know* eingeleitet.
Das Fragewort der direkten Rede wird in die indirekte Rede übernommen (1). Enthält die Frage kein Fragewort, steht in der indirekten Rede *if* oder *whether* (2).

(1) Jill: "Mary, **when** did you see him?"
Jill **asked** Mary **when** she had seen him.
(2) Jill: "Mary, did you see him?"
Jill **wanted to know if** Mary had seen him.

Indirekte Rede (reported speech)

Häufig ändern sich bei der Wiedergabe der direkten Rede in der indirekten Rede die Personal- und Possessivpronomen, adverbiale Bestimmungen und die Zeiten des Verbs.

Change of pronouns

Die Personal- und Possessivpronomen müssen fast immer verändert werden.
Aufgepasst: Wenn der Sprecher etwas wiedergibt, was er vorher selbst gesagt hat, ändert sich nichts.

Mary to Jane: "**I** sold **my** car." Mary said (that) **she** had sold **her** car.
aber: Mary: "**I** sold **my** car." I told Jane that **I** had sold **my** car.

Personal pronouns

Direct speech		Indirect speech
I, you	→	he, she
we, you	→	they

Possessive pronouns

Direct speech		Indirect speech
my, your	→	his, her
our, your	→	their

Change of adverbials of place and time

Diese Adverbialbestimmungen ändern sich nur, wenn das einleitende Verb in der Vergangenheit steht.

Direct speech		Indirect speech
here	→	there
two weeks ago	→	two weeks before
this	→	that
tomorrow	→	the next day
these	→	those
next week	→	the following week
today	→	that day
now	→	then, at that moment
yesterday	→	the day before

Change of tenses

In folgenden Fällen wird die Zeit des Verbs der indirekten Rede **nicht verändert:**

■ Wenn das einleitende Verb im simple present, present perfect oder will-future steht, behält das Verb in der indirekten Rede die Zeit bei, die es in der indirekten Rede besitzt.

Jill: "I walk my dog every day."
Jill says she walks her dog every day.

■ Handelt es sich um eine allgemein gültige Aussage, bleibt das Verb unverändert.

Tom: "Rome is in Italy."
Tom said (that) Rome is in Italy.

■ Ist der Zustand der Aussage unverändert, bleibt das Verb unverändert.

Marc: "My mum is in Italy."
Marc said (that) his mum is in Italy.

Wenn das einleitende Verb im simple past oder past perfect (↑ S. 77) steht, wird das Verb **verändert.** Die Verbformen der direkten Rede werden um eine Vergangenheitsstufe nach hinten verschoben.

Jill said she had walked her dog every day.

Direct speech		Indirect speech
Present	→	Past
Present perfect	→	Past perfect
Past	→	Past perfect
Past perfect	→	Past perfect
Going-to-future	→	was/were going to
Will-future	→	would + infinitive

Conditional sentences

Es gibt drei Typen von **Bedingungssätzen (if-Sätze,** conditional sentences), die unterschiedliche Zeitfolgen haben und inhaltlich klar voneinander zu unterscheiden sind. Gemeinsam ist ihnen, dass sie aus einem Hauptsatz und einem if-Satz bestehen. Der if-Satz nennt die Bedingung, der Hauptsatz die Folge daraus. Steht der if-Satz vor dem Hauptsatz, werden die beiden Sätze durch ein Komma getrennt.

I will sunbathe if the sun shines.
= If the sun shines**,** I will sunbathe.

Conditional sentence I

Der **erste Typ** wird immer dann verwendet, wenn man ausdrücken möchte, dass etwas mit Wahrscheinlichkeit eintritt, also dass die Bedingung erfüllbar ist oder schon erfüllt ist **(real condition).**

I will help you if you help me.

Das Verb im if-Satz steht im simple present (↑ S. 38 f.), im Hauptsatz steht das Verb im will-future (↑ S. 46) oder ein modales Hilfsverb + Infinitiv (↑ S. 32 ff.). Verneinungen sind in beiden Satzteilen möglich.

She **won't** water the plants if it **rains.**
I **can't see** the splinter if you **don't hold** still.

Fragen werden mit dem Hauptsatz gebildet, der am Anfang stehen muss.

Will you stay home if it rains?

Conditional sentence II

Der **zweite Typ** bezieht sich auf die Gegenwart oder Zukunft. Er wird verwendet, wenn man ausdrücken möchte, dass es sehr unwahrscheinlich oder unmöglich ist, dass die Bedingung erfüllt wird **(unreal condition).**

If I won a million dollars, I could buy a yacht.
I would run away if I saw a ghost.

Das Verb im if-Satz steht im simple past (↑ S. 42 f.), im Hauptsatz steht *would/could/might* + Infinitiv.

If I **was** older, I **wouldn't ski.**

Möchte man einen **Ratschlag** aussprechen, verwendet man im if-Satz *were* statt *was*.

If **I were** you, I would study for the test.

Verneinungen sind in beiden Satzteilen möglich.

If Joe didn't annoy his sister, he wouldn't get in an argument.

Aufgepasst: Obwohl der if-Satz im simple past steht, bezieht er sich auf die Gegenwart oder Zukunft.

Fragen werden mit dem Hauptsatz gebildet; dazu muss er am Anfang stehen.

Would you move to Paris if you earned more money?

Conditional sentence III

Der **dritte Typ** bezieht sich auf die Vergangenheit. Er wird verwendet, um eine **unerfüllbare Bedingung** auszudrücken, die sich **auf die Vergangenheit bezieht.**

If I had seen the poster, I would have gone to the concert.

Conditional sentence III

Das Verb im if-Satz steht im past perfect (↑ S. 44 f.) und im Hauptsatz stehen *would/could/might have* + Verb im Perfekt.
Verneinungen sind in beiden Satzteilen möglich.

If I **had known** you were sick, I **would have visited** you.

He **couldn't have come by** if he **hadn't used** the car.

Aufgepasst: Im if-Satz steht die Kurzform *'d* für *had* und im Hauptsatz steht *'d* für *would.*

If he**'d** called, she**'d** have invited him.

Fragen werden mit dem Hauptsatz gebildet; dazu muss er am Anfang stehen.

Would he have called if he had known her last name?

Inversion

***If* kann weggelassen werden,** wenn in einem if-Satz past perfect oder *should* steht. Dazu müssen Subjekt und Prädikat umgestellt werden. Das nennt man Inversion (1 und 2).

Should wird dann in einem auf die Zukunft bezogenen if-Satz verwendet, wenn man den Zufall zum Ausdruck bringen will (2).

(1) **If I had** known his number, I would have called.
= **Had I** known his number, I would have called.
(2) **If I should** come across his number, I give him a call.
= **Should I** come across his number, I give him a call.

Relative clauses

Relativsätze sind Nebensätze, die durch **Relativpronomen** (↑ S. 21) eingeleitet werden.
Ein Relativsatz kann sich auf zweierlei beziehen:

- Bezieht er sich auf ein Wort (1), steht *who* oder *that*.
- Bezieht er sich auf einen ganzen Satz (2), wird immer das Relativpronomen *which* eingesetzt.

Ein Relativsatz ohne Relativpronomen wird **contact clause** (↑ S. 86) genannt.

who · whom · whose · which · that

(1) The man who/that stands over there is John's English teacher.
(2) John read the book late at night **which** made him very tired.

Relative clauses with who, that, which

Die Relativpronomen *who* und *that* beziehen sich auf Personen. *Who* ist in diesem Zusammenhang gebräuchlicher.
Die Relativpronomen *which* und *that* beziehen sich auf Dinge und Tiere.

This is the man **who/that** won the lottery.

This is the dog **which/that** bit me.

Relative clauses with whose

Das Relativpronomen *whose* bezieht sich auf Personen und Dinge. *Whose* steht immer vor einem Substantiv. Es drückt eine Zugehörigkeit oder einen Besitz aus.

That's the boy **whose** parents live in London.
That's the man **whose** car broke down.

Relative clauses with prepositions

Führt das Prädikat im **Relativsatz** eine **Präposition** mit sich, dann steht diese meist hinter dem Vollverb.
Bei einem Relativsatz mit *who* oder *which* kann die Präposition vor dem Relativpronomen stehen (förmlicher Stil).
Aufgepasst: *Who* wird dann in *whom* umgewandelt.

The man **who** I was **talking to** is John's teacher.

= The man **to whom** I was talking is John's teacher.

Contact clauses

Wenn das näher zu bestimmende Substantiv und das Subjekt des Relativsatzes ohne ein Relativpronomen nebeneinander stehen können, spricht man von contact clause. Wenn der Haupt- und Relativsatz nicht das gleiche Subjekt haben, kann man das Relativpronomen weglassen.

This is the new **car** which **I** told you about.
= This is the new car I told you about.
The **trip** that **we** took was great.
= The trip we took was great.

Defining and non-defining relative clauses

Bestimmende Relativsätze sind Relativsätze, auf die man nicht verzichten kann, weil sonst nicht klar wird, wer oder was gemeint ist. Bestimmende Relativsätze werden nicht durch ein Komma getrennt.

This is the man who owns the beautiful car.
This is the dog that bit the mailman.

Nicht bestimmende Relativsätze sind Relativsätze, auf die man verzichten kann. Diese Relativsätze werden durch ein Komma vom Hauptsatz abgetrennt.

The book (**,** which I got for my birthday**,**) is very exciting.

Adverbial clauses

Es gibt verschiedene **Adverbialsätze,** die durch bestimmte Konjunktionen und Präpositionen eingeleitet werden.

- **Adverbialsätze der Zeit (adverbial clauses of time)** werden eingeleitet durch: *after, as, till, before, while, when, once* (↑ S. 74).

They lit a candle **after** it was dark.

- **Adverbialsätze des Ortes (adverbial clauses of place)** werden eingeleitet durch: *where, wherever* (↑ S. 74).

Wherever they went, they got souvenirs.

- **Adverbialsätze des Grundes (adverbial clauses of reason)** werden eingeleitet durch: *as, since, because* (↑ S. 74).

Since I am that hungry, I will get a donut.

- **Adverbialsätze des Gegensatzes (adverbial clauses of contrast)** werden eingeleitet durch: *even, even though, if, although, though, while* (↑ S. 74).

Joan likes watching TV, **while** Tom enjoys reading.

10 Numbers, dates and time of day

Numbers

Es gibt verschiedene Zahlen: ■ **Kardinalzahlen (cardinal numbers):** *eins, zwei ... hundertundeins*	one, two … hundred and one
■ **Ordinalzahlen (ordinal numbers):** *erste, zweite, dritte ...*	the first, the second, the third …
Die **0 (Null)** wird verschieden gesprochen:	
■ 0 in der Mathematik oder in den Naturwissenschaften:	zero
■ 0 beim Aufzählen von Zahlenreihen (z. B. Telefonnummern):	0 = O (əʊ)
■ 0 für den Punktestand im Sport:	nil
Aufgepasst: Beim Tennis heißt es:	love

Dates

Es gibt zwei Schreibweisen für das **Datum:** ■ 19(th) May 2006 (1) ■ May 19th, 2006 (2) *Aufgepasst:* Im amerikanischen Englisch steht der Monat vor dem Tag: 5.19.2006 (3)	*Gesprochen wird:* (1) the nineteenth of May, 2006 (2) May the nineteenth, 2006 (3) May nineteenth, 2006

Time of day

Bei der **Uhrzeit** werden die Stunden von **1 bis 12** gezählt. Die Stunden von 1 bis 24 nennt man military time.	1 o'clock – 12 o'clock
Für die Zeit von **13 bis 24 Uhr** wird post meridiem (lat. = nachmittags) und von **1 bis 12 Uhr** wird ante meridiem (lat. = vormittags) ergänzt. Bei der Nennung der vollen Stunden wird *o'clock* hinzugefügt und *a.m./p.m.* entfällt.	1 **p.m.** – 12 **p.m.** 1 **a.m.** – 12 **a.m.** 17.00 Uhr = 5 o'clock
Die Minuten von der vollen Stunde zur halben Stunde werden mit *past* an die letzte Stunde angehängt. Die Minuten von der halben Stunde zur nächsten vollen Stunde werden mit *to* an die nächste Stunde angehängt. Das Wort *minutes* kann nur entfallen, wenn es sich um 5 Minuten oder ein Vielfaches davon handelt.	3:26 = 26 min. **past** 3 3:34 = 26 min. **to** 4 1:05 = 5 past 1 2:20 = 20 past 2
Die halbe Stunde entspricht *half past*, die Viertelstunden *a quarter past* und *a quarter to*.	1:30 = half past 1 2:15 = a quarter past 2 2:45 = a quarter to 3

Most common irregular verbs

Infinitive	Simple past	Past participle	
be	was / were	been	sein
beat	beat	beaten	schlagen
become	became	become	werden
begin	began	begun	beginnen
bend	bent	bent	biegen
bet	bet	bet	wetten
bite	bit	bit(ten)	beißen
blow	blew	blown	wehen, blasen
break	broke	broken	kaputtgehen
bring	brought	brought	bringen
build	built	built	bauen
buy	bought	bought	kaufen
catch	caught	caught	fangen
choose	chose	chosen	auswählen
come	came	come	kommen
creep	crept	crept	kriechen
cut	cut	cut	schneiden
deal	dealt	dealt	handeln
dig	dug	dug	graben
do	did	done	tun, machen
draw	drew	drawn	zeichnen
dream	dreamt*	dreamt*	träumen
drink	drank	drunk	trinken
drive	drove	driven	fahren
eat	ate	eaten	essen
fall	fell	fallen	fallen
feed	fed	fed	füttern

* bedeutet, dass das Verb auch in regelmäßiger Form vorkommt, z. B. dream – dreamed – dreamed

Infinitive	Simple past	Past participle	
feel	felt	felt	fühlen
fight	fought	fought	kämpfen
find	found	found	finden
flee	fled	fled	fliehen
fly	flew	flown	fliegen
forbid	forbad(e)	forbidden	verbieten
forget	forgot	forgotten	vergessen
forgive	forgave	forgiven	vergeben
freeze	froze	frozen	(ein-)frieren
get	got	got(ten)	bekommen, werden, holen
give	gave	given	geben
go	went	gone	gehen
grow	grew	grown	wachsen
hang	hung	hung	(auf-)hängen
have	had	had	haben
hear	heard	heard	hören
hide	hid	hidden	verstecken
hit	hit	hit	schlagen, treffen
hold	held	held	halten
hurt	hurt	hurt	verletzen
keep	kept	kept	behalten
kneel	knelt	knelt	knien
know	knew	known	wissen
lay	laid	laid	legen, (Tisch) decken
lead	led	led	führen, leiten
learn	learnt*	learnt*	lernen
leave	left	left	(ver-)lassen
let	let	let	zulassen

Infinitive	Simple past	Past participle	
lie	lay	lain	liegen
light	lit	lit	anzünden
lose	lost	lost	verlieren
make	made	made	machen
mean	meant	meant	bedeuten
meet	met	met	treffen
overtake	overtook	overtaken	überholen
pay	paid	paid	bezahlen
put	put	put	setzen, stellen, legen
read	read	read	lesen
retell	retold	retold	nacherzählen
ride	rode	ridden	reiten, fahren
ring	rang	rung	klingeln
rise	rose	risen	aufgehen
run	ran	run	laufen
say	said	said	sagen
see	saw	seen	sehen
seek	sought	sought	suchen
sell	sold	sold	verkaufen
send	sent	sent	schicken
set	set	set	setzen, stellen
shake	shook	shaken	schütteln
shine	shone	shone	scheinen
shoot	shot	shot	schießen
show	showed	shown	zeigen
shut	shut	shut	schließen
sing	sang	sung	singen
sink	sank	sunk	sinken
sit	sat	sat	sitzen
sleep	slept	slept	schlafen

Infinitive	Simple past	Past participle	
smell	smelt*	smelt*	riechen
sow	sowed	sown	säen
speak	spoke	spoken	sprechen
spend	spent	spent	verbringen, ausgeben
spoil	spoilt*	spoilt*	verderben
spread	spread	spread	verbreiten
stand	stood	stood	stehen
steal	stole	stolen	stehlen
stick	stuck	stuck	kleben
sting	stung	stung	stechen
stink	stank	stunk	stinken
strike	struck	struck	stoßen, schlagen
swim	swam	swum	schwimmen
take	took	taken	nehmen, bringen
teach	taught	taught	unterrichten
tear	tore	torn	(zer-)reißen
tell	told	told	erzählen
think	thought	thought	denken, meinen
throw	threw	thrown	werfen
understand	understood	understood	verstehen
wake	woke	woken	(auf-)wecken
wear	wore	worn	tragen
weep	wept	wept	weinen
win	won	won	gewinnen
wring	wrung	wrung	auswringen
write	wrote	written	schreiben

Bibliografische Information der Deutschen Bibliothek
Die Deutsche Bibliothek verzeichnet diese Publikation in der Deutschen Nationalbibliografie; detaillierte bibliografische Daten sind im Internet über http://dnb.ddb.de abrufbar.

2., aktualisierte Auflage

Redaktionelle Leitung Heike Krüger-Beer
Redaktion Claudia Fahlbusch
Autorin Nathalie Birko-Flemming

Herstellung Annette Scheerer
Typografisches Konzept Horst Bachmann
Illustrator Peter Lohse, Büttelborn
Umschlaggestaltung Michael Acker

Satz Robert Turzer, Tübingen
Druck und Bindung Kösel, Altusried-Krugzell
Printed in Germany

F

ISBN-13: 978-3-411-02319-6 (Gesamtkassette)
ISBN-10: 3-411-02319-8 (Gesamtkassette)

Duden

SMS

Schnell-Merk-System

Latein

5. bis 10. Klasse

Dudenverlag
Mannheim • Leipzig • Wien • Zürich

DUDEN PAETEC Schulbuchverlag
Berlin • Frankfurt a. M.

Inhaltsverzeichnis

1 Substantive

Jedes Substantiv steht in einem bestimmten

- **Kasus** (Fall): Nominativ, Genitiv, Dativ, Akkusativ, Ablativ, Vokativ,
- **Numerus** (Zahl): Singular oder Plural, und hat ein bestimmtes
- **Genus** (Geschlecht): Maskulinum (männlich), Femininum (weiblich) oder Neutrum (sächlich).

animālium (der Tiere): Genitiv

Plural

Neutrum

Die Formveränderung von Substantiven nennt man **Deklination.** Es gibt fünf Deklinationen.

Die erste oder ā-Deklination

Die Substantive der ā-Deklination enden auf ***-a*** (Gen. *-ae*) und sind fast immer **Feminina.**

vīll**a,** -ae (Landgut)

	Singular	Plural
Nominativ	vīll **a**	vīll **ae**
Genitiv	vīll **ae**	vīll **ārum**
Dativ	vīll **ae**	vīll **īs**
Akkusativ	vīll **am**	vīll **ās**
Ablativ	vīll **ā**	vīll **īs**
Vokativ	vīll **a!**	vīll **ae!**

- Einige Wörter der ā-Deklination sind **Maskulina.** Personen behalten ihr natürliches Geschlecht.

agricol**a,** -ae (Bauer) · poēt**a,** -ae (Dichter) · naut**a,** -ae (Seemann)

- Manche kommen **nur im Plural** vor.

dīviti**ae,** -ārum (Reichtum) · īnsidi**ae,** -ārum (Hinterhalt)

Die zweite oder o-Deklination

Die Substantive der o-Deklination auf *-us* und *-er* (Gen. *-ī*) sind **Maskulina,** die auf *-um* (Gen. *-ī*) sind **Neutra.**

amīc**us,** -ī (Freund) · pue**r,** -ī (Junge) · templ**um,** -ī (Tempel)

Bei den Neutra ist der Akkusativ gleich dem Nominativ. Im Singular ist die Endung *-um*, im Plural *-a*.

Marcus templ**um** (Akk.) videt. Templ**um** (Nom.) magnum est.

		m		m		n	
Sg.	**Nom.**	amīc	**us**	puer		templ	**um**
	Gen.	amīc	**ī**	puer	**ī**	templ	**ī**
	Dat.	amīc	**ō**	puer	**ō**	templ	**ō**
	Akk.	amīc	**um**	puer	**um**	templ	**um**
	Abl.	amīc	**ō**	puer	**ō**	templ	**ō**
	Vok.	amīc	**e**!	puer	!	templ	**um**!
Pl.	**Nom.**	amīc	**ī**	puer	**ī**	templ	**a**
	Gen.	amīc	**ōrum**	puer	**ōrum**	templ	**ōrum**
	Dat.	amīc	**īs**	puer	**īs**	templ	**īs**
	Akk.	amīc	**ōs**	puer	**ōs**	templ	**a**
	Abl.	amīc	**īs**	puer	**īs**	templ	**īs**
	Vok.	amīc	**ī**!	puer	**ī**!	templ	**a**!

Beachte, dass bei manchen Substantiven auf ***-er*** bei der Deklination das ***-e*** entfällt.

ager (Feld)
Gen.: a**grī**
(des Feldes)

Der Vokativ wird bei den **Maskulina** auf ***-us*** mit ***-e*** gebildet. Ausnahmen sind *fīlius, -ī (Sohn)* und die Eigennamen auf *-ius*.

mī fīl**ī**! (mein Sohn!) · Ga**ī**! (Gaius!)

Die dritte oder konsonantische Deklination

Die dritte Deklination umfasst
- Konsonantenstämme und
- i-Stämme.

Die Konsonantenstämme

Bei den Konsonantenstämmen **endet der Wortstamm,** d. h. der Wortstock (der unveränderliche Wortbestandteil) und der Kennvokal, **auf einen Konsonanten.**

cōnsul, cōnsu**l**-is (Konsul) · ōrātiō, ōrātiō**n**-is (Rede) · lēx, lē**g**-is (Gesetz) · foedus, foede**r**-is (Bündnis)

Die Substantive der Konsonantenstämme haben
- im **Ablativ Singular *-e*,**
- im **Genitiv Plural *-um*,**
- und bei den Neutra im **Nominativ** und **Akkusativ Plural *-a*.**

victor (Sieger)
victōr**e**
victōr**um**
corpus (Körper)
corpor**a**

Der **Vokativ** ist immer gleich dem Nominativ.

cīvis! (Bürger!)

		m		f		f		n	
Sg.	Nom.	cōnsul		ōrātio		lēx		foedus	
	Gen.	cōnsul	**is**	ōrātiōn	**is**	lēg	**is**	foeder	**is**
	Dat.	cōnsul	**ī**	ōrātiōn	**ī**	lēg	**ī**	foeder	**ī**
	Akk.	cōnsul	**em**	ōrātiōn	**em**	lēg	**em**	foedus	
	Abl.	cōnsul	**e**	ōrātiōn	**e**	lēg	**e**	foeder	**e**
Pl.	Nom.	cōnsul	**ēs**	ōrātiōn	**ēs**	lēg	**ēs**	foeder	**a**
	Gen.	cōnsul	**um**	ōrātiōn	**um**	lēg	**um**	foeder	**um**
	Dat.	cōnsul	**ibus**	ōrātiōn	**ibus**	lēg	**ibus**	foeder	**ibus**
	Akk.	cōnsul	**ēs**	ōrātiōn	**ēs**	lēg	**ēs**	foeder	**a**
	Abl.	cōnsul	**ibus**	ōrātiōn	**ibus**	lēg	**ibus**	foeder	**ibus**

Die i-Stämme

Zu den i-Stämmen gehören:

- die **gleichsilbigen Substantive** (Nominativ und Genitiv Singular haben gleich viele Silben) **auf *-is*** und ***-ēs,***

  nāv**is,** nāvis (Schiff) · nūb**ēs,** nūbis (Wolke)

- die **ungleichsilbigen Substantive,** deren Wortstock auf **zwei oder mehrere Konsonanten** ausgeht,

  pa**rs,** partis (Teil) · ge**ns,** gentis (Stamm)

- die **Substantive auf *-ar, -e, -al.***

  anim**al,** -is (Tier) · mar**e,** -is (Meer)

Bei den i-Stämmen endet der **Wortstamm auf *-i*.**

cīvis, cīv**i**-s (Bürger)

Die Substantive der i-Stämme haben

- im **Genitiv Plural *-ium*** und

  pars, partis (Teil) – part**ium**

- bei den Neutra im **Nominativ** und **Akkusativ Plural *-ia*.**

  mare, -is (Meer) – mar**ia**

Die i-Stämme

Aufgepasst:

- Einige der gleichsilbigen Substantive bilden den **Akkusativ Singular** auf *-im* und den **Ablativ Singular** auf *-ī*.

  turris, -is (Turm) – turr**im** · sitis, -is (Durst) – sit**im** · febris, -is (Fieber) – febr**ī** · Tiberis, -is (der Tiber) – Tiber**ī**

- Die **Neutra** auf *-ar, -e, -al* haben im **Ablativ Singular** *-ī*.

  animal, -is (Tier) – animāl**ī** · mare, -is (Meer) – mar**ī**

- Im **Genitiv Plural** haben *-um* statt *-ium: canis, -is (Hund), iuvenis, -is (junger Mann)* und *sēdes, -is (Sitz).*

  iuvenis, -is – iuven**um** · sedes, -is – sed**um**

		gleichsilbig		ungleich-silbig	-ar, -e, -al
		m/f	f	f	n
Sg.	Nom.	cīv **is**	turr **is**	pars	animal
	Gen.	cīv **is**	turr **is**	part **is**	animāl **is**
	Dat.	cīv **ī**	turr **ī**	part **ī**	animāl **ī**
	Akk.	cīv **em**	turr **im**	part **em**	animāl
	Abl.	cīv **e**	turr **ī**	part **e**	animāl **ī**
Pl.	Nom.	cīv **ēs**	turr **es**	part **ēs**	animāl **ia**
	Gen.	cīv **ium**	turr **ium**	part **ium**	animāl **ium**
	Dat.	cīv **ibus**	turr **ibus**	part **ibus**	animāl **ibus**
	Akk.	cīv **ēs**	turr **es**	part **ēs**	animāl **ia**
	Abl.	cīv **ibus**	turr **ibus**	part **ibus**	animāl **ibus**

Besonderheiten

Nur im Plural kommen vor:

frūgēs, frūgum (f) – Getreide
māiōrēs, māiōrum (m) – Vorfahren
moenia, moenium (n) – Stadtmauer
opēs, opum (f) – Schätze, Macht
precēs, precum (f) – Bitten
vīrēs, vīrium (f) – Kräfte
faucēs, faucium (f) – Schlund, Schlucht
optimātēs, optimātium (m) – Aristokraten

Eine **andere Bedeutung im Plural als im Singular** haben:

aedēs, aedis (f) – Tempel	aedēs, aedium (f) – Haus
fīnis, fīnis (m) – Grenze	fīnēs, fīnium (m) – Gebiet
pars, partis (f) – Teil	partēs, partium (f) – Partei

- Von *vīs [f] (Gewalt)* gibt es im Singular nur den Nominativ, den Akkusativ *vim* und den Ablativ *vī*;
- *fās (göttliches Recht)* und *nefās (Frevel)* sind nicht deklinierbar und kommen nur im Nominativ und Akkusativ Singular vor.

Unregelmäßige Formen bilden *Iuppiter* [m] *(Jupiter)*, *bōs* [m/f] *(Rind)* und *vās* [n] *(Gefäß)*:

	Sg.	Sg.	Pl.	Sg.	Pl.
Nom.	Iuppiter	bōs	bovēs	vās	vāsa
Gen.	Iovis	bovis	boum	vāsis	vāsōrum
Dat.	Iovī	bovī	bōbus (būbus)	vāsī	vāsīs
Akk.	Iovem	bovem	bovēs	vās	vāsa
Abl.	Iove	bove	bōbus (būbus)	vāse	vāsīs

TOPTHEMA

Dritte Deklination – welches Genus?

Zur dritten Deklination gehören Substantive mit unterschiedlichen Endungen. Hier findest du eine Übersicht, welche Wörter welches Genus haben sowie eine Zusammenfassung der Ausnahmen.

Maskulina sind die Wörter auf:	
-or	labor, labōris – Arbeit
-ōs	mōs, mōris – Sitte
-er	agger, aggeris – Damm

Feminina sind die Wörter auf:	
-ō	regiō, regiōnis – Gegend
-is	classis, classis – Flotte
-ās	aestās, aestātis – Sommer
-ēs	mercēs, mercēdis – Lohn quiēs, quiētis – Ruhe
-ōs	dōs, dōtis – Gabe
-ūs, -ūdis	laus, laudis – Lob
-ūs, -ūtis	virtūs, virtūtis – Tugend
-x	vōx, vōcis – Stimme
Kons. + -s	hiems, hiemis – Winter plēbs, plēbis – Volk

Neutra sind die Wörter auf:	
-men	flūmen, flūminis – Fluss
-us, -eris	genus, generis – Geschlecht
-us, -oris	corpus, corporis – Körper
sowie	aes, aeris – Erz caput, capitis – Kopf iter, itineris – Reise, Weg iūs, iūris – Recht rōbur, rōboris – Kraft rūs, rūris – Land vās, vāsis – Gefäß

Wichtige Ausnahmen!

Eine Reihe von Substantiven hat abweichend von den Regeln ein anderes Genus.

Maskulina

collis, collis – Hügel	mōns, montis – Berg
dēns, dentis – Zahn	obses, obsidis – Geisel
fīnis, fīnis – Ende	orbis, orbis – Kreis
fōns, fontis – Quelle	ōrdō, ōrdinis – Ordnung
grex, gregis – Herde	pēs, pedis – Fuß
homō, hominis – Mensch	pōns, pontis – Brücke
ignis, ignis – Feuer	pulvis, pulveris – Staub
imber, imbris – Regen	sanguis, sanguinis – Blut
lapis, lapidis – Stein	sermō, sermōnis – Rede
leō, leōnis – Löwe	vertex, verticis – Scheitel
mēnsis, mēnsis – Monat	

Feminina

arbor, arboris – Baum	tellūs, tellūris – Erde

Neutra

aequor, aequoris – Meer	lac, lactis – Milch
aes, aeris – Erz	mel, mellis – Honig
cor, cordis – Herz	ōs, ōris – Mund
iter, itineris – Weg, Reise	vēr, vēris – Frühling

Die vierte oder u-Deklination

Die Substantive der u-Deklination auf *-us* sind **Maskulina,** die auf ***-ū*** **Neutra.** *Aufgepasst:* **Feminina** sind *manus, -ūs (Hand), domus, -ūs (Haus)* und *porticus, -ūs (Säulengang).*
Domus hat im Genitiv und Akkusativ Plural und im Ablativ Singular Formen der o-Deklination. Die Formen in Klammern sind weniger üblich.

curs**us,** -ūs (Lauf) · cornū**,** ūs (Horn)

		m		n		f		
Sg.	Nom.	curs	**us**	corn	**ū**	dom	**us**	
	Gen.	curs	**ūs**	corn	**ūs**	dom	**ūs**	
	Dat.	curs	**uī**	corn	**uī** (-**ū**)	dom	**uī**	
	Akk.	curs	**um**	corn	**ū**	dom	**um**	
	Abl.	curs	**ū**	corn	**ū**	dom	**ō**	
Pl.	Nom.	curs	**ūs**	corn	**ua**	dom	**ūs**	
	Gen.	curs	**uum**	corn	**uum**	dom	**ōrum**	(dom**uum**)
	Dat.	curs	**ibus**	corn	**ibus**	dom	**ibus**	
	Akk.	curs	**ūs**	corn	**ua**	dom	**ōs**	(dom**ūs**)
	Abl.	curs	**ibus**	corn	**ibus**	dom	**ibus**	

Die fünfte oder ē-Deklination

Die Substantive der ē-Deklination sind **Feminina.**

rēs, rei (Sache) · fides, fideī (Treue)

Sg.	Nom.	r	**ēs**	Pl.	Nom.	r	**ēs**
	Gen.	r	**eī**		Gen.	r	**ērum**
	Dat.	r	**eī**		Dat.	r	**ēbus**
	Akk.	r	**em**		Akk.	r	**ēs**
	Abl.	r	**ē**		Abl.	r	**ēbus**

Manche Substantivausgänge sind mehrdeutig, daher kann man den Kasus nicht sofort bestimmen. Um zu wissen, welcher Fall steht, muss man die Deklination kennen, zu der das Substantiv gehört.

Die häufigsten Verwechslungsmöglichkeiten

	Kasus	Deklination	Beispiel	Grundform
-a/-ā	Nom. Sg. f	ā-Dekl.	tabula	tabula, -ae f
	Abl. Sg. f	ā-Dekl.	vīllā	vīlla, -ae f
	Nom./Akk. Pl. n	o-Dekl.	dona	donum, -ī n
	Nom./Akk. Pl. n	dritte Dekl.	corpora	corpus, -oris n
-ae	Gen. Sg. f	ā-Dekl.	epistulae	epistula, -ae f
	Dat. Sg. f	ā-Dekl.	pecūniae	pecūnia, -ae f
	Nom. Pl. f	ā-Dekl.	īnsulae	īnsula, -ae f
-ī	Gen. Sg. m	o-Dekl.	fīliī	fīlius, -ī m
	Gen. Sg. n	o-Dekl.	aurī	aurum, -ī n
	Dat. Sg. m/f/n	dritte Dekl.	lēgī	lēx, lēgis f
-is/-īs	Dat./Abl. Pl. m/f/n	o-/ā-Dekl.	amīcīs	amīcus, -ī m
	Gen. Sg. m/f	dritte Dekl.	patris	pater, tris m
	Nom. Sg. f	dritte Dekl.	sitis	sitis, -is f
-ō	Dat./Abl. Sg. m	o-Dekl.	populō	populus, -ī m
	Nom. Sg. m/f	dritte Dekl.	ōrdō	ōrdō, -inis m
-us/ -ūs	Nom. Sg. m	o-Dekl.	servus	servus, -ī m
	Dat./Abl. Pl. m/f/n	dritte Dekl.	dent**ib**us	dēns, dentis m
	Nom. Sg. m/f	u-Dekl.	senatūs	senatus, -ūs m
	Gen. Sg. m/f/n	u-Dekl.	manus	manus, -ūs f
	Nom./Akk. Pl. m/f	u-Dekl.	porticūs	porticus, -ūs f
-um	Nom./Akk. Sg. n	o-Dekl.	templum	templum, -ī n
	Akk. Sg. m	o-Dekl.	puerum	puer, -ī m
	Gen. Pl. m/n	o-Dekl.	hort**ōr**um	hortus, -ī m
	Gen. Pl. f	ā-Dekl.	amīc**ār**um	amīca, -ae f
	Gen. Pl. m/f/n	dritte Dekl.	cīvitātum	cīvitās, -ātis f

Lerne zum Nominativ immer auch den Genitiv dazu, dann kannst du den richtigen Fall schneller erkennen!

2 Adjektive

Die erste und zweite Deklination

Die Adjektive der ersten und zweiten Deklination enden auf ***-us, -a, -um*** oder ***-er, -(e)ra, -(e)rum.***

bonus, -a, -um (gut) · liber, -era, -erum (frei)

		m	f	n
Sg.	**Nom.**	bon**us**	bon**a**	bon**um**
	Gen.	bon**ī**	bon**ae**	bon**ī**
	Dat.	bon**ō**	bon**ae**	bon**ō**
	Akk.	bon**um**	bon**am**	bon**um**
	Abl.	bon**ō**	bon**ā**	bon**ō**
Pl.	**Nom.**	bon**ī**	bon**ae**	bon**a**
	Gen.	bon**ōrum**	bon**ārum**	bon**ōrum**
	Dat.	bon**īs**	bon**īs**	bon**īs**
	Akk.	bon**ōs**	bon**ās**	bon**a**
	Abl.	bon**īs**	bon**īs**	bon**īs**

Aufgepasst: Bei einigen Adjektiven auf *-er* **entfällt das *-e-*** im Wortstock (dem unveränderlichen Wortbestandteil):

nox ni**gr**a (schwarze Nacht) · aedificia cre**br**a (zahlreiche Gebäude)

ater, -tra, -trum – schwarz, finster
creber, -bra, -brum – zahlreich
niger, -gra, -grum – schwarz
pulcher, -chra, -chrum – schön

Die dritte Deklination

Die Konsonantenstämme

2

Die Konsonantenstämme haben
- im **Ablativ Singular** ***-e,***
- im **Genitiv Plural** ***-um*** und
- im **Nominativ** und **Akkusativ Plural Neutrum** ***-a.***

vetus (alt)
vete**re**
vete**rum**
vete**ra**

		m	f	n
Sg.	Nom.		vetus	
	Gen.		veter**is**	
	Dat.		veter**ī**	
	Akk.	veter**em**	veter**em**	vetus
	Abl.		veter**e**	
Pl.	Nom.	veter**ēs**	veter**ēs**	veter**a**
	Gen.		veter**um**	
	Dat.		veter**ibus**	
	Akk.	veter**ēs**	veter**ēs**	veter**a**
	Abl.		veter**ibus**	

Die Adjektive dieser Deklination sind **einendig,** das heißt, sie haben im Nominativ Singular Maskulinum, Femininum und Neutrum die gleiche Form. Dazu gehören:

mulier div**es** (eine reiche Frau) · vīnum vet**us** (alter Wein)

dīves, -itis – reich
pauper, -eris – arm
particeps, -ipis – teilnehmend
prīnceps, -ipis – der erste

Der Komparativ

Der Komparativ (↑ S. 18) ist **zweiendig:** Nominativ Singular Maskulinum und Femininum sind gleich, der Nominativ Singular Neutrum hat eine eigene Endung.

alt**ior, -ius** [*von* altus] (höher) · felic**ior, -ius** [*von* felix] (glücklicher)

		m	f	n
Sg.	**Nom.**	altior	altior	alt**ius**
	Gen.		altiōr**is**	
	Dat.		altiōr**ī**	
	Akk.	altiōr**em**	altiōr**em**	alt**ius**
	Abl.		altiōr**e**	
Pl.	**Nom.**	altiōr**ēs**	altiōr**ēs**	altiōr**a**
	Gen.		altiōr**um**	
	Dat.		altiōr**ibus**	
	Akk.	altiōr**ēs**	altiōr**ēs**	altiōr**a**
	Abl.		altiōr**ibus**	

Die i-Stämme

Die i-Stämme haben
- im **Ablativ** Singular *-ī*,
- im **Genitiv Plural** *-ium*,
- im **Nominativ** und **Akkusativ Plural Neutrum** *-ia*.

ācer (scharf)
ācr**ī**
ācr**ium**
ācr**ia**

Zu den i-Stämmen gehören **dreiendige Adjektive** (jedes Genus: eigene Form) (1), **zweiendige Adjektive** (Mask. und Fem.: gleiche Form) (2) und **einendige Adjektive** (alle drei Genera: gleiche Form) (3) sowie das einendige **Partizip Präsens Aktiv** (4).

(1) celer, celer**is,** celer**e** (schnell)
(2) brevis, brev**is,** brev**e** (kurz)
(3) fēl**īx** (glücklich)
(4) laud**ans** (lobend)

		m	f	n
Sg.	**Nom.**	ācer	ācr**is**	ācr**e**
	Gen.		ācr**is**	
	Dat.		ācr**ī**	
	Akk.	ācr**em**	ācr**em**	ācr**e**
	Abl.		ācr**ī**	
Pl.	**Nom.**	ācr**ēs**	ācr**ēs**	ācr**ia**
	Gen.		ācr**ium**	
	Dat.		ācr**ibus**	
	Akk.	ācr**ēs**	ācr**ēs**	ācr**ia**
	Abl.		ācr**ibus**	

Das Partizip Präsens Aktiv

Wenn das Partizip Präsens Aktiv **substantivisch** verwendet wird, lautet der **Ablativ Singular** auf ***-e***, wird es **adjektivisch** gebraucht, lautet er auf ***-ī!***

substantivisch:
a sapient**e** (von einem Weisen)
adjektivisch:
sapient**ī** consilio (mit weisem Rat)

		m	f	n
Sg.	**Nom.**		vocān**s**	
	Gen.		vocant**is**	
	Dat.		vocant**ī**	
	Akk.	vocant**em**	vocant**em**	vocān**s**
	Abl.		vocant**e** (**-ī**)	
Pl.	**Nom.**	vocant**ēs**	vocant**ēs**	vocant**ia**
	Gen.		vocant**ium**	
	Dat.		vocant**ibus**	
	Akk.	vocant**ēs**	vocant**ēs**	vocant**ia**
	Abl.		vocant**ibus**	

Die Steigerung der Adjektive

Bei der Steigerung (Komparation) unterscheidet man:

- **Positiv** – Grundstufe (schnell),
- **Komparativ** – Vergleichsstufe (schneller),
- **Superlativ** – Höchststufe (am schnellsten).

Die Superlativform kann auch einen hohen Grad bezeichnen (sehr schnell, blitzschnell). Diese Form heißt **Elativ.**

Der Komparativ

Man bildet den Komparativ, indem man an den Wortstock (den unveränderlichen Wortbestandteil) die Endung ***-ior*** (m/f) oder ***-ius*** (n) anfügt. Das dazugehörige Deklinationsschema findest du auf S. 16.

longus (lang)	→	long**ior,** long**ius**
ācer (scharf)	→	ācr**ior,** ācr**ius**
fortis (tapfer)	→	fort**ior,** fort**ius**

Der Superlativ

Der Superlativ wird normalerweise gebildet, indem die Endung ***-(is)simus, -(is)sima, -(is)simum*** an den Wortstock angefügt wird:

Positiv	Komparativ	Superlativ
longus (lang)	longior	long**issim**us
brevis (kurz)	brevior	brev**issim**us
prūdēns (klug)	prūdentior	prūdent**issim**us

Bei zwei Adjektivgruppen wird die Endung an den Auslaut des Adjektivs angeglichen (Assimilation):

Die **Adjektive auf *-er*** fügen an den Nom. Sg. m ***-rimus, -rima, -rimum*** an, die auf ***-lis*** haben ***-limus, -lima, -limum:***

pulcher (schön)	pulchrior	pulcher**rim**us
difficilis (schwierig)	difficilior	difficil**lim**us
(dis)similis ([un]ähnlich)	(dis)similior	(dis)simil**lim**us

Unregelmäßige Komparation

Einige Adjektive leiten ihre Steigerungsformen von verschiedenen Stämmen ab:

Positiv	Komparativ	Superlativ
bonus (gut)	melior, melius	optimus
malus (schlecht)	peior, peius	pessimus
māgnus (groß)	māior, māius	māximus
parvus (klein)	minor, minus	minimus
multī (viele)	(com-)plūrēs, -a	plūrimī

Unregelmäßigkeiten zeigen auch diese Adjektive:

vetus (alt)	vetustior	veterrimus
dīves (reich)	dīvitior	dīvitissimus
ferus (wild)	ferōcior	ferōcissimus
magnificus (großartig)	magnificentior	magnificentissimus
idōneus (geeignet)	magis idōneus	māximē idōneus
necessārius (notwendig)	magis necessārius	māximē necessārius

Unvollständige Komparation

Einige Komparative und Superlative sind von Präpositionen (↑ S. 64 f.) abgeleitet. Zu diesen Steigerungsformen gibt es keinen Positiv:

Präp.	Komparativ	Superlativ
intrā	interior (der innere)	intimus (der innerste)
extrā	exterior (der äußere)	extrēmus (der äußerste)
īnfrā	īnferior (der untere)	īnfimus/īmus (der unterste)
suprā	superior (der obere)	suprēmus/summus (der oberste, höchste)
post	posterior (der hintere, spätere)	postrēmus (der letzte)
prope	propior (der nähere)	proximus (der nächste)
ultrā	ulterior (der jenseitige)	ultimus (der entfernteste)

3 Adverbien

Das Adverb ist eine nähere Bestimmung zu einem Verb: **Auf welche Weise** geschieht etwas?

Adjektiv: Rēx iūst**us** **est.** (Der König ist **gerecht**).
Adverb: Rēx iūst**ē** **regnat.** (Der König herrscht **gerecht**).

Bildung

Die Form des Adverbs ist **unveränderlich.** Es wird gebildet durch Anfügen von:

- ***-ē*** bei den Adjektiven der **o-Deklination** (1),
- ***-iter*** bei den Adjektiven der **konsonantischen Deklination** (2),
- ***-er*** bei den Adjektiven auf ***-āns, -antis*** und ***-ēns, -entis*** (3)

an den Wortstock.

(1) iūstus – iūst**ē** · pulcher – pulchr**ē**
(2) ācer – ācr**iter** · brevis – brev**iter** · fēlīx – fēlic**iter**
aber: audāx – audā**cter** · difficilis – diffic**ulter**
(3) cōnstāns – cōnstant**er**

Besonderheiten

Auf ***-ō*** statt *-ē* enden:

crēbrō – häufig	falsō – fälschlicherweise
prīmō – zuerst	postrēmō – schließlich
rārō – selten	meritō – verdientermaßen
citō – schnell	sērō – (zu) spät

Aufgepasst: vērus (wahr) bildet zwei verschiedene Adverbformen; ebenso certus (sicher): certō (zuverlässig, genau), certē (sicherlich, wenigstens).

vērē (wahrhaftig, wirklich) · vērō (aber, in der Tat)

Einige Adverbien stehen im Akkusativ Singular Neutrum des Adjektivs:

multum – viel · prīmum – zuerst · plūrimum – sehr viel · prius – früher · nimium – zu sehr · potius – eher · paulum – ein wenig · potissimum – am ehesten · parum – zu wenig · cēterum – übrigens

3

Steigerung

- Der **Komparativ** des Adverbs wird mit der Endung ***-ius*** gebildet.

iūst**ius** (auf gerechtere Weise, gerechter)

- Der **Superlativ** wird wie der Superlativ des Adjektivs (↑ S. 18 f.) gebildet und hat die Endung ***-ē***.

vēlōcissim**ē** (auf die schnellste Weise, am schnellsten)

Adjektiv	Adverb	Komparativ	Superlativ
molestus (lästig)	molestē	molestius	molestissimē
pulcher (schön)	pulchrē	pulchrius	pulcherrimē
celer (schnell)	celeriter	celerius	celerrimē
fēlīx (glücklich)	fēliciter	fēlicius	fēlicissimē

Unregelmäßig gesteigert werden die Adverbien zu *bonus* und *malus:*

Adjektiv	Adverb	Komparativ	Superlativ
bonus (gut)	bene	melius	optimē
malus (schlecht)	male	peius	pessimē

4 Pronomen

Pronomen können
- **ein Substantiv ersetzen** (1) (substantivische Verwendung) oder
- **ein Substantiv begleiten** (2) (adjektivische Verwendung).

(1) **ille** cantat (**jener** singt)
(2) **haec** puella cantat (**dieses** Mädchen singt)

Personalpronomen

Personalpronomen können **Personen und Dinge ersetzen.**

Titus Claudiam salutat. (Titus grüßt Claudia.) – Titus **eam** salutat. (Er grüßt **sie**.)

		1. Person		2. Person	
Sg.	Nom.	egō̆	ich	tū	du
	Gen.	meī	meiner	tuī	deiner
	Dat.	mihī̆	mir	tibī̆	dir
	Akk.	mē	mich	tē	dich
	Abl.	(ā) mē	(von) mir	(ā) tē	(von) dir
Pl.	Nom.	nōs	wir	vōs	ihr
	Gen.	nostrī / nostrum	unser/ von uns	vestrī / vestrum	euer/ von euch
	Dat.	nōbīs	uns	vōbīs	euch
	Akk.	nōs	uns	vōs	euch
	Abl.	(ā) nōbīs	(von) uns	(ā) vōbīs	(von) euch

Aufgepasst: In der dritten Person gibt es reflexive (rückbezügliche) und nicht reflexive Pronomen. Das **Reflexivpronomen** steht, wenn sich das Personalpronomen auf das Subjekt des Satzes rückbezieht.

Se laudat. (Er lobt sich [selbst].)
aber: Eum laudat. (Er lobt ihn [jemand anderen].)

		3. Person			
		nicht reflexiv		**reflexiv**	
Sg.	**Nom.**	is/ea/id	er/sie/es	–	
	Gen.	eius	seiner/ihrer/seiner	suī	seiner/ihrer
	Dat.	eī	ihm/ihr/ihm	sibī	sich
	Akk.	eum/eam/id	ihn/sie/es	sē	sich
	Abl.	eō/eā/eō	(durch) ihn/sie/es	(ā) sē	(von) sich
Pl.	**Nom.**	iī (eī)/eae/ea	sie	–	
	Gen.	eōrum/eārum/eōrum	ihrer	suī	ihrer
	Dat.	iīs (eīs)	ihnen	sibī	sich
	Akk.	eōs/eās/ea	sie	sē	sich
	Abl.	iīs (eīs)	(durch) sie	(ā) sē	(von) sich

Demonstrativpronomen

Demonstrativpronomen (↑ S. 24) **weisen auf etwas/jemanden hin:**
- ***is, ea, id*** *(dieser),*
- ***hic, haec, hoc*** *(dieser [hier]),*
- ***iste, ista, istud*** *(dieser [da])* (Deklination wie *ille*),
- ***ille, illa, illud*** *(jener [dort]),*
- ***idem, eadem, idem*** *(derselbe),*
- ***ipse, ipsa, ipsum*** *(selbst).*

hoc constat (**diese** [folgende] Tatsache steht fest) · **illi** homines (**jene** Leute dort) · **idem** ac/atque (**derselbe** wie) · **Ipse** te exspecto. (**Ich persönlich** erwarte dich.)

4

Deklination der wichtigsten Demonstrativpronomen

	Singular			Plural		
	hic, haec, hoc (dieser [hier])					
Nom.	hic	haec	hoc	hī	hae	haec
Gen.		hu**ius**		hōrum	hārum	hōrum
Dat.		hu**ic**			hīs	
Akk.	hunc	hanc	hoc	hōs	hās	haec
Abl.	hōc	hāc	hōc		hīs	
	ille, illa, illud (jener [dort])					
Nom.	ille	illa	illu**d**	illī	illae	illa
Gen.		ill**īus**		illōrum	illārum	illōrum
Dat.		ill**ī**			illīs	
Akk.	illum	illam	illu**d**	illōs	illās	illa
Abl.	illō	illā	illō		illīs	
	īdem, eadem, idem (derselbe)					
Nom.	īdem	éadem	idem	idem	eaedem	éadem
Gen.		e**ius**dem		eōru**n**dem	eāru**n**dem	eōru**n**dem
Dat.		e**ī**dem			eīsdem (īsdem)	
Akk.	eu**n**dem	ea**n**dem	idem	eōsdem	eāsdem	éadem
Abl.	eōdem	eādem	eōdem		eīsdem (īsdem)	
	ipse, ipsa, ipsum (selbst)					
Nom.	ipse	ipsa	ipsum	ipsī	ipsae	ipsa
Gen.		ips**īus**		ipsōrum	ipsārum	ipsōrum
Dat.		ips**ī**			ipsīs	
Akk.	ipsum	ipsam	ipsum	ipsōs	ipsās	ipsa
Abl.	ipsō	ipsā	ipsō		ipsīs	

Possessivpronomen

Possessivpronomen **geben ein Besitzverhältnis** an. In Kasus, Numerus und Genus richten sie sich nach ihrem Bezugswort.

Meis oculis vidi. (Ich habe es mit **meinen eigenen** Augen gesehen.)

	Singular		Plural	
1. Ps.	meus, -a, -um	mein	noster, -tra, -trum	unser
2. Ps.	tuus, -a, -um	dein	vester, -tra, -trum	euer
3. Ps.	suus, -a, -um	sein/ihr	suus, -a, -um	sein/ihr

Aufgepasst: Das reflexive ***suus, -a, -um*** wird verwendet, wenn es sich auf das Subjekt des Satzes bezieht. Ist dies nicht der Fall, so steht der Genitiv der nicht reflexiven Personalpronomen ***eius*** und ***eorum/earum*** (↑ S. 23).

refl.: Gaius domum **suam** intrat. (Gaius betritt **sein** [**eigenes**] Haus.)
nicht refl.: G. domum **eius** intrat. (… **dessen** [**eines anderen**] Haus.)

Relativpronomen

Die Relativpronomen leiten einen Nebensatz ein. Sie richten sich in Numerus und Genus nach ihrem Bezugswort.

litterae, **quas** scripsisti (der Brief, **den** du geschrieben hast)

	Singular			Plural		
Nom.	quī	quae	quod	quī	quae	quae
Gen.		cuius		quōrum	quārum	quōrum
Dat.		cui			quibus	
Akk.	quem	quam	quod	quōs	quās	quae
Abl.	quō	quā	quō		quibus	

Indefinitpronomen

Indefinitpronomen geben **Personen** oder **Dinge** an, die **nicht genauer bestimmt** sind.

aliquis vir ([irgend]ein Mann)

aliquis (irgendeiner)

- ***Aliquis, aliquid*** *(irgendeiner, irgendetwas)* wird substantivisch verwendet,
- ***aliquī, aliqua, aliquod*** *(irgendein)* steht adjektivisch.

aliquis ex vobis (**jemand** von euch)

aliquod tempus (**irgendeine** Zeit)

	Singular (subst.)		Singular (adj.)		
Nom.	aliquis	aliquid	aliquī	aliqua	aliquod
Gen.	alicuius	alicuius reī		alicuius	
Dat.	alicui	alicui reī		alicui	
Akk.	aliquem	aliquid	aliquem	aliquam	aliquod
Abl.	aliquō	aliquā rē	aliquō	aliquā	aliquō

	Plural (adj.)		
Nom.	aliquī	aliquae	aliqua
Gen.	aliquōrum	aliquārum	aliquōrum
Dat.		aliquibus	
Akk.	aliquōs	aliquās	aliqua
Abl.		aliquibus	

Aufgepasst: Nach diesen Konjunktionen wird die Silbe *ali-* weggelassen: *sī (wenn), nisī (wenn nicht), nē (dass nicht), num (etwa).*
Das kannst du dir so merken:
Nach *sī, nisī, nē, num*
fällt das *ali-* um!

si quid vidisti (**wenn** du [irgend] etwas gesehen hast)

Num quis divitior fuit quam Croesus? (Gab es **etwa** einen Reicheren als Krösus?)

quidam (ein gewisser, ein bestimmter)

- ***Quīdam, quaedam, quiddam*** steht substantivisch,
- ***quīdam, quaedam, quoddam*** wird adjektivisch gebraucht.

quidam narrant (**einige** berichten)

fuit **quoddam** tempus, cum ... (es gab **eine** [**bestimmte**] Zeit, als ...)

	Singular		
Nom.	quīdam	quaedam	quiddam/quoddam
Gen.		cuiusdam	
Dat.		cuidam	
Akk.	que**n**dam	qua**n**dam	quiddam/quoddam
Abl.	quōdam	quādam	quōdam
	Plural		
Nom.	quīdam	quaedam	quaedam
Gen.	quōru**n**dam	quāru**n**dam	quōru**n**dam
Dat.		quibusdam	
Akk.	quōsdam	quāsdam	quaedam
Abl.		quibusdam	

Weitere Indefinitpronomen

Wie *quis/quid* (↑ S. 29) oder *quī/quae/quod* (↑ S. 25) werden dekliniert:

substantivisch	adjektivisch	
quisquam, quicquam	ūllus, -a, -um (↑ S. 28)	irgendjemand, -etwas
quisque, quidque	quisque, quaeque, quodque	jeder einzelne
quīvīs, quaevīs, quidvīs	quīvīs, quaevīs, quodvīs	jeder beliebige

nemo, nihil, nullus (niemand, nichts, kein)

Nēmō** (niemand)* und ***nihil** (nichts)* [subst.] können nicht alle Kasus bilden. Als Ersatz wird das Pronominaladjektiv ***nūllus, nūlla, nūllum [adj.] *(kein)* verwendet.

nemo vestrum (**keiner** von euch)

A **nullo** superatus est. (Er wurde von **niemandem** besiegt.)

	substantivisch		adjektivisch		
	m/f	n	m	f	n
Nom.	nēmō	nihil	nūllus	nūlla	nūllum
Gen.	**nūllīus**	**nūllīus reī**		nūll**īus**	
Dat.	nēminī	**nūllī reī**		nūll**ī**	
Akk.	nēminem	nihil	nūllum	nūllam	nūllum
Abl.	**ā nūllō**	**nūllā rē**	nūllō	nūllā	nūllō

Pronominaladjektive

Sie können sowohl wie ein Pronomen eine Person vertreten als auch adjektivisch auftreten. Sie werden (außer *alius* ↑ S. 29) wie *nūllus* dekliniert.

Dazu gehören:

- ***ūnus, -a, -um*** *(einer),*
- ***(n)ūllus, -a, -um*** *([k]einer),*
- ***sōlus, -a, -um*** *(allein),*
- ***tōtus, -a, -um*** *(ganz),*
- ***alter, -era, -erum*** *(der eine/andere von beiden),*
- ***alius, alia, aliud*** *(ein anderer).*

per **totum** diem (den ganzen Tag lang) · Fidem **nullam** habeo. (Ich habe **überhaupt kein** Vertrauen.) · **Aliis alia** placent. (**Dem einen** gefällt **dies, dem anderen das.**)

Merke dir folgende Eselsbrücke:
Diese Wörter haben alle
-īus in dem zweiten Falle,
und im Dativ enden sie
alle auf ein langes *-ī*.

aedificia **totius** urbis (die Gebäude der **ganzen** Stadt) · mihi **soli** (mir **allein**)

alius, alia, aliud (ein anderer)

	Singular			Plural		
Nom.	alius	alia	ali**ud**	aliī	aliae	alia
Gen.		**alterīus**		aliōrum	aliārum	aliōrum
Dat.		aliī			aliīs	
Akk.	alium	aliam	ali**ud**	aliōs	aliās	alia
Abl.	aliō	aliā	aliō		aliīs	

Interrogativpronomen

Zu diesen gehören:
- ***quis?, quid?*** [subst.] *(wer?, was?)*,
- ***qui?, quae?, quod?*** [adj.] *(welcher?)* (Deklination ↑ S. 25),
- ***uter?, utra?, utrum?*** *(wer von beiden?)* [subst. und adj.]; Genitiv *utrīus*, Dativ *utrī*.

Quid faciam? (**Was** soll ich tun?) · **quo** modo? (auf **welche** Weise, wie?) · **Uter** consul? (**Welcher der beiden** Konsuln?)

	substantivisch	
	m/f	**n**
Nom.	quis	quid
Gen.	cuius	cuius
Dat.	cui	cui
Akk.	quem	quid
Abl.	quō	quō

5 Verben

Ein Verb wird bestimmt durch:	laudābantur (sie wurden gelobt):
■ die **Person:** 1., 2. oder 3. Person;	3. Person
■ den **Numerus:** Singular oder Plural;	Plural
■ den **Modus:** Indikativ, Konjunktiv oder Imperativ;	Indikativ
■ das **Tempus:** Präsens, Imperfekt, Futur I, Perfekt, Plusquamperfekt, Futur II;	Imperfekt
■ das **Genus verbi:** Aktiv oder Passiv.	Passiv
Verbformen, die durch diese fünf Merkmale bestimmt sind, heißen **finite Formen** oder **Personalformen.**	laudābant, laudātī essent
Verbformen, die nicht durch eine Person bestimmt sind, nennt man **infinite Formen** oder **Nominalformen.** Dazu gehören	
■ die Infinitive,	laudāre
■ das Gerundium,	laudandī
■ das Gerundivum und	laudandum est
■ die Partizipien.	laudāns · laudātus

Die Formveränderung (Flexion) eines Verbs heißt **Konjugation.**
Es gibt **fünf** Konjugationen:

- die **ā**-Konjugation, laudāre (loben)
- die **ē**-Konjugation, monēre (mahnen)
- die **konsonantische** Konjugation, tegere (bedecken)
- die **kurzvokalische** i-Konjugation, capere (fangen)
- die **langvokalische** ī-Konjugation. audīre (hören)

Man unterscheidet **drei Stämme** eines Verbs:

- den **Präsensstamm,**
- den **Perfektstamm** und
- den **Partizipialstamm.**

Von diesen drei Stämmen werden alle Verbformen gebildet.

5

Konjugation	**Präsens-stamm**	**Perfekt-stamm**	**Partizipial-stamm**
	1. Ps. Sg. Präs. Akt.	1. Ps. Sg. Perf. Akt.	Partizip Perfekt Passiv (PPP)
ā-	laud-ō	laudāv-ī	laudāt-um
ē-	mone-ō	monu-ī	monit-um
kons.	teg-ō	tēx-ī	tēct-um
kurzvok. i-	capi-ō	cēp-ī	capt-um
langvok. ī-	audi-ō	audīv-ī	audīt-um

Lerne die unregelmäßigen **Stammformen** auswendig, um dir die richtige Verbform zu erschließen.

Personalformen – Präsensstamm

Mit dem Präsensstamm bildet man das **Präsens,** das **Imperfekt,** das **Futur I** und den **Imperativ.**
Im Präsensstamm werden sowohl im Indikativ als auch im Konjunktiv aller Zeiten an den Wortstamm folgende **Personalendungen** angehängt:

Aktiv	**1. Person**	**2. Person**	**3. Person**
Singular	-o/-m	-s	-t
Plural	-mus	-tis	-nt
Passiv	**1. Person**	**2. Person**	**3. Person**
Singular	-or/-r	-ris	-tur
Plural	-mur	-minī	-ntur

Präsens

Im Präsens (Gegenwart) lauten die Formen des **Indikativs:**

laud-**ō** (ich lobe) · laud-**or** (ich werde gelobt)

	ā-Konjugation	**ē-Konjugation**
Aktiv	laud-**ō**	mone-**ō**
	laudā-**s**	monē-**s**
	lauda-**t**	mone-**t**
	laudā-**mus**	monē-**mus**
	laudā-**tis**	monē-**tis**
	lauda-**nt**	mone-**nt**
Passiv	laud-**or**	mone-**or**
	laudā-**ris/**-re	monē-**ris/**-re
	laudā-**tur**	monē-**tur**
	laudā-**mur**	monē-**mur**
	laudā-**minī**	monē-**minī**
	lauda-**ntur**	mone-**ntur**

	konsonantische Konjugation	kurzvokalische i-Konjugation	langvokalische ī-Konjugation
Aktiv	teg-**ō**	capi-**ō**	audi-**ō**
	teg-**i-s**	capi-**s**	audī-**s**
	teg-**i-t**	capi-**t**	audi-**t**
	teg-**i-mus**	capi-**mus**	audī-**mus**
	teg-**i-tis**	capi-**tis**	audī-**tis**
	teg-**u-nt**	capi-**u-nt**	audi-**u-nt**
Passiv	teg-**or**	capi-**or**	audi-**or**
	teg-**e-ris**/-re	cape-**ris**	audī-**ris**
	teg-**i-tur**	capi-**tur**	audī-**tur**
	teg-**i-mur**	capi-**mur**	audī-**mur**
	teg-**i-minī**	capi-**minī**	audī-**minī**
	teg-**u-ntur**	capi-**u-ntur**	audi-**u-ntur**

Im **Konjunktiv** steht normalerweise das Bildungselement ***-a-***. In der ā-Konjugation findet ein Vokalwechsel von *-a-* nach *-e-* statt.

laude-**m** (ich möge loben) · mone-**a-r** (ich möge gemahnt werden)

Aktiv	laude-**m**	mone-**a-m**	teg-**a-m**
	laudē-**s**	mone-**ā-s**	teg-**ā-s**
	laude-**t**	mone-**a-t**	teg-**a-t**
	laudē-**mus**	mone-**ā-mus**	teg-**ā-mus**
	laudē-**tis**	mone-**ā-tis**	teg-**ā-tis**
	laude-**nt**	mone-**a-nt**	teg-**a-nt**
Passiv	laude-**r**	mone-**a-r**	teg-**a-r**
	laudē-**ris**	mone-**ā-ris**	teg-**ā-ris**
	laudē-**tur**	mone-**ā-tur**	teg-**ā-tur**
	laudē-**mur**	mone-**ā-mur**	teg-**ā-mur**
	laudē-**minī**	mone-**ā-minī**	teg-**ā-minī**
	laude-**ntur**	mone-**a-ntur**	teg-**a-ntur**

Präsens

Die Formen der kurzvokalischen und langvokalischen ī-Konjugation lauten entsprechend.

Aktiv: capi-**a-m** · audi-**a-m**
Passiv: capi-**a-r** · audi-**a-r**

Imperfekt

Das Imperfekt (im Deutschen: Präteritum) hat im **Indikativ** das Kennzeichen ***-bā-***. In der konsonantischen Konjugation, in der kurzvokalischen und langvokalischen ī-Konjugation tritt ein Bindevokal *-ē-* hinzu.

laudā-**ba-m** (ich lobte) · teg-**ē-ba-r** (ich wurde bedeckt)

Aktiv	Passiv	Aktiv	Passiv
laudā-**ba-m**	laudā-**ba-r**	teg-**ē-ba-m**	teg-**ē-ba-r**
laudā-**bā-s**	laudā-**bā-ris**	teg-**ē-bā-s**	teg-**ē-bā-ris**
laudā-**ba-t**	laudā-**bā-tur**	teg-**ē-ba-t**	teg-**ē-bā-tur**
laudā-**bā-mus**	laudā-**bā-mur**	teg-**ē-bā-mus**	teg-**ē-bā-mur**
laudā-**bā-tis**	laudā-**bā-minī**	teg-**ē-bā-tis**	teg-**ē-bā-minī**
laudā-**ba-nt**	laudā-**ba-ntur**	teg-**ē-ba-nt**	teg-**ē-ba-ntur**

Die Formen des **Konjunktivs** Imperfekt setzen sich aus dem Präsensstamm, der Signalsilbe ***-rē-*** und der Personalendung zusammen.

laudā-**re-m** (ich würde loben) · teg-e-**re-r** (ich würde bedeckt)

Aktiv	Passiv	Aktiv	Passiv
laudā-**re-m**	laudā-**re-r**	teg-e-**re-m**	teg-e-**re-r**
laudā-**rē-s**	laudā-**rē-ris**	teg-e-**rē-s**	teg-e-**rē-ris**
laudā-**re-t**	laudā-**rē-tur**	teg-e-**re-t**	teg-e-**rē-tur**
usw.	usw.	usw.	usw.

Die Formen der ē-Konjugation, der kurzvokalischen und langvokalischen ī-Konjugation werden ebenso gebildet.

Aktiv: monē-**re-m** · cape-**re-m** · audī-**re-m**
Passiv: monē-**re-r** · cape-**re-r** · audī-**re-r**

Das Futur

Im Futur (Zukunft) lautet das Signal für die ā- und ē-Konjugation ***-b-***. In den übrigen Konjugationen steht ***-ē-***. *Aufgepasst:* In der 1. Person Singular steht ***-a-***.

laudā-**b-ō** (ich werde loben) · capi-**a-r** (ich werde gefasst werden)

Aktiv	Passiv	Aktiv	Passiv
laudā-**b-ō**	laudā-**b-or**	capi-**a-m**	capi-**a-r**
laudā-**b-i-s**	laudā-**b-e-ris**/-re	capi-**ē-s**	capi-**ē-ris**/-re
laudā-**b-i-t**	laudā-**b-i-tur**	capi-**e-t**	capi-**ē-tur**
laudā-**b-i-mus**	laudā-**b-i-mur**	capi-**ē-mus**	capi-**ē-mur**
laudā-**b-i-tis**	laudā-**b-i-minī**	capi-**ē-tis**	capi-**ē-minī**
laudā-**b-u-nt**	laudā-**b-u-ntur**	capi-**e-nt**	capi-**ē-ntur**

Die Formen der anderen Konjugationen werden entsprechend gebildet.

Aktiv: monē-**b-ō** · audi-**e-nt**
Passiv: monē-**bi-tur** · audi-**e-ntur**

Imperativ

Im Lateinischen gibt es zwei Befehlsformen, den Imperativ I und den Imperativ II.

laudā! (lobe!) · laudāte! (lobt!) · laudātō! (du sollst/er soll loben!)

	Imp. I				
Sg.	laudā!	monē!	tege!	cape!	audī!
Pl.	laudā-te!	monē-te!	teg-ite!	capi-te!	audī-te!
	Imp. II				
2./3. Sg.	laudā-tō!	monē-tō!	teg-itō!	capi-tō!	audī-to!
2. Pl.	laudā-tōte!	monē-tōte!	teg-itōte!	capi-tōte!	audī-tōte!
3. Pl.	lauda-ntō!	mone-ntō!	teg-untō!	capi-untō!	audi-untō!

Personalformen – Perfektstamm

Mit dem Perfektstamm werden die **Aktivformen** von **Perfekt, Plusquamperfekt** und **Futur II** gebildet.
An diesen Stamm werden die unten stehenden **Personalendungen** angehängt:

Perfekt: laudāv-**ī** (ich habe gelobt) *Plusquamperfekt:* laudāv-**eram** (ich hatte gelobt) *Futur II:* laudāv-**erō** (ich werde gelobt haben)

Perfekt

Indikativ		Konjunktiv	
laudāv-**ī**	cēp-**ī**	laudāv-**erim**	cēp-**erim**
laudāv-**istī**	cēp-**istī**	laudāv-**eris**	cēp-**eris**
laudāv-**it**	cēp-**it**	laudāv-**erit**	cēp-**erit**
laudāv-**imus**	cēp-**imus**	laudāv-**erimus**	cēp-**erimus**
laudāv-**istis**	cēp-**istis**	laudāv-**eritis**	cēp-**eritis**
laudāv-**ērunt**	cēp-**ērunt**	laudāv-**erint**	cēp-**erint**

Die Formen der übrigen Konjugationen werden gebildet, indem an den jeweiligen Perfektstamm die entsprechenden Personalendungen treten.

monu-**imus** (wir haben gemahnt) · tēx-**ērunt** (sie haben bedeckt) · audīv-**erit** (er möge gehört haben)

Plusquamperfekt

Indikativ		Konjunktiv	
laudāv-**eram**	cēp-**eram**	laudāv-**issem**	cēp-**issem**
laudāv-**erās**	cēp-**erās**	laudāv-**issēs**	cēp-**issēs**
laudāv-**erat**	cēp-**erat**	laudāv-**isset**	cēp-**isset**
laudāv-**erāmus**	cēp-**erāmus**	laudāv-**issēmus**	cēp-**issēmus**
laudāv-**erātis**	cēp-**erātis**	laudāv-**issētis**	cēp-**issētis**
laudāv-**erant**	cēp-**erant**	laudāv-**issent**	cēp-**issent**

Futur II

laudāv-**erō**	cēp-**erō**
laudāv-**eris**	cēp-**eris**
laudāv-**erit**	cēp-**erit**
laudāv-**erimus**	cēp-**erimus**
laudāv-**eritis**	cēp-**eritis**
laudāv-**erint**	cēp-**erint**

Aufgepasst: Die Formen des Futur II unterscheiden sich vom Perfekt Konjunktiv nur in der 1. Person Singular:
- Futur II: *-erō* (1),
- Perfekt Konjunktiv: *-erim* (2).

(1) laudāv-**erō** (ich werde gelobt haben)
(2) laudāv-**erim** (ich möge gelobt haben)

Personalformen – Partizipialstamm

Mit dem Partizipialstamm werden das **Partizip Perfekt Passiv (PPP)** und die **Passivformen** von **Perfekt, Plusquamperfekt** und **Futur II** gebildet. Dazu braucht man das PPP und die konjugierten Formen von *esse* (↑ S. 44).

Perfekt Passiv

Es wird gebildet mit dem PPP + Präsens von *esse*.

laudā-**tus sum/ sim** (ich bin gelobt worden/ich möge gelobt worden sein)

Indikativ		Konjunktiv	
laudā-**tus, -a, -um**	**sum** / **es** / **est**	laudā-**tus, -a, -um**	**sim** / **sīs** / **sit**
laudā-**tī, -ae, -a**	**sumus** / **estis** / **sunt**	laudā-**tī, -ae, -a**	**sīmus** / **sitis** / **sint**
cap-**tus, -a, -um**	**sum** / **es** / **est**	cap-**tus, -a, -um**	**sim** / **sīs** / **sit**
cap-**tī, -ae, -a**	**sumus** / **estis** / **sunt**	cap-**tī, -ae, -a**	**sīmus** / **sitis** / **sint**

Die Formen der übrigen Konjugationen werden entsprechend gebildet.

moni-**tus sum** · tēc-**tus sum**

Plusquamperfekt Passiv

Es wird gebildet mit dem PPP + Imperfekt von *esse*.

laudā-**tus eram** (ich war gelobt worden)
laudā-**tus essem** (ich wäre gelobt worden)

Indikativ		Konjunktiv	
laudā-**tus, -a, -um**	**eram**, **erās**, **erat**	laudā-**tus, -a, -um**	**essem**, **essēs**, **esset**
laudā-**tī, -ae, -a**	**erāmus**, **erātis**, **erant**	laudā-**tī, -ae, -a**	**essēmus**, **essētis**, **essent**
cap-**tus, -a, -um**	**eram**, **erās**, **erat**	cap-**tus, -a, -um**	**essem**, **essēs**, **esset**
cap-**tī, -ae, -a**	**erāmus**, **erātis**, **erant**	cap-**tī, -ae, -a**	**essēmus**, **essētis**, **essent**

Futur II Passiv

Es wird gebildet mit dem PPP + Futur von *esse*.

laudā-**tus erō** (ich werde gelobt worden sein)

Indikativ		Konjunktiv	
laudā-**tus, -a, -um**	**erō**, **eris**, **erit**	cap-**tus, -a, -um**	**erō**, **eris**, **erit**
laudā-**tī, -ae, -a**	**erimus**, **eritis**, **erunt**	cap-**tī, -ae, -a**	**erimus**, **eritis**, **erunt**

Nominalformen

		ā-Konjugation	ē-Konjugation
Infinitiv Aktiv	**Präsens**	laudā-**re**	monē-**re**
	Perfekt	laudāv-**isse**	monu-**isse**
	Futur	laudā-**tūrum, -am, -um esse**	moni-**tūrum, -am, -um esse**
Infinitiv Passiv	**Präsens**	laudā-**rī**	monē-**rī**
	Perfekt	laudā-**tum, -am, -um esse**	moni-**tum, -am, -um esse**
	Futur	laudā-**tum īrī**	moni-**tum īrī**
Partizip Aktiv	**Präsens**	laudā-**ns, ntis**	monē-**ns, -ntis**
	Futur	laudā-**tūrus, -a, -um**	moni-**tūrus, -a, -um**
Partizip Passiv	**Perfekt**	laudā-**tus, -a, -um**	moni-**tus, -a, -um**
Gerundium		lauda-**nd-ī**	mone-**nd-ī**
		lauda-**nd-ō**	mone-**nd-ō**
		lauda-**nd-um**	mone-**nd-um**
		lauda-**nd-ō**	mone-**nd-ō**
Gerundivum		lauda-**nd-us, -a, -um**	mone-**nd-us, -a, -um**

konsonantische Konjugation	kurzvokalische i-Konjugation	langvokalische ī-Konjugation
teg**-e-re**	cape**-re**	audī**-re**
tēx**-isse**	cēp**-isse**	audīv**-isse**
tēc**-tūrum,**	cap**-tūrum,**	audī**-tūrum,**
-am, -um esse	**-am, -um esse**	**-am, -um esse**
teg**-ī**	cap**-ī**	audī**-rī**
tēc**-tum,**	cap**-tum,**	audī**-tum,**
-am, -um esse	**-am, -um esse**	**-am, -um esse**
tēc**-tum īrī**	cap**-tum īrī**	audī**-tum īrī**
teg**-ē-ns, -ntis**	capi**-ē-ns, -ntis**	audi**-ē-ns, -ntis**
tēc**-tūrus,**	cap**-tūrus,**	audī**-tūrus,**
-a, -um	**-a, -um**	**-a, -um**
tēc**-tus,**	cap**-tus,**	audī**-tus,**
-a, -um	**-a, -um**	**-a, -um**
teg**-e-nd-ī**	capi**-e-nd-ī**	audi**-e-nd-ī**
teg**-e-nd-ō**	capi**-e-nd-ō**	audi**-e-nd-ō**
teg**-e-nd-um**	capi**-e-nd-um**	audi**-e-nd-um**
teg**-e-nd-ō**	capi**-e-nd-ō**	audi**-e-nd-ō**
teg**-e-nd-us,**	capi**-e-nd-us,**	audi**-e-nd-us,**
-a, -um	**-a, -um**	**-a, -um**

Deponenzien – Bildung und Formen

Deponenzien sind Verben, die **passive Formen,** aber eine **aktive Bedeutung** haben:

Amīcum hort**or.** – Ich **ermahne** den Freund.

Amīcum hortā**tus sum.** – Ich **habe** den Freund **ermahnt.**

Amīcum hortā**rer.** – Ich **würde** den Freund **ermahnen.**

Als Konjugationsbeispiel findest du hier *hortārī (ermahnen)* aus der ā-Konjugation. Die Flexion der Deponenzien der anderen Konjugationen kannst du aus den Konjugationstabellen von Präsensstamm (↑ S. 32 ff.) und Partizipialstamm (↑ S. 38 f.) ableiten.

Die finiten Formen

Ind. Präs.	hort**or** hortā**ris** hortā**tur** usw.	**Konj. Präs.**	hort**er** hortē**ris** hortē**tur** usw.
Ind. Imperf.	hortā**bar** hortā**bāris** hortā**bātur** usw.	**Konj. Imperf.**	hortā**rer** hortā**rēris** hortā**rētur** usw.
Fut. I	hortā**bor** hortā**beris** hortā**bitur** usw.	**Fut. II**	hortāt**us erō** hortāt**us eris** hortāt**us erit** usw.
Ind. Perf.	hortāt**us sum** hortāt**us es** hortāt**us est** usw.	**Konj. Perf.**	hortāt**us sim** hortāt**us sīs** hortāt**us sit** usw.
Ind. Plusqu.	hortāt**us eram** hortāt**us erās** hortāt**us erat** usw.	**Konj. Plusqu.**	hortāt**us essem** hortāt**us essēs** hortāt**us esset** usw.
Imp. I	hortā**re**! hortā**minī**!	**Imp. II**	hortā**tor**! hort**antor**!

Die infiniten Formen

Infinitiv	**Präsens**	hortā**rī**
	Perfekt	hortāt**um, -a, -um esse**
	Futur	hortat**ūrum, -a, -um esse**
Partizip	**Präsens**	hortā**ns, -ntis** usw.
	Perfekt	hortāt**us, -a, -um**
	Futur	hortāt**ūrus, -a, -um**
Gerundivum		horta**ndus, -a, -um**
Gerundium		horta**ndī** usw.

Das **Partizip Präsens,** das **Partizip Futur,** der **Infinitiv Futur** sowie das **Gerundium** existieren auch bei Deponenzien, obwohl dies eigentlich **aktivische Formen** sind.

amīcus hortā**ns** – der **ermahnende** Freund

Das **Gerundivum** (↑ S. 75) hat wie bei den normalen Verben **passive Bedeutung:**

Amīcus horta**ndus est.** – Der Freund **muss ermahnt werden.**

Semideponenzien

Einige Verben bilden nur einen Teil ihrer Formen passivisch. Sie heißen deshalb Semideponenzien.

Infinitiv	**Präsens**	**Perfekt**
audēre (wagen)	audeō	ausus sum
gaudēre (sich freuen)	gaudeō	gāvīsus sum
solēre (pflegen)	soleō	solitus sum
cōnfīdere (vertrauen)	cōnfīdō	cōnfīsus sum
revertī (zurückkehren)	revertor	revertī

aud**ēmus** – wir wagen
revert**itur** – er kehrt zurück

aus**ī sumus** – wir haben gewagt
revert**it** – er ist zurückgekehrt

Unregelmäßige Verben

esse (sein)				
Ind. Präs.	**Konj. Präs.**	**Ind. Imperf.**	**Konj. Imperf.**	**Fut. I**
sum	sim	eram	essem	erō
es	sīs	erās	essēs	eris
est	sit	erat	esset	erit
sumus	sīmus	erāmus	essēmus	erimus
estis	sītis	erātis	essētis	eritis
sunt	sint	erant	essent	erunt
Ind. Perf.	**Konj. Perf.**	**Ind. Plusqu.**	**Konj. Plusqu.**	**Fut. II**
fuī	fuerim	fueram	fuissem	fuerō
fuistī	fueris	fuerās	fuissēs	fueris
fuit	fuerit	fuerat	fuisset	fuerit
fuimus	fuerimus	fuerāmus	fuissēmus	fuerimus
fuistis	fueritis	fuerātis	fuissētis	fueritis
fuērunt	fuerint	fuerant	fuissent	fuerint
Imp. I	**Imp. II**	**Inf. Perf.**	**Part. Perf.**	
es!	estō!	fuisse	–	
este!	estō!			
	estōte!	**Inf. Fut.**	**Part. Fut.**	
	suntō!	futūrum esse	futūrus, -a, -um	

Von *esse (sum, fuī)* werden mit Präpositionen zusammengesetzte Verben gebildet. Diese zusammengesetzten Verben nennt man **Komposita.**

abesse (abwesend sein)	absum	āfuī
adesse (anwesend sein)	adsum	affuī/adfuī
deesse (fehlen)	dēsum	dēfuī
interesse (teilnehmen)	intersum	interfuī
obesse (schaden)	obsum	offuī/obfuī
praeesse (an der Spitze stehen)	praesum	praefuī
prō**d**esse (nützen)	prōsum	prōfuī
superesse (übrig sein)	supersum	superfuī

Aufgepasst: Bei *prōdesse* bleibt vor einem Vokal das *-d-* erhalten, vor einem Konsonant entfällt es.

prō**d**-est, prō**d**-erat
aber: prō-sit, prō-fuit, prō-fuisset

īre (gehen)

Ind. Präs.		Konj. Präs.	Ind. Imperf.	Konj. Imperf.
eō	īmus	eam	ībam	īrem
īs	ītis	eās	ībās	īrēs
it	eunt	eat usw.	ībat usw.	īret usw.
Ind. Perf.		**Konj. Perf.**	**Ind. Plusqu.**	**Konj. Plusqu.**
iī	iimus	ierim	ieram	issem
īstī	īstis	ieris	ierās	issēs
iit	iērunt	ierit usw.	ierat usw.	isset usw.
Fut. I		**Fut. II**	**Imp. I**	**Inf. Präs.**
ībō		ierō	ī! īte!	īre
ībis		ieris	**Imp. II**	**Inf. Perf.**
ībit usw.		ierit usw.	ītō! ītōte! euntō!	īsse
Gerundium		**Gerundivum**	**Part. Präs.**	**Inf. Fut.**
eundī usw.		eundum (est)	iēns, euntis	itūrum esse

īre (gehen)

Von *īre (eō, iī, itūrum)* werden folgende **Komposita** gebildet:

abire (weggehen)	abeo	abiī	abitum
adīre (herangehen, angreifen)	adeō	adiī	aditum
coīre (zusammenkommen)	coeō	coiī	coitum
exīre (herausgehen)	exeō	exiī	exitum
inīre (hineingehen)	ineō	iniī	initum
interīre (zugrunde gehen)	intereō	interiī	–
obīre (entgegengehen)	obeō	obiī	obitum
perīre (zugrunde gehen)	pereō	periī	–
praeterīre (vorbeigehen)	praetereō	praeteriī	praeteritum
prōdīre (hervorgehen)	prōdeō	prodiī	prōditum
redīre (zurückgehen)	redeō	rediī	reditum
subīre (herangehen)	subeō	subiī	subitum
trānsīre (hinübergehen)	trānseō	trānsiī	trānsitum
vēnīre (verkauft werden)	vēneō	vēniī	–

posse (können)

Vor den Formen von *esse* (↑ S. 44) steht bei *posse*

- vor einem Vokal ***pot-***,
- vor einem Konsonanten jedoch ***pos-!***
- Das **Perfekt** bildet man mit ***-u-***.

po**ss**um (ich kann) · po**te**ram (ich konnte) · po**ss**em (ich könnte) · po**tu**i (ich habe gekonnt)

velle (wollen), nōlle (nicht wollen), mālle (lieber wollen)			
	velle	**nōlle**	**mālle**
Ind. Präs.	volō vīs vult volumus vultis volunt	nōlō nōn vīs nōn vult nōlumus nōn vultis nōlunt	mālō māvīs māvult mālumus māvultis mālunt
Konj. Präs.	velim velīs velit usw.	nōlim nōlīs nōlit usw.	mālim mālīs mālit usw.
Ind. Imperf.	volēbam volēbās volēbat usw.	nōlēbam nōlēbās nōlēbat usw.	mālēbam mālēbās mālēbat usw.
Konj. Imperf.	vellem vellēs vellet usw.	nōllem nōllēs nōllet usw.	māllem māllēs māllet usw.
Fut. I	volam volēs volet usw.	nōlam nōlēs nōlet usw.	mālam mālēs mālet usw.
Imp.	–	nōli! nōlite!	–
Part. Präs. Akt.	volēns, volentis	nōlēns, nōlentis	–
Ind. Perf.	voluī voluistī voluit voluimus voluistis voluērunt	nōluī nōluistī nōluit nōluimus nōluistis nōluērunt	māluī māluistī māluit māluimus māluistis māluērunt

ferre (tragen), ferrī (getragen werden)				
	Aktiv		**Passiv**	
Ind. Präs.	ferō	ferimus	feror	ferimur
	fers	fertis	ferris	feriminī
	fert	ferunt	fertur	feruntur
Konj. Präs.	feram, ferās usw.		ferar, ferāris usw.	
Ind. Imperf.	ferēbam, ferēbās usw.		ferēbar, ferēbāris usw.	
Konj. Imperf.	ferrem, ferrēs usw.		ferrer, ferrēris usw.	
Fut. I	feram, ferēs usw.		ferar, ferēris usw.	
Imp. I	fer! ferte!		–	
Imp. II	fertō! fertōte! feruntō!		–	
Ind. Perf.	tulī, tulistī, tulit usw.		lātus, -a, -um sum, es, est usw.	

Komposita:

a**f**ferre (herbeibringen)	a**f**ferō	a**t**tulī	a**l**lātum
auferre (wegbringen)	**au**ferō	a**bs**tulī	a**b**lātum
circumferre (herumtragen)	circumferō	circumtulī	circumlātum
conferre (zusammentragen, vergleichen)	conferō	contulī	co**l**lātum
deferre (herabbringen, überbringen)	deferō	detulī	delātum
differre (aufschieben, verschieden sein)	differō	–	–
e**f**ferre (herausheben, bestatten)	e**f**ferō	e**x**tulī	ēlātum
īnferre (hineintragen, zufügen)	īnferō	intulī	illātum
o**f**fere (entgegenbringen)	o**f**ferō	o**b**tulī	o**b**lātum
perferre (ertragen)	perferō	pertulī	perlātum
praeferre (vorantragen, vorziehen)	praeferō	praetulī	praelātum
prōferre (vorzeigen)	prōferō	prōtulī	prōlātum
referre (zurückbringen, melden)	referō	re**t**tulī	relātum
trānsferre (hinüberbringen, übertragen)	trānsferō	trānstulī	trānslātum

fierī (werden, gemacht werden, geschehen)

Fierī (fīō, factus sum) dient als **Passiv** zu ***facere***.

Ind. Präs.	**Konj. Präs.**	**Ind. Perf.**	**Konj. Perf.**
fīō fīmus	fīam	factus, sum	factus, sim
fīs fītis	fīās	-a, -um es	-a, -um sīs
fit fīunt	fīat usw.	est usw.	sit usw.
Ind. Imp.	**Konj. Imp.**	**Ind. Plusqu.**	**Konj. Plusqu.**
fīēbam	fierem	factus, -a, -um	factus, -a, -um
fīēbās usw.	fierēs usw.	eram usw.	essem usw.
Fut. I	**Fut. II**	**Inf. Perf.**	**Inf. Fut.**
fīam	factus, -a,	factum esse	factūrum
fīēs usw.	-um erō		esse = fore
	usw.		

Unvollständige Verben

Nur Perfektformen gibt es von:
- ***meminisse*** *(sich erinnern)* und
- ***ōdisse*** *(hassen)*.

Die Perfektformen werden präsentisch übersetzt. Die Plusquamperfektformen werden mit dem deutschen Präteritum wiedergegeben.

meminī (ich erinnere mich) · ōderam (ich hasste)

Aufgepasst: Der **Imperativ** von *meminisse* lautet ***mementō!*** (Singular), ***mementōte!*** (Plural).

Mementō morī! (Denke daran, dass du sterben musst!)

6 Der einfache Satz

Subjekt und Prädikat

Der einfache Satz (das Satzgerüst) besteht aus Subjekt (Satzgegenstand) und Prädikat (Satzaussage).

Subjekt kann sein:
- ein Substantiv (1),
- ein Pronomen (2),
- ein Infinitiv (3),
- ein Nebensatz (4).

(1) **Puer** clamat. (**Der Junge** ruft.)
(2) **Ille** cantat. (**Jener** singt.)
(3) **Adiuvare** decet. (Es gehört sich **zu helfen.**)
(4) **Quid faciat,** ignotum est. (**Was er tut,** ist unbekannt.)

Oft ist – abweichend vom Deutschen – das Subjekt schon in der finiten Verbform enthalten (5).

(5) Leg**imus.** (**Wir** lesen.)

Prädikat kann sein:
- ein Vollverb (6),
- ein Hilfsverb mit einem substantivischen (7) oder adjektivischen (8) **Prädikatsnomen.**

(6) Amicus **venit.** (Der Freund **kommt.**)
(7) Marcus **faber est.** (Marcus **ist Handwerker.**)
(8) Domūs **altae sunt.** (Die Häuser **sind hoch.**)

Das Prädikat stimmt in Kasus, Numerus und Genus so weit wie möglich mit dem Subjekt überein (**Kongruenz**).

Attribut, Adverb und Prädikativum

Als **Attribute** können Adjektive (1) oder Substantive (2) zu einem Nomen treten. Sie benennen eine Eigenschaft, die dem Nomen zugeschrieben wird und stimmen in Kasus, Numerus und Genus mit diesem überein.

(1) amicus **laetus** (ein **fröhlicher** Freund)
(2) Augustus **imperator** (der **Kaiser** Augustus)

Das **Adverb** (↑ S. 20 f.) hat im Lateinischen eine eigene Form. Es beschreibt die Art und Weise, in der eine Handlung vor sich geht.

Discipulus **optime** didicit. (Der Schüler hat **äußerst gut** gelernt.)

Das **Prädikativum** stimmt wie ein Attribut in der Form mit dem Nomen überein. Es sagt etwas darüber aus, in welchem Zustand eine Person oder Sache eine Handlung vornimmt; es beschreibt also sowohl das dazugehörige Nomen als auch die im Prädikat genannte Handlung näher.

Liberi **laeti** cantant. (Die Kinder singen **fröhlich** [= als fröhliche].)

Ob es sich um ein Attribut oder ein Prädikativum handelt, geht meist aus dem Zusammenhang hervor. Übersetze sinngemäß:

Cicero **consul** orationem habuit.

Attribut: Der Konsul Cicero hielt eine Rede (und nicht der andere Konsul).
Prädikativum: Cicero hielt **als Konsul** eine Rede (und nicht, bevor er Konsul wurde).

7 Die Fälle

Der Genitiv

Der Genitiv bezeichnet die **Zugehörigkeit** zu einer Person oder Sache oder den **Bereich,** in dem sich eine Handlung abspielt. Man fragt nach ihm: **wessen?**

Der Genitivus subiectivus

Im Genitivus subiectivus steht die **Person, die etwas tut oder empfindet.**

timor Roman**orum** (die Furcht **der** Römer)

Der Genitivus obiectivus

Der Genitivus obiectivus bezeichnet die **Person** oder **Sache, auf die sich eine Tätigkeit** oder **Empfindung richtet.**

Er steht bei folgenden **Adjektiven:**

- *studiosus (bemüht [um]),*
- *cupidus/avidus (begierig [nach]),*
- *(im)peritus ([un]erfahren [in]),*
- *(im)memor ([nicht] denkend [an]),*
- *particeps (teilhabend [an]),*
- *potens (mächtig),*
- *plenus (voll [von]).*

timor Roman**orum** (die Furcht **vor den** Römern) · spes victori**ae** (Hoffnung **auf den** Sieg) · studiosus litter**arum** (bemüht um die Wissenschaften) · cupidus pecuni**ae** (begierig nach Geld) · immemor benefici**i** (die Wohltat vergessend)

Der Genitivus possessivus

Der Genitivus possessivus bezeichnet ein **Eigentumsverhältnis** oder die **Zugehörigkeit** zu einer Person oder Sache. Er steht meist bei *esse.*

mos mai**orum** (Sitte der Vorfahren) · sapienti**ae** est (es ist Kennzeichen von Weisheit) · consul**is** est (es ist Aufgabe des Konsuls)

Im Gegensatz zum Dativus possessivus (↑ S. 56) betont er den Besitzer.

villa Claudi**i** est (Die Villa gehört Claudius [und nicht jemand anderem])

Der Genitivus partitivus

Der Genitivus partitivus bezeichnet ein Ganzes, von dem ein **Teil** angegeben ist.

pars homin**um** (ein Teil der Menschen) · magna copia frument**i** (eine große Menge an Getreide) · Quid nov**i?** (Was gibt es Neues?)

Der Genitivus qualitatis

Der Genitivus qualitatis gibt **Maß, Art** und **wesentliche Eigenschaften** des dazugehörenden Substantivs an. *Aufgepasst:* Ablativus qualitatis (↑ S. 61)

classis centum nav**ium** (eine Flotte von 100 Schiffen) · Vir magn**i** ingeni**i** est. (Der Mann ist sehr begabt.)

Der Genitivus pretii

Der Genitivus pretii bezeichnet den **Wert einer Sache.**
Er steht als allgemeine Wertangabe bei
- *facere/aestimare/ducere/putare (für wert halten),*
- *esse/fieri/habēri (wert sein),*
- den **Verben des Kaufens** *emere (kaufen)* und *vendere (verkaufen),*
- in **vergleichenden Wertangaben.**

Aufgepasst: Ablativus pretii (↑ S. 61)

domus parv**i** preti**i** (ein Haus von geringem Wert)

magni facere (hoch schätzen)

Haec res **plurimi** est. (Diese Sache ist sehr viel wert.)

Verum dicere **pluris** est quam mentiri. (Die Wahrheit sagen ist mehr wert als lügen.)

Der Genitiv bei Verben

Der Genitiv steht nach
- *meminisse/reminisci (sich erinnern)* und *oblivisci (vergessen),*

Memini **illius noctis.** (Ich erinnere mich an jene Nacht.)

- den **Verben der Gerichtssprache:** *arguere (beschuldigen), accusare (anklagen), convincere (überführen), damnare/condemnare (verurteilen), absolvere (freisprechen),*

aliquem absolvere **sceleris** (jemandem von einem Verbrechen freisprechen)

- **unpersönlichen Ausdrücken** wie *me pudet/paenitet/taedet (mich beschämt/reut/ekelt).*

Huius facti me paenituit. (Ich bereute diese Tat.)

Der Dativ

Der Dativ bezeichnet die Person oder Sache, der sich eine Handlung zuwendet. Man fragt nach ihm: **wem?, wofür?**

Der Dativ als Objekt

Verben, die ein Dativobjekt bei sich haben, sind:

- *studēre (sich bemühen um, sich befassen mit),*
- *persuadēre (überreden, überzeugen),*
- *invidēre (beneiden),*
- *nocēre (schaden),*
- *parcere (schonen),*
- *favēre (begünstigen).*

studere litter**is** (sich mit den Wissenschaften befassen) · **mihi** persuasisti. (Du hast mich überzeugt.) · ali**cui** nocere (jemandem schaden) · parcere subiect**is** (die Unterworfenen schonen)

Oft sind diese Verben intransitiv, d. h., sie ziehen kein Akkusativobjekt nach sich. Sie bilden daher kein persönliches Passiv, denn bei der Umwandlung vom Aktiv ins Passiv wird das Akkusativobjekt zum Subjekt des Satzes.

Fabulam narravit. (Er erzählte eine Geschichte.) – Fabula ab eo narrata est. (Die Geschichte ist von ihm erzählt worden.)

Bei diesen Verben jedoch wird das Dativobjekt beibehalten und das Prädikat in ein unpersönliches Passiv (2. Sg./Pl.) gesetzt.

Mihi persuasit. (Er hat mich überzeugt.) – Mihi persuasum est. (Ich bin überzeugt worden.)

Der Dativ als Objekt

Aufgepasst: Beachte die wechselnde Bedeutung je nach Fall.

aliquem **consulere** (jemanden befragen) · aliquid **providere** (etwas vorhersehen)
aber: alicui **consulere/providere** (für jemanden sorgen)

Der Dativus commodi

Der Dativus commodi gibt Auskunft über die **Person oder Sache,** zu deren **Gunsten oder Nachteil** etwas geschieht.

Non schol**ae,** sed vit**ae** discimus. (Nicht für die Schule, für das Leben lernen wir.)

Der Dativus auctoris

Der Dativus auctoris bezeichnet, insbesondere beim Gerundivum (↑ S. 75 f.), den **Urheber** oder **Verursacher** einer Handlung.

Liber **mihi** legendus est. (Das Buch muss von mir gelesen werden [= ich muss das Buch lesen].)

Der Dativus possessivus

Der Dativus possessivus bei *esse* gibt einen **Besitzer** an.

Patr**i** me**o** domus est. (Mein Vater besitzt ein Haus.)

Im Gegensatz zum Genitivus possessivus (↑ S. 53) betont er den Besitz.

Vill**a** Claudi**o** est. (Claudius gehört eine Villa [nicht etwas anderes].)

Der Dativus finalis

Der Dativus finalis gibt den **Zweck (wozu?)** an. Er steht
- nach den Verben *venire (kommen), mittere (schicken), arcessere (herbeiholen), relinquere (zurücklassen)* (1) sowie
- bei *esse* in der Bedeutung *jemandem dienen, gereichen zu* und *dare/tribuere/vertere* in der Bedeutung *jemandem anrechnen, auslegen als* (2).

(1) auxili**o** venire (zu Hilfe kommen) · praesidi**o** relinquere (als Schutz zurücklassen)
(2) **usui** est (zum Nutzen gereichen/nützlich sein) · admiratio**ni esse** (zur Bewunderung gereichen/bewundert werden) · viti**o**/cri**mini dare** (zum Vorwurf machen)

Der Akkusativ

Mit dem Akkusativ bezeichnet man das Ziel (Objekt) einer Handlung. Er gibt Auskunft bezüglich der Frage: **wen oder was?**

Der Akkusativ als Objekt

Verben, nach denen der Akkusativ folgt, nennt man **transitiv.** Er steht nach folgenden **Verben** und **unpersönlichen Ausdrücken:**
- *(ad)aequare (gleichkommen),*
- *iubēre (befehlen),*
- *(ad)iuvare (unterstützen),*
- *sequi (folgen).*

amic**os** adiuvare (den Freunden helfen) · leg**es** sequi (die Gesetze befolgen)

Der Akkusativ als Objekt

Der Akkusativ steht auch nach
- *cavēre (sich hüten [vor]),*
- *vetare (verbieten),*
- *(ef)fugere (fliehen [vor]),*
- *deficere (fehlen, mangeln),*
- *ulcisci ([sich] rächen [an/für]),*
- *fallit/fugit/praeterit (es entgeht),*
- *iuvat (es erfreut [jemanden]),*
- *(de)decet (es gehört sich [nicht]).*

fugere host**em** (vor dem Feind fliehen) · ulcisci iniuri**am** ([sich für] ein Unrecht rächen) · Recte fecisse **me** iuvat. (Es freut mich, das Richtige getan zu haben.) · Toga **eum** dedecet. (Die Toga gehört sich nicht für ihn.)

Der Objektsakkusativ steht auch nach **Verben der Gemütsbewegung:**
- *dolēre (Schmerz empfinden [über]),*
- *flēre ([be]weinen),*
- *maerēre (traurig sein [über]),*
- *ridēre (lachen [über]),*
- *queri (sich beklagen [über]),*
- *horrēre ([er]schaudern [vor]).*

dolere mort**em** (einen Todesfall beklagen) · iniuri**as** queri (sich über Unrecht beschweren) · aqu**am** frigid**am** horrere (vor kaltem Wasser erschaudern)

Der doppelte Akkusativ

Der doppelte Akkusativ steht bei den Verben
- *docēre([jemanden etwas] lehren),*
- *celare ([jemandem etwas] verheimlichen),*
- *poscere/postulare ([von jemandem etwas] fordern).*

docēre ali**quem** lingu**am** (jemanden eine Sprache lehren) · celare ali**quem** nunti**um** (jemande**m** ein**e** Nachricht verheimlichen)

Außerdem steht der doppelte Akkusativ bei:

- *habēre/ducere/arbitrari/existimare/iudicare/putare (halten [für]),*
- *dicere/nominare/appellare (nennen, bezeichnen [als]),*
- *facere/reddere (machen [zu]),*
- *creare (wählen [zu]),*
- *se praebēre/se praestare (sich zeigen, erweisen [als]),*
- *dare/tradere (geben [als]).*

ali**quem** stult**um** ducere (jemanden für dumm halten) · **se** prudent**em** praestare (sich als klug erweisen) · facere ali**quem** ami**cum** (sich jemanden zum Freund machen) · Romani Ciceron**em** consu**lem** creaverunt. (Die Römer wählten Cicero zum Konsul.)

Aufgepasst: Im Passiv wird aus dem doppelten Akkusativ ein doppelter Nominativ!

Cicero consul creatus est. (Cicero ist zum Konsul gewählt worden.)

Der Akkusativ der Richtung

Der Akkusativ der Richtung bezeichnet das **Ziel (wohin?).** Er steht bei:

- *advenire (ankommen),*
- *convenire (sich versammeln),*
- *concurrere (zusammenlaufen),*
- *cogere (versammeln),*
- *abdere (verbergen),*
- *nuntiare (melden).*

dom**um** ire (**nach** Hause gehen) · **in** urb**em** advenire (in der Stadt ankommen) · **in** for**um** cogere (auf dem Marktplatz versammeln) · se **in** silv**am** abdere (sich im Wald verstecken)

Im Deutschen fragt man: **wo?**
Bei Städtenamen und kleinen Inseln steht keine Präposition.

Rom**am** proficisci (**nach** Rom reisen)

Der Akkusativ der Ausdehnung

Der Akkusativ der Ausdehnung in Raum und Zeit beantwortet die Fragen: **wie hoch?, wie tief?, wie lang?, wie breit?, wie weit?, wie alt?, wie lange?**

decem ped**es** altus (zehn Fuß hoch) · di**es** noct**es**que iter facere (Tag und Nacht marschieren)

Der Ablativ

Der Ablativ drückt meist die **näheren Umstände** aus, unter denen eine Handlung stattfindet.

Der Ablativus instrumentalis

Der Ablativus instrumentalis bezeichnet das **Mittel, womit** oder **wodurch** etwas geschieht.

pedi**bus** ire (zu Fuß gehen) · curr**u** vehi (mit dem Wagen fahren)

Er steht auch bei den Deponenzien
- *ab-/uti (miss-/gebrauchen),*
- *fungi (verwalten),*
- *potiri (sich bemächtigen),*
- *niti (sich stützen auf),*
- *frui (genießen)*

exempl**o** uti (ein Beispiel verwenden) · mun**ere** fungi (ein Amt verwalten) · urb**e** potiri (die Stadt erobern) · vit**ā** frui (das Leben genießen)

sowie den Ausdrücken
- *opus esse ([etwas] nötig haben),*
- *[in]dignus ([un]würdig),*
- *cōnfisus (vertrauend [auf]).*

Mihi pecuni**ā** opus est. (Ich brauche Geld.) · laud**e** dignus (lobenswert)

Der Ablativus modi

Der Ablativus modi drückt die **Art und Weise** aus, wie etwas geschieht. So auch in folgenden Wendungen:

iure – zu Recht	eodem modo – auf dieselbe Weise
iniuriā – zu Unrecht	hac ratione – auf folgende Weise
casu – zufällig	eā condicione – unter dieser Bedingung
vi – gewaltsam	eo consilio/eā mente – in dieser Absicht

Der Ablativus qualitatis

Der Ablativus qualitatis bezeichnet eine **Eigenschaft.**
Aufgepasst: Genitivus qualitatis (↑ S. 53)

vir magn**o** anim**o** (ein großherziger Mann/ein Mann von großzügigem Gemüt)

Der Ablativus pretii

Der Ablativus pretii gibt einen **Wert** oder **Preis** an und steht nach:

- *stare/constare (kosten),*
- *emere (kaufen),*
- *vendere (verkaufen),*
- *venire (verkauft werden).*

Aufgepasst: Genitivus pretii (↑ S. 54)

parvo constare (wenig kosten) · **magno** emere (teuer kaufen) · servos **minimo** vendere (Sklaven sehr billig verkaufen)

Der Ablativus mensurae

Der Ablativus mensurae gibt bei Vergleichen das **Maß des Unterschieds** an.

paulo praestare alicui (jemanden um wenig übertreffen)

Der Ablativus limitationis

Der Ablativus limitationis **grenzt etwas ein.** Er steht auf die Fragen: **in welcher Hinsicht?, worin?**

aliquem virtut**e** superare (jemanden an Tugend übertreffen) · deficere anim**o** (an Mut verlieren [= mutlos werden])

Der Ablativus causae

Der Ablativus causae gibt die **Ursache** an. Er steht vor allem bei den Verben der Gemütsbewegung:

- *gaudēre/laetari (sich freuen),*
- *dolēre (traurig sein),*
- *gloriari (sich einer Sache rühmen),*
- *irasci (zornig sein),*

und den entsprechenden Adjektiven

- *laetus (froh),*
- *maestus/tristis (traurig),*
- *superbus (stolz),*
- *fessus (müde).*

fabul**ā** gaudere (sich über die Geschichte freuen) · maestus mort**e** alicuius (traurig über den Tod jemandes) · fessus aetat**e** (altersschwach)

Aufgepasst: Oft hängt der Ablativus causae von einem PPP ab, das nicht übersetzt zu werden braucht.

amor**e** adductus (aus Liebe) · odi**o** permotus (aus Hass)

Der Ablativus comparationis

Der Ablativus comparationis benennt nach Komparativen den **Vergleichspunkt.**

maior frat**re** [= quam frater] (größer als der Bruder)

Der Ablativus separativus

Der Ablativus separativus (Ablativ der **Trennung**) steht nach
- *carēre/egēre (nicht haben, entbehren),*
- *privare/spoliare (berauben),*
- *liberare (befreien); liber (frei),*
- *vacare (frei sein); vacuus (frei),*
- *arcēre/prohibēre (abhalten),*
- *(se) abstinēre ([sich] enthalten),*
- *desistere (ablassen von).*

Diese Wörter können nicht nur mit bloßem Ablativ, sondern auch mit *a/ab* stehen!

egere consili**o** (eines Rats bedürfen/einen Rat brauchen) · privare sp**e** (der Hoffnung berauben) · Nemo cur**is** vacat/liber est. (Niemand ist frei von Sorgen.) · iniuri**ā** abstinere (kein Unrecht tun) · desistere (**ab**) incept**o** (von dem Vorhaben ablassen)

Der Ablativus loci

Der Ablativus loci steht bei einer **Ortsangabe** ohne Präposition auf die Frage: **wo?**
Beachte folgende alte Lokativformen: *Rom**ae** (in Rom), dom**i** (zu Hause), rur**i** (auf dem Land).*

tot**ā** urb**e** (in der ganzen Stadt) · terr**ā** mar**i**que (zu Wasser und zu Land)

Der Ablativus temporis

Der Ablativus temporis bestimmt einen **Zeitpunkt (wann?)** oder **Zeitraum (wie lange?).**

secund**o** bell**o** Punic**o** (im 2. Punischen Krieg) · pauc**is** di**ebus** (innerhalb weniger Tage)

Die Präpositionen

Präpositionen (Verhältniswörter) geben an, wie sich eine Sache oder Person zu einer anderen verhält. In Verbindung mit einem Substantiv (Präpositionalausdruck) erweitern sie einen Satz als adverbiale Bestimmung mit

- örtlicher (1),
- zeitlicher (2) oder
- übertragener (3) Bedeutung.

(1) per orbem terrarum (auf der ganzen Welt)
(2) per aliquot dies (einige Tage lang)
(3) per dolum (durch eine List)

Präpositionen mit Akkusativ

Folgende Präpositionen stehen mit dem Akkusativ:

- *ad ([bis] zu, an, bei),*
- *adversus (gegen, gegenüber),*
- *ante (vor),*
- *apud (bei),*
- *circa/circum (um ... herum, bei),*
- *contra ([feindlich] gegen, gegenüber),*
- *erga ([freundlich] gegen),*
- *extra (außer, außerhalb),*
- *infra (unterhalb),*
- *inter (zwischen, während, unter),*
- *intra (innerhalb, binnen),*
- *iuxta (neben, nahe bei),*
- *ob (gegen, wegen),*
- *per (durch, mittels),*
- *post (nach, hinter),*

pugna **ad** Cann**as** (die Schlacht bei Cannae)

circa for**um** (in der Umgebung des Forums)

inter cen**am** (während des Mahls)

ob eam caus**am** (aus diesem Grund)

- *praeter (vorbei an, außer),*
- *prope (nahe bei, um ... herum),*
- *propter (nahe bei, neben, wegen),*
- *secundum (längs, gemäß),*
- *supra (oberhalb, über ... hinaus),*
- *trans (über, hinüber, jenseits),*
- *ultra (über, darüber hinaus, jenseits).*

praeter un**um** omnes (alle außer einem Einzigen)

secundum leg**em** (gesetzesgemäß)

ultra mod**um** (über das Maß hinaus)

Präpositionen mit Ablativ

Diese Präpositionen ziehen einen Ablativ nach sich:

- *a/ab (von, von ... her, seit),*
- *cum (mit),*
- *de (von, von ... herab, über),*
- *e/ex (aus, aus ... heraus, seit),*
- *pro (vor, für, anstelle von),*
- *sine (ohne).*

ab urb**e** condit**ā** (seit Gründung der Stadt)

pro popul**o** Roman**o** (für das römische Volk)

Präpositionen mit Akkusativ und Ablativ

In und *sub* können sowohl mit **Akkusativ** (Frage: **wohin?**) als auch mit **Ablativ** (Frage: **wo?**) stehen:

- *in* + Akk. *(in, nach, gegen),*
- *in* + Abl. *(in, an, auf, bei),*
- *sub* + Akk. *(unter, unterhalb, bis an, bei),*
- *sub* + Abl. *(unter, unterhalb, bei).*

In hort**o** stat. (Er steht in **dem** Garten.)
In hort**um** properat. (Er eilt in **den** Garten.)

8 Erweiterte Satzkonstruktionen

Der Infinitv

Der Infinitiv kann wie ein Substantiv **als Subjekt** oder **als Objekt** verwendet werden:

- In (1) hat *domum abire* die Funktion des Objekts: *„Was will sie?"*.
- In (2) ist *domum abire* Subjekt: *„Was gefällt ihr?"*.

(1) Claudia **domum abire** vult. (Claudia will nach Hause gehen.)
(2) **Domum abire** ei placet. (Es gefällt ihr, nach Hause zu gehen.)

Der Infinitiv als Subjekt

Der Infinitiv als Subjekt kann stehen nach

- **unpersönlichen Ausdrücken** (1),
- einem **Adjektiv** oder **Substantiv** in Verbindung **mit *esse*** (2).

(1) **Praestat tacere** quam **clamare.** (Es ist besser zu schweigen als zu schreien.) · **Mihi videtur** tacere. (Ich beschließe zu schweigen.)
(2) **Errare** humanum **est.** (Irren ist menschlich.)

Aufgepasst: Das Prädikatsnomen steht auch beim Subjektsinfinitiv im Akkusativ.

Prodest divit**em** esse. (Es ist vorteilhaft, reich zu sein.)

Der Infinitiv als Objekt

Der Infinitiv als Objekt steht bei Verben, die eine Objektergänzung benötigen, z. B. *velle (wollen), nolle (nicht wollen), cupere (begehren), conari (versuchen), solēre (pflegen).*

Quid scire **vis** de urbe Roma? (Was willst du über die Stadt Rom wissen?) · Romam proficisci **cupit.** (Er möchte nach Rom reisen.)

Aufgepasst: Das Prädikatsnomen steht beim Objektsinfinitiv im Nominativ.

Omnes beati esse cupimus. (Wir wollen alle glücklich sein.)

Der AcI – Akkusativ mit Infinitiv

Der AcI (Accusativus cum Infinitivo) hat die Funktion eines **Objekts.** Das Objekt ist dabei nicht nur eine Person oder Sache *(Gaium)*, sondern auch eine Handlung *(venire).*
Die handelnde Person oder Sache steht im so genannten Subjektsakkusativ, die Handlung im Infinitiv.

Pater Gaium venire audit.

Bei der Übersetzung wird der **Akkusativ zum Subjekt eines Nebensatzes,** den man am besten zunächst mit ***dass*** einleitet. Der Infinitiv wird zum Prädikat.

Der Vater hört, **dass Gaius kommt.**
oder: Der Vater hört **Gaius kommen.**

Ist das Subjekt des übergeordneten Satzes dasselbe wie im AcI, steht ein **Reflexivpronomen:**

Sc**it** **se** aegrotum esse.	→ **Er** weiß, dass **er** (selbst) krank ist.
aber: Sc**io** **eum** aegrotum esse.	→ **Ich** weiß, dass **er** krank ist.

Der AcI steht bei Verben
- des **Sagens, Wahrnehmens, Meinens** und **Wissens** (1),
- der **Gefühlsäußerung** (2),
- des **Veranlassens** und **Hinderns** wie *iubēre (befehlen), vetare (verbieten), sinere (zulassen)* und *pati (lassen)* (3).

Aufgepasst: Steht in der Nähe eines Akkusativs ein Infinitiv, prüfe immer, ob eines der genannten Verben als Prädikat steht – dann handelt es sich um einen AcI!

(1) Marcus se aegrum esse **dicit.** (Marcus sagt, er sei krank.) · **Scio** te fidelem esse. (Ich weiß, dass du zuverlässig bist.)
(2) **Miror** te venisse. (Ich wundere mich, dass du gekommen bist.)
(3) **Iubeo** te veritatem dicere. (Ich befehle dir, die Wahrheit zu sagen.)

Der AcI steht auch nach **unpersönlichen Ausdrücken:**
- *apparet (es ist offensichtlich),*
- *constat (es steht fest),*
- *oportet (es gehört sich),*
- *praestat (es ist besser),*
- *licet (es ist erlaubt).*

Apparet vos Romam profectos esse. (Es ist offensichtlich, dass ihr nach Rom gereist seid [= offensichtlich seid ihr nach Rom gereist].)

Je nach Konstruktion werden folgende Verben **unterschiedlich** übersetzt:

	mit AcI	mit Finalsatz (ut/ne)
monēre	erinnern	ermahnen
persuadēre	überzeugen	überreden
concedere	zugeben	erlauben

Das Zeitverhältnis im AcI

Das Tempus des Infinitivs bestimmt das zeitliche Verhältnis zum Hauptprädikat.

Infinitiv Präsens (Gleichzeitigkeit)	Puto eum **venire.** – Ich glaube, dass er kommt. Putabam eum **venire.** – Ich glaubte, dass er käme.
Infinitiv Perfekt (Vorzeitigkeit)	Puto eum **venisse.** – Ich glaube, dass er gekommen ist. Putabam eum **venisse.** – Ich glaubte, dass er gekommen sei.
Infinitiv Futur (Nachzeitigkeit)	Puto eum **venturum esse.** – Ich glaube, dass er kommen wird. Putabam eum **venturum esse.** – Ich glaubte, dass er kommen werde.

Der NcI – Nominativ mit Infinitiv

Werden **transitive Verben,** nach denen der AcI steht, **ins Passiv gesetzt,** steht statt des AcI der NcI (**N**ominativus **c**um **I**nfinitivo). Das **Subjekt des Infinitivs ist** dann zugleich das **Subjekt des Hauptsatzes.**
Der NcI steht nach:
- *vidēri (scheinen),*
- *dici (gesagt werden [= es heißt]),*
- *iubēri (befohlen werden),*
- *fertur/feruntur (man erzählt, dass),*
- *traditur/traduntur (es wird überliefert, dass).*

AcI: **Te amicum meum** esse **putant.** (Man meint, du seist mein Freund.)
NcI: **Tu amicus meus** esse **putaris.** (Du wirst als mein Freund betrachtet.)

Homerus caecus fuisse **dicitur.** (Man sagt, Homer sei blind gewesen.)

Das Participium coniunctum

Das Participium coniunctum ist ein **adverbial gebrauchtes Partizip,** das mit dem Subjekt des Satzes (1) oder einem Objekt (2) verbunden *(coniunctum)* ist. Mit ihm (a) kann man einen Sachverhalt knapper darstellen als mit einem Nebensatz (b):

(1) **Claudius** ab omnibus **irrisus** imperium bene rexit.
(2) **Tibi** nos **adiuvanti** grati sumus.

(a) **Scipio**	a senatu in Africam **missus**	Carthaginienses superavit.
(b) **Scipio,**	**cum** a senatu in Africam **missus esset,**	Carthaginienses superavit.
(a) **Scipio** besiegte,	vom Senat nach Afrika **geschickt,**	die Karthager.
(b) **Scipio** besiegte,	**nachdem er** vom Senat nach Afrika **geschickt worden war,**	die Karthager.

Die Übersetzung des Participium coniunctum ergibt sich aus dem Sinn. Es kann temporale, kausale, konditionale, konzessive, finale oder modale adverbiale Bedeutung haben.

Cicero | orationes multas **habens** | gloriam consecutus est.

wörtlich: Cicero hat, | viele Reden **haltend,** | Ruhm erlangt.
modal: Cicero hat, | **indem** er viele Reden **hielt,** | Ruhm erlangt.
kausal: Cicero hat, | **weil** er viele Reden **hielt,** | Ruhm erlangt.
beigeordnet: Cicero hat | viele Reden **gehalten** | **und daher** Ruhm erlangt.

Es gibt auch **attributive Partizipien.** Sie werden wörtlich oder mit einem Relativsatz wiedergegeben:

Pueri silvā **ludentes** bestiam ingentem viderunt.
Die im Wald spielenden Kinder sahen ein riesiges Tier.
oder: Die Kinder, die im Wald spielten, sahen ein riesiges Tier.

Beachte auch hier die Regeln des Zeitverhältnisses (↑ S. 69):

- Das **Partizip Präsens** bezeichnet einen **gleichzeitigen** Vorgang (1),
- das **Partizip Perfekt** einen **vorzeitigen** Vorgang (2) und
- das **Partizip Futur** einen **nachzeitigen** (3) Vorgang.

(1) Tacentes iter parant. (Schweigend bereiten sie sich auf die Reise vor.)
(2) Reversus cogitavit. (Nachdem er zurückgekehrt war, überlegte er.)
(3) Me adiuturus venit. (Er kommt, um mir zu helfen.)

TOPTHEMA

Der Ablativus absolutus

Der Ablativus absolutus (oder Ablativ mit Partizip) besteht aus einem Substantiv und einem Partizip im Ablativ. Wie das Participium coniunctum hat er **adverbiale Funktion.**

Im Gegensatz zum Participium coniunctum (↑ S. 70 f.) aber ist der Ablativus absolutus **nicht von einem Glied des übrigen Satzes abhängig.** Daher kann man ihn in der Übersetzung von der Konstruktion des Satzes **lösen** (= *absolvere* → PPP *absolutus*).

Part. coni.	Romani **gladiatores** fortiter **pugnantes** spectaverunt. Die Römer sahen den Gladiatoren, während sie tapfer kämpften, zu.
Abl. abs.	Romani **gladiatoribus** fortiter **pugnantibus** clamaverunt. Die Römer schrien, während die Gladiatoren tapfer kämpften.

Im Participium coniunctum bezieht sich das Subjekt des deutschen Nebensatzes (sie) auf ein Substantiv des Hauptsatzes (die Gladiatoren). Im Ablativus absolutus bezieht sich das Subjekt des Nebensatzes (die Gladiatoren) nicht auf ein Substantiv des Hauptsatzes.

Participium coniunctum	Ablativus absolutus
Romani ↔ ... spectaverunt.	Romani ↔ ... clamaverunt.
gladiatores ... pugnantes	**gladiatoribus ... pugnantibus**

So erkennst du einen Ablativus absolutus: **Steht ein Ablativ, prüfe, ob in der Nähe ein Partizip zu finden ist,** das auf *-to/-so, -tā/-sā, -tis/-sis* oder *-nte/-ntibus* endet!

Übersetzungsmöglichkeiten

Wie das Participium coniunctum kann auch der Ablativus absolutus verschiedene Sinnrichtungen ausdrücken:

Sinnrichtung	Nebensatz	Präpositionalgefüge	gleichgeordnet
temporal (Zeit) gleichzeitig	während, als, wenn	während, bei	währenddessen, dabei
vorzeitig	nachdem, als	nach	danach
modal (Art und Weise)	wobei, indem	bei, durch	dabei, dadurch
kausal (Grund)	da, weil	infolge, wegen	deshalb, daher
konzessiv (Einschränkung)	obwohl	trotz	trotzdem, dennoch
konditional (Bedingung)	wenn, falls	bei, im Fall	–

↓

	Caesar **Gallis victis** Romam revertit.
Nebensatz	**Nachdem/weil die Gallier besiegt worden waren,** kehrte Cäsar nach Rom zurück.
Präpositionalgefüge	**Nach dem Sieg über die Gallier** kehrte Cäsar nach Rom zurück.
gleichgeordnet	**Die Gallier waren besiegt worden, daraufhin/deshalb** kehrte Cäsar nach Rom zurück.

Nominale Wendungen

Ein Ablativus absolutus kann auch aus **zwei Substantiven** oder einem **Substantiv + Adjektiv im Ablativ** bestehen:

me duce	unter meiner Führung
Caesare auctore	auf Veranlassung Cäsars
Tarquinio rege	unter der Herrschaft des Tarquinius
Hannibale vivo	zu Lebzeiten des Hannibal
patre invito	gegen den Willen des Vaters

Das Gerundium

Das Gerundium ersetzt die fehlenden Kasus des substantivierten Infinitivs Präsens Aktiv. Es kommt **nur im Singular,** am häufigsten im Genitiv, vor.

regere (herrschen)
Gen. reg**endi**
Dat. reg**endo**
Akk. (ad) reg**endum**
Abl. reg**endo**

Infinitiv	**Natare** delectat.	**Schwimmen** macht Spaß.
Gerundium im Genitiv	Facultas **natandi** utilis est.	Die Fähigkeit **zu schwimmen** (des Schwimmens) ist nützlich.
Gerundium im Akkusativ	Piscis **ad natandum** natus est.	Der Fisch ist **zum Schwimmen** geboren.

Das Gerundium **im Genitiv** steht:
- attributiv bei Substantiven (1),
- bei Adjektiven, die ihre Ergänzung im Genitiv haben (2) und
- nach den Ablativen *causā* und *gratiā (um ... willen)* (3).

(1) ars scrib**endi** (die Kunst des Schreibens)
(2) cupidus disc**endi** (begierig zu lernen)
(3) consul**endi** causā (um sich zu beraten)

Das Gerundium **im Akkusativ** steht nur bei Präpositionen, meist mit *ad* zur Angabe eines Zwecks, besonders bei:
- *paratus (bereit),*
- *aptus/idoneus (geeignet),*
- *facilis (leicht).*

ad bene **vivendum** (um glücklich zu leben) · Hic locus **ad** requiesc**endum** idoneus est. (Dieser Ort ist zum Ausruhen geeignet.)

Das Gerundium **im Ablativ** steht ohne oder mit Präposition, besonders nach *in* und *de*.

in cogit**ando** (beim Nachdenken)

Das Gerundium kann sich auch mit
- Adverbien (1),
- adverbialen Bestimmungen (2) und
- Objekten (3) verbinden.

Darin zeigt sich seine ursprünglich verbale Natur.

(1) ars **recte** scrib**endi** (die Kunst, richtig zu schreiben)
(2) consilium **ex urbe** exe**undi** (der Entschluss, die Stadt zu verlassen)
(3) spes **epistulam** accipi**endi** (die Hoffnung, einen Brief zu bekommen)

Das Gerundivum

Das Gerundivum ist ein **passivisches Verbaladjektiv.** Es richtet sich in Kasus, Numerus und Genus nach dem zugehörigen Substantiv, kommt also auch im Plural vor.

fact**a** non toler**anda** (unerträgliche Taten/Taten, die nicht zu ertragen sind)

Mit dem Gerundivum wird ausgedrückt, dass **etwas getan werden soll** oder (wenn es verneint ist) **etwas nicht getan werden darf.**
Aufgepasst: Es hat auch bei Deponenzien passive Bedeutung.

Liber **legendus est.** (Das Buch muss gelesen werden.) · facinus **non admirandum** (eine Tat, die man nicht bewundern darf)

Attributive Verwendung (Gerundivum pro Gerundio)

Die attributive Verwendung ist nur bei **transitiven Verben** (↑ S. 57) möglich, denn das **substantivische Bezugswort** ist **inhaltlich oft das Objekt** der Handlung. Meist steht das Gerundivum mit seinem Bezugswort

- im **Genitiv** oder **Ablativ** (1),
- in einem **Präpositionalausdruck** (2).

(1) consilium **urbis relinquendae** (der Entschluss, die Stadt zu verlassen)
(2) in **libro legendo** (beim Lesen des Buches)

Aufgepasst: Die Deponenzien *uti (gebrauchen), frui (genießen), fungi (verwalten)* und *potiri (sich bemächtigen)* – sonst mit Ablativ! – werden hier wie transitive Verben gebraucht.

spes **castrorum potiundorum** (die Hoffnung, sich des Lagers zu bemächtigen)

Prädikative Verwendung

Prädikativ kann das Gerundivum bei transitiven und intransitiven Verben verwendet werden.
Bei **transitiven Verben** wird das Gerundivum **persönlich konstruiert.** Die Person, die etwas tun muss oder nicht darf, steht dabei im **Dativ** (Dativus auctoris ↑ S. 56).

Victoria **nobis** celebranda est. (Der Sieg muss **von uns** gefeiert werden [= wir müssen den Sieg feiern].)

Bei **intransitiven Verben** wird die **unpersönliche Konstruktion** verwendet.

Vobis par**endum est.** (Von euch muss gehorcht werden [= ihr müsst gehorchen].)

Bei folgenden transitiven Verben bezeichnet das Gerundivum den **Zweck einer Handlung:**

Caesar **pontem** in flumine **faciendum curavit.** (Cäsar ließ eine Brücke über den Fluss schlagen.)

dare – geben	permittere – überlassen
tradere – übergeben	relinquere – zurücklassen
mittere – schicken	suscipere – übernehmen
committere – anvertrauen	curare – besorgen, lassen

Gerundium oder Gerundivum?

Im **Genitiv** und im **Ablativ** kann ohne Bedeutungsunterschied **anstelle der Gerundivkonstruktion** auch das **Gerundium mit Objekt** verwendet werden:

Gerundivum	Gerundium	
spes epistul**ae** accipi**endae** (Gen.)	spes epistul**am** accipi**endi**	die Hoffnung, einen Brief zu bekommen
Discimus r**e** spect**andā.** (Abl.)	Discimus r**em** spect**ando.**	Wir lernen, indem wir die Sache betrachten.

9 Hauptsätze

Hauptsätze sind selbstständige Sätze. Man unterscheidet unabhängige Aussagesätze, Begehrssätze und Fragesätze.

Unabhängige Aussagesätze

Aussagesätze drücken entweder einen
- wirklichen (realen),
- möglichen (potenzialen) oder
- unwirklichen (irrealen)

Sachverhalt aus.

Realis

In **realen Aussagesätzen** wird eine Aussage als **wirklich** dargestellt.

Omnes homines mortales sunt. (Alle Menschen sind sterblich.)

Im Lateinischen steht bei bestimmten **unpersönlichen Ausdrücken,** in **rhetorischen Fragen** und bei *paene (beinahe)* der **Indikativ.** Im Deutschen ist dagegen der Konjunktiv erforderlich.

longum est (es würde zu weit führen) · Quis negat? (Wer würde leugnen?) · Paene cecidi. (Beinahe wäre ich hingefallen.)

Potenzialis

In **potenzialen Aussagesätzen** wird eine Aussage als **möglich** aufgefasst.

- Potenziale Aussagesätze der **Gegenwart** (1) stehen im **Konjunktiv Präsens** oder **Perfekt.**

Aufgepasst: Das Perfekt hat keine Vergangenheitsbedeutung!

- Potenziale Aussagesätze der **Vergangenheit** (2) stehen im **Konjunktiv Imperfekt.**

(1) dicat/dixerit aliquis (es könnte jemand sagen) · Quis dubitet? (Wer wird wohl zweifeln?) · aliquis credat/crediderit (jemand wird wohl glauben)
(2) crederes/putares (man hätte glauben können)

Irrealis

In **irrealen Aussagesätzen** wird eine Aussage als **nicht wirklich** dargestellt.

- Irreale Aussagesätze der **Gegenwart** (1) stehen im **Konjunktiv Imperfekt,**
- irreale Aussagesätze der **Vergangenheit** (2) stehen im **Konjunktiv Plusquamperfekt.**

(1) Sine feriis vita tristis esset. (Ohne Ferien wäre das Leben traurig.)
(2) Sine te desperavissem. (Ohne dich wäre ich verzweifelt.)

Unabhängige Begehrssätze

Mit einem Begehrssatz wird ausgedrückt, dass etwas **verwirklicht werden soll.**

Befehle und **Aufforderungen** an die 2. Person stehen im **Imperativ.** Verneint werden sie mit
- *noli/nolite* + Infinitiv oder
- *ne* + Konjunktiv Perfekt.

Dic! (Sprich!) · Nolite cunctari! (Zögert nicht!) · Ne necaveris! (Töte nicht!)

Aufforderungen an die 1. Person werden mit dem Konjunktiv Präsens gebildet (Hortativ), verneint werden sie mit *ne*.

Eamus! (Lasst uns gehen!) · Ne desperemus! (Wir wollen nicht verzweifeln!)

Bei Wünschen unterscheidet man erfüllbare und unerfüllbare Wünsche (Optativ). Die Verneinung ist immer *ne*.
- **Erfüllbare Wünsche** der Gegenwart (1) stehen im Konjunktiv Präsens, erfüllbare Wünsche der Vergangenheit im Konjunktiv Perfekt. Zur Verstärkung dient *utinam (wenn doch)*.
- **Unerfüllbare Wünsche** der Gegenwart (2) stehen im Konjunktiv Imperfekt, unerfüllbare Wünsche der Vergangenheit im Konjunktiv Plusquamperfekt. Hier steht immer *utinam*.

(1) Bene redeat! (Möge er gut zurückkehren!) · Utinam bene redierit! (Hoffentlich ist er gut zurückgekehrt!)
(2) Utinam viveret! (Wenn er doch noch am Leben wäre!) · Utinam ne hanc epistulam scripsisses! (Hättest du doch nicht diesen Brief geschrieben!)

Unabhängige Fragesätze

Bei den unabhängigen Fragesätzen unterscheidet man Wortfragen, Satzfragen und Doppelfragen.

Wortfragen

Sie werden mit einem **Fragewort** eingeleitet und beziehen sich nur auf ein einzelnes Wort.

Quem exspectatis? (Auf wen wartet ihr?)

Satzfragen

Sie beziehen sich auf den Inhalt des ganzen Satzes und werden durch die **Fragepartikel**

- *-ne* (Antwort: offen),
- *nonne (etwa nicht)* [*erwartete* Antwort: *ja, doch*] oder
- *num (etwa)* [*erwartete* Antwort: *nein*]

eingeleitet.

Fuisti**ne** heri domi? (Warst du gestern zu Hause?) · **Num** dubitas id facere? (Zögerst du etwa, dies zu tun?) · **Nonne** amicam aegrotam visitavisti? (Hast du die kranke Freundin etwa nicht besucht?)

Doppelfragen

Sie stellen Möglichkeiten zur Wahl.

- Das erste Glied wird durch ein im Deutschen unübersetztes *utrum* oder angehängtes *-ne* eingeleitet,
- das zweite durch *an (oder)*.

Utrum manebimus/Manebimus**ne an** proficiscemur? (Bleiben wir oder brechen wir auf?)

10 Nebensätze

Von einem Hauptsatz (übergeordneter Satz) können ein oder mehrere Nebensätze abhängen (Nebensatz erster Ordnung, zweiter Ordnung usw.). Von der Art des Nebensatzes und der Konjunktion hängt es ab, ob der Indikativ oder der Konjunktiv steht.

Abhängige Aussagesätze

- Durch *quod (dass)* eingeleitete Nebensätze (faktisches *quod*) stehen im **Indikativ.**

Bene evenit, **quod** me adiuvas. (Es trifft sich gut, dass du mir hilfst.)

- Durch *ut (dass)* eingeleitete Nebensätze stehen im **Konjunktiv.**

Ei contigit, **ut** Romam iret. (Es gelang ihm, nach Rom zu gehen.)

Aufgepasst: Nach *non dubitare (nicht zweifeln)* und *non dubium est (es besteht kein Zweifel)* wird der Nebensatz mit *quin (dass)* eingeleitet.

Non dubito, **quin** verum dicas. (Ich bezweifle nicht, dass du die Wahrheit sagst.)

Abhängige Begehrssätze

Abhängige Begehrssätze stehen im Konjunktiv.
- Sie folgen auf **Verben des Bittens, Begehrens, Strebens** und **Sorgens** und
- werden mit *ut (dass)* und *ne (dass nicht)* eingeleitet.

Te hortor, **ut** prudenter agas. (Ich ermahne dich, klug zu handeln [= dass du ...].) · Curat, **ne** ingratus videatur. (Er sorgt dafür, nicht undankbar zu erscheinen.)

Aufgepasst:
- Nach **Verben des Fürchtens** *(verēri, timēre, metuere)* steht *ne (dass)* und *ut/ne non (dass nicht)* (1).
- Nach **Verben des Hinderns** und **Abhaltens** *(impedire, prohibēre, interdicere)* steht *quominus* oder *ne (dass)* (2).

(1) Timeo, **ne** cadas. (Ich fürchte, **dass** du fällst.)
(2) Me infirmitas impedit, **quominus** veniam. (Meine Schwäche hindert mich zu kommen.)

Abhängige Fragesätze

Abhängige (indirekte) Fragesätze
- stehen nach **Verben des Fragens, Sagens, Wissens** und **Denkens,**
- werden mit einem **Fragewort** eingeleitet und
- stehen immer im **Konjunktiv.**

Scire velim, **quid** facias. (Ich möchte wissen, was du machst.) · Interrogavi, **ubi** heri fueris. (Ich fragte, wo du gestern gewesen bist.)

TOPTHEMA

Die Zeitenfolge in konjunktivischen Nebensätzen (Consecutio temporum)

Es gibt drei Zeitstufen, in denen die Handlung eines Nebensatzes im Verhältnis zum Hauptsatz beschrieben werden kann: Vorzeitigkeit, Gleichzeitigkeit und Nachzeitigkeit:

- **Vorzeitigkeit:** Die Handlung im Nebensatz liegt vor der Handlung im Hauptsatz.
- **Gleichzeitigkeit:** Die Handlungen von Haupt- und Nebensatz finden zur gleichen Zeit statt.
- **Nachzeitigkeit:** Die Handlung im Nebensatz geschieht nach der Handlung im Hauptsatz.

Regeln für die Verwendung der Zeiten

Wenn die Handlung des Nebensatzes **vorzeitig** zu der des übergeordneten Satzes ist, steht

■ bei Bezug auf Präsens oder Futur	Konjunktiv Perfekt:
Scio/sciam, Ich weiß/werde wissen,	quid egeris. was du getan hast.
■ bei einem Vergangenheitstempus	Konjunktiv Plusquamperfekt:
Sciebam, Ich wusste,	quid fecisses. was du getan hattest.

Wenn die Handlung des Nebensatzes **gleichzeitig** zu der des übergeordneten Satzes stattfindet, steht

■ bei Bezug auf Präsens oder Futur	Konjunktiv Präsens:
Scio/sciam, Ich weiß/werde wissen,	quid facias. was du tust.
■ bei einem Vergangenheitstempus	Konjunktiv Imperfekt:
Sciebam, Ich wusste,	quid faceres. was du tatest.

Wenn die Handlung des Nebensatzes **nachzeitig** zu der des übergeordneten Satzes geschieht, wird das Partizip Futur Aktiv + Konjunktiv Präsens oder Imperfekt von *esse*, die so genannte **Coniugatio periphrastica,** verwendet. Es steht

- bei Bezug auf Präsens oder Futur *-urus sim:*

Scio/sciam, Ich weiß/werde wissen,	quid facturus sis. was du tun wirst.

- bei einem Vergangenheitstempus *-urus essem:*

Sciebam, Ich wusste,	quid facturus esses. was du tun würdest.

Die Zeitenfolge im Überblick

Hauptsatz	Konjunktiv im Nebensatz: **gleichzeitig**	**vorzeitig**	**nachzeitig**
Präsens oder Futur	Präsens	Perfekt	*-urus sim*
Imperfekt, Perfekt oder Plusquamperfekt (Vergangenheitstempus)	Imperfekt	Plus-quam-perfekt	*-urus essem*

10

Adverbialsätze

Temporalsätze

Temporalsätze geben eine **Zeitbestimmung** an: Wann findet etwas statt? Es können folgende Konjunktionen stehen:

Cum domum irem, sol ortus est. (**Als** ich nach Hause ging, ging die Sonne auf.)

cum (historicum)	m. Konj.	als, nachdem
postquam	m. Ind. Perf.	nachdem + Plqu.
antequam/priusquam	m. Ind./Konj.	ehe, bevor
(tum ...) **cum** (temporale)	m. Ind.	(damals ...) als
cum (inversivum)	m. Ind.	als, da
cum (iterativum) / **quotiens**	m. Ind.	jedesmal wenn, sooft
cum primum/ ut/ubi (primum)/ simul/simulatque	m. Ind. Perf.	sobald (als)
dum/quoad	m. Ind./Konj.	solange (bis)
dum	m. Ind. Präs.	während
cum interea	m. Ind.	während (inzwischen)
dum/donec/ quoad/quamdiu	m. Ind.	solange (als)

Finalsätze

Finalsätze geben eine **Absicht** oder einen **Zweck** an. Folgende Konjunktionen leiten einen Finalsatz ein:

Edo, **ut** vivam. (Ich esse, **um zu** leben.)

ut	m. Konj.	damit, um zu
ne	m. Konj.	damit nicht
quo/ut eo	m. Konj. vor Komp.	damit umso

Kausalsätze

Kausalsätze geben einen **Grund** an.

Sie können folgende Konjunktionen haben:

Cum Graeci appropinquarent, hostes fugerunt. (**Da** die Griechen sich näherten, flohen die Feinde.)

cum (causale)	m. Konj.	da, weil
quod/quia/quoniam	m. Ind.	da, weil

Konsekutivsätze

Konsekutivsätze bezeichnen eine **Folge.**

Diese Konjunktionen werden verwendet:

Nemo tam prudens est, **ut** omnia sciat. (Niemand ist so klug, **dass** er alles weiß.)

ut	m. Konj.	(so) dass
ut non	m. Konj.	(so) dass nicht
quam ut	m. Konj.	als dass

Konzessivsätze

Konzessivsätze bringen ein **Zugeständnis** oder eine **Einräumung** zum Ausdruck.

Etsi me offendisti, tibi ignosco. (**Wenn** du mich **auch** beleidigt hast, verzeihe ich dir.)

Konzessivsätze

Sie stehen mit folgenden Konjunktionen:

cum (concessivum)	m. Konj.	obwohl, wenn auch
quamquam	m. Ind.	obwohl, wenn auch
etsi/tametsi	m. Ind.	auch wenn, selbst wenn
etiamsi	m. Ind./Konj.	auch wenn, selbst wenn
quamvis	m. Konj.	wenn auch (noch so sehr), wie sehr auch
licet	m. Konj.	mag auch, wenn auch
ut (concessivum)	m. Konj.	angenommen dass, wenn auch

Modalsätze

Modalsätze geben die **Art und Weise** an, wie etwas geschieht.

Cum taces, facinus confiteri videris. (**Dadurch, dass** du schweigst, scheinst du die Tat zuzugeben.)

Diese Konjunktionen werden verwendet:

cum (explicativum)	m. Ind.	dadurch, dass; indem
cum (modale)	m. Konj.	wobei

Konditionalsätze

Konditionalsätze drücken eine **Bedingung** aus. Diese Konjunktionen werden verwendet:

si	m. Ind./Konj.	wenn
nisi (ni)	m. Ind./Konj.	wenn nicht

Zusätzliche Sinnrichtungen werden ausgedrückt durch:

quod si – wenn nun, wenn aber	si modo – wenn nur
sive ... sive – sei es, dass ... oder dass	nisi forte – wenn nicht etwa
si quidem – wenn wirklich	si non – wenn nicht (Verneinung eines einzelnen Wortes)

Je nachdem, in welchem Verhältnis die Bedingung zur Wirklichkeit steht, wird der Realis, der Potenzialis oder der Irrealis verwendet (zur Verwendung der Zeiten ↑ S. 84 f.).

Realis → Bedingung und Folgerung werden als wirklich dargestellt:

Si ad nos venis, omnes gaudent.
Wenn du zu uns kommst, freuen sich alle.

Potenzialis → Bedingung und Folgerung werden als möglich dargestellt:

Si ad nos venias/veneris, omnes gaudeant/gavisi sint.
Wenn du zu uns kommen solltest, freuen sich wohl alle.

Irrealis → Bedingung und Folgerung werden als unwirklich dargestellt:

der Gegenwart	Si ad nos venires, omnes gauderent. Wenn du zu uns kämst, würden sich alle freuen.
der Vergangenheit	Si ad nos venisses, omnes gavisi essent. Wenn du zu uns gekommen wärst, hätten sich alle gefreut.

Relativsätze

Relativsätze ergänzen ein Subjekt, Objekt oder eine Adverbiale. Sie werden mit einem Relativpronomen (↑ S. 25) eingeleitet.
Ein Relativsatz kann einen zusätzlichen Nebensinn enthalten und einen **Grund,** eine **Absicht,** eine **Folge** oder eine **Einschränkung** ausdrücken. In diesem Fall steht der **Konjunktiv:**

Insula, **quam** procul **vides,** parva est. (Die Insel, **die** du in der Ferne **siehst,** ist klein.)

kausaler Nebensinn	Reus, **qui** innocens **esset,** damnatus non est. Der Angeklagte, der **ja** unschuldig **war,** wurde nicht verurteilt.
finaler Nebensinn	Legati missi sunt, **qui** pacem **peterent.** Man schickte Legaten, **die** um Frieden **bitten sollten** (= damit sie ... bäten).
konsekutiver Nebensinn	Sunt, **qui** cred**ant** ... Es gibt Leute, **die** (= von der Art, dass sie) **glauben** ...

Relativer Satzanschluss

Das Relativpronomen kann zwei aufeinander folgende selbstständige Sätze enger miteinander verbinden.
Aufgepasst: Übersetze das Relativpronomen mit einem Demonstrativpronomen!

Quis ignoret Neronem? **Qui** incendium Romae excitavisse dicitur. (Wer kennt Nero nicht? **Dieser** soll [nämlich] den Brand Roms angestiftet haben.)

Verschränkte Relativsätze

Ein Relativsatz kann mit einer Infinitivkonstruktion oder einem untergeordneten Nebensatz eine so genannte Verschränkung eingehen. Bei der Übersetzung dieser Verschränkung gibt es verschiedene Möglichkeiten.

Verschränkung mit einem AcI

Socrates, **quem innocentem fuisse constat,** e carcere fugere noluit.

Sokrates,

Hilfsübersetzung	■ **von dem bekannt ist,** dass er unschuldig war,
Parenthese (Einschub)	■ **der, wie bekannt ist,** unschuldig war,
Adverb	■ **der bekanntlich** unschuldig war,

wollte nicht aus dem Gefängnis fliehen.

Verschränkung mit einem Nebensatz

Libenter lego libros Platonis, **quem tu quanti facias scio.**

Ich lese gern die Bücher des Plato,

Hilfsübersetzung	■ **von dem ich weiß,** wie hoch du ihn schätzt.
Parenthese	■ **den du, wie ich weiß,** hoch schätzt.
Präpositionalausdruck	■ **den du nach meiner Kenntnis** hoch schätzt.

TOPTHEMA

Mehrdeutige Konjunktionen

Einige Konjunktionen haben mehrere Bedeutungen. Achte bei der Übersetzung darauf, ob nach ihnen der Indikativ oder Konjunktiv folgt. Auch der Textzusammenhang kann dir weiterhelfen.

cum

temporal		
cum (historicum)	m. Konj.	als, nachdem
(**tum ...**) **cum** (temporale)	m. Ind.	(damals ...) als
cum (inversivum)	m. Ind.	als, da
cum (iterativum)	m. Ind.	jedesmal wenn, sooft
cum primum (temporale)	m. Ind. Perf.	sobald (als)
cum interea	m. Ind.	während (inzwischen)
modal		
cum (explicativum)	m. Ind.	dadurch, dass; indem
cum (modale)	m. Konj.	wobei
kausal		
cum (causale)	m. Konj.	da, weil
quippe cum	m. Konj.	da ja
praesertim cum	m. Konj.	zumal da
konzessiv		
cum (concessivum)	m. Konj.	obwohl, wenn auch
adversativ		
cum (adversativum)	m. Konj.	während (dagegen)
beiordnend		
cum (... tum)		sowohl (... als auch)

Aufgepasst: Cum kann auch **Präposition mit Ablativ** sein: *mit.*

ut

konsekutiv		
ut	m. Konj.	(so) dass
ut non	m. Konj.	(so) dass nicht
quam ut	m. Konj.	als dass
final		
ut	m. Konj.	damit, um zu
temporal		
ut (primum)	m. Ind. Perf.	sobald (als)
konzessiv		
ut (concessivum)	m. Konj.	angenommen dass, wenn auch
komparativ		
ut	m. Ind.	wie
ut si	m. Ind.	wie wenn

quod

faktisch		
quod	m. Ind.	dass
kausal		
quod	m. Ind./Konj.	weil, da

Aufgepasst: Quod kann auch **Neutrum Singular** des **Relativpronomens** oder **Fragepronomens** sein: *das, welches, was* oder *welches?*

dum

temporal		
dum	m. Ind.	solange (als), während
dum	m. Ind./Konj.	(solange) bis
konditional		
dum	m. Konj.	wenn nur

Bibliographische Information der Deutschen Bibliothek
Die Deutsche Bibliothek verzeichnet diese Publikation in der Deutschen Nationalbibliografie; detaillierte bibliografische Daten sind im Internet über http://dnb.ddb.de abrufbar.

2006 Genehmigte Sonderausgabe für Verlagsgruppe Weltbild GmbH, Augsburg

Redaktionelle Leitung Simone Senk
Redaktion Claudia Fahlbusch, Ursula Schneider
Autorin Linda Strehl, München

Herstellung Annette Scheerer
Produktion HamppMedia GmbH, Stuttgart
Typografisches Konzept Horst Bachmann
Illustrator Peter Lohse, Büttelborn
Grafiken Bibliographisches Institut & F. A. Brockhaus AG und DUDEN PAETEC GmbH
Umschlaggestaltung Michael Acker

Druck und Bindung Kösel, Altusried-Krugzell
Printed in Germany

F

ISBN-13: 978-3-411-02319-6 (Gesamtkassette)
ISBN-10: 3-411-02319-8 (Gesamtkassette)

Duden

SMS Schnell-Merk-System

Französisch

5. bis 10. Klasse

Dudenverlag
Mannheim · Leipzig · Wien · Zürich

DUDEN PAETEC Schulbuchverlag
Berlin · Frankfurt a. M.

Inhaltsverzeichnis

1 Begleiter
Les déterminants

Der bestimmte Artikel *(l'article défini)*

	Singular	Plural
Maskulinum	le/l'	les
Femininum	la/l'	les

Singular

Im Deutschen gibt es drei **Geschlechter** (angezeigt durch der, die oder das), im Französischen zwei. *le* begleitet männliche, *la* weibliche Substantive.
Aufgepasst: Steht *le* oder *la* vor Vokal oder stummem *h*, werden *le* und *la* apostrophiert: *l'*.

le livre
la lettre
l'ami · **l'**amie ·
l'histoire · **l'**hôtel

Plural

Steht das Substantiv (↑ S. 12 f.) im Plural, benötigt man auch die Pluralform des Artikels. Die weibliche und männliche Pluralform des bestimmten Artikels lautet *les*.

les voitures *(zu* la voiture) · les livres *(zu* le livre)

Aufgepasst:
- *le* und *les* werden unterschiedlich ausgesprochen.

le [lə]
les [le]

- Steht *les* vor Vokal oder stummem *h*, wird das *-s* (stimmhaft) hörbar.

les examens
[lez ɛgzamɛ̃]

à/de + bestimmter Artikel

à +	le →	**au**		de +	le →	**du**
	la/l' →	**à la/l'**			la/l' →	**de la/l'**
	les →	**aux**			les →	**des**

Steht vor einem bestimmten Artikel die **Präposition *à*** oder ***de*,** verschmelzen *le* und *les* mit der Präposition zu einem zusammengezogenen Artikel.

Je vais **au** cinéma. · Je vais **aux** Etats-Unis. · Je viens **du** zoo/**des** toilettes.

Der unbestimmte Artikel *(l'article indéfini)*

	Singular	Plural
Maskulinum	**un**	**des**
Femininum	**une**	**des**

Singular

Im Französischen gibt es wie im Deutschen zwei unbestimmte Artikel im Singular: *un* steht vor männlichen, *une* vor weiblichen Substantiven.

un livre
une lettre

Plural

Im Unterschied zum Deutschen gibt es im Französischen im Plural den unbestimmten Artikel *des*.
Aufgepasst: In der **Verneinung** ändert sich der unbestimmte Artikel:
pas + un/des → pas de

un enfant – **des** enfants (ein Kind – Kinder)

Je ne veux **pas de vélo!** · Je ne veux **pas de CDs!**

TOPTHEMA **Der Teilungsartikel** *(l'article partitif)*

In fast allen Fällen gilt: Steht im Deutschen kein Artikel, wird im Französischen der Teilungsartikel *(du, de la/l', des)* verwendet.

Im Französischen drückt der Teilungsartikel eine **unbestimmte Menge eines nicht zählbaren Stoffes** aus, z. B. J'achète ***de la*** farine.	**Im Deutschen** werden **unbestimmte** Mengenangaben **ohne Artikel** ausgedrückt, z. B. Ich kaufe Mehl.
Au Restaurant ■ Je prends **du** coca, et toi, **de l'**eau?	**Im Restaurant** ■ Ich möchte Cola, und du, Wasser?
■ Je prends **de la** salade et **des** frites.	■ Ich nehme Salat und Pommes.

Aufgepasst: Bei *aimer* steht im Französischen immer der bestimmte Artikel.

J'aime **le** rock, **la** musique classique, **les** films avec Jean Reno.

■ **avec du** sucre	mit (mit Teilungsartikel)
■ **sans** lait	ohne (ohne Teilungsartikel)
■ **bien des** étudiants	ziemlich viele
■ **la plupart des** étudiants	die meisten

Nach einer **Mengenangabe** folgt immer ***de*** oder ***d'*** und das Substantiv steht **ohne Artikel.**

Recette pour un bon week-end:	**Rezept für ein gutes Wochenende:**
■ **beaucoup de** chance,	viel Glück,
■ **un peu d'**énergie,	ein wenig Energie,
■ **assez de** courage,	genug Mut,
■ **trois jours de** soleil	drei Tage Sonne
■ et **un verre de** vin rouge.	und ein Glas Rotwein.
■ Mais **pas de** mauvaise humeur!	Aber **keine** schlechte Laune!

Der Possessivbegleiter *(le déterminant possessif)*

mask. Singular	fem. Singular	mask./fem. Plural
mon	ma	mes
ton	ta	tes
son (bei il und elle!)	**sa (bei il und elle!)**	**ses (bei il und elle!)**
notre	notre	nos
votre	votre	vos
leur	leur	leurs

Possessivbegleiter stehen **vor dem Substantiv,** dessen Besitzer sie anzeigen. Sie passen sich in Geschlecht und Zahl diesem Substantiv an. Das bedeutet, auch wenn es um eine Frau geht, kann es *son* heißen.

le CD – **mon** CD · **la** copine – **ma** copine · **les** devoirs – **mes** devoirs
Le père aime **sa** fille. · La mère aime **son** fils.

Aufgepasst: Verwechsle *leur* nicht mit dem indirekten Objektpronomen *leur* (↑ S. 29).

C'est **leur** maison. *aber:* Je **leur** téléphone.

Treffen *ma, ta, sa* auf ein Substantiv, das mit einem Vokal oder stummem *h* beginnt, wird

- *ma* zu *mon,* — **mon** amie *(f)*, **mon** histoire *(f)*
- *ta* zu *ton,* — **ton** énergie *(f)*, **ton** horloge *(f)*
- *sa* zu *son.* — **son** erreur *(f)*, **son** habitude *(f)*

Der Demonstrativbegleiter
(le déterminant démonstratif)

	Singular	Plural
Maskulinum Femininum	**ce/cet** **cette**	**ces** **ces**

Der Demonstrativbegleiter **steht vor einem Substantiv,** das im Kontext schon genannt wurde und somit bekannt ist. In Geschlecht und Zahl bezieht er sich auf dieses Substantiv.

Nous avons acheté **une villa. Cette villa** est très grande.

Aufgepasst: Beginnt ein maskulines Substantiv mit einem Vokal oder einem stummen *h*, steht *cet*.

Cet après-midi je fais du ski. · **Cet** homme a trouvé mes clés.

Der Fragebegleiter quel
(le déterminant interrogatif)

	Singular	Plural
Maskulinum Femininum	**quel** **quelle**	**quels** **quelles**

quel steht **vor dem Substantiv** und bezieht sich in Geschlecht und Zahl auf dieses.

Quelle couleur?
Quel genre?
Quelles couleurs?
Quels genres?

- *quel* kann auch Subjekt eines Fragesatzes sein. Es folgt ihm eine Form von *être*.

Quel est ton nom?

- *quel* kann auch im Ausrufesatz stehen.

Quelle surprise!

Der Indefinitbegleiter *(le déterminant indéfini)*

aucun/e … ne	keine/r	**chaque**	jede/r Einzelne
quelques	einige	**plusieurs**	mehrere
certain/s/e/es	gewisse, einige	**tout/e/s, tous**	jede/r

Indefinitbegleiter bezeichnen eine **Anzahl** oder eine **Menge.** Sie stimmen in Geschlecht und Zahl mit dem Substantiv überein, vor dem sie stehen.

aucun examen, **aucunes** pièces. **certains** jours · **certaines** questions

Aufgepasst:

- *chaque* (immer Singular) und *plusieurs* (immer Plural) sind unveränderlich.

  chaque jour/nuit · **plusieurs** jours/nuits

- Bei der Verwendung von *aucun/e* wird die Verneinung zusätzlich durch den Partikel *ne* oder *n'* angezeigt.

  Aucune personne **n'**est venue.

Der Indefinitbegleiter *tout* steht immer gemeinsam **mit einem anderen Begleiter.** Ausnahmen sind einige wenige feste Wendungen. Er richtet sich in Geschlecht und Zahl nach dem Substantiv, das er näher bestimmt. Siehe auch Indefinitpronomen ↑ S. 34.

J'ai pris **tout** mon courage, pour dire à **toute** la famille que j'ai oublié **toutes** mes affaires et **tous** les vêtements.

Feste Wendungen mit tout		**Feste Wendungen mit tout ohne weiteren Begleiter**	
tout le monde	alle	en tout cas	auf alle Fälle
tout le temps	die ganze Zeit	à tout moment	jederzeit

2 Substantive
Les noms

Geschlecht *(le genre)*

Das französische Substantiv hat zwei Geschlechter: Es ist entweder feminin *(la)* oder maskulin *(le)*. Es steht meistens mit einem Begleiter, z. B. mit einem Artikel (↑ S. 4 ff.).

la grammaire
le nom

Natürliches Geschlecht

Weibliche Personen haben immer einen femininen Begleiter, männliche Personen einen maskulinen.

la mère · **le** père · **ma** mère · **mon** père

Grammatisches Geschlecht

Für den Großteil aller Substantive gibt es keine feste Regel.

le soleil (die Sonne) · la lune (der Mond)

Folgende Faustregeln können in Zweifelsfällen helfen. Feminin sind:

- alle Substantive auf *-tion*, — **la** présenta**tion**
- alle Substantive auf *-ette*, — **la** bagu**ette**
- alle Substantive auf *-té*, — **la** beau**té**
- alle Automarken, — **la** Peugeot 206
- die meisten Substantive auf *-e*, — **la** table
- alle einsilbigen Substantive auf *-age*. — **la** plage · **la** cage · **la** page

Maskulin sind:	
■ alle Farben,	**le** bleu
■ alle Sprachen,	**le** portugais
■ alle Baumarten,	**le** chêne · **le** sapin
■ alle Substantive auf *-ment,*	**le** mo**ment**
■ alle Substantive auf *-on,*	**le** viol**on** · **le** citr**on**
■ alle Substantive auf *-eau,*	**le** chap**eau**
■ mehrsilbige Substantive auf *-age.*	**le** gar**age** · **le** voy**age** *aber:* **une** im**age**

Für die **Berufsbezeichnungen** gelten folgende Regeln:	
■ Meistens wird in der weiblichen Form an die Endung des männlichen Wortes ein *-e* angehängt. Dadurch wird der davor stehende Konsonant ausgesprochen und somit hörbar.	un étudiant [etydjɑ̃] – une étudiant**e** [etydjɑ̃t]
Aufgepasst: Viele Substantive ändern jedoch ihre Endung in der weiblichen Form.	un coiff**eur** – une coiff**euse** · un ac**teur** – une ac**trice**
■ Männliche Berufe, die bereits auf *-e* enden, bleiben in der weiblichen Form gleich. Nur der Artikel ändert sich.	un photograph**e** – une photograph**e** · un architect**e** – une architect**e**
■ Einige Berufe lauten für Frauen und Männer gleich.	**un** médecin · **un** professeur · **un** ingénieur
Aufgepasst: Man benutzt bestimmte Formulierungen, wenn ausdrücklich eine Frau gemeint ist.	**une femme** médecin · **Madame le** professeur
■ Feminine Formen auf *-esse* können abwertend wirken	la doctor**esse**

Pluralbildung *(le pluriel)*

Regelmäßige Pluralformen

Bei den meisten Substantiven hängt man im Plural *-s* an. Dieses *-s* ist nicht hörbar.
Dabei ändert sich auch der Begleiter, z. B. der Artikel (↑ S. 4 ff.).

le livre – les livre**s** · la maison – les maison**s**

un sac – **des** sacs · **la** page – **les** pages

Unregelmäßige Pluralformen

- Bei den Substantiven auf *-z, -s, -x* entspricht der Plural dem Singular.
- Bei den Substantiven auf *-eau* und *-eu* hängt man im Plural *-x* an.

Wortendung	Singular	Plural
z → **z**	le ne**z**	les ne**z**
s → **s**	le bu**s**	les bu**s**
x → **x**	le choi**x**	les choi**x**
eau → **eaux**	le bur**eau**	les bur**eaux**
eu → **eux**	le chev**eu**	les chev**eux**
aber:	le pn**eu**	les pn**eus**
al → **aux**	le journ**al**	les journ**aux**
aber:	le festiv**al**	les festiv**als**
ail → **aux**	le trav**ail**	les trav**aux**
aber:	le dét**ail**	les dét**ails**
Sonderformen:	l'œil [lœj] *(m)*	les **yeux** [lez jø].
	madame	**mes**dames
	monsieur	**mes**sieurs
	mademoiselle	**mes**demoiselles

Zusammengesetzte Substantive
(les noms composés)

Substantive können aus mehreren Wörtern bestehen, z. B. aus

- zwei Substantiven, — le mot-clé (Schlüsselwort)
- zwei Adjektiven, — le sourd-muet (Taubstummer)
- Adjektiv + Substantiv. — le grand-père

Plural

In der Regel erhalten **beide Wörter** des zusammengesetzten Substantivs ein Plural-**s**.

les mot**s**-clé**s**
les sourd**s**-muet**s**
les grand**s**-père**s**

Es gibt zusammengesetzte Substantive,

- die aus einer Präposition und einem Substantiv bestehen. Hier erhält nur das **Substantiv** ein Plural-**s**.
  l'arrière-plan (Hintergrund) – **les** arrière-plan**s** · l'après-midi – **les** après-midi(**s**)
- die aus einem Verb und einem Substantiv gebildet sind. Das Substantiv erhält hier im Plural oftmals **kein -s**.
  le porte-monnaie – **les** porte-monnaie
  aber: **les** couvre-lit**s** (Tagesdecken)
- deren Teile durch eine Präposition verbunden werden. Hier wird der Plural nur beim **Substantiv vor der Präposition** gekennzeichnet.
  le chef-d'œuvre (Meisterwerk) – **les** chef**s**-d'œuvre · l'eau-de-vie (Schnaps) – **les** eau**x**-de-vie

3 Adjektive

Les adjectifs

Geschlecht und Zahl *(le genre et le nombre)*

	Singular	Plural
Maskulinum Femininum	Adjektiv Adjektiv **+e**	Adjektiv **+s** Adjektiv **+es**

Adjektive stimmen in Geschlecht und Zahl immer mit den **Substantiven, die sie näher bestimmen,** überein. Es gibt bei den Adjektiven also maskuline und feminine Formen, sowohl im Singular als auch im Plural.	le pull **bleu** · la mer **bleue** · les cheveux *(m)* **bleus** · les cartes *(f)* **bleues**
Aufgepasst: In der femininen Form wird der Schlusskonsonant vor dem *-e* ausgesprochen. Dies gilt für die Singular- und Pluralformen.	vert(s) [vɛr] – verte(s) [vɛrt] · grand(s) [grɑ̃] – grande(s) [grɑ̃d]

Besonderheiten

Adjektive auf *-e* haben für Maskulinum und Femininum die gleiche Form. Die Aussprache ist ebenfalls gleich.	un homme **sympathique** · une femme **sympathique**

rouge	difficile	optimiste	drôle
moderne	possible	triste	suisse

Maskuline Adjektive auf *-s* oder *-x* haben im Singular und Plural die gleiche Form. Auch die Aussprache ist gleich.
Aufgepasst: Diese Regel gilt nicht für das Femininum (↑ S. 14, 16).

un enfant **heureux** – des enfants **heureux**

une situation heu**reuse** – des situations heur**euses**

heureux	sérieux	français	gros
dangereux	faux	gris	las

Die maskulinen Singularformen der Adjektive ***vieux, nouveau*** und ***beau*** werden vor einem Substantiv, das mit Vokal oder stummem *h* beginnt, zu *vieil, nouvel, bel.*

un **vieil** arbre · un **vieil** homme

aber: trois **vieux** arbres

vieux → vieil/le

un **vieux** port	un **vieil** ordinateur un **vieil** horoscope	une **vieille** maison une **vieille** amitié

nouveau → nouvel/le

un **nouveau** livre	le **nouvel** an un **nouvel** hôtel	la **nouvelle** cuisine une **nouvelle** amitié

beau → bel/le

un **beau** château	un **bel** arbre un **bel** hôtel	une **belle** maison une **belle** amitié

In **einigen zusammengesetzten Wörtern** (↑ S. 13) wird das Adjektiv nicht der Regel entsprechend angeglichen.

la grand-mère
aber: les grand**s**-parents
une demi-heure
aber: une heure et demi**e**

TOPTHEMA

Überblick über unregelmäßige Adjektivformen

mask. Sg.	**fem. Sg.**	
sérieux	sérieuse	eux → euse
italien	italienne	ien → ienne
européen	européenne	éen → éenne
bon	bonne	on → onne
prochain [prɔʃɛ̃]	prochaine [prɔʃɛn]	ain → aine
dernier premier	dernière première	ier → ière
étranger	étrangère	ger → gère
cher [ʃɛr]	chère [ʃɛr]	er → ère
complet	complète	et → ète
sportif neuf	sportive neuve	f → ve
gros faux	grosse fausse	s, x → sse
doux	douce	x → ce
blanc	blanche	c → che
sec	sèche	c → che + accent
frais	fraîche	s → che + accent
gentil [ʒɑ̃ti]	gentille [ʒɑ̃tij]	il → ille
long	longue	g → gue
conservateur	conservatrice	teur → trice

mask. Sg.	**mask. Pl.**	
social	sociaux	al → aux
nouveau	nouveaux	eau → eaux

Aufgepasst:

- Alle Farbadjektive, die von Substantiven abgeleitet werden, sind unveränderlich:

orange. marron (Esskastanie). mauve (Malve)

- Auch die Adjektive *super, sympa, extra, bon marché* sind unveränderlich.

Stellung *(la place de l'adjectif)*

■ Die meisten Adjektive stehen **nach** dem Substantiv.

C'était un voyage **intéressant.**

■ Einige **kurze,** zum Teil häufig gebrauchte Adjektive stehen **vor** dem Substantiv.

beau · bon · joli · petit · grand · gros · jeune · vieux · long

Nachgestellt werden:

■ **Farbadjektive** und

■ Adjektive zur Bezeichnung der **Nationalität.**

les yeux **verts**
le vin **français**

Einige Adjektive ändern ihre Bedeutung, je nachdem ob sie **vor- oder nachgestellt** werden:

une histoire **drôle** (lustig)	– une **drôle d'**histoire (seltsam)
sa maison **propre** (sauber)	– sa **propre** maison (eigen)
une personne **seule** (einsam)	– une **seule** personne (einzig)
le mois **dernier** (letzten Monat)	– le **dernier** mois (der letzte Monat)
une femme **pauvre** (arm)	– une **pauvre** femme (bedauernswert)

Adjektivergänzungen *(les compléments de l'adjectif)*

Einige Adjektive können mit einem

■ **Substantiv** (1) bzw. **Eigennamen** (2) oder

■ einem **Infinitiv** (3) ergänzt werden.

Diese Ergänzungen werden oft mit *à* oder *de* angeschlossen.

Chantal est **amoureuse** (1) de son copain/(2) de Luc.

(3) C'est **facile à** comprendre.

Adjektivergänzungen mit *à* und *de* heißen **nominale Ergänzungen.**

mit de

amoureux/amoureuse de (verliebt in)

heureux/heureuse de (glücklich über)

plein/pleine de (voll von)

content/contente de (zufrieden mit)

jaloux/jalouse de (eifersüchtig auf)

fier/fière de (stolz auf)

capable de (fähig zu)

désolé/désolée de (betrübt über)

proche/loin de (nahe bei/weit von)

mit à

agréable à (angenehm zu)

comparable à (vergleichbar mit)

contraire à (gegen)

fidèle à (treu)

prêt/prête à (bereit zu)

Regelmäßige Steigerung

Komparativ

Die erste Steigerungsstufe von Adjektiven wird gebildet mit:

- **plus** + Adjektiv + **que** (1),
- **aussi** + Adjektiv + **que** (2),
- **moins** + Adjektiv + **que** (3).

Aufgepasst: Bei Vergleichen steht immer *que* (dt.: wie, als). Das gesteigerte Adjektiv passt sich in Geschlecht und Zahl immer dem Substantiv an, auf das es sich bezieht.

(1) **plus** grand **que** (größer als)
(2) **aussi** grand **que** (genauso groß wie)
(3) **moins** grand **que** (kleiner als)

Ces fleurs, elles sont **plus/moins/aussi belles que** les fleurs là-bas.

Superlativ

Die höchste Steigerungsstufe von Adjektiven wird gebildet mit **vorangestelltem Artikel** und:

- **plus** + Adjektiv + Substantiv (1),
- **moins** + Adjektiv + Substantiv (2).

(1) J'ai vu **la plus** grande tour du pays.
(2) Mais c'était **la moins** belle.

Wird das Adjektiv in der Grundform **nachgestellt,** wird es auch im Superlativ nachgestellt. Dabei wird der Artikel des Substantivs noch einmal wiederholt.

le monument **le plus** intéressant · **les** châteaux **les plus** célèbres · l'église **la plus** ancienne

le la les	+	Substantiv	+	le la les	+	plus/moins	+	Adjektiv

Unregelmäßige Steigerung

Die Adjektive ***bon*** und ***mauvais*** (in der Bedeutung von schlimm) haben unregelmäßige Steigerungsformen. Der Plural wird regelmäßig gebildet.

les meilleurs films · les meilleures actrices

Adjektiv	Komparativ	Superlativ
bon/bonne	meilleur/e	le/la meilleur/e
aber:	moins bon/bonne	le/la moins bon/bonne
mauvais/e (schlecht)	plus mauvais/e	le/la plus mauvais/e
mauvais/e (schlimm)	pire	le/la pire

4 Zahladjektive
Les adjectifs numéraux

Grundzahlen *(les nombres cardinaux)*

Mit den Grundzahlen gibt man eine Anzahl oder Menge an, mit den Ordnungszahlen (↑ S. 21) eine Rangordnung oder Reihenfolge.

trois jours

le **troisième** jour

Aufgepasst:
- *cent* nimmt im Plural -*s* an, wenn es am Ende einer Zahl steht.
- *mille* ist immer unveränderlich.

0 zéro
1 un/une
2 deux
3 trois
4 quatre
5 cinq
6 six
7 sept
8 huit
9 neuf

10 dix
11 onze
12 douze
13 treize
14 quatorze
15 quinze
16 seize
17 dix-sept
18 dix-huit
19 dix-neuf

20 vingt
21 vingt et un/une
22 vingt-deux
23 vingt-trois
24 vingt-quatre
25 vingt-cinq
26 vingt-six
27 vingt-sept
28 vingt-huit
29 vingt-neuf

30 trente
40 quarante
50 cinquante
60 soixante

70 soixante-dix
71 soixante et onze
72 soixante-douze
77 soixante-dix-sept
78 soixante-dix-huit
79 soixante-dix-neuf

80 quatre-vingt(s)
81 quatre-vingt-un/une

90 quatre-vingt-dix
91 quatre-vingt-onze

100 cent
101 cent un/une

200 deux cents
201 deux cent un/une
220 deux cent vingt

600 six cents
800 huit cents
1000 mille
2000 deux mille
1 000 000 un million

3 254 695 trois millions deux cent cinquante-quatre mille six cent quatre-vingt-quinze

Ordnungszahlen *(les nombres ordinaux)*

Sie werden gebildet, indem man an die Grundzahl *-ième* anhängt.
Bei 1. und 2. gibt es Sonderformen.

au dix**ième** étage

1er	le premier	14^{e}	le/la quator**zième**
1ère	la première	15^{e}	le/la quin**zième**
2^{e}	le/la deuxième	16^{e}	le/la sei**zième**
$2^{nd/e}$	le second, la seconde	17^{e}	le/la dix-septième
3^{e}	le/la troisième	20^{e}	le/la vingtième
4^{e}	le/la quat**rième**	21^{e}	le/la vingt et **unième**
5^{e}	le/la cin**quième**	30^{e}	le/la tren**tième**
6^{e}	le/la sixième	70^{e}	le/la soixante-dixième
7^{e}	le/la septième	71^{e}	le/la soixante et on**zième**
8^{e}	le/la huitième	80^{e}	le/la quatre-vingtième
9^{e}	le/la neu**vième**	81^{e}	le/la quatre-vingt-**unième**
10^{e}	le/la dixième	90^{e}	le/la quatre-vingt-dixième
11^{e}	le/la on**zième**	91^{e}	le/la quatre-vingt-on**zième**
12^{e}	le/la dou**zième**	100^{e}	le/la centième
13^{e}	le/la trei**zième**	1000^{e}	le/la millième

4

Bruchzahlen *(les fractions)*

Für sie gilt: Zähler = Grundzahl. Nenner = Ordnungszahl; wenn der Zähler > 1 stehen sie im Plural. Bruchzahlen mit dem Nenner 2, 3 und 4 haben eine eigene Form.

$\frac{1}{5}$ un cinquième
$\frac{4}{5}$ quatre cinquième**s**
$\frac{1}{2}$ un demi · $\frac{1}{3}$ un tiers · $\frac{1}{4}$ un quart · $\frac{3}{4}$ trois quart**s**

Datum *(la date)*

Für das Datum werden die Grundzahlen verwendet.
Ausnahme: der 1. Tag eines Monats.

le **quatorze** juillet

le **premier** mai

5 Adverbien
Les adverbes

Abgeleitete Adverbien *(les adverbes en -ment)*

Anders als im Deutschen haben die Adverbien im Französischen eine eigene, **unveränderliche** Form.

Grundregel

Die meisten Adverbien werden mit der **femininen Form des Adjektivs** gebildet, indem man ***-ment* anhängt** (↑ S. 14 ff.).

Il est **sérieux.** (ernsthaft) – Il travaille **sérieusement.** (ernsthaft)

aber: gentil → **gentiment**
bref → **brièvement**

Sonderformen

Adjektive, deren maskuline Form auf ***i*** oder ***u*** endet, bilden das Adverb nach der **maskulinen Form** des Adjektivs.

Adjektiv, mask.	**Adjektiv, fem.**	**Adverb**
vra**i**	vraie	vra**i**ment
absol**u**	absolue	absol**u**ment
		ebenso: poli, joli
aber: gai	gaie	gaiement

Adjektive, deren maskuline Form auf ***-ant*** oder ***-ent*** endet, bilden das Adverb auf ***-amment*** bzw. ***-emment.*** *Aufgepasst:* Einige mehrsilbige Adverbien erhalten zusätzlich einen Akzent.	élég**ant:** élég**am-ment** · prudent: prud**emment** énorme → énor-m**é**ment · précise → précis**é**ment
Einige Adverbien werden ganz unregelmäßig gebildet.	bon → bien · mauvais → mal · meilleur → mieux · rapide → vite (rapidement)
In einigen Fällen wird das Adjektiv auch als Adverb verwendet:	

coûter **cher** (teuer sein)	parler **haut/bas** (laut/leise sprechen)
voir **clair** (klar sehen)	chanter **faux** (falsch singen)
avoir **chaud** (warm sein)	sentir **bon** (gut riechen)

5

Ursprüngliche Adverbien *(les adverbes simples)*

Sie sind **nicht** von einem anderen Wort **abgeleitet.** Es gibt Adverbien

des Ortes	ici · là(-bas) · partout
der Zeit	maintenant · demain · déjà · longtemps · souvent · tard · toujours
der Menge	assez · beaucoup · trop · très
der Art und Weise	bien · ensemble · mieux · vite
der Negation	ne … pas · ne … plus · ne … rien (↑ S. 70 f.)

Funktion *(l'emploi)*

Adverbien können folgende **Satzglieder näher bestimmen:**
- Verb (1),
- Adjektiv(2),
- Adverb (3).

(1) Tu **joues régulièrement** au foot?
(2) Ce gâteau est **vraiment bon!**
(3) Tu regardes **trop souvent** la télé!

Adverbien können auch einen **ganzen Satz** näher beschreiben. Stehen sie am Anfang des Satzes, erfordern sie ein Komma.

Heureusement, ils sont partis.
La maison est à nous **enfin.**

Stellung *(la place de l'adverbe)*

Grundregel

Adverbien stehen **nach dem Verb,** auf das sie sich beziehen. Dies gilt für
- Adverbien auf *-ment,* — Nous avons compris **facilement.**
- ursprüngliche Adverbien der Art und Weise, — Il sort **vite.**
- Adverbien des Ortes, — Il va attendre **ici.**
- Adverbien der Zeit, — On arrive **bientôt!**
- Adverbien der Menge. — Elle lit **beaucoup.**

Sonderfälle

- ***trop, toujours*** (1) und
- einige kurze, häufig gebrauchte Adverbien (2) stehen im Passé composé **vor dem Partizip.**

(1) J'ai **trop** bu. · J'ai **toujours** pensé à lui.
(2) Nous avons **bien** mangé, mais nous avons **mal** dormi.

- Adverbien, die sich auf ein anderes **Adjektiv** oder **Adverb** beziehen, stehen vor ihrem Bezugswort.

Tu es **très** gentil. · Je te le dis **bien** franchement.

Regelmäßige Steigerung

Komparativ

Wie beim Adjektiv (↑ S. 18 f.) gilt für die Steigerung oder den Vergleich:
- Verb + **plus** + Adverb + **que,**
- Verb + **aussi** + Adverb + **que,**
- Verb + **moins** + Adverb + **que.**

Le jaguar court **plus** vite **que** le zèbre. · Le zèbre court **aussi** vite **que** la gazelle, mais l'escargot avance **moins** vite **que** tous les autres.

Superlativ

Auch die zweite Steigerungsform wird **wie beim Adjektiv** gebildet (↑ S. 19):
- Verb + **le plus** + Adverb,
- Verb + **le moins** + Adverb.

Le jaguar court **le plus** vite. · L'escargot avance **le moins** vite.

Unregelmäßige Steigerung

Unregelmäßig gesteigert werden:

Adverb	Komparativ	Superlativ
bien	mieux	le mieux
peu	moins	le moins
beaucoup	plus	le plus

6 Pronomen
Les pronoms

Wörter, die stellvertretend für einen Satzteil stehen, heißen Pronomen. Sie ersetzen z. B.:
- das Subjekt (1),
- das direkte oder indirekte Objekt (2) (↑ S. 66) oder
- eine Orts- oder Mengenangabe (3) (↑ S. 30 f.).

(1) **La jeune fille** écrit. – **Elle** écrit.
(2) Elle donne *le livre* **à son ami.** – Elle *le* **lui** donne.
(3) Elle va **à Rome.** – Elle **y** va.

Subjektpronomen *(les pronoms personnels sujet)*

Singular		Plural	
ich	**je**	wir	**nous**
du	**tu**	ihr/Sie	**vous**
er/sie	**il/elle**	sie (mask.)	**ils**
man	**on**	sie (fem.)	**elles**

Das Subjektpronomen **ersetzt das Subjekt** und **steht** immer zusammen **mit einem Verb.**

Mon copain s'appelle Yvon. **Il habite** à Lille.

Besonderheiten

- *je* wird vor Vokal und stummem *h* apostrophiert.
- *il* kann auch *es* bedeuten.
- *on* ersetzt oft *nous.*

J'aime le ski.
J'habite à Berlin.
Il pleut.
On va au bistrot?

■ *ils* steht auch für gemischte Gruppen aus weiblichen und männlichen Personen.

Luc et Marie nagent. – **Ils** nagent.

■ *vous* steht im Deutschen für *ihr* oder *Sie*.

Vous (Sie) venez?
Vous (ihr) venez?

Unverbundene Personalpronomen
(les pronoms personnels toniques)

Singular		Plural	
ich	**moi**	wir	**nous**
du	**toi**	ihr/Sie	**vous**
er	**lui**	sie (mask.)	**eux**
sie	**elle**	sie (fem.)	**elles**

Unverbundene Personalpronomen sind eine Besonderheit der französischen Sprache. Im Deutschen wird das Subjektpronomen verwendet und lediglich in der Aussprache betont.

Moi pas! **(Ich** [doch] nicht!) · **Moi** si. **(Ich** schon.)

Man verwendet sie

■ zur Betonung von Subjektpronomen,

Moi, je préfère la chemise bleue.

■ in Äußerungen ohne Verb, wie z. B. einer pauschalen Bejahung oder Verneinung eines Satzes,

Je vais à la piscine. – **Moi** aussi! (Ich auch.) · Je n'y vais pas. – **Moi** non plus. (Ich auch nicht.)

■ nach Präpositionen wie *de, à, avec, pour, contre, sur,*

Viens **avec moi.** · Je compte **sur toi.**

■ beim Imperativ (mit Bindestrich) (↑ S. 32),

Laisse-**moi.**

■ nach *c'est* und *ce sont* (↑ S. 75).

Oui, c'est **moi**/ce sont **elles/eux.**

6

Direkte Objektpronomen
(les pronoms compléments d'objet direct)

Singular	Plural
me/m'	**nous**
te/t'	**vous**
se/s'	**se/s'**
le/la/l'	**les**

Direkte Objektpronomen **ersetzen das direkte Objekt** (↑ S. 66) im Satz.

Tu connais **cette chanson?** – Oui, je **la** connais. · Tu invites **tes amis?** – Oui, je **les** invite.

Aufgepasst:

- *me, te, se, le* und *la* werden vor Vokal und stummem *h* apostrophiert.
- *me, te, se, nous* und *vous* können auch indirekte Objekt- oder Reflexivpronomen sein (↑ S. 29, 39).

Julie aime **le rap.** – Julie **l'**aime.

Stellung

- Das direkte Objekt steht nach dem Verb, das direkte Objektpronomen **vor dem Verb.** Dies gilt auch bei der Verneinung (↑ S. 70 f.).

Tu connais **les films** de Disney? – Je **les** connais tous./Je ne **les** connais pas tous.

- Folgt auf das konjugierte Verb ein Infinitiv, steht das direkte Objektpronomen **vor dem Infinitiv:** *pouvoir, vouloir, savoir, aller* + Objektpronomen + Infinitiv.

Tu veux manger **ta salade** avant? – Oui, je veux **la** manger avant.

- Beim Passé composé (↑ S. 43 f.) steht das Pronomen **vor dem Hilfsverb** *être* oder *avoir.*

J'ai vu **ce film.** – Je **l'**ai vu.

Indirekte Objektpronomen
(les pronoms compléments d'objet indirect)

Singular	Plural
me/m'	**nous**
te/t'	**vous**
se/s'	**se/s'**
lui	**leur**

Indirekte Objektpronomen **ersetzen das indirekte Objekt** (↑ S. 66) im Satz. Sie ersetzen nur Personen. Eine Person wird durch *lui* ersetzt, mehrere durch *leur*. Beide Pronomen sind unveränderlich.

Il dit des bêtises **à sa petite amie.** – Il **lui** dit des bêtises.

Il donne la clé **aux enfants.** – Il **leur** donne la clé.

Aufgepasst:

- *me, te* und *se* werden vor Vokal und stummem *h* apostrophiert.

Tu **m'**écris?

- *leur* kann auch Possessivbegleiter sein (↑ S. 7).

Je **leur** demande. *aber:* C'est **leur** maison. *(Possessivbegleiter)*

- *me, te, se, nous* und *vous* können auch direkte Objekt- oder Reflexivpronomen sein (↑ S. 28, 39).

Stellung

- Das indirekte Objekt steht nach dem Verb, das indirekte Objektpronomen **vor dem Verb.** Dies gilt auch bei der Verneinung (↑ S. 70 f.).

Elle demande **à sa mère.** – Elle **lui** demande. · Elle ne **lui** demande pas.

- Folgt auf das konjugierte Verb ein Infinitiv, steht es **vor dem Infinitiv.**

Je vais **lui** dire la vérité.

- Beim Passé composé (↑ S. 43 f.) steht es **vor dem Hilfsverb.**

Tu **lui** as écrit? · Je **me** suis lavé les mains.

Die Pronomen en und y richtig angewendet

en

en kann für verschiedene Satzergänzungen mit *de* stehen und wird mit *davon* oder *von dort* übersetzt.

de + Sache	→ *en*
Vous prenez **de la limonade?**	Oui, nous **en** prenons.
Tu prends **du thé?**	Oui, j'**en** prends.
Vous avez **de l'eau minérale?**	Oui, bien sûr, j'**en** ai.
Tu manges **des céréales?**	Oui, j'**en** mange (un peu).
de + Ortsangabe	→ *en*
Tu reviens **de l'école?**	Oui, j'**en** reviens.
Tu rentres **de la boum** à dix heures.	Non, j'**en** rentre à minuit!
Tu rapportes des fleurs **du marché?**	J'**en** rapporte des fleurs.
Elle vient **des Pays-Bas?**	Oui, elle **en** vient.
bei Mengenangaben: *de* + Sache →	*en* + Verb + Mengenangabe
Il y a **assez de pain?**	Oui, il y **en** a assez.
Vous avez **beaucoup de miel?**	Oui, j'**en** ai **beaucoup.**
Tu rapportes **un litre de lait?**	Oui, j'**en** rapporte **un.**
Tu prends **une tasse de chocolat?**	Oui, j'**en** prends **une.**
Bei Ergänzungen aus Zahlwort + Nomen, ersetzt *en* das Nomen.	
Zahl + Sache (ohne *de*)	→ *en* + Verb + Zahl
Nous avons **cinq tickets de métro?**	Oui, nous **en** avons **cinq.**
Sur le tapis, il y a **mille fleurs!**	Il y **en** a vraiment **mille?**
Vous prenez **un fruit?**	Oui, nous **en** prenons **un.**
Tu prends **une pomme?**	Oui, j'**en** prends **une.**
Aufgepasst: *en* ersetzt keine Personen. Für sie verwendet man *de* + unverbundenes Personalpronomen (↑ S. 27).	
J'ai besoin **de Luc.**	J'ai besoin **de lui.**
Feste Wendungen mit *en* und ihre Übersetzung:	
Je m'**en** vais.	Ich gehe.
J'**en** ai marre!	Mir reicht's!
Je leur **en** veux.	Ich bin ihnen böse.
Je n'**en** peux plus.	Ich kann nicht mehr.

y

y kann für verschiedene Satzergänzungen mit *à* stehen und wird mit *dort, dorthin* und *daran* übersetzt.

à + Sache →	*y*
Tu penses **à la clé?** Tu participes **au cours?** Tu penses souvent **à l'examen?** Vous jouez **aux cartes?**	Oui, j'**y** pense. Non, je n'**y** participe pas. Oui, j'**y** pense souvent. Nous **y** jouons à la récré.
à + Ortsangabe →	*y*
Vous n'allez pas **à l'école?** Tu vas **à la piscine?** Vous allez **au foot?** Elle habite **aux Etats-Unis?**	Mais si, nous **y** allons. Oui, j'**y** vais. Toi aussi? Non, nous n'**y** allons pas. Oui, elle **y** habite.

y vertritt Ortsangaben, die durch Präpositionen wie *sur, sous, dans, en, chez* eingeleitet werden.

Präposition + Ortsangabe (ohne *à*) →	*y*
Le chat est **sur le banc?** La souris se cache **sous l'armoire?** Vous habitez **dans la maison bleue?**	Oui, il **y** est. Oui, elle s'**y** cache. Oui, nous **y** habitons.

Aufgepasst: *y* ersetzt keine Personen. Für sie verwendet man *à* + unverbundenes Personalpronomen (↑ S. 27).

Luc s'adresse **à Marine.**	Il s'adresse **à elle.**

Feste Wendungen mit *y* und ihre Übersetzung:

il **y** a	es gibt (dort)
On **y** va?	Gehen wir (dorthin)?
Penses-**y.**	Denk dran!
Ça **y** est, je suis en vacances!	Endlich bin ich in Ferien!
Allons-**y!**	Los! Auf geht's!
Tu **y** es?	Bist du soweit?
Je n'**y** arrive pas.	Ich schaffe das nicht.

6

Die Stellung mehrerer Objektpronomen im Satz

Werden mehrere Satzteile durch Pronomen ersetzt, gilt eine **festgelegte Reihenfolge.**

Je ne **les y** vois pas. · Tu **le leur** dis demain.

me te nous vous se	+	le la les	+	lui leur	+	y	+	en

Bejahter Imperativ

■ Im Imperativ stehen die Objektpronomen **nach dem Verb.** Sie werden mit Bindestrich an dieses Verb angeschlossen.

Donne-**moi** les clés. · Allons-**y.**

■ Beim bejahten Imperativ mit mehreren Pronomen gilt: Das direkte steht vor dem indirekten Objektpronomen.

Donne-**les-moi.** · Dis-**le-lui.**

■ Die Objektpronomen *me* und *te* werden zu *moi* und *toi.*

Aide-**moi.** · Lève-**toi** tout de suite.

■ Folgt *en* auf *moi* oder *toi,* wird apostrophiert:
moi + *en* wird zu *m'en,*
toi + *en* wird zu *t'en.*

Parle-**m'en.**
Prends-**t'en.**

Aufgepasst: Diese Regeln gelten nicht für den verneinten Imperativ.

N'y pense pas. · Ne **me les** donne pas.

Demonstrativpronomen
(les pronoms démonstratifs)

Einfache Formen

	Singular	Plural
Maskulinum	**celui**	**ceux**
Femininum	**celle**	**celles**
Neutrum	**ce**	–

Sie können nicht allein stehen. Sie werden begleitet von
- *de* + Substantiv (1) (↑ S. 5, 8) oder
- einem Relativsatz (2) (↑ S. 74).

(1) C'est ta bicyclette? – Non, c'est **celle de ma sœur.**
(2) Ce melon n'est pas bon. **Celui que j'ai acheté au marché hier** était meilleur.

Zusammengesetzte Formen

	Singular	Plural
Maskulinum	**celui-ci/-là**	**ceux-ci/-là**
Femininum	**celle-ci/-là**	**celles-ci/-là**
Neutrum	**ceci, cela, ça**	–

Sie können allein gebraucht werden.

Quel pantalon est-ce que tu préfères? **Celui-ci** ou **celui-là?**

Aufgepasst: Ça gehört der gesprochenen Sprache an und sollte beim Schreiben nicht verwendet werden.

Ça (cela) dépend. · Je n'aime pas **ça** (cela). · Cela **(ça)** m'est égal.

Possessivpronomen *(les pronoms possessifs)*

Singular	Plural
le mien/la mienne	les miens/les miennes
le tien/la tienne	les tiens/les tiennes
le sien/la sienne	les siens/les siennes
le/la nôtre	les nôtres
le/la vôtre	les vôtres
le/la leur	les leurs

Sie ersetzen Possessivbegleiter (↑ S. 7) + Substantiv und werden gebildet aus **bestimmtem Artikel + Pronomen.** Sie richten sich in Geschlecht und Zahl nach dem Substantiv, das ersetzt wird.

On prend **ma voiture?** – Non, on prend **la mienne.**

Indefinitpronomen *(les pronoms indéfinis)*

Sie stehen für **nicht näher bestimmte Personen oder Sachen.**
Aufgepasst: tous wird [tus] ausgesprochen, wenn es allein steht.

chacun/e	Nous avons donné ce texte à chacun. (jedem)
aucun/e	Aucun/e de nous **n'**y est allé/e. (niemand, keiner/keine)
quelques-uns/unes	Est-ce que tu as vu des baleines (Wale)? – Oui, j'en ai vu quelques-unes. (einige)
certain/e/s	Certains/Certaines ne voulaient pas jouer. (gewisse/einige)
tout/toute tous/toutes	Nous avons vu tout. (alles) · Je les ai invités tous. (alle)

Relativpronomen *(les pronoms relatifs)*

qui	ersetzt	Personen und Sachen *(wer? was?)* C'est la femme **qui** était à la fête.
que	ersetzt	Personen und Sachen *(wen? was?)* C'est la voiture **que** ma mère veut vendre demain.
où	ersetzt	Ortsangaben *(wo?)* La ville **où** je suis née est située au bord de la mer.
dont	ersetzt	*de* + Substantiv *(wovon? wessen?)* C'est le même sujet **dont** je t'ai parlé hier!

Relativpronomen bilden das Bindeglied zwischen Hauptsatz (↑ S. 72 f.) und Relativsatz (↑ S. 74 f.). Ihnen geht immer ein **Bezugswort** voraus.

C'est la femme **qui** était à la fête.

Aufgepasst: Werden Sachen ersetzt, die mit einer Präposition stehen, benutzt man *lequel:*

Près de la maison est un lac. · Elle habite une maison **près de laquelle** est un lac.

	Sg. mask.	Pl. mask.	Sg. fem.	Pl. fem.
	lequel	lesquels	laquelle	lesquelles
mit **à**	**auquel**	**auxquels**	à laquelle	**auxquelles**
mit **de**	**duquel**	**desquels**	de laquelle	**desquelles**

Die Relativpronomen *ce qui* und *ce que* werden verwendet, wenn **kein Bezugswort** vorhanden ist.

- *ce qui* (*was?*) bei Sachen (= Subjekt) (1),
- *ce que* (*was?*) bei Sachen (= Objekt) (2).

(1) Tu sais **ce qui** m'est arrivé hier? (Weißt du, was …)
(2) C'est tout **ce que** j'avais à dire. (Das ist alles, was …)

7 Verben
Les verbes

Alle Verben setzen sich im Französischen aus **Stamm + Endung** zusammen.
Man unterscheidet **vier Gruppen von Verben:**

- Verben, die auf ***-er*** enden,
- Verben, die auf ***-dre*** enden,
- Verben, die auf ***-ir*** enden,
- **unregelmäßige** Verben.

parl + er
(nous) pren + ons
(il) fin + it

parl**er** · aim**er**
pren**dre** · ven**dre**
fin**ir** · chois**ir**
être · faire · vouloir

Präsens *(le présent)*

Verben auf -er

Die meisten französischen Verben (ca. 90 Prozent) gehören der 1. Gruppe an. Sie enden auf *-er* und werden im Präsens wie *parler* (s. u.) konjugiert.
Aufgepasst: Das Verb *aller* (↑ S. 40, 82) ist unregelmäßig.

Infinitiv:	**parler**		
	Singular		**Plural**
je	parl **e**	nous	parl **ons**
tu	parl **es**	vous	parl **ez**
il/elle/on	parl **e**	ils/elles	parl **ent**

Bei einigen Verben
- **verändern sich** im Stamm die **Akzente,**
- **verdoppeln sich Konsonanten** oder
- ***y*** wird zu ***i*.**

Dies betrifft im Präsens alle konjugierten Formen, außer die 1. und 2. Person Plural *(nous, vous)*. Hier bleibt der Stamm erhalten.

	e → è	é → è	l → ll	t → tt	y → i
Infinitiv:	**acheter**	**espérer**	**appeler**	**jeter**	**envoyer**
je/j'	ach**è**te	esp**è**re	appe**ll**e	je**tt**e	envo**i**e
tu	ach**è**tes	esp**è**res	appe**ll**es	je**tt**es	envo**i**es
il/elle/on	ach**è**te	esp**è**re	appe**ll**e	je**tt**e	envo**i**e
nous	achetons	espérons	appelons	jetons	envoyons
vous	achetez	espérez	appelez	jetez	envoyez
ils/elles	ach**è**tent	esp**è**rent	appe**ll**ent	je**tt**ent	envo**i**ent
ebenso:	mener	préférer	épeler	projeter	payer, essayer

ouvrir, offrir und ***accueillir*** sind unregelmäßige Verben. Sie werden aber im Präsens wie die regelmäßigen Verben auf *-er* konjugiert.

Infinitiv:	**ouvrir**	**offrir**	**accueillir**
j'	ouvr **e**	offr **e**	accueill **e**
tu	ouvr **es**	offr **es**	accueill **es**
il/elle/on	ouvr **e**	offr **e**	accueill **e**
nous	ouvr **ons**	offr **ons**	accueill **ons**
vous	ouvr **ez**	offr **ez**	accueill **ez**
ils/elles	ouvr **ent**	offr **ent**	accueill **ent**
ebenso:	découvrir	souffrir	cueillir

7

Verben auf -er

Die Verben ***commencer*** und ***manger*** weisen in der 1. Person Plural *(nous)* eine Besonderheit auf, um die Aussprache [s] von *c* und [ʒ] von *g* zu erhalten:

- *commencer:* *c* wird zu *ç*, — nous commen**ç**ons [s]
- *manger:* *g* wird zu *ge*. — nous man**ge**ons [ʒ]

Verben auf -dre

Sie gehören der 2. Gruppe der regelmäßigen Verben an. — ven**dre** · atten**dre** · répon**dre**

Infinitiv:	**vendre**			
	Singular		**Plural**	
je	vend **s**	nous	vend **ons**	
tu	vend **s**	vous	vend **ez**	
il/elle/on	vend	ils/elles	vend **ent**	
ebenso:	rendre, perdre, descendre, entendre			

Aufgepasst: *prendre* (↑ S. 88) ist im Plural unregelmäßig. — nous pre**n**ons, vous pre**n**ez, ils pre**nn**ent

Verben auf -ir

Sie gehören der 3. Gruppe der regelmäßigen Verben an. Diese unterteilt sich wiederum in die Gruppen

- *partir/dormir* und — sortir · sentir
- *finir/choisir.* — réagir · réfléchir

Aufgepasst: In der Gruppe *finir/choisir* wird der Stamm im Plural durch *-ss-* erweitert.

Infinitiv:	**partir**	**dormir**	**finir**	**choisir**
je	par **s**	dor **s**	fini **s**	choisi **s**
tu	par **s**	dor **s**	fini **s**	choisi **s**
il/elle/on	par **t**	dor **t**	fini **t**	choisi **t**
nous	par **t** ons	dor **m** ons	fini **ss** ons	choisi **ss** ons
vous	par **t** ez	dor **m** ez	fini **ss** ez	choisi **ss** ez
ils/elles	par **t** ent	dor **m** ent	fini **ss** ent	choisi **ss** ent
ebenso:	mentir, servir		réussir	

Reflexive Verben

Sie bestehen aus dem **Reflexivpronomen** und dem **Verb.** Sie werden gebraucht,

se laver · se lever · s'habiller

- wenn dieselbe Person (für) sich selbst etwas tut,

Elle **se prépare** un petit déjeuner.

- wenn zwei verschiedene Personen (für) sich gegenseitig etwas tun,

Ils **se font** la bise.

- in feststehenden Wendungen.

Joëlle **s'en va.** (Joëlle geht.)

Aufgepasst: me, te, se werden vor Vokal und stummem *h* apostrophiert. Zur Stellung der Reflexivpronomen ↑ S. 28 f.

je **m'**/il **s'**appelle · tu **t'**appelles

Infinitiv:	**se laver**				
	Singular			**Plural**	
je	me	lave	nous	nous	lavons
tu	te	laves	vous	vous	lavez
il/elle/on	se	lave	ils/elles	se	lavent

Konjugation der häufigsten unregelmäßigen Verben im Präsens:

	aller	**avoir**	**battre**	**boire**
je/j'	vais	ai	bats	bois
tu	vas	as	bats	bois
il/elle/on	va	a	bat	boit
nous	allons	avons	battons	buvons
vous	allez	avez	battez	buvez
ils/elles	vont	ont	battent	boivent
	conduire	**connaître**	**construire**	**courir**
je	conduis	connais	construis	cours
tu	conduis	connais	construis	cours
il/elle/on	conduit	connaît	construit	court
nous	conduisons	connaissons	construisons	courons
vous	conduisez	connaissez	construisez	courez
ils/elles	conduisent	connaissent	construisent	courent
	croire	**devoir**	**dire**	**écrire**
je/j'	crois	dois	dis	écris
tu	crois	dois	dis	écris
il/elle/on	croit	doit	dit	écrit
nous	croyons	devons	disons	écrivons
vous	croyez	devez	dites	écrivez
ils/elles	croient	doivent	disent	écrivent
	être	**faire**	**fuir**	**lire**
je	suis	fais	fuis	lis
tu	es	fais	fuis	lis
il/elle/on	est	fait	fuit	lit
nous	sommes	faisons	fuyons	lisons
vous	êtes	faites	fuyez	lisez
ils/elles	sont	font	fuient	lisent

	mettre	mourir	plaire	pouvoir
je	mets	meurs	plais	peux
tu	mets	meurs	plais	peux
il/elle/on	met	meurt	plaît	peut
nous	mettons	mourons	plaisons	pouvons
vous	mettez	mourez	plaisez	pouvez
ils/elles	mettent	meurent	plaisent	peuvent
	recevoir	**rire**	**savoir**	**sourire**
je	reçois	ris	sais	souris
tu	reçois	ris	sais	souris
il/elle/on	reçoit	rit	sait	sourit
nous	recevons	rions	savons	sourions
vous	recevez	riez	savez	souriez
ils/elles	reçoivent	rient	savent	sourient
	suivre	**suffire**	**se taire**	**tenir**
je	suis	suffis	me tais	tiens
tu	suis	suffis	te tais	tiens
il/elle/on	suit	suffit	se tait	tient
nous	suivons	suffisons	nous taisons	tenons
vous	suivez	suffisez	vous taisez	tenez
ils/elles	suivent	suffisent	se taisent	tiennent
	venir	**vivre**	**voir**	**vouloir**
je	viens	vis	vois	veux
tu	viens	vis	vois	veux
il/elle/on	vient	vit	voit	veut
nous	venons	vivons	voyons	voulons
vous	venez	vivez	voyez	voulez
ils/elles	viennent	vivent	voient	veulent

Weitere Verben und andere Zeiten ↑ S. 82 ff.

Imperativ *(l'impératif)*

Im Imperativ wird nur die Verbform ohne Subjektpronomen (↑ S. 26) gebraucht.

Achète trois tickets. · **Prends** deux litres.

Regelmäßige Imperative

Die Imperativ-Formen der **regelmäßigen Verben** werden vom Präsens der 1. Person Singular *(je)*, der 1. und der 2. Person Plural *(nous, vous)* abgeleitet.

Infinitiv:	**manger**	**faire**
Imperativ:	Mange. (je mange)	Fais. (je fais)
	Mangeons. (nous mangeons)	Faisons. (nous faisons)
	Mangez. (vous mangez)	Faites. (vous faites)

Aufgepasst: Das Verb ***aller*** bildet den Imperativ im Singular aus der 3. Person Singular.
Zur Stellung der Pronomen ↑ S. 32.

Va. · Allons. · Allez.
aber: Va**s**-y.

Unregelmäßige Imperative

avoir, être, savoir und ***vouloir*** sind die wichtigsten unregelmäßigen Verben mit unregelmäßigen Imperativen.

N'**aie** pas peur. · Ne **sois** pas triste.

avoir	**être**	**savoir**	**vouloir**
aie	sois	sache	veuille
ayons	soyons	sachons	veuillons
ayez	soyez	sachez	veuillez

Passé composé

Mit der zusammengesetzten Vergangenheit werden **Handlungen in der Vergangenheit** ausgedrückt.

Hier, nous **avons acheté** une radio. (haben … gekauft)

Bildung

Form von avoir/être + **Participe passé**
- Verben auf *-er:* Stamm + *-é*
- Verben auf *-dre:* Stamm + *-u*
- Verben auf *-ir:* Stamm + *-i*

Das Passé composé wird gebildet mit dem Hilfsverb *avoir* oder *être* (↑ S. 82, 86) + Participe passé des Verbs.

J'**ai préparé** un gâteau. · Il l'**a vendu.** · J'**ai fini** de protester.

Aufgepasst: Einige unregelmäßige Verben haben auch **unregelmäßige Partizipien.** Siehe auch ↑ S. 82 ff.

avoir: j'ai **eu**
être: j'ai **été**
faire: j'ai **fait**

avoir oder être?

- Alle **Verben der Bewegungsrichtung** und
- alle **reflexiven Verben** (↑ S. 39)

bilden das Passé composé mit ***être.***

Il **est allé** au concert.

Ils **se sont fait** la bise.

Weitere Verben mit *être*:

aller · arriver · descendre · entrer · monter · partir · passer · rester · retourner · sortir · tomber · venir

- Alle anderen Verben bilden das Passé composé mit ***avoir.***

Elle **a composé** un bon repas.

Veränderlichkeit des Participe passé mit être

Das Participe passé mit *être* gleicht sich in **Geschlecht und Zahl** dem Subjekt an.
Es verhält sich bei der Angleichung wie das Adjektiv (↑ S. 14).

Il est allé au cinéma. · **Elle** est allé**e** à la boum. · **Elles** sont venu**es.** · **Ils** sont tous sorti**s.**

Veränderlichkeit des Participe passé mit avoir

Das Participe passé mit *avoir* ist fast immer unveränderlich.

Elle a **mis** un bon CD. · **Il** a **dessiné** une maison.

Es verändert sich aber,

- wenn ein direktes Objektpronomen vor *avoir* steht. Das Participe passé gleicht sich in Geschlecht und Zahl dem Pronomen an.

La presse, tu **l'**a lu**e**? · **Les revues,** je **les** ai lu**es.** Mais **les journaux,** je ne **les** ai pas lu**s.**

- wenn das Passé composé in einem Relativsatz mit *que* steht. Das Participe passé gleicht sich in Geschlecht und Zahl dem Substantiv an, auf das sich der Relativsatz bezieht.

La maison que tu as acheté**e** me plaît beaucoup. · **Les châteaux que** j'ai visité**s** sont très vieux.

- wenn bei reflexiven Verben das Reflexivpronomen direktes Objektpronomen ist (*wen?* oder *was?*).

Elle s'est levé**e.** · **Elles** se sont lavé**es.**

Aufgepasst: Hat das reflexive Verb ein direktes Objekt, bleibt das Participe passé unveränderlich.

Elles se sont **lavé les mains.**

Imparfait

Das Imparfait ist eine **weitere Zeitform der Vergangenheit.**

Autrefois, la vie **était** plus belle.

Bildung

je	**Stamm der 1. Person, Plural im Präsens** (dans-)	+	dans	**ais**
tu			dans	**ais**
il/elle/on			dans	**ait**
nous			dans	**ions**
vous			dans	**iez**
ils/elles			dans	**aient**

Das Imparfait wird bei allen Verben aus dem Stamm der *nous*-Form des Verbs im **Präsens** abgeleitet. An diesen Stamm werden die Imparfait-Endungen angehängt.

Aufgepasst:

- Die *nous*- und *vous*-Formen im Imparfait unterscheiden sich vom Präsens nur durch ein *i*.
- *être* (↑ S. 86) und *falloir* (↑ S. 86) sind die einzigen Ausnahmen.

nous chantons – nous chant**i**ons · vous écrivez – vous écriv**i**ez

être: j'étais
falloir: il fallait

Wie im Präsens (↑ S. 38) weisen einige Verben in der 1. Person Plural im Imparfait eine Besonderheit auf. Um die Aussprache [s] von *c* und [ʒ] von *g* zu erhalten, wird

- bei den Verben auf ***-ger*** vor *a* und *o* ein *e* eingefügt (1),
- bei den Verben auf ***-cer*** *c* zu *ç* (2).

(1) je mang**e**ais · tu mang**e**ais · il mang**e**ait
(2) je commen**ç**ais · tu commen**ç**ais
ebenso: voyager · nager · annoncer · placer

Passé composé und Imparfait richtig angewendet

Will man von Vergangenem berichten, braucht man im Französischen beide Zeiten. Deren Gebrauch folgt bestimmten Regeln.

Gebrauch des Imparfait

Das Imparfait grenzt das Geschehen zeitlich nicht ab und wird verwendet für:

- Beschreibungen von Zuständen, Situationen, Landschaften, Personen, Gefühlen,
- Vorgänge, die wiederholt oder regelmäßig auftreten,
- gleichzeitig ablaufende Handlungen,
- Handlungen, die beim Einsetzen einer neuen Handlung noch andauern.

Gebrauch des Passé composé

Das Passé composé grenzt das Geschehen zeitlich ab und wird verwendet für:

- eine Handlung, die sich nur einmal zu einem bestimmten Zeitpunkt ereignet,
- eine Kette von Handlungen,
- eine neu eintretende Handlung.

Zeitangaben als Signal für

Imparfait	Passé composé
tous les soirs	un soir, le soir, le lendemain, le lundi 26 mai
chaque année	cette année
souvent	une fois
quelquefois	tout à coup
toujours	un (beau) jour
de temps en temps, d'habitude	à ce moment-là, aussitôt

Geschichten, Mitteilungen oder andere Texte in der Vergangenheit benützen das Passé composé und das Imparfait, um ihren Inhalt zeitlich zu strukturieren. Das Imparfait gibt alle Informationen zum Hintergrund des Geschehens, während das Passé composé die vordergründigen Handlungen beschreibt – wie auf einer Theaterbühne mit Hintergrundbild und Handlung im Vordergrund.

Une histoire vraie

Tous les matins, Monsieur D., architecte à Paris, allait à son bureau en voiture. Monsieur D. avait beaucoup d'argent, une grande maison et bien sûr une voiture très chic.
Mais le lundi 26 mai au matin, la voiture de M. D. a disparu. Celui-ci a aussitôt téléphoné à la police pour signaler le vol, puis appelé un taxi pour se rendre à son travail.
Le soir-même, la voiture de M. D. se trouvait au même endroit que la veille. Coincé sous l'essuie-glace*, il y avait un mot: «Monsieur, j'avais absolument besoin d'une voiture hier et j'ai emprunté la vôtre. Merci beaucoup. Voici deux billets pour l'opéra demain soir … avec toutes mes excuses!»
M. D. était bien sûr très content. Le lendemain, il est allé avec sa femme à l'opéra. Mme D. était ravie parce qu'elle adorait l'opéra et qu'elle n'avait pas souvent l'occasion d'y aller.
Mais une surprise attendait les D. à leur retour: en effet, quand ils sont arrivés chez eux, vers minuit, la porte de la maison était ouverte et il y avait de la lumière dans le salon. Ils sont entrés, très inquiets, et c'est alors qu'ils ont découvert le désastre: pendant qu'ils étaient à l'opéra, des cambrioleurs** avaient tout emporté …

* Scheibenwischer; ** Einbrecher

Plus-que-parfait

Bildung

Imparfait von *avoir/être* + Participe passé

Das Plus-que-parfait wird gebildet aus dem **Imparfait von *être* oder *avoir*** (↑ S. 45) und dem **Participe passé** (↑ S. 43).
Die Verneinung und die Angleichung des Partizips erfolgen wie im Passé composé (↑ S. 43 f.).

J'**avais pris** un coca avant le film. (hatte … getrunken)

Je **n'**avais **pas** pris le train · Elle **était passée** à la librairie avant de rentrer à la maison.

Gebrauch

Das Plus-que-parfait beschreibt ein Geschehen in der Vergangenheit, das **zeitlich noch weiter zurückliegt** als ein anderes Geschehen in der Vergangenheit (Imparfait oder Passé composé).
Es heißt deshalb **Vorvergangenheit.**

Hier, je suis allé(e) à l'école, mais avant **j'étais passé(e)** au cinéma pour voir le programme.

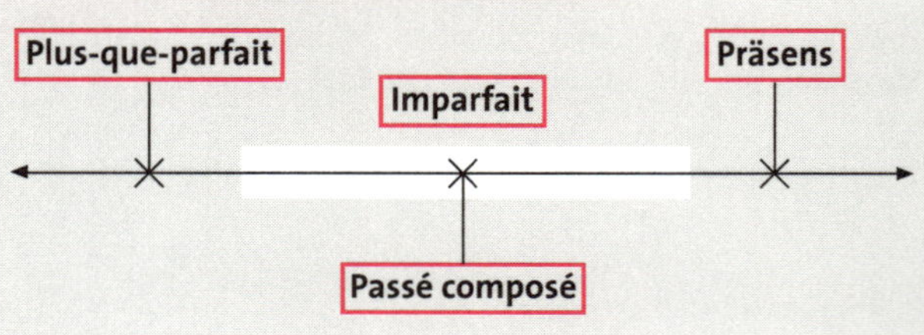

Nahe Zukunft und unmittelbare Vergangenheit

Nahe Zukunft

je	vais	+ **Infinitiv**
tu	vas	
il/elle/on	va	
nous	allons	
vous	allez	
ils/elles	vont	

Das Futur composé setzt sich aus ***aller* + Infinitiv** des Verbs zusammen. Es wird im Deutschen mit dem Präsens wiedergegeben.
Bei der Verneinung umschließen *ne ... pas* das Verb *aller*.

Je **vais faire** les courses. (Ich kaufe [gleich] ein.)

Elle **ne** va **pas** venir.

Unmittelbare Vergangenheit

je	viens	+ de + faire qc
tu	viens	
il/elle/on	vient	
nous	venons	
vous	venez	
ils/elles	viennent	

Sie wird mit der Wendung ***venir de faire qc*** gebildet (deutsch: gerade oder soeben etwas getan haben).
Aufgepasst: Es wird immer nur *venir* konjugiert.

Elle **vient de passer** chez nous. (Sie ist gerade bei uns vorbeigekommen.)

Futur I *(le futur simple)*

Verben auf -er

je	**Form der 1. Person, Singular im Präsens** (chante)	+	chante	**rai**
tu			chante	**ras**
il/elle/on			chante	**ra**
nous			chante	**rons**
vous			chante	**rez**
ils/elles			chante	**ront**

Das Futur I wird bei allen Verben auf *-er* aus der ***je***-Form des Verbs im **Präsens** abgeleitet. An diese Form werden die Futur-Endungen angehängt.

Je regarde la télé. Je regarde**rai** la télé. · Nous regarde**rons** tous.

Andere Verben

prendre: je prend**rai,** nous prend**rons**
dire: tu di**ras,** vous di**rez**
finir: elle fini**ra,** ils fini**ront**

Alle anderen Verben bilden das Futur I aus dem Infinitiv bis zum *-r* der Endung. An diese Form werden die Futur-I-Endungen angehängt.

Unregelmäßige Futurbildung:

aller	j'**ir**ai	**pouvoir**	je **pourr**ai
avoir	j'**aur**ai	**recevoir**	je **recevr**ai
courir	je **courr**ai	**tenir**	je **tiendr**ai
être	je **ser**ai	**venir**	je **viendr**ai
faire	je **fer**ai	**voir**	je **verr**ai
il faut (falloir)	il **faudr**a	**vouloir**	je **voudr**ai

Siehe auch S. 82 ff.

Gebrauch

Im Französischen verwendet man die Zukunftsform häufiger als im Deutschen. Im Deutschen wird dazu meist das Präsens verwendet.

J'**irai** en Corse.
Je m'y **reposerai.**
(Ich **fahre** nach Korsika. Ich **erhole** mich dort.)

In der gesprochenen Sprache wird im Französischen jedoch oft das Futur composé vorgezogen.

Je **vais aller** en Corse. · Je **vais** m'y **reposer.**

Konditional I *(le conditionnel présent)*

Bildung

j'			aime	**rais**
tu			aime	**rais**
il/elle/on	**Form der 1. Person, Singular im Präsens** (aime)	+	aime	**rait**
nous			aime	**rions**
vous			aime	**riez**
ils/elles			aime	**raient**

Der Konditional I wird aus den gleichen Verbstämmen gebildet wie das Futur I (↑ S. 50).
Du kannst es dir auch so merken: Der Konditional I wird gebildet aus der jeweiligen Ausgangsform + *r-* + Endungen des Imparfait (↑ S. 45).

J'aime**rais** une glace. (hätte gerne) · Moi, à ta place, je prend**rais** deux boules. (würde … nehmen)

Aufgepasst: Verwechsle nicht Konditional I und Futur I. Nur der Verbstamm ist in beiden Zeiten gleich, die Endungen sind verschieden.

je manger**ai** [e]
je manger**ais** [ɛ]

Gebrauch

Der Konditional drückt die Einstellung des Sprechers zum Gesagten aus. In der Grammatik spricht man von einem **Modus.**

Der Konditional I kann

- eine Annahme, — A Paris la vie **serait** très chère.
- eine höfliche Bitte, — **Pourrais-tu** m'aider?
- einen Rat oder Vorschlag, — **Tu devrais** boire plus.
- eine noch nicht realisierte Möglichkeit oder — **On pourrait** partir en Bretagne.
- einen Wunsch — **J'aimerais** visiter Carnac.

ausdrücken.

Aufgepasst: Im Unterschied zum Deutschen steht in einem Nebensatz mit *si* (Bedingungssätze ↑ S. 76) nie der Konditional, sondern ausschließlich im Hauptsatz.

Si tu **avais** de l'argent, tu **pourrais** t'acheter un ordinateur. (Wenn du Geld **hättest, könntest** du dir einen Computer kaufen.)

Nützliche Wendungen mit dem Konditional I:

Pourriez-vous …	Könnten Sie bitte …
Je voudrais …	Ich hätte gerne …
J'aimerais …	Ich würde gerne …
Il vaudrait mieux …	Es wäre besser …

Futur II *(le futur antérieur)*

Bildung

je/j'	aurai/serai	+ **Participe passé**
tu	auras/seras	
il/elle/on	aura/sera	
nous	aurons/serons	
vous	aurez/serez	
ils/elles	auron/seront	

Das Futur II setzt sich zusammen aus dem Hilfsverb ***être* oder *avoir* im Futur I** und dem **Participe passé** (↑ S. 43). Die Veränderung des Partizips erfolgt nach den gleichen Regeln wird wie beim Passé composé (↑ S. 43 f.).
Die Bildung des Futur II im Französischen entspricht genau seiner Bildung im Deutschen.

J'**aurai parlé** au prof. (Ich **werde** mit der Lehrerin **gesprochen haben.**) · Elle **sera venue** à l'heure. (Sie **wird** pünktlich **gekommen sein.**)

Gebrauch

Das Futur II wird verwendet, wenn eine **Handlung** in der Zukunft **zu einem bestimmten Zeitpunkt in der Zukunft** oder vor einem anderen Geschehen in der Zukunft bereits **abgeschlossen** ist.
In der deutschen Übersetzung verwendet man dafür normalerweise das Perfekt.

Tu pourras aller à la piscine quand tu **auras déjeuné.** (Du kannst schwimmen gehen, wenn du zu Mittag **gegessen hast.**)

Konditional II *(le conditionnel passé)*

Bildung

je/j'	aurais/serais	+ **Participe passé**
tu	aurais/serais	
il/elle/on	aurait/serait	
nous	aurions/serions	
vous	auriez/seriez	
ils/elles	auraient/seraient	

Der Konditional II ist wie das Futur II eine zusammengesetzte Zeit. Er wird gebildet aus dem Hilfsverb ***être* oder *avoir* im Konditional I** und dem **Participe passé** (↑ S. 43).
Das Partizip wird wie beim Passé composé angeglichen.

Je **serais venu(e).** (Ich wäre gekommen.) · J'**aurais pu** venir. (Ich hätte kommen können.)

Gebrauch

Der Konditional II bezeichnet eine **Möglichkeit,** deren **Realisierung** aber **ausgeschlossen** ist, da die dafür notwendigen Bedingungen schon in der Vergangenheit hätten erfüllt sein müssen.

En cas d'urgence je **serais venu(e).** (Im Notfall wäre ich gekommen.) · Lundi j'**aurais pu** venir. (Am Montag hätte ich kommen können.)

Der Konditional II steht in Bedingungssätzen (↑ S. 76) immer im Hauptsatz, nie im Nebensatz mit *si*.

Si tu **étais** venu(e), tu **aurais pu** goûter ma tarte aux pommes.

Subjonctif présent

Mit dem Subjonctif kann eine bestimmte Sprechhaltung (= Modus) ausgedrückt werden. Für viele Fälle hilft als Grundgedanke folgende Faustregel: „Wenn das Herz spricht, steht Subjonctif.“

Je suis désolé(e) **que** tu ne **sois** pas là. · J’aime **que** tu m’**écrives.** · Je souhaite **que** tu **ailles** chez lui. · Je regrette **que** je **parte** demain.

Bildung

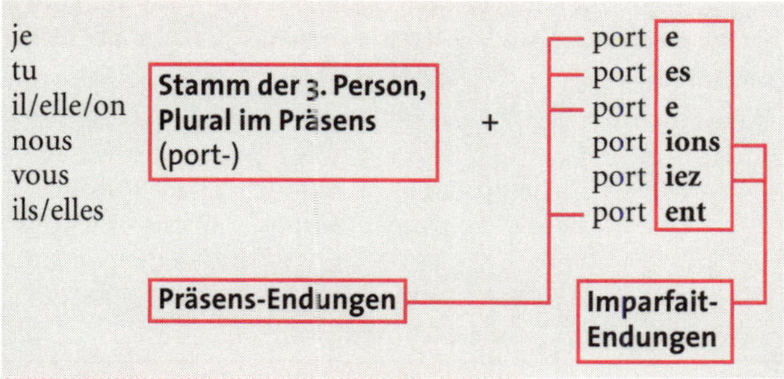

Der Subjonctif wird gebildet aus dem Stamm der *ils/elles*-Form im **Präsens.** An diesen Stamm werden die Subjonctif-Endungen angehängt.

- In der 1. und 2. Person entsprechen die Endungen denen des Imparfait (↑ S. 45),
- bei allen anderen Personen denen des Präsens der Verben auf *-er* (↑ S. 36).

Regelmäßige Subjonctif-Formen

Infinitiv:		**regarder**	**vendre**	**finir**
3. Person Pl., Präsens:		ils **regard**ent	ils **vend**ent	ils **finiss**ent
Il faut que/qu'				
	je	regard**e**	vend**e**	finiss**e**
	tu	regard**es**	vend**es**	finiss**es**
	il/elle/on	regard**e**	vend**e**	finiss**e**
	nous	regard**ions**	vend**ions**	finiss**ions**
	vous	regard**iez**	vend**iez**	finiss**iez**
	ils/elles	regard**ent**	vend**ent**	finiss**ent**

Unregelmäßige Subjonctif-Formen

Infinitiv:		**avoir**	**être**	**aller**	**faire**
Il faut que/qu'	je/j'	aie	sois	aille	fasse
	tu	aies	sois	ailles	fasses
	il/elle/on	ait	soit	aille	fasse
	nous	ayons	soyons	allions	fassions
	vous	ayez	soyez	alliez	fassiez
	ils/elles	aient	soient	aillent	fassent

Weitere unregelmäßige Formen ↑ S. 82 ff.

Gebrauch

Der Subjonctif steht in den meisten Fällen in **Nebensätzen,** die mit ***que*** eingeleitet werden. Im **Hauptsatz** steht dann ein **Subjonctif-Auslöser.** Auslöser (↑ S. 59) können sein:

- Verben,
- Konjunktionen,
- unpersönliche Ausdrücke und
- Befehle mit *Que* … .

Que personne ne **sorte!**

Nach bestimmten Verben muss im Nebensatz mit *que* der Subjonctif stehen. **Verben,** die den Subjonctif auslösen, sind Verben, die

- Gefühle wie Gefallen, Missfallen, Freude, Trauer, Überraschung usw.,

  il me plaît que · il n'aime pas que · on est content que · elle est triste que · je suis surpris(e) que

- eine Willensäußerung,

  je veux que · tu demandes que · on propose que

- ein Verbot,

  j'interdis que · je défends que

- Zweifel oder Angst oder

  j'ai peur que · je doute que

- ein Bedauern

  je regrette que · je suis désolé(e) que

ausdrücken.

Aufgepasst: Nach *espérer que* steht nie der Subjonctif.

J'espère que tu dis maintenant la verité.

penser que, croire que und ***trouver que*** sind Verben des Denkens und Meinens und ziehen den **Indikativ** nach sich.

Je **pense** qu'elle **est** là. · Je **crois** que tu **as** tort. · Je **trouve** qu'elle **est** jolie.

Werden diese Verben aber **verneint,** folgt ihnen der **Subjonctif.**

Je **ne pense pas** qu'elle **soit** là. · Je **ne crois pas** que tu **aies** tort. · Je **ne trouve pas** que cela **soit** joli.

Gebrauch

Bestimmte **Konjunktionen** lösen den Subjonctif aus:	
■ *bien que* – obwohl (konzessive Bedeutung)	Elle joue au tennis **bien qu'**elle **ait** mal au bras.
■ *pour que* – damit (konsekutive Bedeutung)	Elle va chez le médecin **pour que** la douleur **passe.**
■ *jusqu'à ce que* – bis (temporale Bedeutung)	Le médecin lui fait un plâtre (Gips) **jusqu'à ce que** son bras **soit** guéri.
■ *avant que* – bevor (temporale Bedeutung)	Elle ne peut pas jouer **avant que** son bras **aille** mieux.
■ *sans que* – ohne dass (einschränkende Bedeutung)	Mais elle joue quand même **sans que** sa mère le **sache.**
Aufgepasst: après que (nachdem) steht nie mit Subjonctif.	**Après qu'**ils **ont goûté,** ils **font** leurs devoirs.
Der Subjonctif folgt nach fast allen **unpersönlichen Ausdrücken** mit *il* oder *il est.*	il faut que · il vaut mieux que · il est bon que · il est mauvais que
Aufgepasst: In der gesprochenen Sprache wird oft *c'est* verwendet anstatt *il est.*	**C'est** normal que tu **aies** peur.

Die häufigsten Subjonctif-Auslöser

Ausdruck von Gefühlen

être content(e) que
il … plaît que
adorer que
préférer que
être ravi(e) que
être triste que
aimer que
être surpris(e) que
trouver bizarre que

Ausdruck von Willen, Verbot, Angst, Zweifel, Bedauern

vouloir que
demander que
aimer que
proposer que
interdire que
craindre que
avoir peur que
douter que
regretter que
être désolé que

Verben des Sagens und Denkens

ne pas penser que
ne pas croire que
ne pas trouver que

unpersönliche Ausdrücke

il faut que
il est bon/mauvais que
il vaut mieux que
il est normal que
il est possible/impossible que
il est important que
il est insupportable
il est utile que

Konjunktionen

bien que
pour que
jusqu'à ce que
avant que
sans que

Participe présent

Das Participe présent wird gebildet aus dem **Stamm der *nous*-Form im Präsens + *-ant*.**
Es ist unveränderlich.
Aufgepasst: Ausnahmen bilden *avoir*, *être* und *savoir*.
Zum Gebrauch ↑ S. 81.

nous **jou**ons → jouant · nous **fais**ons → faisant

avoir → ayant · être → étant · savoir → sachant

Gérondif

Das Gérondif wird gebildet mit ■ ***en*** **+ Participe présent** oder ■ ***tout en*** **+ Participe présent.** Zum Gebrauch ↑ S. 81.	**en** jouant **tout en** faisant

Verbergänzungen *(les compléments de verbe)*

Jedes konjugierte Verb hat ein Subjekt. Viele Verben können darüber hinaus ergänzt werden mit	Je dors. · Il mange.
■ einem Infinitiv,	Il faut **faire** les courses.
■ einem Substantiv,	Il fait **la fête.**
■ der Präposition *à* + Substantiv oder Verb,	Il téléphone **à sa sœur.**
■ der Präposition *de* + Substantiv oder Verb,	Elle a oublié **de payer.**
■ anderen Präpositionen. *Aufgepasst:* Einige Verben haben im Französischen eine andere Ergänzung als im Deutschen.	Je **compte sur** toi. · Il a **pris** cette personne **pour** une autre.

Französisch		**Deutsch**	
wem?	demander à qn téléphoner à qn parler à qn	**wen?**	jdn. fragen jdn. anrufen jdn. sprechen
wen?	aider qn écouter qn suivre qn remercier qn féliciter qn usw.	**wem?**	jdm. helfen jdm. zuhören jdm. folgen jdm.danken jdm. gratulieren

Verbergänzungen mit und ohne Präposition

ohne Präposition

aider qn
aller chercher qn
attendre qn/qc
avoir faim/soif
avoir lieu
devenir qc
devoir faire qc
écouter qn
faire faire qc (absichtlich: etw. machen lassen)
féliciter qn
gagner qc
il faut faire qc
il vaut mieux faire qc
laisser faire qc (versehentlich: etw. machen lassen)
oser faire qc
passer prendre qn
remercier qn (de qc)
savoir faire qc
suivre qn
venir voir qn
vouloir faire qc

mit der Präposition *à*

apprendre à
arriver à faire qc
demander à qn
devoir qc à qn
s'ennuyer à qc (sich langweilen)
s'intéresser à qc
jouer à qc (sport)
inviter à faire qc
se mettre à faire qc
parler à qn
participer à qc
penser à qn/qc
préférer qc/qn à qc/qn
rendre visite à qn
ressembler à qn
renoncer à qc
réussir à faire qc
servir à (faire) qc
téléphoner à qn
tourner à droite/gauche

mit der Präposition *de*

arrêter de faire qc
avoir le temps de faire qc
avoir besoin de (faire) qc
avoir envie de faire qc
changer de qc
continuer de (oder à)
déborder de
se dépêcher de
dépendre de
s'ennuyer de qc (sich ärgern)
faire du camping
faire du sport
faire la connaissance de qn
jouer de (instrument)
manquer de qc
s'occuper de qc
oublier de faire qc
permettre à qn de faire qc
se plaindre de qc/qn
proposer de faire qc
se protéger de qc
remercier qn de qc
se tromper de qc

8 Präpositionen
Les prépositions

Präpositionen sind **Strukturwörter,** die in ihrer Form unveränderlich sind. Sie **setzen Wörter zueinander in Beziehung** oder präzisieren Beziehungen. Zwei Funktionen sind die **Angabe des Ortes** (1) und **der Zeit** (2).

à · de · avec · pour

Il prend une crêpe **sans** sucre.
(1) Il va **à** la poste,
(2) elle ferme **dans** une demi-heure.

Ortsangaben *(l'endroit)*

	wohin?/wo? – où?		woher? – d'où?
	à la librairie.		**de la** librairie
je vais	**à l'**Hôtel de ville	je viens	**de l'**Hôtel de ville
je suis	**au** marché		**du** marché
	aux toilettes		**des** toilettes

Wie in anderen Fällen (↑ S. 5) verschmelzen Präposition und Artikel.

sur	– auf	Ils dansent **sur** le pont d'Avignon.
sous	– unter	Ils dorment **sous** le pont d'Avignon.
derrière	– hinter	**Derrière** l'horizon, il y a des lumières.
devant	– vor	Ma mère m'attend **devant** l'école.
en face de	– gegenüber	Mon école est **en face de** la gare.
entre	– zwischen	Je suis assise **entre** mes parents.
chez	– bei/zu	Je mange **chez** mes grands-parents.
dans	– in	Il habite **dans** une jolie maison.
à côté de	– neben	**A côté de** ma maison, il y a un pré.
près de	– nah	C'est **tout près** de l'école aussi!

Zeitangaben *(le temps)*

Zeitangaben werden oft durch Präpositionen ausgedrückt. Einige dieser Präpositionen können je nach Kontext auch eine **andere** als die zeitliche **Bedeutung** haben.

à dix heures
aber: demain
partir **en** groupe · aller **jusqu'à** Marseille

pour	– für	Je suis parti **pour** trois jours à Berlin.
en	– innerhalb	Je suis allé d'ici à Berlin **en** dix heures.
pendant	– lang, während	**Pendant** deux heures j'étais bloqué sur l'autoroute.
dans	– in	Je vais repartir **dans** deux jours.
après	– nach	**Après** mon bac, j'irai à l'étranger.
avant	– vor	Mais **avant** mon départ j'apprendrai l'anglais.
depuis	– seit	**Depuis** l'été dernier j'ai un vélo.
dès	– gleich nach	**Dès** son arrivée on a fait un tour.
il y a	– vor, seit	Elle est partie **il y a** un an.
jusqu'à	– bis	Je travaille **jusqu'à** 17 heures.
vers	– gegen	On va dîner **vers** vingt heures.

Eine **Besonderheit** gibt es bei den Präpositionen ***depuis, il y a*** und ***pendant:*** Folgt ihnen ein ganzer Satz, wird dieser mit *que* angeschlossen. Sie sind dann Konjunktionen (↑ S. 73).

depuis	+ Zeitangabe	**Depuis** trois jours j'ai mal à la tête.
depuis	+ que + Satz	**Depuis que** j'ai passé l'examen, je dors.
il y a	+ Zeitangabe	J'ai vendu ma voiture **il y a deux ans.**
il y a	+ Zeitangabe + que + Satz	**Il y a deux ans que** j'habite ici.
pendant	+ Zeitangabe	Je fais mes devoirs **pendant** le dîner.
pendant	+ que + Satz	**Pendant que** je fais mes devoirs j'apprends bien.

Où vas-tu?/Où es-tu?

Städte → à

à Paris	**à** New York
à Munich (München)	**à** Vienne (Wien)
à Aix-la-Chapelle (Aachen)	**à** Genève (Genf)

Länder (fem.) → en

la France	**en** France	l'Autriche	**en** Autriche
la Suisse	**en** Suisse	la Belgique	**en** Belgique
l'Allemagne	**en** Allemagne	l'Angleterre	**en** Angleterre

Länder (mask.) → au

le Brésil	**au** Brésil	le Portugal	**au** Portugal
le Mexique	**au** Mexique	le Danemark	**au** Danemark
le Maroc	**au** Maroc	le Luxembourg	**au** Luxembourg

Länder im Plural → aux

les Pays-Bas	**aux** Pays-Bas
les Etats-Unis	**aux** Etats-Unis

Merkhilfe: Alle Länder, die auf *-e* enden, sind weiblich, außer:

le Mexique, le Cambodge, le Mozambique, le Zaïre

Aufgepasst: Bei Städten mit Artikel, wie z. B. *Le Havre, Le Mans, Les Sables d'Olonne* verschmilzt die Präposition *à* bzw. *de* mit dem Artikel (↑ S. 5).

les 24 heures du Mans · le port du Havre · Où vas-tu? – Je vais aux Sables d'Olonne et à La Rochelle.

D'où viens-tu?

Städte → de

de Paris	**de** New York
de Munich	**de** Vienne
d'Aix-la-Chapelle	**de** Genève

Länder (fem.) → de

la France	**de** France	l'Autriche	**d'**Autriche
la Suisse	**de** Suisse	la Belgique	**de** Belgique
l'Allemagne	**d'**Allemagne	l'Angleterre	**d'**Angleterre

Länder (mask.) → du

le Brésil	**du** Brésil	le Portugal	**du** Portugal
le Mexique	**du** Mexique	le Danemark	**du** Danemark
le Maroc	**du** Maroc	le Luxembourg	**du** Luxembourg

Länder im Plural → des

les Pays-Bas	**des** Pays-Bas
les Etats-Unis	**des** Etats-Unis

Merkhilfe: Wenn man auf Reisen geht, ...

... kann man entweder langsam vorankommen	oder in ein motorisiertes Transportmittel einsteigen:
à bicyclette/**à** vélo	**en** voiture
à cheval	**en** avion
à pied	**en** train

Aufgepasst: Man kann sowohl *à vélo* als auch *en vélo* sagen.

9 Der Satz
La phrase

Es gibt verschiedene **Satzarten:**	
■ Aussagesatz,	Il va au cinéma.
■ Fragesatz (↑ S. 67),	**Va-t-il** au cinéma**?**
■ Imperativsatz (Befehlssatz) (↑ S. 69),	Dormez bien.
■ verneinter Satz (↑ S. 70 f.),	Il **ne** va **jamais** au cinéma.
■ Haupt- und Nebensatz (↑ S. 72 f.),	Il vient parce qu'il a le temps.
■ Infinitivsatz (↑ S. 80 f.).	J'écoute la pluie **tomber.**

Aussagesatz *(la phrase affirmative)*

Ein Aussagesatz besteht aus: **Subjekt + Verb (+ Ergänzung).**	Le chien dort. · Nous achetons des livres.
Eine Ergänzung kann sein: ■ ein direktes Objekt,	Je lis **un livre.**
■ ein indirektes Objekt,	J'écris **à ma mère.**
■ Ortsangaben (↑ S. 30 f.), Zeitangaben oder andere adverbiale Bestimmungen (Umstandsbestimmungen). Sie stehen entweder am Anfang (mit Komma abgetrennt) oder am Satzende.	Je passe mes vacances **en Italie.** · **Le matin,** je fais du jogging. · En général, je pars **avec ma sœur.**
Hat ein Satz ein direktes und ein indirektes Objekt, steht das **direkte Objekt vor dem indirekten** (↑ S. 28 f.).	J'écris **une lettre à ma mère.**

Fragesatz *(la phrase interrogative)*

Es gibt drei Frageformen.

- **Intonationsfrage:** Ein Aussagesatz wird durch Anheben der Stimme (↗) am Satzende zur Frage (gesprochene Sprache).

Tu viens avec nous**?**

- ***est-ce que*-Frage:** *est-ce que* steht am Satzanfang. Diese Form wird in der gesprochenen und geschriebenen Sprache verwendet, wird aber nicht ins Deutsche übersetzt.

Est-ce que tu viens avec nous**?** · **Est-ce que** c'est juste**?**

- **Inversionsfrage:** Personalpronomen und Verb werden in der Stellung vertauscht und mit Bindestrich verbunden (geschriebene oder förmliche Sprache).

Viens-tu avec nous**?**

Endet das Verb in der 3. Person Singular und Plural *(il, elle, on, ils, elles)* mit einem Vokal, wird ein *-t-* eingeschoben.

A-**t**-il passé de bonnes vacances**?** · Combien ce livre coûte-**t**-il**?**

Aufgepasst: Im gesprochenen Französisch sollte man die Intonations- oder die *est-ce que*-Frage verwenden.

Fragewörter

Sie sind fast alle unveränderlich. Ausnahmen sind der Fragebegleiter *quel* (↑ S. 8) (1) und das Fragepronomen *lequel* (2), das auch ein Relativpronomen sein kann (↑ S. 35).

(1) **Quelle** couleur est-ce que tu préfères?
(2) Tu prends **lesquels?** (des stylos)

Fragewörter

Manche Fragewörter können auch mit einer Präposition kombiniert werden. Sie stehen am Satzanfang oder -ende.

De quoi parles-tu?
Tu penses **à qui?**
Vous venez **d'où?**

où?	– wo?/wohin?	Tu vas **où?** · **Où** tu vas? · **Où** est-ce que tu vas? · **Où** vas-tu?
qui?	– wen?	Tu attends **qui?** · **Qui** tu attends? · **Qui** est-ce que tu attends? · **Qui** attends-tu?
quoi?/que?	– was?	Tu fais **quoi?** · **Qu'**est-ce que tu fais? · **Que** fais-tu?
pourquoi?	– warum?	Tu fais ça **pourquoi?** · **Pourquoi** tu fais ça? · **Pourquoi** est-ce que tu fais ça? · **Pourquoi** fais-tu cela?
comment?	– wie?	Tu a fait **comment?** · **Comment** tu as fait? · **Comment** est-ce que tu as fait? · **Comment** as-tu fait?
combien?	– wie viel?	Il coûte **combien?** · **Combien** il coûte? · **Combien** est-ce qu'il coûte? · **Combien** coûte-t-il?
quand?	– wann?	Tu rentres **quand?** · **Quand** tu rentres? · **Quand** est-ce que tu rentres? · **Quand** rentres-tu?
quel?	– welche/welcher/welches/ + Substantiv?	Tu aimes **quel** film? · **Quel** film tu aimes? · **Quel** film est-ce que tu aimes? · **Quel** film aimes-tu?
lequel?	– welche/welcher/welches?	Tu préfères **lequel?** · **Lequel** tu préfères? · **Lequel** est-ce que tu préfères? · **Lequel** préfères-tu?

Wenn *qui* Subjekt ist, unterscheidet das Französische zwischen Personen und Sachen *(wer?/was?* = Subjekt).

Entsprechend wird die Frage mit
- *qui (est-ce qui)* (1) oder
- *qu'est-ce qui* (2) formuliert.

(1) **Qui** (est-ce **qui)** aime nager?
(2) **Qu'**est-ce **qui** te plaît?

Indirekter Fragesatz *(l'interrogation indirecte)*

Die Fragewörter ***qui, où, lequel*** und ***quoi*** werden auch in der indirekten Frage verwendet.
Zur indirekten Rede ↑ S. 77 f.

qui	«**Qui** va venir?» – Je me demande **qui** va venir.
où	«**Où** sommes-nous?» – Il demande **où** nous sommes.
lequel	«Tu prends **lequel?**» – Je demande **lequel** tu prends.
quoi	«Tu penses **à quoi?**» – Elle demande **à quoi** tu penses.

que, qu'est-ce que und ***qu'est-ce qui*** werden in der indirekten Frage zu *ce que* und *ce qui* (was).
- *ce que* steht bei Sachen als Objekt (1),
- *ce qui* steht bei Sachen als Subjekt (2).

(1) «**Que** fais-tu?» – Raconte-moi **ce que** tu fais.
(2) «**Qu'est-ce qui** se passe?» – Dis-moi **ce qui** se passe.

In Fragesätzen ohne Fragewort wird der Fragesatz in der indirekten Frage mit *si* angeschlossen (↑ S. 77).

«Est-ce que vous venez?» – Elle demande **si** vous venez.

Imperativ

Mit dem Imperativ wird ein Befehl oder ein Ratschlag ausgedrückt.
Zur Bildung ↑ S. 42.

Mange ta soupe.
N'**aie** pas peur.

Verneinung *(la négation)*

Die Verneinung wird im Französischen gebildet mit *ne ... pas*. Sie **umschließen** das **Verb.**

Nous **ne** sommes **pas** là.

- *ne* wird vor Vokal und stummem *h* apostrophiert.

Je **n'**aime **pas** les chats.

- Steht das Verb in einer zusammengesetzten Zeit, umschließt die Verneinung das Hilfsverb.

Je **n'**ai **pas** fermé la porte à cause de la chaleur.

- Folgt dem Verb ein Infinitiv, steht die Verneinung um das konjugierte Verb.

Tu **ne** peux **pas** jouer du piano à minuit. · Je **ne** veux **pas** faire d'exception.

Verneinungswörter (Verneinungsadverbien)

ne ... pas	Le dimanche on **ne** travaille **pas.** (nicht)
ne ... pas du tout	Je **ne** suis **pas du tout** d'accord. (überhaupt nicht)
ne ... pas de	On **n'**a **pas de** sucre. (keinen)
ne ... plus	Je **ne** t'aime **plus.** (nicht mehr)
ne ... plus de	Vous **n'**avez **plus de** melons? (keine mehr)
ne ... rien	Je **ne** vois **rien.** (nichts)
ne ... jamais	Ils **ne** vont **jamais** au théâtre. (nie)
ne ... plus jamais	Je **ne** l'ai **plus jamais** revu. (nie mehr)
ni ... ni	Elle **ne** parle **ni** à Jean **ni** à Paul. (weder … noch)

Aufgepasst: Folgende Verneinungswörter stehen beim Passé composé nach dem Partizip:

ne ... personne	Je **n'**ai vu **personne.** (niemanden)
ne ... pas ... non plus	Je **n'**y suis **pas** allé(e) **non plus.** (auch nicht)
ne ... nulle part	Je **ne** les ai vu(e)s **nulle part.** (nirgendwo)

Aufgepasst: In der Umgangssprache wird *ne* oft weggelassen:

T'as vu mon frère? – Il est pas là. – Je comprends pas où il est allé!

Möchte man einen verneinten Satz bejahen oder umgekehrt, genügt es oft nicht, die Verneinungswörter einfach wegzulassen oder einzufügen. Auch im bejahten Satz steht ein Adverb.

Verneinter Satz	Bejahter Satz
ne … plus nicht mehr Nous **ne** fumons **plus.**	**encore** (immer) noch Eux, ils fument **encore.**
ne … rien nichts Non merci, je **ne** prends **rien.**	**quelque chose** etwas Oui, je prends **quelque chose.**
ne … jamais nie Je **n'**ai **jamais** voyagé en Asie.	**toujours** immer J'ai **toujours** voyagé en Europe.
ne … personne niemanden (Objekt) La police **n'**arrête **personne.**	**quelqu'un** jemanden La police a arrêté **quelqu'un.**
personne ne tout niemand (Subjekt) **Personne n'**écoute.	**le monde** alle **Tout le monde** écoute.
ne … aucun keinen (einzigen) Il **n'a aucun** scrupule.	**quelques** einige Il a **quelques** scrupules.
ne … pas non plus auch nicht Je **n'**aime **pas non plus** le fromage de chèvre.	**aussi** auch J'aime **aussi** le fromage de chèvre.
ne … nulle part nirgendwo Je **ne** peux trouver mon porte-monnaie **nulle part.**	**partout** überall Je l'ai cherché **partout.**

Haupt- und Nebensatz
(la principale et la subordonnée)

Hauptsatz

Ein Hauptsatz ist ein vollständiger Satz, der für sich **allein stehen** kann.

Il aime les voitures.

Nebensatz

Ein Nebensatz **hängt von einem Hauptsatz ab** und hat ohne diesen keinen Sinn. Er kann durch
- eine Konjunktion (1) oder
- ein Relativpronomen (2) (↑ S. 35)

eingeleitet werden.

(1) **Si vous venez** nous irons visiter le musée Picasso.
(2) Il aime les voitures **qui coûtent cher.**

Nebensätze

Relativsatz	(der, die, das, den)	Il aime les voitures **qui** coûtent cher. · Elle aime la couleur **que** tu as choisie.
Kausalsatz	(weil)	Je peux venir **parce que** je suis libre ce soir.
Bedingungssatz	(falls)	Je peux venir **parce que** je suis libre ce soir.
Temporalsatz	(wenn)	Je peux venir **quand** tu veux.
Finalsatz	(um zu)	J'ai préparé ton repas **pour que** tu puisses manger après l'école.
Konsekutivsatz	(so dass)	Je viendrai te chercher **de sorte que** tu ne seras pas obligé(e) de prendre le bus.
Konzessivsatz	(obwohl)	Je sors **bien qu'**il pleuve.
durch *que* eingeleiteter Nebensatz	(dass)	Je crois **que** tu as raison.

Konjunktionen *(les conjonctions)*

Eine Konjunktion (lat. conjungere = verbinden) **verbindet Wortgruppen, Teilsätze** oder **Sätze** miteinander. Sie ist unveränderlich.

Elle est allée au marché **et** à la banque. · Nous sommes rentrés **parce qu'**il pleut.

Man unterscheidet zwei Arten von Konjunktionen:

- **Beiordnende Konjunktionen** verbinden Hauptsätze oder gleichwertige Satzglieder. Beigeordnete Sätze hängen nicht voneinander ab.

  et · mais · car · ou · donc
  Je veux faire un gâteau, **mais** je n'ai plus d'œufs. · Je pense **donc** je suis.

- **Unterordnende Konjunktionen** verbinden voneinander abhängende Sätze, z. B. Haupt- und Nebensatz.

  Elle sait **que nous avons déjà fait les courses pour la fête.**

Wichtige unterordnende Konjunktionen:

si	– wenn, falls, ob	**afin que**	– damit
que	– dass	**pour que**	– damit
parce que	– weil	**où que**	– wo
quand	– wenn	**à condition que**	– unter der Bedingung dass
depuis que	– seit	**bien que**	– obwohl
ça fait … que	– seit	**sans que**	– ohne dass
il y a … que	– seit	**avant que**	– vor, bevor
après que	– nach, nachdem	**jusqu'à ce que**	– bis

(↑ S. 69 indirekter Fragesatz, ↑ S. 76 Bedingungssatz, ↑ S. 77 indirekte Rede, ↑ S. 63 Zeitangaben, ↑ S. 55 ff. Subjonctif, ↑ S. 72 Nebensatz)

Relativsatz *(la relative)*

Ein Relativsatz ist ein **Nebensatz,** der durch ein **Relativpronomen** (↑ S. 35) mit dem Hauptsatz verbunden wird.

Il aime les voitures **qui coûtent cher.** · Elle a acheté le pull **qu'elle a vu hier.**

Das Relativpronomen ***qui*** ist **Subjekt** des Relativsatzes. Es kann für Sachen und Personen stehen.
qui steht immer direkt nach dem Substantiv, auf das es sich bezieht.
Auf *qui* folgt immer ein Verb.
Aufgepasst: Vor *qui* steht kein Komma.

Les voitures **qui** coûtent cher sont belles.

Ma mère **qui** a tout préparé n'est pas là.

Il aime les voitures.	**Les voitures** Subjekt	coûtent cher.
Il aime les voitures	**qui** Relativsatz mit *qui* als Subjekt	coûtent cher.

Das Relativpronomen ***que*** ist **direktes Objekt** eines Relativsatzes. Es kann für Sachen und Personen stehen.
que steht immer direkt nach dem Substantiv, auf das es sich bezieht.
Auf *que* folgt immer ein Substantiv oder ein Subjektpronomen (↑ S. 26).
Aufgepasst: Vor *que* steht kein Komma.

Le pull **que** tu as acheté hier est très chic.
L'homme **que** j'ai vu était ton père.

Elle a acheté le pull.	Elle a vu	**le pull** hier. direktes Objekt
Elle a acheté le pull	**qu'**elle a vu hier. Relativsatz mit *que* als direktem Objekt	

Weitere Relativpronomen sind:
- *où, dont* und *lequel,*
- *ce qui* und *ce que,*
- *c'est ... qui* und *c'est ... que.*

La mise en relief

Mit *c'est ... qui* und *c'est ... que* können **Wörter oder Wortgruppen** besonders **betont** werden. Zwischen *c'est ... qui/que* steht entweder
- ein Substantiv oder
- ein unverbundenes Personalpronomen (↑ S. 27).

C'est moi **qui** suis venu(e) à l'heure. · **C'est** mon vélo **que** j'ai nettoyé.

Diese Konstruktion wird im Deutschen meist durch Betonung des Wortes oder der Wortgruppe wiedergegeben.
Aufgepasst: Bei *c'est .. . qui* richtet sich das folgende Verb immer nach der hervorgehobenen Person.

Ich war pünktlich. · Ich habe **mein Fahrrad** geputzt.

C'est	**moi**	qui	**suis**	optimiste.
C'est	**toi**	qui	**es**	pessimiste.
C'est	**lui**	qui	**est**	hystérique.
C'est	**elle**	qui	**est**	dynamique.
C'est	**nous**	qui	**sommes**	critiques.
C'est	**vous**	qui	**êtes**	euphoriques.
C'est/Ce sont	**eux**	qui	**sont**	tristes.
C'est/Ce sont	**elles**	qui	**sont**	tristes aussi.

Bedingungssatz (si-Satz)
(la proposition conditionnelle)

Bedingungssätze
- drücken eine Bedingung aus: **Was passiert, wenn ...?,**
- werden mit ***si*** eingeleitet *(si + il/ils = s'il/s'ils),*
- können **vor oder nach dem Hauptsatz** stehen.

Aufgepasst: Verwechsle *si (falls, wenn)* nicht mit *quand (sobald, wenn),* das temporal gebraucht wird.

Si tu viens, nous irons au bistrot. · **S'il arrive ce soir,** on mange à trois.

Nous irons au café **si elle vient.**

J'irai au bistrot **quand** j'aurai terminé cela.

- Steht der *si*-Satz im **Präsens,** steht der Hauptsatz im **Präsens** oder im **Futur.** Die Erfüllung der Bedingung ist möglich oder wahrscheinlich.

Aufgepasst: Im *si*-Satz steht nie Futur.

Si tu **viens,** nous **allons/irons** au bistrot.

- Steht der *si*-Satz im **Imparfait,** steht der Hauptsatz im **Konditional I.** Die Erfüllung der Bedingung ist unmöglich oder wenig wahrscheinlich.

Si j'**étais** toi, je **ferais** plus de sport.

- Steht der *si*-Satz im **Plus-que-parfait,** steht der Hauptsatz im **Konditional II.** Die Erfüllung der Bedingung ist unmöglich.

Aufgepasst: Anders als im Deutschen steht im *si*-Satz nie Konditional.

Si nous **avions organisé** la fête plus tôt, nous **n'aurions** pas **eu** tant de stress.

***si*-Satz**		**Hauptsatz**
Präsens	+	Präsens, Futur
Imparfait	+	Konditional I
Plus-que-parfait	+	Konditional II

Indirekte Rede *(le discours indirect)*

■ In der indirekten Rede wird eine **Äußerung wiedergegeben.** Sie wird eingeleitet durch ein **Verb des Sagens oder Denkens + *que*** (1).
■ In der **indirekten Frage** (↑ S. 69) steht ***si*** oder ein **Fragewort** (2).
Vor *que* oder *si* steht kein Komma.
Aufgepasst: Die Wortstellung in der indirekten Rede oder Frage ist die gleiche wie in der direkten Rede (3).

(1) «Nous passons le week-end à Paris.» – **Elle dit qu'**ils passent le week-end à Paris.
(2) Je me demande **si** c'est vrai.
(3) «Il a mal aux pieds.» – Elle **dit qu'**il a mal aux pieds.

Änderung der Pronomen

Wie im Deutschen ändern sich in der indirekten Rede/Frage die Subjektpronomen (↑ S. 26 f.), Objektpronomen (↑ S. 28 f.), Possessivbegleiter (↑ S. 7), Possessivpronomen (↑ S. 34).

direkte Rede	**indirekte Rede**	**direkte Rede**	**indirekte Rede**
je	→ il/elle	«J'ai mal aux pieds.»	Il a dit qu'**il** avait mal aux pieds.
moi	→ lui/elle	«C'est **moi!**»	Elle dit que c'est **elle.**
notre	→ leur	«C'est **notre** chat!»	Ils disent que c'est **leur** chat.
mon	→ son	«C'est **mon** chat!»	Elle a dit que c'était **son** chat.
le mien	→ le sien	«C'est **la mienne!**»	Il dit que c'est **la sienne.**
me, nous	→ se	«Je **me** suis fâchée.»	Elle a dit qu'elle **s'**était fâchée.

Zeitenfolge

Steht in der indirekten Rede/Frage **der redeeinleitende Satz** im Passé composé, Imparfait oder Plus-que-parfait, ändern sich im Nebensatz die Zeiten der Verben **(Zeitenfolge)**.

Il a dit que …
Il disait que …
Il avait dit que …

direkte Rede	indirekte Rede
Präsens «J'**ai** le temps.»	Imparfait Il a dit qu'il **avait** le temps.
Passé composé «J'**ai eu** le temps.»	Plus-que-parfait Elle disait qu'elle **avait eu** le temps.
Futur I «J'**aurai** le temps.»	Konditional I J'avais dit que j'**aurais** le temps.
Futur II «J'**aurai eu** le temps.»	Konditional II J'ai dit que j'**aurais eu** le temps.
keine Zeitenfolge	
Imparfait	Imparfait
Plus-que-parfait	Plus-que-parfait
Konditional I+II	Konditional I+II

Orts- und Zeitangaben

Einige Orts- und Zeitangaben (↑ S. 30 f., 62 f.) ändern sich in der indirekten Rede oder Frage ebenfalls.

«Tu dois rester **ici.**» – J'ai dit que tu devais rester **là.**

maintenant	alors, à ce moment-là
hier	la veille (Vortag)
aujourd'hui	ce jour-là
demain	le lendemain

Aktiv und Passiv *(l'actif et le passif)*

Bildung

Passivsätze werden gebildet mit einer Form von **être + Participe passé** des Verbs. Das Participe passé (↑ S. 43) gleicht sich in Geschlecht und Zahl dem Subjekt an.

Le garage **est nettoyé.**
Les fleurs sont coupé**es.**

Marc **nettoie** les fenêtres.

Les fenêtres **sont nettoyées** (par Marc).

Wandelt man einen Aktivsatz in einen Passivsatz um wird
- das **direkte Objekt des Aktivsatzes** zum Subjekt des Passivsatzes und
- das **Subjekt des Aktivsatzes** – falls erforderlich – mit *par* angeschlossen.

Das Passiv kann wie das Aktiv in **allen Zeiten und Modi** gebildet werden.

Präsens	Le garage **est** nettoyé par Marc.
Passé composé	Les fenêtres **ont été** nettoyées par moi.
Imparfait	J'**étais** aidée par Sandrine, ma copine.
Futur I	Toute la famille **sera** invitée.
Konditional I	L'anniversaire de ma mère **serait** fêté.
Subjonctif	Elle veut que la maison **soit** bien préparée.

Alternativkonstruktionen ↑ S. 80 f.

Kurz und knapp: Satzverkürzungen

Im Französischen gibt es verschiedene Konstruktionen, mit denen umständliche Nebensätze elegant vermieden werden können.

Nebensätze mit Relativpronomen und Konjunktionen

1
Cette lettre **qui avait été postée** le 1er mai a mis quinze jours!
Quand le chauffeur est arrivé devant l'hôtel, il s'est arrêté.
Comme les étudiants avaient terminé leurs cours, ils sont allés se baigner.

2
Elle connaît toutes les plantes **qui se trouvent** dans le livre.
Quand je pense à mes vacances, je rêve de la mer.
Comme il avait du boulot il ne pouvait pas venir.

3
Elle s'est fait mal **quand elle faisait** du ski.
Bien qu'il écrive, il pense à autre chose.
Elle m'a bien aidé **parce qu'elle a fait** la vaisselle.

Verkürzungen mit dem Participe passé

Das Participe passé wird häufig in der Bedeutung eines Relativ-, Temporal- oder Kausalsatzes verwendet.

1
Cette lettre **postée** le 1er juin a mis quinze jours!
Arrivé devant l'hôtel, le chauffeur s'est arrêté.
Leurs cours **terminés,** les étudiants sont allés se baigner.

Verkürzungen mit dem Participe présent

In der Regel drückt die Partizipialkonstruktion einen Vorgang aus, der **gleichzeitig** mit dem im Hauptsatz abläuft.

2
Elle connaît toutes les plantes **se trouvant** dans le livre.
Pensant à mes vacances, je rêve de la mer.
Ayant du boulot il ne pouvait pas venir.

Verkürzungen mit dem Gérondif

Die Vorgänge im Hauptsatz und im Satz mit Gérondif sind immer **gleichzeitig.** Gérondif und konjugiertes Verb haben immer dasselbe Bezugswort.

➌ Elle s'est fait mal **en faisant** du ski.
Tout en écrivant, il pense à autre chose.
En faisant la vaisselle, elle m'a bien aidé.

Sätze mit Subjonctif (↑ S. 55 f.)

Il faut **que** j'**aille** à l'école.

Verkürzung durch Infinitiv

Haben Haupt- und Nebensatz das gleiche Subjekt, kann ein Infinitiv angeschlossen werden.

→ Je dois **aller** à l'école.

Passivsätze (↑ S. 79 f.)

Ce produit **est vendu** dans toute l'Europe.
Ce mot **est écrit** comment?

Sätze mit reflexiven Verben

→ Ce produit **se vend** dans toute l'Europe.
Ce mot **s'écrit** comment?

Aktivsätze mit *on*

On vend ce produit dans toute l'Europe.
Comment **écrit-on** ce mot?

Infinitif	Présent	Passé composé Participe passé
aller (gehen)	je vais tu vas il va ns allons ils vont	je suis allé(e)
s'asseoir (sich hinsetzen)	je m'assois il s'assoit ns ns asseyons ils s'assoient	je me suis assis(e)
avoir (haben)	j'ai tu as il a ns avons ils ont	j'ai eu
battre (schlagen)	je bats il bat ns battons ils battent	j'ai battu
boire (trinken)	je bois il boit ns buvons ils boivent	j'ai bu
conduire (führen, fahren)	je conduis il conduit ns conduisons vs conduisez	j'ai conduit
connaître (kennen, wissen)	je connais il connaît ns connaissons ils connaissent	j'ai connu

mparfait	Futur I	Subjonctif présent	*ebenso*
’allais ns allions	j’irai ns irons	que j’aille que ns allions	
e m’assoyais ns ns assoyions	je m’assoirai ns ns assoi- rons	que je m’assoie que ns ns assoy- ions	
’avais ns avions	j’aurai ns aurons	que j’aie que ns ayons	
e battais ns battions	je battrai ns battrons	que je batte que ns battions	combattre
e buvais nous buvions	je boirai ns boirons	que je boive que ns buvions	
e conduisais ns conduisions	je conduirai ns conduirons	que je conduise que ns conduisions	construire
e connaissais ns connaissions	je connaîtrai ns connaîtrons	que je connaisse que ns connaissions	paraître

Infinitif	Présent	Passé composé Participe passé
construire (bauen, errichten)	je construis il construit ns construisons ils construisent	j'ai construit
craindre (fürchten)	je crains il craint ns craignons ils craignent	j'ai craint
croire (glauben)	je crois il croit ns croyons ils croient	j'ai cru
courir (laufen, rennen)	je cours il court ns courons ils courent	j'ai couru
devoir (müssen, sollen)	je dois il doit ns devons ils doivent	j'ai dû
dire (sagen)	je dis il dit ns disons vs dites ils disent	j'ai dit
dormir (schlafen)	je dors il dort ns dormons ils dorment	j'ai dormi

Imparfait	Futur I	Subjonctif présent	*ebenso*
je construisais ns construisions	je construirai ns construirons	que je construise que ns construisions	
je craignais ns craignions	je craindrai ns craindrons	que je craigne que ns craignions	contraindre plaindre
je croyais ns croyions	je croirai ns croirons	que je croie que ns croyions	
je courais ns courions	je courrai ns courrons	que je coure que ns courions	concourir
je devais ns devions	je devrai ns devrons	que je doive que ns devions	
je disais ns disions	je dirai ns dirons	que je dise que ns disions	
je dormais ns dormions	je dormirai ns dormirons	que je dorme que ns dormions	sentir

Infinitif	Présent	Passé composé Participe passé
écrire (schreiben)	j'écris il écrit ns écrivons ils écrivent	j'ai écrit
être (sein)	je suis tu es il est ns sommes vous êtes ils sont	j'ai été
faire (machen, tun)	je fais il fait ns faisons [fəzɔ̃] vs faites ils font	j'ai fait
falloir (brauchen, benötigen)	il faut	il a fallu
fuir (fliehen)	je fuis il fuit ns fuyons ils fuient	j'ai fuit
lire (lesen)	je lis il lit ns lisons ils lisent	j'ai lu
mettre (setzen, stellen, legen)	je mets il met ns mettons ils mettent	j'ai mis

Imparfait	Futur I	Subjonctif présent	*ebenso*
j'écrivais ns écrivions	j'écrirai ns écrirons	que j'écrive que ns écrivions	décrire
j'étais ns étions	je serai ns serons	que je sois que nous soyons	
je faisais ns faisions	je ferai ns ferons	que je fasse que ns fassions	satisfaire
il fallait	il faudra	qu'il faille	
je fuyais ns fuyions	je fuirai ns fuirons	que je fuie que ns fuyions	s'enfuir
je lisais ns lisions	je lirai ns lirons	que je lise que ns lisions	élire, relire
je mettais ns mettions	je mettrai ns mettrons	que je mette que ns mettions	permettre

Infinitif	Présent	Passé composé Participe passé
mourir (sterben)	je meurs il meurt ns mourons ils meurent	je suis mort(e)
naître (geboren werden)	je nais il naît ns naissons ils naissent	je suis né(e)
ouvrir (öffnen)	j'ouvre tu ouvres il ouvre ns ouvrons ils ouvrent	j'ai ouvert
plaire (gefallen)	je plais il plaît ns plaisons ils plaisent	j'ai plu
pleuvoir (regnen)	il pleut	il a plu
pouvoir (können)	je peux il peut ns pouvons ils peuvent	j'ai pu
prendre (nehmen)	je prends il prend ns prenons ils prennent	j'ai pris

Imparfait	Futur I	Subjonctif présent	*ebenso*
je mourais ns mourions	je mourrai ns mourrons	que je meure que ns mourions	
je naissais ns naissions	il naîtra	qu'il naisse	
j'ouvrais ns ouvrions	j'ouvrirai ns ouvrirons	que j'ouvre que ns ouvrions	
je plaisais ns plaisions	je plairai ns plairons	que je plaise que ns plaisions	
il pleuvait	il pleuvra	qu'il pleuve	
je pouvais ns pouvions	je pourrai ns pourrons	que je puisse que ns puissions	
je prenais ns prenions	je prendrai ns prendrons	que je prenne que ns prenions	apprendre, comprendre

Infinitif	Présent	Passé composé Participe passé
recevoir (erhalten, bekommen)	je reçois il reçoit ns recevons ils reçoivent	j'ai reçu
rire (lachen)	je ris il rit ns rions ils rient	j'ai ri
savoir (wissen)	je sais il sait ns savons ils savent	j'ai su
sentir (fühlen, riechen)	je sens il sent ns sentons ils sentent	j'ai senti
suffire (genügen)	il suffit	il a suffi
suivre (folgen)	je suis il suit ns suivons ils suivent	j'ai suivi
se taire (schweigen)	je me tais il se tait ns ns taisons ils se taisent	je me suis tu(e)

Imparfait	Futur I	Subjonctif présent	*ebenso*
je recevais ns recevions	je recevrai ns recevrons	que je reçoive que ns recevions	
je riais ns riions	je rirai ns rirons	que je rie que ns riions	sourire
je savais ns savions	je saurai ns saurons	que je sache que ns sachions	
je sentais ns sentions	je sentirai ns sentirons	que je sente que ns sentions	mentir, partir, servir, sortir
il suffisait	il suffira	qu'il suffise	
je suivais ns suivions	je suivrai ns suivrons	que je suive que ns suivions	poursuivre
je me taisais ns ns taisions	je me tairai ns ns tairons	que je me taise que ns ns taisions	

Infinitif	Présent	Passé composé Participe passé
tenir (halten)	je tiens il tient ns tenons ils tiennent	j'ai tenu
vaincre (besiegen)	je vaincs il vainc ns vainquons ils vainquent	j'ai vaincu
valoir (gelten, wert sein)	il vaut	il a valu
venir (kommen)	je viens il vient ns venons ils viennent	je suis venu(e)
vivre (leben)	je vis il vit ns vivons ils vivent	j'ai vécu
voir (sehen)	je vois il voit ns voyons ils voient	j'ai vu
vouloir (wollen)	je veux il veut ns voulons ils veulent	j'ai voulu

mparfait	Futur I	Subjonctif présent	*ebenso*
e tenais ns tenions	je tiendrai ns tiendrons	que je tienne que ns tenions	
e vainquais ns vainquions	je vaincrai ns vaincrons	que je vainque que ns vainquions	convaincre
l valait	il vaudra	qu'il vaille	
e venais ns venions	je viendrai ns viendrons	que je vienne que ns venions	
e vivais ns vivions	je vivrai ns vivrons	que je vive que ns vivions	survivre
e voyais ns voyions	je verrai ns verrons	que je voie que ns voyions	revoir
e voulais ns voulions	je voudrai ns voudrons	que je veuille que ns voulions	

Bibliografische Information der Deutschen Bibliothek
Die Deutsche Bibliothek verzeichnet diese Publikation in der Deutschen Nationalbibliografie; detaillierte bibliografische Daten sind im Internet über http://dnb.ddb.de abrufbar.

2., aktualisierte Auflage

2006 Genehmigte Sonderausgabe für Verlagsgruppe Weltbild GmbH, Augsburg

Redaktionelle Leitung Heike Krüger-Beer
Redaktion Claudia Fahlbusch, Cornelia Schaller, Marion Krause
Autorin Veronika Kirschstein

Herstellung Annette Scheerer
Typografisches Konzept Horst Bachmann
Illustrator Peter Lohse, Büttelborn
Umschlaggestaltung Michael Acker

Satz Robert Turzer, Tübingen
Druck und Bindung Kösel, Altusried-Krugzell
Printed in Germany

F

ISBN-13: 978-3-411-02319-6 (Gesamtkassette)
ISBN-10: 3-411-02319-8 (Gesamtkassette)

Duden

SMS

Schnell-Merk-System

Aufsatz

5. bis 10. Klasse

Dudenverlag
Mannheim · Leipzig · Wien · Zürich

DUDEN PAETEC Schulbuchverlag
Berlin · Frankfurt a. M.

Inhaltsverzeichnis

1 Aufsatz mit Vorgabe

Bildergeschichte

Mit einer Bildergeschichte soll anhand eines Bildes oder einer Bilderfolge eine kurze Geschichte verfasst werden.

mögliches Thema:
Jessicas Geburtstag

1. Schritt: Bild betrachten und Notizen anfertigen

Notiere auf einem Extrablatt für jedes Bild einzeln, was genau darauf zu sehen ist.

- **Wer** ist auf dem Bild zu sehen?
- **Was** tun die Figuren?
- In **welchem Raum** oder an **welchem Ort** spielt die Geschichte?
- Gibt es besonders **auffällige oder wichtige Gegenstände?**

Achte auch darauf, welche **Veränderungen** sich im Vergleich zu den vorhergehenden Bildern ergeben:

- Sind weitere Figuren aufgetaucht?
- Zeigt das Bild einen neuen Raum?
- Gibt es Veränderungen in Bezug auf wichtige oder auffällige Gegenstände?

2. Schritt: Informationen ergänzen

Auf viele Fragen geben die Bilder keine Antwort. Damit aus der Bilderfolge eine zusammenhängende Geschichte wird, müssen an einzelnen Stellen Informationen ergänzt werden.

Was sagen Jessica, ihre Großeltern und Freundinnen? · Was tun die anderen Gäste? · Was geschieht „zwischen" den Bildern?

3. Schritt: Aufsatz schreiben

Nach dieser Vorarbeit kannst du beginnen, einen anschaulichen Text zu schreiben (↑ S. 20 f.).
Achte darüber hinaus darauf,

- dass du das gewählte **Tempus** (Präsens oder Präteritum) **beibehältst** (↑ S. 36 f.),
- dass du den Text **sinnvoll gliederst** (↑ S. 14 f.). Schreibe zu jedem Bild einen Absatz und beginne bei der wörtlichen Rede immer eine neue Zeile.

Außerdem solltest du den Text nach dem Schreiben noch einmal gründlich überarbeiten und Fehler korrigieren (↑ S. 90 ff.).

Lange schon hatte sich Jessica auf ihren Geburtstag gefreut. Zusammen mit ihren Freundinnen Franziska, Sybille und Marie wollte sie eine tolle Party feiern. Vielleicht kamen ja auch noch Oma und Opa …
Jetzt war es also so weit, Franziska, Sybille und Marie waren schon da, der Raum war festlich geschmückt und auf der Geburtstagstorte leuchteten zehn Kerzen …

Erzählkern ausgestalten

Bei dieser Aufgabenstellung geht es darum, aus einer kurzen Information – z. B. einer Schlagzeile oder einer kurzen Meldung aus der Zeitung – eine interessante und fantasievolle Geschichte zu gestalten.
Aufgepasst: Man muss darauf achten, dass man vor lauter tollen Ideen die Aufgabenstellung des Lehrers nicht aus dem Blick verliert.

Zeitungsmeldung:
Schäferhund rettet Dackel aus dem Container
In Dortmund hat ein Schäferhund einen hilflos in einem Papiercontainer feststeckenden Dackel gerettet.

1. Schritt: Ideen sammeln

Ideen sammelt man am besten in Form eines **Handlungsgerüsts.**
Vorgeschichte (1):
- Was haben die Figuren vorher gemacht?
- Wie und warum sind sie in diese Situation geraten?

Handlungskern (2):
- Was geschieht im Einzelnen?
- Wie verhalten sich die Figuren?
- An welchem Ort und unter welchen Bedingungen (abends oder morgens, sonnig oder regnerisch) spielt sich das Ereignis ab?
- Gibt es Zeugen? Wie verhalten sich diese?

Schluss (3):
- Wie könnte die Geschichte enden?

(1) Tierquäler wirft Dackel in Container · Schäferhund hört Winseln des Dackels
(2) Schäferhund zieht seinen Besitzer zum Container · Besitzer hört das Winseln, sieht den Hund, verständigt die Polizei · Polizei rettet den Dackel
(3) Dackel wird vom Besitzer des Schäferhundes aufgenommen · beide Hunde werden Freunde

2. Schritt: Aufsatz schreiben

Wähle eine abwechslungsreiche Sprache und beachte neben dem **Erzähltempus** (↑ S. 36 f.) auch die **Erzählperspektive.**
Wird die Geschichte aus der **Ich-Perspektive** (d. h. aus der Sicht einer beteiligten Figur oder Person) erzählt, wirkt sie meist viel eindringlicher. Die Leserin oder der Leser kann sich leicht in die Figuren hineinversetzen.

Ich-Perspektive aus der Sicht des Hundes:
Nun hatte mein Herrchen es also wahr gemacht, mich einfach weggeworfen. Wie sollte ich hier nur wieder herauskommen?

Bei der **Er-Perspektive** berichtet ein Außenstehender von dem, was er beobachtet hat oder zu wissen glaubt, z. B. auch über die Gedanken, Stimmungen und Gefühle der beteiligten Figuren. Das schafft einen größeren Abstand zwischen Erzähltem und Lesendem.

Er-Perspektive aus Sicht eines Außenstehenden:
Dieter M. wusste keinen anderen Ausweg mehr, töten wollte er seinen Hund nicht, aber in der Wohnung durfte er ihn auch nicht mehr halten ...

Praxistipp: Wechsle häufig zwischen der **inneren Handlung,** d. h. den Gedanken, Gefühlen und Stimmungen der Figuren, und der **äußeren Handlung,** d. h. dem tatsächlichen Geschehen.
Überarbeite deinen Text nach dem Schreiben noch einmal gründlich und korrigiere deine Fehler (↑ S. 90 ff.).

Fortsetzungsgeschichte

Bei einer Fortsetzungsgeschichte ist der Anfang vorgegeben. Aufgabe ist es, die Geschichte mit eigenen Ideen fortzusetzen.
Aufgepasst: Man muss bei aller Fantasie immer darauf achten, dass die Fortsetzung zum Anfang passt.

Ich habe meine Oma sehr lieb, sie hat nur einen Fehler: mich beim „Mensch-ärgere-dich-nicht“ zu beschummeln, wo sie nur kann, so auch gestern, als wir auf der Terrasse saßen ...

1. Schritt: Textanfang genau lesen

Folgende Fragen können beim genauen Lesen helfen:

- Was wird mit dem Textanfang über die **Art der Geschichte** vorgegeben? Soll sie eine Traum- oder Fantasiegeschichte oder eher eine wirklichkeitsnahe Erzählung sein (1)?
- Welche **Erzählperspektive** (↑ S. 7) liegt vor (2)?
- Um welches **Thema** geht es (3)?
- Was wird über die handelnden **Personen** und über ihr Verhältnis zueinander ausgesagt (4)?
- Was wird über den Ort und die Zeit des Geschehens ausgesagt (5)?

(1) wirklichkeitsnahe Geschichte
(2) Ich-Perspektive
(3) Familie: Umgang zwischen Großeltern und Enkeln
(4) liebe Oma, die aber beim Spielen schummelt · gutes Verhältnis zwischen Enkel und Oma
(5) am Vortag · auf der Terrasse

2. Schritt: Ausgangssituation entfalten

Nun gilt es, **Einzelheiten** zu **erfinden.**
Zu den beteiligten **Personen** (1):
- zu ihrem Aussehen,
- zu ihrem Charakter und zu typischen Verhaltensweisen,
- zu typischen Sprüchen oder Ausdrucksweisen.

Zum genauen **Handlungsablauf** (2):
- Ort und Zeit der Geschichte,
- Verhalten der Beteiligten,
- Reaktionen der anderen.

Zum **Schluss** der Geschichte (3):
Auflösung der Spannung durch
- Lösung des Rätsels oder der Aufgabe,
- Klärung der Streitfrage,
- Behebung des Problems.

(1) Oma: elegant, nett, lächelnd · „Oh, muss ich dich schon wieder 'rauswerfen!“
Enkel: gutmütig, verträumt · „Gleich bist du aber dran!“
(2) sonntags auf der Terrasse, sonniges Wetter · Enkel lenkt Oma ab, verschiebt seine Figuren · Oma verliert, ist enttäuscht und beschwert sich bei ihrem Enkel
(3) Lösung durch ein Gespräch

3. Schritt Aufsatz schreiben

Achte darauf, dass dein Text zum Anfang der Geschichte passt, in Bezug auf:
- das **Erzähltempus** (1),
- die **Sprache** (2),
- die beteiligten **Figuren** (3).

Nach dem Schreiben solltest du den Text noch einmal überarbeiten und Fehler korrigieren (↑ S. 90 ff.).

(1) Präteritum
(2) kindliche Sprache · keine umgangssprachlichen Ausdrücke
(3) gutes Verhältnis untereinander · liebevoller Umgang der beiden miteinander

2 Freier Aufsatz

Fantasie- oder Traumgeschichte

Fantasie- oder Traumgeschichten müssen sich nicht an der Wirklichkeit orientieren. Sie sollten vor allem anschaulich und spannend sein. Sie haben eine kurze Einleitung und einen Höhepunkt.
Aufgepasst: Achte darauf, dass du vor lauter tollen Ideen die Aufgabenstellung nicht aus dem Blick verlierst!

mögliche Themen: Mein Flug ins All · Die Traumschule · Mein Onkel – der Zauberer

1. Schritt: Ideen sammeln

Bei diesem Arbeitsschritt können folgende Fragen helfen:

- **Wer** spielt mit (1)?
- Welche besonderen **Eigenschaften** haben die Hauptfiguren (2)?
- **Wo** und **wann** spielt die Geschichte (3)?
- **Welche verrückten Dinge** könnten passieren (4)?

(1) Menschen · Tiere · Fantasiefiguren
(2) Aussehen · Fähigkeiten · Eigenschaften
(3) im Traum · auf dem Mars · in der Zukunft/Vergangenheit
(4) sprechende Tiere oder Gegenstände · Zauberei · beamen · fliegen

2. Schritt: Ideen ordnen

Bei diesem Arbeitsschritt werden die Ideen auf einem Extrablatt geordnet und einer Gliederung aus Einleitung, Hauptteil und Schluss zugewiesen.

- In der **Einleitung** stellt man die Hauptfiguren vor und beschreibt die Ausgangssituation (1)
- Im **Hauptteil** wird das Hauptthema anschaulich entfaltet. Hierbei gelangt man in einzelnen Handlungsschritten mit kleinen Verzögerungen zum Höhepunkt (2).
- Der **Schluss** enthält die Auflösung der Spannung durch die Lösung des Rätsels oder der Aufgabe, durch die Schlichtung des Streits oder durch die Behebung des Problems (3).

(1) **Wer** kommt vor/handelt? · **Wo/wann** spielt die Geschichte? · **Handlung** – worum geht es?
(2) *mögliche Handlungsschritte:* fremde Umgebung – Einsamkeit – Begegnung mit einem Monster
(3) Aufwachen aus einem Traum

2

3. Schritt: Aufsatz schreiben

Die Gliederung mit den zugeordneten Ideen kann nun Schritt für Schritt umgesetzt werden. Achte dabei auf das richtige **Tempus** – meistens Präteritum – und auf eine abwechslungsreiche und fehlerfreie **Sprache.**

Sprache ↑ S. 20 f.
Tempus ↑ S. 36 f.

Praxistipp: Beschränke dich auf **zwei bis drei Figuren** und **drei Handlungsschritte** und erzähle **viele Einzelheiten** von den Personen, dem Ort des Geschehens und dem Ablauf der Handlung.

Erlebnis- oder Abenteueraufsatz

Bei einem Erlebnis- oder Abenteueraufsatz ist nur ein Rahmenthema oder eine typische Situation vorgegeben. Zu dieser Vorgabe soll selbstständig eine realistische, aber spannende und anschauliche Geschichte geschrieben werden.

mögliche Themen: Im Tierpark · In den Ferien · Beim Sport · In großer Gefahr · Mein Geburtstag

1. Schritt: Ideen sammeln

Folgende Fragen können beim Sammeln von Ideen helfen:

- **Wer** war dabei?
- **Was** genau ist geschehen?
- **Wann** ist das passiert?
- **Wo** hat es sich abgespielt?

↑ Praxistipp S. 11

2. Schritt: Ideen ordnen

Was gehört

- in die **Einleitung** (1),
- in den **Hauptteil** (2),
- in den **Schlussteil** (3)

der Geschichte?
(↑ S. 14 f.)

(1) **Wer** kommt vor/handelt · **Wo/wann** spielt die Geschichte? · **Worum** geht es?
(2) spannungssteigernde Handlungsschritte
(3) abrundender, prägnant formulierter Schluss

Praxistipp: Nimm dir ausreichend Zeit, deinen Text vorzubereiten, also Ideen zu sammeln, sie zu ordnen und **Erzählschwerpunkte auszuwählen.** Sonst kann es leicht passieren, dass du zu Beginn sehr viele gute Einfälle verarbeitest, die dir im Hauptteil und am Ende dann fehlen.

3. Schritt: Aufsatz schreiben

Achte beim Schreiben auf eine möglichst abwechslungsreiche Sprache (↑ S. 20 f.). Darüber hinaus macht die Verwendung von **wörtlicher Rede** einen Text lebendiger und interessanter.

Peter war sehr überrascht.
besser: „Oh Mann, das hätte ich ja nie erwartet“, rief Peter aus.

Die **Darstellung von Gefühlen, Stimmungen und Gedanken** ermöglicht es den Lesern, sich in die Situation der Hauptfiguren hineinzuversetzen.

Peter war gespannt auf seine Geschenke.
besser: „Was mag wohl in diesen Paketen sein?“, ging es Peter durch den Kopf.

- **Erzähltempus** ist die Vergangenheitsform, das **Präteritum.**
- Greift man auf etwas zurück, das zeitlich vor der erzählten Handlung liegt, benutzt man das **Plusquamperfekt.**
- Für zukünftiges Geschehen gebraucht man das **Futur.**

Als ich **aufwachte, war** ich aufgeregt.

In der Nacht zuvor **hatte** ich schlecht **geschlafen.**

Am Nachmittag **werden** viele Freunde **kommen.**

Grundsätzlich gilt:

Bei allen Formen von erzählenden Texten kannst du dich an folgender Gliederung orientieren:

Einleitung = kurzer Überblick über die Ausgangssituation: Wer handelt? Wann und wo spielt die Geschichte? Worum geht es?	**Hauptteil** = Entfaltung der Handlung: In mehreren Schritten wird die Spannung langsam gesteigert und zum **Höhepunkt** geführt.	**Schlussteil** = Lösung des Problems und Auflösung der Spannung: An das Ende der Geschichte kann ein witziger, unterhaltsamer Schlusspunkt (Pointe) gesetzt werden.

Kurze Einleitung

Eine Geschichte wird spannender, wenn in der Einleitung noch nicht allzu viel verraten wird. Beschränke dich also auf die **wesentlichen Informationen zur Ausgangssituation.**

Schon morgens als ich aufwachte, war ich aufgeregt. Ich war schon um 7 Uhr aufgestanden und lief nach unten. Sofort gratulierten mir meine Eltern herzlich, als sie mich sahen. Auch mein kleiner Bruder gratulierte mir herzlich.

besser: Als ich aufwachte, war ich aufgeregt. Ich lief sofort nach unten. Meine Eltern gratulierten mir herzlich, mein kleiner Bruder auch.

Spannung aufbauen

Ordne die einzelnen Ideen so, dass du die Spannung Schritt für Schritt steigerst.

Komische oder merkwürdige Situationen und Handlungen:

Das gibt's doch gar nicht!

So etwas hatte ich vorher noch nie erlebt.

Das kam mir etwas merkwürdig vor.

Spannende oder dramatische Situationen und Handlungen:

Ich dachte: „Jetzt ist es aus!"

Es kam bedrohlich nahe.

Es sah etwas gefährlich aus.

Gestalte den **Höhepunkt** der Geschichte mit sehr **vielen Einzelheiten** aus, um die Spannung möglichst lange aufrechtzuerhalten.

Unterhaltsamer Schluss

Hier geht es – wie bei der Einleitung – nicht darum, möglichst viel und in allen Einzelheiten zu erzählen, sondern das Ende der Handlung kurz und prägnant zu formulieren. Der Schluss kann auch eine Schlussbemerkung beinhalten, die zum Weiterdenken über die Geschichte oder zum Schmunzeln anregt.

Fantasie- oder Traumgeschichte:
Nach dem Unterricht ärgerte ich mich, dass ich mit dem Zauberhandy aus meinem Traum nicht gleich die anderen Aufgaben gelöst hatte. Aber vielleicht träume ich ja noch einmal.

Erlebnis- oder Abenteuergeschichte:
Jetzt hatte ich erst einmal genug von Abenteuern! Nie wieder würde ich so etwas riskieren. Wenn aber meine Freunde in den nächsten Ferien nach Afrika …

3 Nacherzählung

In einer Nacherzählung wird eine vorgegebene Geschichte sprachlich lebendig, anschaulich und abwechslungsreich erzählt.

Es war schon spät, als Miriam vom Schwimmbad nach Hause kam. Als sie die Haustür aufschließen wollte und in die Hosentasche griff, merkte sie, dass ihr Schlüsselbund weg war. Sie griff hastig in die anderen Taschen. Umsonst. Hatte sie den Schlüsselbund verloren? Das Herz schlug ihr bis zum Hals. „Wenn ich ihn nicht wiederfinde, was dann?“, dachte sie.

Sie legte die nassen Schwimmsachen ab und lief noch einmal den ganzen Weg bis zum Schwimmbad. Sie sah in jede Ecke, in jede Spalte. Nichts!

Als sie am Bad angekommen war und zu den Kabinen gehen wollte, hielt sie die Frau an der Kasse an: „He, Mädchen, wenn du ins Bad willst, musst du Eintritt bezahlen!“

„Nein, ich will gar nicht baden, ich will nur nachfragen, ob ein Schlüssel abgegeben worden ist. Ich habe ihn bestimmt hier verloren.“

„Oh, da hast du vielleicht Glück. Ein kleiner Junge hat gerade einen Schlüsselbund abgegeben.“

Die Frau zog eine Schublade auf und holte einen Schlüsselbund heraus. Als Miriam ihn sah, fiel ihr ein Stein vom Herzen! „Zum Glück ist es meiner“, dachte sie, „was hätten meine Eltern wohl gesagt, wenn sie gehört hätten, dass ich die Schlüssel verloren habe?“

1. Schritt: Text genau lesen oder gut zuhören

Notiere auf einem Extrablatt das Wichtigste zu folgenden **inhaltlichen Fragen:**

- **Wer** handelt? — *Miriam · Frau an der Kasse*
- **Wo** und **wann** spielt die Geschichte? — *Schwimmbad · auf dem Heimweg*
- Welche **Stimmung** herrscht in der Geschichte? — *Sorgen · später Erleichterung*
- **Handlung:** Worum geht es? — *verlorener Schlüsselbund · Rückkehr zum Schwimmbad · Schlüssel ist abgegeben worden*

Aufgepasst: Beachte vom ersten Arbeitsschritt an, dass Grundidee, Figuren, Handlungsablauf und Ergebnis deiner Nacherzählung mit der originalen Geschichte übereinstimmen müssen.

Beachte auch die **Form** des Textes:

- In welcher **Zeitform** ist die Geschichte geschrieben? — *Präteritum*
- Aus welcher **Perspektive** (↑ S. 7) ist sie geschrieben? — *Er-/Sie-Perspektive*
- Zu welcher **Textart** gehört die Geschichte? — *Erlebnisgeschichte*
- Was ist auffällig an der **sprachlichen Gestaltung?** — *Gebrauch von wörtlicher Rede · Darstellung von Gedanken und Gefühlen*

2. Schritt: Erzählkern erfassen

Dies ist beim Nacherzählen besonders wichtig. Dazu muss man **zwischen Wichtigem und Unwichtigem unterscheiden,** z. B.:

- Welche der beteiligten Personen sind wirklich wichtig?
- Welche Handlungsschritte sind unverzichtbar?
- Spielt der Ort eine wichtige Rolle?
- Spielen Alter, Aussehen, Kleidung der Figuren eine besondere Rolle?

wichtig:
Was denkt Miriam, als sie merkt, dass ihre Schlüssel weg sind?
unwichtig:
Wer sitzt an der Kasse?

3. Schritt: Text selbstständig wiedergeben

Der Text soll **mit eigenen Worten** wiedergegeben werden. Nur ganz zentrale Begriffe und Teilsätze dürfen wörtlich übernommen werden. Außerdem muss man die **Sprache** der Vorlage **anpassen.** So sollte etwa eine romantische Passage nicht mit umgangssprachlichen Ausdrücken nacherzählt werden.

Miriam war ratlos. Wo hatte sie den Schlüsselbund verloren, was würde geschehen, wenn sie ihn nicht zurückbekam?

Praxistipp: An der Beispielgeschichte wird deutlich, dass die **äußere Handlung** nicht immer das Wichtigste ist. Viel interessanter ist hier die **innere Handlung,** also das, was in Miriams Gedanken vorgeht, und ihre Stimmung. Das muss auch in der Nacherzählung deutlich erkennbar werden.

Das Wichtigste zur Nacherzählung

Inhalt

- Der Inhalt muss sich genau an die Vorlage halten. Es dürfen keine neuen Personen hinzugefügt werden.
- Der Handlungsablauf ist mit eigenen Worten wiederzugeben.
- Der Erzählkern muss deutlich werden.
- Wertungen und Meinungen gehören nicht in eine Nacherzählung.

Zeitform

Die Nacherzählung erfolgt in der Zeitform der Vorlage. Das ist meist das Präteritum.

Sprache und Stil

Die Sprache soll lebendig und abwechslungsreich sein. Beschreibende Adjektive und treffende Verben unterstützen die Anschaulichkeit (↑ S. 20 f.).
Der Sprachstil ist der Vorlage anzupassen.

Umfang

Den Umfang bestimmst du selbst (wenn in der Aufgabenstellung nichts anderes vorgegeben ist). Du kannst bestimmte Stellen ausdehnen, andere wiederum raffen. Der Unterhaltungswert sollte im Vordergrund stehen – vermeide daher langatmige Ausschmückungen!

Überarbeitung

Überarbeite deinen Text nach dem Schreiben noch einmal gründlich und korrigiere deine Fehler (↑ S. 90 ff.).

Grundsätzlich gilt:

Achte bei Fantasie- oder Traumgeschichten, Erlebnis- oder Abenteueraufsätzen, Bildergeschichten, Fortsetzungsgeschichten, bei der Ausgestaltung des Erzählkerns und bei der Nacherzählung auf Folgendes:

- Das **Erzähltempus** ist in der Regel das **Präteritum** (↑ S. 36 f.).
- Eine Geschichte wirkt anschaulicher, wenn man **viele Einzelheiten** darstellt.
- Eine Geschichte wirkt durch die **wörtliche Rede** lebendiger.
- Eine Geschichte wirkt interessanter, wenn man viel über die **Gedanken, Gefühle und Stimmungen der Hauptfiguren** erzählt.
- Besonders wichtig ist eine **abwechslungsreiche sprachliche Gestaltung** des Textes.

Abwechslungsreicher Satzbau

Setze einen abwechslungsreichen Satzbau ein, um Langeweile beim Lesen oder Hören der Geschichte zu vermeiden. Achte bei Satzreihen (Hauptsatz – Hauptsatz) auf **unterschiedliche Satzanfänge.**

zuerst · zu Beginn · plötzlich · bald darauf · im nächsten Augenblick · kurze Zeit später · danach · nach wenigen Minuten · schließlich · zum Schluss

Verwende **Satzgefüge** (Hauptsatz, Nebensatz) **statt Satzreihen,** wenn es möglich ist.

Ich spielte Fußball, da begann es zu regnen.
besser: Während ich Fußball spielte, begann es zu regnen.

Ich hatte keine Lust, darum blieb ich zu Hause.
besser: Ich blieb zu Hause, weil ich keine Lust hatte.

Wiederholungen vermeiden

Erarbeite **Wortfelder,** um Wiederholungen zu vermeiden.

sagen:	rufen · brüllen · erwidern · antworten · äußern
gehen:	laufen · rennen · hasten · eilen · schleichen
Angst:	Furcht · Entsetzen · Schrecken · Mutlosigkeit
Freude:	Begeisterung · Glück · Heiterkeit · Entzücken
heiß:	glühend · brennend · siedend · sonnig · warm
aufgeregt:	angespannt · nervös · verunsichert · ratlos

Anschauliche Schilderung

Benutze **treffende Adjektive** und **Verbformen** sowie passende **Sprachbilder** und **Vergleiche,** damit deine Geschichte unterhaltsam wird.

Schilderung von Personen/Figuren:
charmant · aufgeregt · freundlich · hektisch · merkwürdig · lächelnd · entsetzlich · furchterregend · stark wie ein Löwe

Beispiel: Fantasiegestalt
Ein graues Wesen kam auf mich zu. Es hatte einen großen dreieckigen Hut auf und sah ängstlich aus.
besser: Das graue Wesen, das auf mich zukam, machte einen merkwürdigen Eindruck. Auf dem Kopf trug diese Kreatur, die mich an einen Esel erinnerte, ein riesengroßes dreieckiges Etwas, und obwohl das Tier ganz freundlich aus seinen großen tiefblauen Augen schaute, wirkte es irgendwie ängstlich.

Schilderung des Schauplatzes:
bitterkalt · stockdunkel · verwinkelt · atemberaubend · behaglich · beeindruckend · wie an einem grauen Novembertag

Lebendige Darstellung der Handlung:
plötzlich · aus heiterem Himmel · überraschend · endlich · gefährlich · aufschreien · brodeln · knarren · verzweifeln · grausam · beängstigend · mutterseelenallein · wie der Blitz

4 Beschreibungen

Die Beschreibung ist eine **informierende, sachbetonte** und **wirklichkeitsnahe Darstellungsform.** Sie dient dazu, dass der Leser eine genaue Vorstellung von einem beschriebenen Gegenstand, einem Vorgang, einer Person, einem Tier oder einer Abbildung gewinnt.

Täterbeschreibung bei der Polizei · Gebrauchsanweisung · Tier- oder Pflanzenbeschreibung in einem Lexikon · Wegbeschreibung

Gegenstandsbeschreibung

Die Gegenstandsbeschreibung stellt die **Merkmale und Eigenschaften** eines Gegenstands (auch Zustands) sachlich dar. Raum- und Landschaftsbeschreibungen gehören ebenfalls zu dieser Textform.

Fotoapparat · Baum · Puppe · Möbelstück · Küche · Garten

1. Schritt: Gegenstand betrachten und nennen

Betrachte den zu beschreibenden Gegenstand ganz genau und notiere seine besonderen Merkmale und seine Funktion stichwortartig auf einem Extrablatt.

Beispiel:
Handy

2. Schritt: Informationen in die richtige Reihenfolge bringen

Bringe die Informationen über den Gegenstand in eine sinnvolle Reihenfolge:

- Darstellung der **auffälligsten Merkmale** (1).
- Weitere **wichtige Eigenschaften** werden in einem zweiten Abschnitt aufgeführt (2).

(1) Farbdisplay · Tastenfeld
(2) austauschbare Ober- und Unterschale · Vorrichtung zum Aufladen

4

3. Schritt: Beschreibung verfassen

Die Gegenstandsbeschreibung steht immer im **Präsens.** Sie beginnt mit einem **Einleitungssatz** (1), in dem der Gegenstand genau benannt wird. Verfasse die Gegenstandsbeschreibung in einer **klaren, informativen und sachlichen Sprache.** Dazu gehören:

- eindeutige Angaben zu Größe (2), Form (3) und Farbgebung (4) des Gegenstands,
- einfacher Satzbau,
- keine Deutungen und Wertungen.

(1) Der Gegenstand dieser Beschreibung ist ein Handy.
(2) Länge · Breite · Höhe
(3) ovale Grundfläche · runde Tasten
(4) Grundfarbe blau · Tasten schwarz

Die Gegenstandsbeschreibung wird mit einem kurzen **Schlusssatz,** z. B. zur Funktion des Gegenstands, abgeschlossen (5).

(5) Das Handy dient zum Telefonieren und Verschicken von Kurznachrichten.

Gebrauchsanweisung

Die Gebrauchsanweisung ist eine besondere Form der Gegenstandsbeschreibung (↑ S. 22 f.).
Bei dieser Textform steht die **Funktion** des beschriebenen Gegenstands im Vordergrund. Ziel ist es, jemanden in die Funktion oder in den Gebrauch eines Gegenstands oder Geräts einzuführen.

Beispiel:
Kaffeemaschine

1. Schritt: Gegenstand und seine Funktion nennen

Man gibt zuerst kurz an, um welchen Gegenstand es sich handelt und wozu er gebraucht wird.

Es handelt sich um eine Maschine zur Zubereitung von Kaffee.

2. Schritt: Einzelteile nennen

Im Anschluss daran betrachtet man den Gegenstand im Detail und bezeichnet die Einzelteile der Maschine genau.
Außerdem ist es wichtig, die jeweilige Lage der Einzelteile anzugeben:
- rechts – links,
- unten – oben,
- vorne – hinten.

Kaffeekanne · Wassertank · Heizplatte · Filtervorrichtung · Kaffeefilter · Ein-Aus-Schalter · Netzstecker

3. Schritt: Handlungsanweisungen geben

Anschließend führt man die einzelnen Schritte zur Bedienung des Geräts in der **richtigen zeitlichen Reihenfolge** auf.

Wasser einfüllen · in den Kaffeefilter Filterpapier einlegen und mit gemahlenem Kaffee füllen · Kaffeekanne unterstellen · Maschine einschalten

Dabei kann man unterschiedliche **sprachliche Formen** wählen:
- man-Form (1),
- direkte Aufforderung (2),
- neutrale Formulierung im Infinitiv (3).

(1) Man füllt Wasser ein.
(2) Füllen Sie Wasser ein.
(3) Zunächst ist Wasser einzufüllen.

Praxistipp: Versetze dich in die Lage des Lesers. Die Gebrauchsanweisung ist dann gut, wenn er die wesentlichen Arbeitsschritte auf Anhieb und ohne weitere Hilfestellung durchführen kann.

4. Schritt: Zusätzliche Hinweise geben

Bei der Gebrauchsanweisung für ein technisches Gerät dürfen **Sicherheitshinweise** (1) und **Hinweise zur Pflege** (2) nicht fehlen.

(1) Vor Öffnen des Gerätes Netzstecker ziehen!
(2) Nur mit lauwarmem Wasser und weichem Lappen abwischen!

Bildbeschreibung

Die Bildbeschreibung gibt sprachlich wieder, was auf einem Gemälde, einer Grafik oder einer Fotografie zu sehen ist.

1. Schritt: Einzelheiten notieren

Betrachte das Bild genau und notiere auf einem Extrablatt die wesentlichen Einzelheiten.

Leitfragen sind:

- **Was** ist abgebildet (1)?
- Was ist im **Vordergrund** (V), im **Mittelgrund** (M) und im **Hintergrund** (H) zu sehen (2)?
- Was fällt an der **Größe der** abgebildeten **Elemente** auf (3)?
- Was fällt an der **Form** und an der **Farbgestaltung** der einzelnen Elemente auf (4)?

(1) Auf der Abbildung sieht man drei Gegenstände
(2) V: Brille
M: Zeitung
H: Kaffeetasse
(3) Brille ist verhältnismäßig groß dargestellt
(4) Farbtupfer durch Lichteinfall an den Brillengläsern

Praxistipp: Achte bei einer Bildbeschreibung auf eine sinnvolle Reihenfolge der Informationen (↑ S. 31) und **vermeide Blicksprünge, Aufzählungen und Wiederholungen.** Beschreibe das Bild so genau wie möglich, das gilt z. B. auch für Farben: zartes Rosa, mattes Blau, sattes Grün usw.

Künstlerisches Bild:
Bei der Beschreibung von Gemälden, künstlerischen Grafiken oder Fotografien sollte man einige zusätzliche Fragen beantworten:

- **Worum** geht es in dem Bild (1)?
- Welche **Stimmung** wird ausgedrückt (2)?
- Welche **künstlerischen Gestaltungsmittel** sind zu erkennen (3)?
- Welche **Aussageabsicht** hat der Künstler?
- Welcher **biografische** oder **kunstgeschichtliche Hintergrund** ist zu berücksichtigen?

(1) Porträt · Landschaftsbild
(2) Freude · Trauer · Ruhe · Hektik
(3) Kontraste · Spiegelungen · Maltechnik · Bildkomposition: Achsen, Größenverhältnisse, genaues Zeichnen oder verwischte Farben und Linien

2. Schritt: Bildbeschreibung verfassen

Die Bildbeschreibung steht im **Präsens.**
Bei der Beschreibung eines künstlerischen Bildes stehen im **Einleitungssatz** die grundlegenden Informationen zum Werk:

- Name des Künstlers,
- Titel des Bildes,
- Entstehungszeit und
- Maltechnik.

Im **Hauptteil** formuliert man die notierten Beobachtungen aus.
In einem **Schlusssatz** wird der Gesamteindruck zusammengefasst.

Einleitungssatz:
Bei dem Bild, das beschrieben werden soll, handelt es sich um die „Mona Lisa“, ein Ölgemälde, das Leonardo da Vinci zwischen 1503 und 1505 malte.

Personenbeschreibung

Die Personenbeschreibung gibt die sichtbaren Merkmale eines Menschen sachlich und anschaulich wieder.

1. Schritt: Erste Informationen zur Person

Zunächst fasst man folgende Angaben zur Person, die beschrieben werden soll, zusammen:

- Geschlecht,
- Alter,
- Größe,
- allgemeine Erscheinung.

Beispiel:
Männlich,
etwa 60 Jahre alt,
etwa 1,75 m groß,
sehr gepflegt

2. Schritt: Charakteristische Merkmale einer Person

Kopfform und Gesicht:
Die Darstellung der besonderen Merkmale einer Person beginnt in der Regel mit der Beschreibung des Kopfs. Genauer in den Blick genommen werden:

- die Kopfform (1),
- das Gesicht (2),
- die Haarfarbe und Frisur (3).

(1) länglich
(2) hohe Stirn · kleine, scharf blickende Augen · markante Nase · schmale Lippen
(3) graues, streng zurückgekämmtes Haar

Körperbau und Haltung:
Zur Beschreibung der besonderen Merkmale gehört auch:
- Wie ist der Körperbau (Schultern, Oberkörper, Arme, Hände, Beine, Füße) (1)?
- Ist ein Körperteil besonders auffällig (2)?
- Wie ist die Haltung (3)?

(1) schmal · lang · kurz · schlank · gedrungen · hoch aufgeschossen
(2) große Hände
(3) gerade · aufrecht · gekrümmt

Kleidung:
Trägt die Person
- legere, sportliche Kleidung (1),
- Arbeitskleidung oder Uniform (2),
- elegante Garderobe (3)?
- Welche Farben oder Farbmuster haben die Kleidungsstücke? Gibt es weitere Auffälligkeiten wie z. B. das Material der Kleidungsstücke?

(1) T-Shirt · Jeans · Turnschuhe
(2) Arbeitshose · Overall · Businesskleidung · Krawatte
(3) Smoking · Abendgarderobe

3. Schritt: Personenbeschreibung verfassen

Achte auf eine **sachliche und eindeutige Sprache** (↑ S. 31). Wähle **genaue, treffende Adjektive** und beschreibe nicht jedes einzelne Detail, sondern beschränke dich auf **charakteristische Merkmale.** Wichtig ist, dass aus der Fülle der Einzelinformationen ein Bild entsteht. Formuliere deshalb am Ende der Beschreibung deinen **persönlichen Gesamteindruck.**

Der Mann sieht irgendwie lustig aus.
besser: Der Mann trägt Kleidung, die ihm etwas zu groß ist, das wirkt merkwürdig. Mich erinnern seine Mimik und seine Kleidung an die eines Clowns.

Vorgangsbeschreibung

Vorgangsbeschreibungen beziehen sich auf wiederholbare Vorgänge, die stets in gleicher Weise ablaufen können. Sie informieren den Leser über die wesentlichen Merkmale des gesamten Vorgangs und seiner einzelnen Teilvorgänge (Tätigkeiten, Bewegungen, Veränderungen).

Bastelanleitung · Kochrezept · Bedienungsanleitung · Spielbeschreibung

1. Schritt: Voraussetzungen nennen

Am Anfang der Vorgangsbeschreibung stehen Informationen darüber, welche Voraussetzungen gegeben sein müssen oder welche Vorbereitungen getroffen werden müssen, damit der Vorgang ablaufen kann.

Beispiel Kuchen backen: Rührschüssel · Schneebesen oder Rührgerät · Zutaten bereitstellen

2. Schritt: Beschreibung des Vorgangs

Bei der Beschreibung des Vorgangs muss die **Reihenfolge der** einzelnen **Teilvorgänge** beachtet werden.

- Was wird **zuerst** gemacht (1)?
- Was geschieht **danach** (2–4)?
- Was läuft **gleichzeitig** ab (5)?

Beende die Vorgangsbeschreibung mit einer kurzen **Information über** den **Erfolg oder** das **Ergebnis** des Vorgangs.

(1) Zutaten in Rührschüssel geben
(2) Teig verrühren
(3) Teig in Backform geben
(4) Backform in den Ofen schieben
(5) während des Backens Schokoladenglasur vorbereiten

Beschreibungen – sinnvolle Reihenfolge & sachliche Sprache

Achte bei allen Formen von Beschreibungen auf eine sinnvolle Abfolge der Informationen und auf eine sachliche Sprache.

Sinnvolle Reihenfolge

Die Reihenfolge hängt davon ab, wer oder was beschrieben werden soll. Sinnvoll ist:

- bei Vorgangsbeschreibungen: chronologische Reihenfolge
- bei Personenbeschreibungen: vom Ungewöhnlichen zum „Normalen“
- bei Gegenstandsbeschreibungen: vom ersten Eindruck zu Details
- bei Beschreibungen von Bildern oder Fotografien: von oben nach unten; von rechts nach links; vom Vordergrund zum Hintergrund (Blicksprünge vermeiden!)

Sachliche Sprache

Eine Beschreibung ist ein sachlich informierender Text. Verwende deshalb:

- eindeutige Begriffe, gegebenenfalls auch Fachausdrücke,
- einen klaren und einfachen Satzbau,
- beschreibende Adjektive.

Vermeide:

- Aufzählungen und Wortwiederholungen,
- Deutungen und persönliche Meinungen.

Das Haus sieht irgendwie komisch aus. Vor allem die Haustür ist irgendwie komisch.
besser: Das Haus fällt sofort durch seinen ungewöhnlichen lilafarbenen Fassadenanstrich auf. Noch auffälliger aber ist seine oval geformte und grasgrün gestrichene Eingangstür.

5 Inhaltsangabe

Die Inhaltsangabe fasst in **knapper Berichtsform** (↑ S. 66 f.) und **ohne persönliche Wertung** die wichtigsten Stationen einer Handlung und die Hauptaspekte eines Textes zusammen.

Wiedergabe von: erzählenden Texten · Sachtexten · Gedichten · Theaterstücken

Die Sachsenhäuser Brücke

Ein Baumeister hatte versprochen, den Bau einer Brücke bis zu einer bestimmten Zeit zu vollenden. Als diese herannahte, sah er, dass es unmöglich war. Er rief in der Angst den Teufel an und bat um seinen Beistand. Der Teufel erschien und bot an, die Brücke in der letzten Nacht fertig zu bauen, wenn ihm der Baumeister dafür das erste lebendige Wesen, das darüber ging, überliefern wollte. Der Vertrag wurde geschlossen, und der Teufel baute in der letzten Nacht die Brücke fertig. Als nun der erste Morgen anbrach, kam der Baumeister und trieb einen Hahn über die Brücke vor sich her und überlieferte ihn dem Teufel. Dieser aber hatte eine menschliche Seele gewollt, und wie er sich so betrogen sah, packte er zornig den Hahn, zerriss ihn und warf ihn durch die Brücke, wovon zwei Löcher entstanden sind, die bis auf den heutigen Tag nicht können zugemauert werden, weil alles in der Nacht wieder zusammenfällt, was tags daran gearbeitet ist. Ein goldner Hahn auf einer Eisenstange steht aber noch jetzt zum Wahrzeichen auf der Brücke.

nach: Gebrüder Grimm, Die Sachsenhäuser Brücke

1. Schritt: Informationen zusammenfassen

Fasse zunächst die wichtigsten Informationen zum **Inhalt** des Textes zusammen:
- **Wer** handelt?
- **Wo** und **wann** geschieht etwas?
- **Was** geschieht?

Trage die wichtigsten Informationen zur **Form** des Textes zusammen:
- Welcher **Textsorte** ist die Vorlage zuzuordnen (1)?
- Wie lautet der genaue **Titel** des Textes (2)?
- Wer ist oder wer sind die **Verfasser** des Textes (3)?
- Was ist das **Thema** des Textes und was ist die **Aussageabsicht** der Verfasser (4)?

(1) erzählender Text (genauer: Sage)
(2) Die Sachsenhäuser Brücke
(3) Brüder Grimm
(4) Erklärung, warum der Mittelteil der Brücke nur aus Holz besteht

5

2. Schritt: Textvorlage gliedern

- Teile die Textvorlage in **Sinnabschnitte** ein.
- Notiere auf einem Extrablatt Stichwörter zu den einzelnen Abschnitten.

Versprechen des Baumeisters · Schwierigkeiten das Versprechen einzuhalten · Vertrag mit dem Teufel · Fertigstellung der Brücke durch den Teufel …

3. Schritt: Inhaltsangabe schreiben

Formuliere die notierten Stichwörter anhand der Gliederung zu einem zusammenhängenden Text aus. Die Inhaltsangabe steht im **Präsens.**
Der **Einleitungssatz** enthält die gesammelten Informationen zu:

- Textsorte,
- Titel,
- Verfasser,
- Thema und
- Aussageabsicht der Verfasser.

Die von den Brüdern Grimm aufgeschriebene Sage „Die Sachsenhäuser Brücke" liefert eine Erklärung dafür, dass das Mittelstück der Brücke nur aus Holz ist.

Praxistipp: Der **Einleitungssatz** soll einen Überblick über den gesamten Text geben. Formuliere ihn deshalb am besten erst am Ende der gründlichen Textarbeit.

Bei der Wiedergabe des Textinhalts sind nur die **wesentlichen Fakten** zu nennen. Auf eine detaillierte Darstellung des Handlungsablaufs kann man in der Regel verzichten. Prüfe deshalb genau, ob die von dir dargestellten Fakten zum Verständnis des Textes unbedingt notwendig sind.

wesentlich:
dass der Vertrag geschlossen wurde · dass die Brücke vom Teufel gebaut worden ist
unwesentlich:
wie der Handlungsablauf im Einzelnen ist

Das Wichtigste zur Inhaltsangabe

Inhalt

- Die Inhaltsangabe muss sich genau an die Vorlage halten.
- Die grundlegenden Informationen zum Inhalt des Textes werden mit eigenen Worten wiedergegeben.
- Wertungen und Meinungen gehören nicht in eine Inhaltsangabe.

Zeitform

Die Inhaltsangabe steht immer im Präsens.

Sprache und Stil

- Die Sprache ist sachlich, knapp und informierend. Auf Ausschmückungen wird verzichtet, daher werden wenig beschreibende Adjektive oder „spannende“ Verben verwendet. Auch für erzählende Texte typische Floskeln wie *es war einmal* oder *die Moral von der Geschicht’* dürfen nicht verwendet werden.
- Der zeitliche und sachliche Abstand zum Text muss deutlich werden. Wörter wie *jetzt, nun* oder *plötzlich* gehören nicht in eine Inhaltsangabe.
- Direkte wörtliche Übernahmen aus der Vorlage (Zitate) dürfen nicht verwendet werden.
- Wichtige Äußerungen werden in der indirekten Rede (↑ S. 71) wiedergegeben.

Umfang

Wie detailliert die Inhaltsangabe sein soll, geht meist aus der Aufgabenstellung hervor. Generell gilt: Das Wichtigste der Geschichte ist so knapp wie möglich wiederzugeben.

Überarbeitung

Überarbeite deinen Text nach dem Schreiben noch einmal gründlich und korrigiere deine Fehler (↑ S. 90 ff.).

Die Zeitformen im Aufsatz – Regeln & Ausnahmen

Grundsätzlich gilt:

In der **Inhaltsangabe** steht das **Präsens** (Gegenwartsform), greift man auf etwas zurück, das zeitlich vor der geschilderten Handlung liegt, benutzt man das **Perfekt.**

Die Geschichte **handelt** von einem Räuber, der über sein Diebesgut, eine alte, aber leider leere Schatztruhe, die er mit großer Anstrengung **erbeutet hat,** nicht so recht glücklich **ist.**

Auch in **Beschreibungen** benutzt man das **Präsens** und bei Vorzeitigkeit das **Perfekt.**

Die abgebildete Dame **ist** eine sympathische Erscheinung. Sie **ist** elegant **gekleidet** und ihre schick gestaltete Frisur sowie ihr apartes Make-up **unterstreichen** den rundum positiven Eindruck.

In der **Bildergeschichte,** der **Fantasie- oder Traumgeschichte** sowie dem **Erlebnis- oder Abenteueraufsatz** steht in der Regel das **Präteritum** (Vergangenheitsform). Greift man auf etwas zurück, das zeitlich vor der geschilderten Handlung liegt, benutzt man das **Plusquamperfekt.**

Der Fußweg durch diesen Wald **war** für mich eine echte Herausforderung. Zwar **hatte** ich vorher schon andere, viel unheimlicher erscheinende Wegstrecken **zurückgelegt,** aber das war tagsüber gewesen, jetzt **begann** es zu dunkeln und auch der Regen, der vor wenigen Minuten **eingesetzt hatte,** **wurde** immer stärker.

Bei **Fortsetzungsgeschichten** und **Nacherzählungen** sowie bei der **Ausgestaltung eines Erzählkerns** benutzt man in aller Regel die **Tempusformen der Vorlage** (Präsens/Perfekt oder Präteritum/Plusquamperfekt).

Ausnahme: Präsens als Erzähltempus

Auch in erzählenden Texten kannst du die Tempusformen des **Präsens** (Gegenwartsform) und (bei Vorzeitigkeit) des **Perfekts** benutzen. Geschichten, die im Präsens erzählt werden, wirken oft interessanter, weil die Leser oder Zuhörer den Eindruck bekommen, das Geschehen aus ganz geringer Distanz zu verfolgen, so, als ob sie direkt dabei wären.

Als ich mich gerade **hingelegt habe, beginnt** mein Bett auch schon langsam zu schwanken. Plötzlich **höre** ich Geräusche, es **klingt,** als schlügen Wellen an meine Zimmerwand. Eine mir fremde Stimme **ruft:** „Mann über Bord!“

5

Tempuswechsel zur Spannungssteigerung

Um den Höhepunkt deiner – im **Präteritum** erzählten – Geschichte noch interessanter zu gestalten, kannst du an der spannendsten Stelle auch das Tempus wechseln. Wähle dabei den Abschnitt, in dem du das **Präsens** gebrauchen willst, gut aus und springe nicht einfach hin und her.

Als ich den Dachboden erreicht hatte, **sah** ich die geheimnisvolle Truhe nicht gleich. Das Licht meiner Taschenlampe **war** nur schwach, und es **dauerte** einige Zeit, bis ich mich an die Dunkelheit gewöhnt hatte. Doch kurze Zeit später hatte ich sie erspäht. Sie **stand** in einer kleinen Nische, auf ihr **lag** eine zentimeterdicke Staubschicht. Endlich! In ihr, so **hoffte** ich, würde ich das finden, was ich schon so lange gesucht hatte. Ich **beginne** also den Schmutz zu entfernen. Der Schlüssel **passt** nur mit Mühe in das Schloss hinein. Mit großer Anstrengung **gelingt** es mir, den Schlüssel herumzudrehen. Ich **öffne** den Deckel und …

6 Interpretation literarischer Texte

Sie beinhaltet die **Analyse** von inhaltlichen und formalen Besonderheiten eines literarischen Textes und das **Deuten und Werten** (Interpretation) dieser Merkmale.
Die Analyse und Interpretation kann sich auf Gedichte (Lyrik), Theaterstücke (Dramatik) und erzählende Texte (Epik) beziehen.

mögliche Aufgabenstellung:
Analysiere den Text/Textauszug. Achte dabei besonders auf:
die sprachliche Gestaltung · das Verhältnis der Figuren zueinander · den Aufbau · die Erzähltechnik

Gedichtinterpretation

Gedichte drücken meist Gedanken, Gefühle, Stimmungen und Erlebnisse aus. Dafür wählen die Autoren oft die Ich-Form sowie ausdrucksvolle **sprachliche Bilder.**
Bei lyrischen Texten ist besonders die **sprachliche Form** zu analysieren und mit dem Inhalt des Gedichts in Beziehung zu setzen.
Kernfrage: Inwiefern unterstützt die sprachliche Gestaltung die inhaltliche Aussage des Textes?

Analyse des Inhalts:
Thema · Stimmung · Situation des lyrischen Ichs (↑ S. 39)

Analyse der Form:
Versmaß · Rhythmus · Reimschema · Sprachbilder

Theodor Storm: Die Stadt (1852)

Am grauen Strand, am grauen Meer
Und seitab liegt die Stadt;
Der Nebel drückt die Dächer schwer,
Und durch die Stille braust das Meer
Eintönig um die Stadt.

Es rauscht kein Wald, es schlägt im Mai
Kein Vogel ohn Unterlass;
Die Wandergans mit hartem Schrei
Nur fliegt in Herbstesnacht vorbei,
Am Strande weht das Gras.

Doch hängt mein ganzes Herz an dir,
Du graue Stadt am Meer;
Der Jugend Zauber für und für
Ruht lächelnd doch auf dir, auf dir,
Du graue Stadt am Meer.

1. Schritt: Inhaltsangabe

Jeder Interpretationsaufsatz beginnt mit einem **Einleitungssatz,** in dem

- die **Textsorte** (1),
- der **Titel** des Textes (2),
- der **Autor** (3) und
- das **Thema** (4) genannt werden.

Nach dem Einleitungssatz wird der **Inhalt** kurz zusammengefasst (5).
Aufgepasst: Achte bei Texten in der Ich-Form darauf, dass der Sprecher des Gedichts nicht mit dem Dichter gleichgesetzt werden darf, vielmehr wird er als **lyrisches Ich** bezeichnet.

(1) Gedicht
(2) „Die Stadt“
(3) Theodor Storm
(4) die Liebe zur Heimatstadt
(5) Das lyrische Ich schildert seine Heimatstadt, die es trotz ihrer Öde und Eintönigkeit sehr liebt.

2. Schritt: Textanalyse

Die meisten Gedichte sind in **Verse** (Zeilen) **und Strophen** gegliedert:	*Textvorlage:* 15 Verse, drei Strophen
■ Wenn am Ende des Verses auch der Satz endet, spricht man vom **Zeilenstil.**	↑ Zeile 3/4
■ Geht der Satz über das Versende hinaus, spricht man vom **Zeilensprung/Enjambement.**	↑ Zeile 6/7
■ Sind längere Abschnitte durch Zeilensprünge gekennzeichnet, spricht man vom **Hakenstil.**	↑ Zeile 6–9
Viele Gedichte sind durch Endreime gekennzeichnet. Man unterscheidet folgende **Reimschemata:** ■ Paarreim (aabbcc), ■ Kreuzreim (abab), ■ umarmender Reim (abba), ■ Schweifreim (aabccb).	Mischung aus Kreuzreim und Paarreim
Unter **Metrum** versteht man den regelmäßigen Wechsel zwischen Hebungen (betonten Silben) und Senkungen (unbetonten Silben). Die häufigsten Versmaße sind:	vorwiegend Jambus Am gráuen Stránd, am gráuen Méer …
■ **Jambus** (unbetont – betont),	Gedícht
■ **Trochäus** (betont – unbetont),	Díchter
■ **Anapäst** (unbetont – unbetont – betont),	Anapäst
■ **Daktylus** (betont – unbetont – unbetont).	Dáktylus

Im Mittelpunkt einer Gedichtinterpretation steht die **Deutung der** unterschiedlichen **Sprachbilder.** Durch die bildhaften Ausdrücke wird ein Text anschaulicher, aber auch vielschichtiger und deshalb manchmal schwieriger zu verstehen. Sprachliche Bilder sind:	
■ **Vergleich,**	stark **wie** ein Löwe
■ **Metapher:** bildhafter, im übertragenen Sinne gebrauchter Ausdruck,	*Textvorlage:* doch **hängt** mein ganzes Herz an dir
■ **Personifikation:** Sonderform der Metapher. Abstrakte Begriffe, Gegenstände oder Naturerscheinungen haben menschliche Eigenschaften oder handeln und reden wie Menschen.	der Nebel **drückt** · Der Jugend Zauber […] ruht lächelnd […] auf dir
Die Stimmung eines Gedichts wird häufig durch **Wiederholungen** bestimmter Wörter oder Phrasen bestimmt.	grau · auf dir · du graue Stadt am Meer
Werden Wörter am Anfang zweier oder mehrerer aufeinanderfolgender Sätze oder Verse wiederholt, spricht man von einer **Anapher.**	*Beispiel:* Friedrich Schiller, Die Bürgschaft (29/30): **Und** schweigend umarmt ihn der treue Freund/ **Und** liefert sich aus dem Tyrannen

2. Schritt: Textanalyse

Durch eine besondere **lautliche Gestaltung,** z. B. die Verwendung
- „heller" Vokale (e, i, ei, eu),
- „dunkler" Vokale (a, o, u, au),
- „weicher" Konsonanten (d, g, l),
- „harter" Konsonanten (t, k, r),

erhält das Gedicht eine **Klangfarbe,** die heiter und fröhlich oder dunkel und traurig wirken kann.

Textvorlage:
h**ä**ngt m**ei**n ... H**e**rz
gr**au**er Str**a**nd
lächeln**d** **d**och
ha**rt**e**r** Sch**r**ei

Ein weiteres lautliches Gestaltungsmittel ist die **Alliteration** (Stabreim). Mit diesem Begriff bezeichnet man aufeinanderfolgende Wörter mit gleichem Anfangsbuchstaben.

drückt **d**ie **D**ächer

3. Schritt: Deutung des Textes

Bei der Formanalyse geht es immer darum herauszuarbeiten, inwiefern Form und Inhalt übereinstimmen und inwiefern die formalen Gestaltungselemente die inhaltliche Aussage des Textes unterstreichen.

Inhalt:
Eintönigkeit der „grauen Stadt" (1., 2. Strophe)

sprachliche Form:
Eintönigkeit durch Zeilenstil, Wortwiederholungen (1. Strophe)

Praxistipp: Sammle zusätzliche **Informationen über** den **Dichter** und über die **Entstehungszeit** des Textes. Das kann dabei helfen, den Text besser zu verstehen.

Das Wichtigste zur Gedichtinterpretation

Gründliche Lektüre

Lies das Gedicht mehrmals laut vor. So vermitteln sich Klangfarbe, Reim und auffällige Sprachmittel am besten. Wichtige Stellen im Gedicht gleich unterstreichen, Stichwörter notieren und den Text am Rand markieren:

- ! für besonders wichtige Stellen,
- ? für Unklarheiten,
- -> für Beziehungen zwischen den einzelnen Versen (Wiederholungen, Parallelen, Gegensätze)

Stichwortartige Analyse des Textes

- zentrale Thematik
- formale Merkmale des Gedichts
- Beziehung zwischen Form und Inhalt. Leitfrage: Ist es dem Autor gelungen, den Inhalt auch durch die Wahl der formalen Mittel zu verdeutlichen?

Aufbau

- kurze Inhaltsangabe
- Ausformulierung der Analyseergebnisse:
  - – Einzelbeobachtungen unter Oberbegriffen zusammenfassen
  - – Beobachtungen zu Form und Inhalt miteinander verbinden
  - – Argumente mit Textverweisen/Zitaten belegen (↑ S. 72 f.)
- Deutung/Interpretation/Wertung des Textes:
  - – Was ist die Aussageabsicht des Verfassers, und ist es ihm gelungen, diese zu vermitteln?
  - – Wie sind Sprache und Stil des Textes zu bewerten?

Überarbeitung

Überarbeite deinen Text nach dem Schreiben noch einmal gründlich und korrigiere eventuelle Fehler (↑ S. 90 ff.).

Interpretation dramatischer Texte

Das **Drama** ist eine Bühnendichtung, ein Theaterstück. Es gestaltet eine Handlung in **szenischer Form.** Der wesentliche Bestandteil eines Dramas ist der **Dialog,** in dem die handelnden Personen charakterisiert werden und ihre Konflikte austragen. Der **Monolog,** das Selbstgespräch, gibt Auskunft über die Stimmung, Gedanken und Pläne einer Figur.

mögliche Aufgabenstellungen: Analysiere/Interpretiere einen Akt, eine Szene, eine Textstelle · Charakterisiere eine Person · Interpretiere den gesamten Text in Bezug auf die Figurenkonstellation · kreative Aufgabenstellungen (↑ S. 58 ff.)

Klassisches und modernes Drama

Man unterscheidet zwei Dramentypen:

- Das **klassische Drama** ist durch die sogenannte **geschlossene Form** – Gliederung in (fünf) Akte, geradliniger, zeitlich eng begrenzter und auf einen Ort beschränkter Handlungsverlauf – gekennzeichnet.

Beispiel: Gotthold Ephraim Lessing, Emilia Galotti

- Die **offene Form** des **modernen Dramas** verzichtet weitgehend auf die Gliederung in Akte, die Handlung kann Brüche oder Zeitsprünge aufweisen oder an unterschiedlichen Orten spielen.

Bertolt Brecht, Der gute Mensch von Sezuan

1. Schritt: Übersicht erarbeiten

Verschaffe dir zu Beginn der Bearbeitung eines dramatischen Textes in Form einer nach Akten oder Szenen gegliederten **Aufbauskizze** einen Überblick über das gesamte Drama.

Beispiel:
Friedrich Schiller, Die Räuber

1. Akt: Einführung in die Situation, Vorstellung der handelnden Personen, Anbahnung des Konflikts **(Exposition)**

Durch eine Intrige seines Bruders Franz wird Karl Moor von seinem Vater verstoßen, er schließt sich einer Räuberbande an, deren Hauptmann er später wird.

↓

2. Akt: Steigende Handlung, Ausgestaltung, Zuspitzung des dramatischen Konflikts

Mit seiner Bande tritt Karl Moor als Retter der Unterdrückten auf, muss aber auch für die Untaten der anderen Bandenmitglieder einstehen.

↓

3. Akt: Höhepunkt und Umschlagen der Handlung **(Peripetie)**

Karl Moor entscheidet sich etwas reumütig, noch einmal auf das Schloss seines Vaters zurückzukehren.

↓

4. Akt: Fallende Handlung, Verzögerung der Handlung **(retardierendes Moment),** um die Spannung zu erhalten

Franz erkennt seinen Bruder und ersinnt einen Mordplan, Karls Räuber stürmen das Schloss, Franz bringt sich selbst um.

↓

5. Akt: Katastrophe oder gute Lösung des Konflikts

Karl erkennt seine Schuld und stellt sich der Justiz.

2. Schritt: Personenkonstellation analysieren

Eine zentrale Frage bei der Analyse und Interpretation dramatischer Texte ist die Frage nach dem **Verhältnis der handelnden Figuren zueinander.**
Häufig ist dem Drama ein Verzeichnis der handelnden Personen vorangestellt. Aus ihm geht meist hervor, wer die **Hauptfiguren** sind und in welchem **verwandtschaftlichen** oder **gesellschaftlichen Verhältnis** sie stehen.

Beispiel:
Friedrich Schiller, Die Räuber

Maximilian, regierender Graf von Moor · Karl und Franz, seine Söhne · Daniel, Hausknecht des Grafen Moor

Außerdem ist es wichtig herauszufinden, in welcher **emotionalen Beziehung** die Figuren zueinander stehen (1), wer wem überlegen (2) oder wer von wem abhängig (3) ist.
Leitfragen für die genaue Untersuchung der Beziehungen sind:

- Wie gehen die Figuren miteinander um?
- Wie reden sie miteinander?
- Wie reden sie übereinander?
- Stimmen Reden und Handeln überein oder gibt es Widersprüchlichkeiten oder Brüche?
- Was sagen Dritte über diese Beziehungen aus?

(1) Liebe · Hass · Gleichgültigkeit
(2) Klugheit · Stärke · Einfluss usw.
(3) emotionale oder finanzielle Abhängigkeit usw.

Analyse einer Einzelszene/ von mehreren Textstellen

Ordne die Szene/Textstellen zunächst in den **Gesamtzusammenhang** des Dramas ein.
Leitfragen sind:

- **Was** geschieht in der Szene (1)?
- Welche **Ursachen und** welche **Folgen** hat das Geschehen für die weitere Dramenhandlung (2)?
- Ergeben sich in dieser Szene bedeutsame **Veränderungen für die Figuren** (3)?
- Welche **Bedeutung** hat die Szene für den weiteren Verlauf und für das Ende des Dramas (4)?

Bei der **detaillierten Untersuchung** können z. B. folgende Fragen helfen:

- Wer spricht mit wem und wie kommt es zu diesem Dialog?
- Welche Gedanken bewegen die Figuren?
- Welche Absicht oder welches Ziel verfolgen die Figuren?

(1) kurze Inhaltsangabe (↑ S. 32 ff.)
(2) Berücksichtigung der vorausgehenden und der nachfolgenden Szenen
(3) neue Erkenntnisse · Herausforderungen · Verunsicherungen usw.
(4) Anbahnung/Vorausdeutung/Verzögerung der Katastrophe, der Lösung usw.

6

Stelle dir zur **sprachlichen Gestaltung einer Szene** folgende Fragen:

- Welcher **Sprachstil** (1) und welche **Sprachebene** herrschen vor (2)?
- Unterscheiden sich die einzelnen Figuren in ihrer Sprache (Sprachstil/Sprachebene)?

(1) Sprache und Satzbau einfach und klar oder bildreich und eher kompliziert?
(2) Hoch- oder Umgangssprache?

Analyse einer Einzelszene/ von mehreren Textstellen

Untersuche auch, inwiefern die Regieanweisungen Wichtiges über
- den **Ort** (1),
- die **Zeit** (2) und
- die **äußeren Bedingungen** des Geschehens (3)

aussagen und was diese Informationen für die Interpretation des Textes leisten (4).

(1) Schloss oder Hütte · freies Feld oder geschlossener Raum · besondere Gegenstände (Requisiten), z.B. Waffen
(2) geschichtlicher Zusammenhang
(3) Wetter · Tageszeit
(4) Gewitter als Sinnbild für die Seelenverfassung einer Figur

Charakterisierung einer dramatischen Figur

- Wo finden sich zentrale Aussagen und wichtige Dialogstellen der Figur?
- Geben die Regieanweisungen wichtige Informationen zur Figur und zu ihrem Charakter (1)?
- Was sagen die anderen Figuren zu ihr und, noch wichtiger, über sie (2)?
- Fällt etwas an ihrer Sprache auf (3)?
- Ist im Laufe des Dramas eine Entwicklung der Persönlichkeit zu erkennen (4)?
- Wie ist diese Figur und ihr Verhalten insgesamt zu beurteilen?

(1) Kostüme · Auftreten · Haltung · Bewegungen
(2) positive oder negative Bewertung · freundlicher/höflicher oder distanziert-unfreundlicher Umgang
(3) Sprachstil · Sprachfehler
(4) Lernt sie dazu? Verändert sich ihr Verhalten?

Das Wichtigste zur Interpretation eines dramatischen Textes

Gründliche Lektüre

Lies den Text gründlich durch. Auffälligkeiten und wichtige Textstellen gleich unterstreichen, wichtige Stichwörter herausschreiben und den Text am Rand markieren (↑ S. 43).

Stichwortartige Analyse des Textes

- zentrale Handlungsschritte herausarbeiten und notieren
- Textabschnitt stichwortartig in den Gesamtkontext des Dramas einordnen (An welcher Stelle steht dieser Abschnitt, welche Bedeutung hat er für den Gesamtablauf und für das Ende des Dramas?)
- Auffälligkeiten in Bezug auf die handelnden Personen markieren (Auftreten, Kostüm, Sprachstil, Umgang mit anderen Figuren)
- sprachliche Gestaltung untersuchen hinsichtlich Spannung, Stimmungen usw.

Aufbau

- kurze, ausformulierte Inhaltsangabe der Szene
- kurze, ausformulierte Einordnung des Textabschnitts in den Gesamtzusammenhang
- Ausformulierung der Analyseergebnisse: Begründe alle deutenden und wertenden Ausführungen und belege sie am Text (Zitate, Textverweise ↑ S. 72 f.).
- abschließende Beurteilung der Szene

Überarbeitung

Überarbeite deinen Text nach dem Schreiben noch einmal gründlich und korrigiere eventuelle Fehler (↑ S. 90 ff.).

Interpretation erzählender Texte

Unter dem Begriff **Epik** oder **epische Texte** werden verschiedene erzählende Textformen zusammengefasst. Man unterscheidet

- **kleine Formen,** die meist nur einen Umfang von wenigen Druckseiten haben,
- **mittlere Formen** mit einem Textumfang von bis zu achtzig Druckseiten und die
- **epische Großform,** die wesentlich umfangreicher und vielschichtiger ist.

Kurzgeschichte · Fabel · Parabel · Märchen

Erzählung · Novelle

Roman

Heinrich von Kleist, Michael Kohlhaas (Textauszug)

An den Ufern der Havel lebte, um die Mitte des sechzehnten Jahrhunderts, ein Rosshändler, namens Michael Kohlhaas, Sohn eines Schulmeisters, einer der rechtschaffensten zugleich und entsetzlichsten Menschen seiner Zeit. – Dieser außerordentliche Mann würde, bis in sein dreißigstes Jahr für das Muster eines guten Staatsbürgers haben gelten können. Er besaß in einem Dorfe, das noch von ihm den Namen führt, einen Meierhof, auf welchem er sich durch sein Gewerbe ruhig ernährte; die Kinder, die ihm sein Weib schenkte, erzog er, in der Furcht Gottes, zur Arbeitsamkeit und Treue; nicht einer war unter seinen Nachbarn, der sich nicht seiner Wohltätigkeit, oder seiner Gerechtigkeit erfreut hätte; kurz, die Welt würde sein Andenken haben segnen müssen, wenn er in einer Tugend nicht ausgeschweift hätte. Das Rechtgefühl aber machte ihn zum Räuber und Mörder.

1. Schritt: Inhaltsangabe des Textes/ Textausschnitts

Am Anfang der Textbearbeitung steht eine **kurze Inhaltsangabe** (↑ S. 32 f.). Diese beginnt mit einem **Einleitungssatz,** der

- den **Namen des Autors,**
- den **Titel** und
- die **Textart**

benennt und die **Thematik** kurz zusammenfasst (1).

Im Anschluss daran werden die **wesentlichen Handlungsschritte** wiedergegeben (2).

Soll ein Textausschnitt bearbeitet werden, muss die Passage direkt im Anschluss an die Inhaltsangabe in den **Gesamtzusammenhang** des Romans oder der Erzählung eingeordnet werden. Dies umfasst eine detaillierte Wiedergabe des Textausschnitts sowie Hinweise über die Bedeutung des Ausschnitts für den Gesamttext (3).

Leitfragen sind z. B.:

- Wird eine neue Figur eingeführt?
- Ergibt sich eine neue Entwicklung?
- Werden bestimmte Charaktereigenschaften der handelnden Figuren besonders deutlich?

(1) In der Novelle „Michael Kohlhaas“ von Heinrich von Kleist geht es um einen jungen Mann, der, nachdem er ungerecht behandelt worden ist, durch Selbstjustiz zum Verbrecher wird.
(2) Kohlhaas wird widerrechtlich aufgehalten und gezwungen, seine Pferde zurückzulassen. Als er sie wieder abholen will, sind sie völlig abgemagert. Da er auf legalem Weg nicht recht bekommt, beginnt er einen räuberischen Feldzug.
(3) Im vorliegenden Textabschnitt zu Beginn der Erzählung wird in die Thematik eingeführt, der Ort, die Zeit und die Hauptfigur werden vorgestellt ...

2. Schritt: Analyse des Textes/ Textausschnitts

Untersuche und interpretiere den Text/Textausschnitt und beachte dabei besonders die **Aufgabenstellung.** Sie kann z. B. folgende Aspekte in den Mittelpunkt stellen:

- die Darstellung der handelnden Figuren (↑ S. 56 f.) (1),
- die Entstehungszeit (die historischen und politischen Hintergründe) des Textes (2),
- den Autor (3),
- die zentrale Aussage des Textes (4).

(1) von Anfang an Widersprüchlichkeit der Hauptfigur
(2) erschienen 1810, Text nimmt ein historisches Geschehen von 1532 zum Ausgangspunkt
(3) skeptisch gegenüber gesellschaftlichen und menschlichen Bindungen, schließlich Verzweiflung und Freitod
(4) Kritik an Willkürherrschaft einerseits, an der Selbstjustiz andererseits

Leitfragen zu den **sprachlichen Mitteln,** die der Autor einsetzt, sind:

- Ist der Text durch die Verwendung immer wiederkehrender Wörter oder Gedanken – sogenannter **Leitmotive** – gekennzeichnet (1)?
- Durch welche sprachlichen Mittel wird das Interesse der Leser geweckt? Wie wird Spannung erzeugt und erhalten (2)?

(1) rechtschaffen · Gerechtigkeit · Rechtsgefühl
Treue · Wohltätigkeit · Tugend
(2) vor allem durch den starken Kontrast zwischen positiven und negativen Begriffen

3. Schritt: Analyse erzählerischer Mittel

Leitfragen zur **Erzählperspektive** sind:
- Erzählt eine Figur, die am Geschehen selbst beteiligt ist/war, aus der **Ich-Perspektive** oder
- tritt ein Erzähler auf, der Abstand zum Geschehen hat und es aus der **Er-/Sie-Perspektive** erzählt?

Das Geschehen wird aus der Er-/Sie-Perspektive erzählt: „Er besaß in einem Dorfe, das noch seinen Namen trägt …“

Leitfragen zum **Erzählverhalten** sind:
- Hat der Erzähler einen Überblick über das gesamte Geschehen und schaltet er sich immer wieder kommentierend und wertend ein, spricht man von einem **auktorialen** (allwissenden) **Erzählverhalten.**
- Wird im Wesentlichen aus der Sicht einer beteiligten Person erzählt, spricht man von einem **personalen Erzählverhalten.**
- Beschränkt sich der Erzähler auf eine sachliche Wiedergabe der Ereignisse und verzichtet er auf Kommentare und weiterführende Gedanken (Reflexionen), spricht man von einem **neutralen Erzählverhalten.**

Aufgepasst: Während die Erzählperspektive in einem Text meistens durchgehend beibehalten wird, kann das Erzählverhalten innerhalb eines Textes wechseln.

Kommentare oder Wertungen: „außerordentliche Mann“ usw.

Wiedergabe der Gedanken: „er überschlug eben, wie er den Gewinst (...) anlegen wolle“

unkommentierte Wiedergabe von Dialogen: „Was gibt's hier Neues?“, fragte er ...

3. Schritt: Analyse erzählerischer Mittel

Leitfragen zur **Erzähltechnik** sind:

- Wird die Handlung chronologisch erzählt oder gibt es Vorausdeutungen, Zeitsprünge oder Rückblenden (1)?
- Wird der Inhalt logisch erzählt oder gibt es Widersprüchlichkeiten, Brüche, Unklarheiten oder offene Fragen in Bezug auf die Handlung oder die handelnden Charaktere (2)?
- Steht die sogenannte **äußere Handlung** (sicht- und hörbares Geschehen) oder die **innere Handlung** (Gedanken, Empfindungen, Stimmungen der beteiligten Figuren) im Vordergrund (3)?
- Wie wird die innere Handlung vermittelt? In der Form eines **inneren Monologs** (Darstellung der Gedanken und Empfindungen aus der Ich-Perspektive) oder in der Form der **erlebten Rede** (Darstellung in der Er-/Sie-Form) (4)?
- Wie wirken die sprachlichen und erzählerischen Mittel auf den Leser?

(1) Andeutungen über das zukünftige Schicksal Michael Kohlhaas'; im weiteren Text (der Textform der Novelle entsprechend) weitgehend chronologisches Erzählen
(2) Widersprüchlichkeit: „rechtschaffensten" – „entsetzlichsten"
(3) im Vordergrund: äußere Handlung
(4) im Wesentlichen: erlebte Rede

4. Schritt: Text schreiben

Achte beim Schreiben des Textes auf die Aufgabenstellung. Begründe und belege deine Ausführungen.

↑ S. 72 f.

Die wichtigsten Leitfragen zur Interpretation eines epischen Textes

Vorarbeit

Lies den Text gründlich durch, um den Text zu erfassen. Auffälligkeiten und wichtige Textstellen gleich unterstreichen, wichtige Stichworte herausschreiben und den Text am Rand markieren (↑ S. 43) sowie unbekannte Begriffe und Wörter klären.

Vorfragen

- Von wem wurde der Text verfasst?
- Wann ist er entstanden?

Hauptfragen

- Worum geht es inhaltlich?
- Wie ist der Text aufgebaut?
- Welches sind die zentralen Textstellen?
- Welche Erzählperspektive wählt der Verfasser?
- Welche Aussageabsicht hat der Verfasser?
- Mit welchen sprachlichen Mitteln erreicht der Verfasser seine Aussageabsicht, z. B. Umgangssprache, poetische Sprache, besondere Ausdrücke?
- Gibt es Leitmotive wie wiederkehrende Handlungselemente, wiederholt verwendete sprachliche Bilder oder wiederkehrende Redewendungen, Gesten, Gegenstände usw.?

Zusatzfragen

- Wie wirkt der Text auf den Leser?
- Inwiefern ist der Text typisch für den Autor: Bezüge zur Biografie und zum Gesamtwerk?
- Inwiefern ist der Text typisch für seine Entstehungszeit: Bezüge zu historischen Ereignissen oder geistesgeschichtlichen Zusammenhängen?

Bei einer Charakterisierung geht es darum, möglichst viele Einzelheiten zum **Charakter** einer literarischen Figur, zu ihrem äußeren **Erscheinungsbild** und zu ihren besonderen **Eigenschaften** und **Verhaltensweisen** herauszuarbeiten.

1. Schritt: Textarbeit

Arbeite zunächst alle wichtigen Informationen über die Figur aus dem Text heraus. Notiere dabei

- die Stelle, an der du diese Information gefunden hast (Seite/Zeile), damit du deine Ausführungen mit Textverweisen belegen kannst,
- von wem diese Informationen stammen (Aussagen der Figur über sich selbst, Aussagen anderer Figuren oder Erzählerkommentare).

Beispiel: Heinrich von Kleist, Michael Kohlhaas

Seite/Zeile	Inhalt	Wer sagt das?
S. 3/Z. 3 ff.	einer der rechtschaffensten zugleich und entsetzlichsten Menschen seiner Zeit	Erzähler
S. 24/Z. 36	„Du brauchst jetzt nichts mehr als Waffen und Pferde; alles andere kann nehmen, wer will!“	Lisbeth, Kohlhaas’ Frau
S. 25/Z. 1 ff.	„Liebste Lisbeth, was machst du, Gott hat mich mit Weib und Kindern und Gütern gesegnet, soll ich heute zum ersten Male wünschen, dass es anders wäre.“	Kohlhaas selbst
S. 28/Z. 13	und übernahm sodann das Geschäft der Rache	Erzähler

2. Schritt: Textbausteine zu einem Gesamtbild zusammensetzen

Aus den gesammelten Informationen entwirft man ein Gesamtbild der Persönlichkeit. Beachte dabei auch, in welchem Verhältnis der Sprechende zu der zu charakterisierenden Figur steht und in welcher Situation die Aussagen getroffen werden.

Der Rosshändler Michael Kohlhaas, so scheint es zunächst, ist eine vielschichtige Persönlichkeit. Einerseits ist er durch einen außergewöhnlichen Sinn für Gerechtigkeit gekennzeichnet; andererseits bringt ihn aber gerade dieser Gerechtigkeitssinn dazu, zum Räuber und Mörder zu werden (vgl. S. 1).

3. Schritt: Eigene Meinung und persönliche Beurteilung der Figur

Am Ende der Charakterisierung kann eine abschließende Beurteilung der Figur stehen, bei der du auf der Grundlage der gründlichen Textanalyse deine ganz persönliche Meinung zum Ausdruck bringen kannst. Denk daran, dass du deine Ausführungen gut begründest und mit Zitaten oder Textverweisen belegst (↑ S. 72 f.).

Ich teile die ambivalente Einstellung zur Figur des Michael Kohlhaas, die der Erzähler zu Beginn der Novelle zum Ausdruck bringt, nicht. Vielmehr überwiegen meines Erachtens ihre negativen Eigenschaften. Insbesondere der Umgang zwischen Kohlhaas und seiner Ehefrau wirft ein negatives Licht auf ihn. Das Schicksal seiner Familie und seines Lebenswerkes scheint ihm völlig gleichgültig zu sein, und auch der Tod seiner Ehefrau bringt ihn nicht zur Vernunft, vielmehr macht er sich gleich nach der Beerdigung an das „Geschäft der Rache“(vgl. S. 28).

7 Mit literarischen Texten kreativ arbeiten

Bei dieser Aufgabenstellung geht es darum, eine literarische Textvorlage zu untersuchen und die Analyseergebnisse zu einem neuen, fantasievollen Text auszuarbeiten.

Epische Texte

Charles Dickens, Oliver Twist (Textauszug)
Von diesem Festmahl erhielt jeder Junge einen Napf voll. [...] Jungen haben im Allgemeinen einen guten Appetit. Oliver Twist und seine Kameraden hielten die Qualen eines langsamen Hungertodes eine Weile aus. Endlich wurden sie so gierig und wild vor Hunger, dass ein für sein Alter ziemlich großer Knabe [...] die schreckliche Bemerkung fallen ließ, er fürchte, dass er eines Nachts seinen Schlafkameraden aufessen werde, wenn er nicht täglich einen Napf Haferschleim mehr erhielte. Er hatte wilde, hungrige Augen, sodass sie ihm alle glaubten. Die Jungen beratschlagten. Schließlich entschied das Los, wer nach dem Abendessen zu dem Aufseher gehen und um mehr bitten sollte: Es fiel auf Oliver Twist. [...]

***

Hunger und Elend ließen ihn alle Vorsicht vergessen. Er stand vom Tisch auf, näherte sich mit Napf und Löffel in der Hand dem Aufseher und sagte, freilich ein wenig von seiner Tollkühnheit beunruhigt: „Ich bitte noch um etwas Suppe, Sir."

Text ergänzen

Bei dieser Aufgabenstellung geht es darum, eine Geschichte zu Ende zu schreiben oder innerhalb eines Textauszugs ein „Zwischenstück“ zu formulieren. Hierbei muss man darauf achten, dass die Ergänzung zum vorhergehenden und nachfolgenden Text passt.

Mögliche Aufgabenstellung:
Wie fühlt sich Oliver in der mit *** gekennzeichneten Situation? Schreibe seine Gedanken, Stimmungen und Empfindungen in Form eines inneren Monologs auf!

1. Schritt: Ausgangssituation klarmachen

Zunächst geht es darum, den Text gründlich zu lesen, zu verstehen und die **wesentlichen Informationen zur Ausgangssituation** zu sammeln:

- **Wer** handelt (1)?
- In welcher **Situation** befinden sich die Handelnden (2)?
- Wie geht der Text nach der zu ergänzenden Stelle weiter (3)?

(1) Oliver und die Jungen im Waisenhaus, die Hunger leiden
(2) Oliver steckt in der Klemme, soll er mehr zu essen fordern und sich den Zorn der Aufseher zuziehen oder es nicht tun und sich den Zorn der anderen Jungen zuziehen?
(3) Oliver bittet um einen Nachschlag.

2. Schritt: Ideen sammeln

Versetze dich jetzt in die **Situation der** beschriebenen **Figur:**
- Was weißt du über ihren Charakter (1)?
- Wie empfindet sie wohl in dieser Situation (2)?
- Welche Gedanken mögen ihr durch den Kopf gehen (3)?

(1) Oliver ist noch sehr jung und eher zurückhaltend.
(2) Er fühlt sich unter Druck und hilflos; ist verunsichert.
(3) „Was soll ich nur machen?"

3. Schritt: Text schreiben

Beachte die durch die Aufgabenstellung gesetzten Vorgaben:
- in Bezug auf die **Textform** (1).
- in Bezug auf den **Tempusgebrauch** (2). In der Regel wird das Tempus der Textvorlage verwendet. Beim inneren Monolog empfiehlt es sich immer, das **Präsens** zu benutzen, um die Unmittelbarkeit der Gedanken besser zum Ausdruck zu bringen.
- in Bezug auf den **Sprachstil** (3).

(1) innerer Monolog, d. h. Gedanken und Stimmungen aus der Ich-Perspektive
(2) Präsens
(3) dem Charakter des Titelhelden entsprechend eher zurückhaltend, zögerlich, verunsichert

Beispiel für eine Textergänzung: Olivers Entscheidung

So eine blöde Situation, was soll ich nur machen. Dem Langen traue ich echt alles zu, aber auch mit den Aufsehern ist nicht zu spaßen. Vielleicht gibt es ja doch eine kleine Chance, mehr Essen zu bekommen. Jedenfalls geht es so, wie es im Moment läuft, auch nicht weiter. Jeden Abend können wir vor Hunger nicht einschlafen, nachts wachen wir mit knurrenden Mägen auf, es muss sich endlich etwas tun.

Lyrische Texte

Gedicht umwandeln

Bei dieser Aufgabenstellung sollst du die wesentlichen **inhaltlichen Aspekte** des Gedichts **beibehalten,** bei der Wiedergabe aber eine völlig **andere Form** benutzen, z. B.:

Beispiel:
Theodor Storm, Die Stadt (↑ S. 39)

Brief

Lieber Peter, ich weiß zwar, dass du meine Heimatstadt ziemlich öde findest und damit hast du ja auch Recht, aber …

Dialog/Streitgespräch

Peter: Ich weiß gar nicht, was du an diesem Kaff findest.
Theodor: Du kennst es ja gar nicht richtig …

Innerer Monolog

So trostlos und verlassen meine Heimatstadt auch ist, hier fühle ich mich zu Hause …

Parallel- oder Gegengedicht schreiben

Bei dieser Aufgabenstellung sollst du die wesentlichen Ergebnisse der Textanalyse in einem neuen Gedicht umsetzen. Dabei soll die **äußere Form** – Aufbau und Anzahl der Verse und Strophen, Reimschema usw. (↑ S. 40 ff.) – des Ausgangstextes **beibehalten** werden.

15 Verse, drei Strophen · Mischung aus Kreuz- und Paarreim

Parallel- oder Gegengedicht schreiben

Die äußere Form des Ausgangstextes (↑ S. 61) sollst du mit **neuem Inhalt** füllen, z. B. mit der Darstellung der eigenen Heimatstadt und des Verhältnisses zu ihr.
Beachte die Reihenfolge der einzelnen Arbeitsschritte:

- Textanalyse (↑ S. 40 ff.),
- Ideen sammeln und ordnen,
- Text schreiben,
- Text überarbeiten und Fehler korrigieren (↑ S. 90 ff.).

Beispiel:
Theodor Storm, Die Stadt (↑ S. 39): im ersten Teil düstere Stimmung, negative Darstellung der Stadt; im zweiten Teil positive Stimmung, Darstellung der Liebe zur Heimatstadt

Beispiel für ein Parallel-/Gegengedicht: Meine Stadt

Im grünen Tal, im grünen Tal,
Und seitab liegt die Stadt;
Kein Kino, Action minimal
Und Öde, Gähnen wieder 'mal
Eintönig ist die Stadt.

Kein Rummel tobt, kein Leben lacht
nur dort im Walde ist was los;
Hier sagen sich, so mein Verdacht,
Herr Fuchs und Hase gute Nacht.
Und sonst grünt nur Moos.

Doch hängt mein ganzes Herz an dir,
Du grüne Stadt im Tal;
Der Jugend Zauber für und für
Ruht lächelnd doch auf dir, auf dir,
Du grüne Stadt im Tal.

Rollenbiografie schreiben

Bei dieser Aufgabenstellung geht es zunächst darum, alle Informationen zu einer Dramenfigur zu sammeln (1) (↑ S. 48).
Diese werden aber nicht zu einer mehr oder weniger objektiven Charakterisierung zusammengefasst, sondern zu einem **Selbstbildnis der Figur (Ich-Perspektive).**

- Wie beurteilt sie ihr eigenes Leben?
- Wie sieht sie ihr Verhältnis zu den anderen Figuren?
- Wie beurteilt sie das Verhalten der anderen?
- Wie beurteilt sie ihr eigenes Verhalten? Ist sie selbstkritisch oder rechthaberisch? Empfindet sie Reue über eigene Taten usw. (2)?

Beispiel:
Friedrich Schiller, Die Räuber
(↑ S. 45 ff.)
(1) Name: Karl Moor; Sohn des regierenden Grafen von Moor; nach einer Intrige seines Bruders Franz von zu Hause verstoßen; zum Räuberhauptmann geworden
(2) erkennt Fehler in seinem Leben, bereut das Unrecht, das er getan hat; liefert sich der Justiz aus

Beispiel für eine Rollenbiografie: Karl Moor

Ich, Karl Moor, bin am 24. Mai 1732 in Franken, als ältester Sohn von Maximilian, Graf von Moor geboren. Über meine Kindheit, die ich im Hause meines Vaters verlebte, gibt es nicht viel zu erzählen, außer vielleicht, dass das Verhältnis zwischen mir und meinem jüngeren Bruder Franz immer schon sehr schwierig war. Wir sind eben zu unterschiedlich … Zwar bekam ich nie richtig Ärger mit meinem Vater, aber andererseits stellte er sich auch nie eindeutig auf meine Seite, vielmehr bemühte er sich ständig darum, …

8 Schilderung, Bericht und Protokoll

Schilderung

Eine Schilderung stellt ein wirkliches Ereignis oder Erlebnis anschaulich dar. Ihr Ziel ist nicht in erster Linie die Information über ein Geschehen, sondern die Darstellung seiner Wirkung oder der Atmosphäre. Das Geschehen wird hierzu **mit persönlichen Gedanken und Empfindungen** verknüpft.

mögliche Themen: Winternacht · Gewitter am Meer · Sonnenuntergang in den Alpen

Aufregung · Freude · Ängste

1. Schritt: Gliederung

- Die Gliederung folgt zunächst dem **chronologischen Ablauf** des Geschehens (1).
- Besonders **bewegende Momente** werden anschaulich und detailliert dargestellt und in ihrer Wirkung deutlich hervorgehoben (2).
- Die Schilderung endet mit der Formulierung eines **Gesamteindrucks** (3).

(1) Zum Abend hin wurde es immer kälter.
(2) Ich blickte aus dem Fenster und die Winterlandschaft verzauberte mich ... (↑ Fortsetzung S. 65)
(3) Die Eindrücke dieser Nacht werde ich nie vergessen.

2. Schritt: Sprachliche Gestaltung

Die Leser sollen die vermittelten Empfindungen und Gefühle nachvollziehen können, deshalb wählt man bei der Schilderung eine **subjektive, persönlich gefärbte Sprache:**

- farbige und wertende Adjektive,
- Verben der Bewegung,
- Sprachbilder und Vergleiche (↑ S. 21).

Ein weißgelber Mond verbreitete frostiges Licht, das lange, scharf gezeichnete Schatten warf. Wie Scherenschnitte, dachte ich, und suchte durch das blattlose Geäst der Platanen den Winterhimmel nach dem Großen Bären ab. Aber der Mond …

3. Schritt: Schilderung schreiben

Achte beim Schreiben auf die Zeitformen. Möglich sind:

- **Formen der Gegenwart** (Präsens, bei Vorzeitigkeit: Perfekt) und
- **Formen der Vergangenheit** (Präteritum, Plusquamperfekt).

Aufgepasst: Das Präsens wirkt direkter und unvermittelter und entspricht daher eher der Zielsetzung einer Schilderung.

Ich sehe den Schnee vor der Tür, festgetreten und grau, er lässt sich nicht mehr von der Straße kehren, er ist mit Rollsplitt bestreut und bildet kleine gefrorene Wülste, die den Bürgersteig holprig machen.

Bericht

Der Bericht stellt den Ablauf eines Geschehens detailliert dar. Dabei werden auch alle wichtigen Begleitumstände angegeben. Sein Ziel ist die genaue, **klare und sachliche Information.** Der Informationswert ist wichtiger als der Unterhaltungswert.

Beispiele:
Unfallbericht · Polizeibericht · Sachinformationen über eine Tagung/Sitzung usw.

1. Schritt: W-Fragen beantworten

Die Antworten auf die sieben W-Fragen liefern die grundlegenden Informationen über einen Vorfall.

- **Wer** war an dem Vorfall beteiligt (1)?
- **Wann** ereignete er sich (2)?
- **Wo** ereignete sich der Vorfall (3)?
- **Was** ist geschehen (4)?
- **Wie** hat sich der Vorfall genau abgespielt (5)?
- **Warum/Wie** kam es dazu (6)?
- **Welche Folgen** hatte der Vorfall (7)?

Unfallbericht:
(1) Pkw- und Motorradfahrer
(2) gestern Morgen, 10:30 Uhr
(3) Bahnhofstraße
(4) Zusammenstoß der Fahrzeuge
(5) Motorradfahrer fuhr in den rechten Kotflügel
(6) Pkw-Fahrer hatte die Vorfahrt missachtet
(7) Motorradfahrer wurde mit schweren Verletzungen ins Krankenhaus gebracht

Praxistipp: Verwechsle den Bericht nicht mit einer Beschreibung. Beim Bericht handelt es sich um ein einmaliges, besonderes Ereignis.

2. Schritt: Gliederung

- Die **Einleitung** gibt einen knappen Gesamtüberblick über das Ereignis (1).
- Im **Hauptteil** berichtet man über den Verlauf des Geschehens (2).
- Im **Schlussteil** kann man auf die Hintergründe des Ereignisses eingehen oder auf die Folgen, die sich aus dem Vorfall ergeben (3).

(1) kurze Antwort auf die Fragen wer?, wann?, wo?, was?
(2) chronologische, detaillierte Ausführungen zur Frage wie?
(3) kurze Auskunft zu den Fragen warum? und welche Folgen?

3. Schritt: Bericht schreiben

Achte auf eine **sachlich-nüchterne und eindeutige Sprache.** Vermeide Ausdrucksmittel der Erzählsprache wie farbige Vergleiche, Ausrufe, wörtliche Reden oder die eindringliche Wiedergabe von Gefühlen und Sinneseindrücken. Die eigene Meinung gehört ebenfalls nicht in einen Bericht (1).

- Ein Bericht wird in der Regel im **Präteritum** geschrieben.
- Zur Darstellung der Vorgeschichte oder Hintergründe benutzt man das **Plusquamperfekt.**
- Zur Angabe des gegenwärtigen Standes oder der Folgen des Geschehens verwendet man **Präsens** oder **Futur** (2).

(1) Der Pkw fuhr mit deutlich überhöhter Geschwindigkeit. Der Motorradfahrer schien nach dem Aufprall schwer verletzt zu sein.
(2) Der Pkw-Fahrer **übersah** das Motorrad, weil er **telefoniert hatte.** Der Motorradfahrer **liegt** jetzt im Krankenhaus.

Protokoll

In einem Protokoll gibt man die wesentlichen **Schritte eines Vorgangs** (1) oder die wichtigsten **Ergebnisse eines Gesprächs** (2) wieder. Es hat das Ziel, Informationen für Personen, die beim Vorgang oder Gespräch nicht anwesend waren, bereitzustellen oder den Teilnehmern eine Gedächtnisstütze zu geben.

(1) Straftat · Unfall · Experiment · Projekt
(2) (Gerichts-)Verhandlung · Besprechung · Diskussion · Vortrag

Protokoll verfassen

Jedes Protokoll beginnt mit Angaben über
- den **Ort** (1),
- die **Zeit** (2),
- die **beteiligten Personen** (3) und
- die/den **Protokollführende/n** (4).

Dabei bestimmt der Zweck des Protokolls, wie detailliert diese Angaben sein müssen und was im Anschluss an diese Angaben ausgeführt wird (↑ S. 69).

(1) Adresse · Gebäude (Gebäudeteil/Raum)
(2) Datum · Uhrzeit oder Dauer
(3) auch abwesende Personen (entschuldigt/unentschuldigt)
(4) Unterschrift der/des Protokollführenden

Für ein Protokoll können das **Präsens** und das **Präteritum** verwendet werden. Man benutzt eine **sachlich-distanzierte Sprache.** Zur Wiedergabe wörtlicher Aussagen wählt man die **Formen der Inhalts- und Redewiedergabe** (↑ S. 70 ff.).

In der Diskussion äußerte (oder äußert) der Experte die Vermutung, dass …

Verlaufsprotokoll

Es enthält die wichtigsten Punkte eines **Diskussionsverlaufs** in der korrekten zeitlichen Reihenfolge. Die **Redebeiträge** werden stichpunktartig in ihren Hauptaussagen mit Angabe des Redners wiedergegeben. Das **Ergebnis** wird am Ende festgehalten.

Protokollant
Name A: …
Name B: …
Beschluss: …
Unterschrift

Ergebnisprotokoll

Es hält nur **wichtige Beschlüsse oder Ergebnisse** zu den besprochenen Themen fest. Einzelne Redebeiträge erfasst man nicht.

Protokollant
Ergebnisse/
Beschlüsse:
1 …; 2 …; 3 …
Unterschrift

Versuchsprotokoll

Es wird vor allem bei wissenschaftlichen Experimenten gebraucht und enthält neben der konkreten **Aufgabenstellung** alle benötigten Geräte, Substanzen und Hilfsmittel. Der **Versuchsaufbau** wird skizziert und beschriftet. Den **Versuchsablauf** gibt man exakt und in der richtigen zeitlichen Reihenfolge wieder. Am Ende wird der Versuch ausgewertet und das **Ergebnis** festgehalten.

1. Thema/Frage
2. Vermutung/Hypothese
3. Aufbau und Ablauf
4. Ergebnisse
5. Auswertung (Bestätigung oder Widerlegung der Hypothese; neue Hypothesenbildung; Formulierung einer Regel/Formel)

Formen der Rede- und Inhaltswiedergabe

Bei der sachlichen Wiedergabe von Aussagen im Rahmen von Berichten und Protokollen kannst du zwischen drei unterschiedlichen Formen der **Redewiedergabe** wählen.

Wörtliche Rede

Die wörtliche Rede ist die einfachste Form der Redewiedergabe. Dabei übernimmt man Wörter, Wendungen oder Sätze völlig unverändert. Die übernommenen Textpassagen müssen in Anführungszeichen gesetzt werden.
Verwende die wörtliche Übernahme nur bei besonders aussagekräftigen oder sprachlich prägnanten Aussagen.

„Ich bin ein Berliner!“
(John F. Kennedy in seiner berühmten Berliner Rede)

„Ich habe fertig!“
(Giovanni Trappatoni in einer Pressekonferenz)

Redewiedergabe

Textparaphrase

Die Textparaphrase ist die freieste Form der Textwiedergabe. Der **Inhalt der Vorlage** wird konsequent **mit eigenen Worten** formuliert.

Sie sprachen von einer außerordentlich schönen Landschaft und sehr erholsamen Ferientagen.

Indirekte Rede

Mit der indirekten Rede wird verdeutlicht, dass die wiedergegebene Aussage nicht von einem selbst stammt und dass die vorgetragene Meinung nicht die eigene sein muss. Grundsätzlich verwendet man in der indirekten Rede den **Konjunktiv I.** Aussagen, die in der direkten Rede in der ersten Person stehen, gibt man in der indirekten Rede in der dritten Person wieder.

„**Unser** Ferienhaus **ist** schön gewesen“, erzählt Mira.	Mira erzählt, **ihr** Ferienhaus **sei** schön gewesen.

Wenn die Formen des Indikativs und des Konjunktivs I übereinstimmen, benutzt man in der indirekten Rede als Ersatzform den **Konjunktiv II.**

Sie sagten, sie **haben** schöne Ferien gehabt.
→ Sie sagten, sie **hätten** schöne Ferien gehabt.

Wenn die Formen des Präteritums/Indikativ mit dem Konjunktiv II übereinstimmen, benutzt man als Ersatzform die **Umschreibung mit *würde* + Infinitiv.**

Sie sagte, die Insulaner **lebten** wie in einem Paradies.
→ Sie sagte, die Insulaner **würden** wie in einem Paradies **leben.**

Formen der Rede- und Inhaltswiedergabe

Auch bei der Interpretation von literarischen Texten und bei der Erörterung von Problemen auf der Grundlage eines Sachtextes musst du den Inhalt von Texten, die nicht von dir selbst stammen, wiedergeben und dich in den Bewertungen und Begründungen auf ihn beziehen. Man unterscheidet zwei unterschiedliche Formen der **Inhaltswiedergabe.**

Inhaltswiedergabe

Zitate

Bei dieser Form der Textwiedergabe werden Textaussagen – wie bei der wörtlichen Rede – **wörtlich** übernommen. Dabei muss man darauf achten, dass das Zitat nicht aus dem Textzusammenhang gerissen wird.
Man übernimmt die zitierte Passage **exakt** und setzt sie in **Anführungszeichen.** Außerdem gibt man die **Fundstelle** des Textauszugs an.

- bei Büchern: Autor, Werk, Seite, eventuell Zeile
- bei Zeitschriftenaufsätzen: Autor, Titel des Aufsatzes, Titel der Zeitschrift, Jahrgang/Heftnummer, Seite
- bei Internetveröffentlichungen: genaue Webadresse, Tagesdatum

„einer der rechtschaffensten zugleich und entsetzlichsten Menschen seiner Zeit“ (Kleist, Michael Kohlhaas, S. 1)

Textverweis

Bei dieser Form der Textwiedergabe werden Gedanken und Aussagen eines Textes paraphrasiert, d. h. sinngemäß wiedergegeben. Mit einer Klammerbemerkung (vgl. Autor, Werk, Seite/Zeile) verweist man darauf, wo die Textstelle zu finden ist.
Die Textparaphrase ist die selbstständigste Wiedergabe eines Textes. An ihr lässt sich gut ablesen, ob du den Text auch wirklich verstanden hast.

Der Erzähler spricht von einem Mann, der ein besonderes Rechtsempfinden hat, der aber gleichzeitig ein besonders grausamer Verbrecher geworden ist. (vgl. Kleist, Michael Kohlhaas, S. 1)

Sprachliche Distanzierung von Aussagen

Schon bei der Wiedergabe von Textpassagen kannst du deutlich machen, dass du die Auffassungen des Autors oder der Autorin nicht teilst, dass du sie für falsch, mindestens aber für fragwürdig hältst.

- durch den Gebrauch von **Konjunktiv-II-Formen** (1)
- durch distanzierende Zusätze (2)

(1) Sie behaupteten, es **gäbe** dort riesige Heuschrecken.
(2) angeblich · seiner Meinung nach · nach seiner Auffassung · so der Autor usw.

9 Nachricht, Reportage und Kommentar

Nachricht

Darunter versteht man alle **sachlich-informierenden journalistischen Textformen.**
In der kürzesten Fassung nennt man sie Meldung, in der ausführlichen Form Bericht.

in:
Zeitungen · Zeitschriften · Rundfunk · Fernsehen · Internet

Meldung

Eine Meldung fasst die **wesentlichen Informationen** zu einem aktuellen Geschehen so knapp wie möglich zusammen:

- **wer?**
- **was?**
- **wo?**
- **wann?**

Auf Detailinformationen zum genauen Ablauf des Geschehens – wie? – oder auf Hintergrundinformationen zu den Ursachen und Folgen des Geschehens – warum? welche Folgen? – wird weitgehend verzichtet.

Der größte Lotto-Jackpot seit Einführung des Euro ist am Samstag bei der 42. Ausspielung geknackt worden. Gewinner aus Bayern und aus Rheinland-Pfalz können sich über jeweils 7,3 Millionen Euro freuen. *(Süddeutsche Zeitung, 21. 10. 03)*

Beginne mit der wichtigsten oder interessantesten Sachinformation:

- Wenn berühmte Persönlichkeiten beteiligt sind: **wer?**
- Wenn es sich um außergewöhnliche Ereignisse handelt: **was?**
- Wenn der Tatort von besonderem Interesse ist: **wo?**
- Wenn die Tatzeit eine besondere Rolle spielt: **wann?**

Beispiele:

Politiker oder Showstars

Lottogewinn

im Hochgebirge

in der Silvesternacht

Journalistischer Bericht

Der journalistische Bericht liefert **detaillierte Informationen** über ein Ereignis (↑ S. 66 f.). Wird sehr ausführlich auf die Hintergründe (Ursachen, Anlässe, Folgen) eines Geschehens eingegangen, spricht man vom **Hintergrundbericht.**

Anders als der Polizeibericht oder andere Fachberichte ist der journalistische Bericht für ein breites Publikum geschrieben. Achte deshalb darauf, dass er allgemein verständlich ist und berücksichtige Folgendes:

- Wahl einfacher und verständlicher Wörter (1),
- Verwendung von Verben statt Nominalisierungen (2),
- Täter nennen, Aktiv statt Passiv (3),
- Tempus (↑ S. 67).

(1) Kontamination *besser:* Verseuchung
(2) die Bereitstellung von … *besser:* sind bereitgestellt worden
(3) Es ist beschlossen worden, … *besser:* Die Regierung hat beschlossen, …

Reportage

Eine Reportage vermittelt neben **Sachinformationen** auch **persönliche Eindrücke und Stimmungen.**
Dem Leser soll das Gefühl gegeben werden, selbst am Geschehen beteiligt gewesen zu sein.

mögliche Themen: große Sportereignisse · das Leben im Altenheim · Menschen mit besonderen Hobbys

1. Schritt: Sachinformationen ordnen

Die Reportage vermittelt die wesentlichen Sachinformationen auf die Fragen

- **wer?** (1),
- **wo?** (2),
- **was?** (3),
- **wann?** (4),
- **wie?** (5),
- **welche Folgen?** (6).

Diese Sachinformationen liefern aber nur das Grundgerüst für die Reportage, sie werden ergänzt durch die Darstellung von persönlichen Eindrücken und Empfindungen (7).
Aufgepasst: Die Sachinformationen werden nicht – wie bei einem Bericht – direkt am Anfang präsentiert. Sie sollten so verteilt sein, dass die Leser den ganzen Artikel hindurch das Gefühl haben, etwas Neues zu erfahren.

(1) FC Bayern
(2) Olympiastadion München
(3) Spiel gegen Frankfurt
(4) Samstag, 15:30 Uhr
(5) gute Leistung · hoher Sieg (6:3, Torschützen; Torfolge, ...)
(6) Tabellenführer
(7) Begeisterung · Freude · Hochgefühl · Mitgefühl für die Verlierer

2. Schritt: Reportage schreiben

Eine Reportage zeichnet sich durch eine stimmungsvolle und lebendige sprachliche Gestaltung aus. Verwende deshalb die **wörtliche Rede,** sogenannte **O-Töne** (Originaltöne). Personen, die selbst am Ereignis teilgenommen haben, kommen so zu Wort. Sie geben die Stimmung besonders gut wieder.

Zuschauer nach dem Abpfiff: „Das ist der helle Wahnsinn, so etwas habe ich noch nie erlebt“.

Auch durch die Vermittlung von **Hintergrundinformationen**

- zum Ort des Geschehens (1),
- zu den beteiligten Personen (2),
- zum Wetter (3) usw.

wird der Leser am Geschehen beteiligt und kann die am Schauplatz herrschende Atmosphäre gut nachvollziehen.

(1) geschichtsträchtiger Boden; hier, wo schon ...
(2) nach der Überwindung seiner schweren Verletzung
(3) Petrus hatte ein Einsehen

Wähle für die **anschauliche Schilderung** des Schauplatzes und des Geschehens außerdem:

- treffende Verbformen (1),
- anschauliche Adjektive und Vergleiche (2) sowie
- die Zeitform des Präsens.

(1) die Spieler zaubern auf dem Rasen · die Zuschauer toben vor Begeisterung
(2) hochklassig · rasant · unbeschreiblich · wie ein Blitz aus heiterem Himmel · Jahrhundertspiel

Kommentar

Der Kommentar ist eine **persönliche oder kritische Stellungnahme** zu einem bestimmten Thema oder zu einer bestimmten Fragestellung. Die Sachinformation tritt ganz in den Hintergrund. Denn man geht davon aus, dass der Leser durch Berichte und Reportagen über den Sachstand weitgehend informiert ist.

mögliche Themen: €uro = T€uro? · Teamchef Völler – noch der Richtige?

1. Schritt: Argumente sammeln

Zunächst müssen Argumente, d. h. Aussagen, die die eigene Meinung stützen, gesammelt werden. Das können sein:

- Expertenmeinungen oder Statistiken (1),
- allgemein anerkannte Grundsätze (2),
- weitverbreitete Erfahrungen (3) oder
- Einzelbeispiele (4).

(1) statistisches Bundesamt: keine messbare Verteuerung durch den Euro
(2) Das Vertrauen zur europäischen Integration ist auch abhängig von der Geldwertstabilität.
(3) In vielen Bereichen sind Waren und Dienstleistungen teurer geworden.
(4) Das Brot beim Bäcker um die Ecke ist seit der Einführung des Euro deutlich teurer geworden.

2. Schritt: Argumente gliedern

- In der **Einleitung** wird das Thema möglichst zugespitzt, auch provokativ, umrissen (1).
- Den **Hauptteil** bildet die auf die oben genannten Argumente gestützte Stellungnahme (2).
- Der **Schluss** bringt die Meinung des Kommentators noch einmal auf den Punkt. Er hat oft **Appellfunktion,** d. h., er fordert die im Text Kritisierten (Politiker, Trainer usw.) oder die Leser zur Veränderung ihrer Haltung oder ihres Handelns auf (3).

(1) Breitet sich durch die Einführung des Euro Armut in Deutschland aus?
(2) Euro ist grundsätzlich gut, aber viele haben versucht, aus der Umstellung Kapital zu schlagen
(3) Appell, verstärkt Preise zu vergleichen

3. Schritt: Kommentar schreiben

Der Kommentar stellt eine Meinungsäußerung dar. Verwende deshalb wertende Ausdrücke (1) sowie emotional gefärbte Wörter und Wortfolgen (2).
Verwende das **Präteritum,** wenn du über Geschehenes informierst, und das **Präsens,** wenn du erläuterst oder wertest. Achte auf eine **abwechslungsreiche Sprache:**

- Ausrufe – Auslassungen (3),
- rhetorische Fragen (4),
- Vergleiche und Sprachbilder (5),
- geflügelte Worte und Zitate (6),
- Sprachspiel, Wortwitz, Ironie (7).

(1) beinahe schon kriminell
(2) Euro-Abzocker
(3) „Oh, ihr armen Restaurantbesitzer!"
(4) Wohin soll das noch führen?
(5) reich sein wie Rockefeller
(6) Schäfchen ins Trockene bringen
(7) und im nächsten Urlaub: nicht mehr *einmal* Rom, sondern *zweimal* zum Italiener an der Ecke

Journalistische Textformen im Überblick

Nachricht
Erweiterung der Meldung (↑ S. 74 f.). Die näheren Umstände eines aktuellen Geschehens werden in knapper Form mitgeteilt.

Nach einer Studie nutzen über 70 Prozent der Bevölkerung ein Mobiltelefon regelmäßig. Vor allem Jugendliche kommunizieren fast ausschließlich mit dem Handy. Die meisten dieser Altersgruppe schreiben sogenannte „Short Messages", kurz SMS.

Tatsachenbetonte Textformen

Bericht
Die Nachricht wird um interessante Einzelheiten sowie Eindrücke und Meinungen von Beteiligten erweitert.

Gestern legte das Marktforschungsinstitut „MediDat" aktuelle Zahlen zur Nutzung von Mobiltelefonen vor. In der Studie wird die rasante Zunahme von SMS-Nachrichten bei Jugendlichen ab einem Alter von 13 Jahren herausgestellt. Besonders Deutschlehrern geben diese Ergebnisse Anlass zu Besorgnis, denn mehr als jeder zehnte 13- bis 17-Jährige hat der Studie zufolge erhebliche Probleme mit der deutschen Sprache.

Interview
In einem Gespräch werden Informationen aus erster Hand geliefert.

Frage: „Immer mehr Jugendliche kommunizieren nur noch per SMS. Glauben Sie, dass die korrekte Beherrschung der deutschen Sprache darunter leidet?"

Antwort: „Nicht unbedingt, da können die Kids endlich lernen, sich knapp und präzise auszudrücken."

Reportage
In dieser subjektiv geprägten, anschaulich wirkenden Berichtsform fließen Beobachtungen und Empfindungen ein.

Im Abteil der 2. Klasse ist es um diese frühe Uhrzeit erstaunlich still. Als ich vor zwei Jahren diese Strecke regelmäßig fuhr, war die Fahrt von dem lauten Kreischen und Lachen der Schulkinder geprägt. Doch heute wirkt das Abteil wie verlassen, obwohl alle Plätze belegt sind. Nur ein Piepsen dringt an mein Ohr …

Kommentar
Diese Stellungnahme zu einem Geschehen ist informativ und oft zugleich pointiert, meinungsbetont und appellativ.

Unsere Jugend schreibt wieder. Nach der PISA-Studie endlich eine gute Nachricht aus den Schulen. Und trotzdem gibt es bereits Lehrer, die sich darüber aufregen. Wieso? Vielleicht, weil es ausgerechnet SMS sind, die die Schreiblust wecken. Welche Nachrichten die Kids verschicken, bleibt ihr Geheimnis. Buchbesprechungen werden es wohl nicht sein. Dafür ist das Handy doch ungeeignet … Zum Glück gibt's E-Mail!

Meinungsbetonte Textformen

Glosse
Dieser witzige oder ironische Kurzkommentar mit prägnanten Formulierungen, Vergleichen u. Ä. hat einen kritischen Grundton.

Ich kann meinem Mathelehrer von damals nachfühlen, wie es in seinem Innersten, weit unter seinem graubraunen Strickpulli ausgesehen haben muss, als er uns mit glänzenden Augen in die Geheimnisse des Taschenrechners einweihte. Mit der gleichen Ehrfurcht betrachte ich jeden Morgen mein Handy: Ist es noch geladen? Hat es noch Netz? Und dann erlebe ich, wie sich Teenies über dieses Wunder der Technik hermachen: 4 x 7, 1 x 6 und 4 x 7. Das ist die Zauberformel der „Generation SMS"…

10 Erörterung

Die Erörterung ist eine **schriftliche Form der Argumentation.** Mit ihr wird das Für und Wider eines Sachverhaltes, einer Fragestellung oder eines Problems abgewogen.

Freie Erörterung

In dieser Erörterungsform wird ein Thema in all seinen Facetten behandelt. Es geht also um die Gegenüberstellung von Argumenten und die Begründung der eigenen Meinung.

Beispiel:
Mit Freunden ins Zeltlager oder mit den Eltern in den Urlaub?

1. Schritt: Argumente sammeln

Stelle Pro- und Kontra-Argumente gegenüber:

Pro-Argumente (für Zeltlager)	**Kontra-Argumente** (gegen Zeltlager)
größere Freiheit für die Jugendlichen	möglicherweise größere Gefahren durch fehlende Aufsicht und Kontrolle
mehr und bessere Freizeitmöglichkeiten	höhere Kosten als Familienurlaub

2. Schritt: Gliederung

Die **Einleitung** beinhaltet
- eine **These,** die in Form einer Behauptung oder Empfehlung zu einer Frage Stellung bezieht, oder
- eine **Ausgangsfrage,** die ein allgemeines Problem formuliert.

Ein Jugendzeltlager ist dem Urlaub mit den eigenen Eltern in jedem Fall vorzuziehen.

Im **Hauptteil** muss man zu dieser Ausgangsfrage **Stellung beziehen** oder die aufgestellte **These begründen.** Dies geschieht mit verschiedenen **Argumenten,** z. B.:
- eigene Meinung (1),
- Expertenmeinungen (2),
- allgemein anerkannte Tatsachen, Normen und Regeln (3).

Einzelbeispiele (4) können dazu dienen, die Argumente zu stützen.

(1) Familienurlaub ist langweilig.
(2) Aus pädagogischer Sicht ...
(3) Selbstständigkeit ist für Jugendliche heute enorm wichtig.
(4) Horst war immer mit seinen Eltern in Urlaub, er kann noch nicht einmal seinen Koffer packen.

Im **Schlussteil** nimmt man die Ausgangsfrage oder These noch einmal auf. Man fasst die wesentlichen Argumente knapp zusammen und verfasst eine **persönliche Stellungnahme.** Je besser diese begründet ist und je pointierter sie formuliert ist, desto wirkungsvoller ist die Erörterung.

Das wichtigste Argument ist meines Erachtens, dass ein Jugendzeltlager die Selbstständigkeit der Jugendlichen fördert. Deshalb bin ich der Meinung, …

Lineare (steigernde) Erörterung schreiben

Man ordnet die Argumente nach ihrer Wichtigkeit, d. h.:

- Welche Argumente können gut überzeugen?
- Welche sind eher schwach?

Die Argumentation erzielt ihre größte Wirkung, wenn die einzelnen Argumente immer einsichtiger und schlagkräftiger werden.

Aufgepasst: Eine gute Argumentation hängt nicht unbedingt von der Anzahl der Argumente ab. Auf schwache und anfechtbare Begründungen sollte man deshalb lieber verzichten.

eher schwache Argumente: persönliche Meinung · Einzelbeispiele
besser: allgemein anerkannte Tatsachen und Normen
sehr gut: Expertenmeinungen

schwaches Argument

Familienurlaub ist langweilig.

gutes Argument

Selbstständigkeit ist für Jugendliche wichtig.

das beste Argument

Aus pädagogischer Sicht gibt es zur Förderung des Sozialverhaltens von Jugendlichen nichts Besseres als ...

Praxistipp: Argumentiere im **Hauptteil sachlich.** Die **These und** die **Schlussfolgerung** dagegen dürfen ruhig ein bisschen **zugespitzt** und **provokativ** formuliert sein.

Pro-Kontra-Erörterung schreiben

Diese Erörterung, auch kontroverse Erörterung genannt, **wägt zwei Meinungen** oder Standpunkte **gegeneinander ab.**

Vorteile **und** Nachteile des Jugendzeltlagers

Nach der Stoffsammlung (↑ S. 82) formuliert man den **Einleitungssatz** der Erörterung. Er enthält die **Ausgangsfrage.**

Bald sind wieder Sommerferien, wie in jedem Jahr werden sich viele Jugendliche fragen, ...

Im **Hauptteil** führt man die **Pro- und Kontra-Argumente** auf.
Für die Bewertung der Argumente in „schwach“ und „überzeugend“ gilt Ähnliches wie bei der linearen Erörterung (↑ S. 84).
Die Argumente werden

- direkt gegeneinander oder
- in zwei Blöcken nacheinander abgewogen (↑ S. 82).

direktes Abwägen:
Man hat mehr Freiheiten, muss aber auch Küchendienst usw. machen.

Die **Schlussfolgerung** am Ende der Erörterung fasst die wesentlichen Argumente erneut knapp zusammen und endet mit einer **persönlichen Stellungnahme.**

Beide Möglichkeiten haben, wie die Argumentation gezeigt hat, Vor- und Nachteile. Für mich gibt's trotz allem nur eine Entscheidung: das Zeltlager, und das vor allem, weil …

Textgebundene Erörterung

Bei der textgebundenen Erörterung setzt man sich argumentativ mit dem Inhalt eines oder mehrerer Texte auseinander und stützt oder entkräftet darin vorgegebene Meinungen oder Behauptungen. Möglich sind die lineare und die Pro-Kontra-Erörterung (↑ S. 84 f.).

Beispiel:
Erörtere auf der Grundlage des vorliegenden Textes, ob Schaulustigen, die die Rettungsarbeit bei Unfällen behindern, ein Bußgeld angedroht werden soll.

Bußgeld für Schaulustige?

Es ist leider schon fast ein tägliches Phänomen: Polizei und Rettungsdienste werden bei schweren Unfällen durch Schaulustige behindert. Und das, obwohl oft wenige Minuten über Leben und Tod entscheiden. Angetrieben von der Gier zu gaffen, setzt bei schweren Unfällen ein wahrer Katastrophentourismus ein – und die Anfahrtswege für die Rettungsfahrzeuge sind innerhalb kürzester Zeit blockiert.

Ich möchte in derartigen Fällen nicht gleich nach einer neuen Form der Strafe rufen. Vielmehr möchte ich dem Voyeurismus am Unfallort mit polizeilicher Überzeugungsarbeit begegnen.

Wenn dies allerdings nichts hilft, müssen andere Mittel herangezogen werden. Es kann und darf nicht akzeptiert werden, dass Gaffer Rettungseinsätze behindern und damit Menschenleben gefährden.

Die Polizei soll den Gaffern nicht sofort mit einem Bußgeld entgegentreten, sondern sie, wenn sie Rettungsarbeiten behindern, dazu auffordern, den Unfallort zu räumen. Kommen sie dieser Aufforderung nicht nach, muss ein Bußgeld erhoben werden, und zwar in dreistelliger Höhe.

1. Schritt: Text verstehen und markieren

Lies den Text genau durch und schlage unklare Wörter und Begriffe im Wörterbuch oder Fremdwörterlexikon nach. Sehr hilfreich ist eine Nummerierung der Zeilen.
Notiere dann mithilfe von Textmarkern oder Bleistiftnotizen zentrale Aussagen und verschaffe dir einen **Überblick** über

- das Thema (1),
- die Gliederung des Textes (2),
- die Position des Autors (3),
- die wesentlichen Argumente (4).

Für die weitere Bewertung ist außerdem wichtig,

- welche Textart vorliegt (5) und
- in welcher Sprache/in welchem Ton (6) der Text formuliert ist.

(1) Bußgeld für Schaulustige?
(2) 4 Absätze
(3) differenziertes Vorgehen notwendig, Bußgeld als letztes Mittel
(4) Schaulustige behindern die Rettungsarbeit und gefährden Menschenleben
(5) Zeitungsartikel
(6) weitgehend nüchterner Ton

2. Schritt: Argumentationsstruktur analysieren

Es geht darum herauszuarbeiten, wie der Autor seine Position begründet und wie er versucht, von seiner Meinung zu überzeugen.
Leitfragen sind:

- Wie ist der Text aufgebaut (1)?
- Welche **inhaltlichen Schwerpunkte** setzt der Autor (2)?

(1) Wechsel zwischen allgemeinen Aussagen und persönlicher Stellungnahme: Es ist … · Ich möchte …
(2) Gefährdung von Leben · Rettungsarbeit

3. Schritt: Argumentation bewerten

Leitfragen sind:
- Wie viele Argumente führt der Autor an (1)?
- Sind die Argumente, die der Autor benutzt, schwach oder überzeugend (2)? (↑ S. 84)
- Arbeitet der Autor mit Beispielen und sind diese aussagekräftig (3)?
- Sind These und Schlussfolgerung gut begründet (4)?
- Welche Fragen bleiben offen (5)?

(1) relativ wenige
(2) zahlreiche Behauptungen und persönliche Sichtweisen, wenig exakte Daten, Fakten, Expertenmeinungen
(3) keine konkreten Beispiele
(4) keine überzeugende Begründung
(5) Ist die Androhung eines Bußgelds ein geeignetes Mittel, dieses Problem zu lösen? Wie soll das in der Praxis funktionieren?

4. Schritt: Meinung bilden

Nach der Analyse und Bewertung der Argumentation musst du dir schließlich eine eigene Meinung bilden. Dabei können zusätzliche Informationen hilfreich sein, z. B.:
- weitere Texte,
- im Unterricht erarbeitete Ergebnisse,
- Expertenmeinungen usw.

Der Autor hat zwar recht, wenn er das „Gaffen“ als ernstes Problem bezeichnet, seine Argumentation für die Androhung eines Bußgelds ist aber nicht sehr überzeugend …

5. Schritt: Ergebnisse zusammenfassen und Erörterung schreiben

- Die Erörterung beginnt mit einem **Einleitungssatz** (1), in dem Autor, Textart sowie Titel und Thema des Textes genannt werden.

- Im zweiten Abschnitt gibt man zunächst die **Position des Autors** (2) mit eigenen Worten wieder. Die Ausführungen werden mit Textverweisen oder Zitaten belegt, dabei sollten nur zentrale Wendungen wörtlich zitiert werden (↑ S. 72 f.)

- Anschließend fasst man die **Ergebnisse der Argumentationsanalyse** (3) knapp zusammen.

- Die **Bewertung der Argumentation** und eine **eigene Stellungnahme** zu dem Problem schließen die Erörterung ab (4).

(1) Im Artikel „Bußgeld für Schaulustige" bezieht (Name) Position zur Frage, ...
(2) Der Autor plädiert für ein gestuftes Vorgehen ...
(3) Der Verfasser argumentiert, indem er zwischen eher allgemeinen Behauptungen und persönlichen Stellungnahmen wechselt. Dabei lässt er wesentliche Aspekte unberücksichtigt.
(4) Meines Erachtens hat der Autor zu wenig über die praktische Umsetzung seines Vorschlags nachgedacht. Sollen Polizisten am Unfallort erst Personalien aufnehmen, bevor sie den Verletzten helfen können?

Behalte bei allen Aufsatzformen immer im Blick:
- den sinnvollen Aufbau oder den Gedankengang sowie
- den sprachlichen Ausdruck.

Erzählende Texte

Überlege dir zum **Aufbau oder Gedankengang** bei
- Fantasie- oder Traumgeschichten,
- Erlebnis- oder Abenteueraufsätzen,
- Bildergeschichten,
- Fortsetzungsgeschichten,
- bei der Ausgestaltung des Erzählkerns und
- bei der Nacherzählung

Folgendes:

Einleitung:
Hast du Ort, Zeit, Personen und das Thema deines Aufsatzes genannt?

Hauptteil:
Steigert sich die Handlung, gibt es einen Höhepunkt, von dem du besonders detailliert erzählst?

Schluss:
Hast du auf einen interessanten und pfiffig gestalteten Schluss geachtet oder bricht der Text einfach irgendwie ab?

Frage dich beim **sprachlichen Ausdruck,** durch welche Mittel du deinen Text abwechslungsreicher, anschaulicher, lebendiger, spannender usw. gestalten kannst.

- Verwendest du Adjektive, treffende Verben sowie anschauliche Vergleiche und Sprachbilder?
- Vermeidest du Wortwiederholungen und verwendest du einen abwechslungsreichen Satzbau?

Interpretationsaufsätze und Erörterungen

Frage dich bei diesen Aufsatzformen in Bezug auf **Aufbau oder Gedankengang** immer Folgendes:

Einleitung:
Hast du Titel, Textart, Autor und Thema des Textes genannt?

Hauptteil:
- Hast du alle Notizen (deines Stichwortzettels) überprüft und alle wesentlichen Aspekte genannt?
- Ist ein roter Faden zu erkennen?
- Sind deine einzelnen Gedanken gut strukturiert und sind sie auch für den Leser logisch nachvollziehbar?
- Hast du deine Deutung und Meinung gut begründet und mit Textverweisen oder Zitaten belegt? Stehen die Zitate in Anführungszeichen und hast du bei Textverweisen auf die Fundstelle verwiesen?

Schluss:
Ergeben deine Einzelbeobachtungen ein Gesamtbild und hast du sie zu einer klaren und gut begründeten Position zusammengefasst?

Beachte **beim sprachlichen Ausdruck,** dass du deine Meinung klar herausarbeitest und begründest. Verdeutliche logische Zusammenhänge z. B. durch folgende sprachliche Mittel:

Argument	Beweis/Beispiel	Folgerung
↓	↓	↓
da · weil · denn · nämlich · deswegen	sodass · wie · damit · weil · beispielsweise	daher · somit · demnach · also

Lies deinen Aufsatz vor dem Abgeben noch einmal gründlich durch und beachte folgende Fehlerquellen.

Fehler bei der Zeichensetzung vermeiden

Zeichensetzung bei wörtlicher Rede:
Die wörtliche Rede steht immer in Anführungszeichen. Der vorangestellte Redebegleitsatz wird mit Doppelpunkt von der wörtlichen Rede abgetrennt.

Peter sagt**: „**Mir reicht's, ich gehe nach Hause!**"**

Der nachgestellte oder eingefügte Redebegleitsatz wird immer mit Komma von der wörtlichen Rede abgetrennt.

„Mir reicht's"**,** sagt Peter**,** „ich gehe nach Hause!"

Aufgepasst: Ausrufezeichen und Fragezeichen in der wörtlichen Rede bleiben erhalten. Bei einem Aussagesatz fällt der Punkt weg.

„Mir reicht's, ich gehe nach Hause**!**", sagt Peter.
„Es ist schon spät", sagt die Mutter.

Komma zwischen Hauptsatz und Nebensatz:
In Satzgefügen (Verbindungen zwischen Haupt- und Nebensätzen) steht immer ein Komma.
Nebensätze erkennt man meistens daran, dass die **Personalform des Verbs** an letzter Stelle steht.

Weil Peter genug hat, geht er nach Hause.
Peter sagt, **dass er nach Hause geht.**

Aufgepasst: Denk auch an die Kommas bei **Aufzählungen** und bei **Texteinschüben** und vermeide **Konzentrations- und Flüchtigkeitsfehler!**

- Hast du Satzzeichen oder Buchstaben vergessen?
- Fehlen eventuell ganze Wörter
- Hast du einzelne Wörter doppelt geschrieben?

Fehler bei der Rechtschreibung vermeiden

Groß- und Kleinschreibung:
Substantive, Satzanfänge und Eigennamen werden großgeschrieben.
Aufgepasst: Auch substantivierte Wörter werden großgeschrieben.

beim **S**chwimmen · etwas **G**utes

Konsonantenverdoppelung nach Kurzvokalen:
Nach einem kurz gesprochenen Vokal folgen meistens zwei Konsonanten.
Aufgepasst: Achte auf die Ausnahmen!

in · im · bin · bis

Schreibung der s-Laute:
Der stimmhafte (weiche) s-Laut wird immer nur mit **s** geschrieben.

Ho**s**e · Wie**s**e · ra**s**en

Der stimmlose (scharfe) s-Laut
- wird nur mit **s** geschrieben, wenn er am Wortende steht und die Verlängerung des Wortes stimmhaft gesprochen wird,

Gla**s** – Glä**s**er

- wird mit **ss** geschrieben, wenn ein kurzer Vokal vorausgeht,

Wa**ss**er · Flu**ss** · pa**ss**en · fa**ss**t

- wird mit **ß** geschrieben, wenn ein langer Vokal oder Diphthong vorausgeht.

au**ß**en · Fu**ß** · gie**ß**en

dass – das:
- Der Artikel *das* begleitet ein Substantiv.

Das Haus in der Toskana ist ein echter Traum.

- Das Relativpronomen *das* leitet einen Relativsatz ein.

Unser Haus, **das** in der Toskana steht, ist ein Traum

- Die Konjunktion *dass* leitet einen Konjunktionalsatz ein.

Ich sage euch, **dass** das Haus ein Traum ist.

Bibliographische Information der Deutschen Bibliothek
Die Deutsche Bibliothek verzeichnet diese Publikation in der Deutschen Nationalbibliografie; detaillierte bibliografische Daten sind im Internet über http://dnb.ddb.de abrufbar.

Aktualisierter Nachdruck nach den ab 1. 8. 2006 gültigen Rechtschreibregeln.

Redaktionelle Leitung Heike Krüger-Beer
Redaktion Claudia Fahlbusch und Marion Krause, Hampp Media GmbH, Stuttgart
Autoren Hans-Jörg Richter & Anne Ising, Krefeld

Herstellung Annette Scheerer
Typografisches Konzept Horst Bachmann
Illustrator Peter Lohse, Büttelborn

Umschlaggestaltung Michael Acker

Satz Robert Turzer, Tübingen
Druck und Bindung Kösel, Altusried-Krugzell
Printed in Germany

F

ISBN-13: 978-3-411-02319-6 (Gesamtkassette)
ISBN-10: 3-411-02319-8 (Gesamtkassette)

Duden

SMS

Schnell-Merk-System

Grammatik

5. bis 10. Klasse

Dudenverlag
Mannheim · Leipzig · Wien · Zürich

DUDEN PAETEC Schulbuchverlag
Berlin · Frankfurt a. M.

Inhaltsverzeichnis

1 Wort und Wortform

Bausteine unserer Sprache

Wörter sind Bausteine, aus denen wir Sätze bauen. Einzelne Wörter im Satz werden, wenn wir schreiben, durch den Wortzwischenraum voneinander getrennt.
Ein Wort kann im Satz an verschiedenen Stellen eingesetzt werden. Je nachdem, an welcher Stelle im Satz es steht, kann dasselbe Wort unterschiedliche Formen haben. Man unterscheidet dabei zwischen der **Nennform** und den **übrigen Wortformen.**

Nennform:
(der) Turm
übrige Wortformen:
(des) Turm**es**
(dem) Turm
(den) Turm
(die) T**ü**rm**e**
(der) T**ü**rm**e**
(den) T**ü**rm**en**
(die) T**ü**rm**e**

Wortstamm

Jedes Wort hat einen Hauptbestandteil, der im Wesentlichen nicht verändert wird: den Wortstamm. Dieser Wortstamm trägt die eigentliche Bedeutung eines Wortes.

schreib- bei schreiben · **spring-** bei springen · **les-** bei lesen · **schlaf-** bei schlafen · **freund-** bei freundlich

Wortform

Es gibt unveränderliche Wörter (z. B. *und, auf, über*) und eine Vielzahl von Wörtern, die ihre Form je nach Stellung im Satz verändern. Diese Formveränderung nennt man **Flexion.** Die unterschiedlichen Wortformen werden auch **Flexionsformen** genannt. Sie zeigen bestimmte grammatische Merkmale eines Wortes an (gebeugte oder gesteigerte Formen, Pluralformen) und machen die Beziehungen zwischen den einzelnen Wörtern in einem Satz deutlich.

Das sind die T**ü**rm**e** des Doms.

*Der Umlaut **ü** und die Endung **-e** drücken aus, dass das Wort Turm im Nominativ Plural steht, das bedeutet, dass der Dom mindestens zwei Türme hat.*

Deklination

Die **Formveränderung von Substantiven, Adjektiven, Artikeln** und **Pronomen** nennt man Deklination. Bei der Deklination unterscheidet man:

- **Genus** (Geschlecht: männlich, weiblich, sächlich), — der Baum · die Blume · das Haus
- **Numerus** (Einzahl, Mehrzahl) und — das alte Haus · die alten Häuser
- **Kasus** (Fall: Nominativ, Genitiv, Dativ und Akkusativ). — das Haus – des Hauses (Genitiv, Singular); die Häuser – den Häusern (Dativ, Plural)

Konjugation

Die **Formveränderung von Verben** heißt Konjugation. Man unterscheidet nach:

- **Numerus** (Person, Zahl),
- **Tempus** (Zeit),
- **Genus Verbi** (Handlungsart: Aktiv, Passiv ↑ S. 32 ff.) und
- **Modus** (Aussageart: Indikativ, Konjunktiv ↑ S. 37 ff.).

Numerus:
ich sage (Singular) · wir sagen (Plural)

Tempus:
wir werden sagen (Futur)

Genus Verbi:
es wird gesagt (Passiv)

Modus:
sie hätten gesagt (Konjunktiv)

Steigerung

Die Steigerung ist eine besondere Art der **Formveränderung bei Adjektiven** (und einigen Adverbien).
Es gibt drei Steigerungsstufen:

- den **Positiv** (Grundstufe),
- den **Komparativ** (Höherstufe) und
- den **Superlativ** (Höchststufe).

Positiv	Komparativ	Superlativ
groß	größer	am größten
warm	wärmer	am wärmsten
alt	älter	am ältesten
viel	mehr	am meisten

Wörter lassen sich anhand bestimmter Merkmale in Klassen einteilen, die man Wortarten nennt. Es gibt flektierbare und nicht flektierbare Wortarten, also Wortarten, die nicht gebeugt werden können.

Flektierbare Wortarten

- **Verben,**
- **Substantive,**
- **Adjektive,**
- **Artikel** und
- **Pronomen.**

Nicht flektierbare Wortarten

- **Adverbien,**
- **Präpositionen,**
- **Konjunktionen** und
- **Interjektionen.**

Flexion bzw. flektieren ist der Oberbegriff zu Konjugation bzw. konjugieren und Deklination bzw. deklinieren.

Konjugation

Nach
- Person und Numerus,
- Tempus,
- Handlungsart und
- Modus

können verändert werden:
→ **Verben.**

Deklination

Nach
- Kasus,
- Genus und
- Numerus

können verändert werden:
→ **Substantive,**
→ **Adjektive,**
→ **Artikel,**
→ **Numerale,**
→ **Partizipien** und
→ **Pronomen.**

Bestandteile von Wörtern

Laute, Silben und Buchstaben

Laute (das, was mit dem Gehör wahrgenommen werden kann) und **Silben** (die zu einer klanglichen Einheit zusammengefassten Laute) sind die Bausteine der gesprochenen Sprache.
Buchstaben sind die Bausteine der geschriebenen Sprache. Eine Folge von Buchstaben ergibt ein geschriebenes Wort.

Aus 3 × a, 2 × n und 1 × s wird Ananas.

Buchstaben	A · P · F · E · L · B · A · U · M
Wortteile	Apfel · Baum
Silben	Ap – fel – baum
Vokale	**A**pf**e**lbaum a (1 x) · e (1x)
Diphthong	Apfelb**au**m au (1 x)
Konsonanten	A**pf**e**lb**au**m** p (1x) · f (1x) · l (1x) · b (1x) · m (1x)

Vokale und Diphthonge

Hauptbestandteil einer Silbe ist ein volltönender Laut, den man als **Vokal** (Selbstlaut) bezeichnet. Die Veränderung bzw. Aufhellung von Vokalen bezeichnet man als **Umlaut.** Doppellaute, die aus zwei Vokalen gebildet werden, nennt man **Diphthonge** (Zwielaute).

Vokale:
a e i o u
Umlaute:
ä ö ü
Diphthonge:
ei (ai) au eu äu

Konsonanten

Vor oder nach dem Vokal stehen meist andere Laute, die mit dem Vokal gemeinsam klingen. Man nennt solche Laute Konsonanten (Mitlaute).

b, c, d, f, g, h, j, k, l, m, n, p, q, r, s, t, v, w, x, y, z und ß

Wortteile

Wörter setzen sich aus Wortteilen zusammen. Man unterscheidet:
- **Stamm,**
- **Präfix** (Vorsilbe),
- **Suffix** (Nachsilbe) und
- **Flexionsendung.**

Vorsilbe	Stamm	Nachsilbe	Flexionsendung
un	klar		
	klär		t
Ver	klär	ung	
un-er	klär	lich	e

Neben sprachlichen Zeichen, Buchstaben, Silben und Lauten gibt es auch Wörter, die eine Bedeutung haben. Wörter dienen dazu, die Wirklichkeit zu erfassen, zu gliedern und zu ordnen.

Ober- und Unterbegriffe

Oberbegriffe klassifizieren eine Art, Unterbegriffe sind Beispiele für diese Art.

Oberbegriff	Unterbegriff
Nahrungsmittel	Obst · Gemüse · Getreide
Werkzeug	Hammer · Nagel · Feile
Möbel	Bett · Stuhl · Tisch
Bildungseinrichtung	Kindergarten · Grundschule · Hauptschule · Realschule · Gymnasium · Berufsschule · Universität · Volkshochschule · Abendakademie

Ein Wort – ein Ding

Jedes Wort, jede Buchstabenkombination, die gesprochen oder geschrieben wird, ruft im Kopf des Lesers bzw. Hörers ein bestimmtes Bild hervor, die sogenannte Assoziation. Genau diese Vorstellungen von einem Gegenstand machen Kommunikation erst möglich.

Aufgepasst: Die in einem Wörterbuch erklärten Bedeutungen von Wörtern sind jeweils nur die rein begrifflichen Dinge (denotative Bedeutung).

Sommer → Jahreszeit
Weihnachten → christliches Fest

Bilder im Kopf

Was aber kommt dir in den Sinn, wenn du das Wort Sommer oder das Wort Weihnachten hörst? Bestimmt fallen dir gleich die langen Ferien ein und damit all die Dinge, die du mit den Ferien verbindest. Die Gefühle und Empfindungen, die ein Wort in deiner Vorstellung weckt, nennt man Konnotation oder die konnotative Bedeutung eines Wortes.

Sommer → Ferien – Urlaub – Eiscreme – Sonne – Badesee · Weihnachten → Geschenke – Schnee – Weihnachtsbaum – Christkind

Wortfelder

Wörter, die inhaltlich eng benachbart oder sinnverwandt sind, nennt man Wortfeld.

sagen – reden – sprechen – behaupten – meinen – befehlen · antworten – entgegnen – erwidern – Auskunft geben

Aufgepasst: Wörter, die fast die gleiche Bedeutung haben und dadurch untereinander austauschbar sind, heißen **Synonyme.**

hasten – eilen · trödeln – bummeln

Gleichklinger

Es gibt Wörter, die gleich klingen, die aber zwei verschiedene Bedeutungen haben. Man nennt sie **Homonyme.**

Ball:	Spielzeug · festliches Ereignis
Bremse:	Insekt · Fahrzeugbremse
Hahn:	Tier · Wasserhahn
Birne:	Obst · Glühbirne
Schloss:	Bauwerk · Türverschluss

2 Verben

Verben lassen sich nach verschiedenen Merkmalen unterscheiden:

nach Bedeutungsgruppen

- **Tätigkeitsverben**
arbeiten · besuchen · hören · schreiben · malen · lesen · schreien · lernen · sehen · essen · werfen · waschen

- **Verben der Zustands- oder Ortsveränderung**
abheben · rennen · fliegen · stürzen · weggehen · beenden · fahren · kommen · rasen · bummeln · steigen

- **Zustandsverben**
frieren · schlafen · sorgen · denken · erstarren · leben · lieben · glauben · vergessen · bevorzugen · staunen

nach ihrer Selbstständigkeit

- **Vollverben** (↑ S. 13),
- **Hilfsverben** (↑ S. 14),
- **Modalverben** (↑ S. 14).

nach ihrer Verbindung mit anderen Wortarten

- **transitiv** (↑ S. 33, 76),
- **intransitiv** (↑ S. 33, 77),
- **reflexiv** (↑ S. 33).

Verben allgemein

Ein Verb bezeichnet immer eine Handlung, einen Vorgang oder einen Zustand.
Für alle Verben gilt:
- Sie werden kleingeschrieben.
- Sie können konjugiert werden.

abbiegen · spielen · aufwachen · lernen · wohnen

2

Infinitiv

Verben benennen Tätigkeiten, daher spricht man von der **Nennform** oder **Grundform** des Verbs (Infinitiv).
Aufgepasst: Alle Verben haben im Infinitiv die Endungen *-en, -rn* oder *-ln*. Wenn du bei einem Verb die Infinitivendung wegstreichst, erhältst du den Wortstamm.

Infinitiv: les**en**
Endung: -en
Wortstamm: les-

Vollverben

Alle Verben, die im Satz sinnvoll allein stehen können, sind Vollverben.
Im Unterschied dazu gibt es auch sogenannte Hilfsverben, die gemeinsam mit einem Vollverb im Satz stehen (↑ S. 14).
Aufgepasst: Eine Besonderheit stellen die **modifizierenden Verben** (↑ S. 14) dar. Sie zählen zu den Vollverben und sind immer mit einem Infinitiv mit *zu* verbunden.

lesen · lieben · sehen · fordern

Das Experiment schien zu glücken.

Hilfsverben

Hilfsverben dienen dazu, bestimmte **Zeitformen** (↑ S. 18 ff.) und das **Passiv** (↑ S. 32 ff.) zu bilden.
Die Verben ***sein, haben*** und ***werden*** bezeichnet man als Hilfsverben, wenn sie zur Bildung zusammengesetzter Verbformen herangezogen werden.
Aufgepasst: Die Wörter *haben, sein* und *werden* können auch selbstständig als Vollverb (↑ S. 13) auftreten.

Die Schüler **sind aufgewacht.**

Die Kinder **haben geschlafen.** · Heute **sind** sie aber sehr früh **aufgewacht.**

Ich **habe** keine Zeit. · Gestern **waren** wir im Kino. · Sie **wird** Lehrerin.

Modalverben

Modalverben drücken in Verbindung mit einem Vollverb im Infinitiv aus, dass etwas möglich, notwendig, gewollt, erlaubt oder gefordert ist.

Können wir uns morgen treffen? · Ich **muss** den Termin absagen. · Wir **möchten/wollen** ins Kino gehen? · **Darf** ich rauchen?

Modifizierende Verben

Modifizierende Verben, z. B. *drohen, hoffen, meinen, verstehen, scheinen, pflegen, vermögen,* wandeln in Verbindung mit einem Vollverb im Infinitiv mit *zu* dessen Bedeutung ab. Sie haben aber auch noch eine eigenständige Bedeutung.

Die Klassenfahrt **drohte** ins Wasser zu fallen. · Das Experiment **schien** zu glücken (es hatte den Anschein). Die Sonne **scheint.**

Die Personalformen des Verbs

Verben kommen nicht nur im Infinitiv (↑ S. 13) vor, sondern auch als Personalform. Die Personalformen eines Verbs bezeichnet man auch als **finite,** d. h. als veränderliche **Form.**

Der Infinitiv eines Verbs kann nur die Tätigkeit an sich ausdrücken. An der Personalform erkennst du

- **die Person:** 1., 2., 3. Person.
Frage: Wer tut etwas?

Peter singt.

- **die Zahl:** Singular oder Plural.
Frage: Wie viele tun es?

Sie sing**en.**

- **die Zeit:** Präsens, Präteritum, Perfekt, Plusquamperfekt, Futur I oder Futur II.
Frage: Wann geschieht etwas?

Sie **haben gesungen** (Perfekt).

- **die Handlungsart** (Genus): Aktiv oder Passiv.
Frage: Tut die Person etwas (Aktiv) oder wird etwas getan (Passiv)?

Peter **singt** ein Lied. · Das Lied **wird gesungen.**

- **die Aussageweise** (Modus): Indikativ, Konjunktiv oder Imperativ.
Frage: Handelt es sich um eine Tatsache, d. h. geschieht etwas wirklich (Indikativ), ist ein Geschehen möglich oder wünschenswert (Konjunktiv) oder handelt es sich um einen Befehl oder eine Aufforderung (Imperativ)?

Er **singt.** · Er **könnte singen.** · **Sing**(e)**!**

Besondere Flexionsformen des Verbs

Bei einigen unregelmäßigen Verben kann es vorkommen, dass sich der Stammvokal des Infinitivs im Indikativ Präsens gegenüber den Formen der 2. und 3. Person Singular ändert:

e/i-Wechsel

spr**e**chen → du spr**i**chst, er spr**i**cht

ö/i-Wechsel

erl**ö**schen → Die Kerze erl**i**scht.

a/ä-Wechsel

f**a**hren → du f**ä**hrst, er f**ä**hrt

au/äu-Wechsel

l**au**fen → du l**äu**fst, er l**äu**ft

o/ö-Wechsel

st**o**ßen → du st**ö**ßt, er st**ö**ßt

Aufgepasst: Verben, deren Stammvokal im Indikativ Präsens von *e* zu *i* wechselt, haben auch im Singular des Imperativs Formen mit *i*; diese sind ohne Endung (↑ S. 39).

Spr**i**ch! · H**i**lf! · G**i**b! · L**ie**s!

Partizip Präsens und Partizip Perfekt

Außer dem Infinitiv (↑ S. 13) gibt es zwei weitere Verbformen, die nicht nach der Person bestimmt werden (infinite Verbformen): das Partizip Präsens und das Partizip Perfekt.

Das **Partizip Präsens (Partizip I)** wird vom Präsens abgeleitet. Es entsteht durch das Anhängen von *-nd* an den Infinitiv eines Verbs.

lese**nd** · spiele**nd** · singe**nd**

Das Partizip Präsens wird verwendet wie ein Adjektiv (↑ S. 54 f.) und beschreibt ein momentanes, also ein gerade andauerndes Geschehen oder einen Zustand.

Sie beobachtet die spielenden Kinder.

Das **Partizip Perfekt (Partizip II)** bezeichnet ein Geschehen, das bereits beendet ist. Es wird gebildet mit der Vorsilbe *ge-* und der Endung *-t* oder *-en*.
Aufgepasst: Es gibt auch eine unregelmäßige Partizipbildung (↑ S. 42 f.)

geglaub**t** · **ge**prüf**t** · **ge**liefer**t** · **ge**lauf**en** · **ge**trunk**en**

Partizipien sind zwar infinite Formen des Verbs, die keine Personalform ausbilden, sie werden aber trotzdem dekliniert.

das lesend**e** Mädchen · die spielen**den** Kinder · die lernend**e** Klasse · die lernend**en** Kinder · das **ge**rupft**e** Huhn · die **ge**rupf**ten** Hühner

Die Zeitformen des Verbs

Mithilfe der verschiedenen Zeitstufen Vergangenheit, Gegenwart und Zukunft kann man ein Geschehen zeitlich einordnen. Für jede **Zeitform (Tempus)** gibt es eine andere Verbform.
Im Deutschen gibt es sechs Zeitformen.

Präsens (1) und **Präteritum** (2) sind einfache Tempusformen.
Perfekt (3), **Plusquamperfekt** (4), **Futur I** (5) und **Futur II** (6) benötigen ein Hilfsverb, um die konjugierten Formen bilden zu können. Man spricht daher von zusammengesetzten Tempusformen.

(1) ich suche
(2) ich suchte
(3) ich habe gesucht
(4) ich hatte gesucht
(5) ich werde suchen
(6) ich werde gesucht haben

Präsens (Gegenwart)

Das Präsens bezeichnet:

- ein Geschehen, das sich gerade ereignet.
Hinweiswörter: *jetzt, in diesem Augenblick, heute*

In diesem Moment **fallen** die ersten Regentropfen. · Ich **fahre** gerade nach Hause.

- Aussagen, die allgemein und immer gültig sind.

Kinder **sind** keine Erwachsenen. · Der frühe Vogel **fängt** den Wurm.

Manchmal bezeichnet das Präsens auch ein Geschehen in der Zukunft, wenn durch ein anderes Wort im Satz klargemacht wird, dass es sich nicht um ein gegenwärtiges Geschehen handelt.

Morgen schreiben wir eine Mathearbeit.

Präteritum (Imperfekt)

Das Präteritum bezeichnet ein abgeschlossenes vergangenes Geschehen. Es ist das sogenannte **Erzähltempus** und dient auch der Kennzeichnung unausgesprochener Gedanken (erlebte Rede).

Es **war** einmal …

Wie **konnte** das geschehen?

Bildung des Präteritums:
Es gibt eine **regelmäßige** und eine **unregelmäßige Konjugation,** also regelmäßige und unregelmäßige Verben, sowie Verben mit **Mischformen** (↑ S. 20 f.).

Regelmäßige (schwache) Verben bilden das Präteritum mit der Silbe *-te,* das Partizip Perfekt (↑ S. 17) mit der Vorsilbe *ge-* und der Endung *-t.*

ich glaub**te** · du glaub**te**st · **ge**glaub**t**

Unregelmäßige (starke) Verben bilden das Präteritum durch Veränderung des Stammvokals (z. B. i/a-Wechsel, ie/o-Wechsel) und das Partizip Perfekt (↑ S. 17) mit der Vorsilbe *ge-* und der Endung *-en.*

b**i**nden – ich b**a**nd
fl**ie**gen – ich fl**o**g

gebund**en** · **ge**flog**en**

Präteritum (Imperfekt)

Der **Wechsel des Stammvokals** betrifft auch die Formen des Partizips Perfekt (↑ S. 17).	b**i**nden · geb**u**nden
Dabei taucht im Wortstamm häufig ein anderer Vokal auf als in den Formen des Präteritums.	b**a**nd
Verben mit Mischformen verändern im Präteritum den Stammvokal und fügen die Silbe *-te* an.	br**e**nnen · br**a**nn**te**
Das Partizip Perfekt (↑ S. 17) bilden sie mit der Vorsilbe *ge-* und der Endung *-t*, also wie die **regelmäßigen** Verben.	**ge**brann**t**

Der Infinitiv (↑ S. 13), das Präteritum und das Partizip Perfekt (↑ S. 17) bilden die sogenannten **Stammformen** des Verbs.
Von diesen drei Formen lassen sich im Deutschen alle anderen Formen der Konjugation des Verbs ableiten.

Stammformen unregelmäßiger Verben (↑ S. 42 f.)

Infinitiv	**1. Person Singular Präteritum**	**Partizip Perfekt**
gehen	ging	gegangen
laufen	lief	gelaufen
lesen	las	gelesen

Stammformen regelmäßiger Verben		
Infinitiv	**1. Person Singular Präteritum**	**Partizip Perfekt**
glauben	glaubte	geglaubt
wünschen	wünschte	gewünscht
suchen	suchte	gesucht
hören	hörte	gehört
sagen	sagte	gesagt
legen	legte	gelegt
merken	merkte	gemerkt

Stammformen von Verben mit Mischformen		
Infinitiv	**1. Person Singular Präteritum**	**Partizip Perfekt**
brennen	brannte	gebrannt
nennen	nannte	genannt
kennen	kannte	gekannt
rennen	rannte	gerannt
verbrennen	verbrannte	verbrannt
können	konnte	gekonnt
wissen	wusste	gewusst
bringen	brachte	gebracht
denken	dachte	gedacht
senden	sandte	gesandt
wenden	wandte	gewandt

Perfekt

Das Perfekt bezeichnet ein Geschehen, das in der Vergangenheit abgeschlossen ist, dessen Folgen und/oder Ergebnis aber bis in die Gegenwart reichen und für die Gegenwart Bedeutung haben.

Ich **habe** drei Tafeln Schokolade **gegessen.** (Folge: Mir ist jetzt schlecht.) · Es **hat** viel **geschneit.** (Ergebnis: Der Schnee liegt fast einen Meter hoch und man kann Ski fahren.)

Bildung des Perfekts:
Das Perfekt wird gebildet mit einer **konjugierten Form** der Hilfsverben ***haben* oder *sein* + Partizip Perfekt** (↑ S. 17). Man spricht deshalb auch von einer **zusammengesetzten Tempusform.**

ich **habe gegessen** · ich **bin gekommen**

***Haben* oder *sein*?**
Welches der beiden Hilfsverben *haben* oder *sein* zur Bildung des Perfekts herangezogen wird, hängt von dem Vollverb ab, das im Satz steht.

- Das **Hilfsverb *sein*** steht bei den **zusammengesetzten Tempusformen** mit ***sein*** und ***bleiben.***

Ich **bin** schon lange nicht mehr in London **gewesen.** · Meine Haare **sind** dank des Regenschirms trocken **geblieben.**

Das **Hilfsverb *sein*** steht bei **intransitiven Verben,** also bei Verben, die kein Akkusativobjekt bei sich haben (↑ S. 33, 76 f.).
Bei den intransitiven Verben handelt es sich meistens um **Verben der Veränderung,** die einen Wechsel des Zustands oder des Orts anzeigen.

Verben der Zustands- oder Ortsveränderung

ab-/verreisen:	Peter wird schon abgereist sein.
einschlafen:	Erst gegen Morgen bin ich eingeschlafen.
fahren:	Er ist nach Bochum gefahren.
fallen:	Mir war ein Stein vom Herzen gefallen.
fliegen:	Tom ist gestern nach Amerika geflogen.
schwimmen:	Wir sind bis zu der Insel geschwommen.
starten:	Die Rakete ist gestartet.
verblühen:	Die Blumen sind verblüht.
zerbrechen:	Die Vase ist zerbrochen.

Weitere Verben:

ansteigen:	Das Wasser im Fluss ist angestiegen.
vergolden:	Die Kette ist vergoldet.
versilbern:	Das Besteck ist versilbert.
vertrocknen:	Das Gras ist vertrocknet.
welken:	Die Blumen sind verwelkt.

Alle übrigen Verben bilden die zusammengesetzten Tempusformen mit dem **Hilfsverb *haben*.**

Das Kind **hat** die Vase **zerbrochen.** · Der Vater **hat** das Essen **gekocht.** · Die Blumen **haben geblüht.**

Futur I und Futur II

Mit dem Futur drückt man aus, dass ein Geschehen in der Zukunft liegt, also in der Gegenwart noch nicht eingetroffen ist.

Bildung des Futurs I und Futurs II:

- Das **Futur I** wird gebildet mit der **konjugierten Form** von ***werden*** + **Infinitiv** des Hauptverbs eines Satzes.

Aufgepasst: In Verbindung mit den entsprechenden Zeitadverbien weist auch das Präsens in die Zukunft (↑ S. 19).

- Das **Futur II** bezeichnet ein Geschehen, das in der Zukunft als bereits abgeschlossen angesehen wird. Es kann auch eine Vermutung oder Annahme über das spätere Geschehen ausdrücken.

Es wird gebildet mit den Formen der **Hilfsverben *sein*** oder ***haben*** + **Partizip Perfekt** (↑ S. 17) des Hauptverbs eines Satzes.

Aufgepasst: Im Deutschen wird das umständlich wirkende Futur II nur selten verwendet. Es wird häufig durch das so genannte **Ergebnisperfekt** ersetzt.

Du **wirst** sicher viele neue Freunde **finden.**

Wir schreiben **nächste Woche** eine Mathearbeit.

Nächsten August **werden** sie ihren ersten Marathon **gelaufen sein.** · Morgen um diese Zeit **werde** ich die Abiturarbeiten bereits **geschrieben haben.** · Vielleicht **werde** ich in einem Jahr mein Ziel **erreicht haben.**

Morgen um diese Zeit **habe** ich die Abiturarbeiten bereits **geschrieben.**

Haben* oder *sein?
Auch für die **zusammengesetzten Futurformen** gilt: Welches der beiden Hilfsverben *haben* oder *sein* zur Bildung herangezogen wird, hängt vom Hauptverb des Satzes ab. Es gelten die gleichen Gesichtspunkte wie bei den Formen des Perfekts (↑ S. 22 f.).

Er **wird** im Unterricht wohl nicht **aufgepasst haben.** · Wenn der Trubel losgeht, **werde** ich gerade auf dem Bahnhof **angekommen sein.**

Plusquamperfekt

Das Plusquamperfekt bezeichnet ein Geschehen, das noch vor den in der Vergangenheit erzählten Ereignissen liegt. Dieses Geschehen ist in der Vergangenheit bereits abgeschlossen.

Uns **war** plötzlich **eingefallen,** dass wir nicht genügend Geld hatten.

Bildung des Plusquamperfekts:
Es wird mit einer **konjugierten Form** von ***haben*** oder ***sein*** **im Präteritum** (↑ S. 19 f.) **+ Partizip Perfekt** (↑ S. 17) gebildet.

In Verbindung mit anderen Vergangenheitsformen, besonders dem Präteritum, drückt das Plusquamperfekt Vorzeitigkeit aus.

Als er kam, **waren** seine Freunde schon **gegangen.** · Als ich die Schule sah, fiel mir ein, dass ich meine Hausaufgaben zu Hause **vergessen hatte.**

Die regelmäßige (schwache) Konjugation im Indikativ Aktiv

Präsens	**Präteritum**	**Perfekt**
ich frag**e**	ich frag**te**	ich **habe ge**frag**t**
du frag**st**	du frag**test**	du **hast ge**frag**t**
er, sie, es frag**t**	er, sie, es frag**te**	er, sie, es **hat ge**frag**t**
wir frag**en**	wir frag**ten**	wir **haben ge**frag**t**
ihr frag**t**	ihr frag**tet**	ihr **habt ge**frag**t**
sie frag**en**	sie frag**ten**	sie **haben ge**frag**t**
Plusquamperfekt	**Futur I**	**Futur II**
ich **hatte ge**frag**t**	ich **werde** frag**en**	ich **werde ge**frag**t haben**
du **hattest ge**frag**t**	du **wirst** frag**en**	du **wirst ge**frag**t haben**
er, sie, es **hatte ge**frag**t**	er, sie, es **wird** frag**en**	er, sie, es **wird ge**frag**t haben**
wir **hatten ge**frag**t**	wir **werden** frag**en**	wir **werden ge**frag**t haben**
ihr **hattet ge**frag**t**	ihr **werdet** frag**en**	ihr **werdet ge**frag**t haben**
sie **hatten ge**frag**t**	sie **werden** frag**en**	sie werden **ge**frag**t haben**

Infinitiv Präsens: fragen
Infinitiv Perfekt: gefragt haben
Partizip Präsens: fragend
Partizip Perfekt: gefragt

Imperativ Singular: frag[e]!
Imperativ Plural: fragt!
Höflichkeitsform: fragen Sie!

Die unregelmäßige (starke) Konjugation im Indikativ Aktiv

Präsens	Präteritum	Perfekt
ich komm**e**	ich k**am**	ich **bin gekommen**
du komm**st**	du k**amst**	du **bist gekommen**
er, sie, es komm**t**	er, sie, es k**am**	er, sie, es **ist gekommen**
wir komm**en**	wir k**amen**	wir **sind gekommen**
ihr komm**t**	ihr k**amt**	ihr **seid gekommen**
sie komm**en**	sie k**amen**	sie **sind gekommen**
Plusquamperfekt	**Futur I**	**Futur II**
ich **war gekommen**	ich **werde kommen**	ich **werde gekommen sein**
du **warst gekommen**	du **wirst kommen**	du **wirst gekommen sein**
er, sie, es **war gekommen**	er, sie, es **wird kommen**	er, sie, es **wird gekommen sein**
wir **waren gekommen**	wir **werden kommen**	wir **werden gekommen sein**
ihr **wart gekommen**	ihr **werdet kommen**	ihr **werdet gekommen sein**
sie **waren gekommen**	sie **werden kommen**	sie **werden gekommen sein**

Infinitiv Präsens: kommen
Infinitiv Perfekt: gekommen sein
Partizip Präsens: kommend
Partizip Perfekt: gekommen

Imperativ Singular: komm!
Imperativ Plural: kommt!
Höflichkeitsform: kommen Sie!

Die Konjugation wichtiger Verben

Hier und auf den folgenden Seiten findest du die Konjugation von *haben, sein* und *werden* sowie der Modalverben *können, mögen, müssen, sollen, wollen, dürfen* im Überblick.

haben

Präsens Indikativ	**Konjunktiv I**
ich habe du hast er, sie, es hat wir haben ihr habt sie haben	ich habe du habest er, sie, es habe wir haben ihr habet sie haben
Präteritum Indikativ	**Konjunktiv II**
ich hatte du hattest er, sie, es hatte wir hatten ihr hattet sie hatten	ich hätte du hättest er, sie, es hätte wir hätten ihr hättet sie hätten
Perfekt Indikativ	**Konjunktiv I**
er, sie, es hat gehabt	er, sie, es habe gehabt
Plusquamperfekt Indikativ	**Konjunktiv II**
er, sie, es hatte gehabt	er, sie, es hätte gehabt
Futur I	**Konjunktiv I**
er, sie, es wird haben	er, sie, es werde haben
Futur II	**Konjunktiv II**
er, sie, es wird gehabt haben	er, sie, es werde gehabt haben
Infinitiv Präsens: haben **Infinitiv Perfekt:** gehabt haben **Partizip Präsens:** habend **Partizip Perfekt:** gehabt	**Imperativ Singular:** hab(e)! **Imperativ Plural:** habt! **Höflichkeitsform:** haben Sie!

In den Tabellen auf den Seiten 28 bis 30 steht in den zusammengesetzten Formen beispielhaft die Form der 3. Person Singular.

sein	
Präsens Indikativ	**Konjunktiv I**
ich bin du bist er, sie, es ist wir sind ihr seid sie sind	ich sei du sei(e)st er, sie, es sei wir seien ihr seiet sie seien
Präteritum Indikativ	**Konjunktiv II**
ich war du warst er, sie, es war wir waren ihr wart sie waren	ich wäre du wär(e)st er, sie, es wäre wir wären ihr wär(e)t sie wären
Perfekt Indikativ	**Konjunktiv I**
er, sie, es ist gewesen	er, sie, es sei gewesen
Plusquamperfekt Indikativ	**Konjunktiv II**
er, sie, es war gewesen	er, sie, es wäre gewesen
Futur I	**Konjunktiv I**
er, sie, es wird sein	er, sie, es werde sein
Futur II	**Konjunktiv II**
er, sie, es wird gewesen sein	er, sie, es werde gewesen sein
Infinitiv Präsens: sein **Infinitiv Perfekt:** gewesen sein **Partizip Präsens:** seiend **Partizip Perfekt:** gewesen	**Imperativ Singular:** sei! **Imperativ Plural:** seid! **Höflichkeitsform:** seien Sie!

werden	
Präsens Indikativ	**Konjunktiv I**
ich werde du wirst er, sie, es wird wir werden ihr werdet sie werden	ich werde du werdest er, sie, es werde wir werden ihr werdet sie werden
Präteritum Indikativ	**Konjunktiv II**
ich wurde du wurdest er, sie, es wurde wir wurden ihr wurdet sie wurden	ich würde du würdest er, sie, es würde wir würden ihr würdet sie würden
Perfekt Indikativ	**Konjunktiv I**
er, sie, es ist geworden	er, sie, es sei geworden
Plusquamperfekt Indikativ	**Konjunktiv II**
er, sie, es war geworden	er, sie, es wäre geworden
Futur I	**Konjunktiv I**
er, sie, es wird werden	er, sie, es werde werden
Futur II	**Konjunktiv II**
er, sie, es wird geworden sein	er, sie, es werde geworden sein
Infinitiv Präsens: werden **Infinitiv Perfekt:** (ge)worden sein **Partizip Präsens:** werdend **Partizip Perfekt:** (Vollverb:) geworden (Hilfsverb:) worden	**Imperativ Singular:** werd(e)! **Imperativ Plural:** werdet! **Höflichkeitsform:** werden Sie!

können, mögen, müssen, sollen, wollen, dürfen

	können	***mögen***	***müssen***
Präsens Indikativ	ich kann du kannst er, sie, es kann wir können ihr könnt sie können	ich mag du magst er, sie, es mag wir mögen ihr mögt sie mögen	ich muss du musst er, sie, es muss wir müssen ihr müsst sie müssen
Präteritum Indikativ	ich konnte du konntest er, sie, es konnte wir konnten ihr konntet sie konnten	ich mochte du mochtest er, sie, es mochte wir mochten ihr mochtet sie mochten	ich musste du musstest er, sie, es musste wir mussten ihr musstet sie mussten
Partizip Perfekt	gekonnt	gemocht	gemusst
	sollen	***wollen***	***dürfen***
Präsens Indikativ	ich soll du sollst er, sie, es soll wir sollen ihr sollt sie sollen	ich will du willst er, sie, es will wir wollen ihr wollt sie wollen	ich darf du darfst er, sie, es darf wir dürfen ihr dürft sie dürfen
Präteritum Indikativ	ich sollte du solltest er, sie, es sollte wir sollten ihr solltet sie sollten	ich wollte du wolltest er, sie, es wollte wir wollten ihr wolltet sie wollten	ich durfte du durftest er, sie, es durfte wir durften ihr durftet sie durften
Partizip Perfekt	gesollt	gewollt	gedurft

Perfekt und Plusquamperfekt werden mit *haben*, Futur I und Futur II mit *sein* gebildet. Die hier genannten Formen des Partizips Perfekt treten nur auf, wenn die Modalverben als Vollverben gebraucht werden. Sonst steht der Ersatzinfinitiv (Ich habe nicht gehen dürfen.).

Aktiv und Passiv

Die **Aktivformen** eines Verbs, die du bisher kennengelernt hast, betonen den Täter oder Urheber eines Geschehens. Täter oder Urheber kann eine Person, eine Gruppe, aber auch ein Ding oder eine Kraft sein.

Der Hund **beißt** den Postboten. · Das Gewitter **überrascht** die Wanderer.

Verbformen, die einen Vorgang betonen, nennt man **Passivformen.** Sie werden zusammengesetzt aus dem Partizip Perfekt (↑ S. 17) eines Verbs und dem Hilfsverb *werden*.

Der Postbote **wurde** vom Hund **gebissen.** · Die Wanderer **wurden** vom Gewitter **überrascht.**

Für die Umwandlung von einem Aktivsatz in einen Passivsatz gilt:

Aktiv		Passiv
Subjekt	→	Ergänzung mit der Präposition *von*
Akkusativobjekt	→	Subjekt
Aktivform des Verbs	→	Passivform des Verbs
alle übrigen Satzglieder	→	keine Veränderung
man	→	kann entfallen

Aktiv und Passiv bezeichnet man als **Genus Verbi.** Die Angabe des Genus Verbi gehört zur vollständigen Bestimmung einer Verbform ebenso dazu wie die Angabe von Person, Numerus, Tempus und Modus.

beißt (3. Person Singular, Präsens, Indikativ, Aktiv). wurde gebissen (1. oder 3. Person Singular, Präteritum, Indikativ, Passiv)

Nicht alle Verben können ein Passiv bilden, sondern nur solche, die ein Akkusativobjekt bei sich haben. Man nennt diese Verben **transitive Verben.** Verben, die kein Akkusativobjekt nach sich ziehen, sind **intransitive Verben.**
Reflexive Verben sind immer intransitiv (1).
Verben, die das Perfekt mit *sein* bilden, haben keine Passivform (2).

(1) Martin betrachtete sich im Spiegel.

(2) Die Ziegel sind beim letzten Sturm vom Dach gefallen.

Geschehensarten des Passivs

Das **Vorgangspassiv** beschreibt einen Vorgang oder eine Handlung. Es wird gebildet mit der konjugierten Form von *werden* + Partizip Perfekt.

Der Kuchen **wird gegessen.**

Das **Zustandspassiv** dagegen beschreibt einen Zustand bzw. ein Ergebnis. Es wird gebildet mit der konjugierten Form von *sein* + Partizip Perfekt.

Der Kuchen **ist gegessen.**

Täterabgewandtes Passiv

Wenn der Täter oder Urheber genannt wird, spricht man vom täterabgewandten Passiv. Es heißt so, weil der Täter oder Urheber der Handlung eine geringere Bedeutung hat als das Subjekt im Aktivsatz.
Aufgepasst: Die Präpositionen *von* und *durch* zeigen dieses Passiv an.

Der Staatschef **ist** am Morgen **vom Minister** am Flughafen **empfangen worden.**

Täterloses Passiv

Das täterlose Passiv wird verwendet, wenn der Täter oder Urheber nicht genannt werden kann, nicht genannt werden soll oder nicht wichtig ist, z. B. in Gebrauchsanweisungen (1). Das Zustandspassiv (↑ S. 33) ist immer täterlos (2).

(1) Im Kaufhaus **ist** vergangene Nacht **eingebrochen worden.** · Dann **werden** die Schrauben an der Seite des Regals **festgezogen.**
(2) Der Kaffee ist gekocht.

Passivartige Formen

Um z. B. in Aufsätzen (besonders bei Vorgangsbeschreibungen) stilistisch variieren zu können, kannst du auf andere passivartige Formen zurückgreifen:

- ***bekommen/erhalten*** **+ Partizip Perfekt** (entspricht Vorgangspassiv),
  Sie **bekam** einen Blumenstrauß **überreicht.**
- ***sein*** **+ Infinitiv mit *zu*** (entspricht Vorgangspassiv mit *können* oder *müssen*),
  Das Auto **ist** nicht mehr **zu reparieren.**
- ***sich lassen*** **+ Infinitiv** (entspricht Vorgangspassiv mit *können*),
  Die Schraube **lässt sich** nicht mehr **drehen.**
- **andere Verbzusammensetzungen.**
  Nicht abgeholte Fundsachen **kommen zur Versteigerung.** · Das Paket **kommt zum Versand.**

Zusammengesetzte Passivformen mit *werden* (am Beispiel der 3. Person Singular)

	Indikativ	Konjunktiv I	Konjunktiv II
Präsens	er, sie, es wird gefragt	er, sie, es werde gefragt	
Präteritum	er, sie, es wurde gefragt		er, sie, es würde gefragt
Perfekt	er, sie, es ist gefragt worden	er, sie, es sei gefragt worden	
Plusquamperfekt	er, sie, es war gefragt worden		er, sie, es wäre gefragt worden
Futur I	er, sie, es wird gefragt werden	er, sie, es werde gefragt werden	
Futur II	er, sie, es wird gefragt worden sein	er, sie, es werde gefragt worden sein	

Zusammengesetzte Passivformen mit *sein* (am Beispiel der 3. Person Singular)

	Indikativ	Konjunktiv I	Konjunktiv II
Präsens	er, sie, es ist gefragt	er, sie, es sei gefragt	
Präteritum	er, sie, es war gefragt		er, sie, es wäre gefragt
Perfekt	er, sie, es ist gefragt gewesen	er, sie, es sei gefragt gewesen	
Plusquamperfekt	er, sie, es war gefragt gewesen		er, sie, es wäre gefragt gewesen
Futur I	er, sie, es wird gefragt sein	er, sie, es werde gefragt sein	
Futur II	er, sie, es wird gefragt gewesen sein	er, sie, es werde gefragt gewesen sein	

Grundsätzlich gilt:

Mit den meisten Verben kannst du aus einem aktiven Satz einen sinnvollen Passivsatz bilden. Es handelt sich dabei um die sogenannten transitiven Verben (↑ S. 33, 76 f.).
In fast jedem Nachrichtentext, in Bedienungs- und Arbeitsanleitungen ebenso wie in Kochrezepten kommen Passivformen immer wieder vor.

Kindergärten werden geschlossen. · Aufnahme- und Starttaste können nur bei eingelegter Kassette und geschlossenem Kassettenfach betätigt werden. · Anschließend wird die Zucchini von beiden Seiten in etwas Butter goldbraun gebacken.

Sinnloses Passiv

Es gibt eine Reihe von Verben, deren Passivform zwar möglich ist, aber keinen Sinn ergibt:

- ***haben, besitzen, bekommen***
Sie hat eine neue Frisur. → Eine neue Frisur wird von ihr gehabt.
- **Verben in Verbindung mit einem Körperteil**
Ich hebe die Hand. → Die Hand wird von mir gehoben.
- **Verben in Verbindung mit einer Mengenangabe**
Die Tüte enthält vier Bonbons. → Vier Bonbons werden von der Tüte enthalten.
- ***kennen* und *wissen***
Er kennt viele Sprichwörter. → Viele Sprichwörter werden von ihm gekannt.
- **Unpersönliche, allgemeine Angaben: *geben***
In der Wüste gibt es wenig Wasser. → Wenig Wasser wird in der Wüste gegeben.

Die Aussageweise von Verben

Verben können so verändert werden, dass sie ausdrücken, ob etwas eine reale Tatsache, ein Wunsch oder eine Möglichkeit ist oder ob es sich um eine Aufforderung handelt. Diese Aussageweisen (**Modus,** Plural: Modi) nennt man:

- **Indikativ** (Wirklichkeitsform),
- **Konjunktiv** (Möglichkeitsform) und
- **Imperativ** (Befehlsform, ↑ S. 39).

Indikativ:
Die Familie **ist** in Urlaub gefahren (Tatsache).
Konjunktiv:
Die Nachbarn vermuten, die Familie **sei** in Urlaub gefahren (Möglichkeit).

Indikativ

Der Indikativ ist die Grund- oder Normalform sprachlicher Äußerungen. Er drückt aus, dass ein Sachverhalt gegeben ist.
Aufgepasst: Ein solcher Sachverhalt kann wie im Märchen „nur" ausgedacht oder möglich, aber auch allgemeingültig sein.

Auf dem Mars **gibt** es kein menschliches Leben. · Die Fee **hob** den Zauberstab. · Er **kommt** vielleicht morgen. · Ein Tag **hat** 24 Stunden.

Konjunktiv I und Konjunktiv II

Man verwendet den **Konjunktiv I** für Wünsche und Möglichkeiten und ganz besonders in der indirekten Rede (↑ S. 39) oder in Anleitungen und Anweisungen (z. B. Kochrezepte).

Man **nehme** ein halbes Pfund Mehl und zwei Eier.

Der **Konjunktiv II** drückt eine gedankliche Vorstellung aus.

Ich dachte, er hätte alles gemacht.

Konjunktiv I und Konjunktiv II

Konjunktiv I und Konjunktiv II können sich auf die Gegenwart, Vergangenheit oder Zukunft beziehen.

Indikativ	ich lerne · ich habe gelernt · ich werde lernen
Konjunktiv I	ich lerne · ich habe gelernt · ich werde lernen
Konjunktiv II	ich lernte · ich hätte gelernt

Außer in der indirekten Rede (↑ S. 39) wird der **Konjunktiv I** nur noch selten verwendet (als Ausdruck des Wunsches und der Aufforderung).

Er **lebe** hoch! · Er **ruhe** in Frieden. · Man **nehme** …

Der **Konjunktiv II** wird verwendet, wenn etwas nicht wirklich der Fall ist, in höflichen Aufforderungen oder vorsichtigen Feststellungen sowie häufig in irrealen Bedingungssätzen.

Stell dir vor, es **wären** Ferien, … · **Hätten** Sie einen Moment Zeit? · Ich **würde** dafür **plädieren,** …

Der **Konjunktiv I** wird gebildet vom Präsensstamm des Verbs und der Endung *-e, -est, -en* oder *-et.*

du hab**est** · du sei**est** · ihr hab**et** · ihr nehm**et**

Der **Konjunktiv II** wird gebildet vom Präteritumstamm des Verbs, der Endung *-e, -est, -en* oder *-et* und bei unregelmäßigen Verben durch Umlaut.

er h**ä**tt**e** · er w**ä**r**e** · wir n**ä**hm**en** · ihr ging**et**

Die **würde-Form des Konjunktivs** setzt sich zusammen aus den Konjunktiv-II-Formen von *werden* und dem Infinitiv Präsens bzw. Perfekt.

er **würde gehen** · er **würde gegangen sein**

Direkte und indirekte Rede

Bei der **direkten Rede** übernimmt man die Aussage eines anderen wörtlich. Hinweise auf Personen, Ort und Zeit bleiben unverändert. Die direkte Rede steht in Anführungszeichen.

Rita sagte: **„Ich bin krank.“**

Bei der **indirekten Rede** berichtet man aus der eigenen Perspektive. Man übernimmt die Aussage eines anderen so genau wie möglich, passt aber alle Hinweise auf Personen, Ort und Zeit an die eigene Perspektive an. Die indirekte Rede steht im Konjunktiv (↑ S. 37 f.).

Rita sagte, **sie sei krank.**

Imperativ

Dieser kann eine Bitte, eine Aufforderung oder einen Befehl ausdrücken. Er wendet sich direkt an eine oder mehrere Personen und wird im Singular mit dem Präsensstamm des Verbs und der Endung *-e* und im Plural mit der Endung *-t* gebildet.

Beeil(e) dich! · Putzt euch die Zähne!

Aufgepasst: Das Endungs-e der 2. Person Singular entfällt meistens.

sag · geh · bleib

Während man im Imperativ in der 2. Person Singular und Plural das Personalpronomen weglässt, behält man es in der 1. Person Plural und bei der Höflichkeitsform.

Geh endlich! · Geht endlich! · Gehen wir endlich! · Gehen Sie endlich!

Die Konjunktivbildung eines regelmäßigen Verbs im Konjunktiv I			
Präsens	**Perfekt**	**Futur I**	**Futur II**
ich lerne	ich habe gelernt	ich werde lernen	ich werde gelernt haben
du lernest	du habest gelernt	du werdest lernen	du werdest gelernt haben
er, sie, es lerne	er, sie, es habe gelernt	er, sie, es werde lernen	er, sie, es werde gelernt haben
wir lernen	wir haben gelernt	wir werden lernen	wir werden gelernt haben
ihr lernet	ihr habet gelernt	ihr werdet lernen	ihr werdet gelernt haben
sie lernen	sie haben gelernt	sie werden lernen	sie werden gelernt haben

Die Konjunktivbildung eines regelmäßigen Verbs im Konjunktiv II	
Präteritum	**Plusquamperfekt**
ich lernte	ich hätte gelernt
du lerntest	du hättest gelernt
er, sie, es lernte	er, sie, es hätte gelernt
wir lernten	wir hätten gelernt
ihr lerntet	ihr hättet gelernt
sie lernten	sie hätten gelernt

Die Konjunktivbildung eines unregelmäßigen Verbs im Konjunktiv I

Präsens	Perfekt	Futur I	Futur II
ich komme	ich sei gekommen	ich werde kommen	ich werde gekommen sein
du kommest	du sei(e)st gekommen	du werdest kommen	du werdest gekommen sein
er, sie, es komme	er, sie, es sei gekommen	er, sie, es werde kommen	er, sie, es werde gekommen sein
wir kommen	wir seien gekommen	wir werden kommen	wir werden gekommen sein
ihr kommet	ihr seiet gekommen	ihr werdet kommen	ihr werdet gekommen sein
sie kommen	sie seien gekommen	sie werden kommen	sie werden gekommen sein

Die Konjunktivbildung eines unregelmäßigen Verbs im Konjunktiv II

Präteritum	Plusquamperfekt
ich käme	ich wäre gekommen
du käm(e)st	du wär(e)st gekommen
er, sie, es käme	er, sie, es wäre gekommen
wir kämen	wir wären gekommen
ihr käm(e)t	ihr wär(e)t gekommen
sie kämen	sie wären gekommen

Stammformen unregelmäßiger Verben		
Infinitiv	**1. Person Präteritum**	**Partizip Perfekt**
befehlen	befahl	hat befohlen
beginnen	begann	hat begonnen
beißen	biss	hat gebissen
bergen	barg	hat geborgen
bewegen	bewog (bewegte)	hat bewogen (hat bewegt)
biegen	bog	hat/ist gebogen
bieten	bot	hat geboten
binden	band	hat gebunden
bitten	bat	hat gebeten
blasen	blies	hat geblasen
bleiben	blieb	ist geblieben
brechen	brach	hat/ist gebrochen
dürfen	durfte	hat gedurft
essen	aß	hat gegessen
fahren	fuhr	hat/ist gefahren
fallen	fiel	ist gefallen
finden	fand	hat gefunden
fliegen	flog	ist geflogen
fressen	fraß	hat gefressen
frieren	fror	hat gefroren
geben	gab	hat gegeben
gehen	ging	ist gegangen
gelingen	gelang	ist gelungen

Stammformen unregelmäßiger Verben		
Infinitiv	**1. Person Präteritum**	**Partizip Perfekt**
genießen	genoss	hat genossen
gewinnen	gewann	hat gewonnen
gießen	goss	hat gegossen
hängen	hing	hat gehangen
helfen	half	hat geholfen
klingen	klang	hat geklungen
kommen	kam	ist gekommen
laden	lud	hat geladen
lassen	ließ	hat gelassen
laufen	lief	ist gelaufen
lesen	las	hat gelesen
mögen	mochte	hat gemocht
nehmen	nahm	hat genommen
reiben	rieb	hat gerieben
reißen	riss	hat gerissen
rufen	rief	hat gerufen
schlafen	schlief	hat geschlafen
schneiden	schnitt	hat geschnitten
sehen	sah	hat gesehen
sein	war	ist gewesen
sprechen	sprach	hat gesprochen
stehen	stand	hat gestanden
tragen	trug	hat getragen
tun	tat	hat getan

Meistens ist es dir selbst überlassen, ob du die einfachen Konjunktivformen (↑ S. 37 f., 40 f.) oder die Formen mit *würde* wählst: Beide sind grammatisch korrekt.

Besser ohne *würde*

Formen ohne *würde* gelten als eleganter, als stilistisch besser. Dies gilt auch beim doppelten *würde*.

ohne *würde*	mit *würde*
Mit einer Brille **sähest** du gewiss besser.	Mit einer Brille **würdest** du gewiss besser **sehen.**
Ihr Vorschlag **brächte** uns in Schwierigkeiten.	Ihr Vorschlag **würde** uns in Schwierigkeiten **bringen.**
Dieses Mittel **bekämest** du sicher in einer Apotheke.	Dieses Mittel **würdest** du sicher in einer Apotheke **bekommen.**
An deiner Stelle **suchte** ich noch lange.	An deiner Stelle **würde** ich noch lange **suchen.**

mit einfachem *würde*	mit doppeltem *würde*
Wenn ich mit Eva baden **ginge**, **würden** wir dort sicher ihre Freundin treffen. Oder: Wenn ich mit Eva baden **gehen würde, träfen** wir dort sicher ihre Freundin.	Wenn ich mit Eva baden **gehen würde, würden** wir dort sicher ihre Freundin treffen.
Wenn mir jemand 1000 Euro auf den Tisch **legen würde, sagte** ich nicht Nein. Oder: Wenn mir jemand 1000 Euro auf den Tisch **legte, würde** ich nicht Nein **sagen.**	Wenn mir jemand 1000 Euro auf den Tisch **legen würde, würde** ich nicht Nein sagen.

Besser mit *würde*

Um Missverständnisse zu vermeiden und weil der Konjunktiv II veraltet wirken kann, verwendet man Formen mit *würde*.

eindeutig mit *würde* (einfache Form des Konjunktivs II)	missverständlich ohne *würde* (Indikativ Präteritum)
Zur Erholung **würde** ich in die Berge **verreisen.**	Zur Erholung **verreiste** ich in die Berge.
Bei starkem Wind **würdet** ihr es hier oben nicht lange **aushalten.**	Bei starkem Wind **hieltet** ihr es hier oben nicht lange **aus.**
Das Gleiche gilt auch für die indirekte Rede:	
Die Zeitung schrieb, die Fans **würden** mit einem Sieg ihres Teams **rechnen.**	Die Zeitung schrieb, die Fans **rechneten** mit einem Sieg ihres Teams.

Umschreibung mit *würde*	korrekt, aber veraltet
Ich wünschte, er **würde** mehr Obst **essen.**	Ich wünschte, er **äße** mehr Obst.
Wenn der Damm **bersten würde,** setzte er das ganze Tal unter Wasser.	Wenn der Damm **bärste,** setzte er das ganze Tal unter Wasser.
Ich wäre froh, wenn du die Tür **schließen würdest.**	Ich wäre froh, wenn du die Tür **schlössest.**
Diese Quittung **würde** ich nicht **wegwerfen.**	Diese Quittung **würfe** ich nicht weg.
Das Gleiche gilt auch für die indirekte Rede:	
Es hieß, die Kurse **würden** heute erst um 19 Uhr **beginnen.**	Es hieß, die Kurse **begännen** heute erst um 19 Uhr.

3 Artikel und Substantive

Artikel

Man unterscheidet zwischen dem **bestimmten Artikel** *der, die, das* und dem **unbestimmten Artikel** *ein, eine, einer.*

Genus

Der Artikel richtet sich nach dem **Genus** (Plural: Genera = grammatisches Geschlecht) eines Substantivs. Es gibt drei verschiedene Genera. Diese sind:

- Maskulinum (männlich), — der/ein Baum
- Femininum (weiblich), — die/eine Kerze
- Neutrum (sächlich). — das/ein Haus

Das grammatische Geschlecht stimmt mit dem natürlichen Geschlecht von Lebewesen oft nicht überein.

	Genus	natürliches Geschlecht
das Mädchen	Neutrum	Femininum
das Männchen	Neutrum	Maskulinum

Substantive

Substantive machen den größten Teil unseres Wortschatzes aus. Wörter aller anderen Wortarten können substantiviert, d. h. wie ein Substantiv verwendet werden. Sie bezeichnen Lebewesen, Pflanzen, Dinge oder Gefühle. Für alle Substantive gilt:

- Sie werden großgeschrieben.
- Sie werden oft von einem bestimmten oder unbestimmten Artikel begleitet.

Anna · die Katze · der Baum · ein Schreibtisch · die Schule · das Leder · der Verstand · der Mut · der Stress · der Frieden

3

Numerus

Substantive haben einen **Singular** und einen **Plural.** Man bezeichnet diese als den **Numerus eines Substantivs.** Die häufigsten Pluralformen haben die Endungen *-e, -er, -en/-n, -s* oder keine besondere Endung.

Singular: das Kind (ein einziges Kind)
Plural: die Kinder (zwei oder mehrere Kinder)

Aufgepasst: Bei manchen Pluralformen ändert sich nicht nur die Endung, sondern es gibt auch einen Lautwechsel: *a/ä, o/ö, u/ü* und *au/äu.*

die H**a**nd – die H**ä**nde · der Fr**o**sch – die Fr**ö**sche · das B**u**ch – die B**ü**cher

Manche Substantive haben

- nur den Singular,

das Obst · die Milch

- mehrere gleichberechtigte Pluralformen oder

die Pizza: die Pizzas/Pizzen

- nur den Plural.

die Eltern · die Ferien

Deklination von Substantiven

Substantive verändern ihre Form, je nachdem, welche Rolle sie im Satz einnehmen. Die **Beugung des Substantivs** nennt man Deklination. Wird ein Substantiv gebeugt, steht es in einem bestimmten **Kasus** (Plural: Kasus = Fall). Im Deutschen gibt es vier verschiedene Kasus; mithilfe der Fragewörter kannst du herausfinden, in welchem Kasus ein Substantiv steht.

1. Fall: **Nominativ:** wer oder was? — das Buch
2. Fall: **Genitiv:** wessen? — des Buches
3. Fall: **Dativ:** wem? — dem Buch
4. Fall: **Akkusativ:** wen oder was? — das Buch

Mit dem Substantiv wird zugleich auch der Artikel dekliniert.

Deklinationsarten

Durch Deklination gibt man also Genus, Numerus und Kasus an. Außerdem unterscheidet man je nach den Formen des Genitivs Singular und der Bildung des Plurals zwischen einer starken, schwachen und gemischten Deklination.

Aufgepasst: Auch Eigennamen (Titel, Personennamen, geografische Bezeichnungen und Werktitel) werden dekliniert.

die Rede Peters **des** Groß**en** · die Königin Schwedens

Starke, schwache und gemischte Deklination

Schwache Deklination

In der schwachen Deklination gibt es keine Substantive im Neutrum. Der Singular der männlichen Substantive endet in allen Kasus außer dem Nominativ auf *-en*. Die Pluralformen lauten alle gleich; sie enden auf *-en*.

Singular	**Maskulinum**	**Femininum**	**Neutrum**
Nominativ	der Mensch	die Frau	
Genitiv	des Mensch**en**	der Frau	
Dativ	dem Mensch**en**	der Frau	
Akkusativ	den Mensch**en**	die Frau	
Plural			
Nominativ	die Mensch**en**	die Frau**en**	
Genitiv	der Mensch**en**	der Frau**en**	
Dativ	den Mensch**en**	den Frau**en**	
Akkusativ	die Mensch**en**	die Frau**en**	

Starke Deklination

Der Genitiv Singular der Substantive im Maskulinum und Neutrum endet auf *-es/-s*. Es treten verschiedene Formen der Pluralbildung auf.

Singular	**Maskulinum**	**Femininum**	**Neutrum**
Nominativ	der Vogel	die Nacht	das Bild
Genitiv	des Vogel**s**	der Nacht	des Bild**es**
Dativ	dem Vogel	der Nacht	dem Bild(e)
Akkusativ	den Vogel	die Nacht	das Bild
Plural			
Nominativ	die V**ö**gel	die N**ä**cht**e**	die Bild**er**
Genitiv	der V**ö**gel	der N**ä**cht**e**	der Bild**er**
Dativ	den V**ö**gel**n**	den N**ä**cht**en**	den Bild**ern**
Akkusativ	die V**ö**gel	die N**ä**cht**e**	die Bild**er**

Gemischte Deklination

Einige Substantive im Maskulinum und Neutrum werden im Singular stark und im Plural schwach dekliniert.

	Singular	**Plural**
Nominativ	der Staat	die Staat**en**
Genitiv	des Staate**s**	der Staat**en**
Dativ	dem Staate	den Staat**en**
Akkusativ	den Staat	die Staat**en**

4 Pronomen

Wörter, die stellvertretend für ein Substantiv stehen können, heißen Pronomen. Es gibt unterschiedliche Pronomen.

Personalpronomen

Personalpronomen stehen als Stellvertreter für Personen, Gegenstände, Zustände oder Sachverhalte. Man unterscheidet jeweils eine 1., 2. und 3. Person im Singular und im Plural. *Aufgepasst:* Personalpronomen werden dekliniert.

Der Schüler geht nach Hause. – **Er** geht nach Hause. (Stellvertreter für Person) · Die Bücher liegen da. – **Sie** liegen da auf dem Tisch. (Stellvertreter für Sache)

	Singular	Plural
Nominativ	ich · du · er, sie, es	wir · ihr · sie
Genitiv	meiner · deiner · seiner, ihrer, seiner	unser · euer · ihrer
Dativ	mir · dir · ihm, ihr, ihm	uns · euch · ihnen
Akkusativ	mich · dich · ihn, sie, es	uns · euch · sie

Possessivpronomen

Possessivpronomen geben ein Besitzverhältnis an oder drücken eine Zugehörigkeit aus.

mein · dein · sein, ihr, sein · unser · euer · ihr

■ Sie begleiten oder ersetzen ein Substantiv.

Mein Mantel ist zerrissen und dein**er** auch.

■ Sie richten sich in ihrer Form nach der Person, auf die sie sich beziehen. *Aufgepasst:* Je nach Genus, Numerus und Kasus lautet die Deklinationsendung entweder *-er* oder *-es,* wenn das Possessivpronomen ein Substantiv ersetzt.

Ich habe genug Geld, du kannst dein**(e)s** behalten.

4

Reflexivpronomen

Das Reflexivpronomen bezieht sich auf das Subjekt eines Satzes. Es stimmt in Person und Numerus mit ihm überein. *Aufgepasst:* Der Kasus des Reflexivpronomens hängt vom Verb des Satzes ab.

mich/mir · dich/dir · sich · uns · euch · sich

In beiden Sätzen im nebenstehenden Beispiel bezieht sich *uns* auf *wir,* nicht auf *Geschenk.* Daher steht in beiden Fällen das Reflexivpronomen im Plural.

Wir haben **uns** sehr über das Geschenk gefreut. · **Wir** haben **uns** über die Geschenke gefreut.

Demonstrativpronomen

Pronomen, die auf etwas oder jemanden hinweisen, nennt man Demonstrativpronomen.

dieser, diese, dieses · jener, jene, jenes · solcher, solche, solches · derselbe, dieselbe, dasselbe

Sie richten sich in Genus, Numerus und Kasus nach dem Substantiv, bei dem sie stehen oder das sie ersetzen. Die Verwendung von ***dieser, diese, dieses*** und ***jener, jene, jenes*** richtet sich nach dem Inhalt eines Satzes. *Dieser* weist auf etwas Näheres, *jener* auf etwas Entfernteres hin.

Gib **diesem Kind** etwas zu essen!

Meinst du **dieses** Buch auf dem Schreibtisch? Nein, **jenes** dort drüben im Regal!

Indefinitpronomen

Bei Angaben über Personen oder Sachverhalte, die man nicht genauer bestimmen will oder kann, benutzt man Indefinitpronomen. Sie richten sich nach dem Adjektiv oder Substantiv, das sie begleiten bzw. ersetzen.

jeder Mann · manches Kind

jemand · niemand · etwas · nichts · alle · jeder · kein · manche · mehrere · etliche · man · irgendjemand

Aufgepasst: Die Pronomen *etwas, man, nichts* können nur im Nominativ, Akkusativ oder nach Präpositionen stehen. Sie sind unveränderlich.

Man hat ihn gestern im Theater gesehen. · Habt ihr **etwas** Essbares im Haus?

Interrogativpronomen

■ Die Fragepronomen ***wer*** oder ***was*** können das Substantiv eines Satzes ersetzen. Sie kommen ausschließlich im Singular vor und unterscheiden nur zwischen Person *(wer?)* und Sache bzw. Sachverhalt *(was?)*.

Nominativ: wer oder was? *Genitiv:* wessen? *Dativ:* wem? *Akkusativ:* wen oder was?

■ Die Fragepronomen ***welcher, welche, welches*** fragen nach Personen oder Sachen. Sie werden verwendet, wenn es dabei um eine Auswahl aus einer Art oder Menge geht. Die Flexion richtet sich nach dem Substantiv, bei dem sie stehen oder das sie ersetzen.

Welches Kleid soll ich nehmen (das blaue oder das schwarze)? · Mit **welchem** Zug kommst du?

■ Das mehrteilige Interrogativpronomen ***was für ein(-e/-er)*** fragt nach der Art oder der Beschaffenheit von Personen oder Sachen: *was* bleibt unverändert, nur *ein(er)* wird dekliniert.

Was für einen Wein möchten Sie?

Relativpronomen

■ Die Relativpronomen ***der, die, das*** und ***welcher, welche, welches*** leiten einen Nebensatz (Relativsatz) ein. Sie werden je nach Bezugswort flektiert.

Ich sah **den Mann, der** den Brief eingeworfen hat. · Er begrüßt **die Frau, welche** lacht.

■ Die Relativpronomen ***wer*** oder ***was*** bezeichnen ganz allgemein eine Person oder Sache und leiten ebenfalls einen Relativsatz ein.

Wer nicht hören will, muss fühlen. · Mach, **was** du willst!

5 Adjektive

Adjektive beschreiben die Eigenschaften oder Merkmale einer Sache, eines Zustands, eines Vorgangs oder einer Handlung.

- Sie werden kleingeschrieben.
- Sie werden im Satz wie das Substantiv, bei dem sie stehen, dekliniert.

Solche **Eigenschaftswörter** (Adjektive im eigentlichen Sinn) beschreiben oder bewerten, wie jemand oder etwas beschaffen ist.

Rote Rosen sind ihre Lieblingsblumen. · Mit **großer** Freude haben wir von seinem **guten** Abitur erfahren.

Beziehungsadjektive

Manche Adjektive drücken eine bestimmte Beziehung zwischen Personen oder Gegenständen aus. Solche Beziehungsadjektive nennen einen Urheber, ein räumliches oder zeitliches Verhältnis oder einen thematischen Bezugspunkt bzw. -bereich.

Urheber: **ärztliche** Hilfe
Raum/Zeit: die **finnischen** Seen, der **gestrige** Tag
Bereich: **technischer** Fortschritt

Zahladjektive

Alle Zahlwörter, die als Beifügung zu einem Substantiv stehen können, sind ebenfalls Adjektive.

Diese Zahlwörter sind: ■ Grundzahlen (Kardinalzahlen),	eins · sieben · neuntausend
■ Ordnungszahlen (Ordinalzahlen),	der dritte Mann · (der, die, das) Dritte
■ bestimmte und unbestimmte Gattungszahlwörter,	dreierlei · allerlei
■ Bruchzahlen,	halb · drittel · hundertstel
■ Vervielfältigungszahlen,	fünffach · tausendfach
■ unbestimmte Zahladjektive.	zahllos · wenig

Steigerung von Adjektiven

Adjektive können gesteigert werden. Es gibt drei Steigerungsstufen: Positiv, Komparativ und Superlativ (↑ S. 6). *Aufgepasst:* Bei Vergleichen steht im Positiv das Wörtchen *wie* und im Komparativ das Wörtchen *als*.	schön – schöner – am schönsten *Positiv:* Annika ist genauso groß **wie** Lisa. *Komparativ:* Laura ist größer **als** Lilly.
Einige wenige Adjektive haben **unregelmäßige Steigerungsformen,** z. B. durch ein anderes Wort oder durch Umlaut. Du musst sie auswendig lernen.	gut – **besser** – am **besten** · viel – **mehr** – am **meisten** · warm – w**ä**rm**er** – am w**ä**rm**sten**
Nicht alle Adjektive lassen sich steigern, z. B. Adjektive wie *super, fit, egal, klasse* und Farbadjektive.	ein super Essen · ein klasse Auto · eine rosa Bluse

6 Nicht flektierbare Wörter

Adverbien

Es gibt im Deutschen einige Wörter, die nicht flektierbar sind (↑ S. 7). Das bedeutet: An welcher Stelle im Satz sie auch stehen, ihre Form bleibt unverändert. Ein Adverb kann an mehreren Stellen im Satz seinen Platz einnehmen, es liefert aber immer zusätzliche inhaltliche Informationen.
Man unterscheidet Adverbien nach inhaltlichen Gesichtspunkten und teilt sie in vier Gruppen ein.
Aufgepasst: Adverbien werden leicht mit Adjektiven verwechselt. Der wichtigste Unterschied: Adjektive sind flektierbar.

Sie liest sehr **gern** Pferdebücher. · Wir gehen **heute** wandern. · Er ist **sehr** früh aufgestanden.

Adverb: Er schreibt **heute** eine Mathearbeit.
Adjektiv: Er schreibt **am heutigen Tag** eine Mathearbeit.

Die größte Gruppe von Adverbien setzt sich aus ***da, hier, wo*** **+ Präposition** zusammen. Beginnt die Präposition mit einem Vokal, wird an *da* und *wo* ein *r* angefügt.

dabei · dahinter · danach · daran · darüber · dazwischen · hierauf · hierdurch · hierunter · voraus · wobei · worüber

Adverbien des Ortes (Lokaladverbien) beantworten die Fragen *wo?, wohin?, woher?*.
Zu ihnen gehören:
überall, draußen, vorn, hinten, hier, dort, dorthin, zuoberst, links, rechts.

Links stand das Orchester, **rechts** der Showmaster.

Adverbien der Zeit (Temporaladverbien) geben Antworten auf die Fragen *wann?, wie lange?*.
Zu ihnen gehören:
montags, abends, wieder, heute, jetzt, sofort, stets, nochmals, derzeit, zwischendurch, zunächst, bald.

Freitags gibt es in der Mensa Fisch. · Ich gehe **zwischendurch** gern **einmal** essen.

Adverbien der Art und Weise (Modaladverbien) erfragt man am besten mit den Fragewörtern *wie?, auf welche Weise?, womit?*.
Zu ihnen gehören:
blindlings, gratis, einigermaßen, überhaupt, ungefähr, anders, sehr, gern, ziemlich, möglicherweise, barfuß, hoffentlich.

Sie erhalten beim Kauf **gratis** einen Kugelschreiber dazu. · Die Kinder turnten **barfuß.** · Sie liest sehr **gern** Krimis.

6

Adverbien des Grundes (Kausaladverbien) geben Informationen über den Grund bzw. die Ursache eines Geschehens oder Ereignisses. Man erfragt sie mit *warum?*.
Zu ihnen gehören:
folglich, darum, dennoch, notfalls, anstandshalber, daher, deshalb.

Notfalls verschieben wir die Party auf Sonntag. · Sie hat eine Allergie, **darum** meidet sie bestimmte Gewürze.

Die Präpositionen *an, gegen, über, um* und *unter* werden zu den **Adverbien** gerechnet, wenn sie **bei einer Mengenangabe** stehen. Solche Adverbien kannst du bestimmen, indem du sie austauschst oder ganz weglässt.

In die Vorstellung kamen **über** 200 junge Menschen. – In die Vorstellung kamen (**ungefähr/etwa/fast**) 200 junge Menschen.

Manche **Adverbien** kommen fast nur **in Verbindung mit bestimmten Verben** vor. Sie sind zu festen Zusammensetzungen geworden. *Aufgepasst:* Solche Verbindungen mit Verben werden immer zusammengeschrieben.

abhandenkommen · beiseiteschieben

Einige wenige Adverbien bilden **Steigerungsformen,** indem sie auf andere, flektierbare Wörter zurückgreifen.

Positiv	**Komparativ**	**Superlativ**
gern	lieber	am liebsten
bald	eher früher schneller	am ehesten am frühesten am schnellsten
sehr	mehr	am meisten
wohl	besser (wohler)	am besten (am wohlsten)

Adverb und Pronomen

Manche Adverbien sind bestimmten Pronomen sehr ähnlich. Das wichtigste Unterscheidungsmerkmal zwischen beiden Wortarten ist: Die Wörter ***wer, wem, wessen, was, das*** und ***dies*** sind Pronomen, wenn sie in einem bestimmten Kasus stehen, d. h., sie haben im Satz eine grammatische Funktion.

Wer kommt zur Party? (Wer = Subjekt = Nominativ)

Verwendung des Adverbs im Satz

Das Adverb kann im Satz verschieden verwendet werden und übernimmt dann unterschiedliche Funktionen. Es kann benutzt werden:

- als **selbstständiges Satzglied (adverbiale Bestimmung),** wenn es sich auf das Verb oder den ganzen Satz bezieht,
- als **Attribut,** wenn es einzelnen Wörtern oder Wortgruppen zugeordnet ist; in diesen Fällen können Adverbien vor- oder nachgestellt werden;
- **innerhalb einer festen Fügung** hinter der Präposition.

Hier entstehen fünf Neubauten. · **Gestern** hat es geregnet.

Sie ist **sehr** nett. · **Bald** nach dem Vorfall ist sie weggezogen.

Ich bin in **spätestens** zwei Tagen zurück. · Sie kommt in **frühestens** zwanzig Minuten nach Hause.

Präpositionen

Präpositionen kommen immer mit einem anderen übergeordneten Wort, meistens einem Substantiv, einem Pronomen oder Adjektiv gemeinsam vor. Zusammen bilden sie eine Wortgruppe (sogenannte Präpositionalgruppe).
Präpositionen
- geben Beziehungsverhältnisse an,
- sind unveränderlich, d. h. nicht flektierbar,
- „regieren" den Kasus des Worts, bei dem sie stehen (↑ S. 61).

ab · abseits · an · aus · bei · bezüglich · dank · diesseits · durch · für · gegen · gemäß · hinter · in · infolge · inmitten · jenseits · mit · mittels · nach · ohne · unter · über · während · wegen u. a.

Präpositionen werden in vier Gruppen unterschieden nach:
- dem Ort **(lokal),** — **an** der Grenze · **im** Haus
- der Zeit **(temporal),** — **seit** zwei Jahren · **während** des Essens
- Grund, Zweck oder Folge **(kausal),** — **dank** seiner Hilfe · **wegen** des Nebels
- Art und Weise **(modal).** — **ohne** mein Wissen · **mit** dem Plan · **aus** Porzellan · **ohne** Schwierigkeiten

Präposition und Kasus

Präpositionen zwingen dem Substantiv oder Pronomen, bei dem sie stehen, einen bestimmten Kasus auf – sie „regieren“ den Kasus **(Rektion der Präpositionen).**

Die Kinder standen **um den Brunnen.** · Sie bereitete die Party **ohne mein Wissen** vor.

Welchen Kasus eine Präposition fordert, weißt du meist „aus dem Gefühl“. Wenn nicht, verwendest du die Fragewörter, die dir auch bei der Kasusbestimmung helfen (↑ S. 48). Das gilt insbesondere dann, wenn eine Präposition mal mit dem Dativ und mal mit dem Akkusativ in einem Satz vorkommt. Auf *wo?* folgt der Dativ, auf *wohin?* folgt der Akkusativ.

Das Bild hängt **an der Wand** (wo?). · Sie hängt das Bild **an die Wand** (wohin?).

Präpositionen, die den gleichen Fall verlangen, können im Satz gereiht hintereinanderstehen.

Sie suchte **in und unter** dem Schrank. · **Diesseits und jenseits** der Grenze herrschte reger Verkehr.

Bei Präpositionen, die verschiedene Fälle fordern, richtet sich der Kasus des Substantivs oder Pronomens nach der zuletzt stehenden Präposition.

Kommt ihr mit oder **ohne** (Akk.) Kinder? · Sie kommen teils ohne, teils **mit** (Dat.) Kindern.

Stellung der Präposition

- Die meisten Präpositionen stehen **vor** dem regierten Substantiv oder Pronomen bzw. der regierten Wortgruppe.

  nach Feierabend · **für** mich · **aus** dem Fenster · **mit** dem Rad
- Einige Präpositionen können **vor oder hinter** dem regierten Wort stehen.

  nach meiner Meinung/meiner Meinung **nach**
- Einige wenige Präpositionen werden immer **nachgestellt.**

  dem Pressesprecher **zufolge**
- Sogenannte **Doppelpräpositionen umschließen** das regierte Element.

  von morgen **an** · **um** des lieben Friedens **willen**

Verschmelzung von Präposition und Artikel

Einige Präpositionen können mit Formen des Artikels zu einem einzigen Wort verschmelzen.

an	+ dem	→ am	an	+ das	→ ans
in	+ dem	→ im	in	+ das	→ ins
bei	+ dem	→ beim			
von	+ dem	→ vom	zu	+ der	→ zur
zu	+ dem	→ zum			

Es gibt zahlreiche Fügungen und feste Wendungen, die nur in verschmolzenen Formen möglich sind.

am schönsten sein · **zum Tanzen** auffordern · **aufs Ganze** gehen · **hinters Licht** führen

Konjunktionen

Konjunktionen verbinden Sätze und Teile von Sätzen miteinander. Sie sind unveränderlich. Sie stellen eine bestimmte inhaltliche Beziehung zwischen den Sätzen her. Man unterscheidet nebenordnende und unterordnende Konjunktionen.

und · oder · aber · denn · sowohl … als auch · entweder … oder

Nebenordnende Konjunktionen

Nebenordnende Konjunktionen verbinden:

- gleichrangige Haupt- und Nebensätze (1),
- Wortgruppen (2),
- Wörter (3),
- Wortteile (4).

(1) Es klingelte an der Tür, **aber** sie machte nicht auf.
(2) durch List **oder** durch Gewalt
(3) auf **und** ab · arm, **aber** glücklich
(4) be- **und** entladen · Mittel- **und** Südamerika

Auch *als* und *wie* sind nebenordnende Konjunktionen, wenn sie bei den Steigerungsformen des Adjektivs stehen.

Er ist ein besserer Schüler **als** sein Freund. · Heute ist das Wetter nicht so schön **wie** gestern.

Unterordnende Konjunktionen

Unterordnende Konjunktionen wie *dass, weil, nachdem, bis* schließen immer einen Nebensatz an einen Hauptsatz an.

Er konnte nicht glauben, **dass** das die Entscheidung war.

Je nach Inhalt des Satzes lassen sich **nebenordnende und unterordnende Konjunktionen** in verschiedene Bedeutungsgruppen unterscheiden:

Nebenordnende Konjunktionen

Reihung/Zusammenfassung:
und · wie · sowie · sowohl … als · sowohl … als auch · wie auch

Gegensatz/Einschränkung:
aber · doch · jedoch · allein · sondern

Grund:
denn

verschiedene Möglichkeiten:
oder · entweder … oder · beziehungsweise

Unterordnende Konjunktionen

zeitliche (temporale) Bedeutung:
als · nachdem · bis · während · ehe · bevor · sobald · solange · wenn

Angabe eines Grundes (kausal):
weil · da · zumal

Angabe eines Zwecks (final):
damit · dass · um – (zu)

Angabe einer Bedingung (konditional):
wenn · falls · sofern · soweit

Einräumung oder Gegensatz (konzessiv):
obwohl · obgleich · obschon · wenn auch

Angabe einer Art und Weise (modal):
indem · wie · als ob · ohne dass

Angabe einer Folge (konsekutiv):
sodass

Interjektionen

Mal Wort, mal Satz – Interjektionen stellen ganz eigene, selbstständige Äußerungen dar. Stehen sie isoliert, haben sie Satzcharakter (↑ S. 71). Sie kommen vor allem in der gesprochenen Sprache vor und drücken oft eine Empfindung oder eine Haltung des Sprechers aus. Interjektionen sind in ihrer Form unveränderlich.

Tschüs · Autsch · Puh · Hatschi · Miau

Interjektionen lassen sich in zwei Gruppen einteilen:

- **Ausdrucks- und Empfindungswörter** können Gefühlsausdrücke wie Schmerz, Angst, Ekel, Bedauern, Spott, Freude, Erschöpfung u. a. verstärken.

  autsch · aua · brr · pfui · igitt · herrje · nanu · ätsch · puh · oh · juchhu · oje

- **Klang- und Lautmalereien** dienen der anschaulichen, treffenden Kommentierung einer dargestellten Situation und der Nachahmung von Lauten.

  hatschi · hihi · miau · wau, wau · bim · hui · rums · bumm · ticktack · blubb · gong · zack · klingeling

In Comics erhalten Interjektionen häufig eine neue Bedeutung, da sie einen starken Ausdruck in besonders knapper Form wiedergeben können. Häufig werden auch verkürzte Verbformen als Interjektionen benutzt.

schnief! · brüll! · knarr! · heul! · schluchz! · jammer!

7 Wortbildung

Aus einem Grundbestand aus Wörtern und Wortteilen können nach bestimmten Regeln oder Mustern neue Wörter gebildet werden. Man unterscheidet zwei Hauptarten von Wortbildung: Wortzusammensetzungen (Komposition) (1) und Ableitungen (Derivation) (2).

(1) Tisch-bein · wasser-dicht
(2) ur-alt · lieb-lich

Wortzusammensetzungen

Aus einem oder mehreren einfachen Wörtern lassen sich neue Wörter zusammensetzen. Eine solche Zusammensetzung nennt man Komposition. Es gibt unterschiedliche Arten der Zusammensetzung.

Ladenkette · süßsauer · vergeblich

Der letzte Bestandteil heißt **Grundwort,** den ersten nennt man **Bestimmungswort,** weil er das Grundwort näher bestimmt.

Kinderspiel · wunderschön

Beide Bestandteile sind nicht beliebig austauschbar, ohne dass sich die inhaltliche Bedeutung ändert. Fast alle Wortarten können miteinander kombiniert werden.

Bestimmungswort

Bestimmungswörter können Adjektive, Verben und Substantive sein. Sind Verben das Bestimmungswort, fällt die Infinitivendung weg.

mal(en)+ Stift = Malstift

Die Stelle zwischen den Bestandteilen eines Kompositums nennt man **Wortfuge.** Manchmal braucht man zur Verbindung zweier Wörter noch ein so genanntes **Fugenelement.**

Brille + n + Schlange = Brillenschlange · Schmerzen + s + Geld = Schmerzensgeld

Gleichrangige Zusammensetzung

Werden zwei gleichrangige Wörter zusammengesetzt und bilden diese eine neuartige Einheit, spricht man von gleichrangiger (additiver) Zusammensetzung. Gleichrangig heißt: Die Zusammensetzung erfolgt mit Wörtern der gleichen Wortart.

Tischbein · Bleistift · süßsauer

Bestimmende Zusammensetzung

Kennzeichnet ein neu entstandenes Wort eine besondere Eigenschaft oder ein besonderes Merkmal, spricht man von bestimmender (determinativer) Zusammensetzung.

Spiel = Grundwort
Kinderspiel = Spiel, das Kinder spielen
Kartenspiel = Spiel, das mit Karten gespielt wird

Besitzanzeigende Zusammensetzung

Wenn ein Wort der Zusammensetzung konkret ein besonderes Merkmal des Gegenstands oder Sachverhalts bezeichnet, dann spricht man von besitzanzeigender (possessiver) Zusammensetzung.

Blausäure · **himmel**blau · **seiden**weich

Mehrfachzusammensetzungen

Es gibt Wörter, die nicht nur aus zwei, sondern aus mehreren einzelnen Wörtern zusammengesetzt sind. Manchmal ist das Grundwort bereits eine Zusammensetzung (1), manchmal ist das Bestimmungswort zusammengesetzt (2) und manchmal sind Grundwort und Bestimmungswort zusammengesetzt (3).

(1) Bus**haltestelle** · Schul**wettkampf**
(2) **Wohnzimmer**regal · **Großraum**büro
(3) **Fremdsprachenintensivkurs**

Ableitungen

Eine andere Möglichkeit der Wortbildung ist die sogenannte Derivation (Ableitung). Jedes Wort enthält mindestens einen Wortstamm. Dieser Wortstamm wird durch das Voranstellen einer Vorsilbe (Präfix) oder das Anhängen einer Nachsilbe (Suffix) zu einem neuen Wort.

Unmensch · **Ge**räusch · **Miss**erfolg · Dumm**heit** · **ver**geb**lich**

- Bei der **Präfixableitung** werden Präfixe vor den Wortstamm gesetzt; das Ursprungswort erhält auf diese Weise eine neue Bedeutung. Präfixe sind z. B.: *Un-/un-, Ge-/ge-, Ab-/ab-, Be-/be-, Zu-/zu-, Ver-/ver-, Miss-/miss-.*

Unmensch · **Ab**leitung · **Ver**stimmung · **Miss**erfolg

- Bei der **Suffixableitung** werden Nachsilben hinter den Wortstamm gesetzt. Sie werden häufig verwendet, um Verben in Substantive zu verwandeln. Solche Suffixe sind z. B.: *-chen, -heit, -keit, -schaft, -tum, -lein, -nis, -ung.*

Stühl**chen** · Kind**heit** · Heiter**keit** · Leiden**schaft** · Alter**tum** · Männ**lein** · Ereig**nis** · Halt**ung**

- Bei Ableitungen, die vor dem Wortstamm ein Präfix und hinter dem Wortstamm ein Suffix haben, spricht man von **kombinierten Ableitungen.**

Behält**nis** · **Ver**geb**ung** · **Ver**sicher**ung**

Zu den **Abkürzungswörtern** gehören die Buchstabenabkürzungen und Mischformen, die sich aus einzelnen Silben zusammensetzen.

Lkw für Lastkraftwagen · Azubi für Auszubildende(r)

Die Werbesprache bedient sich sogenannter **Wortkreuzungen:** Wörter, die nur in der Vorstellung des Sprechers/Schreibers eine gemeinsame Beziehung haben, werden verschmolzen. Solche Wörter solltest du in Anführungszeichen setzen.

unkaputtbar · Instandbesetzung · kaufregend · fürchterbar

8 Der Satz

Satzarten

Sätze sind selbstständige sprachliche Einheiten, die zusammengesetzt zu Texten werden.
Man unterscheidet Aussage-, Frage- und Aufforderungssätze.

Dies ist ein Satz.

Aussagesatz

Mit einem Aussagesatz wird ein Sachverhalt berichtet oder festgestellt. In Aussagesätzen steht die Personalform des Verbs an zweiter Stelle nach dem Subjekt. Am Ende steht ein Punkt.

Die Kinder **gehen** gerne in die Schule.

Fragesatz

Mit einem Fragesatz versucht man, Informationen zu erhalten. Am Ende eines Fragesatzes steht immer ein Fragezeichen.

Gehst du gerne zur Schule? · Wann beginnt der Unterricht?

Entscheidungsfragen können nur mit Ja oder Nein beantwortet werden. Sie beginnen mit der Personalform des Verbs.

Hast du deine Hausaufgaben gemacht? · **Kommst** du bei mir vorbei?

Ergänzungsfragen werden gestellt, um Einzelheiten zu einem Sachverhalt herauszufinden. Sie beginnen mit einem Fragewort.

Wann schreiben wir die nächste Mathearbeit? · **Über wen** sollen wir im Referat berichten?

Aufforderungssatz

Aufforderungssätze richten sich direkt an andere: Mit Ihnen werden Aufforderungen oder Befehle formuliert. Sie haben am Ende ein Ausrufezeichen.

Fahr doch endlich! · **Seid** pünktlich! · Vor Gebrauch **schütteln!**

Aufforderungssätze beginnen entweder mit der Befehlsform (Imperativ) des Verbs (↑ S. 39 f.) oder enden bei allgemeinen Aufforderungen meist mit dem Infinitiv des Verbs.

Aufgepasst: Das Verb eines Aufforderungssatzes steht im Konjunktiv I Präsens (↑ S. 37 ff.), wenn sich der Sprecher mit einschließt oder wenn er die angesprochene Person siezt.

Seien wir doch ganz ehrlich! · **Seien** Sie unbesorgt!

Ausruf

Ein Ausruf (Interjektion) ist eigentlich kein richtiger Satz (↑ S. 65), er kann aber Satzcharakter haben Nach einem Ausruf steht ein Ausrufezeichen.

Hm**!** · Huch**!** · Hey**!**

Bausteine eines Satzes

Im Deutschen gibt es **einfache Sätze** (Einzelsätze) und **zusammengesetzte Sätze.**
Zusammengesetzte Sätze bestehen aus Teilsätzen, einem Hauptsatz (Trägersatz) und einem Nebensatz (Gliedsatz).

Das Kind wächst. · Das kleine Mädchen, das auf einem Fahrrad fährt, hat rote Schuhe an.

Ein **Hauptsatz** besteht mindestens aus einem Subjekt und einem Prädikat (↑ S. 75).
Zusätzliche Informationen werden von den Ergänzungen, den Objekten (↑ S. 76 ff.) und adverbialen Bestimmungen (↑ S. 79 ff.), geliefert.

Sie liest. (Subjekt, Prädikat) · Sie liest gerade ein Buch. (Subjekt, Prädikat, adverbiale Bestimmung der Zeit, Objekt)

Ein **Nebensatz** wird durch Wörter wie *weil, als, nachdem* und zahlreiche andere unterordnende Konjunktionen (↑ S. 63 f.) an den Hauptsatz gebunden.

- Bei Nebensätzen steht die konjugierte Form des Verbs (Personalform) am Ende.
- Nebensätze können nicht allein, d. h. ohne Hauptsatz, stehen.
- Nebensätze sind dem Hauptsatz entweder nach- (1) oder vorangestellt (2) oder in ihn eingeschoben (3).

(1) Er kam nach Mannheim zurück, **nachdem er drei Wochen in Rom gewesen war.**
(2) **Nachdem er drei Wochen in Rom gewesen war,** kam er nach Mannheim zurück.
(3) Er kam, **nachdem er drei Wochen in Rom gewesen war,** nach Mannheim zurück.

Satzglieder

Haupt- und Nebensätze lassen sich noch weiter in ihre Bestandteile zerlegen. Solche Satzglieder sind in der Regel diejenigen Teile des Satzes, die man als selbstständige Teile verschieben kann. Satzglieder können einzelne Wörter oder Wortgruppen sein.

Sie liest.
Sie liest gerade ein Buch.

Um festzustellen, welche Wörter zusammengehören und auf diese Weise ein sogenanntes Satzglied bilden, gibt es zwei sichere Methoden:

- die Umstell- oder Verschiebeprobe,
- die Ersatzprobe.

Umstell- oder Verschiebeprobe:
Die Teile eines Satzes, die auch dann zusammenbleiben müssen, wenn du einen Satz umstellst, bilden jeweils ein Satzglied. Nur komplette Satzglieder lassen sich umstellen oder verschieben.
Aufgepasst: Bei der Umstellprobe dürfen die Wörter in ihrer Form nicht verändert werden, und der Satz muss weiterhin sinnvoll und vollständig sein.

Nach einer Weile | kommt | Pauls Schwester.

Pauls Schwester | kommt | nach einer Weile.

Ersatzprobe:
Ein Satzglied kann immer nur durch ein anderes Satzglied der gleichen Art ersetzt werden. Überlege, welches Wort bzw. welche zusammengehörenden Wörter ersetzt werden können, dann weißt du, welches Wort bzw. welche Wörter ein Satzglied bilden.

Pauls Schwester | kommt | nach einer Weile.
Sie | kommt | später.
Elke | kommt | in einer Stunde.

Das kleine Foto mit den vielen Kindern | gefiel uns am besten.
Es | gefiel uns am besten.
Es = das kleine Foto mit den vielen Kindern (Subjekt)

Meine Tochter Annika | sieht | ein schönes Jeanskleid | im Schaufenster.
Sie | sieht | es | dort.

Meine Schwester Heidrun | näht | bunte Sommerkleider | in den Ferien.
Sie | näht | sie | dann.

Manchmal ist es sinnvoll, die Ersatzprobe anzuwenden und gegebenenfalls einzelne Satzglieder auszutauschen, um den Inhalt bzw. die Bedeutung eines Satzes zu verdeutlichen.

Das Medikament ist **natürlich wirksam.**
Natürlich (selbstverständlich) ist das Medikament wirksam. Oder:
Das Medikament wirkt auf der Basis natürlicher Stoffe.

Prädikat

Das Prädikat ist der wichtigste Teil des Satzes. Es drückt aus, was jemand oder etwas ist oder was geschieht. Das Prädikat wird immer von einem konjugierten Verb gebildet. Es kann mehrteilig sein.

Sie **liest** ein Buch.

Aufgepasst: Bei der Umstellprobe (↑ S. 73) ist das Prädikat genau jenes Satzglied, das seine Stellung nicht verändert. Es steht im Satz immer an zweiter Stelle.

Tobias **hat** schöne Ferien **gehabt.**

Es gibt Verben,

- die nur mit einem Subjekt stehen,
- und Verben ohne Ergänzungen, die **absoluten Verben.**

Die Blume wächst.
Es regnet.

Subjekt

Das Satzglied, das mit *wer?* oder *was?* erfragt werden kann, nennt man Subjekt (Satzgegenstand). Es

- besteht aus einem oder mehreren Wörtern,
- steht immer im Nominativ (1. Fall).

Der Lehrer liest ein Buch. · **Jeder** in der Klasse spielt ein Musikinstrument.

Manchmal ist auch ein ganzer Satz Subjekt. Man spricht dann von einem **Subjektsatz.** Wende die Ersatzprobe an, um herauszufinden, ob es sich um einen Subjektsatz handelt.

Wann er kommt, interessiert uns nicht.

Objekt

Manchmal reicht es nicht aus, zu sagen, wer handelt oder was geschieht. Man will wissen, auf wen oder was sich ein Geschehen bezieht. Eine solche Ergänzung nennt man Objekt. Das Verb bestimmt, wie viele und welche Ergänzungen notwendig sind, damit ein vollständiger Satz entsteht.

Sie liest.
Sie liest ein Buch.

Das **Akkusativobjekt** beantwortet die Frage *wen?* oder *was?*. Wie auch das Subjekt und das Dativ- oder Genitivobjekt können Akkusativobjekte aus mehreren Wörtern und unterschiedlichen Wortarten bestehen:

- aus Substantivgruppen (Substantiv mit Begleiter (1) und eventuell schmückenden Adjektiven),
- aus Pronomen (2),
- aus Nebensätzen (3).

(1) Der Junge ruft **den (kleinen) Hund.** · Die Schüler beantworten **die Frage.**

(2) Es ekelt **ihn.** · Sie nervt **mich.**

(3) Ich weiß, **was los ist.**

Es gibt Verben, denen immer ein Akkusativobjekt folgt, z. B. *suchen, besuchen, nehmen*. Solche Verben nennt man **transitive Verben.**

Ich besuche **dich.** · Hanna pflegt **den Igel.** · Ich nehme **das Buch.** · Ich suche **den Stift.**

Intransitive Verben sind Verben
- ohne Akkusativobjekt und Verben,
- deren Objekt in einem anderen Kasus als dem Akkusativ steht,
- deren Objekt von einer Präposition eingeleitet wird.

Der Igel zitterte.
Mira half **dem Igel.**
Ich warte **auf dich.**

Viele Verben können transitiv oder intransitiv gebraucht werden.

Ich koche Nudeln. · Ich koche gern.

Das **Dativobjekt** gibt Antwort auf die Frage *wem?*. Dativobjekte sind Substantivgruppen oder Pronomen.

Sie hilft **ihrem Freund.** · Sie hilft **ihm.**

Akkusativ- und Dativobjekt:
Gibt es in einem Satz mehrere Objekte, so ist das Akkusativobjekt unbedingt notwendig; auf das Dativobjekt hingegen kann verzichtet werden:

	Dativobjekt	Akkusativobjekt
Peter zeigt	Frank (wem?)	das Buch (was?).
Peter zeigt	dem Vater (wem?)	das Buch (was?).
Peter zeigt	ihm/ihr (wem?)	das Buch (was?).

Das **Genitivobjekt** beantwortet die Frage *wessen?*. Es gibt nur wenige Verben, die ein Objekt im Genitiv verlangen. Genitivobjekte bestehen aus:
- Substantivgruppen (1),
- Pronomen (2),
- manchmal aus Nebensätzen (Infinitivsätzen) (3).

(1) Wir gedenken **unserer Verstorbenen.**
(2) Wir gedenken **seiner.**
(3) Ich erinnere mich, **ihn benachrichtigt zu haben.**

Objekt

Das **Genitivobjekt** wird heute nur noch selten gebraucht. Nur wenn sich das Fragewort *wessen?* auf das Verb bezieht, wird das Objekt erfragt. Bezieht sich das Fragewort auf ein Substantiv *(wessen Mantel?)*, erfragt man ein Genitivattribut (↑ S. 83).

Wessen gedenken wir? · Wessen erinnere ich mich?

Objekte mit einer Präposition (präpositionale Objekte) erkennst du daran, dass das Fragewort allein nicht ausreicht, um festzustellen, welche Wörter bzw. Wortgruppen zusammengehören. Anders ausgedrückt: Um ein präpositionales Objekt zu erkennen, brauchst du ein Fragewort und eine Präposition. Diese Präposition bestimmt auch den Kasus der gesamten Ergänzung. Es gibt verschiedene Formen des präpositionalen Objekts:

- präpositionaler Ausdruck
  Frage: Womit (mit was) rechnen sie?
  Die Schüler rechnen fest **mit deinem Kommen.**
- Infinitiv mit *zu*
  Frage: Worauf (auf was) hoffen wir?
  Wir hoffen, **den Preis zu gewinnen.**
- Pronominaladverb
  Frage: Worüber (über was) freut er sich?
  Er freut sich **darüber.**
- Gliedsatz
  Frage: Woran (an was) zweifelte sie?
  Sie zweifelte, **ob er die Wahrheit sagte.**

Adverbiale Bestimmungen

Adverbiale Bestimmungen bzw. Ergänzungen bezeichnen die genaueren Umstände des Satzgeschehens (Zeit, Ort, Ursache, Ziel usw.). Die einzelnen adverbialen Bestimmungen unterscheiden sich durch ihre Bedeutung voneinander. Adverbiale Bestimmungen antworten auf die Fragen *wann?*, *wie lange?*, *wo?*, *warum?*, *wie?* usw.
Sie werden häufig durch Präpositionen eingeleitet und machen genauere Angaben zu einem Sachverhalt und den Umständen.
Folgende Wortarten können als adverbiale Bestimmungen vorkommen: Adverbien, Adjektive oder Substantive mit oder ohne Präposition.

heute · lautlos · an der Imbissbude

Obwohl adverbiale Bestimmungen für die Vollständigkeit eines Satzes nicht notwendig sind, tragen sie besondere Bedeutung für die Genauigkeit der zu übermittelnden Information.

jeden Tag · dorthin · zu wenig · aus Liebe

Adverbiale Bestimmungen der Zeit (Temporaladverbiale) können mit den Fragewörtern *wann?*, *wie oft?*, *wie lange?*, *seit wann?*, *bis wann?* erfragt werden.

Morgen besuche ich dich. · Er geht **jeden Tag** spazieren. · **Seit gestern** regnet es. · Du hast Zeit **bis morgen.**

Adverbiale Bestimmungen

Adverbiale Bestimmungen der Zeit geben Auskunft über den Zeitpunkt, die Wiederholung oder die Dauer eines Geschehens bzw. Sachverhalts. Häufig stehen sie mit Präpositionen wie *nach, bis, seit, vor, während.*

(↑ S. 79)

Adverbiale Bestimmungen des Ortes (Lokaladverbiale), die mit den Fragewörtern *wo?, wohin?, woher?, wie weit?* erfragt werden können, geben Auskunft über den Ort, die Richtung, die Herkunft oder die räumliche Ausdehnung eines Sachverhalts oder Geschehens.
Häufig stehen sie mit Präpositionen wie *im, in, vor, auf, unter, dort, über, von, vom, zum, zwischen, bis.*

Die Mannschaft trainiert **in der Halle.** · Wir gehen auch **dorthin.** · Ich komme **vom Lande.** · Der Weg führt **bis zum Wald.**

Adverbiale Bestimmungen des Grundes (Kausaladverbiale), die mit den Fragewörtern *warum?, wodurch?, von wem?, unter welcher Bedingung?, mit welcher Folge?, wozu?, trotz welchen Umstands?* erfragt werden können, geben Auskunft über den Grund, die Bedingung, die Folge, den Zweck, die Einräumung eines Sachverhalts oder Geschehens.
Häufig stehen sie mit Präpositionen wie *aus, von, wegen, durch* und *weil.*

Aus Liebe vergab er ihr. · Der Kinofilm war **zum Lachen.** · **Zum Schreiben** braucht man Ruhe. · **Obwohl die Arbeit schwierig war,** kam sie gut voran.

Adverbiale Bestimmungen der Art und Weise (Modaladverbiale), die mit den Fragewörtern *wie?, wie viel?, wie sehr?, um wie viel?, woraus?* erfragt werden können, geben Auskunft über die Beschaffenheit, die Quantität und Qualität, die Intensität, die Unterschiedlichkeit oder das Material eines Satzgegenstands.
Häufig stehen sie mit Präpositionen wie *nach, bis, seit, vor, während.*

Wir unterhielten uns **vergnügt.** · Er war darüber **zu Tode** erschrocken. · Sie ist **Sekunden schneller** als du.

Adverbiale Bestimmungen des Mittels (Instrumentaladverbiale), die mit den Fragewörtern *womit?, wodurch?* erfragt werden können, geben Auskunft über Mittel oder Werkzeug, das zu einem Geschehen oder Sachverhalt beiträgt. Vereinfachend können Instrumentaladverbiale auch den Modaladverbialen zugerechnet werden.

Sie öffnete den Schrank **mit einem Brecheisen.** · **Durch Schaden** wird man klug. · **Mit Nachsicht** ist da nichts zu erreichen.

Adverbiale Bestimmungen des Zwecks (Finaladverbiale), die mit den Fragewörtern *wozu?, in welcher Absicht?, mit welchem Ziel?, zu welchem Zweck?* erfragt werden können, geben Auskunft über den Zweck, das Ziel oder die Absicht einer Handlung oder eines Geschehens.

Du bist hier nicht **zum Vergnügen** angestellt.

Adverbiale Bestimmungen

Adverbiale Bestimmungen der Bedingung (Konditionaladverbiale), die mit *unter welcher Bedingung?* erfragt werden können, geben Auskunft über die näheren Umstände eines Geschehens oder Sachverhalts.

Unter normalen Umständen würde ich mir das nicht gefallen lassen.

Adverbiale Bestimmungen der Folge (Konsekutivadverbiale), die mit den Fragewörtern *mit welcher Wirkung?*, *mit welcher Folge?* erfragt werden können, benennen die Folge(n) eines Geschehens oder Ereignisses.

Es ist wirklich zu kalt **zum Sonnenbaden.**

Adverbiale Bestimmungen der Einräumung (Konzessivadverbiale), die mit den Fragewörtern *trotz wessen?*, *trotz welcher Hindernisse?* erfragt werden können, geben Auskunft über den (wirkungslosen) Grund oder Gegengrund eines Geschehens.

Trotz der Hitze ging die Arbeit gut voran. · Der Beschluss kam **ungeachtet aller Widerstände** zustande.

Wortstellung

Die Bedeutung eines Satzes ergibt sich aus seinen einzelnen Teilen und ihrer Anordnung (Wortstellung). Das Deutsche hat eine relativ freie Wortstellung, da die zusammengehörigen Satzglieder grammatisch bestimmt und gekennzeichnet sind (↑ S. 84 f.).

Heute liefert die Spedition die neuen Möbel an. – Die Spedition liefert die neuen Möbel **heute** an.

Attribut

Das Attribut stellt kein selbstständiges Satzglied dar, sondern ist ein Satzgliedteil. Es lässt sich im Satz nur mit dem dazugehörigen Satzglied umstellen und wird nicht mithilfe des Prädikats erfragt.
Attribute erläutern die besonderen Merkmale einer Person oder Sache. Sie können vor oder hinter dem Bezugswort stehen.
Es gibt verschiedene Formen des Attributs:

erstklassige Entspannung für die ganze Familie · bärenstarke Ferien

Adjektiv

Ich habe dir einen **schönen neuen** Mantel gekauft.

Adverb

In das Haus **dort** werde ich einziehen.

Genitivattribut

Die Obstbäume **des Gartens** werden geschnitten.

präpositionales Attribut

Hier gibt es Schreibblöcke **mit Rand.**

Attributsatz

Der Fuß, **den ich mir verstaucht habe,** tut noch weh.

Infinitiv mit *zu*

Die Möglichkeit, **selber zu entscheiden,** war gegeben.

Apposition

Tom, **der Schülersprecher der Klasse,** redete mit uns.

Adverbiale Bestimmung oder Attribut?

Adverbiale Bestimmungen und Attribute gibt es zahlreich. Der wichtigste Unterschied ist: Eine adverbiale Bestimmung ist ein Satzglied, das oft (nicht immer!) aus mehreren Bestandteilen besteht. Dagegen ist ein Attribut kein selbstständiges Satzglied, sondern lediglich ein Satzgliedteil.

Umstellprobe: adverbiale Bestimmung

Mit der Umstellprobe stellst du fest, dass du das Wort oder die Wörter, die du bestimmen sollst, an viele Stellen im Satz setzen kannst, ohne dass sich der Sinn des Satzes verändert.

Marie | spielt | in ihrer Freizeit | gern | Theater.

Marie ↓ Subjekt; spielt ↓ Prädikat; Theater ↓ Akkusativobjekt

1. Frage: Was sind *in ihrer Freizeit* und *gern?*
   Adverbiale Bestimmung oder Attribut?

2. Alle eigenständigen Satzglieder lassen sich, außer dem Prädikat, umstellen:

Marie | spielt | in ihrer Freizeit | gern | Theater.
Marie | spielt | gern | Theater | in ihrer Freizeit.
In ihrer Freizeit | spielt | Marie | gern | Theater.
Gern | spielt | Marie | Theater | in ihrer Freizeit.

3. Frage: Was sind *in ihrer Freizeit* und *gern* für adverbiale Bestimmungen?

4. | in ihrer Freizeit | kann mit *wann?* erfragt werden.
   → **Temporaladverbiale**

   | gern | kann mit *wie?* erfragt werden.
   → **Modaladverbiale**

Merk dir gut: Die Umstellprobe hilft dir, beide Möglichkeiten sicher voneinander zu unterscheiden. Bei diesem Verfahren ist es wichtig, dass der Satz grammatisch korrekt bleibt und sich die inhaltliche Aussage nicht wesentlich verändert.

Umstellprobe: Attribut

Mit der Umstellprobe stellst du fest, dass das Wort, das du bestimmen sollst, immer mit seinem Bezugswort verbunden bleibt.

Marie spielt in ihrer knappen Freizeit gern experimentelles Theater.

1. Frage: Was sind *knappen* und *experimentelles?*
   Adverbiale Bestimmung oder Atrribut?

2. Alle Satzglieder lassen sich umstellen. Aber *knappen* und *experimentelles* können nicht die erste Stelle im Satz einnehmen, d. h., sie können nicht vor dem Prädikat stehen.

Marie | spielt | in ihrer knappen Freizeit | gern |
↓ ↓ ↓ ↓
Subjekt | Prädikat | Temporaladverbiale | Modaladverbiale |

experimentelles Theater.
↓
Akkusativobjekt

3. Daraus folgt:
   knappen und *experimentelles* sind **Attribute** und gehören als Satzgliedteile zu ihren Bezugswörtern *knappen Freizeit* und *experimentelles Theater.*

9 Zusammengesetzte Sätze

Hauptsätze, Nebensätze und Gliedsätze

Den einfachen Satz und den Satz, der durch Objekte ergänzt wird, hast du bereits kennengelernt (↑ S. 70–85). Sätze lassen sich aber auch aus Teilsätzen zusammensetzen. Man spricht dann von einem zusammengesetzten Satz. Dieser besteht aus mindestens zwei Teilsätzen, die gemeinsam eine neue Sinneinheit bilden.
Man unterscheidet zwei Arten von Teilsätzen:
- den Hauptsatz (1),
- den Nebensatz oder Gliedsatz (2).

(1) Das ist ein Hauptsatz.
(2) Der Satz, den ich geschrieben habe, ist kurz und sinnvoll.

Satzreihe

Hauptsatz + Hauptsatz = Satzreihe. Eine Verbindung von zwei oder mehreren selbstständigen, gleichrangigen Teilsätzen nennt man Satzreihe.
Aufgepasst: Satzreihen können mit oder ohne Konjunktion verbunden werden.

Der Schreck fuhr uns in die Glieder, das Lachen erstarb uns auf den Lippen. · Der Film war gut, doch es fehlte der Humor.

Satzgefüge

Hauptsatz + Teilsatz = Satzgefüge. Eine Verbindung von zwei oder mehreren Teilsätzen, bei der der eine dem anderen untergeordnet ist, nennt man Satzgefüge.
Teilsätze werden nach der Art ihrer Verknüpfung oder nach Art des Inhalts eingeteilt.

Ich kannte das Buch schon, das ich lesen sollte.

Nebensätze nach Art der Verknüpfung

Relativsätze werden durch ein Relativpronomen (↑ S. 53) oder ein Relativadverb eingeleitet:
der, die, das, welcher, welche, welches, wo, wie, wohin, woher, wodurch, wer, was.
Dabei bezieht sich das Relativpronomen auf ein Wort aus dem Hauptsatz und stimmt mit diesem Wort im Genus und Numerus überein.

Sprichst du von dem Mann, **den wir gestern getroffen haben?** · Das Geld, **das ich im Sommer verdient habe,** ist leider schon ausgegeben.

Der Kasus richtet sich nach dem vom Relativpronomen verwirklichten Satzglied.

Das Schönste, was ich finden konnte, habe ich mitgebracht.

Aufgepasst: Vor dem Relativpronomen im Nebensatz kann eine Präposition stehen.

Ich zeige dir morgen das Haus, **in das** ich einziehen werde.

Nebensätze nach Art der Verknüpfung

Konjunktionalsätze werden durch eine unterordnende Konjunktion an den Hauptsatz angeknüpft: *dass, wenn, als, ob.*

Ich glaube, **dass** ich mein Ziel erreiche. · Es ist noch nicht sicher, **ob** wir in Urlaub fahren können.

Interrogativsätze (oder indirekte Fragesätze) werden durch ein Interrogativpronomen eingeleitet: *was, wann, wer, wie, wo, warum, weshalb.*

Ich wusste nicht, **was** ich tun sollte. · Nach Stunden fragte er mich, **wann** wir das Ziel endlich erreichen.

Infinitivsätze werden mit dem erweiterten Infinitiv mit *zu* gebildet. Man spricht vom „erweiterten“ Infinitiv, da dieser nähere Bestimmungen mit sich führt, z. B. die Wörtchen *ohne* und *um.*

Die Mannschaft beschließt, **nicht vorschnell aufzugeben.** · Ich dachte mir, **um schnell zu dir zu kommen,** nehme ich den Zug.

Partizipialsätze werden mit dem Partizip Präsens oder Partizip Perfekt (↑ S. 17) gebildet. Der Teilsatz bezieht sich auf das Subjekt des Hauptsatzes.

Auf eine Antwort hoffend[,] wartete sie schon früh auf den Briefträger.

Gliedsätze

Nebensätze werden nach ihrer Form unterschieden. Betrachtet man aber die Funktion, so spricht man von Gliedsätzen.

Ein Gliedsatz trägt den Namen des Satzgliedes, dessen Stelle er einnimmt.

Subjektsätze:
Steht der Gliedsatz an der Stelle des Subjekts eines Satzes, kann mit *wer?* oder *was?* danach gefragt werden.

Wer pünktlich kam, schaffte die Arbeit ohne Probleme.

Objektsätze:
Der Gliedsatz tritt an die Stelle eines Objekts und wird mit den für den Kasus bestimmten Fragewörtern *wessen?, wem?, wen?, was?* ermittelt. Am häufigsten kommen Objektsätze anstelle einer Akkusativergänzung vor.

einfacher Satz mit Objekt		**Satzgefüge mit Objektsatz**
Wir erinnerten uns **der schon gesehenen Filme.**	wessen?	Wir erinnerten uns, **welche Filme wir schon gesehen hatten.**
Ich vertraue **meinem Freund.**	wem?	**Wer mein Freund ist,** dem vertraue ich.
Er möchte **unsere Hilfe** nicht.	wen?, was?	Er möchte nicht, **dass wir ihm helfen.**

Gliedsätze

Adverbialsätze:
Man spricht von Adverbialsätzen, wenn der Teilsatz an die Stelle einer adverbialen Bestimmung tritt. Ein Adverbialsatz antwortet auf die Fragen *wo?*, *wann?*, *wie?*, *warum?* usw.

Einfacher Satz mit Adverbialbestimmung		Satzgefüge mit Adverbialsatz
Lokalsatz: Ich werde den Winter **in einem warmen Land** verbringen.	wo?	Den Winter verbringe ich, **wo es warm ist.**
Temporalsatz: Nach dem Essen tranken wir Tee.	wann?	**Als das Essen beendet war,** tranken wir Tee.
Modalsatz: Die Zuhörer begrüßend, begann er seine Rede.	wie?	Er begann seine Rede, **indem er die Zuhörer begrüßte.**
Kausalsatz: Wegen des Regens gehen wir nicht wandern.	warum?	**Weil es regnet,** gehen wir nicht wandern.
Finalsatz: Zur Klärung der Streitfrage führten wir eine Diskussion.	mit welchem Ziel?	**Um die Streitfrage zu klären,** führten wir eine Diskussion.

Attributsätze:
Der Attributsatz ist ein Teilsatz, der an die Stelle eines Attributs tritt und mit den Fragepronomen *welcher?*, *welches?* oder *welche?* erfragt werden kann. Die wichtigste Form des Attributsatzes ist der Relativsatz (↑ S. 87).

Das Buch, das ich suchte (das gesuchte Buch), fand ich in einem Fachgeschäft.

Die Zeitenfolge im Satzgefüge

	Hauptsatz	Gliedsatz
Vorzeitige Handlung des Gliedsatzes	**Präsens**	**Präsens**
	Wir machen die Aufgabe später,	wenn du erst zum Arzt musst.
	Präsens	**Perfekt**
	Ich bin froh,	weil ich dich getroffen habe.
	Präteritum	**Plusquamperfekt**
	Ich kam zu spät,	da ich den Zug verpasst hatte.
	Futur	**Präsens**
	Wir werden schon morgen fliegen,	wenn ich heute die Tickets bekomme.
Gleichzeitige Handlung von Hauptsatz und Gliedsatz	**Präsens**	**Präsens**
	Es ist so stürmisch,	dass sich die kleinen Bäu-me bis zur Erde biegen.
	Präteritum	**Präteritum**
	Ich öffnete die Tür,	als er die Treppe herauf-kam.
	Perfekt	**Perfekt**
	Wir haben das Licht angeschaltet,	da es dunkel geworden ist.
Nachfolgende Handlung des Satzglieds	**Präsens**	**Präsens**
	Er liest so lange,	bis ihm die Augen zufallen.
	Präteritum	**Präteritum**
	Es schneite stundenlang,	sodass man nicht mehr aus der Tür kam.
	Futur	**Präsens**
	Ich werde das Bild fertig malen,	wenn ich Ferien habe.

Das **Hochdeutsche,** das man auch **Standardsprache** nennt, ist die allgemein verbindliche Sprachform, die in der Schule gelehrt wird und die du als geschriebene Sprache auch in diesem Buch vorfindest. Während es für das Hochdeutsche verbindliche Sprachnormen gibt, gilt dies nur in begrenztem Maße für **Abweichungen vom Hochdeutschen,** die in verschiedenen Sprachgemeinschaften gebraucht werden.

Dialekte

Dialekte, z. B. Bayerisch oder Schwäbisch, werden regional begrenzt gesprochen. Für die Sprecher eines Dialekts drückt sich darin eine besondere Zugehörigkeit aus.

oans, zwoa, zehne (eins, zwei, zehn)
I ben so mied. (Ich bin so müde.)

Umgangssprache

Die Umgangssprache (Alltagssprache) folgt zwar nicht allen Regeln der Hoch- oder Standardsprache, ist aber auch kein Dialekt. Die Abweichungen von der Standardsprache sind so gering, dass die Umgangssprache allgemein verständlich ist.

Sie ist immer durch die Sprache bestimmter Teile der Gesellschaft geprägt. So werden z. B. die Jugend- und Szenesprache in einer Altersgruppe oder Szene (Musik-, Mode-, Computerwelt) gesprochen. Aber auch die Sprache unter Sportlern oder Fachsprachen von Wissenschaftlern sind Gruppensprachen. Sie sind Zeichen einer Gemeinschaft und dienen u. a. der internationalen Verständigung. Hierbei haben die Anglizismen die Nase vorn.

Jugendsprache:	Mann, ist das krass. · Da haste kein Raff von. · Ich hab kein Bock.
Gruppensprache:	Reich mir mal das Skript rüber. · Ich forwarde dir die Mail.

Anglizismen

In die Sprache des Sports, der Musik, der Wirtschaft und Technik haben sogenannte Anglizismen, d. h. Wörter aus dem Englischen und Amerikanischen, längst Eingang gefunden. So kommen etwa die meisten Internetbegriffe aus dem Englischen, sie beeinflussen auch die Umgangs- und Schriftsprache.

E-Mail · Provider · Account · log-in · Homepage · Browser

Häufig wird versucht, solche Begriffe einzudeutschen, indem sie

- übersetzt werden (1),
- wie deutsche Wörter konjugiert werden (2),
- deutschsprachige Prä- oder Suffixe erhalten (3).

(1) elektronische Post (statt E-Mail) · Anbieter (statt Provider) · Konto (statt Account)
(2) Ich forwarde dir die Mail. · downloaden · chatten
(3) einloggen · auschecken

Der Einfluss des Mündlichen auf das Schriftliche

Der frühere (Informations-)Austausch durch Briefe wurde mehr und mehr vom Telefonieren abgelöst. Damit hat sich die Kommunikation wesentlich geändert: Nicht ein geschriebener Text in Standardsprache, sondern umgangssprachliche Formen werden übermittelt. Den gestiegenen Einfluss des Mündlichen auf das Schriftliche kann man nicht nur an den beliebten SMS-Nachrichten erkennen. Mittlerweile sitzen User vor ihren Computern, chatten im Cyberspace und haben sogar ihre eigene Zeichensprache wie etwa Emoticons oder Talk-Modes.

Emoticons:	:-)) sehr zufrieden, alles okay
	;-) Augenzwinkern
Talk Modes:	ASAP = **a**s **s**oon **a**s **p**ossible
	HB2U = Happy birthday to you!

Bibliographische Information der Deutschen Bibliothek
Die Deutsche Bibliothek verzeichnet diese Publikation in der Deutschen Nationalbibliografie; detaillierte bibliografische Daten sind im Internet über http://dnb.ddb.de abrufbar.

Aktualisierter Nachdruck nach den ab 1. 8. 2006 gültigen Rechtschreibregeln.

Redaktionelle Leitung Heike Krüger-Beer
Redaktion Claudia Fahlbusch und Marion Krause, HamppMedia GmbH, Stuttgart
Autorin Birgit Hock, Ludwigshafen

Herstellung Annette Scheerer
Typografisches Konzept Horst Bachmann
Illustrator Peter Lohse, Büttelborn
Grafiken Bibliographisches Institut & F. A. Brockhaus AG und DUDEN PAETEC GmbH
Umschlaggestaltung Michael Acker

Satz Robert Turzer, Tübingen
Druck und Bindung Kösel, Altusried-Krugzell
Printed in Germany

F

ISBN-13: 978-3-411-02319-6 (Gesamtkassette)
ISBN-10: 3-411-02319-8 (Gesamtkassette)

Duden

SMS

Schnell-Merk-System

Rechtschreibung und Zeichensetzung

5. bis 10. Klasse

Dudenverlag
Mannheim · Leipzig · Wien · Zürich

DUDEN PAETEC Schulbuchverlag
Berlin · Frankfurt a. M.

Inhaltsverzeichnis

1 Vokale und Vokalverbindungen

Kurze Vokale

Grundsätzlich gilt:

Man unterscheidet zwischen kurzen und langen Vokalen. Diese Unterscheidung hat Konsequenzen für das Schriftbild.

Nach kurzem, betontem Vokal folgen zwei Konsonanten als

- **Doppelkonsonant** (ein und derselbe Konsonant wird verdoppelt) oder als

  Ba**ll** · ke**nn**en · fe**tt**

- **Kombination verschiedener Konsonanten,** da es im Deutschen kein *kk* und kein *zz* gibt.

  Ka**tz**e · Sa**ck** · A**ck**er · Gebä**ck**

Aufgepasst: Nach *l, m, n, r,* das merke ja, folgt nie *tz* und nie *ck!*

Balken · Holz

Schärfung

Zwei Konsonanten, die aufeinanderfolgen, kennzeichnen einen kurzen Vokal. Anders ausgedrückt: Der Vokal erfährt eine Schärfung.

Da**ck**el · So**ck**e · zi**tt**ern · kni**tt**ern · Stu**ck**ateur

Ins Deutsche übernommene Fremdwörter können aber mit *kk* oder *zz* geschrieben werden.

Mo**kk**a · A**kk**usativ · Pi**zz**a

Lange Vokale

Es gibt verschiedene Möglichkeiten, die dazu führen, dass ein Vokal lang gesprochen wird.
Vokale, die lang gesprochen werden, haben ein uneinheitlicheres Schriftbild zur Folge.

Sahne · Paar · Sieg · malen · fliehen

Dehnungs-h

Häufig folgt auf einen langen Vokal der Buchstabe *h*, um die **Dehnung** anzuzeigen.

Bo**h**ne · Ha**h**n · Stu**h**l · ke**h**ren · la**h**m

Aufgepasst: Der lange i-Laut wird fast nie mit Dehnungs-h geschrieben. Ausnahme: *ihm, ihr, ihnen, ihrem, ihren.*

T**i**ger · B**i**ber · **I**gel · Pr**i**mel

Einmal Dehnungszeichen – immer Dehnungszeichen! Oder anders ausgedrückt: In verwandten Wörtern bleibt das Dehnungs-h meistens erhalten.

Za**h**n – Zä**h**ne – Za**h**narzt · fa**h**ren – Fä**h**re – Abfa**h**rt – Gefä**h**rt

Dehnung mit Doppelvokal

Um die Länge eines Vokals anzuzeigen, wird er manchmal verdoppelt (Doppelvokal). Dies gilt aber nur für die **Vokale *a, e, o*.**

S**aa**l · H**aa**r · P**aa**r · B**ee**t · B**oo**t

Aufgepasst: **Umlaute** werden nicht verdoppelt.

Saal – S**ä**le
Haar – H**ä**rchen
Paar – P**ä**rchen

Dehnung mit Doppelvokal

Alle Wörter aus der Familie eines Wortes, das den langen Vokal durch Verdoppelung erhalten hat, werden mit *aa, ee* oder *oo* geschrieben.	H**aa**rpinsel – h**aa**rscharf – h**aa**ren · Häuserm**ee**r – M**ee**resrauschen – m**ee**rgrün · B**oo**tssteg – ausb**oo**ten – Ruderb**oo**t

Dehnungs-e nach i

Da das Dehnungs-h in **Wörtern mit** ***i*** selten auftaucht (↑ S. 5), wird das lang gesprochene *i* meistens durch ***ie*** wiedergegeben.	S**ie**g · Sp**ie**gel · L**ie**be · v**ie**l · R**ie**se · sp**ie**len
Man findet das Dehnungs-e auch immer bei **Wörtern,** die **auf** ***-ier*** **oder** ***-ieren*** enden.	Juwel**ier** · Klav**ier** · buchstab**ieren**
Das Dehnungs-e kommt auch vor bei **Fremdwörtern, die mit einem langen** ***i*** **enden.**	Gen**ie** · Biolog**ie** · Lotter**ie**
Konjugationsformen von Verben werden ebenfalls mit ***ie*** geschrieben.	bleiben – ich bl**ie**b
In ganz wenigen Fällen, z. B. bei **geografischen Namen,** gibt es ein Dehnungs-e auch nach den Vokalen *a* und *o*.	Str**ae**len · S**oe**st · Itzeh**oe** · Oldesl**oe**

Es gibt einige wenige Wörter mit langem *i*, bei denen das Dehnungs-e mit dem Dehnungs-h kombiniert wird. Dazu gehören auch die konjugierten Formen einiger weniger Verben.

fliehen · Vieh · wiehern · ziehen · du befiehlst

wieder und wider

Die beiden Wörter *wieder* und *wider* klingen gleich. Besonders oft kommen sie in zusammengesetzten Wörtern vor. Um sie richtig zu schreiben, musst du die Bedeutung der Wörter beachten.

- **Wörter mit der Vorsilbe *wieder*** werden in der Bedeutung von *zurück, erneut* und *noch einmal* verwendet.

wiederkommen · wiedergewinnen · wieder einsetzen

Schreibung:
Wortzusammensetzungen mit *wieder* werden **entweder auseinander- oder zusammengeschrieben.**
Zusammenschreibung gilt vor allem in Verbindung mit Verben und Adjektiven, wenn *wieder* in der Bedeutung von *zurück* verstanden wird.

Ich kann dir das Geld erst morgen **wiedergeben.** · Die Kuh gehört zu den **wiederkäuenden** Tieren.

Getrenntschreibung ist anzuwenden, wenn *wieder* im Sinne von *nochmals, erneut* verstanden wird.

Ich werde das nie **wieder tun.**

- **Wörter mit der Vorsilbe *wider*** haben die Bedeutung von *gegen*.

Schreibung:
Sie werden immer **zusammengeschrieben.**

widersprechen · **wider**setzen · der **Wider**stand

Langer Vokal ohne Dehnung

Es gibt Wörter im Deutschen, die einen lang gesprochenen Vokal haben, aber ohne Dehnungszeichen geschrieben werden.	G**e**burt · R**o**se · l**ü**gen · Bl**ü**ten · H**a**se
Auf einen **langen Vokal** folgt ein einzelner Konsonant.	Ba**d** · re**d**en · Mo**d**e · Le**b**en · Na**m**en
Lange Vokale stehen häufig am **Anfang einer Silbe,** oder sie lassen sich auf ein Wort zurückführen, bei dem dies so ist.	verm**ag** – verm**ö**gen · ang**e**blich – ang**e**ben
Das Präfix ***ur-*** und die Suffixe ***-bar, -sal*** und ***-sam*** werden immer ohne Dehnungszeichen geschrieben.	**ur**alt · wunder**bar** · Schick**sal** · heil**sam**
Meist steht kein Dehnungszeichen bei **Wörtern mit *t* im Anlaut.**	**T**ür · **t**un · **T**ugend
Auch **Wörter mit *sch* und *qu* im Anlaut** haben meist kein Dehnungszeichen.	**Sch**wan · **sch**wer · **Sch**ule · **qu**er · **Qu**al
Nach Diphthongen *(ai, ei, au, eu, äu)* steht nie ein Dehnungszeichen, da sie immer lang gesprochen werden.	H**ai** · L**au**b · Sch**eu**ne · Kr**ei**de · M**äu**se

Die meisten **Endungen von Fremd- oder Lehnwörtern** – wie z. B. *-ine, -il, -in* – haben kein Dehnungszeichen. Präge sie dir gut ein.

Mandar**i**ne	Apfels**i**ne	Masch**i**ne
Margar**i**ne	Gard**i**ne	Vent**i**l
Krokod**i**l	Kan**i**nchen	Benz**i**n
Mediz**i**n	T**i**ger	B**i**ber
B**i**bel	Kl**i**ma	K**i**no

Wörter mit -eih

Es gibt einige Wörter, die mit *-eih* geschrieben werden. Der Buchstabe *h* nach dem Diphthong ist aber kein Dehnungs-h, sondern er gehört zur nächsten Silbe (wei-hen).
Am besten, du lernst diese Wörter auswendig.

ged**eih**en	Gew**eih**	l**eih**en
R**eih**e	R**eih**er	s**eih**en
verz**eih**en	w**eih**en	W**eih**er

h nach Vokalen und Umlauten

Auch in einigen anderen Wörtern ist das *h* trotz Länge des vorangehenden Vokals oder Umlauts kein Dehnungs-h und gehört zur nächsten Silbe.

sehen · fliehen · drohen · ruhen · Krähe · Höhe · blühen

Gleich und ähnlich klingende Vokale

e und ä

Grundsätzlich gilt: Der Vokal *e* und der Umlaut *ä* klingen sehr ähnlich oder gleich.	B**ä**cker · l**e**cker
Aufgepasst: Die meisten Wörter mit *ä* lassen sich von einem Wort mit *a* ableiten. Einzige Ausnahme: *die Eltern – die Älteren*	G**ä**nse – G**a**ns K**ä**lte – k**a**lt **Ä**rmel – **A**rm K**ä**lbchen – K**a**lb sp**ä**rlich – sp**a**ren St**ä**rke – st**a**rk
Einige wenige Wörter haben keine Ableitung auf *a*, werden aber trotzdem mit *ä* geschrieben. Da hilft nur auswendig lernen.	Ähre · Bär · Käfer · sägen · Geländer · März · Lärm

eu und äu

Die Diphthonge *eu* und *äu* klingen gleich.	B**eu**te · Br**äu**te
Ähnlich wie bei den Wörtern mit *ä* kannst du Wörter mit *äu* meistens von einem Wort mit *au* ableiten.	B**äu**me – B**au**m k**äu**flich – k**au**fen Tr**äu**me – Tr**au**m bl**äu**lich – bl**au**
Einige Wörter lassen sich allerdings nicht ableiten. Präge sie dir ein.	Säule · sich sträuben · sich räuspern · täuschen · Knäuel

ei und ai

Normalerweise schreibt man mit *ei*. *Aufgepasst:* Wörter, die mit *ai* geschrieben werden, muss man sich merken. Alle Wörter aus der gleichen **Wortfamilie** werden mit *ai* geschrieben:

Blei · drei · schreien · Kleie · schneien · Feier

Kaiser – kaiserlich, Kaiserthron, Kaiserkrone

Mais – Maismehl, Futtermais, maisgelb, Maispflanze

Saite – Saiteninstrument, Geigensaite, Gitarrensaite

Waise – Halbwaise, Waisenheim, Waisenkind

Mai – Maitanz, Maibaum, Maifeier

Hai – Haifisch, Haiflosse

Kai – Kaimauer

Wörter, die gleich klingen, aber unterschiedlich geschrieben werden, nennt man **Homophone.** Sieh genau hin und präge dir die Ausnahmen gut ein.

Kombiniere logisches Denken mit Regelwissen. Und schlag ruhig immer mal wieder nach – je öfter du ein Wörterbuch benutzt, desto leichter fällt dir der Umgang damit.

Homophone mit und ohne Dehnungs-h

dehnen (erweitern)	denen (Pronomen)
Mahl (Essen)	Mal (das erste Mal)
mahlen (Getreide)	malen (Bild)
Sohle (Schuh)	Sole (Salz)
Wahl (Abstimmung)	Wal (Säugetier)
wahr (richtig)	war (Präteritum von sein)

Homophone mit Doppelvokal bzw. Dehnungs-h

Leere (Leerheit)	Lehre (Ausbildung)
Meer	mehr

Homophone mit Dehnungs-e nach i

Fieber (erhöhte Temperatur)	Fiber (Faser)
Lied (Gesang)	Lid (Auge)
Miene (Gesicht)	Mine (Kugelschreiber)
Stiel (Besen)	Stil (Aufsatz)

Homophone

Homophone mit e und ä

Beeren (Strauchfrüchte)	Bären (Bär)
Ehre	Ähre (Korn)
Feld	fällt (zu fallen)
Felle (Tier)	Fälle (zu Fall)
Gewehr (Schusswaffe)	Gewähr (Garantie)
Lerche (Vogel)	Lärche (Baum)
Schwemme (Überfluss)	Schwämme (Schwamm)
Stelle	Ställe (für Tiere)
Welle (Meer)	Wälle (Schutzwälle)
Wende	Wände

Homophone mit eu und äu

heute	Häute
Leute	läute!

Homophone mit ei und ai

Seite (im Buch)	Saite (beim Instrument)
Weise (Art)	Waise (elternloses Kind)

2 Konsonanten und Konsonantenverbindungen

Konsonantenhäufung

Auf einen kurzen Vokal können anstelle von Doppelkonsonanten auch mehrere verschiedene Konsonanten folgen. Man spricht dann von **Konsonantenhäufung.**

Stru**mpf**maske · Wa**sch**straße · Su**mpf**pflanze · Sträfli**ngs**kleidung

Wortzusammensetzungen

Für das Zusammentreffen von gleichen Konsonanten bei Wortzusammensetzungen gilt: Endet ein Wort mit dem gleichen Konsonanten wie der Beginn des folgenden Wortes, dann stehen die beiden Konsonanten unverändert nebeneinander.

schma**ll**ippig · Nebe**nn**iere · Mande**ll**ikör

Beim Zusammentreffen zweier Wörter folgt manchmal der Konsonantenverdoppelung am Ende des ersten Wortes der gleiche Anfangskonsonant des folgenden Wortes. Diese Wörter werden dann mit **drei gleichen Konsonanten** geschrieben.

Pa**ppp**lakat · Schi**fff**ahrt · Balle**ttt**änzer · Kle**mmm**appe · Bre**nnn**essel

Aufgepasst: Einige Ausnahmen werden mit **nur zwei Konsonanten** geschrieben.

de**nn**och · Dri**tt**el · Mi**tt**ag

Der besseren Lesbarkeit wegen kann man Wörter mit drei gleichen Konsonanten auch mit **Bindestrich** (↑ S. 69) schreiben.

Pa**pp**-**P**lakat
Schi**ff**-**F**ahrt
Balle**tt**-**T**änzer

Die Konsonantenverdoppelungen bleiben in allen Wörtern der ganzen **Wortfamilie** erhalten:

wollen – der Wille
trennen – die Trennung
fallen – der Fallrückzieher – das Gefälle
nummerieren – die Nummer
kümmern – der Kummer
wässrig – das Wasser – der Wassermann
alle – alles – allwissend

Nachsilben -in und -nis im Plural

Im Plural werden die Konsonanten bei den Nachsilben *-in* und *-nis* verdoppelt.

Lehrer**inn**en · Kenntni**ss**e · Gefängni**ss**e

Gleich und ähnlich klingende Konsonanten

In der deutschen Sprache gibt es zahlreiche Konsonanten, die ähnlich klingen und daher Schwierigkeiten bei der Schreibung bereiten. Zudem kommen all diese Konsonanten an unterschiedlichen Stellen im Wort vor.

v–w · b–p · f–v · g–k · d–t · dt–tt · z–ds–ts–ns · x–ks–cks–gs–chs

BESONDERS KNIFFLIG

Hier findest du die wichtigsten Problemfälle unter den **gleich und ähnlich klingenden Konsonanten** (↑ S. 17 f.) und ihre Stellung im Wort:

	Anlaut	Inlaut	Auslaut
v **w**	**V**ase **W**esen	ner**v**ös ver**w**enden	
b **p**	**b**acken **p**acken	rau**b**en Rau**p**e	Kal**b** Lum**p**
f **v**	**F**olge **V**ogel	Ele**f**ant Skla**v**e	el**f** bra**v**
g **k**	**g**ern **K**ern	En**g**el En**k**el	Ja**g**d Ta**k**t
d **t**	**D**eich **T**eich	En**d**e En**t**e	run**d** bun**t**
dt **tt**			Sta**dt** sta**tt**
z **ds** **ts** **ns**			Mär**z** aben**ds** ste**ts** morge**ns**
x **ks** **cks** **gs** **chs**	**X**ylophon	He**x**e A**chs**e	A**x**t lin**ks** Kle**cks** anfan**gs**

Bei den **gleich und ähnlich klingenden Konsonanten** gibt es Hilfen, die dir das Schreiben erleichtern.

- **Verlängerung des Auslauts:** Bilde den Plural oder frage nach anderen Wörtern der Wortfamilie.
- **Ableitung:** Frage nach dem Stammwort.

Verlängerung des Auslauts

der Leib	→ die Leiber	der Lump	→ die Lumpen
der Staub	→ abstauben	das Grab	→ die Gräber
der Wald	→ die Wälder	die Arbeit	→ der/die Arbeiter
das Rad	→ die Räder	der Rat	→ raten
das Band	→ die Bänder	das Kind	→ die Kinder

Ableitung

nervös	→ die Nerven	der Platz	→ platzieren
er gibt	→ geben	sie hupt	→ hupen
friedlich	→ der Frieden	deutlich	→ deuten
die Jagd	→ jagen	der Gestank	→ stinken
der Klecks	→ kleckern	anfangs	→ anfangen
abends	→ der Abend	stets	→ stetig

Ganz besonders das **Stammprinzip** wird nach der neuen Rechtschreibung mehr denn je umgesetzt.

behände zu Hand (statt behende) · Stängel zu Stange (statt Stengel) · platzieren zu Platz (statt plazieren)

Verschlusslaute: b, d, g und p, t, k

Die Verschlusslaute *b, d, g* werden in der Regel stimmhaft, d. h. weich, die Verschlusslaute *p, t, k* dagegen stimmlos, d. h. hart, ausgesprochen. Im Anlaut ist das gut zu hören.

weiche Anlaute:
Bass · Dank · Guss

harte Anlaute:
Pass · Tank · Kuss

Im Wortinnern (Inlaut) klingen *b, d, g* und *p, t, k* manchmal sehr ähnlich. Auch am Wortende (Auslaut) sind sie beim Hören oft kaum zu unterscheiden.

Lügner – mäkeln
Staub – Lump
Hand – Haut
rund – bunt

b und p

Am Wortende klingt *b* wie *p*. Wenn du das Wort verlängerst, hörst du jedoch, ob *b* oder *p* geschrieben werden muss.

Stab – Stäbe
Stopp – stoppen

Du kannst das betreffende Wort verlängern, indem du etwa den Plural bildest oder ein verwandtes Wort suchst, bei dem der Verschlusslaut nicht mehr am Ende steht.

Grab – Gräber
lieb – Liebe

d und t

Am Wortende klingt *d* wie *t*. Auch hier gilt: Wenn du das Wort verlängerst, hörst du, ob *d* oder *t* geschrieben werden muss.

Spalt – spalten
Rind – Rinder
Kind – Kinder
Wand – Wände
Wind – Winde
Held – Helden
wild – wilder
Geld – Gelder

g und k

Wie *b* und *p*, *d* und *t* (↑ S. 18) klingen auch *g* und *k* im Auslaut gleich. Auch in diesem Fall macht die Wortverlängerung klar, wie das Wort geschrieben wird.

Betrug – betrügen
Krieg – Kriege
Sarg – Särge
Burg – Burgen
Krug – Krüge
krank – kränkeln
schlank – schlanker
Tank – tanken

f-Laute

Grundsätzlich gilt: Die meisten f-Laute werden auch mit einem ***f*** geschrieben.

Delfin · Fehler · Schiff · Hilfe · rufen · Efeu

Steht ein ***v*** am Wortanfang oder Wortende, dann wird dieses *v* in der Regel wie ein *f* ausgesprochen.

Vater · akti**v**

Aufgepasst: In **Fremdwörtern** wird ein *v* nicht wie ein *f*, sondern wie ein *w* ausgesprochen.

Vase · pri**v**at

In **Fremdwörtern** schreibt man den f-Laut häufig mit ***ph***.

Phase · Katastro**ph**e · **Ph**iloso**ph**ie

Aufgepasst: Durch die Rechtschreibreform wurden viele dieser Fremdwörter mit f-Laut dem Deutschen angepasst (Schreibung von Fremdwörtern ↑ S. 70 f., Fremdwörter und ihre Herkunft ↑ S. 74).

Fotogra**f**ie · Mikro**f**on

f-Laute

Im Anlaut eines Wortes kann ***pf*** nicht immer deutlich gehört werden. Präge dir die Schreibung gut ein.

Pflaume · **Pf**erd · **Pf**ad

Anders dagegen in der Wortmitte: *pf* im Inlaut ist immer gut zu hören.

A**pf**el · klo**pf**en

Die Endungen -ig und -lich

Die Endungen *-ig* und *-lich* sind lautlich nicht immer einfach zu unterscheiden. Auch hier hilft wieder die Verlängerung des Auslauts.

Verlängerung des Auslauts

friedlich → friedliche (eine friedliche Welt)
herzlich → herzliche (eine herzliche Mutter)
heimlich → heimliche (eine heimliche Liebe)
peinlich → peinliche (eine peinliche Sache)
lieblich → liebliche (eine liebliche Melodie)
länglich → längliche (eine längliche Form)
spärlich → spärliche (eine spärliche Mahlzeit)
sportlich → sportliche (eine sportliche Lehrerin)
ehrlich → ehrliche (eine ehrliche Haut)

farbig → farbige (ein farbiges Bild)
geizig → geizige (eine geizige Tante)
listig → listige (ein listiger Fuchs)
riesig → riesige (ein riesiges Haus)
mutig → mutige (eine mutige Frau)
schimmelig/schimmlig → schimmelige/schimmlige (eine schimmlige Scheibe Brot)

x-Laute

Grundsätzlich gilt: Im Deutschen gibt es verschiedene Schreibungen des gesprochenen x-Lautes. Diese verschiedenen Schreibungen lassen sich von unserem Gehör nur schwer unterscheiden. Die folgenden Konsonantenkombinationen klingen alle wie der Buchstabe *x: ks, cks, gs, chs.*
Ein bewährter Trick auch hier: Schau dir die verwandten Wörter an.

anfan**gs** – der Anfang · der Kle**cks** – kleckern

Am **Wortanfang** (Anlaut) gibt es für den x-Laut immer nur das ***x.***

Xylophon · **X**enia · **X**anten

In der **Wortmitte** (Inlaut) gibt es drei Möglichkeiten: ***x, chs* und *ks.***

A**x**t · He**x**e · Bü**chs**e · schla**ks**ig

Aufgepasst: **Tiernamen** werden immer mit ***chs*** geschrieben, unabhängig davon, an welcher Stelle im Wort der x-Laut vorkommt.

Lu**chs** · Da**chs** · Fu**chs** · La**chs** · O**chs**e · Eide**chs**e · Frechda**chs**

Am **Wortende** (Auslaut) kommen alle Varianten vor: ***x, chs, ks, gs, cks.***

Bo**x** · Ke**ks** · unterwe**gs** · Kni**cks**

Der bei der Wortschöpfung oder Flexion von Wörtern entstehende x-Laut richtet sich mit seiner Schreibung immer nach der Schreibung des Stammlauts.

du pflegst – pfle**g**en · Häcksel – ha**ck**en · du hinkst – hin**k**en · du druckst – dru**ck**en

Die Vorsilben end- und ent-

In der gesprochenen Sprache ist der Unterschied zwischen *end-* und *ent-* nicht zu hören.
Aber grundsätzlich gilt: Die Vorsilbe *end-* mit *d* kommt vom Wort *Ende* und hat die Bedeutung von *Schluss.*

Endspurt · Endergebnis · endlich

Die Vorsilbe *ent-* mit *t* hat inhaltlich sehr oft mit der Vorsilbe *weg-* (in der Bedeutung *wegnehmen/weggeben/loswerden)* zu tun.

Entführung · entreißen · entfliehen

Manchmal ist die Bedeutung der Vorsilben *end-/ent-* nicht (mehr) zu entschlüsseln. Solche Wortzusammensetzungen schreibt man mit *ent-*.

entzünden – die Entzündung · entdecken – die Entdeckung

seid oder seit

Um die beiden Wörter *seid* und *seit* unterscheiden zu können, musst du immer darauf achten, um welche Wortart es sich handelt.

- *seid* ist die 2. Person Plural Präsens des **Hilfsverbs *sein.***

Seid ihr mir noch böse?

- *seit* ist eine **temporale Präposition,** d. h., es handelt sich dabei um eine **Zeitangabe.**

Seit Ostern besitze ich ein Fahrrad.

Stadt und statt

Die beiden Wörter *Stadt* und *statt* klingen gleich. Unterscheide bei Wortzusammensetzungen nach der Bedeutung.
Zusammengesetzte Wörter mit *Stadt* haben immer etwas mit der Bedeutung *Stadt = größerer Ort, Siedlung* zu tun.

Stadtrat · Großstadt

Bei Wörtern mit *statt* haben die Wortzusammensetzungen die Bedeutung *stellvertretend für/anstelle* beziehungsweise die Wortbedeutung *Statt = Stelle, Platz.*

anstatt · stattdessen

Werkstatt · Ruhestätte

Diese Regelungen gelten in beiden Fällen übrigens auch für die Pluralformen.

Städtetag · Gaststätten

Tod und tot

In zusammengesetzten Wörtern, die *Tod* oder *tot* enthalten, hören sich *d* bzw. *t* gleich an.
Als Grundregel gilt: **Substantive** werden **mit *d*** geschrieben.

Tod · Todesfall · Todeskampf · Todesurteil · Todesnachricht · Todfeind
aber: der Tote · Totgeburt · Totschlag

Tod und tot

Das **einfache Adjektiv** ***tot*** wird **mit** ***t*** geschrieben.	der tote Hund
Dagegen werden **zusammengesetzte Adjektive** meist ***mit tod-*** gebildet.	todkrank · todsicher
Aufgepasst: Es gibt Adjektive, die in beiden Schreibungen vorkommen.	totenblass und todblass · totenbleich und todbleich · totenstill und todstill
Zusammengesetzte Verben und davon abgeleitete Partizipien werden meist ***mit tot-*** gebildet und zusammengeschrieben.	totlaufen · totsagen · totgeärgert · totgeglaubt
Ausnahme: Die Kombination von *tot* mit dem Partizip Perfekt *geboren* wird getrennt geschrieben.	ein tot geborenes Kind
Aufgepasst: **Zusammensetzungen mit dem Hilfsverb** ***sein*** werden getrennt geschrieben, ebenso einige andere Zusammensetzungen.	tot sein · tot scheinen · sich tot stellen
Allgemein gilt: **Zusammensetzungen**	
■ **mit** ***tod-*** **und** ***-es*** schreibt man mit ***d,***	der Tod**es**fall · tod**es**mutig
■ **mit** ***tot-*** **und** ***-en*** schreibt man mit ***t.***	der Tot**en**kopf · tot**en**bleich
Kommt die Silbe ***tot*** **in Eigennamen bzw. festen Zusammensetzungen** vor, dann schreibt man sie meistens mit *t.*	das Tote Meer · etwas Starres und Totes

Schreibung der s-Laute

Die Schreibung der s-Laute gilt als schwierig, da es für einen einzigen gesprochenen Laut (Phonem) verschiedene Schreibweisen gibt. In der deutschen Sprache gibt es drei Schreibungen für den s-Laut: *s*, *ss* und *ß*. Man unterscheidet zusätzlich nach Aussprachevarianten. **Weiche Laute** werden auch **stimmhafte Laute** genannt, **harte Laute** bezeichnet man als **stimmlos.**

[z] *stimmhafter s-Laut:*
Hose · lesen
[s] *stimmloser s-Laut:*
Floß · genießen
Der stimmlose s-Laut kann auch mit ss geschrieben werden:
essen · der Kuss

Schreibung mit einfachem s

Nach Konsonanten steht immer nur ein einfaches *s*.

Hals · Erbse · Pinsel

Auch **stimmhafte Laute** werden immer nur mit *s* geschrieben, egal ob

- vor Vokalen oder Diphthongen am Wortanfang (1) oder
- nach Vokalen oder Diphthongen in der Wortmitte (2).

(1) Salbe · Salz · sauber · segeln · sind · sonnig
(2) Hose · Masern · rasen · reisen · Riese · Wiese

Auch **nach einem langen Vokal oder Umlaut** kann ein einfaches *s* stehen. Es wird stimmhaft gesprochen, wenn ihm ein Vokal folgt (1). Am Wortende ist es stimmlos (2).

(1) Hase · Gebläse
(2) Gas

Schreibung mit einfachem s

Ein einfaches *s* steht auch **am Wortanfang vor *p* und *t*.** Gesprochen wird dieses *s* allerdings wie [ʃ], z. B. in dem Wort *Schule*.

Spannung · spinnen · Spule · Stimme · Strahl · sträuben

Schreibung mit ß

ß ist ein stimmloser s-Laut, der

- **nach langem Vokal** (1) oder
- **nach einem Diphthong** (2) geschrieben wird, wenn kein weiterer Konsonant folgt. Auch in der Pluralbildung bleibt der s-Laut stimmlos.

Aufgepasst: Anstelle von *ß* kann auch das stimmlose *s* am Wortende stehen (↑ S. 25):

- nach langem Vokal *(a, e, i, o, u)*,
- nach Diphthongen *(eu, ei, au, äu)*.

Es folgt aber nie *ss*.

(1) Füße · Muße · Soße · Gruß · Maß · Fraß
(2) außen · reißen · weiß · meißeln

Pflaumenmus
Haus · Maus

Schreibung mit ss

Nach einem kurzen Vokal schreibt man fast immer *ss*.

Aufgepasst: Einige wenige ein- und zweisilbige Wörter werden im Singular mit einfachem *s* geschrieben, obwohl ihm ein kurzer Vokal vorausgeht. Die Pluralformen folgen allerdings wieder der Regel.

essen · küssen · der Fluss
der Bus – die Busse · der Kürbis – die Kürbisse · der Iltis – die Iltisse

Aus der Endung (Suffix) ***-nis*** wird im Plural immer ***-nisse.***

das Geheimnis – die Geheimnisse

Es gibt verwandte Wörter, die je nach Wortform mal einen kurzen, mal einen langen Vokal haben. Entsprechend den Regeln werden solche verwandten Wörter dann mal mit *ss*, mal mit *ß* geschrieben.

der Fluss – fließen · das Wissen – er weiß · das Schloss – schließen · der Biss – er beißt · der Genuss – er genießt

s, ß oder ss?

Achte darauf, wie der s-Laut gesprochen wird und beachte:

- Ein einfaches *s* folgt auf einen Konsonanten. — Franse · emsig · Linse
- *ss* folgt auf einen kurzen Vokal. — Guss · Hass
- *s* oder *ß* folgt auf einen langen Vokal oder Diphthong. — Rose · Maße · Reise · heiß

langer Vokal: *s* oder *ß*		**kurzer Vokal: *ss***
Maße	→	Masse
Rasen	→	Rassen (z. B. Tierrassen)
Straße	→	Strass (Edelsteinimitation)
Nase	→	nass
Buße	→	Busse
Schoß	→	(er) schoss
Floß	→	(es) floss
Mus (Brei)	→	(er) muss
Wiese	→	Wissen
Riese	→	(es) riss

3 *das* und *dass*

Die verschiedenen Aufgaben im Satz

das mit *s* kann in einem Satz drei verschiedene Aufgaben haben:	
■ Es ist ein **Artikel.**	**das** Fahrrad
■ Es ist ein **Demonstrativpronomen.**	**Das** gefällt mir gut.
■ Es ist ein **Relativpronomen.**	Das Fahrrad, **das** auf dem Hof steht, ist alt.
Keine Angst: Auch wenn du die Wortart einmal nicht bestimmen kannst, die Schreibung ist immer gleich.	
dass mit *ss* ist eine **Konjunktion,** also ein Bindewort, das zwei Sätze miteinander verbindet.	Es ist gut**, dass** es Bücher gibt. Weißt du schon**, dass** wir morgen keine Schule haben?
Aufgepasst: Vergiss nicht, vor *dass* immer ein **Komma** zu setzen. Manchmal steht das Komma auch am Ende des Nebensatzes, wenn dieser dem Hauptsatz vorausgeht.	**Dass** ich ohne Bücher lernen soll**,** kann ich mir nicht vorstellen.

BESONDERS KNIFFLIG

s oder ss?
Die Schreibung von *das* oder *dass* hängt von der grammatischen Bedeutung dieser Wörter ab:

- Das Wort *dass* ist immer eine **Konjunktion.**

Aufgepasst: Man muss sich merken, dass Konjunktionalsätze mit *dass* eingeleitet werden!

Sie erkannte, **dass** sie ein Problem hatte.

- In **allen anderen Fällen** wird mit *s* geschrieben.

Sie erkannte **das** Problem.

Die Ersatzprobe
Das schreibt man immer mit *s*, wenn man

- *ein,*
- *welches,*
- *dieses* oder
- *jenes*

einsetzen kann.

das Kind – **ein** Kind

Das Heft, **das** auf meinem Schreibtisch liegt, …
Das Heft, **welches** auf meinem Schreibtisch liegt, …

Ist es **das** Haus? – Ist es **dieses** Haus?

Dieses Buch hat mir gefallen, **das** aber nicht.
Dieses Buch hat mir gefallen, **jenes** aber nicht.

Dass schreibt man immer mit *ss*, wenn man kein anderes Wort einsetzen kann. Oder anders ausgedrückt: Wenn die Ersatzprobe mit *welches/dieses/jenes* keinen sinnvollen Satz ergibt, ist *dass* eine Konjunktion.

Kaum zu glauben, aber wahr: Jeder dritte (!) Rechtschreibfehler, der im Deutschen gemacht wird, ist auf die falsche Verwendung von *das* und *dass* zurückzuführen. Da lohnt es sich wirklich, das Problem gründlich anzugehen und die Ersatzprobe (↑ S. 29) nochmals genauer anzuschauen.

das oder *dass?*

1. Ich habe ____ Buch, ____ auf meinem Schreibtisch liegt, noch nicht gelesen.
2. ____ Kind, ____ spielen kann, ist glücklich.
3. Die Wüstentour wird ein Abenteuer werden, auf ____ ich mich schon seit langem freue.
4. Ich gebe dir dein Taschengeld, ____ du aber nicht gleich wieder ausgeben sollst.
5. Es ist mir völlig neu, ____ ihr umgezogen seid.
6. ____ du mich so gelobt hast, werde ich dir nie vergessen.
7. Ich will nicht, ____ du morgen müde bist.

Ersatzprobe

Sind die gesuchten Wörter *das* oder *dass* ein Artikel, ein Demonstrativpronomen oder ein Relativpronomen? Kannst du für die gesuchten Wörter *das* oder *dass* ein anderes Wort, also *ein, welches, dieses* oder *jenes,* einsetzen?

Ja

Wenn du diese Fragen mit Ja beantworten kannst, dann gilt die Schreibung mit *s*.

Schreibung mit *s*

1. Ich habe **das** Buch, **das** auf meinem Schreibtisch liegt, noch nicht gelesen.
   ein (für das erste *das*) – **welches** (für das zweite *das*)

2. **Das** Kind, **das** spielen kann, ist glücklich.
   Ein – **welches**

3. Die Wüstentour wird ein Abenteuer werden, auf **das** ich mich schon seit langem freue.
   welches

4. Ich gebe dir dein Taschengeld, **das** du aber nicht gleich wieder ausgeben sollst.
   welches

Nein

Wenn du auf diese Fragen mit Nein antwortest, gilt die Schreibung mit *ss*.

Schreibung mit *ss*

5. Es ist mir völlig neu, **dass** ihr umgezogen seid.

6. **Dass** du mich so gelobt hast, werde ich dir nie vergessen.

7. Ich will nicht, **dass** du morgen müde bist.

4 Groß- und Kleinschreibung

Großschreibung

Grundsätzlich gilt:

Man schreibt immer groß:

- das erste Wort eines Satzes,
- das erste Wort eines selbstständigen Satzes nach einem Doppelpunkt,
- das erste Wort einer direkten Rede.

Er ist groß. · Das ist die Vereinbarung: **W**ir fahren morgen. · Mit seinem ständigen „**I**ch mag nicht“ nervt er.

Substantive werden immer großgeschrieben. Substantive erkennt man daran, dass sie in den meisten Fällen einen bestimmten oder unbestimmten Artikel bei sich haben.

der **S**chüler · die **S**chülerin · ein **M**ädchen · eine **S**chule · das **H**aus · der **G**arten · eine **K**atze

Diese Grundregel gilt auch für **ins Deutsche übernommene Wörter** aus anderen Sprachen.

der **S**wimmingpool · der **D**rink

Wörter mit den Suffixen (Nachsilben) ***-ung, -heit, -nis, -schaft, -tum, -ling*** oder ***-sal*** sind Substantive. Man schreibt sie daher groß.

die Befrei**ung** · die Frei**heit** · die Fair**nis** · die Beleg**schaft** · das Heilig**tum** · der Säug**ling**

Eigennamen werden ebenfalls immer großgeschrieben.

Frau **M**üller ist eine beliebte Lehrerin.

Aufgepasst: Auch mehrteilige Eigennamen werden immer großgeschrieben.

der **A**lte Fritz · der **H**eilige Abend

Groß schreibt man auch **alle Wörter, die als Substantive gebraucht werden (Substantivierungen),** auch dann, wenn sie ursprünglich zu einer anderen Wortart gehören. Oder anders ausgedrückt: Ausschlaggebend für die Großschreibung eines Wortes ist immer seine Stellung im Satz.

Das schnelle **L**aufen brachte ihn außer Atem. · Schule ist das **S**chönste im Leben! · Weihnachten ist für ihn nichts **B**esonderes. · Wir müssen das Für und Wider sorgsam abwägen. · Der Hund ist eine Sie.

4

Substantivierte Verben

Als Substantiv gebrauchte Verben werden großgeschrieben.
Häufig ist dann ein Artikel vorangestellt.

Das **L**esen von Comics macht Spaß. · In der Schule lernt man das **S**chreiben.

Aufgepasst: Wenn der Artikel fehlt, kann man groß- oder kleinschreiben.

In der Schule lernt man **S**chreiben/**s**chreiben.

Auch **zusammengesetzte Verben,** die als Substantiv gebraucht werden, werden großgeschrieben.

In 3000 m Höhe fällt das **L**uftholen manchmal sehr schwer.

Substantivierte Adjektive

Adjektive werden großgeschrieben, wenn sie im Satz als Substantiv verwendet werden.
Aufgepasst: Häufig geht dem substantivierten Adjektiv ein Artikel voraus. In bestimmten Fällen ist sowohl Groß- als auch Kleinschreibung möglich (↑ S. 45).

Fußball ist für ihn das **G**rößte. · Der **S**chnellste gewinnt. · Der Detektiv tappt schon lange im (in dem) **D**unkeln. · Im **A**llgemeinen gilt … · Sie ist die **B**este.

Adjektive werden immer dann zu Substantiven, wenn sie auf **unbestimmte Mengenangaben** folgen:
allerlei, alles, etwas, genug, nichts, viel, wenig.

allerlei **G**utes · alles **S**chöne · nichts **N**eues · wenig **B**untes · etwas **T**olles · genug **N**ebensächliches · viel **A**llgemeines

Bei den Adjektiven musst du Folgendes beachten: Adjektive, die sich auf ein Substantiv beziehen, das an einer anderen Stelle im Satz steht, werden kleingeschrieben. In diesen Fällen musst du dir das Substantiv dazudenken (↑ S. 43).

Junge Ponys sind manchmal übermütiger als **a**lte (Ponys).

Auch Verbindungen mit ***am*** **und** einem **Superlativ** werden kleingeschrieben. Du kannst sie mit *wie?* erfragen (↑ S. 47).

Das Auffinden der geheimen Konten ist **am s**chwierigsten. · Eine selbst gemachte Pizza schmeckt mir **am b**esten.

Oft sind Adjektive auch in **mehrteiligen Eigennamen** enthalten. Wenn sie eindeutig zusammengehören, werden sie ebenfalls großgeschrieben.

der **S**chiefe **T**urm von Pisa · das **T**ote **M**eer · das **N**eue **T**estament

Substantivierte Partizipien

Partizipien entstehen aus Verben und werden mit der Endung *-end* (Partizip Präsens) oder der Vorsilbe *ge-* (Partizip Perfekt) gebildet. Sie werden großgeschrieben, wenn sie als Substantiv verwendet werden. Auch sie haben häufig einen Artikel.

Der **B**adende wird nass. · Das **G**eschriebene ist gültig. · Das **G**ehörte war unglaublich.

Nicht nur Adjektive (↑ S. 34), auch Partizipien musst du großschreiben, wenn sie auf eine **unbestimmte Mengenangabe** folgen:
allerlei, alles, etwas, genug, nichts, viel, wenig.

alles **G**ute · etwas **G**eschriebenes · wenig **G**eeignetes

Substantivierte Pronomen

Pronomen, die als Substantive gebraucht sind, werden großgeschrieben.
Auch hier geht in den meisten Fällen ein Artikel voraus.
Aufgepasst: Pronomen, die als Stellvertreter gebraucht werden, schreibt man klein (↑ S. 45).

Dieser Hund ist eine **S**ie und kein **E**r. · Er hat das **S**einige dazu beigetragen.
Kann mir **j**emand helfen?

Weitere Substantivierungen

Als Substantiv gebrauchte Adverbien, Präpositionen, Konjunktionen und Interjektionen schreibt man groß.
Sie treten häufig als **Paarformeln** auf:

- Adverbien, — das ganze **D**rum und **D**ran
- Präpositionen, — das **F**ür und **W**ider dieses Vorschlags
- Konjunktionen, — nicht nur das **O**b, sondern auch das **W**ie
- Interjektionen. — mit lautem **W**eh und **A**ch · mit großem **H**urra begrüßen

Aufgepasst: Bei mehrteiligen, mit einem Bindestrich verbundenen Konjunktionen bezieht sich die Großschreibung nur auf das erste Wort.

Es gibt hier nur ein **S**owohl-als-auch, kein **E**ntweder-oder.

Als Substantiv gebrauchte **Zahlwörter** schreibt man groß.

Jim Knopf und die wilde **D**reizehn · eine **S**echs würfeln · vier **E**insen im Zeugnis haben

Bestimmte Zahlwörter können, wenn sie eine unbestimmte, nicht in Ziffern schreibbare Menge bezeichnen, großgeschrieben werden. *Aufgepasst:* Es ist auch Kleinschreibung erlaubt.

Dutzende/dutzende · Hunderte/hunderte · Tausende/tausende

Auch **unbestimmte Zahladjektive** werden großgeschrieben, wenn sie als Substantiv gebraucht werden.

alles **Ü**brige · nicht das **G**eringste · das gewisse **E**twas · etwas **D**erartiges · jeder **E**inzelne

Die **Zahladjektive** *viel, wenig, (der) eine, (der) andere* können großgeschrieben werden, wenn ihr substantivischer Charakter hervorgehoben werden soll oder wenn sie eine übertragene Bedeutung haben. *Aufgepasst:* In der Regel werden sie jedoch kleingeschrieben (↑ S. 46).

Das Lob **der V**ielen war ihr nicht wichtig. · Ich bin auf der Suche nach **dem A**nderen.

Es gab **v**iele, die nicht mitmachen wollten. · Die **m**eisten blieben zu Hause.

Als Substantiv gebrauchte **Bruch- und Ordnungszahlen** werden ebenfalls großgeschrieben. Wieder steht häufig ein (bestimmter oder unbestimmter) Begleiter dabei.

ein **V**iertel des Kuchens · vom **H**undertsten ins **T**ausendste kommen · Jeder **D**ritte, der kam, trug einen Hut. · Den **L**etzten beißen die Hunde.

Tageszeiten und Zeitangaben

Tageszeiten können als Substantiv auftreten. Man erkennt sie meist am Artikel oder einem Pronomen und schreibt sie daher groß.

Der Abend ist die schönste Tageszeit. · **Am V**ormittag ist der Strand ganz leer. · **Jeden M**ittag gehe ich schwimmen.

Manchmal fehlen der Artikel oder ein Pronomen als Erkennungszeichen; stattdessen steht eine **Präposition.**

zu Mittag essen · **gegen A**bend kommen · **vor M**itternacht einschlafen

Die Zeitangaben können auch **im Genitiv** stehen. Ihnen wird dann ein *-s* angehängt.

eines Tage**s** · **des** Abend**s** · **eines** Morgen**s**

Tageszeiten, die **nach** den Adverbien ***vorgestern, gestern, heute, morgen*** und ***übermorgen*** stehen, werden großgeschrieben.

gestern **M**orgen · heute **A**bend · morgen **N**acht

Auch **Wochentage** sind Zeitangaben. Sie werden großgeschrieben, wenn sie im Satz als Substantiv verwendet werden. Hinweis: Auch sie erkennst du am Begleiter.

Clara hat **am M**ontag Klavierunterricht. · **Am F**reitagabend gehen wir essen.

Sprach- und Farbbezeichnungen

In Verbindung mit Präpositionen werden Sprach- und Farbbezeichnungen großgeschrieben.

bei Grün losfahren · ein Reiseführer **in D**änisch

Paarformeln

Undeklinierte Adjektive, die mehrere Personen gemeinsam bezeichnen (man nennt sie Paarformeln), werden großgeschrieben.

Alte und **J**unge · **G**roß und **K**lein · **A**rm und **R**eich

Feststehende Begriffe

Bestimmte feststehende Begriffe werden großgeschrieben:

- Titel oder Amtsbezeichnungen, — der **H**eilige **V**ater · der **S**tellvertretende **B**ürgermeister
- Arten und Rassen in der Biologie, — der **D**eutsche **S**chäferhund
- besondere Kalendertage und — der **W**eiße **S**onntag · der **E**rste **M**ai
- historische Ereignisse. — der **Z**weite **W**eltkrieg

Bei bestimmten Gesamtbegriffen oder fachsprachlichen Ausdrücken ist sowohl Groß- als auch Kleinschreibung möglich (↑ S. 44).

die Gelbe *oder* gelbe Karte · Er leistet Erste *oder* erste Hilfe · der Goldene *oder* goldene Schnitt

Geografische Bezeichnungen

Die von geografischen **Eigennamen** abgeleiteten Wörter auf *-er* schreibt man immer groß.

der **K**ölner Dom · eine **M**annheimer Firma · die **S**chweizer Industrie

Auch **Adjektive,** die von geografischen Namen abgeleitet sind und Teil eines Eigennamens sind, werden großgeschrieben.

der **B**ayerische Wald · die **S**chwäbische Alb

Aufgepasst: Die von geografischen Namen abgeleiteten Wörter auf *-isch, -ische, -ischer, -sch* schreibt man klein, wenn sie nicht Teil eines Eigennamens sind.

die **c**hinesi**sche** Seide · der **w**estfäl**ische** Schinken

Auch einige **feste Verbindungen** behalten die ursprüngliche Kleinschreibung von Adjektiven bei.

der **g**rüne Punkt · das **n**eue Jahr

Personennamen

Von Personennamen **abgeleitete Adjektive** werden großgeschrieben, wenn sie **Teil eines Eigennamens** sind (↑ S. 46).

das **E**lisabethanische Drama · der **H**alleysche Komet · die **C**ansteinsche Bibelanstalt

Zusammensetzungen mit mehreren oder mehrteiligen **Namen** werden ebenfalls großgeschrieben. Meist steht in solchen Zusammensetzungen ein Bindestrich.

Johann-**S**ebastian-**B**ach-**G**ymnasium · **S**t.-**M**arien-**K**irche

Höfliche Anrede

Die **Höflichkeitsanrede** *Sie* und das entsprechende Possessivpronomen *Ihr* werden großgeschrieben (zur Groß- und Kleinschreibung von *du* ↑ S. 45).

Konnten **S**ie alles besorgen? · Wie geht es **I**hren Kindern?

Aufgepasst: Das rückbezügliche *sich* in der höflichen Anrede wird kleingeschrieben.

Haben **S**ie **s**ich verletzt?

Die **Pronomen in bestimmten,** selten vorkommenden **Anredeformen und Titeln** schreibt man groß.

Schweig **E**r! · Wollt **I**hr **E**uch selbst überzeugen, edler Herr? · Auf das Wohl **I**hrer Majestät, der Königin!

Titel und Namen

In Titeln von Büchern, Filmen, Kunstwerken, Zeitschriften usw. wird das erste Wort großgeschrieben. Der Titel steht in Anführungszeichen.

Hast du schon „**F**ünf Freunde" gelesen? · Gestern habe ich „**G**ute Zeiten, schlechte Zeiten" gesehen.

Eine Ausnahme sind Zeitschriftennamen.

Mein Vater liest die Frankfurter Allgemeine, meine Mutter die Zeit.

Werktitel werden flektiert. Man schreibt dann das erste Wort groß.

Ich war zweimal im „**D**ritten Mann".

Großschreibung auf einen Blick

Groß schreibt man:

am Satzanfang, bei vollständigen Sätzen nach Doppelpunkt und in der höflichen Anrede. Außerdem schreibt man Substantive *(die Schule, das Haus)* und alle Wörter, die als Substantiv verwendet werden, die so genannten Substantivierungen, groß (↑ S. 32–41).

Substantivierungen

- **Verben**
  In der Schule lernt man das **L**esen.
- **Adjektive**
  Fußball ist für ihn das **G**rößte.
- **Partizipien**
  der **L**esende
- **Pronomen**
  Dieses Kleid ist das **I**hrige.
- **Zahlwörter**
  die wilde **D**reizehn
- **Paarformeln**
  Jung und **A**lt
- **feststehende Begriffe**
  der **H**eilige **V**ater
- **die meisten unbestimmten Zahladjektive**
  nicht das **G**eringste
- **Konjunktionen**
  das **W**enn und **A**ber
- **Interjektionen**
  das **A**ch und **W**eh

Kleinschreibung

Grundsätzlich gilt:

Alle Wörter, die keine Substantive sind, werden kleingeschrieben, wenn sie ihrer ursprünglichen Wortart entsprechend in einem Satz verwendet werden:

■ Verben,	**s**pielen · **l**achen
■ Adjektive,	**s**chön · **b**unt
■ Artikel,	**d**er/**d**ie/**d**as · **e**in/**e**ine
■ Pronomen,	**d**u · **e**r · **m**ein
■ Partizipien,	**s**ehend · **g**elacht
■ Adverbien,	**g**ut · **b**öse
■ Präpositionen,	**i**n · **a**uf · **u**nter
■ Konjunktionen,	**w**enn · **d**anach
■ Zahlwörter.	**v**iel · **w**enig · **d**rei

Auch **Wörter, die sich im Satz auf ein Substantiv beziehen,** werden kleingeschrieben. Du merkst das daran, dass das Substantiv nur nicht genannt wird und du es dir ganz leicht hinzudenken kannst.

Die großen Fische fressen die **k**leinen (Fische). · Alte Schuhe sind meist bequemer als **n**eue (Schuhe).

Stehen **Frage- oder Ausrufezeichen** innerhalb eines ganzen Satzes, schreibt man klein weiter.

„Wie geht es dir?“, **f**ragte die Lehrerin. · „Glänzend!“, **a**ntwortete der Schüler. „Ich habe heute meine Aufgaben gemacht.“

Adjektive in festen Wortgruppen

Es gibt Wortgruppen (feste Begriffe), die keine Namen sind, obwohl sie oft als Namen angesehen werden. Diese Adjektive schreibt man in der Regel klein (zur Großschreibung in bestimmten Fällen ↑ S. 39).

italienischer Salat · **k**ünstliche Intelligenz · die **g**elbe Karte · die **m**ittlere Reife · das **n**eue Jahr · die **a**nalytische Geometrie

Aufgepasst: Entsteht eine neue Gesamtbedeutung, kannst du zur Hervorhebung dieses neuen Gebrauchs das Adjektiv auch großschreiben.

einen **b**lauen *oder* **B**lauen Brief bekommen · das **s**chwarze *oder* **S**chwarze Brett

Adverbien als Zeitangaben

Die Zeitangaben ***heute, gestern, vorgestern, morgen, übermorgen*** sind Adverbien und werden kleingeschrieben.

Wir waren **g**estern im Zirkus. · Das Wetter **h**eute ist sehr schön. · Sie geht **m**orgen früh zur Arbeit.

Aufgepasst: In bestimmten Verbindungen gelten diese **Adverbien als Substantiv.**

gestern **M**orgen · heute **A**bend

Zeitangaben mit angehängtem -s sind Adverbien und werden immer kleingeschrieben.

frühmorgen**s** · **a**bend**s** · **m**ittwoch**s** · **n**acht**s** · **n**achmittag**s**

Feste adverbiale Wendungen

Kleinschreibung gilt in festen adverbialen Wendungen aus Präposition + artikellosem Adjektiv (1). In Verbindungen aus Präposition + dekliniertem Adjektiv ohne Artikel kann man das Adjektiv auch großschreiben (2).

(1) von **n**ah und **f**ern · sich etwas zu **e**igen machen
(2) von **n**ahem *oder* **N**ahem

Pronomen

Die Pronomen ***manche, jene, jede, beide, eine, einige, alle*** werden in allen Flexionsformen kleingeschrieben.

Nur **w**enige nehmen teil. · Die **b**eiden kenne ich.

Vertrauliche Anrede

Die vertrauliche Anrede *du* und *ihr* sowie die entsprechenden Possessivpronomen werden kleingeschrieben. In **Briefen** können *du* und *ihr* mit ihren Possessivpronomen auch großgeschrieben werden.

Wo habt **i**hr **e**ure Sachen gelassen? · Ich habe **e**uch gesucht.

Zahlwörter

Die **Grundzahlen** (Kardinalzahlen) von 0 bis 999 999 schreibt man klein.

Was **d**rei wissen, wissen bald **d**reißig. · um **s**ieben

Aufgepasst: Eine Grundzahl schreibt man groß, wenn sie die Ziffer oder den Zahlwert bezeichnet.

Der Zeiger nähert sich der **E**lf. · Er hat die **H**undert voll gemacht.

Zahlwörter

Die vier **Zahladjektive *viel, wenig, einige, andere*** werden in allen Formen kleingeschrieben (zu Ausnahmen ↑ S. 37).

Das haben schon **v**iele erlebt. · Sie hatte etwas **a**nderes erwartet.

Wenn **Bruchzahlen** auf ***-tel*** und ***-stel*** vor einer Maßangabe stehen, schreibt man sie entweder getrennt und klein oder zusammen und groß.

ein **v**iertel Liter oder ein **V**iertelliter · **t**ausendstel Sekunde oder **T**ausendstelsekunde

Abgeleitete Adjektive

Von **geografischen Namen** abgeleitete Adjektive auf ***-isch*** schreibt man klein, wenn sie nicht Teil eines Namens sind (↑ S. 40).

böhm**isch**e Dörfer · **c**hines**isch**e Seide

Von **Personennamen** abgeleitete Adjektive werden kleingeschrieben, wenn sie nicht Teil eines Namens sind (↑ S. 40).

kafkaeske Gestalten · der **o**hmsche Widerstand (nach Ohm benannt)

Aufgepasst: Man kann diese Adjektive großschreiben, dann aber mit Apostroph.

die **G**oethe'schen Dramen

Superlative

Superlative mit ***am*** schreibt man klein (↑ S. 34). In diesen Fällen kann man *am* nicht in *an dem* zerlegen, d. h., es steht kein Begleiter.

Etwas zu essen brauchen wir **am n**ötigsten. · Diese Regel ist **am l**eichtesten zu lernen.

Desubstantivierungen

Aus Substantiven entstandene Wörter anderer Wortarten werden kleingeschrieben.

Adverbien

abends · **t**eils · **r**echtens

bestimmte Adjektive

(mit *sein* oder *werden* verbunden)

Mir ist **a**ngst. · Sie ist mir **g**ram. · Du warst **k**lasse!

Präpositionen

dank · **k**raft · **l**aut · **s**tatt · **t**rotz · **s**eitens · **a**ngesichts · **n**amens · um … **w**illen

unbestimmte Pronomen und Zahlwörter

ein **b**isschen · ein **w**enig

Kleinschreibung innerhalb des Satzes

Nach Anführungen innerhalb eines Ganzsatzes schreibt man klein.

„Wohin gehst du“, **f**ragte er. · Sie schrie: „**N**iemals!“ **u**nd schlug die Tür zu.

Eingeschobene Sätze beginnen mit Kleinschreibung. Man trennt sie durch Gedankenstriche oder Klammern (↑ S. 83) vom Hauptsatz.

Mein Bruder (**d**u hast ihn doch kennen gelernt?) heiratet im September. · Dieses Bild – **e**s ist das bekannteste des Künstlers – wurde teuer verkauft.

Aufgepasst: Wenn der eingeschobene Satz in Anführungsstrichen steht, schreibt man das erste Wort groß (↑ S. 32).

Mit seinem ständigen „**I**ch mag nicht“ ging er uns allen auf die Nerven.

Groß oder klein?

Manche Wörter kann man als **feste Zusammensetzung** oder auch als **Wortgruppe** betrachten. Dann kannst du dir aussuchen, wie du schreiben möchtest.

aufgrund	– auf Grund	mithilfe	– mit Hilfe
zulasten	– zu Lasten	zumute sein	– zu Mute sein
vonseiten	– von Seiten	imstande sein	– im Stande sein
zugrunde	– zu Grunde	infrage kommen	– in Frage kommen

BESONDERS KNIFFLIG

Angst–angst · Bange–bange · Leid–leid · Recht–recht · Unrecht–unrecht · Schuld–schuld

Mit den Verben *sein* und *werden* schreibt man diese Wörter klein.	Mit anderen Verben schreibt man sie groß.
Mir wird **a**ngst.	**A**ngst machen · **A**ngst haben
Mir ist **a**ngst und **b**ange.	**B**ange machen · **B**ange haben
Ich bin es **l**eid.	**L**eid antun
Es ist mir **r**echt. Du tust mir **u**nrecht.	**U**nrecht haben · **R**echt behalten · **R**echt geben · **R**echt bekommen
	Schuld haben · **S**chuld geben

Aufgepasst: In Verbindung mit *behalten, bekommen, geben, haben, tun* kannst du auch kleinschreiben.
Du bist **s**chuld. · Ich gebe ihm **r**echt. · Du tust ihm **u**nrecht.

Zahlwörter
Bestimmte Zahlwörter können, wenn sie eine unbestimmte, nicht in Ziffern schreibbare Menge bezeichnen, großgeschrieben werden.

Tausende	**t**ausende
Dutzende	**d**utzende
Hunderte	**h**underte

Mal – mal
Wenn man *Mal* **deklinieren** kann, schreibt man groß.

hundert **M**ale	*aber:* **h**undertmal

Reime und Eselsbrücken

Reime und Eselsbrücken bleiben prima im Gedächtnis haften: „Wer nämlich mit h schreibt, ist dämlich!“ – Oder: „Gar nicht wird gar nicht zusammengeschrieben!“ Lass dir auch selbst Reime und Eselsbrücken einfallen. Es funktioniert!

Memory

Schreib deine Problemwörter auf je zwei Karteikärtchen, male ein Bild oder eine Comicszene dazu und spiele dein selbst gebasteltes Memory mit einem Freund, einer Freundin oder deinen Eltern.

Im Rückwärtsgang

Nach einem Übungsdiktat oder einer Abschrift liest du dir deinen Text noch einmal durch – aber von hinten nach vorne, Wort für Wort. So kann man Fehler nicht so leicht überlesen.

Fehlersuche

Der Detektiv bist du. Lass dir von einem Freund, von deinen Geschwistern oder deinen Eltern eine Reihe von Wörtern aufschreiben, die nicht alle richtig geschrieben sind! Jetzt darfst du die Fehler suchen.

Kreuzworträtsel

Deine Eltern wollten dir schon immer bei den Schularbeiten helfen? Fordere sie auf, dir aus deinen Problemwörtern ein Kreuzworträtsel zu basteln. Das Lösen des Kreuzworträtsels musst du dann allerdings selbst übernehmen.

Erst einfach, dann schwierig

Fang beim Lernen mit einfachen Wörtern an, erst danach kommen die schwierigeren Wörter.

Wörter für die Zimmertür

Sitzt du gerne am Computer? Dann schreibe deine fehlerträchtigen Wörter in Fettdruck (oder bunt oder besonders groß) mit dem Computer, drucke die Seite (oder die Seiten) aus und hänge dir das Blatt einige Tage an die Zimmertür. Tausche die Wörter immer mal wieder aus.

Lexikonspiel

Kennst du das Lexikonspiel? Hier die Variante für eine bessere Rechtschreibung: Such in einem Rechtschreibwörterbuch nach kniffligen Wörtern und lass einen Schulfreund raten, wie das Wort geschrieben wird. Vergiss nicht, dich mit deinem Freund abzuwechseln (z. B. jeweils nach fünf Wörtern).

Nie mehr vergessen

Hast du ein Wort, das du immer falsch schreibst? Suche dir vier weitere, schaue dir die Wörter fünf Minuten lang an und versuche jetzt, sie zu vergessen. Was man unbedingt vergessen möchte, bleibt nämlich garantiert im Gedächtnis haften.

Ganz ruhig bleiben!

Lass dich nicht verunsichern! Du weißt schließlich, dass du gelernt hast und was du kannst – also geh ruhig und gelassen in die Klassenarbeit.

5 Getrennt- und Zusammenschreibung

Getrenntschreibung

Grundsätzlich gilt:

Wortgruppen werden **getrennt, Wortzusammensetzungen** werden **zusammengeschrieben.** Es ist jedoch nicht immer leicht zu unterscheiden, was eine Wortgruppe und was eine Zusammensetzung ist.
Aufgepasst: In Zweifelsfällen schreibt man getrennt.

da sein · ruhig bleiben · Auto fahren · gut gehen · rießig groß

Verbindungen mit einem Verb

Verbindungen mit *sein* werden immer getrennt geschrieben.

da sein · dabei sein · gut sein · treu sein · beisammen sein

Aufgepasst: Werden solche Verbindungen im Satz substantivisch gebraucht, werden sie zusammengeschrieben.

Das Beisammensein am letzten Freitag hat mir richtig gut gefallen. · Sein Motto für Olympia: **Dabeisein** ist alles!

Verb + Verb: Sind bei Wortverbindungen beide Bestandteile Verben, wird getrennt geschrieben.	spazieren gehen · laufen lernen · lesen üben· kommen sehen
In diesen Fällen steht das erste Verb immer im Infinitiv, nur das Verb, das an zweiter Stelle steht, wird konjugiert.	Sie **geht** gern **spazieren.** · Ich bin gestern mit Ulf **schwimmen gegangen.**
Bei Verbindungen mit *bleiben* und *lassen* kannst du auch zusammenschreiben, wenn eine neue Bedeutung entsteht.	sitzen bleiben/ sitzenbleiben (= nicht versetzt werden) · liegen lassen/ liegenlassen (= nicht erledigen)
Dasselbe gilt für *kennen lernen*	Sie hat ihn in Rom kennen gelernt/ kennengelernt.
Substantiv + Verb: Ist der erste Bestandteil ein Substantiv, das eindeutig als solches gebraucht wird, gilt Getrenntschreibung (↑ S. 58).	Rad fahren · Schlittschuh laufen · Angst haben
Aufgepasst: Bei substantivischem Gebrauch gilt auch hier Zusammenschreibung.	Das **Radfahren** macht bei Regen keinen Spaß!

5

Verbindungen mit einem Verb

Adjektiv + Verb:
Immer getrennt vom Verb sind Adjektive zu schreiben, die als Artangaben (Umstandsangaben) verwendet werden.

schnell fahren · deutlich sprechen · sich riesig freuen · höllisch aufpassen · lauter reden · früher aufstehen

Viele Verbindungen aus einfachem Adjektiv und Verb, bei denen das Adjektiv das Ergebnis der mit dem Verb beschriebenen Tätigkeit angibt, kannst du getrennt oder zusammenschreiben.

die Scheiben blank putzen/blankputzen · Zwiebeln klein schneiden/kleinschneiden · die Getränke kalt stellen/kaltstellen

Aufgepasst: Es gibt Zusammensetzungen, die einen festen Begriff bilden. Diese werden zusammengeschrieben (↑ S. 57).

freisprechen · frohlocken

Partizip + Verb:
Ein Partizip wird immer getrennt vom folgenden Verb geschrieben.

getrennt schreiben · gefangen nehmen · verloren gehen

Adverb + Verb:
In Wortgruppen werden Adverbien vom folgenden Verb getrennt geschrieben. Die Betonung liegt dann auf beiden Wörten. Oft ist aber auch nur das Verb betont, das Adverb bleibt unbetont.

Wir wollen den Text jetzt zusammen lesen. · Ich kann nicht gut rückwärts einparken.

Verbindungen mit einem Substantiv

Wortverbindungen aus Substantiv und Partizip werden – wie die zugrunde liegenden Verbindungen aus Substantiv und Verb – getrennt geschrieben. Es gibt jedoch Ausnahmen (↑ S. 58).

Eis essende Kinder sind in Bekleidungsgeschäften nicht so gern gesehen. · Nach dem Dauerregen ist mit **Hochwasser führenden** Flüssen zu rechnen.

Du kannst aber dann getrennt oder zusammenschreiben, wenn die Verbindung als nicht verkürzte Wortgruppe angesehen wird (↑ S. 60).

Die Stadtverwaltung hat eine Sprechstunde für **Rat suchende** (*oder* **ratsuchende**) Bürger eingerichtet. Die **Not leidende** (*oder* **notleidende**) Bevölkerung wurde von der UN versorgt. · Ein **Handel treibender** (oder **handeltreibender**) Geschäftsmann wurde verhaftet.

Aufgepasst: Wenn du diese Verbindungen substantivierst, kannst du sie getrennt oder zusammenschreiben. Bei Getrenntschreibung werden beide Wörter großgeschrieben.

die Rat Suchenden/Ratsuchenden · der Handel Treibende/Handeltreibende

Verbindungen mit einem Adjektiv

Ableitungen auf *-ig, -isch, -lich* + Adjektiv: Ist der erste Bestandteil eine Ableitung auf *-ig, -isch* oder *-lich,* wird getrennt geschrieben.	ries**ig** groß · verführer**isch** leicht · grün**lich** gelb
gesteigertes oder erweitertes Adjektiv + Adjektiv: Eine Verbindung aus zwei Adjektiven, in der das erste Adjektiv gesteigert oder erweitert ist, wird getrennt geschrieben.	**leichter** verdauliche Speisen · eine **höchst erfreuliche** Entwicklung · ein **besonders dicht** bevölkertes Land
adjektivisch gebrauchtes Partizip + Adjektiv: Eine Verbindung aus adjektivisch gebrauchtem Partizip und Adjektiv wird generell getrennt geschrieben.	gestochen scharf · blendend weiß · abstoßend hässlich
***nicht* + Adjektiv:** Verbindungen von *nicht* + Adjektiv können getrennt oder zusammengeschrieben werden	eine nicht öffentliche/nichtöffentliche Sitzung · eine nicht zutreffende/nichtzutreffende Behauptung
Aufgepasst: Sind diese Verbindungen substantiviert, kannst du ebenfalls getrennt oder zusammenschreiben.	nicht Zutreffendes/Nichtzutreffendes bitte streichen

Zusammenschreibung

Verbindungen mit Verben

Es gibt so genannte **untrennbare Zusammensetzungen** mit einem Verb, die in allen gebeugten Verbformen zusammengeschrieben werden. Solche Zusammensetzungen bilden gemeinsam einen festen Begriff.

übertreten · widersprechen · frohlocken · langweilen · freisprechen (im Gericht) · durchqueren · wetteifern · unterstellen · fernsehen · brandmarken · handhaben · schlafwandeln · schlussfolgern

Es gibt aber auch Verbindungen von Präpositionen mit Verben, bei denen sich die Reihenfolge im Satz ändern kann. Diese Verbindungen nennt man **trennbare Zusammensetzungen.**

auffallen: Er fällt zwischen all den kleinen Kindern besonders auf. · hinschauen: Schau genau hin!

Aufgepasst: Solche trennbaren Zusammensetzungen aus Präpositionen und Verben werden nur in bestimmten Fällen zusammengeschrieben:

- im Infinitiv, — aufgehen
- im Partizip Präsens, — die aufgehende Sonne
- im Partizip Perfekt, — die Sonne ist aufgegangen
- bei Endstellung im Nebensatz. — … weil die Sonne aufgeht.

Zusammensetzungen mit Substantiven	
Wortzusammensetzungen, die ein Substantiv enthalten, schreibt man zusammen.	die Steintreppe (der Stein + die Treppe) · der Altbau (alt + der Bau)
Substantiv + Verb: Verbindungen aus Substantiv und Verb werden zusammengeschrieben, wenn die Substantive kaum noch als solche erkennbar sind; sie bilden also einen feststehenden Begriff.	eislaufen · heimfahren · irreführen · irrewerden · kopfstehen · leidtun · stattfinden · teilhaben · teilnehmen · wettmachen · wundernehmen
Substantiv + Adjektiv: Verbindungen aus Substantiv und Adjektiv, die einen zusammengehörigen Begriff bilden, werden zusammengeschrieben.	staubtrocken · meterhoch
Substantiv + Partizip: Wortverbindungen aus einem Substantiv mit einem Partizip werden zusammengeschrieben, wenn das Substantiv aus einer Wortgruppe verkürzt worden ist.	herzerquickend (das Herz erquickend; der Artikel *das* geht verloren.) · mondbeschienen (vom Mond beschienen) · sagenumwoben (von Sagen umwoben)

Präposition + Substantiv:
Ist bei einer Wortzusammensetzung die Bedeutung der einzelnen Teile nicht mehr deutlich erkennbar, schreibt man zusammen. Diese Wortverbindung ist dann zu einer neuen Präposition bzw. einem Adverb geworden.

anstelle · inmitten

Aufgepasst: Wortverbindungen aus Präposition + Substantiv, in denen das Substantiv nicht verblasst ist, werden getrennt geschrieben.

zu Fuß · zu Ende · unter der Hand

Zusammensetzungen mit Adjektiven

Adjektiv + Verb:
Man schreibt zusammen, wenn die Verbindung eine **neue Bedeutung** bekommt, Adjektiv und Verb also einen festen Begriff bilden. Das Adjektiv kann dann auch nicht gesteigert oder erweitert werden.

jemanden krankschreiben · den Gegner kaltstellen (= ausschalten) · ein Wort kleinschreiben (mit kleinem Anfangsbuchstaben schreiben)

Zusammensetzungen, deren erster Bestandteil den zweiten in der Bedeutung verstärkt oder vermindert, schreibt man zusammen.

bitterkalt · brandaktuell · dunkelrot · superklug · halboffiziell

Auch zusammengesetzte Adjektive, bei denen einer der beiden Bestandteile nicht allein vorkommen kann, werden zusammengeschrieben.

großspurig · letztmalig · schwerstbehindert · blauäugig · vieldeutig

Zusammensetzungen mit Partizipien

Partizipien richten sich generell nach den zugrunde liegenden Verbindungen mit Verben (↑ S. 58). Man schreibt sie zusammen, wenn man die entsprechende Zusammensetzung aus Substantiv und Verb zusammenschreibt.

teilnehme**nd** (wegen teilnehmen) · irre**ge**leitet (wegen irreleiten)

Verbindungen, deren erster Bestandteil aus einer Wortgruppe verkürzt worden ist, schreibt man zusammen.

jahrelang (mehrere Jahre lang) · fingerbreit (einen Finger breit) · butterweich (weich wie Butter)

Aufgepasst: Lässt sich eine Verbindung auf eine getrennt zu schreibende Wortgruppe mit einem Verb zurückführen, schreibt man getrennt.

der Aufsicht führende Lehrer (wegen: Aufsicht führen) · ein Glück bringendes Amulett (wegen: Glück bringen)

Je nach Zusammenhang können Wortgruppen oder Zusammensetzungen vorliegen. Entsprechend kann die Schreibung dann variieren und entweder Getrennt- oder Zusammenschreibung richtig sein.

eine Furcht einflößende Gestalt – eine noch furchteinflößendere Gestalt (Zusammenschreibung wegen Steigerung)

Weitere Zusammensetzungen

Zusammengesetzte Wörter aus verschiedenen Wortarten, deren einzelne Bestandteile nicht mehr deutlich zu erkennen sind, schreibt man zusammen.

bergauf · bergab · kopfüber · zuallererst · zuallerletzt · zuletzt · einigermaßen

Verbindungen mit *irgend-*:
Verbindungen mit *irgend-* werden grundsätzlich ebenfalls zusammengeschrieben.

irgendwer · irgendwo · irgendjemand · irgendein · irgendetwas

Aufgepasst: Ausgenommen von dieser Regel sind Fälle, in denen der zweite Bestandteil erweitert ist.

irgend **so** ein · irgend **so** etwas

Konjunktionen:
Konjunktionen, also Wörter, die einen Nebensatz einleiten, werden meistens zusammengeschrieben.

nachdem · soweit · anstatt · sobald · sofern · soviel · soweit · sooft · sodass
aber auch: so dass

Aufgepasst: Eine Wortgruppe, die aus einer nicht flektierbaren Wortart und einem Adjektiv gebildet wird, wird hingegen getrennt geschrieben.

Kommt er tatsächlich **so bald** schon wieder zurück? · Seid ihr heute wirklich **so weit** gefahren? · Er hat es ihr schon **so oft** gesagt.

Weitere Zusammensetzungen

Zusammenschreibung von Zahlen: Ableitungen von **Grundzahlen** (Kardinalzahlen) auf *-er* schreibt man zusammen, wenn als zweiter Bestandteil ein Substantiv folgt.	die Achterbahn · die Zehnergruppe
Aufgepasst: In Verbindung mit *Jahr* kannst du auch getrennt schreiben. Du schreibst dann die Ableitung auf *-er* klein.	in den **Neunzigerjahren** – in den **neunziger Jahren**
Als Wörter geschriebene Zahlen schreibt man zusammen, wenn sie kleiner als eine Million sind.	neunzehnhundertneunundneunzig · achteinhalb · tausendsechsundsechzig
Als Wörter geschriebene Zahlen schreibt man getrennt, wenn sie größer als eine Million sind.	zehn Millionen fünfhunderttausend · zwei Millionen
Ableitungen von als Wort geschriebenen Zahlen und die entsprechenden Zusammensetzungen schreibt man ebenfalls zusammen.	achtfach · der Achtpfünder · die Achtziger · der Achteinhalbpfünder
Wenn **Bruchzahlen** auf *-tel* und *-stel* vor einer Maßangabe stehen, schreibt man sie entweder getrennt und klein oder zusammen und groß.	ein **v**iertel **K**ilogramm oder ein **V**iertelkilogramm · ein **z**ehntel **M**illimeter oder ein **Z**ehntelmillimeter

BESONDERS KNIFFLIG

Straßennamen

Man schreibt **zusammen,** wenn

- das erste Wort unverändert ist (1) oder
- aus Gründen des besseren Klangs *n, s* oder *en* eingeschoben wird (2).

(1) Schillerstraße · Neumarkt · Hochstraße
(2) Sperling**s**gasse

Man schreibt **mit Bindestrich,** wenn ein Straßenname durch mehr als ein Bestimmungswort gebildet wird.

Max-Weber-Platz · Niklas-Anzlinger-Allee

Man schreibt **getrennt,** wenn

- das erste Wort verändert ist (1) oder
- Präpositionen vorausgehen (2).

(1) Mannheim**er** Straße · Hohl**e** Gasse
(2) **Am** Neuen Markt

Geografische Namen

Ableitungen von geografischen Namen auf *-er* schreibt man mit dem nachfolgenden Substantiv **zusammen,** wenn sie Personen bezeichnen.

die **Schweizer**garde · der **Römer**brief

Ableitungen von geografischen Namen auf *-er* schreibt man vom folgenden Substantiv **getrennt,** wenn sie die geografische Lage bezeichnen.

die Walliser Alpen (die Alpen im Wallis/Schweiz) · der Frankfurter Flughafen

Aufgepasst: Es gibt geografische Namen, die keine Ableitung darstellen. Sie schreibt man **zusammen.**

der Brennerpass · die Glocknergruppe

Für die Getrennt- und Zusammenschreibung bei *zu* gilt:

Man schreibt **zusammen,** wenn ***zu*** beim Sprechen betont wird.	Man schreibt **getrennt,** wenn ***zu*** beim Sprechen nicht betont wird.
Der Teich wird **zufrieren.** Die Post wird ihm die Ware **zusenden.**	Sie hasst es **zu frieren.** Der Kinderkanal hört auf **zu senden.**

Getrennt- und Zusammenschreibung bei *nachdem/nach dem, seitdem/seit dem, indem/in dem*

Man schreibt **zusammen,** wenn die Begriffe **als Konjunktion** gebraucht werden.	Man schreibt **getrennt,** wenn die Begriffe **als Präposition und Artikel** gebraucht werden.
Nachdem er gearbeitet hatte, spielte er.	**Nach dem** Essen spielt er.
Seitdem er spielte, arbeitete er nicht mehr.	**Seit dem** Spiel hat er nicht mehr gearbeitet.
Indem er spielte, hielt er sich gesund.	Es war keinerlei Spannung **in dem** Spiel.

Getrennt- und Zusammenschreibung bei *soviel/so viel, soweit/so weit*

Man schreibt **zusammen,** wenn die Begriffe **als Konjunktion** gebraucht werden.	Man schreibt **getrennt,** wenn die Begriffe **als Adverb und Adjektiv** gebraucht werden.
Soviel/soweit ich weiß, lebt sie jetzt in Rom.	Das ist zu teuer, **so viel** kann ich nicht bezahlen. **So weit** will ich nicht laufen.

Getrennt- und Zusammenschreibung bei Verb + Präposition je nach Bedeutung

Leider gibt es hierfür keine festen Regeln – da hilft nur, beim Schreiben immer mitzudenken.

Der Fährmann **setzt** drei Passagiere **über** den Fluss.	Sie **übersetzt** die Verhandlung am Gericht ins Deutsche.
Die Schülerin **holt** sich ihren Radiergummi von der Lehrerin **wieder.**	Die Eltern wünschen, dass ihr Kind eine Klasse **wiederholt.**
Die Mutter **brach** den Keks in der Mitte **durch.**	Die Ganoven **durchbrachen** die Absperrung.
Der Autofahrer **fuhr** die Ampel **um.**	Der Busfahrer **umfuhr** den Stau.
Das Mädchen **schreibt** den Schulaufsatz **gut.**	Die Bank hat mir 1 Million Euro **gutgeschrieben.**
Der Pfarrer **hält** die Predigt **frei.**	Er freut sich darauf, morgen **freizuhaben.**
Der Politiker **sprach frei** ins Mikrofon.	Der Richter hat den Angeklagten **freigesprochen.**
Der Arzt bittet den Patienten, den Oberkörper **frei zu machen.**	Diesen Brief müssen Sie mit 55 Cent **freimachen**.
Die Lehrerin hat den Merksatz an der Tafel viel zu **klein geschrieben.**	Adjektive werden meistens **kleingeschrieben.**
Das Kleinkind kann in den neuen Schuhen schon ziemlich **sicher gehen.**	Sie will in dieser Sache **sichergehen.**
Die drei Freundinnen **fahren** jeden Morgen **zusammen** zur Schule.	Als der Schuss fiel, sind sie alle vor Schreck **zusammengefahren.**

6 Schreibung mit Bindestrich

Ein Bindestrich ist kein Gedankenstrich! Der Bindestrich verbindet zwei Wörter miteinander, der Gedankenstrich dagegen ist ein Satzzeichen, das eine Pause oder ein Innehalten im Satz kennzeichnet (↑ S. 82 f.).

Bindestrich:
Feld- und Gartenfrüchte

Gedankenstrich:
Du kannst das Auto haben – und zwar geschenkt!

Ziffern, Einzelbuchstaben und Abkürzungen

Ein Bindestrich verbindet zusammengehörende Wörter oder Wortteile miteinander.

Zusammensetzungen von Wörtern mit Ziffern und Einzelbuchstaben werden durch einen Bindestrich miteinander verbunden.
Verbindungen mit *-fach* können ebenfalls mit Bindestrich geschrieben werden.

1-zeilig · **17**-jährig · der **x**-te Versuch · der **i**-Punkt · ein **5:2**-Sieg

8fach/8-fach · das 8fache/8-Fache

Abkürzungen und Formelzeichen

Zusammensetzungen mit Abkürzungen schreibt man mit Bindestrich.

Kfz-Papiere · **km**-Zahl · Musik-**CD** ·

Das gilt auch für Zusammensetzungen, deren Bestandteile abgekürzt sind.	röm.-kath. · Dipl.-Ing.
Zusammensetzungen von Formelzeichen mit Wörtern schreibt man mit Bindestrich.	**CO_2**-gesättigt · **H_2O**-haltig

Mehrgliedrige Zusammensetzungen

Bei **mehrgliedrigen Zusammensetzungen mit Einzelbuchstaben, Ziffern oder Abkürzungen** musst du zwischen allen Bestandteilen einen Bindestrich setzen.	**A**-Dur-Tonleiter · **S**-Bahn-Wagen · **800**-Jahr-Feier · **2**-Euro-Münze · Vitamin-**B**-haltig
Bildet eine **Verbindung aus Ziffern und Nachsilbe** den ersten Teil einer Zusammensetzung, so setzt du nur nach der Nachsilbe einen Bindestrich.	die **61er**-Bildröhre · eine **5er**-Gruppe · die **68er**-Generation · die **3fach**-Belegung
Bei einer **Verbindung aus Ziffer, Zeichen und Wort,** steht der Bindestrich nur zwischen Zeichen und Wort.	**5 %**-Klausel · **20 °**-Marke
Bei **Abkürzungen und Ziffern,** auf die nur eine Endung folgt, darfst du keinen Bindestrich setzen.	ein 32stel · 100%ig · SPDler

6

Aneinanderreihungen

Zusammensetzungen können Bestandteile enthalten, die auf eine **Wortgruppe** zurückzuführen sind. Solche Zusammensetzungen musst du als Ganzes mit Bindestrich versehen.

das Kopf-an-Kopf-Rennen · das Abend-Make-up · das Nord-Süd-Gefälle · der Magen-Darm-Katarrh

Infinitive mit mehr als zwei Bestandteilen, die im Satz wie ein Substantiv gebraucht werden, schreibt man mit Bindestrich.

zum Aus-der-Haut-Fahren · das In-Betrieb-Nehmen

Ergänzungsstrich

Der Ergänzungsstrich (Ergänzungsbindestrich) wird gesetzt, wenn in Zusammensetzungen ein gleicher Bestandteil nur einmal genannt wird.

Feld- und Gartenfrüchte · Geld- und andere Sorgen · Ein- und Ausgang

Übersichtlichkeit und Hervorhebung

Zur **Hervorhebung** einzelner Bestandteile von Zusammensetzungen und Ableitungen kann ein Bindestrich gesetzt werden.

die Ich-Sucht (*oder:* Ichsucht) · der Ich-Erzähler (*oder:* Icherzähler) · die Soll-Stärke (*oder:* Sollstärke)

In **unübersichtlichen Zusammensetzungen** kannst du einen Bindestrich setzen.
Beim **Zusammentreffen von drei gleichen Buchstaben** kannst du ebenfalls einen Bindestrich setzen.

Lotto-Annahmestelle · Desktop-Publishing

Kaffee-Ersatz · Schwimm-Meisterschaft

Zusammensetzungen mit Eigennamen

Bei Zusammensetzungen mit **mehrteiligen Eigennamen** musst du zwischen allen Bestandteilen einen Bindestrich setzen.

die Albrecht-Dürer-Allee · der Elbe-Havel-Kanal · das Goethe-Schiller-Archiv · das Karl-May-Denkmal · die Johannes-Gutenberg-Schule

Wenn in einer Zusammensetzung ein **einfacher Eigenname oder ein geografischer Name** an erster Stelle steht, kannst du einen Bindestrich setzen, um den Namen **hervorzuheben.**

die Goethe-Ausgabe (*oder:* die Goetheausgabe) · das Nil-Delta (*oder:* das Nildelta) der Irak-Krieg (*oder:* der Irakkrieg)

Aufgepasst: Mehrteilige Zusammensetzungen werden gekoppelt (↑ S. 68).

Rhein-Main-Flughafen

7 Fremdwörter

Schreibung und Aussprache

Grundsätzlich gilt:

Im Deutschen gibt es viele Wörter, die ursprünglich aus anderen Ländern und Sprachen stammen. Man nennt sie Fremdwörter. Für einige gibt es deutsche Entsprechungen, andere sind fester Bestandteil der deutschen Sprache. Sie werden häufig ganz anders geschrieben als gesprochen.

Rhapsodie · Apotheke · Sympathie · Medaille · Etage · Ingenieur

Fremdwörter

- werden häufig **mit *ph, rh, th* oder *y*** geschrieben,

  Physik · **Rh**euma · **Rhyth**mus · **Th**eater · L**y**rik

- enden häufig auf ***ie,***

  Demokrat**ie** · Homöopath**ie**

- haben im Wortinnern meistens nur ein **einfaches *i*.**

  Masch**i**ne · Law**i**ne

Schreibung und Aussprache eines Fremdworts richten sich in den meisten Fällen nach der Schreibung und Aussprache im Herkunftsland.

Team = [ti:m]
Restaurant = [restoˈrã:]

In Fremdwörtern aus dem Lateinischen und Französischen wird *ti* wie [ts] ausgesprochen.

Nation = [naˈtsi̯õːn]

Angleichung ans Deutsche

Werden Fremdwörter oft gebraucht, gleichen sie sich in ihrer Schreibung häufig der deutschen Sprache an.

Telephon	→	Telefon	Phantasie	→	Fantasie
Friseur	→	Frisör	Nougat	→	Nugat
Joghurt	→	Jogurt	Graphik	→	Grafik
Cousine	→	Kusine	Spaghetti	→	Spagetti

Die Silben ***phon/phot/graph*** können im Deutschen auch mit *f* geschrieben werden.

Photo – **F**oto · Gra**ph**iker – Gra**f**iker

Aufgepasst: Aus ***th*** kann nur in zwei Fällen ein einfaches ***t*** werden.

Pan**th**er – Pan**t**er · **Th**unfisch – **T**unfisch

Pluralbildung

Fremdwörter bilden den Plural auf verschiedene Weise:

- durch Anhängen von ***e*** oder ***s*** oder

Telefon – Telefon**e** · Restaurant – Restaurant**s**

- durch Anhängen von ***en.***

Motor – Motor**en**

Aufgepasst: Einige Wörter bilden mehrere Pluralformen, die korrekt sind.

Glob**usse** – Glob**en** · Pizz**as** – Pizz**en**

7

Herkunft

Fremdwörter aus dem Englischen und Amerikanischen

Um Rechtschreibfehler zu vermeiden, beachtest du am besten die folgenden Regeln:

- *ee* wird als langes *i* gesprochen,
- *ea* ebenfalls meist als langes *i*, *Ausnahme:* Sweatshirt
- *y* wird *ei* gesprochen,
- *i* wird ebenfalls oft *ei* gesprochen.

T**ee**nager · J**ee**p
J**ea**ns · Fr**ea**k
B**y**te · Rec**y**cling
Des**i**gn · H**i**ghl**i**ght

Fremdwörter aus dem Französischen

Um Rechtschreibfehler zu vermeiden, beachte folgende Regeln:

- *ou* wird wie ein deutsches *u* gesprochen.
- *ai* wird ähnlich dem deutschen *ä* gesprochen.
- *ill* wird als [lj] oder [ij] gesprochen.
- *eu* wird *ö* gesprochen.
- *g* wird als [ʒ] gesprochen, wenn es vor *e* oder *i* steht.

S**ou**venir · T**ou**rist · C**ou**sine
Pal**ai**s · S**ai**son
Meda**ill**e · Ta**ill**e
Ingeni**eu**r
Gara**ge** · Passa**gi**er

Fremdwörter aus dem Lateinischen

Ein großer Teil unseres Wortschatzes stammt aus dem Lateinischen. Solche Wörter enden häufig auf: *-ion, -ant, -al, -us, -tät, -um* oder *-or.*

Un**ion** · Konso**nant** · sozi**al** · Exit**us** · Universi**tät** · Publik**um** · Profess**or**

Fremdwörter aus dem Griechischen

Fremdwörter aus dem Griechischen werden häufig mit *ph, rh, th* oder *y* geschrieben.

Al**ph**abet · **Ph**arao · **Rh**euma · Apo**th**eke · **Th**ema · T**y**rann · S**y**stem

Zusammengesetzte Fremdwörter

Groß- und Kleinschreibung:
Bei zusammengesetzten Fremdwörtern, die wie ein Substantiv gebraucht werden, schreibt man das erste Wort sowie weitere substantivierte Bestandteile der Fügung oft groß.

Midlife-**C**risis · **F**ulltime-**J**ob · **W**alkie-**T**alkie

Aufgepasst: Feste adverbielle Fügungen, die Fremdwörter enthalten, werden kleingeschrieben.

a cappella singen · **de facto** anerkennen

Getrennt oder zusammen?

■ Zusammengesetzte Fremdwörter werden zusammengeschrieben. Zur besseren Lesbarkeit kannst du auch ein Bindestrich (↑ S. 69) setzen.

Deskto**pp**ublishing oder Deskto**p-P**ublishing · Scienc**ef**iction oder Scienc**e-F**iction

■ Aneinanderreihungen und Zusammensetzungen aus (englischsprachigen) Wortgruppen schreibt man mit Bindestrich.

Rooming-in · Stand-by · Knock-out · No-Future-Generation

■ Du kannst zusammenschreiben, wenn die Wörter lesbar bleiben.

Knockout · Standby

Man unterscheidet Lehnwörter und Fremdwörter. Lehnwörter sind aus einer fremden Sprache entlehnte Wörter, die sich in ihren Lauten und Formen wie einheimische Wörter weiterentwickelt haben. Fremdwörter dagegen erkennt man meist daran, dass sie sich nicht vollständig an das Deutsche angepasst haben, sondern in Schreibung, Betonung und Aussprache von deutschen Wörtern abweichen.

Fremdwörter aus dem Lateinischen

Sie (↑ S. 72) stammen häufig aus den Bereichen Wissenschaft, Kunst und Militärwesen:

Kollision · Konstruktion · Demonstrant · Quartal · sozial · Lokal · kolossal · Fakultät · Qualität · Universität · Exitus · Publikum · Linoleum · Petroleum · Doktor · Professor · Villa · November · Vase · Violine · Vulkan · Nervosität · Veilchen · Nerven · Diktat · Musik · Fabrik · Insekt · Lektüre · perfekt · Doktor · Akkusativ · Akklamation

Fremdwörter aus dem Griechischen

Sie (↑ S. 73) stammen häufig aus den Bereichen Wissenschaft und Kultur:

Alphabet · Pharmazie · Prophet · Rheuma · Rhombus · Rhythmus · Rhapsodie · Theke · Theater · Methode · Thema · Apotheke · Pyramide · System · Sympathie

Fremdwörter aus dem Französischen

Sie (↑ S. 72) stammen häufig aus den Bereichen Mode, Kultur und Gastronomie:

Ragout · Omelette · Biskuit · Fondue · Bouillon · Restaurant · Souvenir · Tourist · Cousine · Palais · Terrain · Saison · Medaille · Monteur · Etage · Spionage

Fremdwörter aus dem Englischen

Sie (↑ S. 72) stammen oft aus den Bereichen Sport, Jugend, Gesellschaft und Technik:

Match · Handicap · Weekend · Fan · Teenager · Spleen · Jeep · Gangster · Safe · Baby · Playboy · Lunch · Trenchcoat · Sandwich · Hobby · Story · Party · Whisky · Lobby · Tuning

Aufgepasst: Wörter, die im Englischen auf *y* enden, bilden im Deutschen den Plural auf *ys: Partys · Hobbys · Babys*

Fremdwörter aus dem Italienischen

Sie stammen häufig aus den Bereichen Musik, Handel und Kunst:

Klarinette · brutto · netto · Rabatt · Pizza · Skizze · Intermezzo · Risiko · Fresko · bravo · Giro · Konto · Solo · Cello

Fremdwörter aus anderen Teilen der Welt

- Aus dem **Arabischen**:

Admiral · Albatros · Algebra · Alkohol · Beduine · Benzin · Elixier · Haschisch · Islam · Karaffe · Minarett · Safran · Scheich · Sirup · Sofa · Tarif · Ziffer · Zenit

Häufig bezeichnen die Fremdwörter Dinge, die aus einer anderen Kultur Eingang in unseren Alltag gefunden haben:

- Aus dem **Japanischen**:

Bonsai (Zwergbaum) · Ikebana (Blumensteckkunst)

- Aus dem **Chinesischen**:

der Wok (besonderer Kochtopf) · der Kotau (Kniefall)

- Aus dem **Indischen**:

der Dschungel · der Ingwer · der Bungalow

- Aus den **australischen Sprachen**:

der Bumerang · das Känguru · der Koala

8 Worttrennung

Trennung von einfachen Wörtern

Grundsätzlich gilt:

Für die Trennung von Wörtern am Zeilenende gibt es zwei Grundregeln, die du dir ganz einfach merken kannst:

- **Einfache Wörter** werden nach Sprechsilben getrennt. — le-sen · Freun-de · wei-ter
- **Zusammengesetzte Wörter** (↑ S. 79) werden nach ihren Bestandteilen getrennt. — Schnee-pflug · Tür-schloss

Einsilbige Wörter kann man nicht trennen. — Hahn · Schnee · Hund

Mehrsilbige einfache Wörter trennt man nach **Sprechsilben** – also so, wie sie sich beim langsamen Vorlesen in einzelne Silben zerlegen lassen. — Bal-kon · Ho-tel · Pla-net · Re-gel

Ein **einzelner Vokal am Wortanfang** wird nicht abgetrennt. — Ader · Igel · Uhu · übel

Einen **einzelnen Vokal am Wortende** trennt man ebenfalls nicht ab. — die Boa · das Deo

Steht ein **einzelner Konsonant zwischen zwei Vokalen,** so kommt er in die nächste Zeile.	sa-**g**en · der Kri-**m**i · die Fra-**g**e · glau-**b**en
Folgen **mehrere Konsonanten** aufeinander, dann trennt man nur den letzten ab.	die Kno**s**-**p**en · der Stä**d**-**t**er · fü**l**-**l**en · en**g**-**l**isch · Ho**ff**-**n**ung · wa**ch**-**s**en · er zu**ck**-**t**e der Hu**s**-**t**en · der Ka**s**-**t**en · die Ka**t**-**z**e ·
Stehen die Buchstabenverbindungen *ch, sch, ph, rh* und *th* oder ein *ß* für einen **einzelnen Laut,** so trennt man sie nicht.	Bü-**ch**er · Fä-**ch**er · Ta-**sch**e · Phos-**ph**or · Myr-**rh**e · Zi-**th**er · Ma-**th**e · Grü-**ß**e
Das Gleiche gilt ebenso für *ck.* Präge dir den Merksatz ein: Wer ***ck*** trennt, wird aufgehängt!	der Dru-**ck**er · der Zu-**ck**er · ste-**ck**en
Trennung von *ss:* Steht *ss* als Ersatz für *ß* (z. B. bei Großbuchstaben), dann wird zwischen den beiden *s* getrennt.	GRÜ**S**-**S**E (statt Grü-ße) · HEI**S**-**S**EN (statt hei-ßen)
Die **Diphthonge *ai, au, äu, ei, eu*** und ***oi*** werden nicht getrennt.	K**ai**-ser · Tr**au**-ung · st**au**-ben · R**äu**-ber · H**äu**-ser · **ei**-nig · **Eu**-le · Br**oi**-ler · Sp**oi**-ler

8

Beginnt eine Nachsilbe mit einem Vokal, so „nimmt“ sie bei der Trennung den vorhergehenden Konsonanten mit in die nächste Zeile.	die Stürme-**rin** · die Metzge-**rei** · die Räube-**rei** · die Einla-**dung** · die Gestal-**tung** · da-**rauf** · hi-**nauf**

Trennung von Fremdwörtern

Grundsätzlich gilt:

Fremdwörter können entweder nach den Regeln der Herkunftssprache oder nach den deutschen Regeln getrennt werden.	Pub-li-kum oder Pu-bli-kum · Dip-lom oder Di-plom · Mag-net oder Ma-gnet · Zyk-lus oder Zy-klus · Päd-agoge oder Pä-da-goge
Die Konsonantenverbindungen ***ph, rh*** und ***th*** werden in Fremdwörtern nicht getrennt.	Stro-**ph**e · ka-**th**o-lisch · Myr-**rh**e
In Wörtern aus dem Französischen bleibt die Buchstabenkombination *oi* besser ungetrennt.	P**oi**n-te · Me-m**oi**-ren · S**oi**-ree
Fremdwörter, die aus zwei Wörtern oder einer Vorsilbe und einem Fremdwort zusammengesetzt sind, werden in ihren Bestandteilen getrennt.	Game-show · Joint-venture · Week-end · Milk-shake

Trennung zusammengesetzter Wörter

BESONDERS KNIFFLIG

Zusammengesetzte Wörter und Wörter mit Vorsilben werden nach ihren Bestandteilen getrennt:

der Stadt-staat · der Kahl-schlag · brand-neu · be-stimmt

Aufgepasst: Achte auf die **Trennung von *st!*** Diese Konsonantenverbindung tritt häufig in der Wortfuge (dort, wo in Zusammensetzungen die einzelnen Wörter aufeinander treffen) auf. Die Trennung richtet sich immer nach den ursprünglichen Wörtern:

die Buch-stütze · der Diens-tag

Die einzelnen **Bestandteile von zusammengesetzten Wörtern** trennt man wie einfache Wörter:

Kon-zert-di-rek-tor · be-rich-ten · Bio-ton-ne · Des-il-lu-si-on · Schwimm-meis-ter · Vi-deo-clip

Wird ein **Wort nicht mehr als Zusammensetzung erkannt oder empfunden,** so ist auch die Trennung nach Sprechsilben richtig:

wa-rum oder war-um · in-te-res-sant oder in-ter-es-sant · ei-nan-der oder ein-an-der · Pä-da-go-gik oder Päd-ago-gik

Trennungen, die zwar den Regeln entsprechen, aber **beim Lesen stören oder den Wortsinn entstellen,** solltest du vermeiden.
Die Trennhilfe im Textverarbeitungsprogramm deines PC findet solche oftmals irreführenden Trennungen nicht:

be-inhalten statt bein-halten · Spar-gelder statt Spargel-der · Ur-insekt statt Urin-sekt

9 Zeichensetzung

Satzschlusszeichen

Das Ende eines Satzes wird durch ein Satzschlusszeichen kenntlich gemacht. Mithilfe von **Punkt, Frage- oder Ausrufezeichen** wird jeder Text übersichtlicher und leichter lesbar.

Punkt

Am **Ende eines abgeschlossenen und vollständigen Satzes,** der aus mindestens einem Subjekt und einem Prädikat bestehen muss, steht ein Punkt. Der folgende Satz beginnt wieder mit einem Großbuchstaben.

Sie lernt. · Es wird Frühling. · Wir freuen uns auf euren Besuch.

Aufgepasst: Nach einer Überschrift steht kein Punkt.

Neue Erkenntnisse
Untersuchungen haben ergeben …

Ausrufezeichen

Ausrufe, Aufforderungen, Befehle und **Anreden** werden mit einem Ausrufezeichen abgeschlossen.

Tor**!** Tor**!** · Verlassen Sie sofort das Spielfeld**!** · „Liebe Kolleginnen und Kollegen**!**“

Auch **besonders wichtige Aussagen** können durch den Gebrauch eines Ausrufezeichens hervorgehoben werden.

Der Bräutigam am Hochzeitstag: „Ich bin der glücklichste Mann der Welt**!**“ · Welch ein Glück**!**

Fragezeichen

Es gibt **Fragen,** die **mit einem Fragewort** *(wer? wie? was? wo? weshalb? warum?* etc.) beginnen, und so genannte **Satzfragen,** die sich durch ihre Wortstellung von einem Aussagesatz unterscheiden.
Bei einer Satzfrage steht die Personalform (die konjugierte Form) des Verbs an erster Stelle.
Beide Arten von Fragen werden mit einem Fragezeichen abgeschlossen.

Wo lebst du**?** · **Was** machst du da**?** · **Warum** gehst du schon**?**

Siehst du den Regenbogen nicht**?** · **Wohnst** du noch dort**?**

Weitere Satzzeichen

Um Texte zu strukturieren, gibt es neben Punkt, Frage- und Ausrufezeichen noch das Semikolon, den Doppelpunkt, Anführungszeichen, den Gedankenstrich, den Apostroph, Klammern und natürlich das Komma (Kommaregeln ↑ S. 84 ff.).

Semikolon

Das Semikolon (Strichpunkt) trennt zwei Teilsätze stärker voneinander als ein Komma, ist aber schwächer als ein Punkt.

In der Schule war niemand**;** da war kein Schüler und auch kein Lehrer.

Doppelpunkt

Ein Doppelpunkt kündigt an, dass auf einen Satz noch etwas folgt, z. B. eine direkte Rede, eine Zusammenfassung, eine Folgerung usw.

Die Tante fragt**:** „Was wünschst du dir zum Geburtstag?“ · Diagnose**:** Lungenentzündung

Anführungszeichen

Anführungszeichen stehen vor und hinter **wörtlich wiedergegebenen Äußerungen und Gedanken** (direkte Rede).

Sie sagte: **„**Hier gefällt es mir.**“**

Auch wörtlich wiedergegebene **Zitate** werden in Anführungszeichen gesetzt.

„Wenn es doch vorbei wäre**“**, dachte Petra.

Gedankenstrich

Ein **einfacher Gedankenstrich** kündigt etwas Folgendes, oft etwas Unerwartetes an.

Hier hilft nur noch eins – sofort operieren!

Ein Gedankenstrich zwischen Sätzen zeigt häufig den Wechsel des Themas oder Sprechers an.

„Mein Sohn, was ist passiert?“ – „Ach, Vater …“

Mit **paarigen (doppelten) Gedankenstrichen** kann man Zusätze oder Nachträge deutlich vom übrigen Text abgrenzen.

Dieses Bild – es ist das bekannteste der Düsseldorfer Künstlerin – wurde vor einigen Jahren verkauft.

Apostroph

Der Apostroph zeigt an, dass in einem Wort ein oder mehrere Buchstaben ausgelassen worden sind. Bei der schriftlichen Wiedergabe von gesprochener Sprache kann ein Apostroph dort gesetzt werden, wo es im Mündlichen zu Auslassungen kommt.

’s ist schon spät. · Bist du ’s, mein Schatz?

So ’n Blödsinn! · Da fährt sich ’s schlecht.

Klammern

Mit Klammern kann man **Zusätze und Nachträge** deutlich vom übrigen Text abgrenzen. Das gilt auch für längere Abschnitte.

Aufgepasst: Satzzeichen, die zum eingeklammerten Text gehören, stehen vor der schließenden Klammer. Werden **ganze Sätze** eingeklammert, dann stehen auch die Satzzeichen in der Klammer.

Frankfurt (Main) · Den Antrag sollten Sie vollständig ausgefüllt (bitte deutlich schreiben!) zurücksenden.
Als Hauptwerk Grünewalds gelten die Gemälde des Isenheimer Altars. (Der genaue Zeitpunkt ihrer Vollendung ist umstritten.)

Regeln zur Kommasetzung

Grundsätzlich gilt:

Das Komma trennt Wörter, Wortgruppen oder Teilsätze voneinander oder vom übrigen Text des Satzes ab.

Komma zwischen Hauptsätzen

Zwei **gleichwertige Hauptsätze,** trennt man durch Komma voneinander.

Morgens regnete es, gegen Mittag kam dann die Sonne hervor.

Aufgepasst: Wenn die Sätze durch *und, oder, beziehungsweise, entweder … oder, nicht … noch, weder … noch* verbunden sind, kannst du ein Komma setzen, um die Gliederung des Satzes deutlich zu machen.

Morgens regnete es[,] und gegen Mittag kam dann die Sonne hervor.

Komma zwischen Haupt- und Nebensatz

Ein Nebensatz wird durch ein Komma vom Hauptsatz abgetrennt. Um Haupt- und Nebensätze zu unterscheiden, musst du Folgendes wissen:

- Hauptsätze können allein stehen.
- Nebensätze können nicht allein stehen.

Mein Magen knurrt, weil ich Hunger habe. · Wenn ich Lust habe, gehe ich ins Kino.

Hauptsatz und Nebensatz werden durch **Konjunktionen** miteinander verbunden. Einen Nebensatz erkennst du auch daran, dass die konjugierte Form des Verbs am Ende steht.

Sie mag Mathe, **obwohl** sie immer wieder schlechte Noten schreibt.

Werden **gleichrangige Wörter und Wortgruppen** durch eine der folgenden Konjunktionen verbunden, so setzt man generell kein Komma: *und, oder, beziehungsweise/respektive, entweder ... oder, nicht ... noch, sowie, sowohl ... als auch, weder ... noch, wie.*

Sie wird schon wissen, wem sie vertrauen kann_ und wem sie besser nichts erzählt. · Er stand auf_und ging. · Anna liest ein Buch_und Felix eine Zeitschrift.

Bei allen anderen Konjunktionen, die nicht oben genannt sind, gilt die Grundregel, dass zwischen gleichrangigen Wörtern und Wortgruppen ein Komma steht.

Wir waren arm, aber gesund. · Das war kein Pkw, sondern ein Lastwagen.

Komma in Nebensätzen

Das Komma trennt auch mehrere **gleichrangige Nebensätze** voneinander.

Wenn das wahr ist**, wenn** du ihn wirklich nicht gesehen hast**,** dann musst du dir keine Vorwürfe machen.

Komma bei Partizipgruppen

Partizipgruppen können durch Komma abgetrennt werden, um die Gliederung des Satzes deutlich zu machen.

Das ist[,] **grob gerechnet**[,] die Hälfte. · Er fiel[,] **von einer Kugel getroffen**[,] vom Pferd.

Partizipgruppen werden mit Komma abgetrennt, wenn sie mit einem hinweisenden Wort angekündigt oder als nachgestellter Zusatz anzusehen sind.

Genau **so,** mit viel Salami belegt**,** hat er die Pizza am liebsten. · Er**, tödlich getroffen,** fiel vom Pferd.

Komma bei Infinitivgruppen

Eine Infinitivgruppe musst du durch Komma abtrennen,

- wenn sie mit *um, ohne, [an]statt, außer* oder *als* eingeleitet wird,

  Sie musste sich beherrschen, **um** nicht laut zu lachen.

- wenn sie von einem Substantiv abhängt,

  Er hatte keine **Lust,** Mathe zu lernen.

- wenn sie mit einem hinweisenden Wort angekündigt wird.

  Ihr Plan ist **es,** nächstes Jahr nach Japan zu reisen.

Wenn im Satz der bloße Infinitiv mit *zu* missverständlich ist, setzt du besser ein Komma.

Wir empfehlen[,] ihm zu folgen. *Oder:* Wir empfehlen ihm[,] zu folgen.

Komma in Aufzählungen

Das Komma trennt die einzelnen Glieder einer Aufzählung voneinander.

Tick**,** Trick **und** Track sind die Neffen von Donald Duck.

Aufgepasst: Kein Komma steht, wenn die Glieder einer Aufzählung mit ***und, oder, sowie*** verbunden sind.

Sie wirkte ruhig, gelassen, entspannt **und** fröhlich.

Komma bei Zusätzen und Erläuterungen

Das Komma trennt nachgestellte Erklärungen vom Hauptsatz ab. Sie werden häufig durch bestimmte Wörter eingeleitet:
und zwar, vor allem, nämlich, zum Beispiel, z. B., insbesondere u. a.

Sie liest viel**,** vor allem Krimis.

Eingeschobene Zusätze werden von Kommas eingeschlossen.

Beim nächsten Treffen**, also am Donnerstag,** …

Komma bei Apposition

Das Komma trennt eine nachgestellte Apposition (Beisatz) vom Hauptsatz ab; eingeschobene Appositionen werden von Kommas eingeschlossen.

Das ist Michael, mein Bruder.
Beate, unsere Klassensprecherin, beschwert sich beim Lehrer.

Aufgepasst: Wenn der Beisatz Teil des Namens ist, steht kein Komma (↑ S. 33).

Heinrich der Löwe wurde …

Weitere Kommasetzungen

Satzteile, auf die ein Wort besonders hinweist und die auf diese Weise hervorgehoben werden, grenzt man ebenfalls durch Komma vom übrigen Satz ab.	Deine Mutter**, die** habe ich gut gekannt. · Nur **er,** der Kommissar selbst, konnte der Täter gewesen sein.
Anrede und Ausruf werden durch ein Komma vom Satz getrennt. Das gilt auch für die briefliche Anrede.	**Mutti,** dein Kuchen schmeckt lecker! · **He,** lass mich endlich in Ruhe! · **Hallo, liebe Doro,** wie geht es dir?
direkte Rede: Folgt auf eine wörtliche Rede ein Nachsatz, dann musst du ein Komma setzen. *Aufgepasst:* Vergiss nicht, die direkte Rede in Anführungszeichen zu setzen.	„Ich gehe heim**“,** sagte er. · **„**Warum bleibst du nicht?**“,** fragte sie.
indirekte Rede: Die indirekte Rede wird durch Komma vom Hauptsatz abgetrennt. *Aufgepasst:* Die indirekte Rede steht im Konjunktiv, du kannst sie also leicht erkennen.	Er **habe** nicht abgeschrieben**,** beteuerte Nico. · Ich fragte mich**,** ob das die beste Lösung **sei.** · Der Lehrer sagt**,** er **sei** heute gut gelaunt.

Komma bei Datum und Adresse

Mehrteilige Datums- und Zeitangaben gliedert man durch Kommas.

Die Sitzung findet am Freitag**, den 25. Juli, um 14 Uhr**[,] im großen Besprechungszimmer statt.

Mehrteilige Wohnungsangaben werden ebenfalls durch Kommas gegliedert.

Frau Schmitt ist von Bonn**, Königstraße 20**[,] nach Mannheim, **Eberbacher Platz 14**[,] umgezogen.

Komma bei Literaturangaben

Mehrteilige Literaturangaben gliedert man durch Kommas.

Ich zitiere aus dem Brockhaus, **20. Auflage, Band 14.**

Bei Datums-, Wohnungs- und Literaturangaben kann das schließende Komma vor der Weiterführung des Satzes entfallen, da man solche Angaben als Aufzählungen oder als Fügungen mit Beisatz auffassen kann.

Der Artikel ist im „Spiegel", Heft 48, 1997, S. 25[,] erschienen.

Aufgepasst: Bei Hinweisen auf Gesetze, Verordnungen usw. setzt man jedoch kein Komma.

Wir beziehen uns auf § 326 Abs. 2 Satz 2 des Bundesgesetzbuchs.

zwischen gleichrangigen Hauptsätzen

Morgens regnete es, gegen Mittag kam dann die Sonne hervor.

zwischen Haupt- und Nebensatz

Mein Magen knurrt, weil ich Hunger habe.

bei Aufzählungen

Feuer, Wasser, Erde, Luft

bei Zusätzen und Erläuterungen

Es gibt vier Jahreszeiten, nämlich Frühling, Sommer, Herbst und Winter.
Bei unserer nächsten Konferenz, also am Donnerstag, werden wir die Zeugnisnoten diskutieren.

bei Apposition

Das ist Sophie, meine Schwester. Edda, ihre Mutter, ist eine leidenschaftliche Köchin.

Das Komma muss stehen:

bei Infinitiven mit *um, ohne, [an]statt, außer, als* sowie mit hinweisendem Wort

Sie ging ins Haus, um zu telefonieren. Dieser Gedanke, einfach alles aufzugeben, ließ ihn nicht mehr los.

bei Hervorhebung, Anrede und Ausruf

Ach, Marion, war das ein Tag!

bei direkter Rede

„Es ist schon spät“, stellte die Mutter fest. „Ins Bett mit euch, Kinder!“

bei indirekter Rede

Sie habe viel gelernt, sagte Lisa.

bei Datums-, Orts- und Wohnungsangaben

Mannheim, den 25. April · Sie wohnt in Berlin, Kurfürstenstraße 45, Stadtteil Mitte.

Fachausdruck	Erklärung	Beispiel
Ableitung	Bildung eines Wortes durch Veränderung der Laute	er gibt → geben
Adjektiv	Wiewort, Eigenschaftswort	groß
Adverb	Umstandswort	dort, bald
Akkusativ	4. Fall	das Kind
Anlaut	Laut zu Beginn eines Wortes	**V**ogel
Anredepronomen	Anredefürwort	du, Sie
Apposition	Erweiterung eines Substantivs durch ein Substantiv im gleichen Fall	Peter, **unser Klassensprecher,** ist krank.
Artikel	Begleiter, Geschlechtswort	der, die, das; ein, eine, ein
Auslaut	Laut am Ende eines Wortes	bra**v**
Dativ	3. Fall	dem Kind
Deklination, deklinieren	Beugung des Substantivs	der Duden, des Dudens
Demonstrativpronomen	hinweisendes Fürwort	dieser, jener, der, die, das
Diphthong	Doppellaut, Zwielaut	ei, au
Genitiv	2. Fall	des Buches
Homophone	gleich klingende Wörter, die verschieden geschrieben werden	Buch**seite** – Gitarren**saite**
Imperativ	Befehlsform	lies!
Imperfekt	Vergangenheit	ich lernte
Infinitiv	Grundform	lernen
Inlaut	Laut im Inneren eines Wortes	ner**v**ös
Interjektion	Ausrufewort; drückt Empfindungen aus, dient als Anruf, ahmt Laute nach	ach!, oh!, heda!, platsch!

Fachausdruck	Erklärung	Beispiel
Kasus	Fall	2. Fall: des Kindes
Komparativ	1. Steigerungsstufe	schöner
Kompositum, Komposita	zusammengesetztes Wort	Fuß + Ball = Fußball
Konjugation, konjugieren	Beugung des Verbs	ich lese, du liest usw.
Konjunktion	Bindewort	und, dass
Konsonant	Mitlaut	b, d, f usw.
Nominativ	1. Fall	das Kind
Numerale	Zahlwort, Zahladjektiv	eins, viele, manche
Numerus	Zahl	Plural von Kuh: Kühe
Partizip	Mittelwort	lachend, gelacht
Plural	Mehrzahl	die Bücher
Possessiv-pronomen	besitzanzeigendes Fürwort	mein, dein
Präfix	Vorsilbe	**Miss**geschick
Präposition	Verhältniswort	in, an, hinter
Pronomen	Fürwort	ich, mein, dieser
Reflexiv-pronomen	rückbezügliches Fürwort	mich, dich, sich
Relativpronomen	bezügliches Fürwort	der, die, das; welcher, welche, welches
Singular	Einzahl	das Buch
Substantiv	Nomen, Dingwort, Hauptwort, Namenwort	die Schülerin
Suffix	Nachsilbe	fröh**lich**
Superlativ	2. Steigerungsstufe, Höchst- oder Meiststufe	schönste
Tempus	Zeit	(bringen) brachte
Umlaut	Aufhellung von Vokalen	ä, ö, ü
Verb	Tätigkeitswort, Tunwort, Zeitwort	lernen
Verhältniswort	stellt eine Beziehung zwischen Ausdrücken her	Ich liege auf dem Sofa.
Vokal	Selbstlaut	a, e, i, o, u

Bibliografische Information der Deutschen Bibliothek
Die Deutsche Bibliothek verzeichnet diese Publikation in der Deutschen Nationalbibliografie; detaillierte bibliografische Daten sind im Internet über http://dnb.ddb.de abrufbar.

Das Wort **Duden** ist für den Verlag Bibliographisches Institut & F. A. Brockhaus AG als Marke geschützt.

2., aktualisierte Auflage
Nach den ab 1. 8. 2006 gültigen Rechtschreibregeln.

Redaktionelle Leitung Heike Krüger-Beer
Redaktion Jürgen Folz, Claudia Fahlbusch, Marion Krause
Autorin Birgit Hock

Herstellung Annette Scheerer
Typografisches Konzept Horst Bachmann
Illustrator Peter Lohse, Büttelborn
Umschlaggestaltung Michael Acker

Satz Robert Turzer, Tübingen
Druck und Bindung Kösel, Altusried-Krugzell
Printed in Germany

F

ISBN-13: 978-3-411-02319-6 (Gesamtkassette)
ISBN-10: 3-411-02319-8 (Gesamtkassette)